オールカラー版

工事の流れがわかる!

建築現場用語図鑑

上野タケシ+大庭明典+来馬輝順+多田和秀+山本覚［著］

ナツメ社

はじめに

言葉は、具体的イメージや文脈とつながってこそ生きた言葉になります。特に専門的な用語は、具体的イメージや文脈に適切に配置されてこそ初めて実務で役立つ生きた用語になるのです。

ところが建築や住宅に関する用語は、関連分野の専門用語や職人用語、商品知識、技術的な数値などが入り混じっており、非常に広範囲で煩雑です。ですからこの分野の用語に出会っても、経験の浅い人にとっては、つながりを欠いたバラバラな用語にしか見えず、戸惑うばかりです。

最近ではインターネットを利用することで、有意義な専門知識・情報をたくさん取得することはできますが、いくら情報を得ても何かしっくりこない、安心できないのはそのせいです。

ですから、建築・住宅に関する用語は単なる知識としてやみくもに覚えるより、工事や打合せなどの流れに沿って具体的イメージをもちつつ知ることが大切です。そこからさらに詳しい情報は、そういった土台（文脈）の上に積み上げていくのがよいでしょう。

その点を踏まえて本書は

・実務の流れに沿って、それぞれ用語に優先順位をつけて厳選し
・各工事・工程と関連付けて把握できるよう整理し
・具体的にイメージしやすいよう多種多様なイラストを用いて

解説しました。

この本は、すでに大きなサイズで出版され、版も重ね、わかりやすいと評価をいただいている『イラストでわかる建築用語』をベースとしていますが、この関連の情報を必要としている読者に、より手軽に読んでいただけるようカラー化、小型化しました。

それに際し、さらに用語を厳選し、一部追加・整理したことでより親しみやすく、俯瞰できるような内容になっています。

専門家はもちろん、建築・住宅関連の人と打合せするような一般の方まで幅広く役立つはずです。ぜひお手元において活用してください。

著者一同

CONTENTS

工事の流れがわかる
建築現場用語図鑑
目次

工事の流れを把握しよう

躯体によって下地や仕上げ、杭や基礎、予算、工事の進め方が大幅に違ってきます。躯体は後から修正ができない部分。設備の配管や梁の配置には、十分な打合せが必要です。

工事前には、敷地の購入や資金集め、見積り作成、地盤調査などいろいろな項目があります。着工する前に、これらの準備に時間をしっかりかけることが大切です。

工事前

計画手順
- 1 資金・保険
- 2 制度
- 3 敷地関連

工事準備
- 4 地盤調査
- 5 見積り・契約
- 6 確認申請

工程

仮設等
- 7 施工計画
- 8 解体工事
- 9 仮設・足場工事
- 10 水盛り・遣り方
- 11 祭事

基礎関係
- 12 土工事
- 13 地業・地盤改良
- 14 杭工事・基礎工事

上部構造

躯体工事

木造
- 15 ①木材
- 16 ②軸組み・建て方
- 17 ③金物・接合
- 18 ④防蟻・防腐工事
- 19 ⑤2×4工法(枠組み壁工法)

RC造
- 20 ①配筋工事
- 21 ②コンクリート
- 22 ③型枠工事
- 23 ④打設・品質管理

S造
- 24 ①鉄骨
- 25 ②加工・建て方・接合

- 26 構造の一般知識

工事は、時間と質のバランスが大切。工事の流れを段取りすること、職人の調整をすることが施工業者の大切な役割です。

建物本体ではないが、施工に必要な施設・設備の工事とその費用は必要なもの。施主など、一般の人にとっては忘れられがちですが、大切な工事です。

丈夫な建物もしっかりとした地盤の上に建ててこそ。地盤のよしあしよりも、その地盤に適した建物を建てること、建物に合った基礎や杭を施すこと、地盤を補強することが大切です。

完成・竣工したら、すぐに引越しというわけではありません。完了検査や施主検査、施工業者の自主検査などの工程を踏みます。

性能という観点から建物を評価する傾向が高まっています。設計段階での綿密な計画と、施工時の確かな技術が求められます。

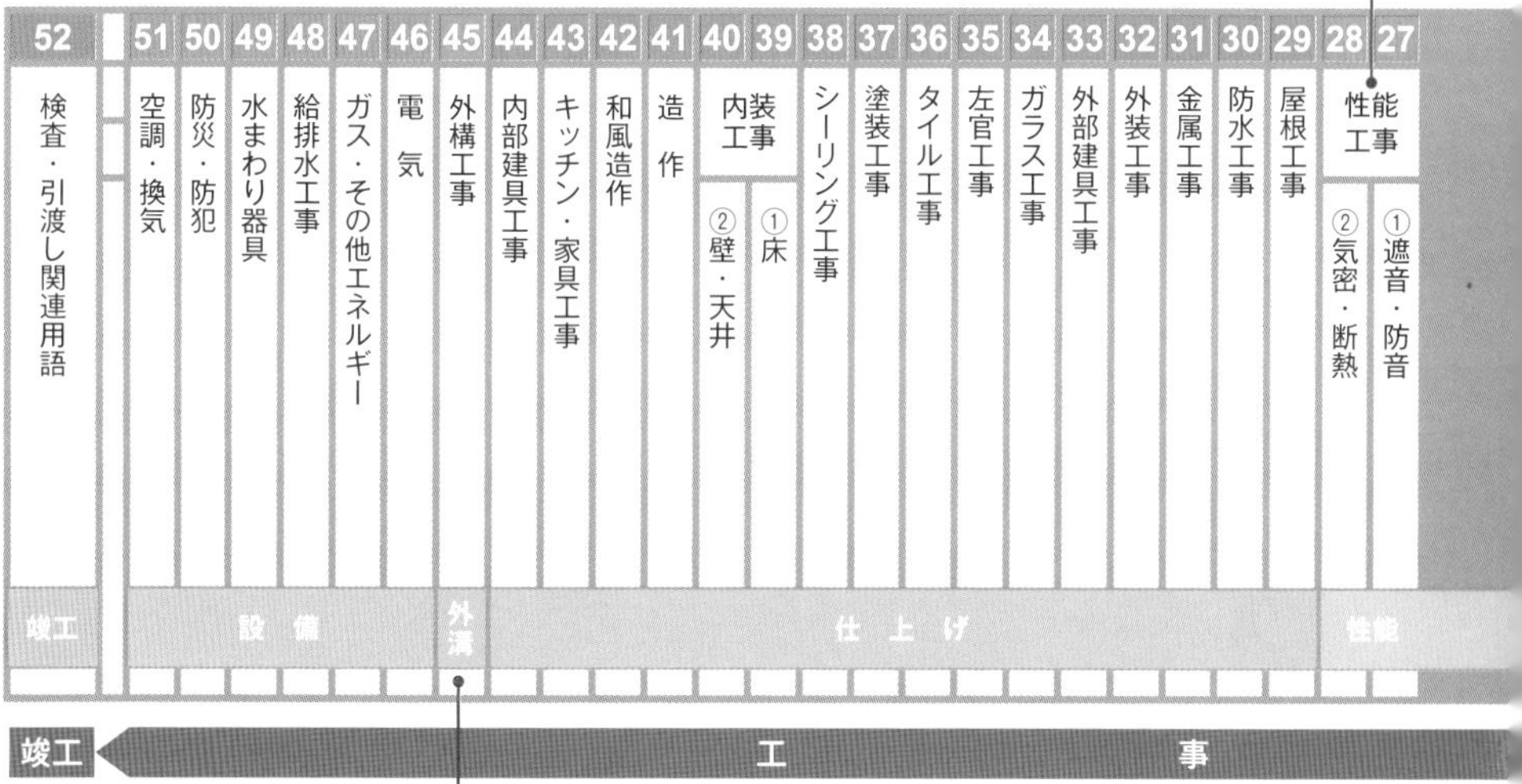

外構は建物の付属部分として見られがちですが、建物の評価にも大きく影響します。緑化など、近年の動向も踏まえた知識を得ておきましょう。

躯体工事が終わると、サッシや外壁工事、設備工事、内部工事などたくさんの職人が現場に出入りすることになります。職人たちの調整をスムーズに進めるのが、工事管理者の腕の見せどころです。

本書の上手な使い方

本書は、工事の施工・監理の現場に立ち会った実務者が「これだけ知っておけば、現場で話すことができる」を目安に、用語を選び出しました。以下のポイントを参考に本書を活用してください。

point 1
各工程や工事の全体像はここを読んで把握しておきましょう。

point 2
建築の現場には、膨大な量の専門用語があります。その中で、どの用語を最優先に覚えればよいかがわかるように、各用語に★マークのガイドを付けました。これは、用語の重要度、また使用される頻度を表しており、★が3つあるものは十分に理解しておきたい用語です。

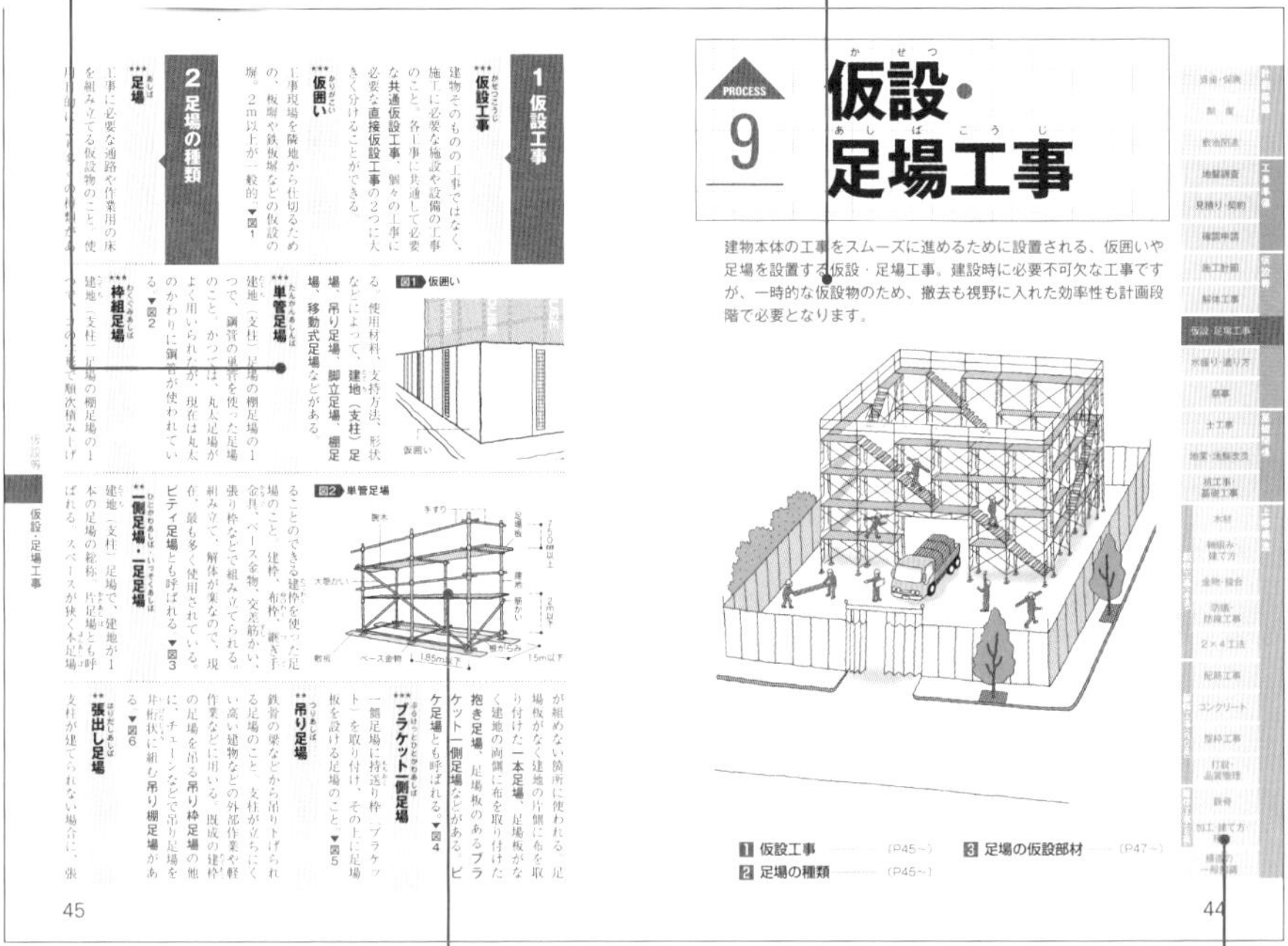

point 4
文字だけの説明では理解しがたい用語については、参考となる図や写真、表をたくさん掲載しました。対応する図を参照しながら、理解に努めてください。

point 3
現場実務者にとって専門用語の意味をしっかりと知ることは必要不可欠ですが、工事全体の流れを把握しておくことも、とても重要です。どの工事が行われるときに、どのような用語が使用されるのか、インデックスを付けて一目でわかるようにしました。

工事の流れからではなく、用語から内容を調べたいときは、巻末のさくいんを活用しましょう！

PROCESS 1

資金《しきん》・保険《ほけん》

多くの人が住宅ローンを利用して家を取得しますが、それぞれの事情に適した融資を選択します。火災、借り主の生命に対する保険は、融資の際の条件。その後の生活を安心できるものにするために必要です。

1 資金・ローン

★★ 住宅ローン《じゅうたくろーん》

本人およびその家族などが、居住するための住宅、また付随する土地（一戸建てやマンション）を購入するために金融機関から受ける融資のこと。新築、増築、改築、既存住宅ローンの借り換えなどがある。金利は住宅以外の融資に比べると低く抑えられ、返済期間の多くは、35年程度までと長いのが特徴である。多くの人が30歳前後から定年退職時まで月収の範囲内で返済・支払いを計画する。

★★ 公的融資《こうてきゆうし》

住宅ローンには民間金融機関からの融資の他に、住宅金融支援機構と民間金融機関とが共同する**フラット35**、**年金融資**、**財形融資**、**自治体融資**など公的融資と呼ばれる融資がある。

★★ 住宅金融支援機構《じゅうたくきんゆうしえんきこう》

２００７年に発足した独立行政法人。元の母体は、国が持家取得推進をはかるために１９５０年代に設立した**住宅金融公庫**。住宅金融支援機構に事業が継承されるとともに廃止となった。住宅金融公庫から借り入れる住宅ローン、**公庫融資**は、25年超の長期間固定金利で民間金融機関よりも低い貸出金利であったことなどから、当たり前のように普及した。対象となる住宅には、土地の広さや建物の高さなどの制限・基準があったが、これが住宅平均水準の目安ともなった。現在は、代替策として不動産担保証券を機関投資家に売却し民間の提携業者に住宅融資資金の供給を行う、**フラット35**の名称で知られる**証券化支援事業**が導入されている。

★★★ フラット35《ふらっとさんじゅうご》

住宅金融公庫が廃止となったため、受け皿として開発された長期固定金利タイプの住宅ローン。住宅金融支援機構および前身の住宅金融公庫の証券化支援事業をもとに、取り扱い先の民間金融機関と共同で提供する長期固定金利の住宅ローン商品の名称。窓口となる金融機関によって金利が異なるのが特徴。

★★ 年金住宅融資《ねんきんじゅうたくゆうし》

国民年金や厚生年金に通算で３年以上加入していた人が対象となった公的ローン。年金資金運用基金が融資事業として行っていた。融資対象は、住宅の新築、中古住宅購入、リフォームなどがあったが、２００１年に制度の廃止が決定。借り入れの申込受付は２００５年で終了。２００６年４月以降、住宅債権の管理・回収は、独立行政法人福祉医療機構が承継した。

★★ 財形住宅融資《ざいけいじゅうたくゆうし》

財形貯蓄を行っている勤労者を対象とした住宅ローンの一種。住宅資金を事業主、事業主団体および福利厚生会社を通じて融資される制度。勤めている会社で財形貯蓄を行っていることが条件。申し込み先は、それぞれ勤務先、共済組合、住宅金融支援機構となる。融資限度額は財形貯蓄残高の10倍までで最高４０００万円（ただし、購入・建設などの所要費用の８割まで）。収入基準も「毎月返済額の４倍以上の月収」と、公庫や年金融資に比べてやや緩和されている。条件はあるが、フラット35や他の公的融資と併用できる。

★★ 担保《たんぽ》

債務者が債務（ローンなど）を履行しない場合に備えて債権者に提供され、債権の弁済を確保する手段となるもの。抵当権《ていとうけん》や質権など特定の財産をもって担保とする**物的担保**と、債務者以外の第三者の一般財産をもって担保とする**人的担保（保証）**の2つがある。

★★ 抵当権《ていとうけん》

特定の債権を保全するための担保権。債務者または第三者（担保提供者）が提供した担保物の占有を債権者に移さず、抵当権設定者の手元に留めて、それを使用・収益させながら、万が一、債権が弁済されないときは、その担保物を（任意）競売し、その代金により、他に優先して弁済を受ける権利。住宅ローンの担保としては土地と建物に金融機関が抵当権を付けるのが一般的。

★★★ 固定金利《こていきんり》

返済期間を通じて金利があらかじめ決まっているもの。住宅金融支援機構と民間の提携ローンである「フラット35」などが固定金利の代表例。変動金利と違って、金利上昇による返済額増大のリスクがないが、一般に変動金利より金利が高い。

★★★ 変動金利《へんどうきんり》

年2回程度の金利見直し時に市場金利の変動を反映させるタイプのもの。金利上昇時には利息が返済額を上回って元本《がんぽん》がまったく減らない**未払い利息**という状況が発生するリスクがある。

★ 元金均等《がんきんきんとう》

元金均等返済。1回の元本《がんぽん》の返済額が毎回同額の返済方式。毎回同じ金額に、利息を加えた金額を返済する。ローン残高が多い返済初期は、当然利息金額も多くなるために1回当たりの返済金額が上昇するが、返済が進むにつれ、1回当たりの返済金額は減少する。一般には企業向けのローン。▼図1

★★ 元利均等《がんりきんとう》

元利均等返済。毎月の返済額が、返済開始から終了まで同額とな

図1 元金均等返済、元利均等返済

元金均等返済

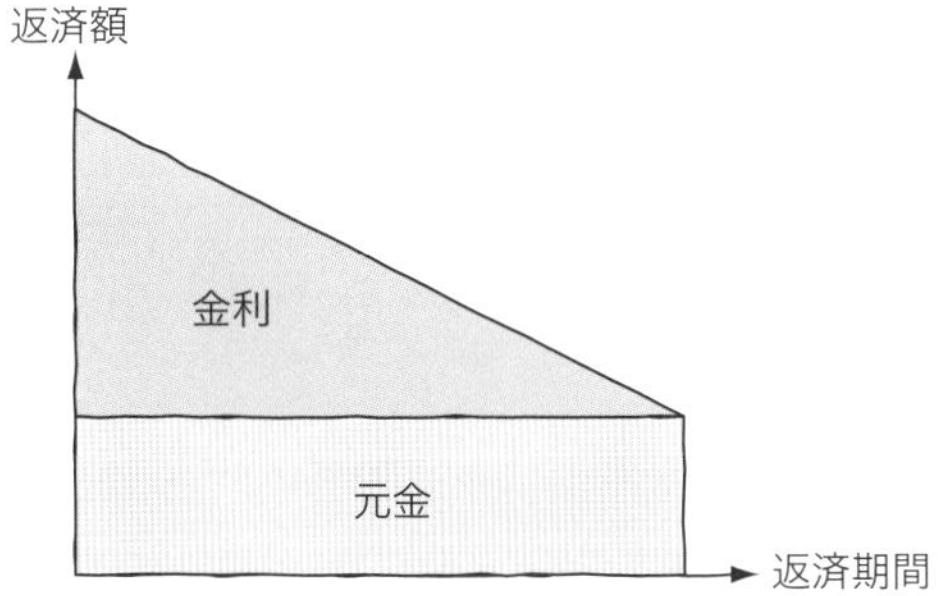

返済当初は返済額が大きいが、元金を着実に返済していくため、総返済額は元利均等返済よりも少なくなるメリットがある。

元利均等返済

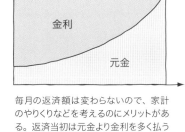

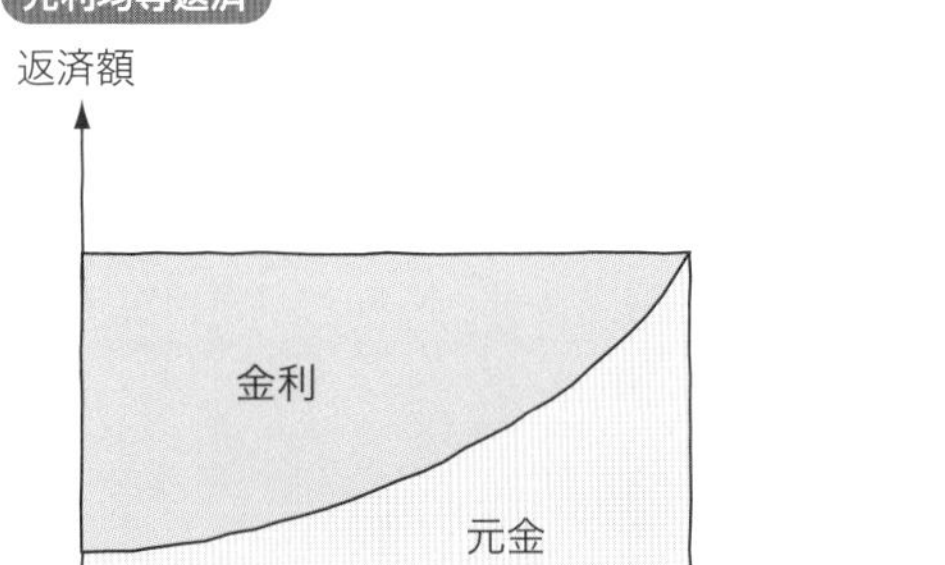

毎月の返済額は変わらないので、家計のやりくりなどを考えるのにメリットがある。返済当初は元金より金利を多く払うことになる。

る返済方法。ローン残高が多い返済初期は、返済金額の内訳における利息分が多くなり、元本《がんぽん》返済分が少なくなるが、返済が進むにつれ、返済金額の内訳における元本返済分の割合が増加する。一般的に住宅ローンなどで採用されている。▼図1

★★ 繰上返済《くりあげへんさい》

繰上返済とは、ローンの支払い中に余剰資金が確保できた際に返済を前倒しする方法。初期に行えば行うほど効果が高い。繰上返済には、返済期間を縮める**期間短縮方式**と月ごとの支払額を減らす**再計算方式**とがある。

★★ 借地権《しゃくちけん》

第三者（地主）から土地を借りる権利のこと。地主と契約を結び地代を払う。増改築や名義変更などにともない各種手数料が発生する、また売却・譲渡・増改築には地主の承諾が必要となるなど、地主との契約上または借地借家法上でさまざまな制約がある。旧借地法と1992年に制定された新法の2種類がある。現在でも多くの契約が旧借地法においての契約である。

★★ 定期借地権《ていきしゃくちけん》

1992年に施行された新借地借家法に基づいてできた借地権。従来の借地権では認められている契約期間終了後の借地関係の更新ができなくなった。**旧借地権**もいまだ多く残っているので、区別して**新法借地権**と呼ばれる。土地所有者は従来に比べ、安心して土地を貸すことができ、借り主は、従来より少ない負担で良質な住宅を持つことができるようになった。

★★★ 住宅ローン控除《じゅうたくろーんこうじょ》

正式には、**住宅借入金等特別控除**。住宅ローンを利用する者が、定められた条件を満たせば、納めた税金からいくらか還付《かんぷ》される、つまり所得税が還付される減税制度のこと。各年の所得税額から一定額の控除を10年間受けられる。

2 保険

★★ 生命保険《せいめいほけん》

生命や傷病にかかわる損失を保障することを目的とする保険。契約により、死亡などの所定の条件において保険者が受取人に保険金を支払うことを約束するもの。住宅ローンを利用する際には、ほとんどの場合、**団体信用生命保険**という形の生命保険に加入が必要になる。

★★★ 団体信用生命保険《だんたいしんようせいめいほけん》

住宅ローン融資を受けた人が返済途中で死亡、高度障害になった場合に、住宅ローン債務が保険会社によって弁済される保険。通称「**団信**《だんしん》」。この補償が行われた場合、家の住宅ローン債務は消滅して、その家は遺族や本人の所有のままとなる。住宅ローン借入時に強制加入となるものが多いが、一部の民間金融機関やフラット35などは任意加入である。保険料は金利の中に含まれている（0・3%程度上乗せ）ことが多い。保険金額は住宅ローン残高と同額となるため、返済が進めば保険金額も減少し、その結果、保険料も減少する。

★★ 火災保険《かさいほけん》

火災によって生じる損害の填補《てんぽ》を目的とする保険。火災以外にも、地震や落雷、台風、雪、車両の衝突などの損害や、盗難に対する保険が付属するものもある。住宅金融支援機構や雇用能力開発機構、都市再生機構などから融資を受けた建物については、借入金の全額を返済するまで、原則として**特約火災保険**あるいは**選択対象火災保険**に加入することになっている。

★★ 地震保険《じしんほけん》

地震・噴火またはこれらによる津波を原因とする火災、損壊、埋没、流失による損害を補償する地震災害専用の保険。火災保険に付帯する方式のため、地震保険に加入するためには火災保険に入る必要がある。対象は、居住用の建物と家財。火災保険でカバーされない「地震を原因とする火災による損害」「地震により延焼・拡大した損害」に対して補償する。国と民間が協力して設定しているものであり、保険会社が異なっても内容は同じで、補償内容は一律。保険会社独自のものもある。

★★★ 住宅瑕疵担保保険《じゅうたくかしたんぽほけん》

住宅瑕疵担保保責任保険。「住宅の品質確保の促進等に関する法律」（品確法）では、売主または請負人に対して、住宅のうち特に重要な部分について10年間の瑕疵担保責任を義務付けているが、業者が万が一、倒産しても購入者が補修費用などを負担しないで済むためのもの。「特定住宅瑕疵担保責任の履行の確保等に関する法律（住宅瑕疵担保履行法）」に基づき、瑕疵を補修する責任のある業者が指定法人との間で締結する保険契約。

★★★ 瑕疵《かし》

「欠陥、キズ」とほぼ同じ意味。当事者が想定していた正常な状態に欠いていること。「住宅の品質確保の促進等に関する法律」により、すべての新築住宅に対する10年の**瑕疵担保期間**が義務化されている。新築住宅の請負人または売主は、住宅取得者に対して、構造耐力上主要な部分（住宅の柱や梁、基礎など）や屋根などの雨水の浸入を防止する部分の瑕疵について、引渡しの日から10年間その瑕疵を修補するなどの義務を負う。注文主や買主に不利な特約は無効、逆に保証期間を20年までは延長することが可能。ただし、自然劣化などによって生じた不具合などについては、保証されるわけではない。

★★ 住宅完成保証制度《じゅうたくかんせいほしょうせいど》

完成までの工事の履行を保証する制度。業者倒産などにより工事が中断した場合に、発注者の負担を最小限に抑えるため、工事の中断や引継ぎにともない発生する増嵩工事費用や前払金の損失を一定の限度額の範囲内で保証する。発注者は住宅保証機構と保証契約を結ぶ。▼図2

図2 住宅完成保証制度

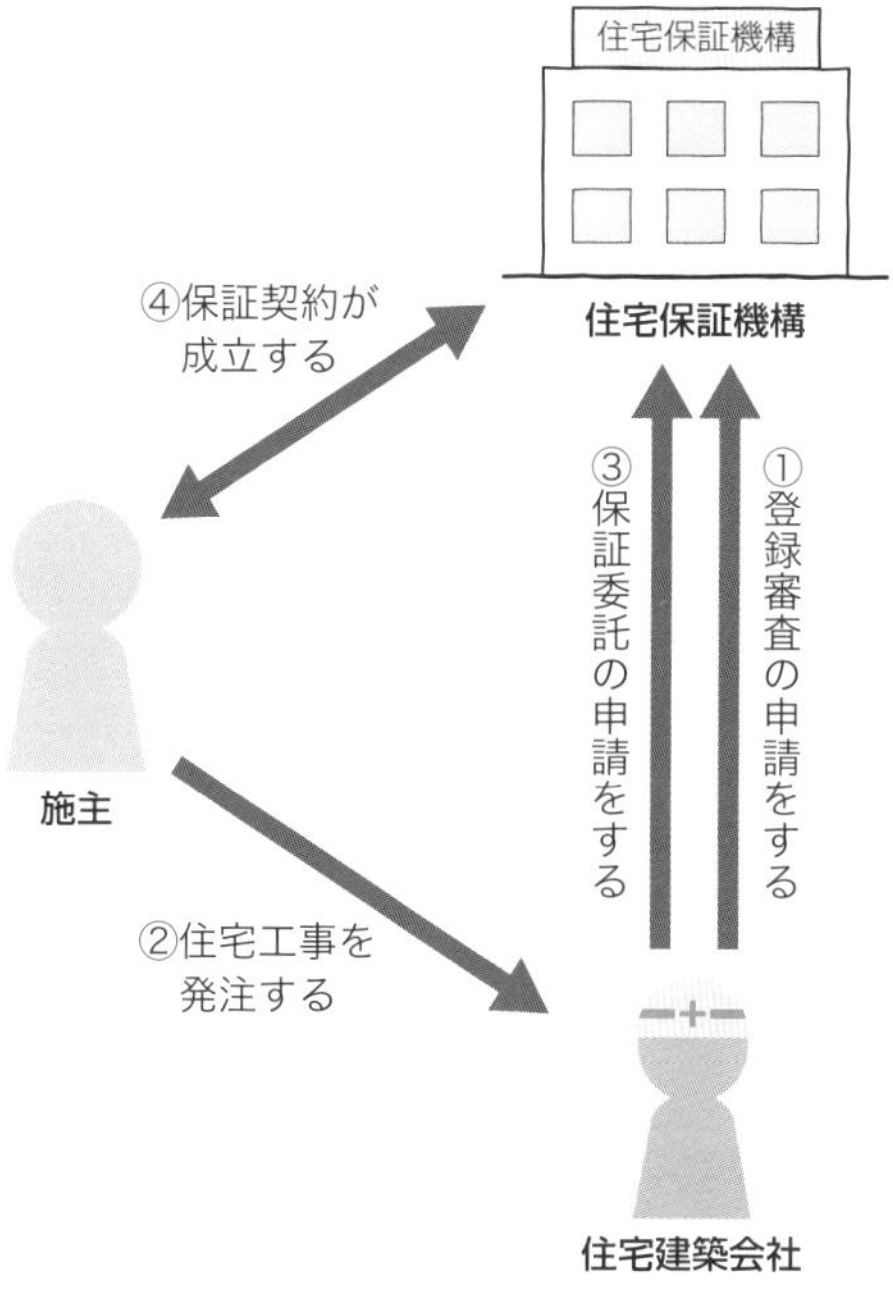

PROCESS

2 制《せい》度《ど》

近年、住宅の性能面を重視した制度ができています。住宅性能表示制度、長期優良住宅は、国や自治体の補助金制度の要件となることが多いです。その他、使用する製品の品質確保のための認定制度もあります。

1 制度・補助金

★★★ 住宅性能表示制度《じゅうたくせいのうひょうじせいど》

さまざまな住宅の性能を等級によってわかりやすく表示する制度。共通ルール（表示の方法、評価の方法の基準）を設け、一般消費者による住宅の性能の相互比較を可能にするのが目的。2000年に施行された「住宅の品質確保の促進等に関する法律」（**品確法**）の中で定められた。ここでいう性能とは、**①構造の安定**、**②火災時の安全**、**③劣化の軽減**、**④維持管理・更新への配慮**、**⑤温熱環境**、**⑥空気環境**、**⑦光・視環境**、**⑧音環境**、**⑨高齢者等への配慮**、**⑩防犯対策**の10項目である。▼図1

★★ 長期優良住宅《ちょうきゆうりょうじゅうたく》

住宅の長期使用、廃棄物排出の抑制、環境負荷の低減を目的として制定された住宅の基準。「長期優良住宅の普及の促進に関する法律」（2009年）により定められた。建て替え費用を軽減し、より豊かで優しい暮らしへの転換をはかることが目的の1つ。技術審査を受けた後、地方公共団体によって認定される。住宅性能表示の等級を使い、基準が設定されている。認定されると、住宅ローン減税の他、所得税、登録免許税、不動産取得税、固定資産税などの優遇がある。▼図2

図1 住宅性能表示

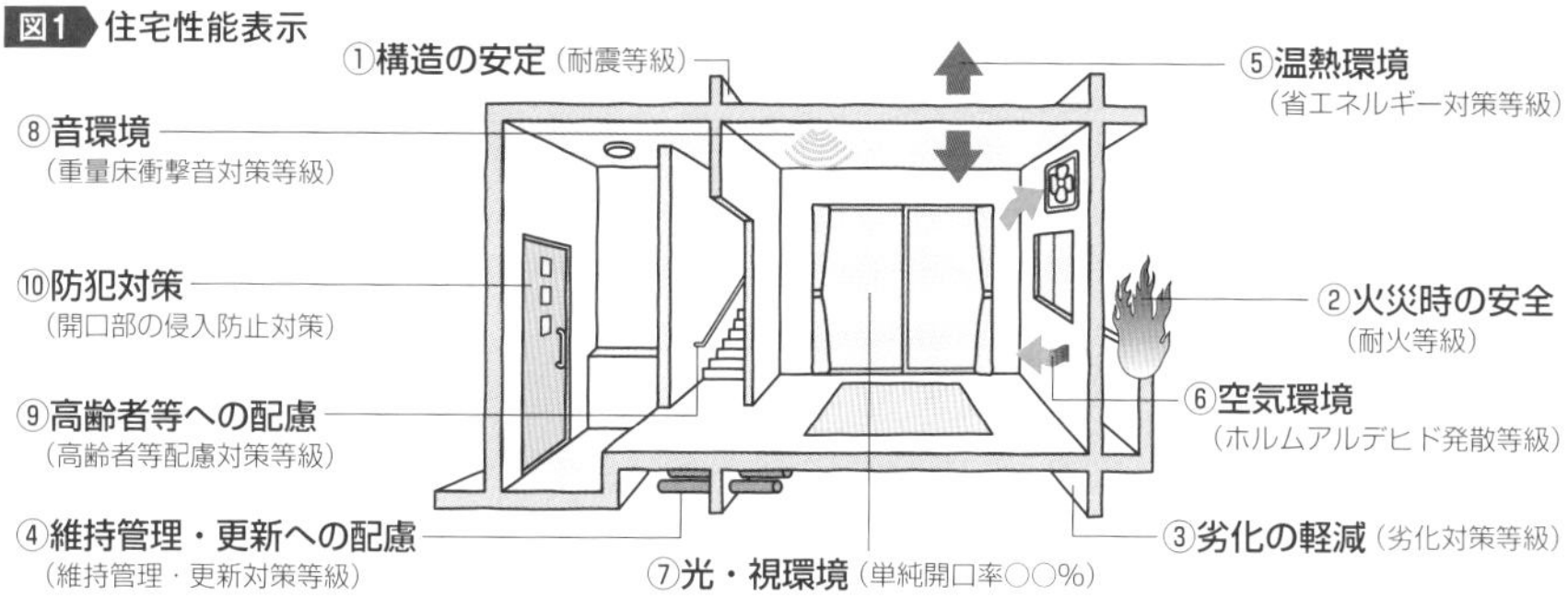

図2 長期優良住宅

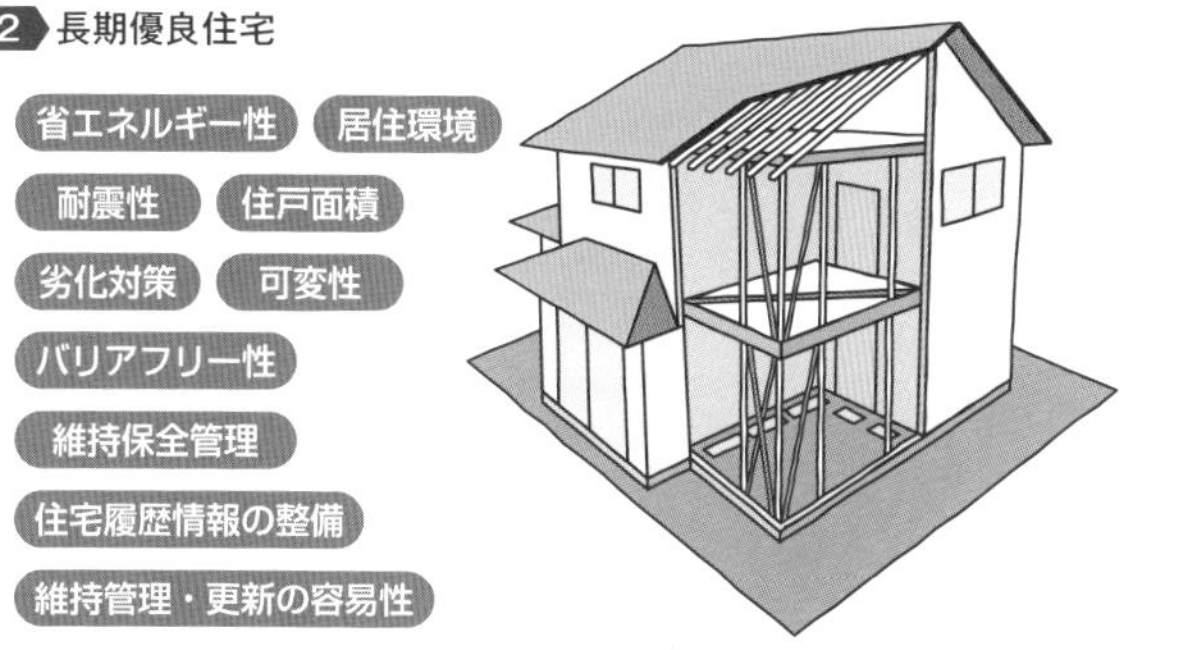

★★ CASBEE《きゃすびー》

建築環境総合性能評価システム。 Comprehensive Assessment System for Built Environment Efficiencyの略。環境性能、省エネルギー・環境負荷、環境配慮、室内の快適性、景観への配慮なども含めた建物の品質を総合的に評価するシステム。公共建築物や企業のオフィスや工場などで利用されている。戸建て住宅にも、これによる基準があるが、あまり浸透はしていない。

★ 省エネ改修推進事業《しょうえねかいしゅうすいしんじぎょう》

主に省エネルギー改修の推進を

目的としてつくられた国土交通省の事業。省エネ改修事業を広く民間事業者などから公募し、予算の範囲内において整備費などの一部を補助することで省エネルギー改修の推進および関連投資の活性化をはかる。エネルギー使用量の計測、継続的なエネルギー管理や省エネルギー活動の実施支援も目的の1つ。2015年より「既存建築物省エネ化推進事業」となる。

★ **耐震化助成制度《たいしんかじょせいせいど》**

自治体が住宅等建築物の耐震改修費用の一部を補助する制度。補助の内容は各自治体で異なるが、改修を考えるならなんらかのサポートがある場合が多いので問い合わせをしてみるとよい。ほとんどが耐震診断を義務付けており、耐震診断に5～15万円、耐震改修の費用にだいたい100～200万円程度の補助がある場合が多い。主に昭和56年5月31日以前（1981年新耐震基準の施行以前）に建築された木造住宅やマンションなどが対象。自治体内の業者を使用するなどが条件になっているところもある。

2 表示マーク

★★★ **Zマーク《ぜっとまーく》**

財団法人日本住宅・木材技術センターの規格による在来工法木造住宅用の接合金物に表示されるマーク。金物の強度や耐久性の基準となっており、フラット35の木造住宅仕様書では、これの使用が義務付けられている。

★★★ **Cマーク《しーまーく》**

財団法人日本住宅・木材技術センターの規格による2×4工法住宅用の接合金物に表示されるマーク。2×4工法は基本的に部材の接合部に仕口《しぐち》をつくらない（接合部を欠き込んで木材をはめ込まない）ので、柱受け、根太《ねだ》受け、梁受けなど、金物自体で木材を受けるのが特徴的。

★★ **Mマーク《えむまーく》**

財団法人日本住宅・木材技術センターの規格による丸太組工法（いわゆるログハウス）住宅用の接合金物に表示されるマーク。

★★ **Dマーク《でぃーまーく》**

接合部用の金物に表示されるマークで、品質・性能がZ、C、Mマークなどの対象金物と同等以上であり、製品の生産・供給体制が安定的であることを財団法人日本住宅・木材技術センターより評価・設定された製品に付けられる。これらは**同等認定金物**と呼ばれる。

★★ **Sマーク《えすまーく》**

Z、C、M、Dマーク表示金物以外の金物について、その用途に応じて必要とする品質・性能を認定し、製品の生産・供給体制が安定的であることを財団法人日本住宅・木材技術センターより評価・供給された製品に表示されるマーク。**性能認定金物**。

★ **耐震診断・耐震改修マーク《たいしんしんだん・たいしんかいしゅうまーく》**

耐震診断、耐震改修を行い、耐震改修促進法の指針または建築基準法の現行耐震基準に適合することが確認できた場合に、建築物に表示されるマーク。建築物利用者への情報提供、耐震改修の促進を目的として、2008年に全国耐震ネットワーク委員会および財団法人日本建築防災協会・国土交通大臣指定耐震改修支援センターにより創設された制度。▼図3

★★ **JIS《じす》**

日本工業規格。Japanese Industrial Standards の略。JIS規格とも呼ばれる。建築物においては、製図通則、記号、寸法、各種材料の試験方法、製品の規定、品質の基準など、多くのところでJISの規格が利用されている。▼図4

★ 環境・エネルギー優良建築物《かんきょう・えねるぎーゆうりょうけんちくぶつ》

室内環境水準を確保し、省エネルギーに配慮した建築物について、一般財団法人建築環境・省エネルギー機構が環境・エネルギー優良建築物表示制度により交付するマーク。省エネルギー活動や省エネルギー対策の推進が目的。▼図5

図4 JISマーク

図3 耐震診断・耐震改修マーク

図5 環境・エネルギー優良建築物

★★ 水道法基準適合マーク《すいどうほうきじゅんてきごうまーく》

水道法で定めた基準に適合した給水装置に付けられるマーク。基準に適合していない給水装置を使用した場合に、水道局は給水契約申し込みの拒否、基準に適合する給水装置を設置するまでの間、給水を停止することができる。社団法人日本水道協会（JWWA）、一般財団法人日本燃焼機器検査協会（JHIA）、一般財団法人電気安全環境研究所（JET）、一般財団法人日本ガス機器検査協会（JIA）の4つの機関が認証している。▼図6

図6 水道法基準適合マーク

★★★ 非常用進入口《ひじょうようしんにゅうこう》

3階以上の階で高さ31m以下の部分には、建築基準法で設置が義務付けられている。この部分は非常時に消防隊などが破壊して進入できるようにする必要がある。ただし、非常用進入口にかかわる開口部（代替進入口）がある場合には、それを非常用進入口とすることができる。非常用進入口は、図7のようなマークで示す必要がある。▼図7

図7 非常用進入口

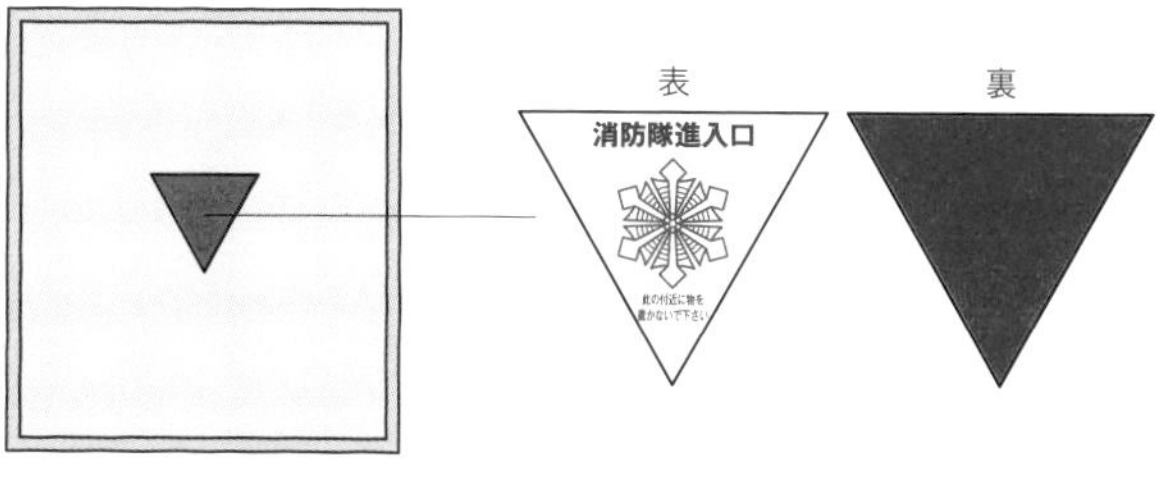

PROCESS

3

敷《し》地《き ち》関《かん》連《れん》

敷地・土地は建物を建てるために最も重要な部分です。地価にかかわる用語や権利関係について、また敷地を調査する際に関係する用語は把握しておく必要があります。

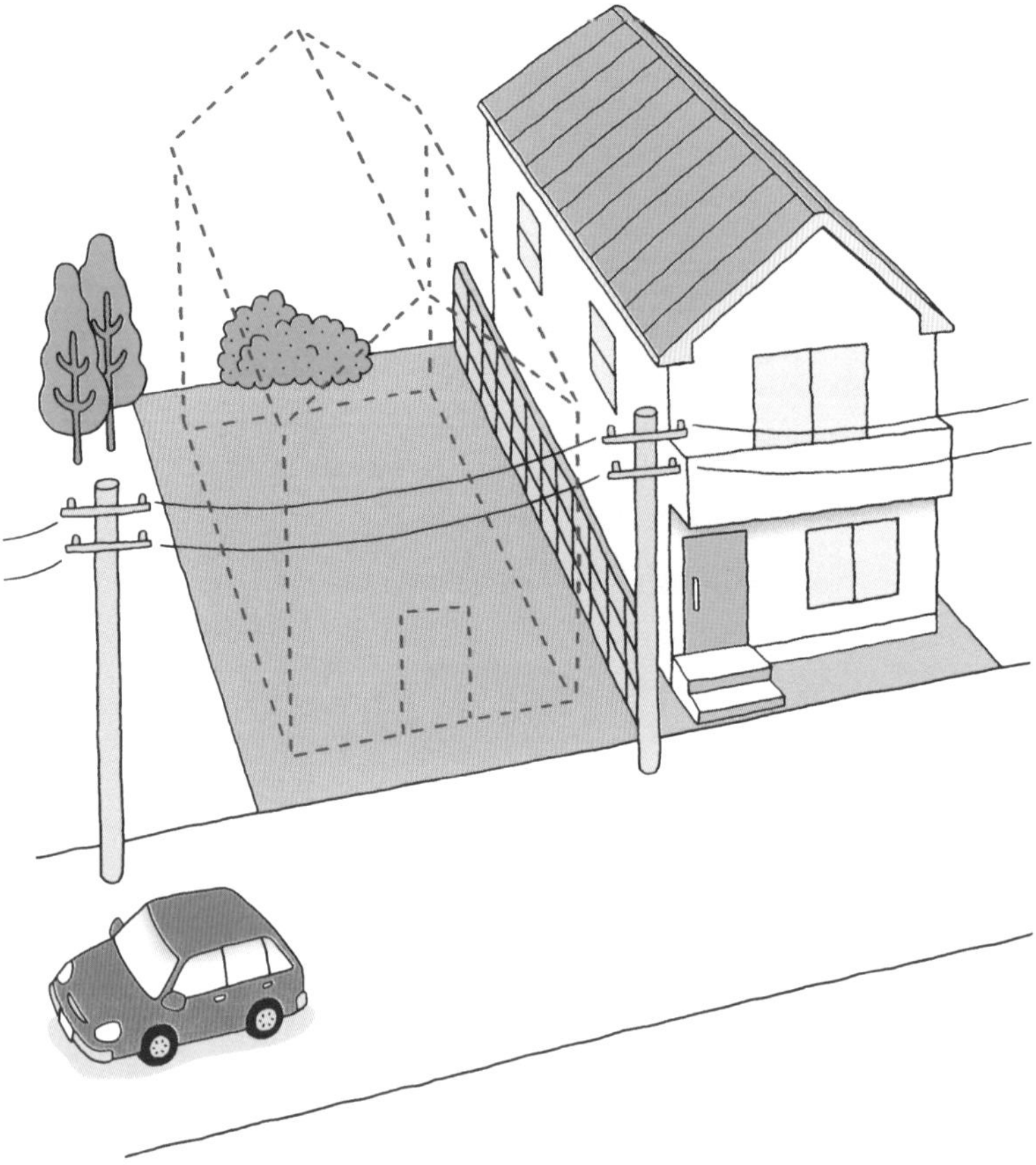

1 地価

★ **路線価《ろせんか》**

相続税、贈与税、地価税を算定する際の基準となる土地の評価額。**相続税路線価**、**倍率価格**、**相続税評価額**ともいわれる。一般に公示価格の8割が目安とされる。税務署が、公示価格や売買の実例、不動産鑑定士などによる評価などを参考にして路線に値段を付ける。これに土地の面積を掛けて土地の価格を出す。路線価は毎年7月、全国の国税局・税務署で公表される。

★★ **固定資産税評価基準《こていしさんぜいひょうかきじゅん》**

固定資産税、都市計画税、不動産取得税、登録免許税の算定基準。市町村の税務課（東京都23区では都税事務所）にある固定資産課税台帳に登録してある土地や建物の評価額である。土地は公示価格の6～7割程度、建物については建築費の5～6割ぐらいが目安である。3年ごとに見直される。

★★ **司法書士《しほうしょし》**

裁判所・検察庁・法務局に提出する書類の作成や代理を業とする国家資格。不動産の売買にあたっては、所有権の移転登記、抵当権《ていとうけん》設定登記・抹消登記などの申請手続きを行う。登記申請手続き自体は当事者自身が行うことができるが、融資など重要な事項が絡むので司法書士に依頼するのが一般的。▼図1

★★ **土地家屋調査士《とちかおくちょうさし》**

不動産は登記することで所有者が権利を主張し、財産を守ることができるが、その登記申請手続きなどが行える国家資格。家屋を新築、増改築したときの建物の表題登記や、土地の分筆《ぶんぴつ》・合筆《がっぴつ》、地目変更の登記申請手続きなどを行う。土地の境界標が不明な場合の調査、復元、設置なども行う。▼図1

★ **不動産鑑定士《ふどうさんかんていし》**

不動産の鑑定評価を行う国家資格。地価公示や都道府県地価調査、路線価や固定資産税標準地の評価など公的な不動産評価の他、個人や法人の依頼による鑑定も行う。▼図1

図1 司法書士、土地家屋調査士、不動産鑑定士

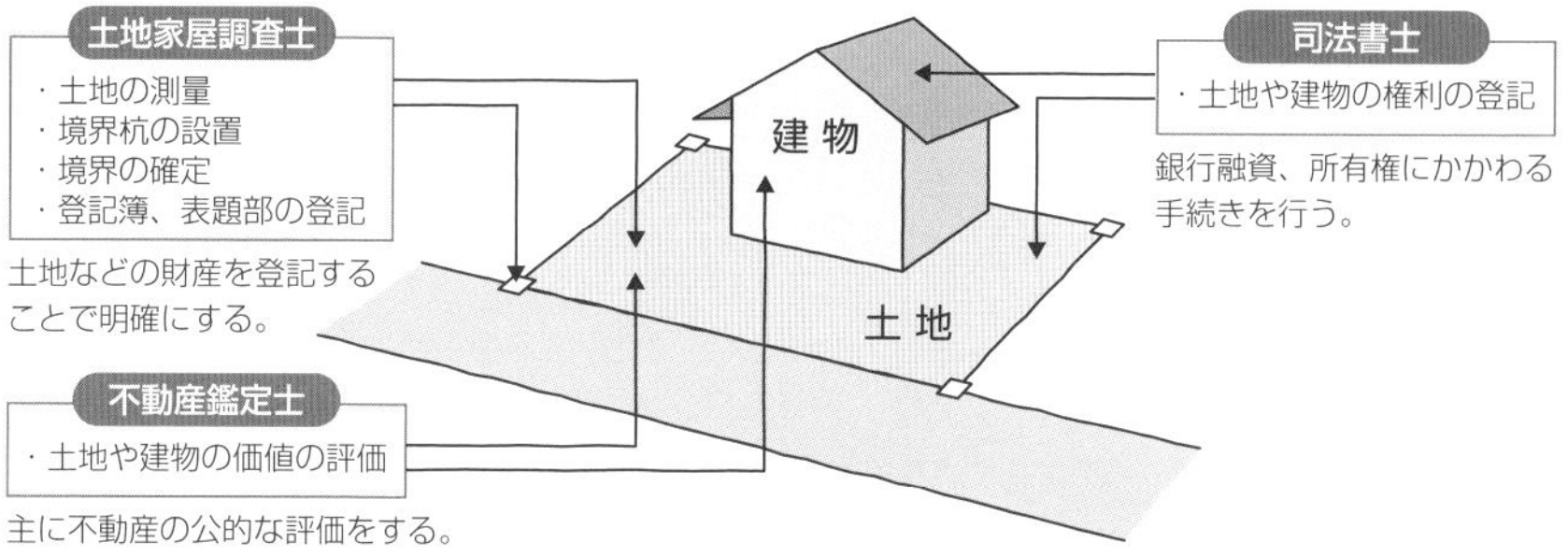

2 権利

★★ **敷地境界《しきちきょうかい》**

敷地の所有権を示す範囲。一般には隣地と接する境界は**隣地境界線**、道路と接する境界は**道路境界線**と呼ぶ。▼図2

★★ **杭《くい》**

道路境界、隣地との境界を明確にするための印。一般的に土に

は杭を用い、アスファルトやブロック塀などに設置する際は**プレート**や**鋲**《びょう》を用いることが多い。これらの杭、プレート、鋲をまとめて**境界ポイント**と呼ぶこともある。▼図2

図2 敷地境界、杭

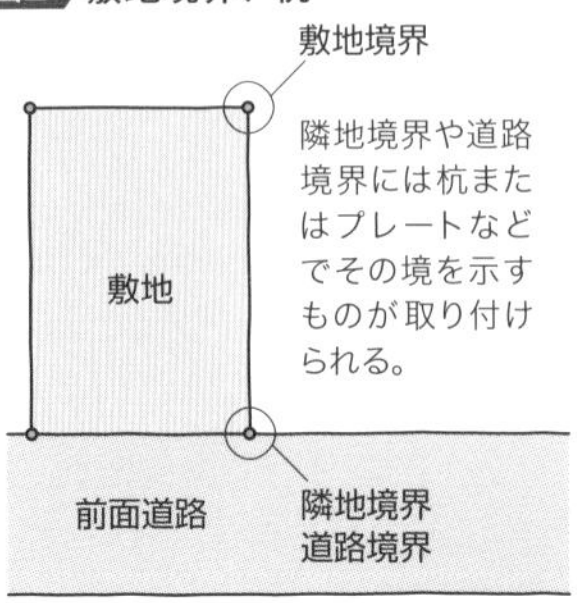

★★
道路境界《どうろきょうかい》フェンス《ふぇんす》
道路との境界に設けるフェンス。

★★
官民境界《かんみんきょうかい》
官有地（都道府県や市町村などが管理している土地）と民有地（個人が管理している土地）とが接する境のこと。

★★
境界確定《きょうかいかくてい》
隣接する土地と土地との境目を明確にすること。互いの所有権の及ぶ範囲を確かにすること。

3 敷地調査

★★★
測量図《そくりょうず》
土地の形状や境界標とその種類、隣接地との位置関係、地積《ちせき》（土地の面積）および求積《きゅうせき》の方法などが表示されている図面。▼図3

★
止水栓《しすいせん》
水道のメーターボックス内には、量水器と止水栓が入っている。建物が解体され、敷地が更《さら》地《ち》になったときは、止水栓の有無で敷地に給水が引かれているかがわかる。新規に給水を引き込むには一般に数十万円の費用がかかるので、敷地が分割された場合などは給水が引かれているか確かめたほうがよい。▼図4

図3 測量図の例

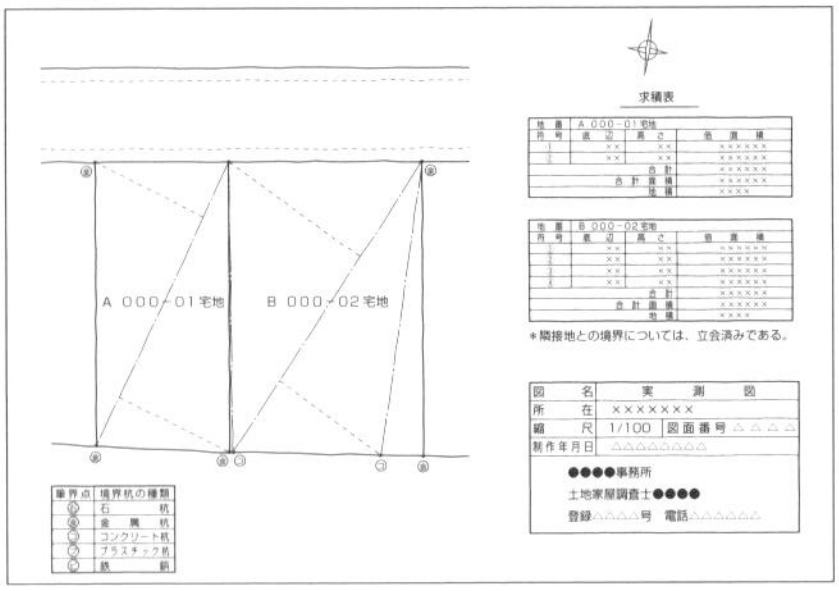

図4 止水栓

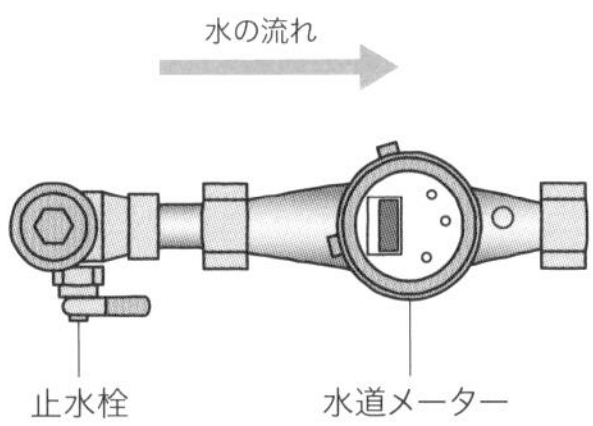

★★★
公設桝《こうせつます》
下水道管理者が敷地境界付近に設置する桝。敷地からの排水を公共の下水道に接続するためのもの。**接続桝**とも呼ばれる。

★★
インフラ《いんふら》
インフラストラクチャー（infra-structure）の略。基盤、下部構造などを指し、一般的には上下水道や道路などの社会基盤のこと。広い意味ではダム・道路・港湾・発電所・通信施設などの産業基盤、および学校・病院・公園などの社会福祉・環境施設がこれに該当する。

★★
接道《せつどう》
土地と接している道路。土地の道路と接する部分の長さが2m未満の場合は、建物を建てることができないという**接道義務**が建築基準法によって定められている。

PROCESS

4 地盤調査《じばんちょうさ》

建物を建てる際、まず行うのは地盤が建物荷重に耐えられるかを調べることです。地盤が弱いと杭を打設するなどして、地盤を改良する必要が出てきます。地盤改良の有無は建築コストを大きく左右します。

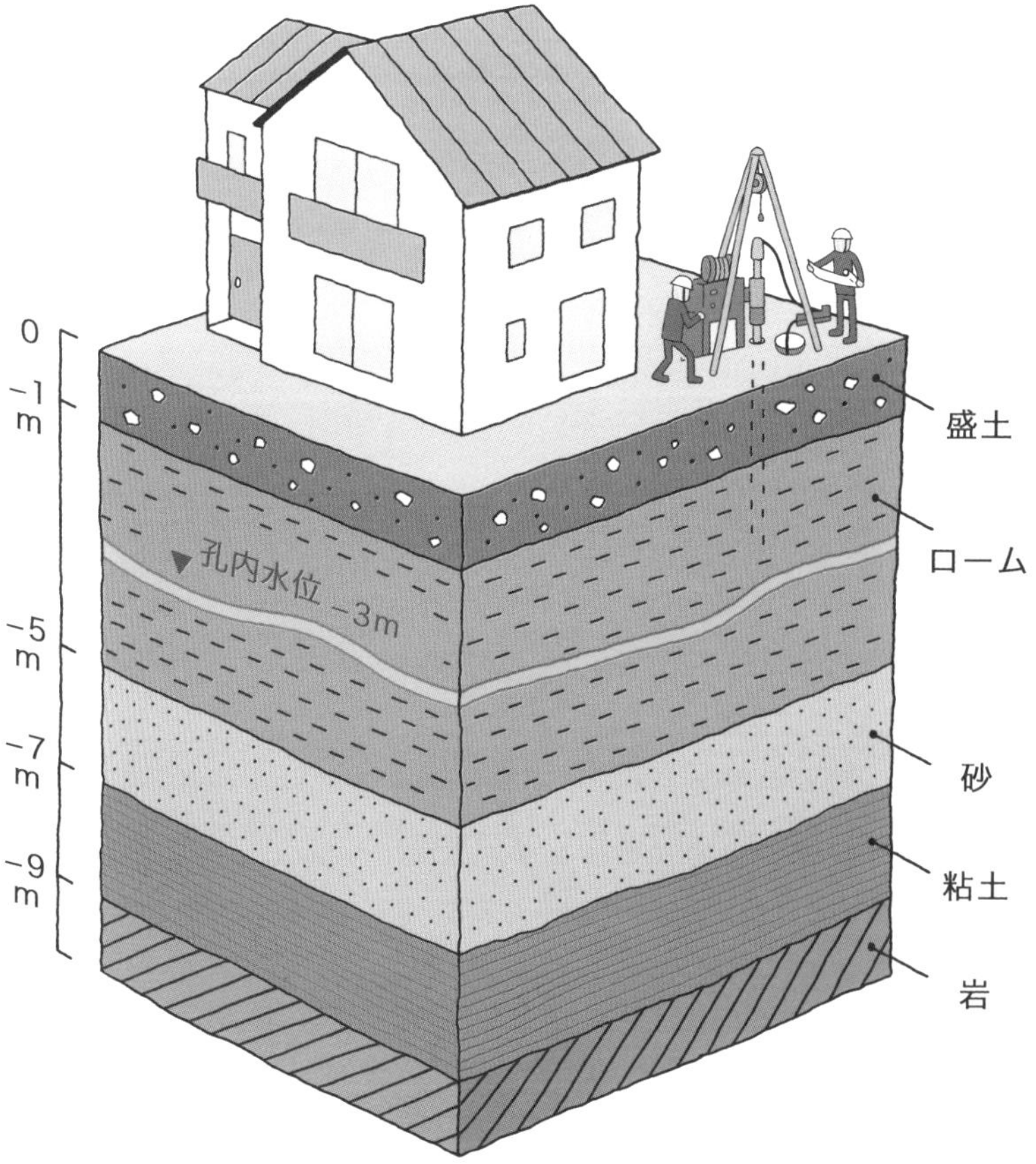

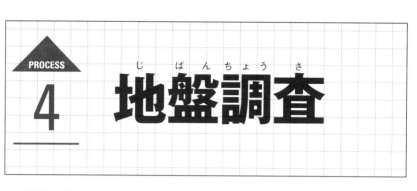

1 調査方法・現地調査

★★★ 地盤調査《じばんちょうさ》

主に地耐力をはかること。地盤調査には、ボーリング試験、サウンディング試験や標準貫入試験などがある。

★★★ ボーリング試験《ぼーりんぐしけん》

掘削機械を使って地盤に穴を掘り、地盤の地質や地下水位など主に土質調査を目的に行われる試験。▼図1

★★★ 標準貫入試験《ひょうじゅんかんにゅうしけん》

棒の先端に取り付けた貫入きりなどを地中に貫入して、打撃回数N値とサンプラー内の試料によって、地盤の強さや土質の硬度、土密度を調べる地盤調査方法。▼図2

★★ スウェーデン式サウンディング試験《すうぇーでんしきさうんでぃんぐしけん》

おもりの重量による沈下試験。木造2～3階建て程度の規模でよく行われる地盤調査方法。▼図3

★★ 土質試験《どしつしけん》

地層の状態、土の性質、強さ、地下水の深さなどを調べて設計や施工の資料とする試験。

図1 ボーリング試験

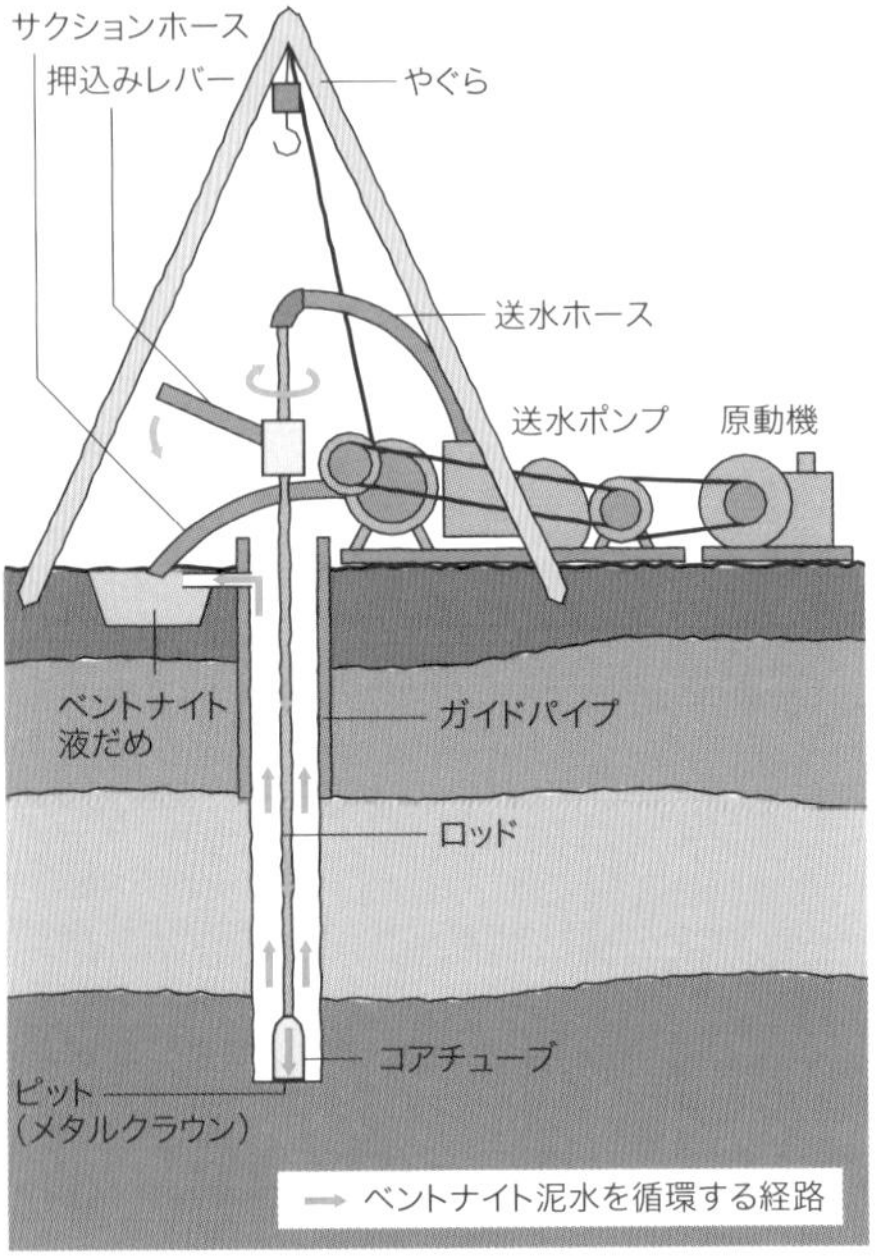

図2 標準貫入試験

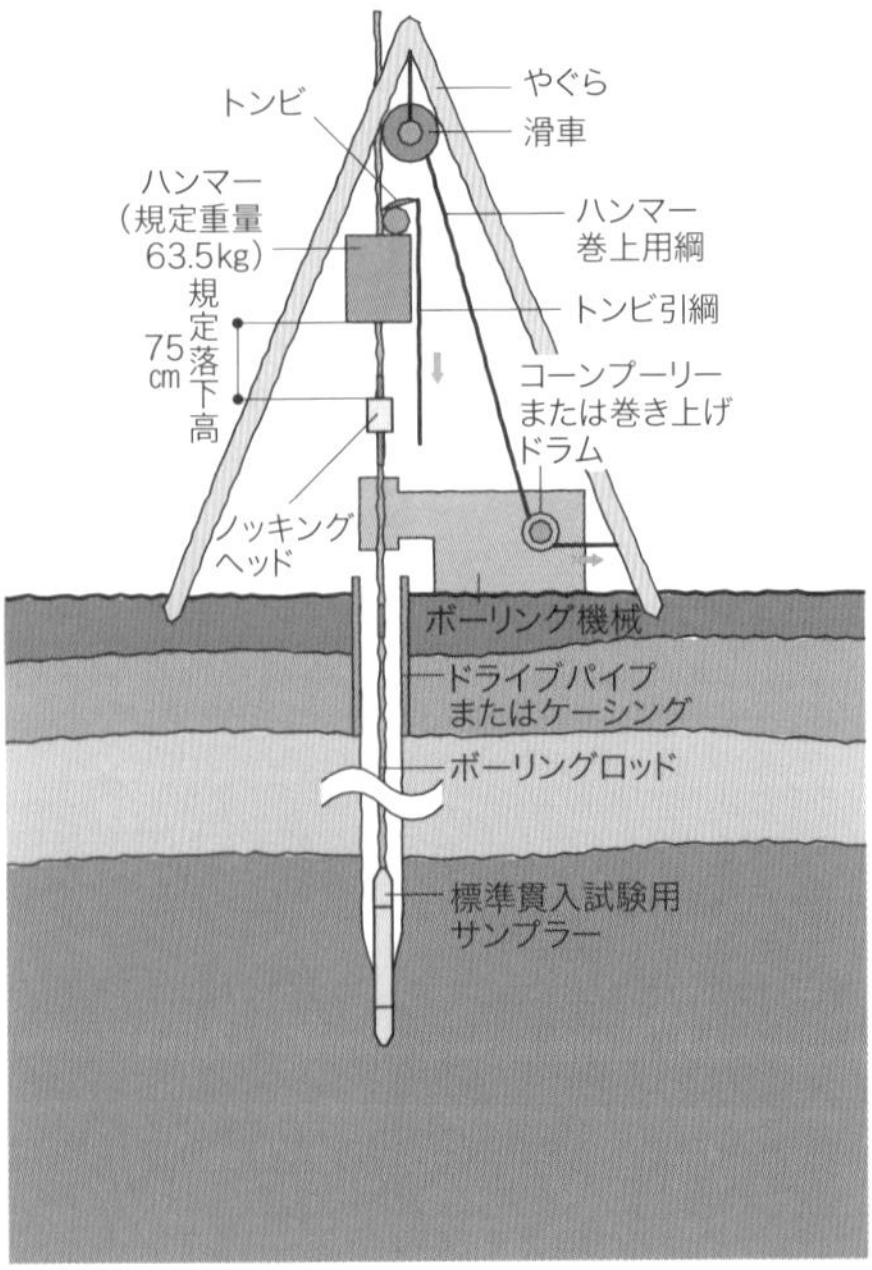

図3 スウェーデン式サウンディング試験

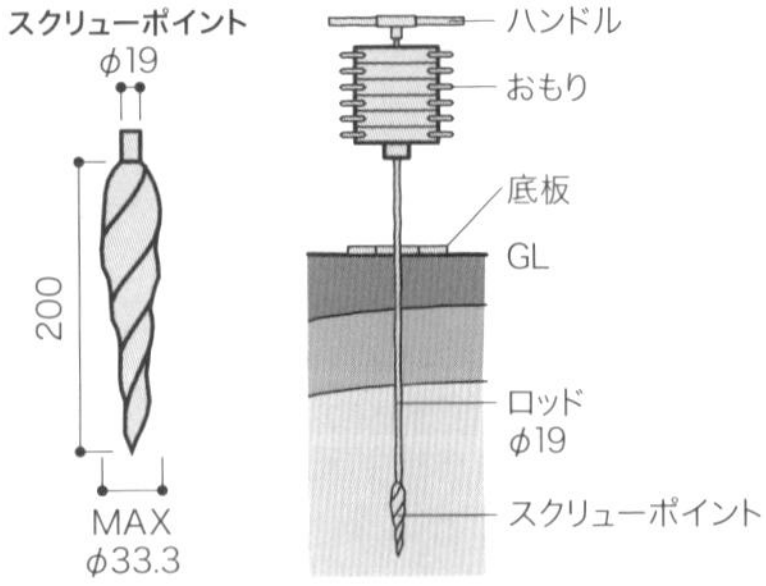

2 地質・耐力

★★★ **地盤《じばん》**
構造物を支える地層（表土、粘土、シルト、砂、礫《れき》など）の総称。

★★ **地山《じやま》**
表土層の下にある自然地盤のこと。▼図4

図4 地山

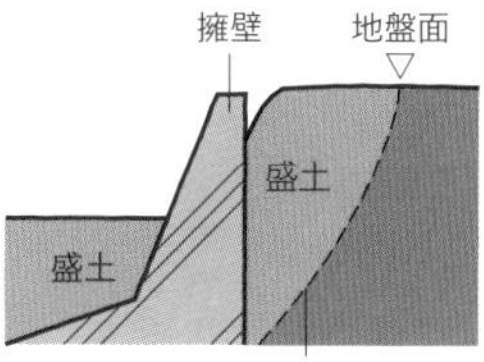

★★ **盛土《もりど》**
敷地造成などの目的のために、元からある地盤面の上に土を盛ること。

★★ **切土《きりど》**
高い地盤や斜面を切り取って低くし、平坦な地表をつくる、あるいは周囲より低くする工事のこと。

★★ **土質《どしつ》**
土の性質。土は大小さまざまな形の粒子から形成されているが、粒子の大きさの順に礫《れき》・砂・シルト・粘土などに分けられる。これらの混合度合いに応じて、砂質粘土や粘土質シルトなどと呼ばれている。

★★ **地層《ちそう》**
粘土や砂、礫《れき》、火山砕屑物、生物遺骸などが水や風の力により運搬され、堆積してできた堆積物。または堆積岩のうち垂直方向に対して水平方向への広がりが十分に広く、層状に分布しているものの総称をいう。

★★ **地盤沈下《じばんちんか》**
地盤が沈む現象のこと。自然的、または地下水の汲み上げなど人為的な要因から起こる。

★ **不同沈下《ふどうちんか》**
建物全体が均一に沈下するのではなく片側に傾斜する、または建物の一部が沈む現象のこと。このような現象は地盤の不均一や基礎形式の違いなどによって起こる。

★ **圧密沈下《あつみつちんか》**
建物の荷重で地盤内に溜まっている水が押し出され、その部分の体積が減少することで起こる地盤の沈下現象。

★★ **液状化現象《えきじょうかげんしょう》**
地震の際、地中にある水と砂質土とが混ざり合い、液状化する現象。砂地盤や地下水位が高い場所に起こりやすい。▼図5

★★ **支持力《しじりょく》**
地盤に荷重がかかったときに、地盤が破壊せず支持できる力のこと。

図5 液状化現象

液状化でマンホールが飛び出したままの歩道。
（2011年5月21日、井田純撮影　写真：毎日フォトバンク）

★★ **支持層《しじそう》**
構造物を支えられる非常に固い地層。杭基礎の場合、一般社団法人日本建築学会ではN値50以上の層が5.0m以上確認できれば、そこを支持層とすると決めている。

★ **地盤保証制度《じばんほしょうせいど》**
住宅保証機構株式会社が、引受保険会社と保険契約（地盤にかかる生産物賠償責任保険）を結び、地盤調査または地盤補強工事の瑕疵により住宅が不同沈下した場合、登録地盤会社に補修費用の一定割合を保険金として支払う制度。

★★崖《がけ》

水平面に対し30度を超える角度の傾斜を要する斜面。▼図6

図6 崖の定義

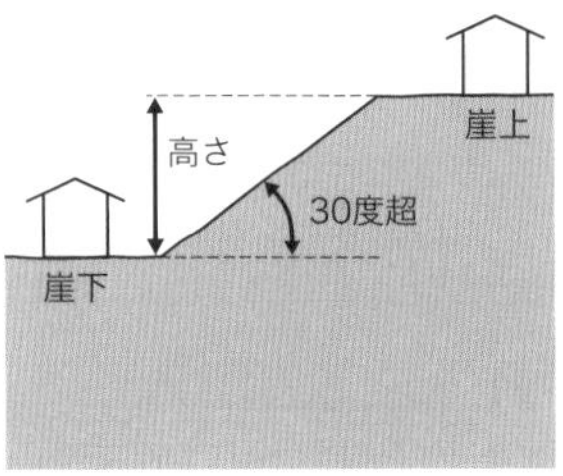

3 ボーリング図

★★ボーリング柱状図《ぼーりんぐちゅうじょうず》

ボーリング調査の結果を表す図表。地表から到達点までの地質断面図で、サンプリングした土壊をデータとして記録した地盤の構成図。**土質柱状図**ともいう。

★★地質《ちしつ》

地面より下の岩盤や地層の性質や状態や種類などを示すもの。

★土質区分《どしつくぶん》

土質（地層）の種類を表すもの。

★孔内水位《こうないすいい》

地下水位の深さを表すもの。

★圧密《あつみつ》

粘土地盤の上に荷重がかかることによって地中の間隙水がしぼり出され、時間の経過とともに土の体積が収縮（地盤沈下）していく現象。

★一軸圧縮試験《いちじくあっしゅくしけん》

粘性土を対象にした試験で、土の柱状の供試体（直径3・5㎝、または5㎝、高さはその2倍）に、上下軸方向に時間的にひずみが起きるような圧縮力を加え、供試体が破壊するまでの荷重とその変形量を求める試験。摩擦杭の支持力の計算などに応用される。

★三軸圧縮試験《さんじくあっしゅくしけん》

せん断試験の一種であり、土質試験の中でも力学試験に分類される。他の試験方法に比べて手間と時間がかかるが、地下水の状態を再現できるため、さまざまな土の状態に合わせて解析、設計に使う土の強さを間接的に求めることが可能。

★KBM《けーびーえむ》

仮（KARI）ベンチマークのこと。主に地盤調査時にマンホール上部などを「仮BM」として設定する。

★★地耐力《ちたいりょく》

地盤が建物を支えられる強度を数値化したもの。岩盤では1㎡当たり50t以上の物を支持できる。

★★換算N値《かんさんえぬち》

スウェーデン式サウンディング試験にて算出されたN値。

★サンプリング《さんぷりんぐ》

地質の種類や特性を試験するために実物の土を採取すること。

★軟弱地盤《なんじゃくじばん》

泥や水を含んだ非常に柔らかい粘土、または固まっていないサラサラした砂でできている地盤。構造物の支持地盤には適さない。

★長期許容応力度《ちょうきょようおうりょくど》

長期にわたり耐えうる応力度の許容値のこと。屋根のような固定荷重、家具や人などの積載荷重に対して許容する力を応力度という。

PROCESS 5

見積《みつも》り・契約《けいやく》

見積書は、施工計画に沿った工事項目、工事金額を盛り込んだ大切な書類。見積書をお互いに承認すれば、施主は建設会社との約束事を書面にし、契約を結びます。

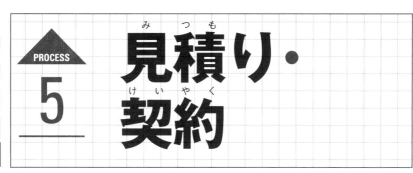

1 見積書

★★★ 見積書《みつもりしょ》

工事項目を金額、数量とともに書面に記載したもの。主に売買契約において金額の根拠となる書類にあたる。見積りを複数の業者からとることを**相《あい》見《み》積《つも》り**といい、**競争入札**ともいう。

★★★ 請負工事費《うけおいこうじひ》

工事価格に消費税を加えた、工事にかかる金額の合計。見積書の工事項目として記載される。▼図1

★★ 工事価格《こうじかかく》

請負工事費から消費税を除いた価格のこと。▼図1

★ 工事原価《こうじげんか》

工事価格から一般管理費などを除いた価格のこと。▼図1

★ 一般管理費《いっぱんかんりひ》

管理部門全般で発生する費用。一般的には管理業務に従事する者の経費、すなわち給料、交通費、通信費、事務用設備の減価償却費などである。▼図1

★ 純工事費《じゅんこうじひ》

直接工事費と共通仮設費を合わせたもの。工事支出のうち、工事現場において管理に関するものを除いた費用。▼図1

図1 請負工事費の構成

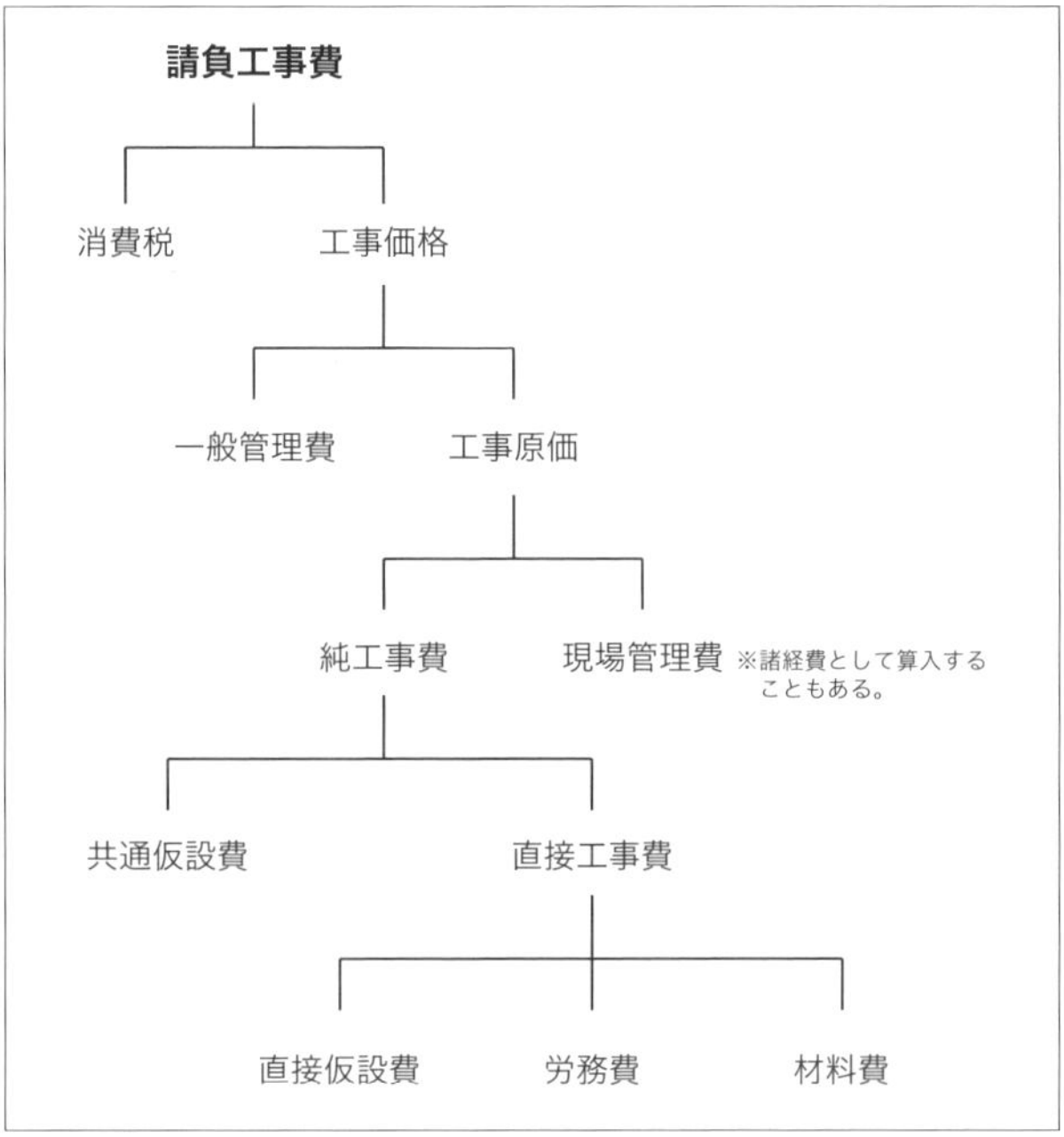

★ 直接工事費《ちょくせつこうじひ》

工事に直接かかわる費用のこと。共通仮設費や諸経費などの間接工事費を除いたもの。主に躯体工事費や仕上げ工事費、設備工事費、外構工事費などに直接仮設費を加えたもの。▼図1

★ 共通仮設費《きょうつうかせつひ》

工事全体の費用のうち、工事全般に共通して必要となる現場事務所や小屋、倉庫、動力、水道、光熱費にあたる費用。▼図1

★ 間接工事費《かんせつこうじひ》

仮設にかかわる費用や諸経費などを含むもの。

★ 現場管理費《げんばかんりひ》

現場管理者の経費と現場の運営費を指す。

★ 内訳書《うちわけしょ》

見積書内に記載されている項目

や金額を、数量と単価でより詳しく書き記した明細。

★ **単価《たんか》**

商品1つ当たりの価格を指す。たとえば木材1本当たり〇〇円や壁紙1㎡当たり〇〇円という価格のこと。

2 契約書・契約

★★★ **工事請負契約書《こうじうけおいけいやくしょ》**

契約を結ぶ際に取り交わす契約内容を記載した書面。契約者、請負者それぞれが署名、捺印をするのが一般的である。

★★ **民間《みんかん》(旧四会《きゅうしかい》)連合協定《れんごうきょうてい》工事請負契約約款《こうじうけおいけいやくやっかん》**

工事に着手する前に、契約者、請負者の両者の合意をとる目的で定められた契約事項のこと。施工者サイドの団体と、監理する建築士サイドの団体によってつくられているため、最もスタンダードな契約約款とされる。現在は、日本建築学会、日本建築協会、日本建築家協会、全国建設業協会、日本建設業連合、日本建築士会連合会、日本建築士事務所協会連合会の7団体がかかわってつくられている。

★★★ **請負金額《うけおいきんがく》**

消費税を含めた工事金額のこと。税金が含まれていない場合は「税抜き価格」と記載することが必要になる。一般的には税込みでの表示の場合、契約金額+消費税額が請負金額になる。

★★ **発注者《はっちゅうしゃ》**

建設工事の注文者のことをいう。

★★ **請負者《うけおいしゃ》**

請負契約において工事を完成させる義務を負う者をいう。

★★ **保証人《ほしょうにん》**

民法では保証債務を負う者をいう。保証債務は、保証人と債権者との間の保証契約によって成立する。

★★ **建設業《けんせつぎょう》**

土木や建築に関する工事で、**建設業法**に規定する建設工事の種類にある工事の完成を請け負う事業をいう。建設業法では、**一般建設業**と**特定建設業**の2つに分けられており、一般建設業は「経営業務の管理責任者がいること」「営業所ごとに専任の技術者がいること」「建設工事の請負契約に関して誠実性があること」「財産的基礎、金銭的信用があること」「許可を受けようとする者が一定の欠格要件に該当しないこと」以上の基準を満たす必要がある。また特定建設業はさらに厳しい要件を満たす必要がある。

3 重要事項説明

★★★ **重要事項説明《じゅうようじこうせつめい》**

契約に際して**重要事項説明書**に基づき、契約に関する重要事項を施主などに対して説明すること。建築設計の受託または工事監理の受託について契約を締結する前に、管理建築士などはこの説明を行うことが義務付けられている。建築士法第24条の7による。▼図2

★★ **書面の交付義務《しょめんのこうふぎむ》**

建築士事務所の開設者は設計受託契約または工事監理受託契約を建築主と締結した後に、遅滞なく、国土交通省に定めるところにより、設計または工事監理の種類や内容、実施期間や方法などを記載した書類を当該委託者に交付しなければならない義務がある。建築士法第24条の8

による。

★**建築士免許証《けんちくしめんきょしょう》**

建築士であることを証明する免許証のこと。重要事項説明の際、管理建築士などは1級、2級もしくは木造建築士免許証を建築主に提示する必要がある。

★**管理建築士《かんりけんちくし》**

建築士事務所の開設者は、建築士事務所ごとにそれぞれ建築士事務所を管理する専任の建築士を置かなければならない。この建築士を管理建築士という。管理建築士となるには、建築士として3年以上の設計、その他、国土交通省令で定める業務に従事した後、国土交通大臣の登録を受けた登録講習機関が実施する管理建築士講習の課程を修了することが必要。

図2 重要事項説明書書面(例)

重 要 事 項 説 明 書

年　月　日

＿＿＿＿＿＿＿＿＿＿様

本重要事項説明は、建築士法第24条の7に基づき、設計受託契約又は、工事監理受託契約に先立って、あらかじめ契約の内容及びその履行に関する事項を説明するものです。本説明内容は最終的な契約内容とは必ずしも同一になるとは限りません。

受託業務名称 ：＿＿＿＿＿＿＿＿

建築士事務所の名称 ：
建築士事務所の所在地 ：
開　設　者　氏　名 ：
（法人の場合は開設者の名称及び代表者氏名）

1．対象となる建築物の概要

建設予定地 ：
主要用途 ：
工事種別 ：
規　模　等 ：

2．作成する設計図書の種類（設計契約受託の場合）

3．工事と設計図書との照合の方法及び工事監理の実施の状況に関する報告の方法
（工事監理契約受託の場合）

① 工事と設計図書との照合の方法：

② 工事監理の実施の状況に関する報告の方法：

4．設計又は工事監理の一部を委託する場合の計画

① 設計又は工事監理の一部を委託する予定 ：□あり　□なし
② 委託する業務の概要及び委託先（ありの場合の計画）
委託する業務の概要 ：
建築士事務所の名称 ：
建築士事務所の所在地：
開　設　者　氏　名 ：
（法人の場合は開設者の名称及び代表者氏名）

重要事項説明書を作成するのは、契約後に起こり得るトラブルを防ぐためでもあります。契約締結の前に、当事者同士が重要事項を共有したことを証明する大事な書類です。

PROCESS

6 確認申請《かくにんしんせい》

確認申請は、工事を始める前に行う重要な手続き。役所や民間検査機関が、法規に則った設計図面か、関連する書類に不備がないかを確認します。申請が通れば確認済証という書類が交付され、着工できます。

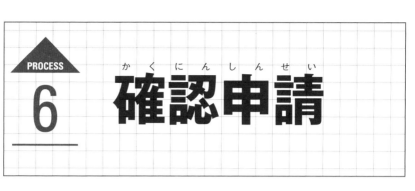

1 申請用語

★★★ 建築《けんちく》

建築物を新築し、**増築**し、**改築**し、または**移転**することの総称。▼図1

図1 建築の4つの行為

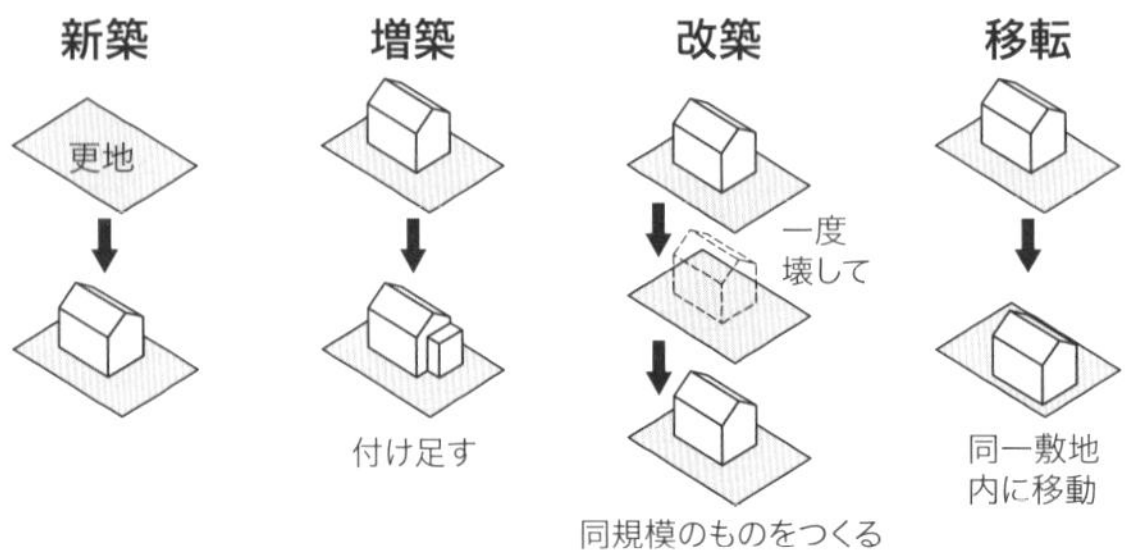

★★★ 大規模《だいきぼ》の修繕《しゅうぜん》

建築物の主要構造部の一種以上について過半を修繕すること。▼図2

★★★ 大規模《だいきぼ》の模様替《もようが》え

建築物の主要構造部の一種以上について過半を模様替えすること。▼図2

図2 大規模の修繕・模様替え

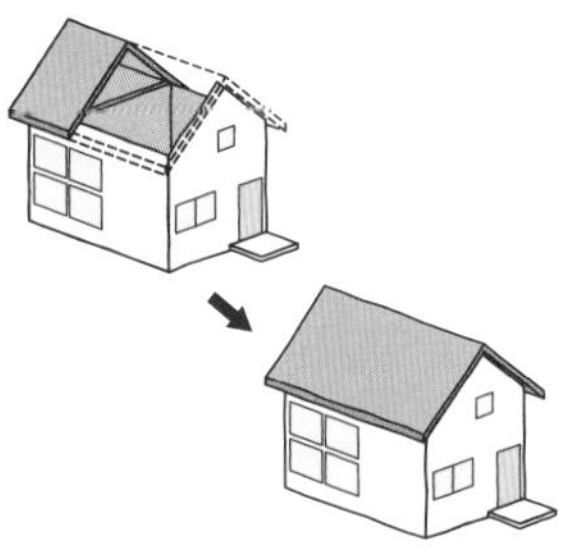

★★ 主要構造部《しゅようこうぞうぶ》

壁、柱、床、梁、屋根、階段のこと。仕切壁、間柱《まばしら》、最下階の床、屋外階段などは除く。▼図3

図3 主要構造部

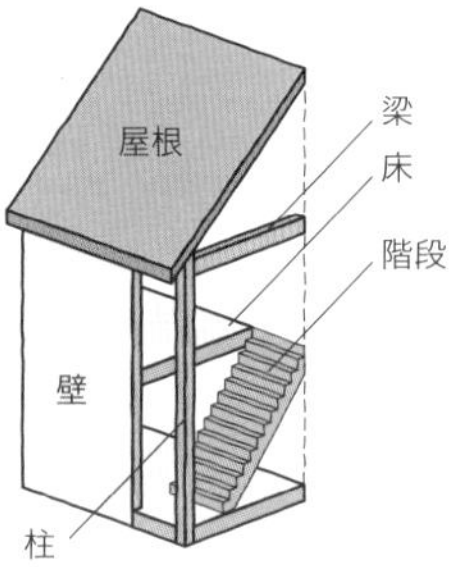

★★ 都市計画区域《としけいかくくいき》

都市計画法第5条に定められた区域。人口や就業者数などを考えて、都道府県が都市として総合的に整備、開発、保全する必要があると指定した区域。

★★ 用途地域《ようとちいき》

都市計画法における地域地区の1つ。**住居地域**、**商業地域**、**工業地域**の3つに大きく分け、それぞれの土地利用を定めている。さらに、「第一種低層住居専用地域」をはじめとして13種類の地域に細分化される。それぞれの地域の用途を定めて建物の用途や規模を制限することで、無秩序な開発を防ぐ。▼図4

図4 用途地域

住宅系	第一種・第二種低層住居専用地域 第一種・第二種中高層住居専用地域 第一種・第二種住居地域 準住居地域 田園住居地域
商業系	近隣商業地域 商業地域
工業系	準工業地域 工業地域 工業専用地域

★★ 防火地域《ぼうかちいき》

防火、防災を考え、燃えにくい耐火性能の高い建築物を建てるように定めた地域。建築基準法では、「**防火地域**」「**準防火地域**」「**防火指定なし**」と3つの区分がなされる。▼図5

図5 防火地域、準防火地域

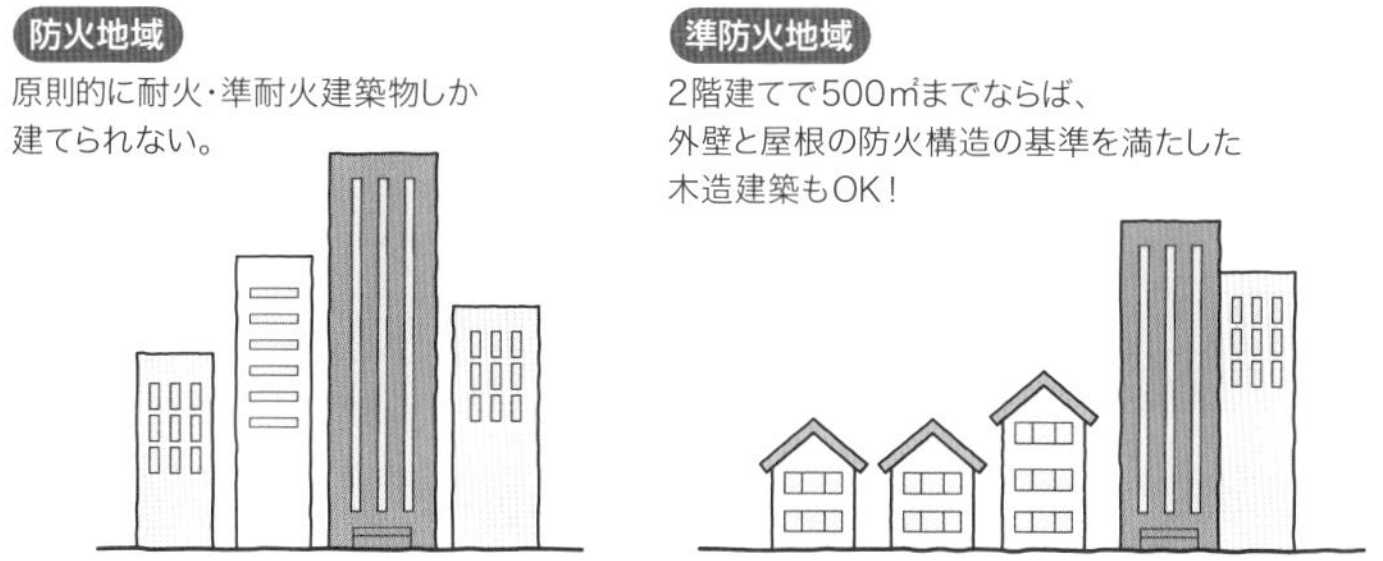
防火地域
原則的に耐火・準耐火建築物しか建てられない。
準防火地域
2階建てで500㎡までならば、外壁と屋根の防火構造の基準を満たした木造建築もOK！

★★ **延べ面積**《のべめんせき》

建築物の各階床面積の合計値。ただし自動車車庫の一部など、算入しないものもある。

★★ **建築面積**《けんちくめんせき》

建築物の外壁またはこれに代わる柱の中心線で囲まれた水平投影面積。ただし、庇《ひさし》やバルコニーの突き出した部分は、その先端から水平距離1m以内の部分であれば建築面積に含まれない。

▼図6

★★ **容積率**《ようせきりつ》

敷地面積に対する建築物の延べ面積の割合。用途地域ごとに容積率の上限が決められている。容積率が高ければ、敷地面積を有効に利用した階数の多い建物が建てられるといえる。（建築基準法52条）

★★ **建ぺい率**《けんぺいりつ》

敷地面積に対する建築物の建築面積の割合のこと。用途地域では制限が設けられるため、建物の密集度などは左右される。同一敷地内に2以上建築物がある場合は、その合計との割合になる。（建築基準法53条）

図6 建築面積

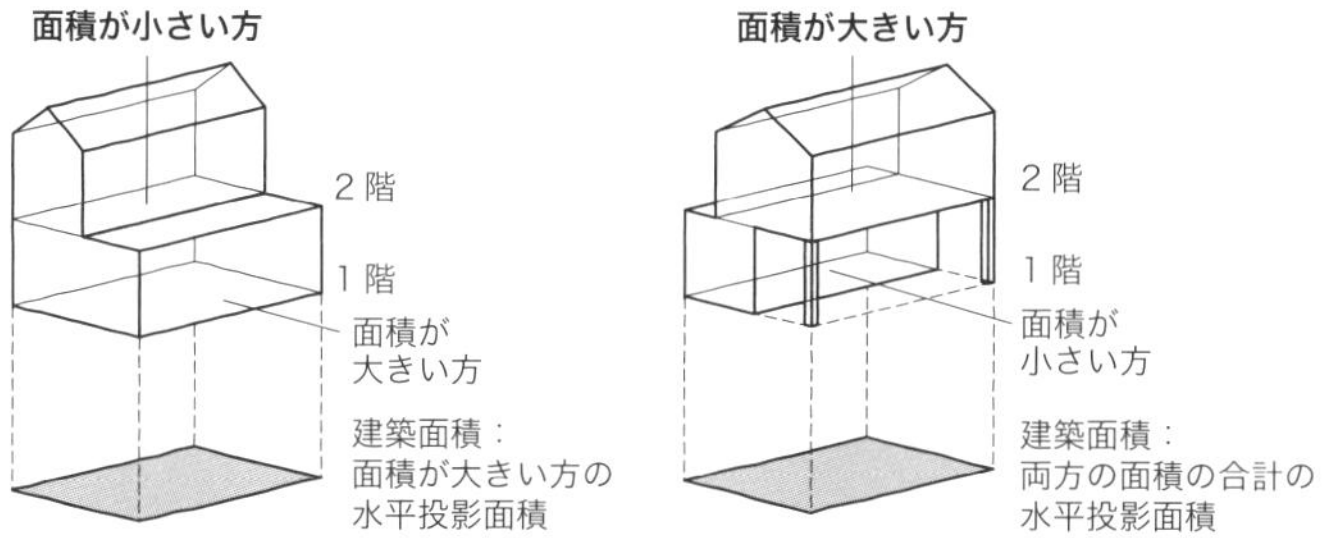
面積が小さい方
2階
1階
面積が大きい方
建築面積：面積が大きい方の水平投影面積
面積が大きい方
2階
1階
面積が小さい方
建築面積：両方の面積の合計の水平投影面積

★★ **採光**《さいこう》

建築物の室内に外部から自然光を取り入れること。建築基準法では、採光が必要な部屋は居室に限られる。

★★ **換気**《かんき》

建築物の室内に外気を取り入れ、内部の空気を排出すること。

★★ **居室**《きょしつ》

居住、執務、作業、集会、娯楽、その他これらに類する目的のために継続的に使用する室のこと。（建築基準法第2条四項）

★★ **耐火構造**《たいかこうぞう》

壁、柱、床、その他の建築物の部分で、**耐火性能**（火災が終了するまでの間、建築物の倒壊・延焼を防止する性能）を有する構造。政令で定める鉄筋コンクリート造、れんが造、その他の構造で国土交通大臣の認定を受

けたものをいう。（建築基準法第2条七項）

★★ 耐火建築物《たいかけんちくぶつ》

耐火構造で、火災が終了するまで火熱に耐えられる、また建物の周囲で発生した火災に耐えられる建築物。（建築基準法第2条九の二項）

★ 準耐火建築物《じゅんたいかけんちくぶつ》

耐火建築物以外の建築物で、火災による延焼を抑制できるもの。（建築基準法第2条九の三項）

★★ 防火構造《ぼうかこうぞう》

建築物の外壁や軒裏で、**防火性能**（周囲で発生する火災による延焼を抑制する性能）を有する構造。政令で定める鉄網モルタル塗りや漆喰塗りなど、国土交通大臣が定めたものや認定したものをいう。（建築基準法第2条八項）

★★ 不燃材料《ふねんざいりょう》

建築材料のうち、**不燃性能**（通常の火災時に燃焼しないこと）を有するもの。政令で定めた基準に適合するもので、国土交通大臣が定めたもの、または認定したものをいう。（建築基準法第2条九項）。

★ 軒の高さ《のきのたかさ》

地盤面から、建築物の小屋組み、またはこれにかわる横架材《おうかざい》を支持する壁などまでの高さのこと。▼図7

図7 軒の高さ

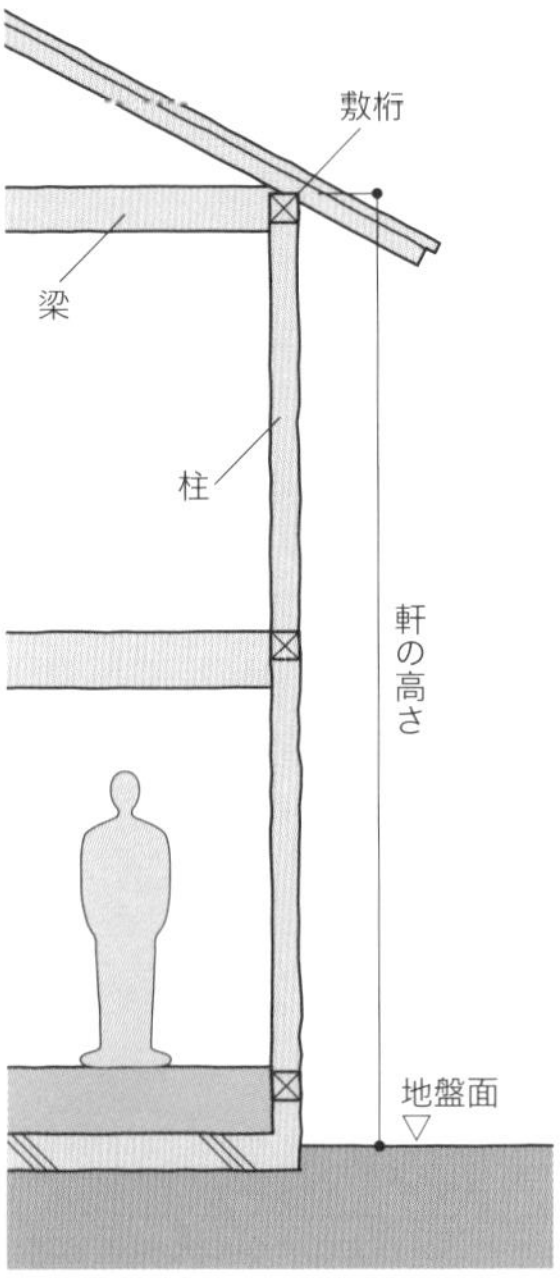

★ 床面積《ゆかめんせき》

建築物各階の壁や区画の中心線で囲まれた部分の水平投影面積。▼図8

★ 延焼のおそれのある部分《えんしょうのおそれのあるぶぶん》

周囲で火災が発生した場合、延焼するおそれのある建築物の部分をいう。隣地境界線、道路中心線から1階においては3m以下、2階においては5m以下の距離にある部分が基本となる。▼図9

図8 床面積

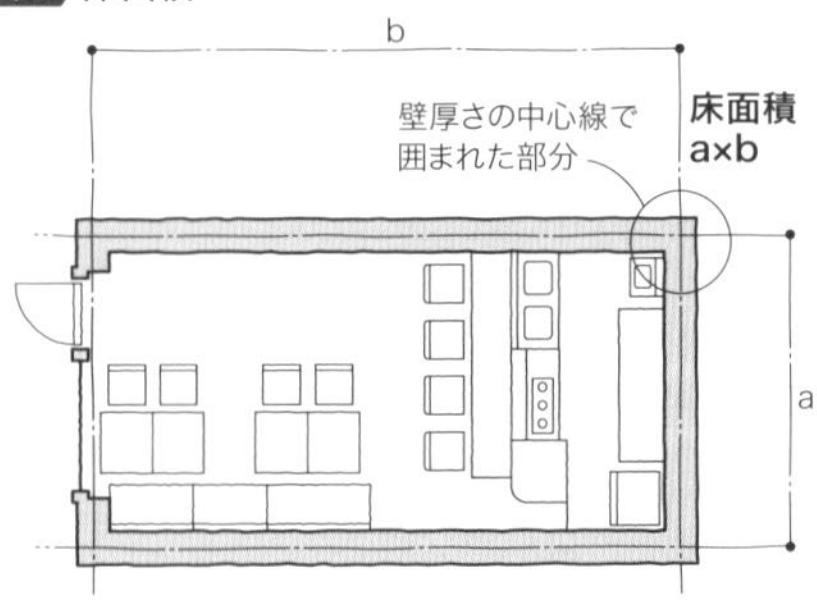

図9 延焼のおそれのある部分

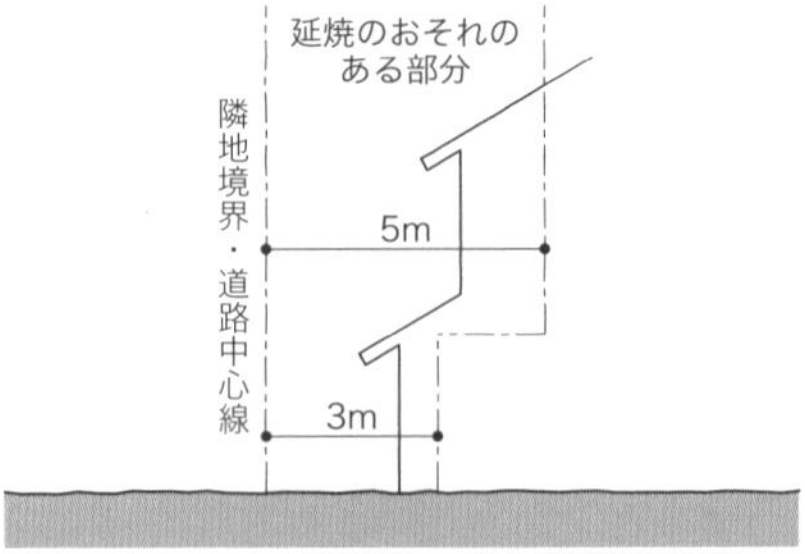

★★★ 建築基準法《けんちくきじゅんほう》

1950年5月に定められた法律で、建築物の敷地、構造、設備および用途に関する最低の基準を定めた法律。国民の生命、健康および財産の保護をはかり、公共の福祉の増進に資することを目的としている。

2 手続き

★★★ 建築確認申請《けんちくかくにんしんせい》

建築基準法に基づく申請（官公庁に自己の希望を申し立て、一定の許可等の効果を求めること）行為。原則として、法に定められた建築物を建築しようとする場合、建築主は申請書により検査機関から建築確認を受け、**確認済証《かくにんずみしょう》**の交付を受けなければ、建築することができない。

★★ 確認済証《かくにんずみしょう》

特定行政庁や指定確認検査機関が建築確認申請の内容をチェックし、法令に適合しているかを確認し交付する書類。

★ 指定確認検査機関《していかくにんけんさきかん》

建築基準法に基づき建築確認申請や検査を行う機関として、国土交通大臣や都道府県知事から指定された機関。民間検査機関ともいわれる。

★ 建築計画概要書《けんちくけいかくがいようしょ》

確認申請の際に提出する書類。内容は建築主の名前や規模、配置、また地図などが添付される。この書類は官公庁にずっと資料として残る。

★ 建築工事届《けんちくこうじとどけ》

建築主が建築物を新築、増築、改築、移転する場合に、一定事項を都道府県知事に届けること。

3 関連申請

★ 消防法《しょうぼうほう》

火災を予防し、警戒し、鎮圧し、国民の生命を守るとともに、火災または地震などの災害の被害を軽減することを目的に定めた法律。

★ 都市計画法《としけいかくほう》

都市計画の内容や決定手続き、制限などを定め、都市の健全な発展と公共の福祉の増進に寄与することを定めた法律。

★ 住宅の品質確保の促進等に関する法律《じゅうたくのひんしつかくほのそくしんとうにかんするほうりつ》

住宅の性能に関する表示や基準、評価の制度を設け、住宅にかかわる紛争の処理を整備し、新築住宅の瑕疵担保の促進をはかる目的で制定された法律。**品確法《ひんかくほう》**ともいわれている。

★ 住宅瑕疵担保履行法《じゅうたくかしたんぽりこうほう》

消費者保護の観点から2009年10月に制定された法律。主な内容としては、瑕疵を補修する責任のある業者が倒産しても、購入者が補修費用をすべて負担しないで済むなど。

★ 省エネ法《しょうえねほう》（建築物省エネ法《けんちくぶつしょうえねほう》）

「エネルギーの使用の合理化等に関する法律」の略称。エネルギーの使用を合理化し、より一層の省エネを推進することを目的とした法律。2016年に「建築物のエネルギー消費性能の向上に関する法律」（建築物省エネ法）で、建築部分だけを移行制定。建築物に適用される基準は2013年の基準に準じている。令和の改正では、建築主への建築物の省エネ状況の説明義務が追加されている。

PROCESS 7

施《せ》工《こう》計《けい》画《かく》

実際の工事に入る前に、施工計画を立てます。大きく分けると工程管理、品質管理、安全・労務管理、予算管理の４つに分けられます。昨今では、安全・労務管理の中に環境管理も加わってきています。

1 施工計画

★★★ 施工計画《せこうけいかく》

設計図に基づき、建築物の安全や適切な品質を確保して、環境保全をはかり、工期内に完成させるための施工手段を計画すること。施工計画は、施工方法、工程管理、品質管理、労務・機械・資材などの調達計画、安全管理、環境管理、建築副産物の処理、現場組織、その他の工事施工などにより計画する。

★★ 施工計画書《せこうかいかくしょ》

建施工計画を書類や図面にしたものの総称。施工計画を図面化した施工計画図、手順や流れを具体化した工程表、交通規制に関する計画書、仮設構造物の設置に関する計画書など、さまざまなものを用意する必要がある。▼図1

★★ 仮設工事計画《かせつこうじけいかく》

仮設工事を行う際に、あらかじめ施工者が関係法令に則して実施計画を立てること。

★★ 仮設備計画《かりせつびけいかく》

電気・水道などの設備、仮設トイレ、現場事務所などの仮設備《かりせつび》の設置について計画すること。仮設備は臨時的なもので、工事完成後は撤去されるため、合理的な撤去方法や後片づけを計画する必要がある。

★★★ 施工図《せこうず》

設計図をもとに建築工事を実施するための、細部や手順までが書かれた詳細図面。現場で職人が施工をするために必要な図面のこと。

★★ 施工体系図《せこうたいけいず》

作成された施工体制台帳を、各下請人の施工分担関係が一目でわかるように図式化したもの。工事にかかわる関係者全員が工事における施工分担関係を把握するのに役立つ。▼図2

図1 施工計画書項目の例

① 工事概要
② 計画工程表
③ 現場組織表
④ 指定機械
⑤ 主要船舶・機械
⑥ 主要資材
⑦ 施工方法
（主要機械、仮設備計画、工事用地などを含む）
⑧ 施工管理計画
⑨ 安全管理
⑩ 緊急時の体制および対応
⑪ 交通管理
⑫ 環境対策
⑬ 現場作業環境の整備
⑭ 再生資源の利用の促進と建設副産物の適正処理方法
⑮ その他

図2 施工体系図のイメージ

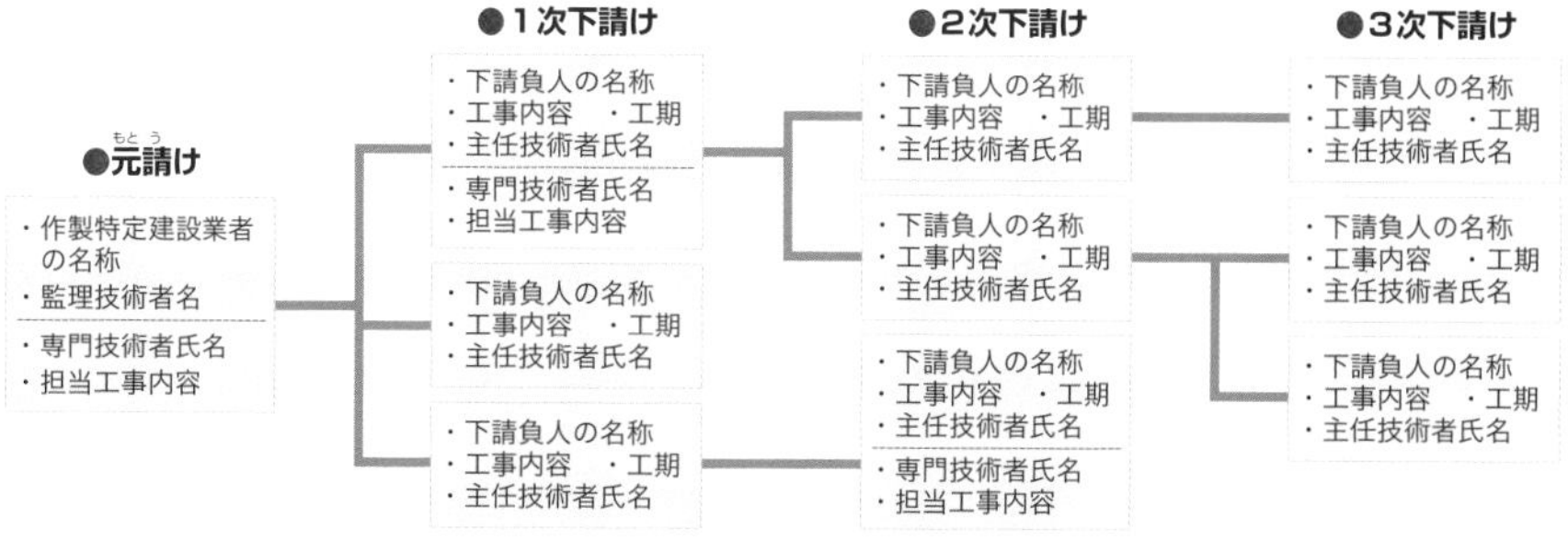

★★
施工体制台帳《せこうたいせいだいちょう》

建設業法における、下請け、孫請けなどの工事施工を請け負うすべての業者名、各業者の施工範囲、各業者の技術者氏名などを記載した台帳。**特定建設業者**（下請業者に代金の総量が合計3000万円〔建築一式工事は4500万円〕以上の発注ができる建設業者のこと）が、下請け代金の総量が合計3000万円（建築一式工事は4500万円）以上になる場合に作成が義務付けられる。

2 工程表

★★★
工程表《こうていひょう》

各建築物の着工《ちゃっこう》から竣工《しゅんこう》に至る各工事の施工順序、作業量などのスケジュールを1つにまとめた日程表。工程表の形式として、主にバーチャート工程表、ネットワーク工程表などがある。

★★★
基本工程表《きほんこうていひょう》

ある程度、簡略化してつくる工程表のこと。この基本工程表をもとに、各工事事業者との検討を重ねて工事全体を表す総合（全体）工程表をつくる。

★★★
バーチャート工程表《ばーちゃーとこうていひょう》

工程表の形式の1つ。縦軸に各種工事、横軸に時間をとり、各作業の着工《ちゃっこう》から完了までの時期を棒状で表現する。**棒状工程表**ともいう。各工事の時間が横線で示されるので見やすいが、各工事の関連性、作業の余裕度がわかりにくい欠点もある。▼図3

図3 バーチャート工程表

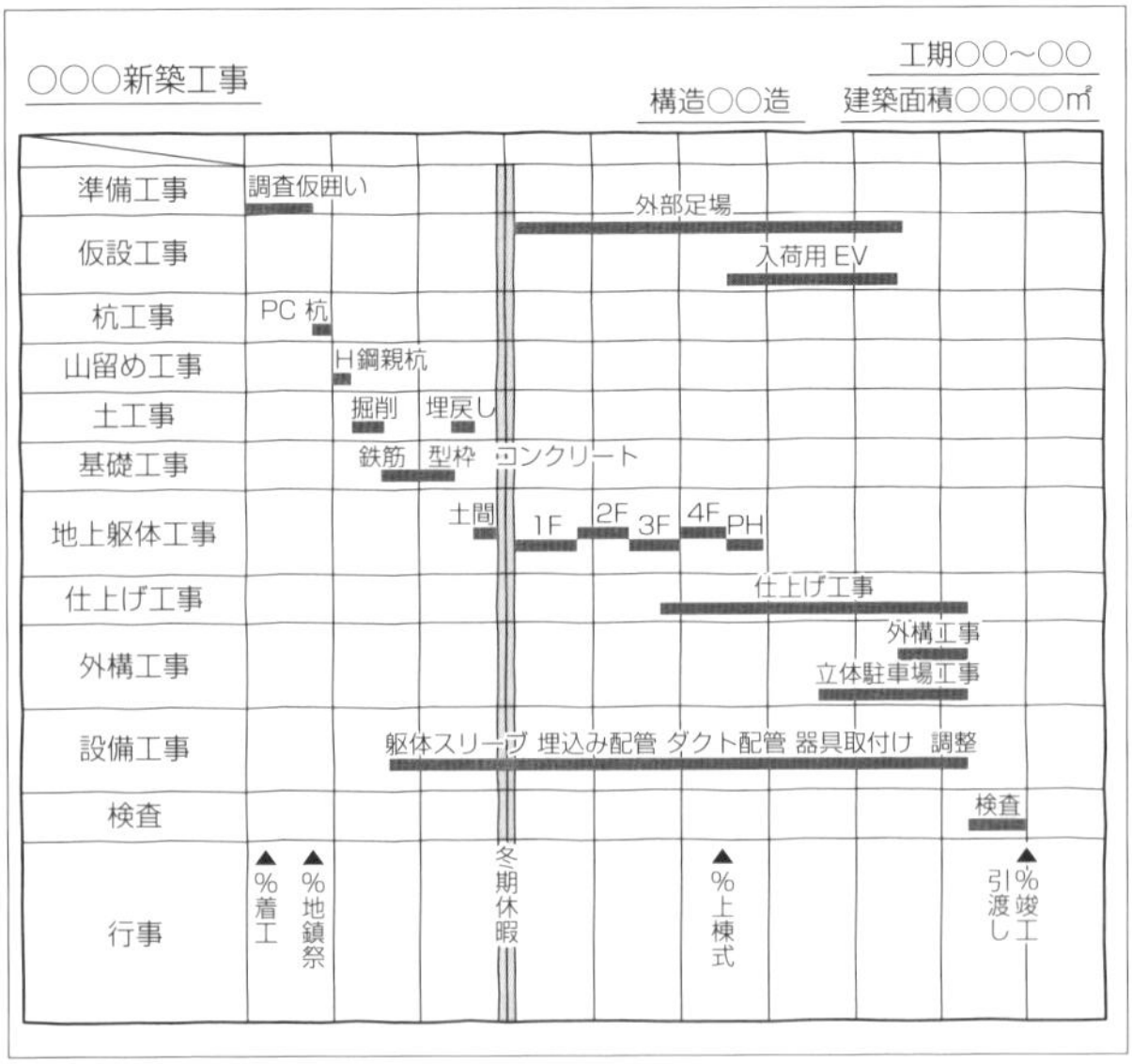

★★★
ネットワーク工程表《ねっとわーくこうていひょう》

工程表の形式の1つ。各作業の施工順序を○、所要日数を線の上に書き、各作業の相互関係を明確化している。作業の順序や各作業間の関係がわかりやすい。実施工程表に向いていて、工事が予定通り進まなくなったときの見直し・修正ができるようになっている。▼図4

★★
クリティカルパス《くりてぃかるぱす》(CP)《(しーぴー)》

工事工程の中で重要かつ他に影響があり、最も時間のかかる部分のこと。建築工事においては各作業が同時に進むが、作業が終わらないと次の作業に移れないというものもあり、この各作業の関係性でいちばん時間を要するところをいう。クリティカルパスの日程を短縮できれば、全体の日程も短縮できる。この部分は、通常、ネットワーク工程表で太線で表現される。必ずしも1本で表現されるわけではない。▼図4

★★★ 実施工程表《じっしこうていひょう》

着工《ちゃっこう》段階での工程表。建物を実際に施工することを念頭に置いて作成した工程表。また工事が進んでいく過程で必要に応じて**各種工事工程表**や**月間工程表**、**週間工程表**などをつくる。

3 安全管理

★★★ 現場組織表《げんばそしきひょう》

現場作業職員の構成図のこと。各人の役割や連絡先が記されている。役割には、現場代理人、監理技術者、主任技術者などがある。また組織は工事の規模などにより、横割方式《よこわりほうしき》（工種割）、縦割方式《たてわりほうしき》（工区割）、および折衷方式《せっちゅうほうしき》で構成される。▼図5

★★★ 安全管理者《あんぜんかんりしゃ》

現場で安全全般を管理する者。

図4 ネットワーク工程表

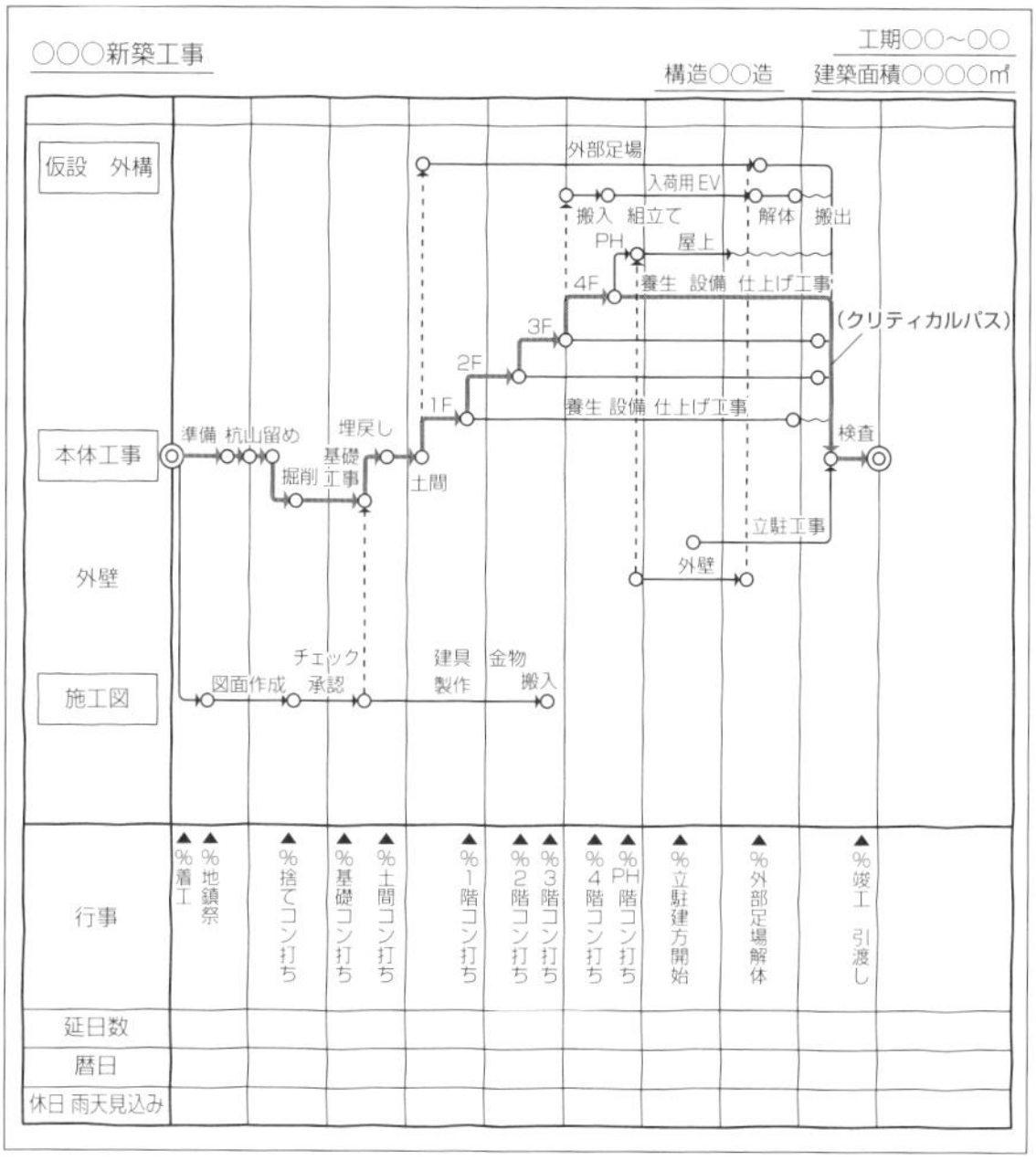

図5 現場組織表

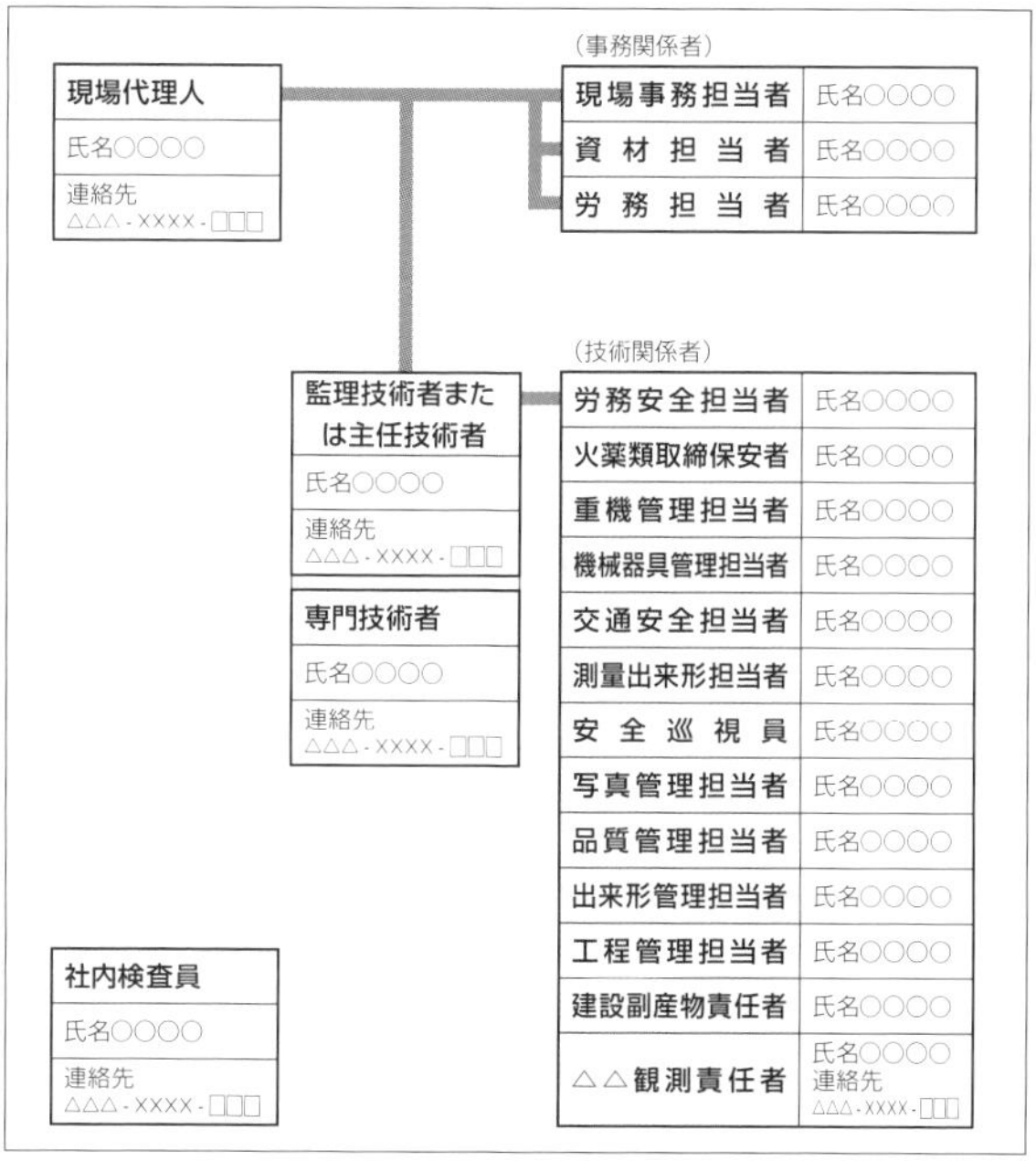

労働安全衛生法で定められ、作業場所などで危険がある場合に、応急措置、適当な防止措置などをする。建設業では労働者が常時50人以上の事業所で、安全管理者を選任しなければならない。

★★ 統括安全衛生責任者《とうかつあんぜんえいせいせきにんしゃ》

特定元方事業者《とくていもとかたじぎょうしゃ》（発注者から直接請け負った建設業者のこと）は、安全衛生にかかわる統括管理を行う必要がある。発注者から直接請け負った建設業者の労働者50人以上の事業場において、安全衛生に関する統括管理をする者のこと。

★★ 労働基準法《ろうどうきじゅんほう》

建設業の職場には、適切な労働条件が必要となる。労働者の賃金、労働時間、休暇などの主な労働条件についての最低限の基準を定めた法律。

★★ 労働安全衛生法《ろうどうあんぜんえいせいほう》

建設業の職場では、労働者の安全と健康を守り、労働災害を防止しなければならない。労働者の安全と健康を確保するため、快適な職場環境の形成を促進するために施行された法律。

★★ 道路交通法《どうろこうつうほう》

建設事業では、資材や重機運搬などで道路を一時的に専有使用する場合がある。その際、道路の危険を防止し、その他交通の安全と円滑をはかり、道路の交通から起きる障害の防止を目的とする法律。略称「道交法《どうこうほう》」のこと。

★★★ 道路占用許可申請《どうろせんようきょかしんせい》

建物を建てる際に必要な仮囲い《かりがこ》や足場《あしば》などを建てるときに公道を占用する場合、事前に道路管理者に出す許可申請のこと。

★★★ 道路使用許可申請《どうろしようきょかしんせい》

建物を建てる際、道路で工事または作業をしようとする場合に、事前に警察署へ出す許可申請のこと。

★★ 道路工事施工承認申請《どうろこうじせこうしょうにんしんせい》

駐車場の乗入れや、開発などにともなう法面《のりめん》埋め立てなどで、道路の構造・形状を変更する場合に、道路管理者の承認を受ける申請のこと。（道路法第24条）

★★★ 公共下水道使用開始(中止)届《こうきょうげすいどうしようかいし(ちゅうし)とどけ》

公共下水道を使用開始（中止）するときに必要な届出のこと。

4 環境管理

★★ 循環型社会形成対策《じゅんかんがたしゃかいけいせいたいさく》

環境負荷の少ない「循環型社会」の形成を目指した対策のこと。循環型社会の形成を推進する基本的な枠組みとなる**循環型社会形成推進基本法**などが成立された。この法律は、廃棄物・リサイクル対策に関する個別法に対して、上位法としての役割を持つ。またこの法律では廃棄物などの処理について、①発生抑制、②再使用、③再生利用、④熱回収、⑤適正処分の順に対応するよう促している。

★★ 騒音・振動対策《そうおん・しんどうたいさく》

建設工事において、**特定建設作業**（大きな騒音や振動を発生させる、杭打ち機やバックホウを使用する作業のこと）を指定区域内で行う際に、騒音について必要な規制を行うこと。**騒音規制法**や**振動規制法**がある。

★★★ 土壌汚染対策《どじょうおせんたいさく》

一定規模以上の土地の形質を変更する際に、土壌汚染のおそれがある、または土壌汚染により健康被害が生じる場合に、調査、除去、健康被害の防止などに努めること。**土壌汚染対策法**がある。

★★★
産業廃棄物対策《さんぎょうはいきぶつたいさく》

建築工事から排出される産業廃棄物に対して、**廃棄物処理法**に基づき、処理責任の所在や処理方法、処理施設、処理業の基準を守ること。蛍光灯の安定器、トランス、コンデンサなどに使用されるPCB（ポリ塩化ビフェニル）廃棄物の適正な処理の推進を定める**PCB廃棄物特別措置法**もある。

★★★
リサイクル対策《りさいくるたいさく》

特定建設資材（コンクリート、アスファルトコンクリート、コンクリートと鉄からなる資材、木材など）を使用、取り扱う一定規模以上の建設工事において、工事施工者に分別解体《ぶんべつかいたい》や現場における分別、また分別したものの再資源化を義務付けた対策。基本となる法律は**建設リサイクル法**である。また、特定建設資材に加え、電気業の石炭灰、建設業の土砂などを含めたものを搬入・搬出する一定量の工事で、リデュース（発生抑制）、リユース（再利用）、リサイクル（再資源化）の促進を目的した**資源有効利用促進法**などもある。

★★★
有害化学物質対策《ゆうがいかがくぶっしつたいさく》

建設工事で発生する有害化学物質への対策。人の健康に影響を与えるダイオキシン類による環境汚染の防止や除去の基準、規制などを定めた**ダイオキシン類ばく露防止対策要綱**や**労働安全衛生法**などがある。また、エアコン、冷凍・冷蔵機器などの回収、破壊の際に発生するフロンに対しては、フロン回収破壊法などがある。

5 品質管理

★★
品質管理《ひんしつかんり》

施主の要求する建築の品質を達成するために、建物において求められる品質を確保すること。

★★★
建築工事標準仕様書《けんちくこうじひょうじゅんしようしょ》

建築の図面で表現できない事柄などをまとめた、工事の指示をする書式、仕様書のこと。品質、性能、施工方法、部品・材料のメーカーなどが指定されている。日本建築学会などの団体や施工会社などで、それぞれの標準仕様書がある。

★★★
公共建築工事標準仕様書《こうきょうけんちくこうじひょうじゅんしようしょ》

国土交通省によって監修された仕様書で、標準仕様書を適用する建築工事の契約図書《けいやくとしょ》として活用される。また各省庁の「統一基準」として各省庁の営繕工事《えいぜんこうじ》に適用されている。営繕工事の営繕とは、「建築物の営造と修繕」のことで、建築物の新築、増築、修繕、模様替えを指す。▼図6

★★
JASS《じゃす》

日本建築学会建築工事標準仕様書。Japanese Architectural Standard Specification の略称。日本建築学会で建築材料、施工基準に関する仕様などを定めている。▼図7

図6 公共建築工事標準仕様書

国土交通省大臣官房官庁営繕部監修

図7 JASS（建築工事標準仕様書・同解説）

日本建築学会監修

PROCESS 8

解《かい》体《たい》工《こう》事《じ》

新しく建物を建てるとき、敷地に古い家屋などがある場合は、解体工事が必要となります。近隣環境に迷惑をかけないように、また多量の廃棄物により地球環境を悪化させないように、さまざまな法律があります。

1 法律・書類

★★★ **建設リサイクル法**《けんせつりさいくるほう》

一定規模以上の建築物や工作物の建設工事で、解体する際のコンクリート、アスファルト、木材など（特定資材）の廃棄物を分別して、資材ごとに再利用することを解体業者に義務付ける法律のこと。**建設資材リサイクル法**とも呼ぶ。正式名称は**建設工事に係る資材の再資源化等に関する法律**。

★★ **マニフェスト**《まにふぇすと》

産業《さんぎょう》**廃棄物**《はいきぶつ》**管理票**《かんりひょう》ともいう。不法投棄《ふほうとうき》を防ぐために、産業廃棄物の発生現場から中間処理場を経て最終処分場まで処理の流れをまとめた票のこと。

★★ **建物滅失登記**《たてものめっしつとうき》

建物を解体したときに、登記簿を閉鎖するために行う登記。1か月以内に法務局で行うことが義務付けられている。

★★ **建物取毀（取り壊し）証明書**《たてものとりこわししょうめいしょ》

滅失登記《めっしつとうき》の際に必要になる、建物を壊したことを証明する書類。壊した本人である解体業者が記入する。

2 解体の種類と基本用語

★★★ **分別解体**《ぶんべつかいたい》

建設資材廃棄物を種類ごとに分別しつつ、計画的に行う解体のこと。解体工事は分別解体の手法をとるように建設リサイクル法で義務付けられた。▼図1

★★ **手解体**《てかいたい》

スペースの問題で、重機などが入らない場合に、人がバールなどを使い、部位ごとに解体すること。**手壊**《てこわ》**し解体**《かいたい》ともいう。▼図2

図1 分別解体の例

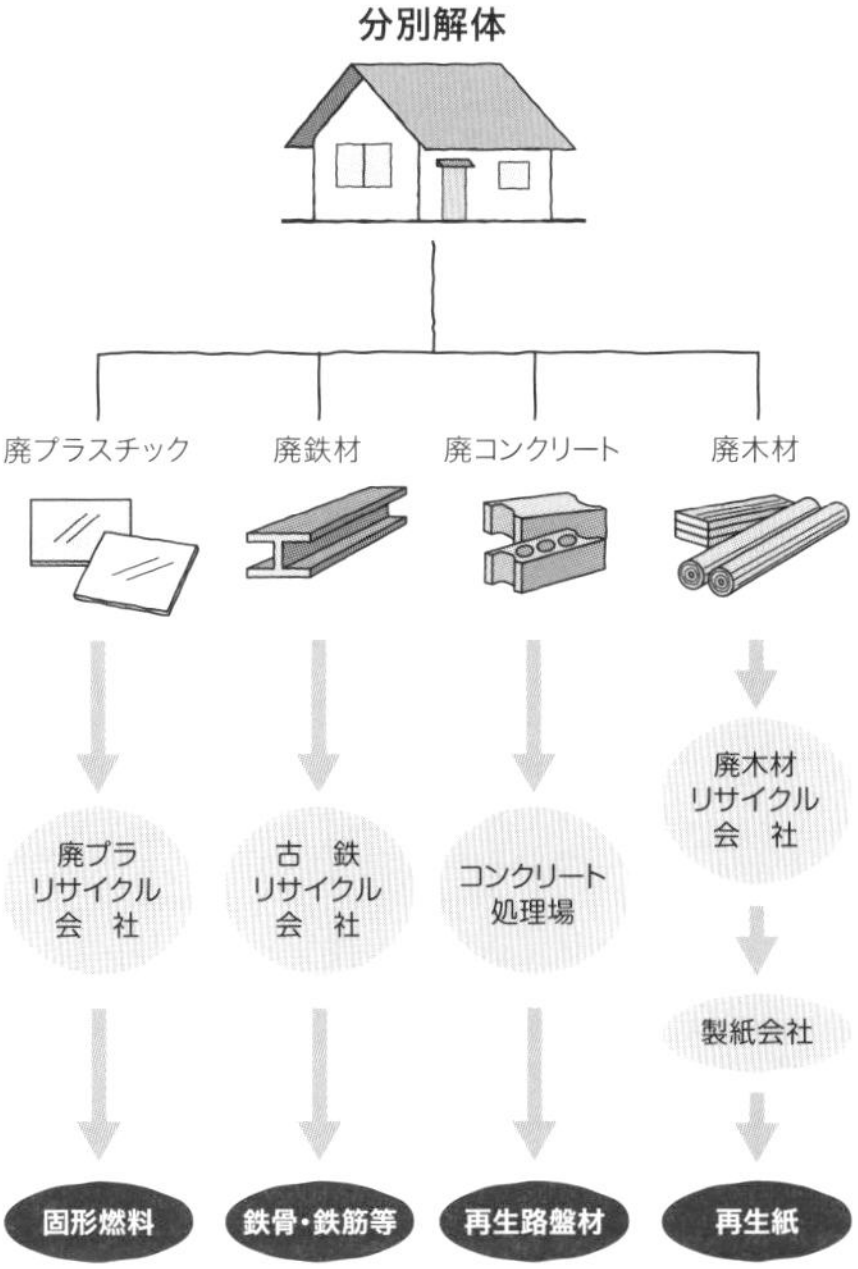

図2 手解体の様子

★★ **切り離し工事**《きりはなしこうじ》

全部壊すわけではなく、一部を壊す工事のこと。▼図3

★★★ **斫り**《はつり》

コンクリートなどを砕いたり、削ったりして壊すこと。▼図4

★★★ **整地**《せいち》

土工事などで掘った土砂を搬出、または残土《ざんど》などを埋め戻し

て、地盤面を平らにすること。▼図5

図3 切り離し工事

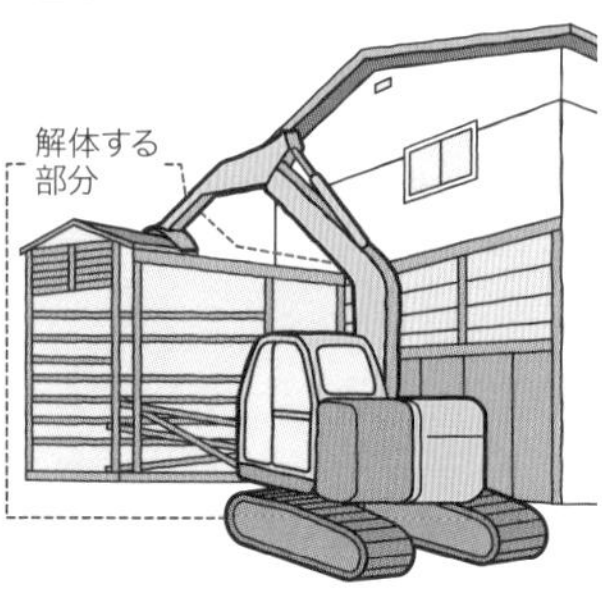

図4 斫り

図5 整地

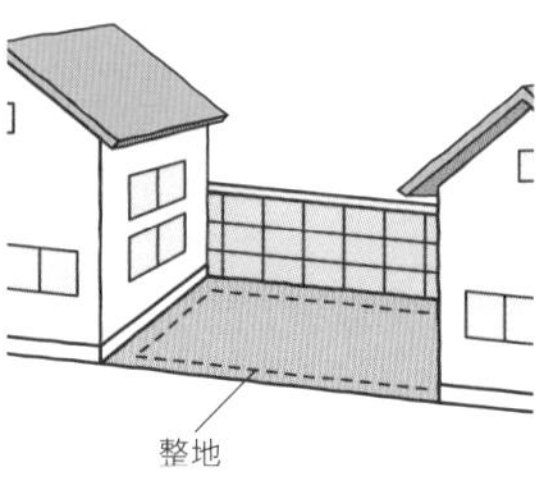

3 廃棄物・処理

★★★
一般廃棄物《いっぱんはいきぶつ》
家庭や事務所などから排出される一般のゴミのこと。区域内処理が原則で、処理責任は市町村にある。▼図6

★★★
産業廃棄物《さんぎょうはいきぶつ》
事業活動によって生じるゴミ、汚物、または売却ができず不要になったもののこと。産廃《さんぱい》ともいい、処理責任は排出事業者にある。**廃棄物の処理及び清掃に関する法律（廃棄物処理法）**で定められている。▼図6

★★★
ガラ《がら》
コンクリートを粉砕したときの破片や建築廃材のこと。コンクリートの場合は、**コンクリートガラ**とも呼ばれる。建設リサイクル法の特定資材としてリサイクルが義務付けられている。

図6 一般廃棄物、産業廃棄物

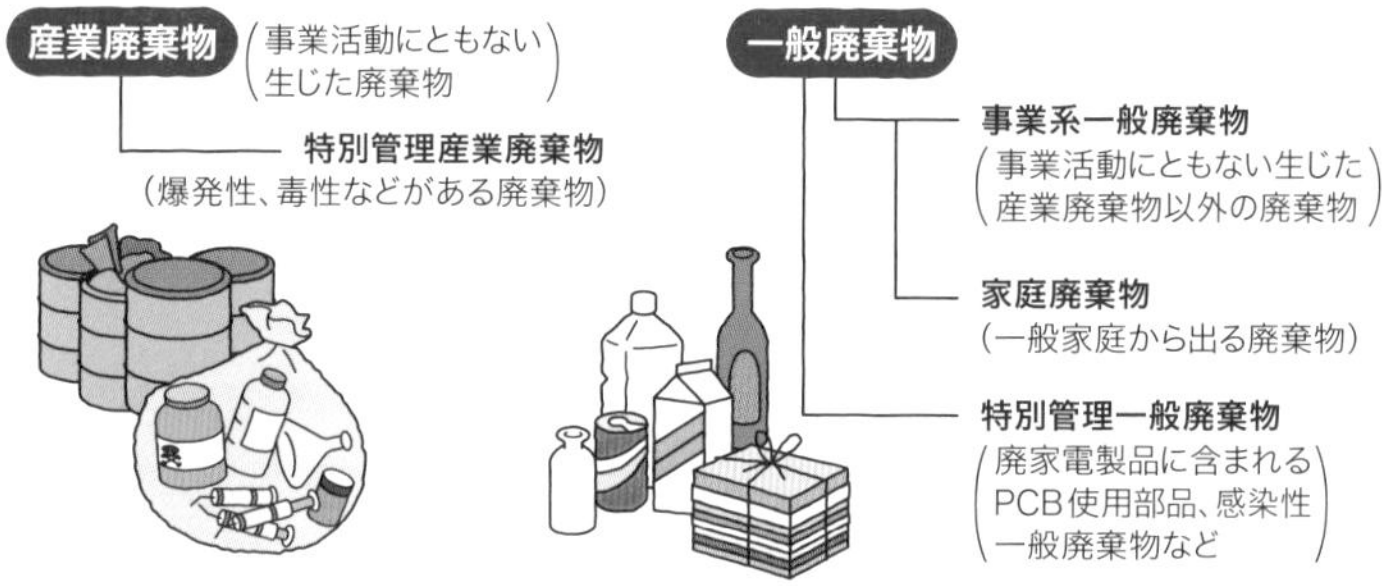

★★
チップ《ちっぷ》
解体工事で生じる産業廃棄物の木が細かくなったもの。柱・梁などの木材が細かく砕かれ、リサイクル処理されるもののこと。

★★★
アスベスト《あすべすと》
石綿（せきめん、いしわた）という天然の鉱物繊維のこと。耐久、耐熱、耐薬品などに優れていたため多くの建材に使われていた。空気中に飛散した場合、吸入すると肺ガンや悪性中皮《あくせいちゅうひ》腫《しゅ》などの原因になるので、現在では製造・輸入・使用・譲渡・提供が禁止されている。家を解体するときには注意が必要である。

4 重機・解体道具

★★★
ユンボ《ゆんぼ》
キャタピラの付いた車両系の建設機械で、腕のようなブームとアーム、手のひらのような先端のバケットをフォーク、ハサミなどに付け替えて、解体や土の掘削《くっさく》などに使う。「ユンボ」とは登録商標で、正式名称は**バックホウ**といい、「弾いて使うくわ」という意味。その他に**油圧ショベル**、**パワーショベル**などとも呼ばれる。▼図7

図7 ユンボ

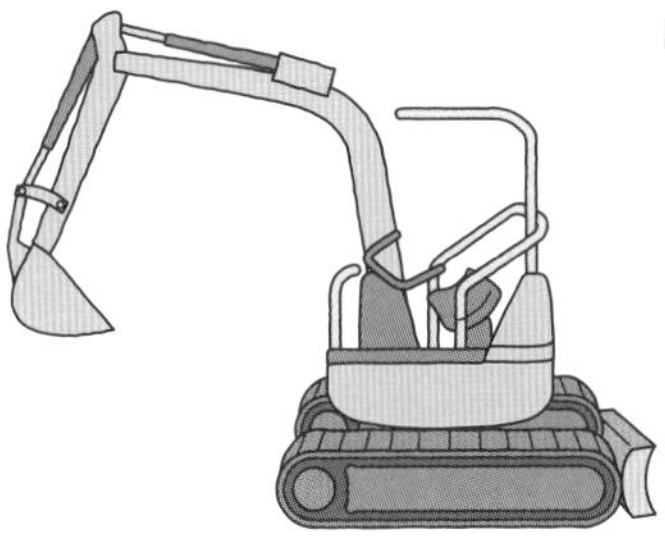

★ コンクリートクラッシャー《こんくりーとくらっしゃー》

ユンボのバケットに取り付ける、コンクリートを砕くハサミのような部品のこと。▼図8

★ 鉄骨カッター《てっこつかったー》

ユンボのバケットに取り付ける、鉄骨を切るハサミのような部品のこと。▼図8

図8 コンクリートクラッシャー、鉄骨カッター

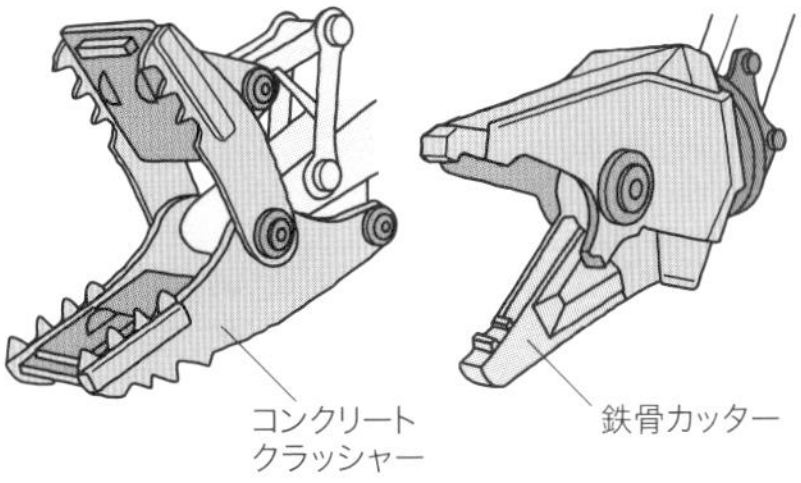

★★★ ユニック車《ゆにっくしゃ》

荷台または、運手席と荷台の間にクレーンを装備したトラックのこと。そのクレーンを使って重量物を荷台に積み込み、運搬する。「ユニック」は登録商標で、一般名称は、**車両搭載型クレーン**、**トラック搭載型クレーン**、**キャブバッククレーン車**である。▼図9

図9 ユニック車

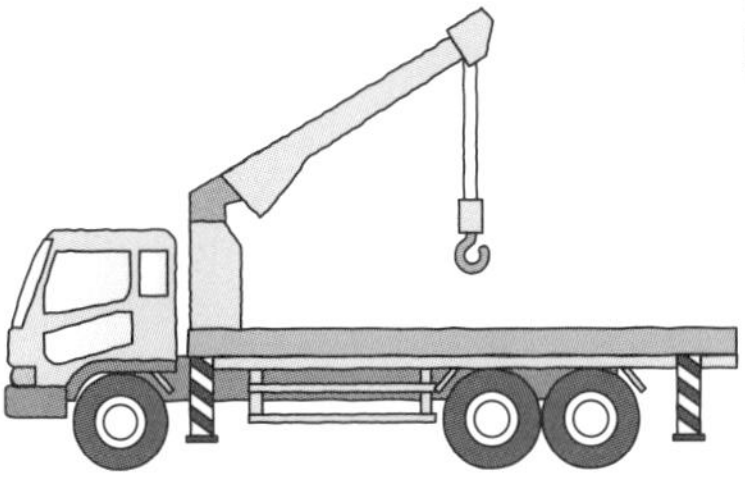

★★★ ラフター《らふたー》

ラフターとは、**ラフテレーンクレーン**の略で、運転室で走行とクレーン操作ができる車両系の建設機械。コンパクトにもなり、前後独立でタイヤが動き、狭い所にも入れるなどの利点があり、トラッククレーンよりも現在はよく使われる。▼図10

★★★ 2t・4tダンプ《にとん・よんとんだんぷ》

土砂・砂利などの運搬を目的とした特装車のこと。荷台を油圧シリンダーで斜傾させて、積荷を排出する。2t、4tは大きさを表す。解体工事の場合では、道路に4tダンプが通らず2tダンプを選択すると運搬回数が変わるため、見積りも変わってくる。

図10 ラフター

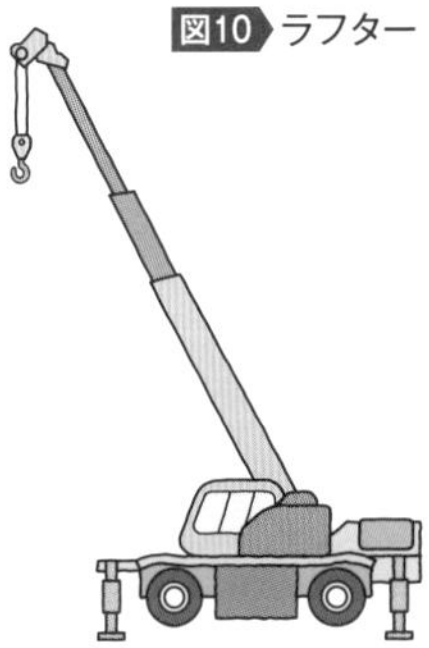

★★★ バール《ばーる》

L形の金属製の工具。重い物の下に差し込み、てこの原理で持ち上げ、解体や釘抜きに利用する。**かじや**ともいう。

★★ ねこ《ねこ》(猫車《ねこぐるま》)

コンクリートのガラ、土砂を運ぶ際に使う手押しの一輪車。

PROCESS
9

仮設《かせつ》・足場工事《あしばこうじ》

建物本体の工事をスムーズに進めるために設置される、仮囲いや足場を設置する仮設・足場工事。建設時に必要不可欠な工事ですが、一時的な仮設物のため、撤去も視野に入れた効率性も計画段階で必要となります。

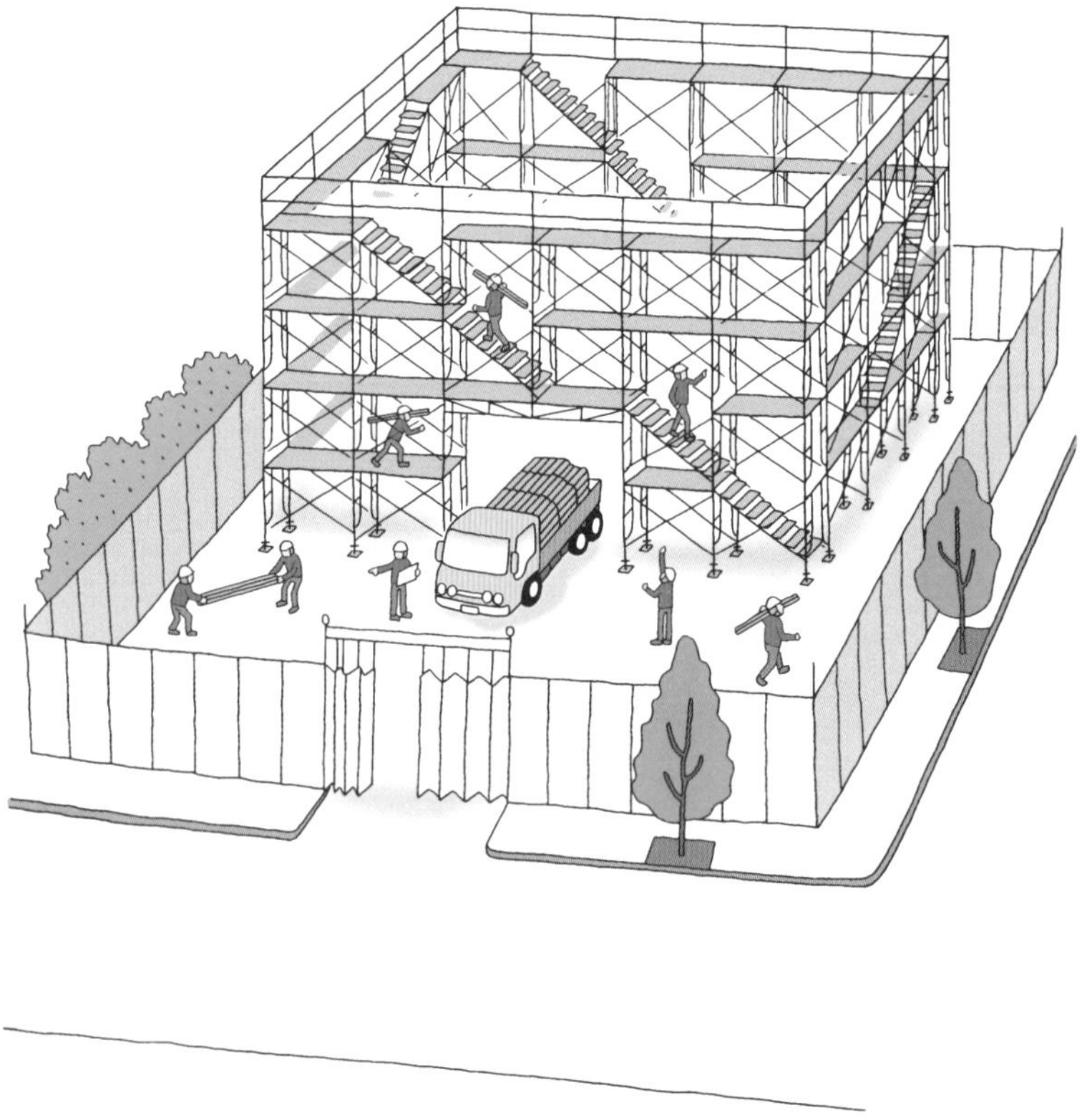

1 仮設工事

★★★ **仮設工事《かせつこうじ》**

建物そのものの工事ではなく、施工に必要な施設や設備の工事のこと。各工事に共通して必要な**共通仮設工事**、個々の工事に必要な**直接仮設工事**の2つに大きく分けることができる。

★★★ **仮囲い《かりがこい》**

工事現場を隣地から仕切るための、板塀や鉄板塀などの仮設の塀。2m以上が一般的。▼図1

2 足場の種類

★★★ **足場《あしば》**

工事に必要な通路や作業用の床を組み立てる仮設物のこと。使用目的により多くの種類がある。使用材料、支持方法、形状などによって、**建地《たてち》（支柱）足場**、**吊り足場**、**脚立足場**、**棚足場**、**移動式足場**などがある。

図1 仮囲い

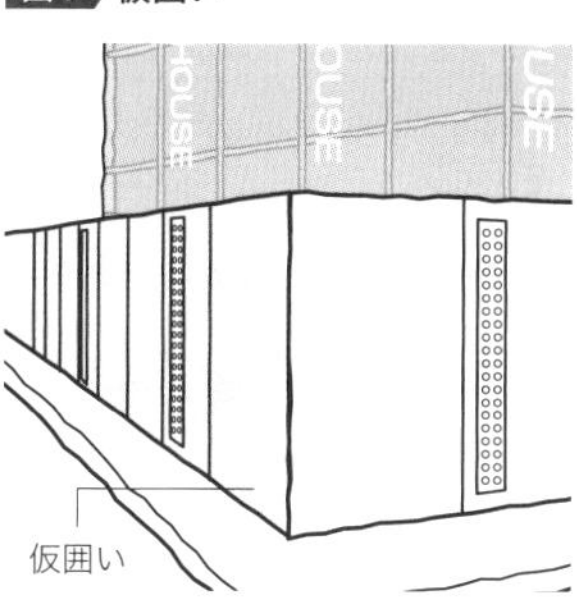

★★★ **単管足場《たんかんあしば》**

建地《たてち》（支柱）足場の棚足場の1つで、鋼管の単管を使った足場のこと。かつては、丸太足場がよく用いられたが、現在は丸太のかわりに鋼管が使われている。▼図2

★★★ **枠組足場《わくぐみあしば》**

建地《たてち》（支柱）足場の棚足場の1つで、コの字形で順次積み上げることのできる建枠《たてわく》を使った足場のこと。建枠、布枠《ぬのわく》、継《つ》ぎ手《て》金具《かなぐ》、ベース金物、交差筋《すじ》かい、張り枠などで組み立てられる。組み立て、解体が楽なので、現在、最も多く使用されている。**ビティ足場**とも呼ばれる。▼図3

図2 単管足場

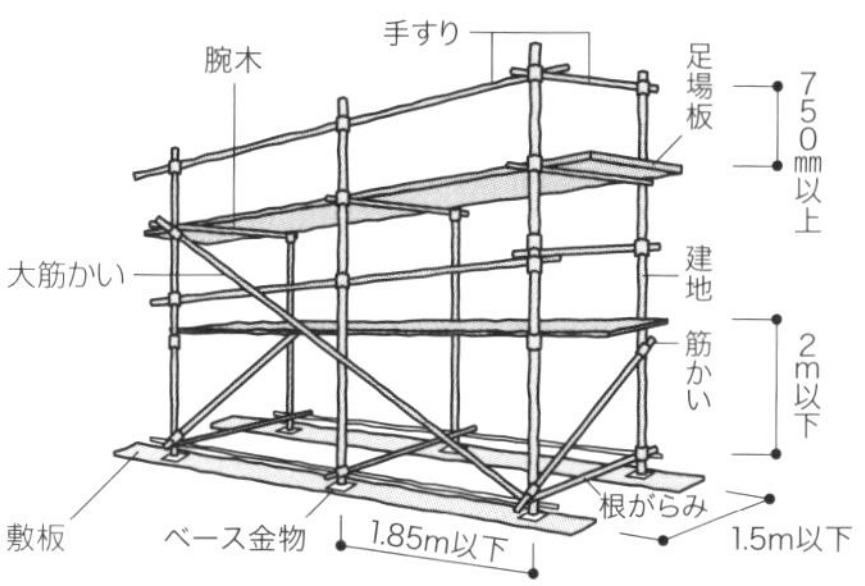

★★ **一側足場《ひとかわあしば》・一足足場《いっそくあしば》**

建地《たてち》（支柱）足場で、建地が1本の足場の総称。片足場《かたあしば》とも呼ばれる。スペースが狭く本足場《ほんあしば》が組めない箇所に使われる。足場板がなく建地の片側に布を取り付けた**一本足場**、足場板がなく建地の両側に布を取り付けた**抱き足場**、足場板のある**ブラケット一側足場**などがある。**ビケ足場**とも呼ばれる。▼図4

★★★ **ブラケット一側足場《ぶらけっとひとかわあしば》**

一側足場に持送《もちおく》り枠（ブラケット）を取り付け、その上に足場板を設ける足場のこと。▼図5

★★ **吊り足場《つりあしば》**

鉄骨の梁などから吊り下げられる足場のこと。支柱が立ちにくい高い建物などの外部作業や軽作業などに用いる。既成の建枠《たてわく》の足場を吊る**吊り枠足場**の他に、チェーンなどで吊り足場を井桁状《いげたじょう》に組む**吊り棚足場**がある。▼図6

★★ **張出し足場《はりだしあしば》**

支柱が建てられない場合に、張

図3 枠組足場

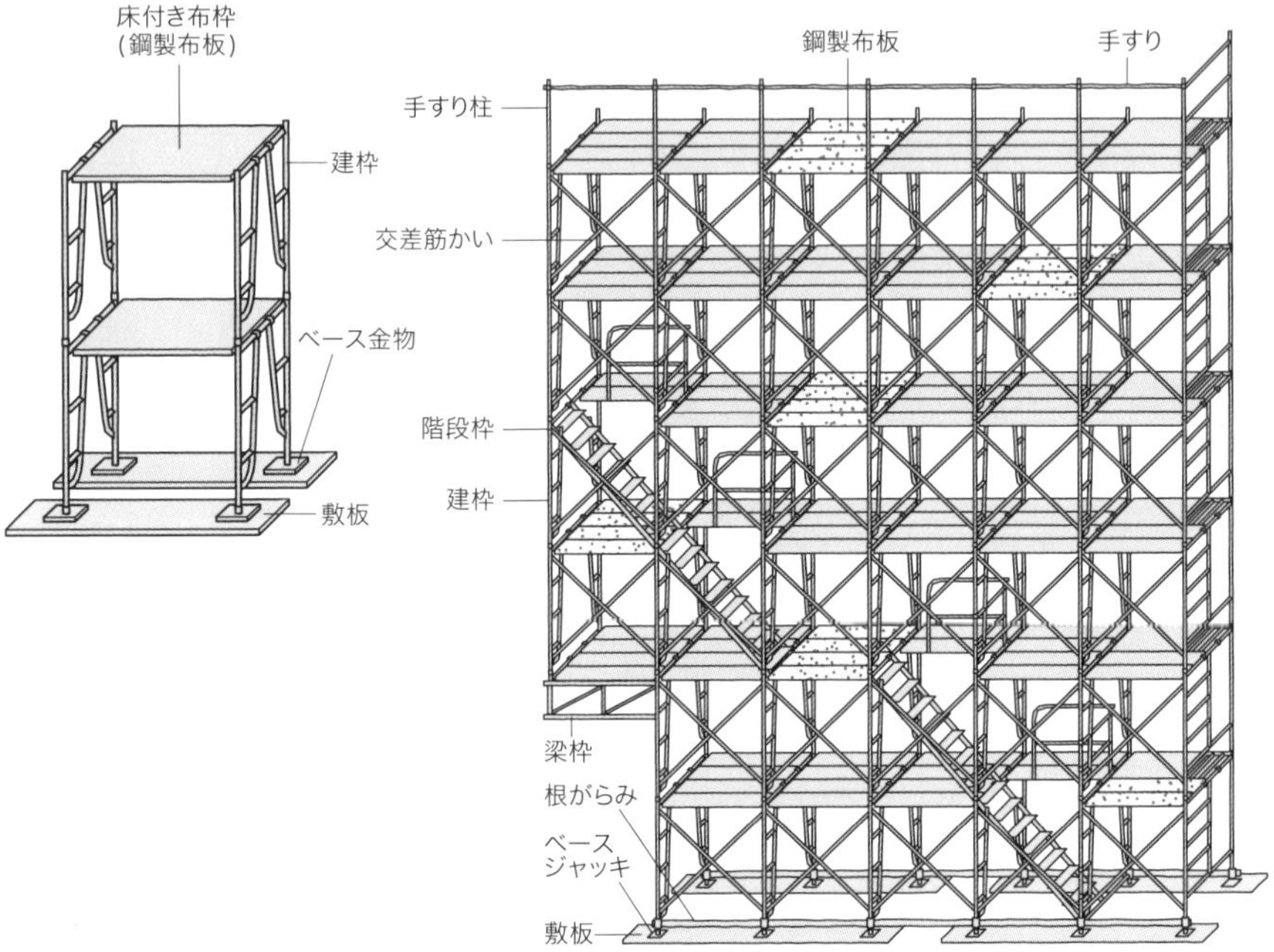

図4 一側足場

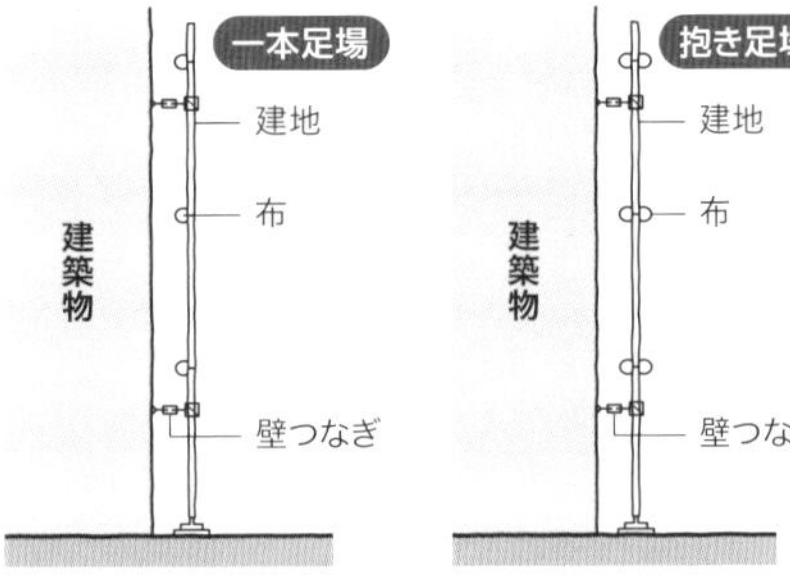

図5 ブラケット一側足場

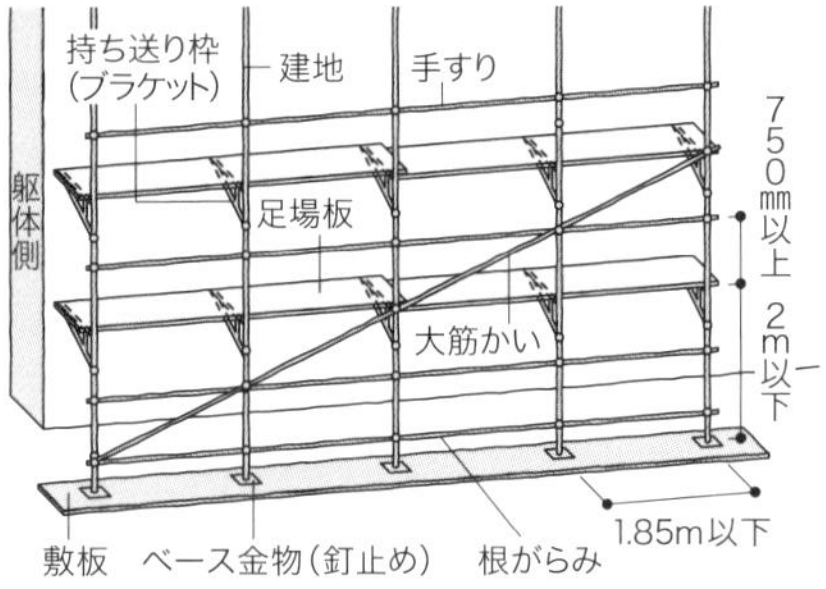

出し材を取り付け、その上に棚足場を組む足場のこと。

★★ **移動式足場《いどうしきあしば》**

タワー状に組み立てられた枠組み構造で、脚柱にキャスター（脚輪）が付いた足場のこと。壁の上部や天井の作業に使用する。

▼図7

★★ **棚足場《たなあしば》**

丸太材や脚立などの支柱の上に、足場板や棚板を載せる足場

図6 吊り足場

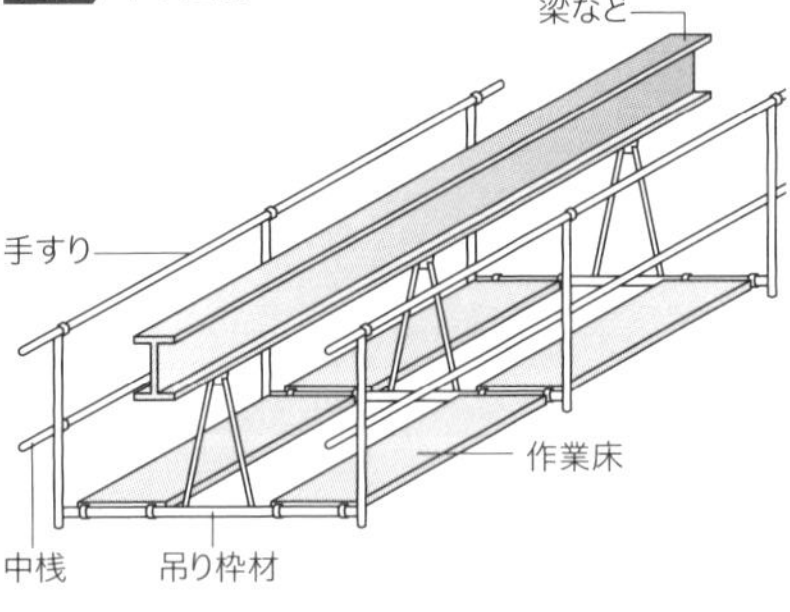

のこと。壁の上部や天井の作業に使用する。

図7 移動式足場

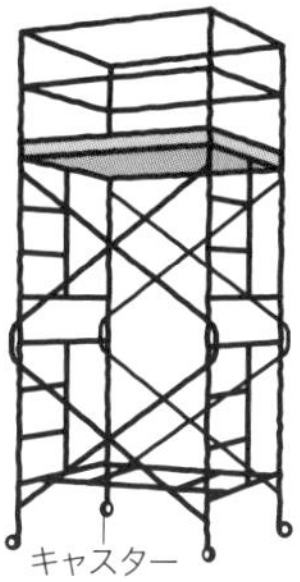

★★
脚立足場《きゃたつあしば》

脚立を並べて立て、足場板を渡すという簡単な足場のこと。壁の上部や天井の作業に使用する。▼図8

図8 脚立足場

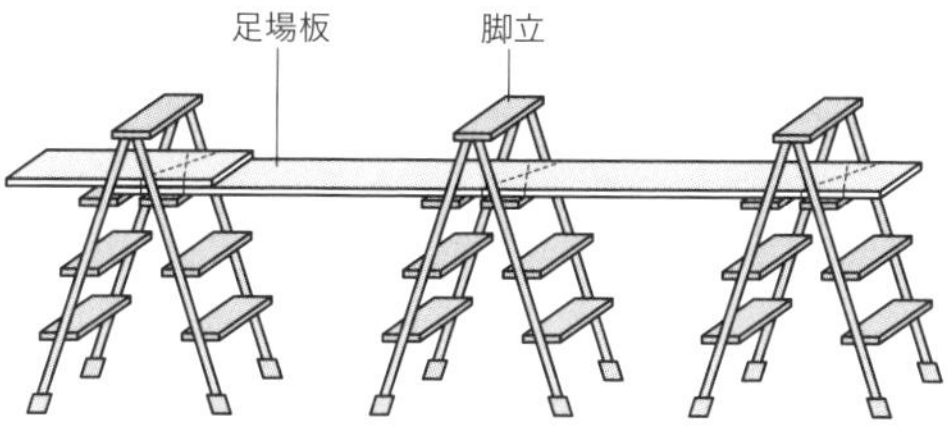

★★
地足場《じあしば》

布基礎《ぬのぎそ》や地中梁《ちちゅうばり》などの基礎工事で、材料の運搬や通行などに使用される足場。そのため、地面近くに低くかけられる。▼図9

図9 地足場

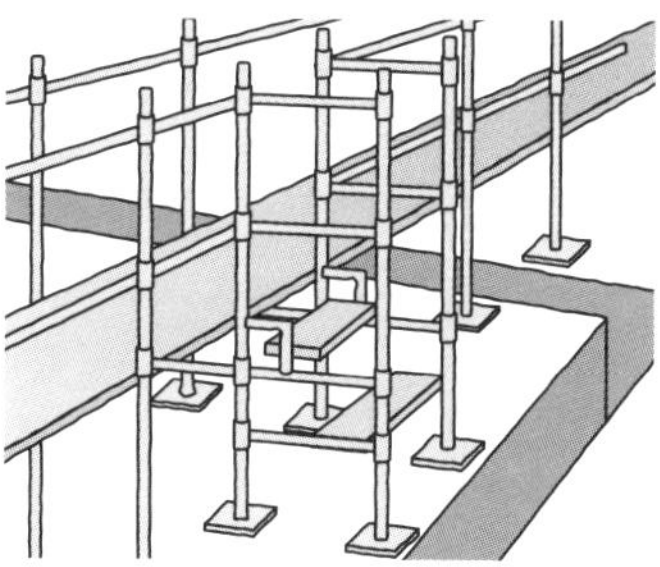

3 足場の仮設部材

★★★
建地《たてじ》

足場の垂直部材、つまり柱・支柱のこと。鉛直荷重《えんちょくかじゅう》を負担する材料である。▼図2、5

★★
布地《ぬのじ》

足場の水平部材で、長手方向《ながてほうこう》の水平材のこと。枠組足場《わくぐみあしば》では**布枠《ぬのわく》**や**床付き布枠（鋼製布板）**のことを指すこともある。

★★
布枠《ぬのわく》

枠組足場《わくぐみあしば》の水平部材で、建枠《たてわく》の上に水平にかけ渡す部材のこと。枠組足場の水平補強材。▼図10

図10 布枠

★★★
床付き布枠《ゆかつきぬのわく》

枠組足場《わくぐみあしば》の水平部材で、布枠《ぬのわく》に鋼製床板材が付いたもののこと。一般的には**鋼製布板**とも呼ばれている。▼図3、11

図11 床付き布枠

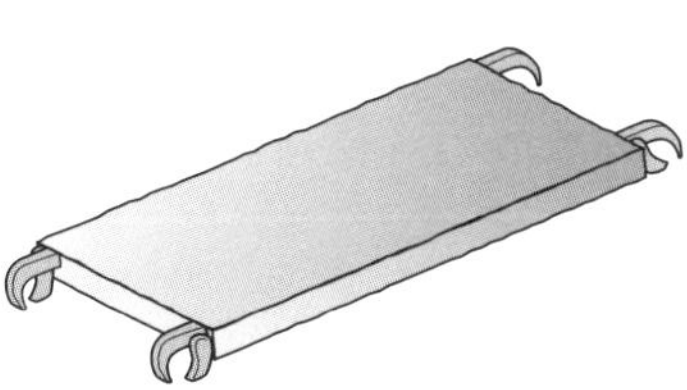

★★★
建枠《たてわく》

枠組足場《わくぐみあしば》の垂直部材。コの字形になっていて、順次積み上げることができる枠材のこと。ビティとも呼ばれる。▼図3、12

図12 建枠

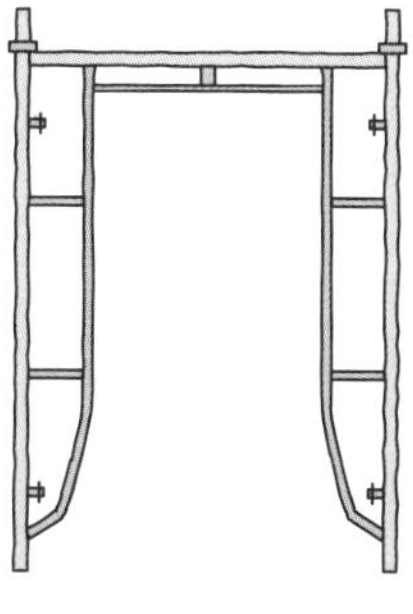

★★
持ち送り枠《もちおくりわく》

建地《たてち》に取り付ける金物で、三角形の部分で持ち出し、片持ちになる金物のこと。**ブラケット**とも呼ばれる。▼図5、13

図13 持ち送り枠

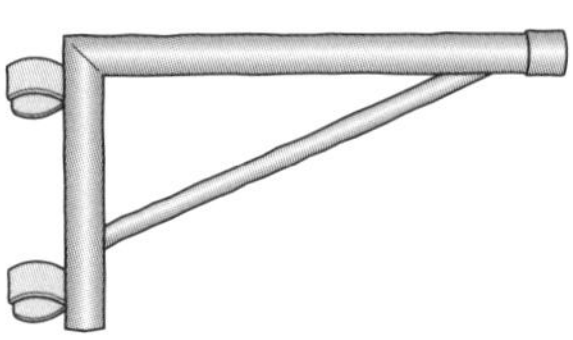

★★
交差筋かい《こうさすじかい》

枠組足場《わくぐみあしば》の部材で、建枠《たてわく》と建枠の間にかける筋かいのこと。スパンは1・8m用と1・5m用がある。▼図3

★★
壁つなぎ《かべつなぎ》

足場の部材で、足場が倒れないように建物に一定間隔でつなぐ材のこと。建地と建物をつないでいる。▼図14

★★
根がらみ《ねがらみ》

足場の部材で、足場の下部を連結して足元を固める水平材のこと。▼図2、3、5、15

★★
ベース金物《ベーすかなもの》

足場の部材で、建地《たてち》の脚部に取り付ける金物のこと。建地が沈下しないために取り付ける。▼図2、3、5、15

図14 壁つなぎ

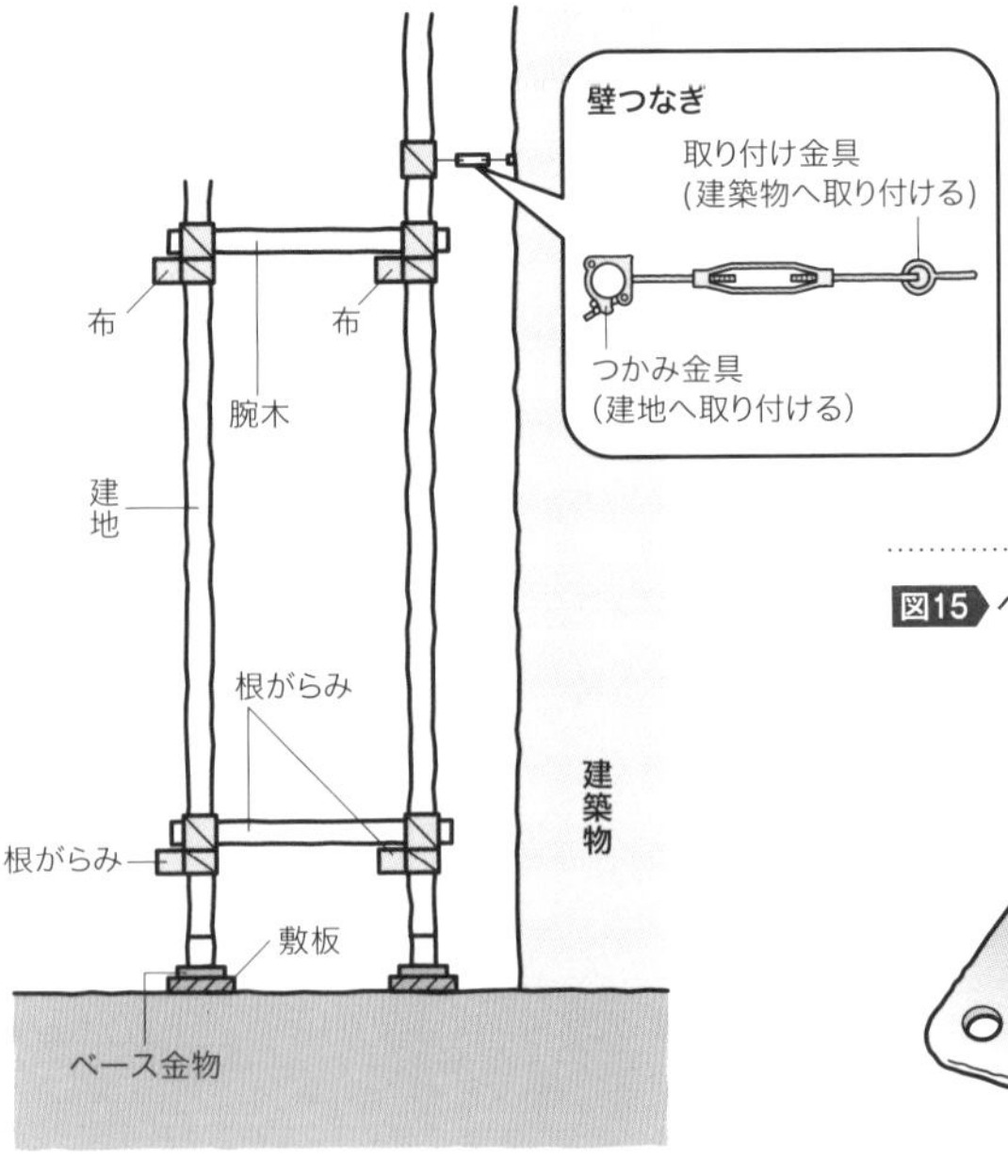

図15 ベース金物

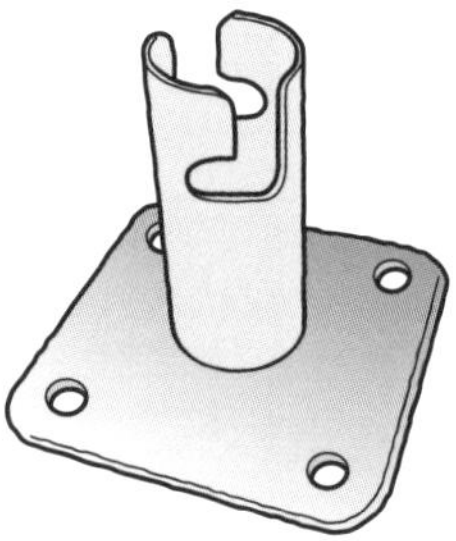

★
階段枠《かいだんわく》

枠組足場《わくぐみあしば》の上り下りで使う、**サ**サラと**踏面《ふみづら》**がセットになった階段のこと。▼図3、16

図16 階段枠

★★
登り桟橋《のぼりさんばし》

足場の上り下りで使う、傾斜した床板（桟橋）。傾斜角度は30度以下、また15度以上には踏桟《ふみざん》を付けて、手すりを設ける。

★★
梁枠《はりわく》

枠組足場《わくぐみあしば》の部材。足場の下部に

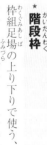

資材などの運搬用トラックの搬入路を設けるためなどで開口部が必要になる場合に設ける梁材のこと。下から積み上げる足場で、足場の一部を抜く場合に必要となる。▼図3

★★ **単管ジョイント**《たんかんじょいんと》

足場の部材の結合金具で、単管の長手方向を同方向でつなぐ金物。運搬できる大きさにより、必ず長手方向のつなぎ材は必要で、抜けて外れると重大な事故になるため、法の規定がある。

★★ **直交クランプ**《ちょっこうくらんぷ》

足場の部材の結合金具で、直角に固定してつなぐ金具のこと。▼図17

★★ **自在クランプ**《じざいくらんぷ》

足場の部材の結合金具で、角度を自由につなぐ金具のこと。▼図18

図17 直交クランプ

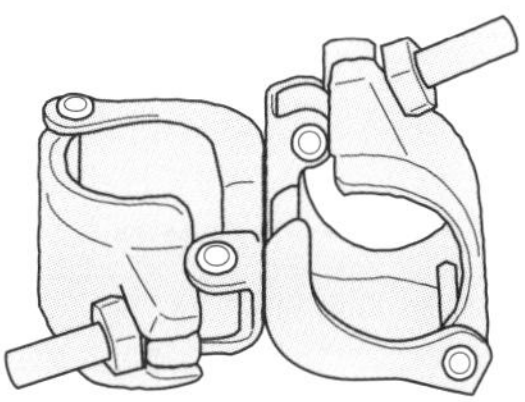

図18 自在クランプ

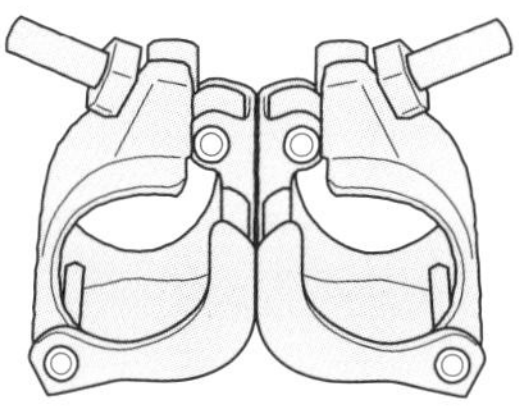

★★ **安全ネット**《あんぜんねっと》

床面に開口部がある場合に、墜落防止のために設置するネットのこと。**水平養生ネット**とも呼ぶ。▼図19

★★ **工事用シート**《こうじようしーと》

建築現場の工具、ボルトなどの落下防止のために、足場の外側全面に取り付けられる**防護用シート**のこと。▼図20

図19 安全ネット

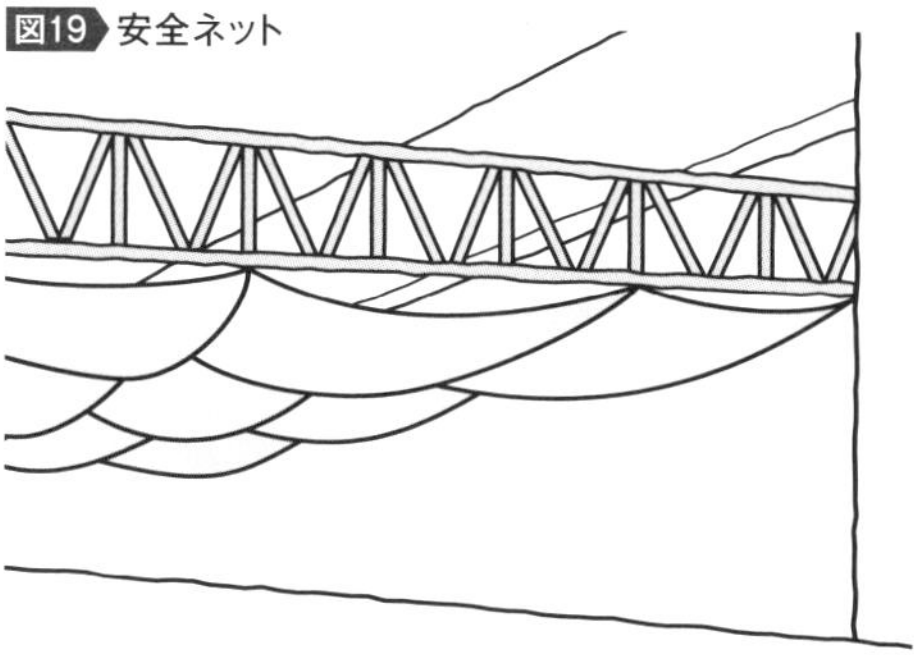

★★ **朝顔**《あさがお》

工事中の落下物を防止するため、足場の外側に付けられた斜め上方に突き出した、庇状《ひさしじょう》の**防護棚**のこと。▼図21

図20 工事用シート

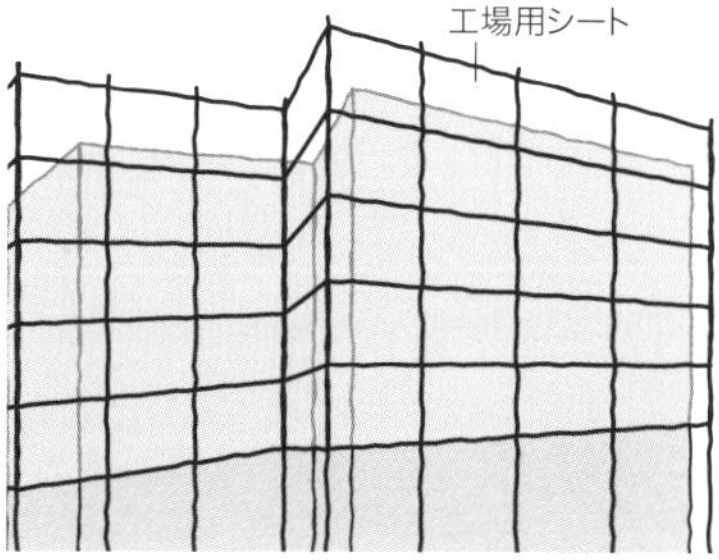

図21 朝顔

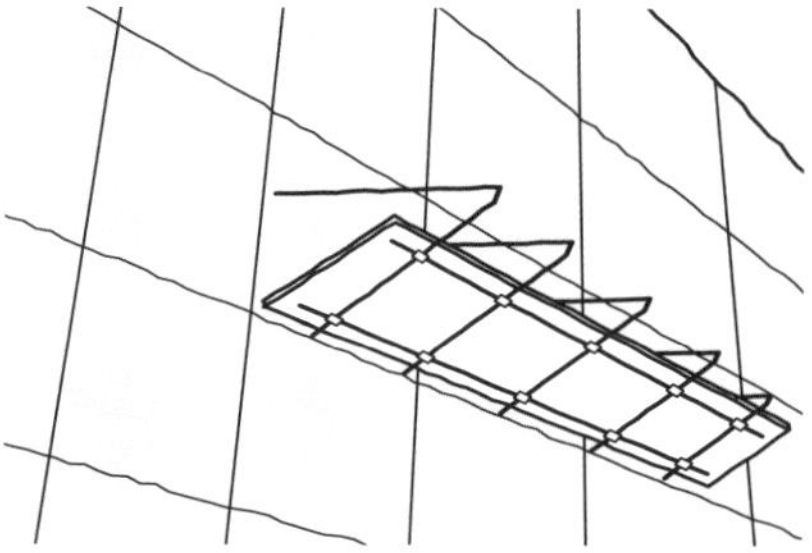

仮設等

仮設・足場工事

PROCESS 10

水《みず》盛《も》り・遣《や》り方《かた》

建物を建てるときは、まず建物をどの位置に建てるのか、水平基準をどうとるかを考えます。そこで必要になるのが、水盛り・遣り方です。実際の敷地に計画建物の線を書く、墨出しから始めます。

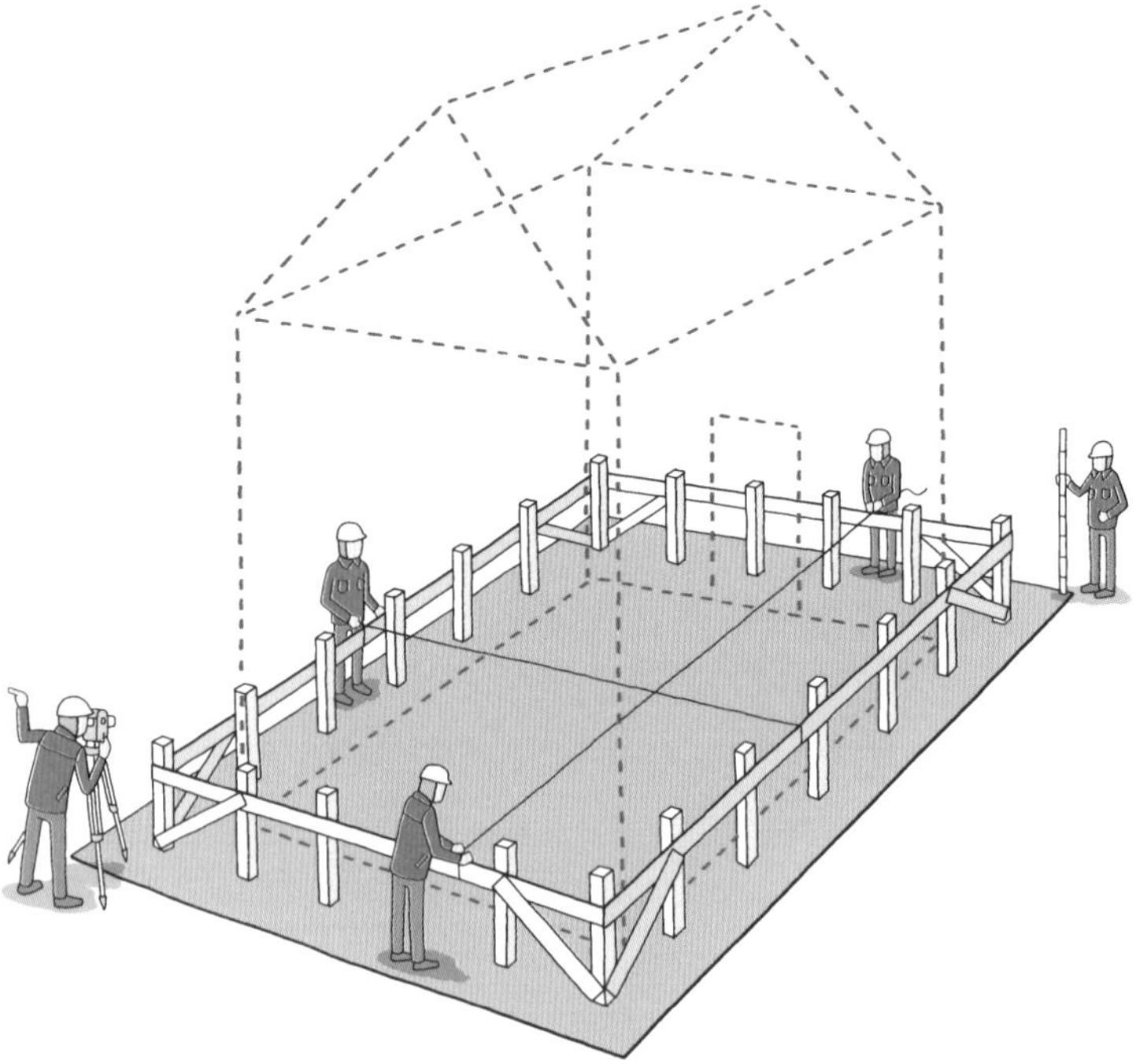

1 墨出し

★★★ **墨**《すみ》

墨糸《すみいと》や墨刺《すみさし》またはチョークで付けた線のこと。

★★★ **墨出し**《すみだし》

コンクリートや木材に墨壺《すみつぼ》、墨《すみ》糸《いと》、墨刺《すみさし》で柱芯などの線や印を付ける作業のこと。**墨打**《すみう》**ち**ともいう。▼図1

★★★ **墨付け**《すみつけ》

作業のために、線や印を部材面に付けること。墨壺《すみつぼ》、墨糸《すみいと》、墨《すみ》刺《さし》、指金《さしがね》などを使う。

★★ **墨壺**《すみつぼ》

墨出《すみだ》しや墨付けをするときに使用する道具。墨を吸わせた綿を墨穴に入れる。墨出しでは、その中に糸を通して**墨糸**《すみいと》**（壺糸）**をつくり、それを伸ばし、はじいて直線を引いていく。最近ではプラスチック製のコンパクトなものを使うことが多い。▼図2

図1 墨出しの例

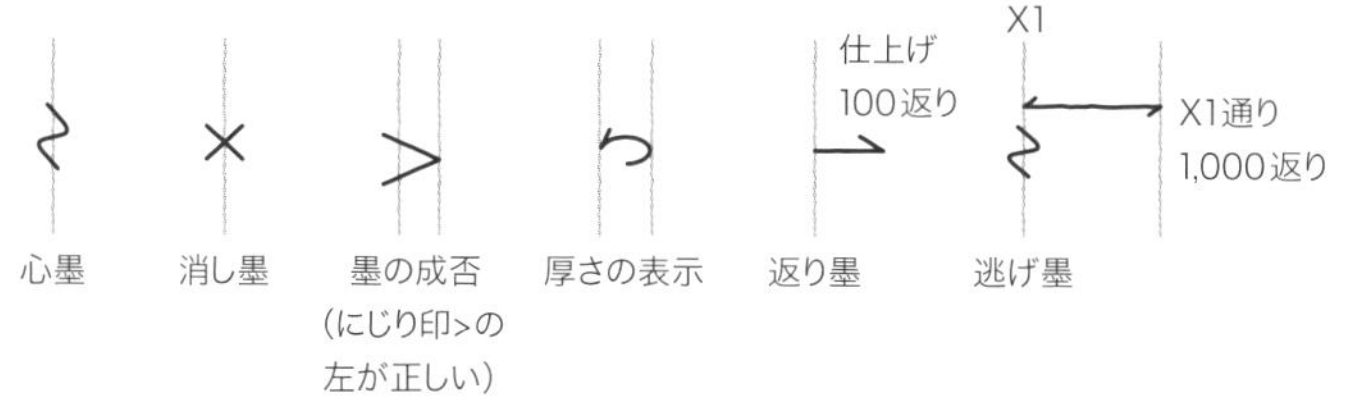

★★ **墨刺**《すみさし》

墨出しや墨付けをするときに使用する道具。線を引いたり文字を書いたりする、ヘラ状の竹筆。▼図3

図2 墨壺(伝統的な墨壺の例)

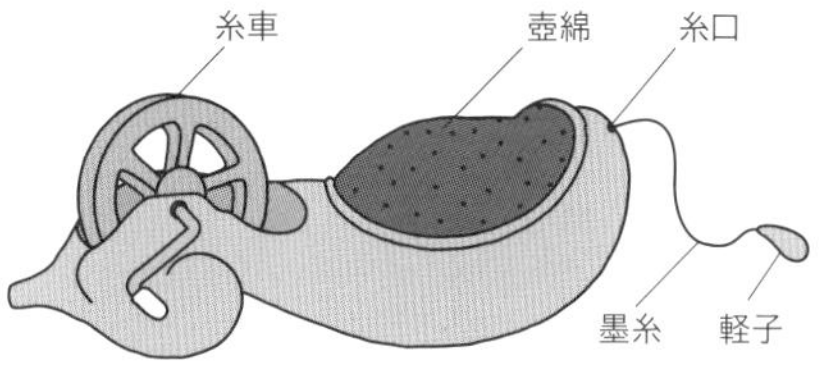

図3 墨刺

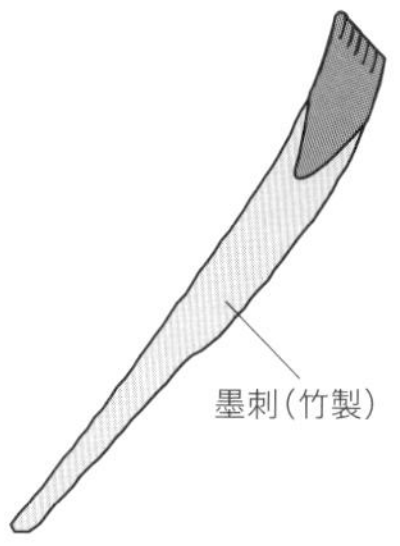

★★★ **心墨**《しんずみ》**(芯墨)**

柱や壁の部材などの中心線を示す墨のこと。▼図4

図4 心墨・地墨・逃げ墨

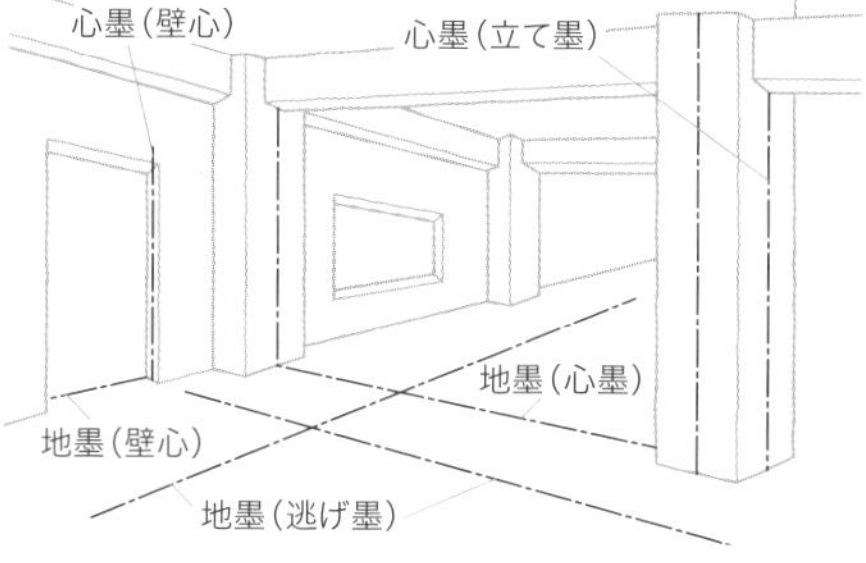

★★★ **心々**《しんしん》**(芯々、真心)**

ある部材の中心線から他部材の中心線までのこと。またはその距離をいう。中心線ではなく、柱や壁の内側寸法は**内法**《うちのり》という。▼図5

図5 心々（芯々、真々）

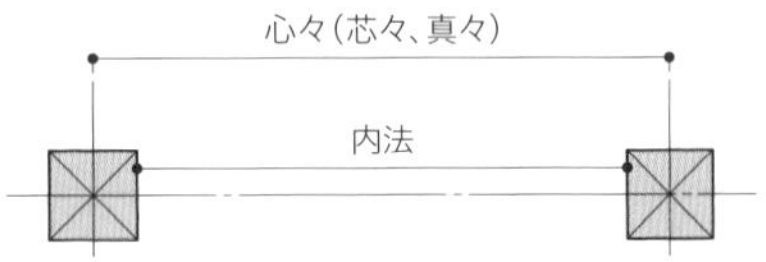

★★★ **通り芯《とおりしん》**

並んだ柱や壁の部材などの中心線、基準となる線。**心墨《しんずみ》**のことでもある。

★★ **逃げ墨《にげずみ》**

障害物などがあり墨が出せない所で、一定の寸法を離して平行に付ける墨のこと。▼図1、4

★★★ **矩《かね》**

直角のことをいう。また、直角を出すことを「矩を出す」という。

★★ **指金《さしがね》（指矩）**

L字状のものさしのこと。直角の線を出すときに使う。**曲尺《かねじゃく》**、**矩尺《かねじゃく》**ともいう。▼図6

図6 指金

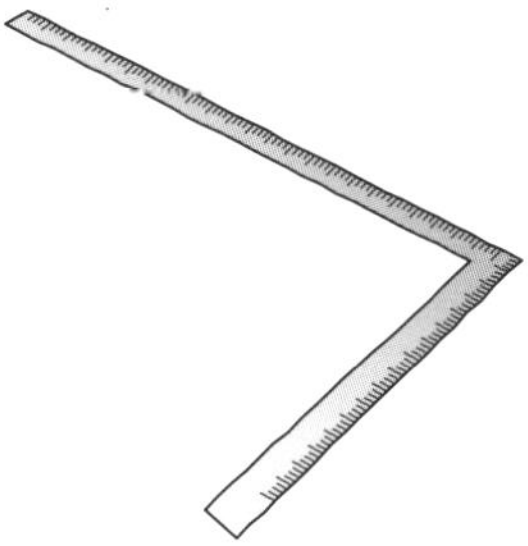

2 水盛り・遣り方

★★★ **水盛り《みずもり》**

水平面を定めること。建設において水平面を出すことは極めて重要。水という言葉が使われるのは、昔は実際に水を張って水平面を出していたため。**レベル出し**ともいう。▼図7

★★ **水糸《みずいと》**

壁や柱の基準線を表す糸のこと。ナイロン製やポリエチレン製の糸を使う。この水糸が基準となり、根切《ねぎ》りの高さや基礎の芯、仕上げ面などが決められる。▼図7

★★ **水杭《みずくい》・遣り方杭《やりかたくい》**

外周に垂直に打つ垂直の木の杭のこと。水平の水貫《みずぬき》を固定するための杭。▼図7

図7 水盛り・遣り方の名称

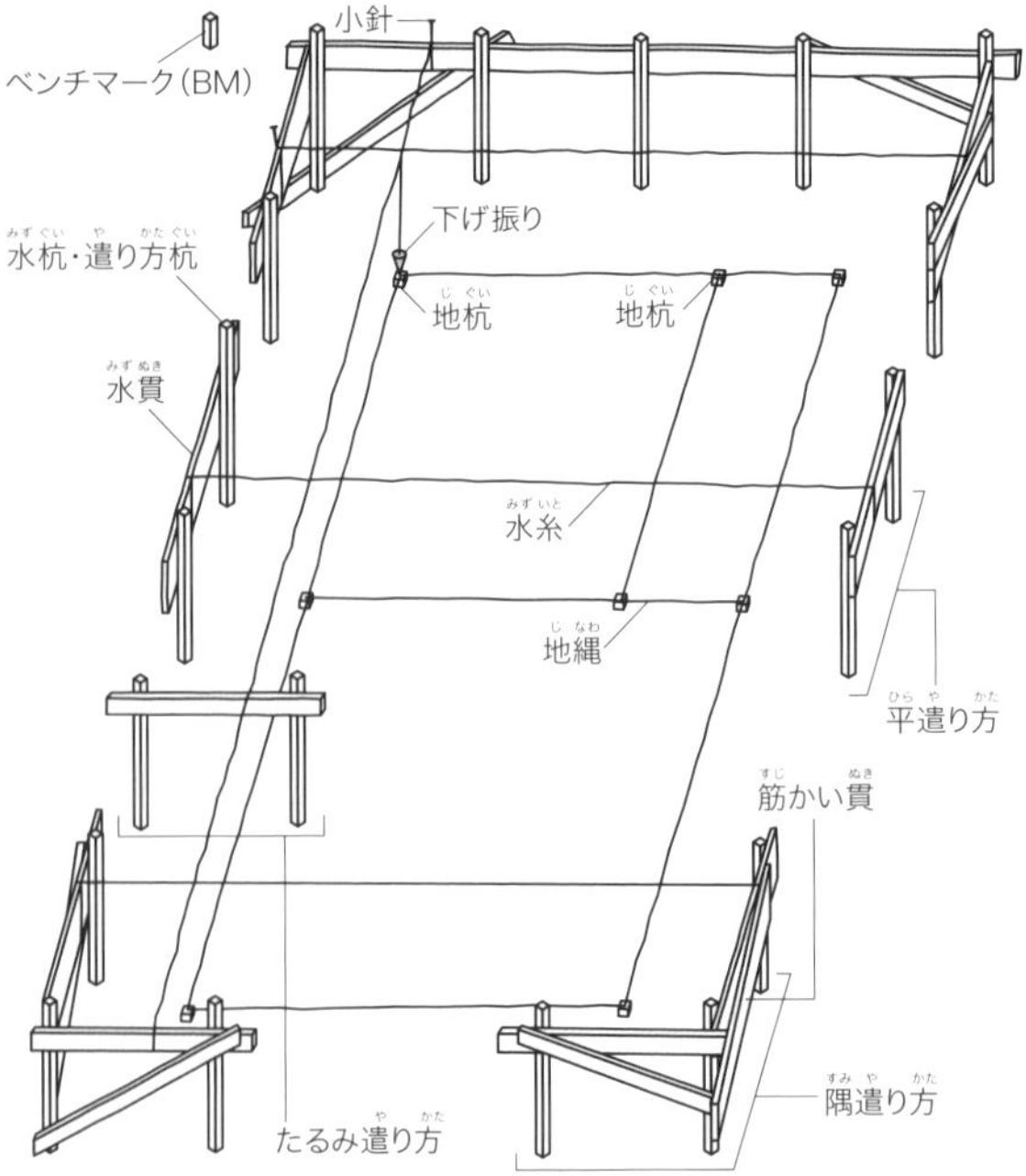

★★★ **遣り方《やりかた》**

敷地に建物の柱や壁の位置、高さを表示するための仮設物のこと。建物周囲に水杭《みずぐい》を打ち、水平に水貫《みずぬき》を打ち付けて水糸《みずいと》を張り、柱・壁などの中心線や水平線を設定する。遣り方は、その位置によって隅角部で設けるものを**隅《すみ》遣《や》り方《かた》**、それ以外を**平《ひら》遣《や》り方《かた》**と呼ぶ。また7m以上間隔が離れる所で水糸がたるまないように設けるものを**たるみ遣《や》り方《かた》**という。▼図7

★★ **地縄張り《じなわばり》**

遣《や》り方《かた》に先立ち、建物の大体の位置を確認するために縄を張ること。縄やビニル紐を張り、敷地内に収まっているかなどを確認する。▼図7

★★★ **ベンチマーク(BM)《べんちまーく(びーえむ)》**

遣《や》り方《かた》の高さの基準点となるもの。敷地や建物の高さを決める際の基準となる。地面に杭などを打ってポイント（点）にしたり、敷地周辺の塀など動かない所に印をしてポイント（点）とすることもある。▼図7

★★★ **GL《じーえる》**

グランドライン、地盤面のこと。建物の建つ土地の表面レベルを示す。設計段階で定めるGLと遣《や》り方《かた》工事での実際のGLとをすり合わせる。

3 道具

★★★ **レベル《れべる》**

高低測量と水平測量を行う測量機械のこと。望遠鏡と気泡管を組み合わせた三脚の付いた測量器。測量の際には、専用の三脚の上に付けて用いる。現在使われているものは、ほとんどがオートレベル。

★★ **レーザーレベル《れーざーれべる》**

レベル本体からレーザー光線が出ることにより、水平をはかる測量機械のこと。

★★ **オートレベル《おーとれべる》**

水平をはかる測量機械のこと。自動的に水平をはかる装置が付いている。レベルは2人で測定するのに対して、オートレベルはレーザーにより1人でも測定できる。▼図8

図8 オートレベルを使った水準測量

★★★ **下げ振り《さげふり》**

柱などが垂直かどうか調べるための道具のこと。糸の端に逆円錐形状のおもりを吊したもの。▼図9

図9 下げ振り

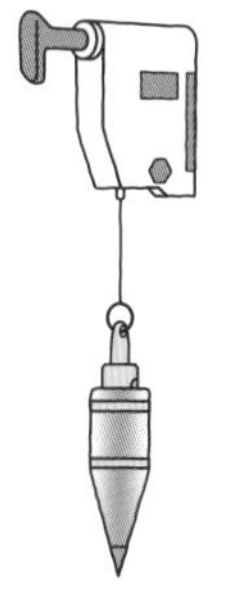

★★ **セオドライト(トランシット)《せおどらいと(とらんしっと)》**

望遠鏡を用いて、水平・垂直方向の角度を計測する測量機器。**経緯儀《けいいぎ》**ともいう。測量の際には、専用の三脚の上に付けて用いる。

★★★ **コンベックス《こんべっくす》**

スチール製巻尺の測定機器。目盛りがない側に凸形に反らせた形状のもの。この凸形の形状とスチール製であることから、1人でもある程度の長さをはかることができる。▼図10

図10 コンベックス

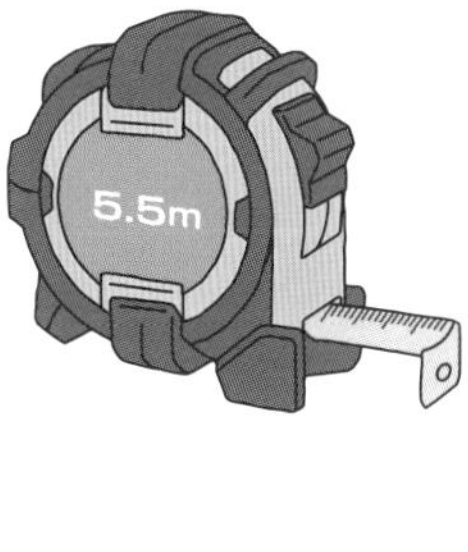

PROCESS

11

祭《さい》事《じ》

地鎮祭は、工事の安全祈願など宗教的な側面が大きい儀式ですが、施主、現場施工者、設計者の３者顔合わせや、工事開始を近隣に知らせる社会的な意味もあります。起工式は、宗教色のない工事開始の儀式です。

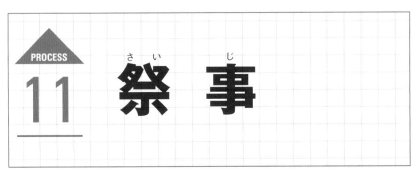

1 地鎮祭・上棟式・竣工式

★★★
地鎮祭《じちんさい・とこしずめのまつり》

建物を建てるときに土地の神を鎮《しず》める儀式。土地を使用させてもらう許しを乞うため、または土地を清める儀式。工事の安全を祈願する意味もある。施主、設計者、施工関係者、神職が参加し執り行われる。**刈初之儀**《かりそめのぎ》、**穿初之儀**《うがちぞめのぎ》、**鎮物埋納之儀**《しずめものまいのうのぎ》の儀式などがある。儀式後は近所に挨拶まわりを行うのが一般的で、建物を建てることを示す社会的な意味もある。地鎮祭の費用は施工費に含まれるのが多い。**地祭**ともいう。▼図1

図1 地鎮祭の配置

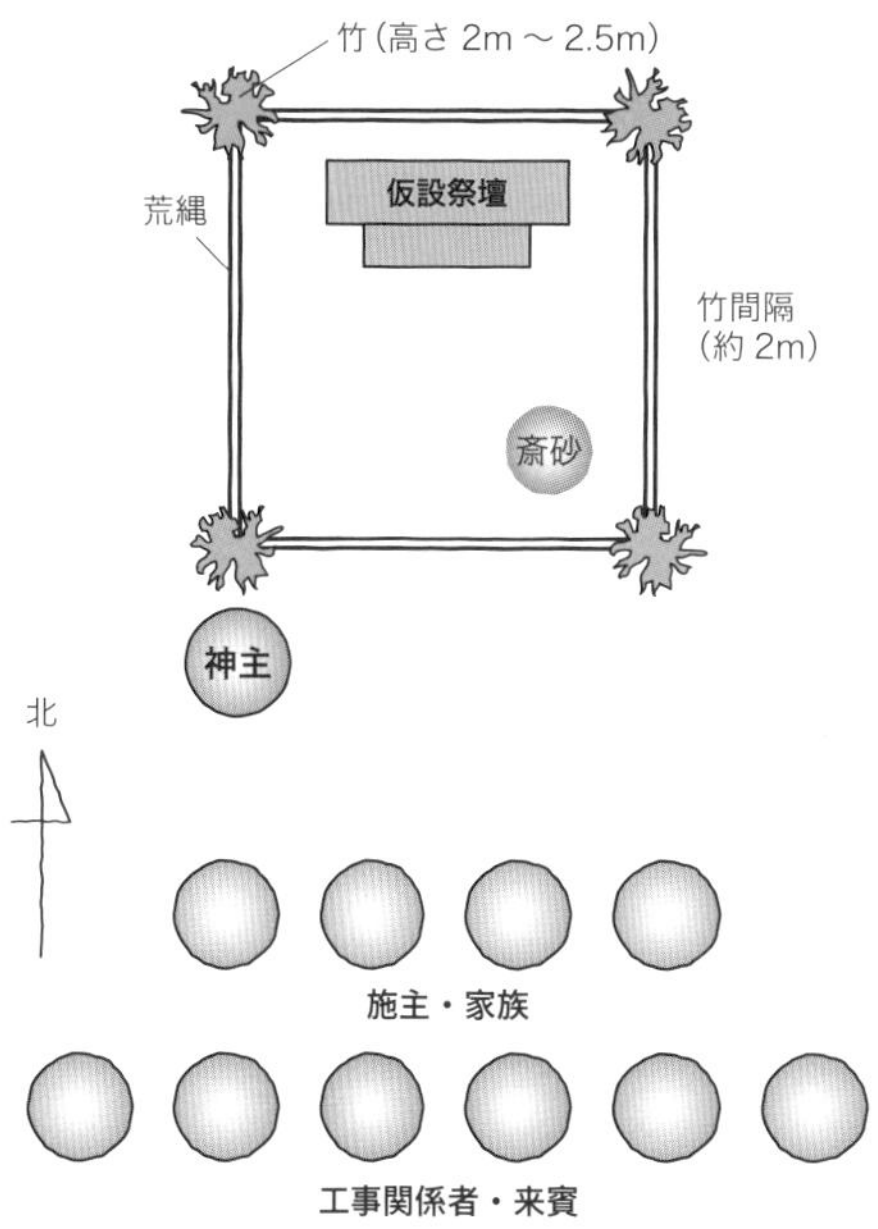

★★
起工式《きこうしき》

①これから始まる工事の安全を施工者が願う儀式。本来は、地《じ》鎮祭《ちんさい》の後に行われていた儀式。現在では、公共工事などで宗教色を出したくない場合や地鎮祭を行わない場合に行われるケースが多い。**安全祈願祭・着工式**と呼ばれることもある。

②仏式での「地鎮法」「鎮宅法」にあたる儀式を起工式と呼ぶ。

★★
幄舎《あくしゃ》

神事を行うときに、敷地内に仮に設ける仮小屋のこと。

★★
修祓《しゅばつ》

地鎮祭の中で神を迎える前に参列者や御供え物を祓《はら》い清める儀式。▼図2

★
降神之儀《こうしんのぎ》

地鎮祭の中で神を神籬《ひもろぎ》にお迎えする儀式。▼図2

★
献饌之儀《けんせんのぎ》

地鎮祭の中で神に御供え物を供える儀式。▼図2

★
祝詞奏上《のりとそうじょう》

地《じ》鎮祭《ちんさい》の中で神職が式文を唱える儀式。これが行われた後、地鎮祭の主要な儀式に入る。▼図2

★★
刈初之儀《かりそめのぎ》

地《じ》鎮祭《ちんさい》の儀式。砂山に挿した笹を草に見立て、設計者がそれを**斎鎌**《いみかま》で「えい、えい、えい」と掛け声をかけながら刈りとる動作をする。▼図2

★★
穿初之儀《うがちぞめのぎ》

地《じ》鎮祭《ちんさい》の儀式。施主が敷地に見立てた砂山に**斎鍬**《いみくわ》を入れる動作をし「えい、えい、えい」と掛け声をかける。▼図2

★★
地曳之儀《じびきのぎ》

地《じ》鎮祭《ちんさい》の儀式。施工者が敷地に見立てた砂山に**斎鋤**《いみすき》を入れる動作をし「えい、えい、えい」と掛け声をかける。▼図2

図2 地鎮祭の流れ

★★ **鎮物埋納之儀《しずめものまいのうのぎ》**

地鎮祭《じちんさい》の中で行われる儀式。**鎮《しずめ》物《もの》**（鉄板でつくられた人型や刀、楯《たて》や鏡など）を砂山の上に置く。鎮物は地霊《ちれい》を鎮《しず》めるために、後に施工業者が基礎工事のときに埋めるのが一般的である。▼図2

★★ **玉串奉奠《たまぐしほうてん》**

玉串を仮設の祭壇の神前に供える儀式。▼図2

★ **撤饌《てっせん》**

神職が御供え物を神前から下げる儀式。▼図2

★ **昇神之儀《しょうじんのぎ》**

神職が神様に帰っていただくために行う儀式。▼図2

★★ **神酒拝戴《しんしゅはいたい》**

神前に捧げたお酒を神職から頂戴し、皆で神威《しんい》をいただく儀式。▼図2

★★★ **直会《なおらい》**

神に供えた水・塩・洗米と山海の珍味を参列者が頂戴する会のこと。その後、神酒拝戴《しんしゅはいたい》という酒宴の席となるのが一般的な流れ。

★★★ **上棟式《じょうとうしき》**

棟上《むねあ》げ式、**建前《たてまえ》**ともいう。建物の骨組みが出来上がったことを祝い、施主が施工者をねぎらう儀式。施工の過程を近所へ伝える社会的な意味もある。木造や屋根がある建物では、棟木《むなぎ》を乗せたとき、鉄骨造ではいちばん上の鉄骨を取り付けたとき、鉄筋コンクリート造でも主要な構造体が出来上がったときに行われる。以前は、神職によって行われていたが、現在では一般的に施工者の長がとりしきることが多い。上棟式には、棟木に魔よけとなる幣串《へいぐし》や弓矢飾りを取り付ける。次に、建物の床組みの上に板を渡し、御供えをした祭壇をつくる。棟梁《とうりょう》が二拝二拍手一拝した後、四隅の柱に米、塩、酒をまき、場を清める。以前は、屋根の上から餅や金貨などもまいていた。そのときに上棟式の年月日や施主名、神様を書いた**棟札**《むなふだ》を棟木に棟梁が取り付けていた。▼図3

★★ 定礎式《ていそしき》

本来は基礎工事に着手するときに行う式。建物の礎石《そせき》の場所を決めるという意味がある。現在では竣工式《しゅんこうしき》の間近に行われるため簡素化されている。定礎板には、「定礎」と書かれ、建物の完成年月日、施主の名前、設計者、施工者名を書く場合が多い。定礎箱の中には、建物図面、建物の完成年の年号が入った金貨、日付入りの新聞各紙、最寄りの氏神《うじがみ》の御札などを入れるのが一般的。▼図4

★★★ 竣工式《しゅんこうしき》

建物が完成したことを祝う儀式。①施主が安全に建物ができたことを工事関係者に感謝する意味、②建物が完成したことを神に報告、感謝する意味、③建物が堅牢《けんろう》であり続けることとこれからの繁栄を願う意味がある。公共建築などでは落成式《らくせいしき》、あるいは竣工パーティーなどとする場合もある。住宅の場合には神棚《かみだな》を設け、天照大神《あまてらすおおみかみ》と地元の氏神《うじがみ》との二神をお祭りして行うのが一般的。住宅などでは省略することもある。

図3 上棟式

四隅の柱に米、塩、酒をまき、場を清める。
棟木《むなぎ》に魔よけとなる幣串《へいぐし》や弓矢飾りを取り付ける。

図4 定礎板・定礎箱

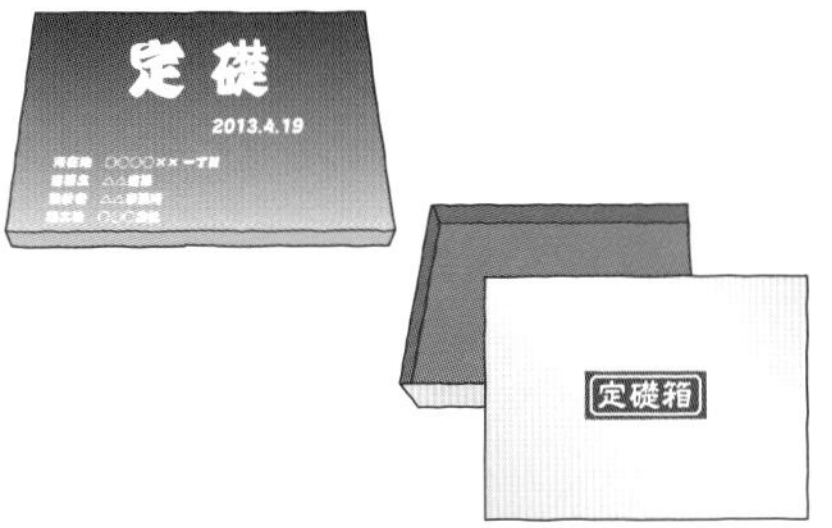
定礎
2013.4.19
定礎箱

★ 火入れ式《ひいれしき》

建物の空調設備やボイラーなどの操業を始めるときの儀式。安全を祈る目的で行われる。

2 祭事に使われる道具

★ 神籬《ひもろぎ》

神事の際、臨時に神を迎えるための**依《よ》り代《しろ》**（仮に神が寄りつく場所）のこと。枠組みされた中央に繁栄を願った常緑樹や榊《さかき》を立て、紙垂《しで》と木綿《ゆう》をとりつけたもの。▼図5

★ 斎竹《いみだけ・いわいだけ》

神事を行うときに四方に立てる青竹のこと。▼図5

★ 注連縄《しめなわ》

東北の方角に建てられた斎竹《いみだけ》か

ら右回りで巡らせる縄のこと。式場を現す結界となる。▼図5

★★ 斎砂《いみすな・いわいずな》
刈初之儀《かりそめのぎ》・穿初之儀《うがちぞめのぎ》・地曳之儀《じびきのぎ》で使われる円錐形に盛った砂の山のこと。**清砂**《きよすな》、**盛砂**《もりずな》ともいわれる。▼図5

★★★ 大幣（大麻）《おおぬさ》
神事において神主が修祓の際にお祓《はら》いに使う紙で作った道具のこと。

★★ 斎鎌《いみかま・いわいがま》
白木《しらき》の鎌のこと。▼図5、6

★★ 斎鍬《いみくわ・いわいくわ》
白木《しらき》の鍬《くわ》のこと。▼図5、6

★ 斎鋤《いみすき・いわいすき》
白木《しらき》の鋤《すき》のこと。▼図5、6

★ 真榊《まさかき》
神事の祭壇の左右に立てられる道具。緑・黄・赤・白・青の五色絹の織物の先端に榊《さかき》を立てたもの。向かって左側に剣を掛け、右側に鏡と勾玉《まがたま》を掛けたものを立てる。

★ 五色御幣《ごしきごへい》
通常の御幣は白色であるが、五色の色を付けた幣《ぬさ》。

★ 几帳《きちょう》
中央の祭壇の後ろに掛けられる白い絹布で、色・装飾が付いた布をたらしたもの。

★★ 斎主《いみぬし・さいしゅ・いわいぬし》
儀式を進める主神職のこと。

図5 地鎮祭の簡単室礼

図6 斎鎌、斎鍬、斎鋤

白木でつくられ、水引がされているものを使用する。本物の鋤や鍬、鎌でもかまわない。

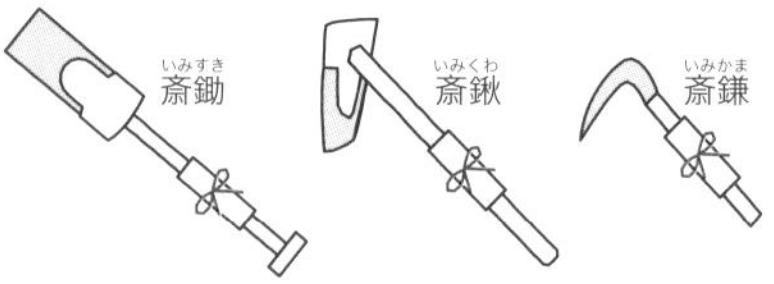

現場の歩き方　仏式、キリスト教式の祭事

仏式やキリスト教式でも地鎮祭《じちんさい》にあたる祭事がありますが、それぞれ儀式の意味合いが神式とは若干異なるようです。仏式では、宗派によっても考え方は異なりますが、概して家を建てる喜びを皆で祝福し合い、その喜びを御仏に感謝する意味合いがあります。

一方、キリスト教では、起工式《きこうしき》の意味合いが強く、工事の安全祈願が主な目的となります。また無宗教だからと地鎮祭をやらない場合でも、起工式という形で安全を祈願する式は行うことが多いです。

PROCESS 12

土工事《どこうじ》(根切《ねぎ》り・山留《やまど》め)

整地され、測量も終わり、建物を建てる位置が決まると、建物を支える部分をつくる土工事が始まります。地面に掘った穴が崩れるなどの大きな事故を招かないように、慎重な施工が求められます。

1 根切り

★★★
根切り《ねぎり》

基礎をつくるために地盤を掘削《くっさく》すること。土を掘り植物の根を切ることから根切りという。また、形状によって**壺掘《つぼほ》り**、**布掘《ぬのぼ》り**、**総掘《そうぼ》り**の3種類の形状がある。根切り工事は、N値、周囲の道路状況と近隣建物への影響、地中埋設物(ガス管・水道管・下水管)、山留めの方法などを考慮し作業手順を決める。▼図1

★★
壺掘り《つぼほり》

独立基礎の形に合わせて地盤に掘る孔のこと。上部は狭く底部は広く掘るので壺のような形状となる。また、ガス管などの埋設物の位置を確かめるために掘る狭い孔のことも指す。▼図1

★★★
布掘り《ぬのぼり》

木造の基礎や鉄筋コンクリートの壁式構造の布基礎《ぬのきそ》をつくるために掘られる孔のこと。細長く溝状に掘削《くっさく》するのが特徴である。布状の形式となるため「布」の名称が付けられている。▼図1

図1 根切りの方法

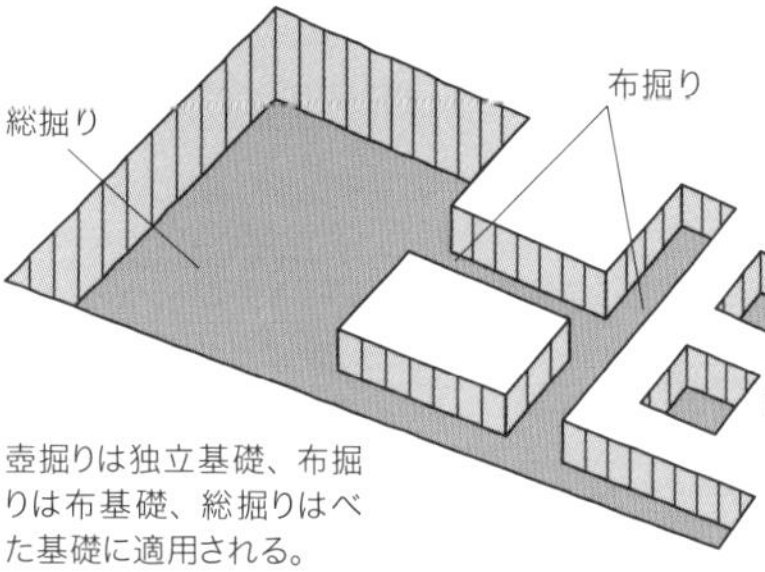

壺掘りは独立基礎、布掘りは布基礎、総掘りはべた基礎に適用される。

★★
総掘り《そうぼり》

建物の底部全体にわたり掘削《くっさく》することをいう。地盤が弱い場合や地下室をつくる場合などに適用され、広範囲にわたり地面を掘る。**べた基礎**をつくるための掘削方法なので**べた掘り**ともいう。▼図1

★★
余掘り《よぼり》

掘越《ほりこ》しともいう。作業効率などを考慮して、図面上の出来上がりの幅、深さよりも大きく掘削《くっさく》することをいう。

★★
床付け《とこづけ》

指定深さまで掘削《くっさく》した後、底面を平らにして砂利敷《じゃりしき》や捨てコンクリートを打てるようにすること。床付け面は建物荷重を地盤に伝える面なので、むやみに重機で荒らさないことが重要である。▼図2

★
段跳ね《だんばね》

深く掘削《くっさく》する場合や一度に土を地上に上げられない場合に、**法面《のりめん》**に段を付けて掘削する方法のことである。地山に沿って1段、2段と段を付けていく。▼図3

図3 段跳ね

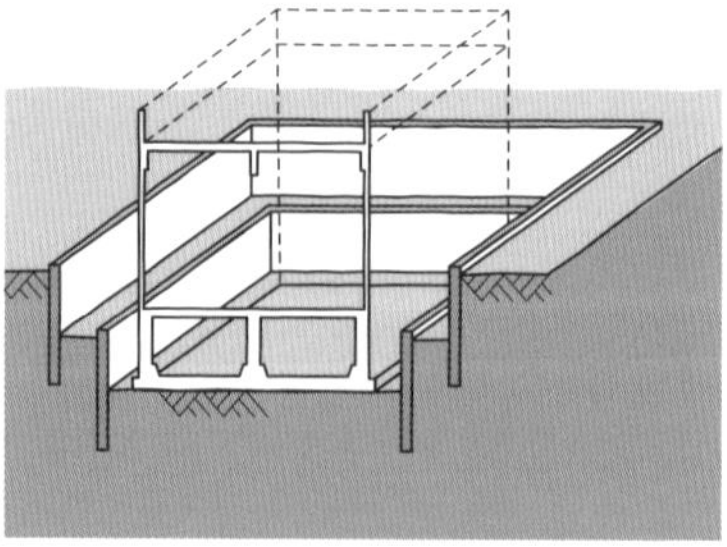

図2 床付け面

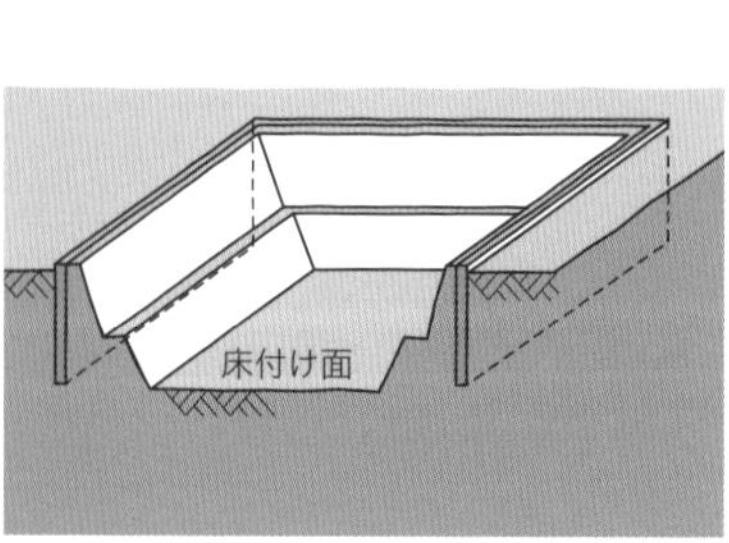

★★★
法面(法)《のりめん(のり)》

掘削《くっさく》することで傾斜となる面のことである。垂直に立ち上がったものを**素立ち**といい、段状にしたものを**多段式**という。土質によって法面の勾配と高さが決まる。雨が降ったり土質に問題がある場合には、法面にシートをかけたり、モルタルを塗るなど、**法面養生**《のりめんようじょう》することがある。▼図4

図4 法面

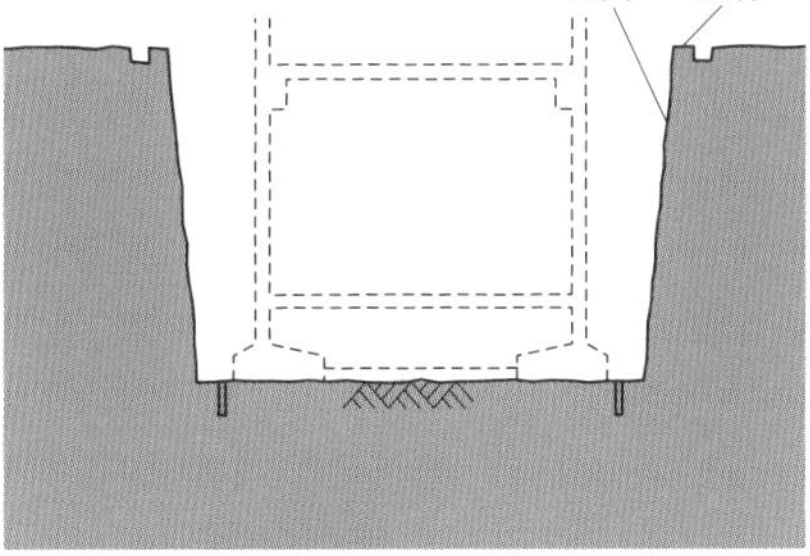

★★★
地山《じやま》

盛土《もりど》や埋戻し《うめもどし》をしていない、自然な状態の法面《のりめん》のことをいう。

★★★
山がくる《やまがくる》

法面《のりめん》が変形し、崩壊すること。大事故につながる場合が多い。

★★★
残土処分《ざんどしょぶん》

掘削《くっさく》して余った土を処分することをいう。**場内処分**、**場外自由処分**、**場外指定処分**の3つの処分方法がある。

★★
万棒《まんぼう》(万棒取り《まんぼうとり》)

土砂を運ぶトラックの台数を数えることをいう。

2 水替え

★★★
水替え《みずかえ》

根切り《ねぎ》の後、底面に溜まった水をポンプなどで排水すること。

★★★
釜場《かまば》

掘削後の底面に溜まった水を集めるための小さな穴のことである。一般に釜場にポンプを配置し排水する。水の量や濁り具合など地下水の状況を把握するために重要な場所である。▼図5

図5 釜場排水工法の仕組み

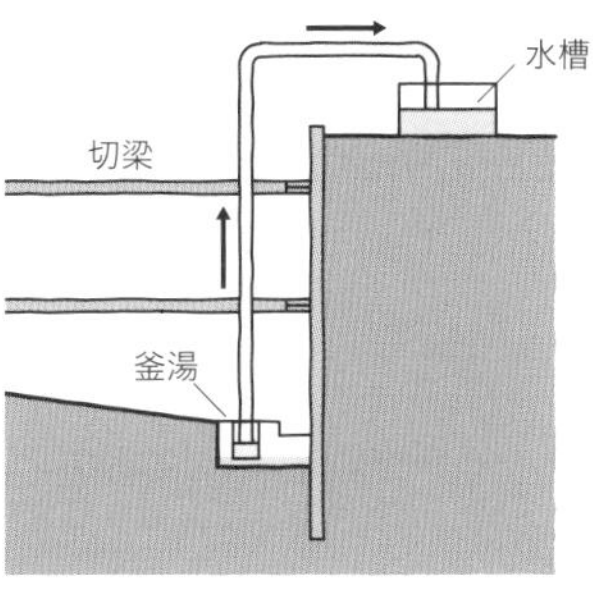

★★
沈砂槽《ちんさそう》

釜場《かまば》等に設けられる、水中の砂や小石を沈殿させ除去する槽のことである。ポンプに異物が入らないようにするため、また汚泥のままでは公共下水に流せないために設けられる。**ノッチタンク**などを用いるのが一般的である。▼図6

図6 ノッチタンクの断面と水の流れ

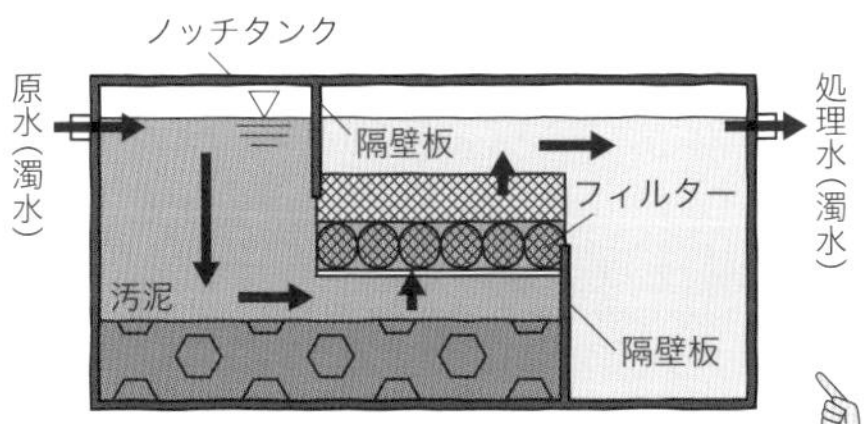

ノッチとは切り込みのこと。ノッチタンクのせき板に三角形の切り込みがあり、その切り込みを利用して地下水の流量を測定することもできます。

3 山留め・埋戻し

埋戻し《うめもどし》 ★★★

根《ね》切り後、掘削《くっさく》した土砂をもう一度、指定された面まで埋め戻すこと。余分に掘った部分を埋めること。埋戻しに使用される土砂は、砂質が多いほど、よいとされている。根切りで掘削した土砂の状態に問題がなければ、場内置きされた残土《ざんど》を用いるが、そうでない場合は場外から搬入する。

巻出し《まきだし》 ★★

掘削《くっさく》した残土《ざんど》を処分する場所や盛土《もりど》をする場所で、土をブルドーザーなどで平坦にならしながら層状に広げること。これは土を偏って積み上げたり高く積み上げたことで土山の崩壊発生を避けるためである。

突固め《つきかため》 ★★

埋戻した土をランマーやプレートでならしながら固めること。一般に埋め戻した土は柔らかく、放置しておくと地盤面が沈下してしまう。これを防ぐ作業である。

転圧《てんあつ》 ★★

乱れた地盤を締め固める作業をいう。ローラー、ランマー、プレート等の転圧機を用いる。

山留め《やまどめ》 ★★★

根《ね》切りした法面《のりめん》が崩れないようにする工事全般のこと。

矢板《やいた》 ★★★

根《ね》切りした法面《のりめん》の土を支えるための板の総称である。木製の板や鋼でつくられたシートパイルがある。

親杭横矢板工法《おやぐいよこやいたこうほう》 ★★★

H形鋼を親杭として打ち込み、横方向に木製の板（横矢板）を積み上げる山留めの工法である。法面《のりめん》からの側圧が小さく、地下水も少なく、掘削《くっさく》も比較的浅い場合に適用する。H形鋼横矢板工法ともいう。▼図7

図7 親杭横矢板工法

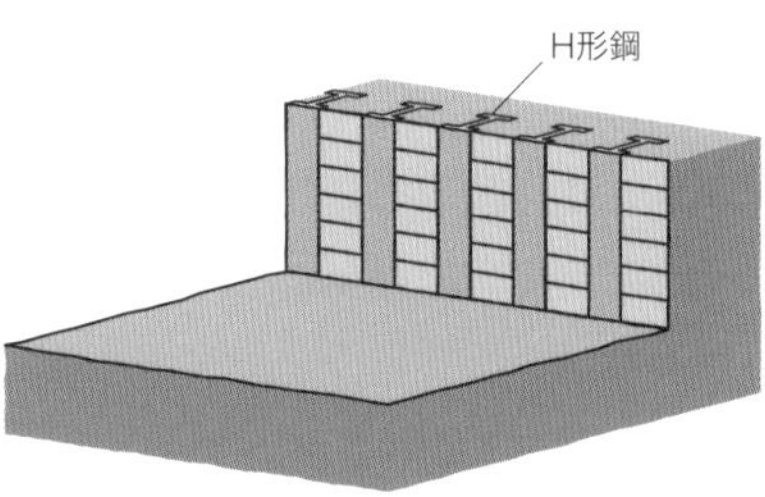

シートパイル工法《しーとぱいるこうほう》（鋼矢板工法《こうやいたこうほう》） ★★★

土質が悪く法面《のりめん》が崩れやすく側圧が大きい場合、地下水が出やすい場合、比較的深く掘削《くっさく》する場合などに、金属製の矢板を用いる山留《やまど》めの工法。打撃手法や圧入法などの打ち込み法がある。シートパイルを1枚、1枚組み合わせるので、一般に親杭《おやぐい》は用いない。▼図8

図8 シートパイル工法

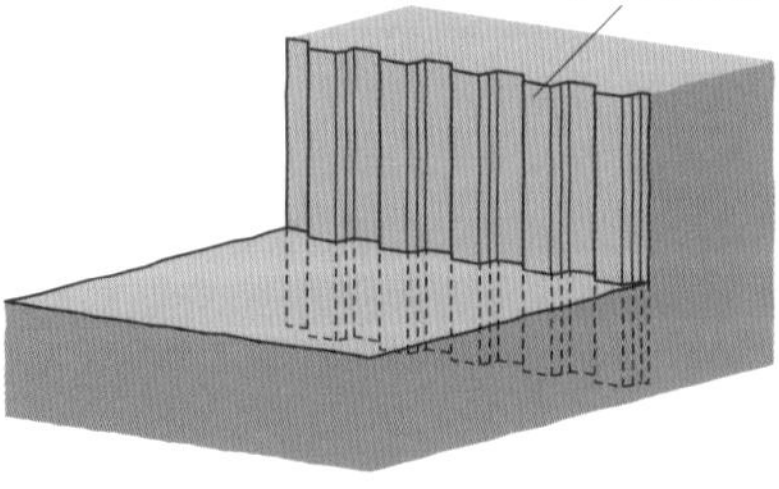

水平切梁工法《すいへいきりばりこうほう》 ★★★

矢板《やいた》や親杭《おやぐい》に大きな側圧がかかり法面《のりめん》が支えられない場合に、梁を設けて法面を支える工法である。比較的簡単な方法で、管理もしやすい。ただし、梁を支えるための支保工《しほこう》が多く立つ

と、地下での作業能率が下がる可能性がある。▼図9

図9 水平切梁工法

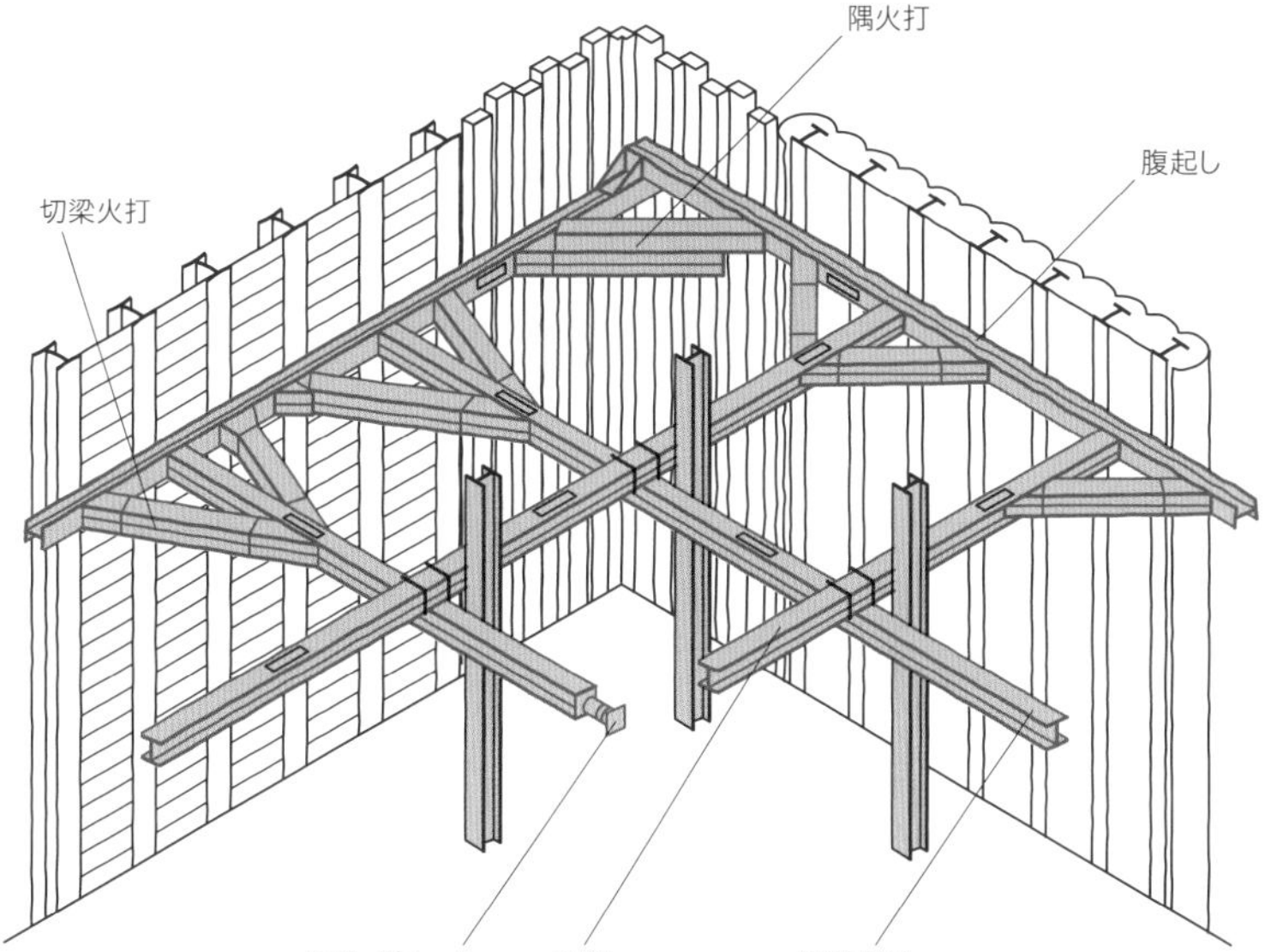

★★★
腹起《はらおこ》し

水平切梁工法《すいへいきりばりこうほう》で、矢板《やいた》や親杭《おやぐい》への側圧を支えるための梁のことである。▼図9、10

★★
切梁《きりばり》

腹起《はらおこ》しを受ける梁のことである。▼図9、10

図10 切梁、腹起し

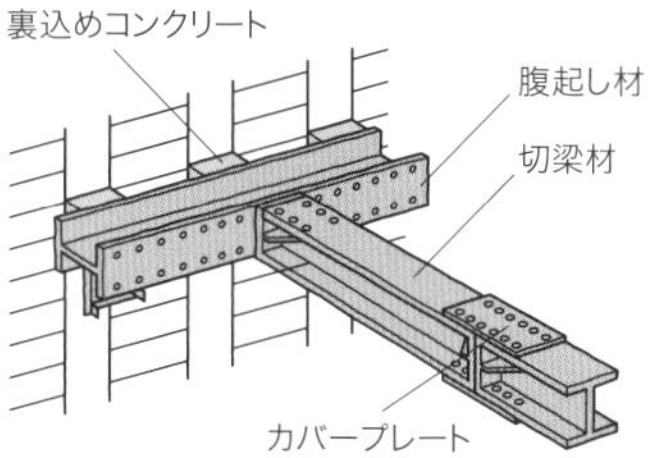

★★
キリンジャッキ《きりんじゃっき》

切梁《きりばり》と切梁との接合部に設けられ、加圧することで腹起《はらおこ》しが十分に利くようにしたり、梁全体の変形を調整するための機具である。▼図11

★★
アースアンカー工法《あーすあんかーこうほう》

矢板《やいた》や親杭《おやぐい》にテンドン（腱）といわれるPC鋼を取り付け、その先を安定した地盤、岩盤などにグラウトといわれるセメント材で固定させる工法である。水平切梁工法《すいへいきりばりこうほう》と異なり、掘削《くっさく》部には支保工《しほこう》を使用しないので作業能率を上げることができる。**グラウンドアンカー工法**ともいう。▼図12

図11 キリンジャッキ

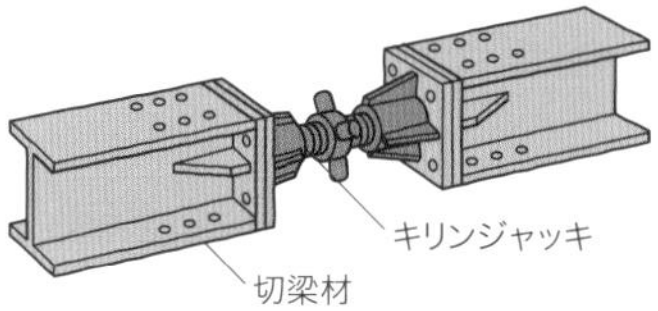

★★
法付けオープンカット工法《のりつけおーぷんかっとこうほう》

山留《やまど》めなしで掘削《くっさく》する方法である。一般に安全性を考えて掘削面の勾配を緩くするので、敷地

が広く余裕がなければできない工法である。掘削現場には何もないので作業効率は高くなる。▼図13

図12 アースアンカー工法

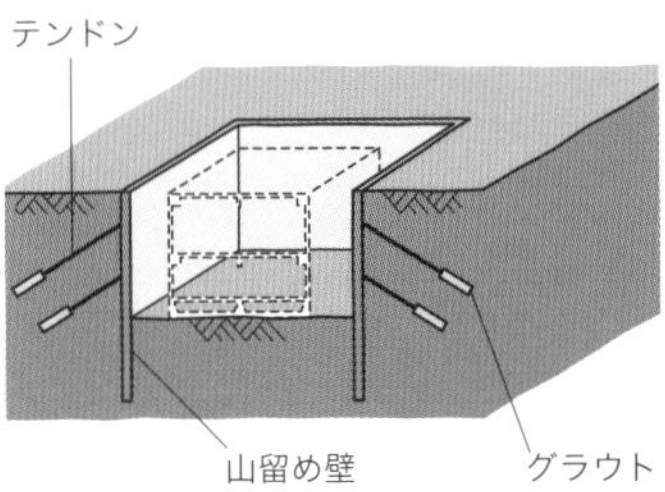

図13 法付けオープンカット工法

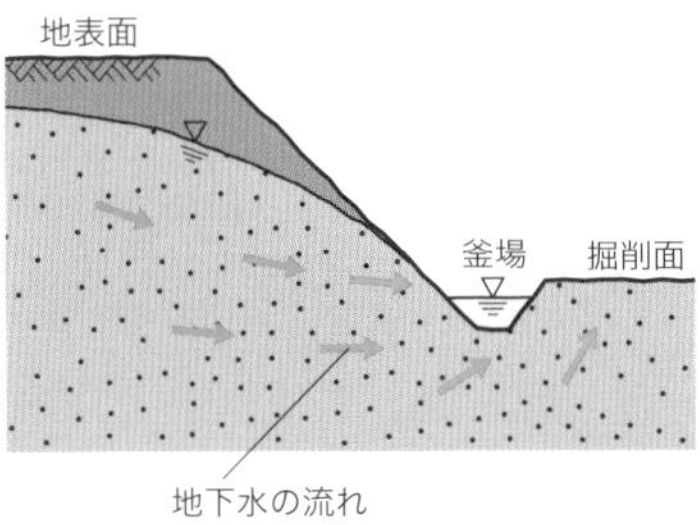

★★ アイランド工法《あいらんどこうほう》

最初から全体を掘削《くっさく》するのではなく、中心部を先に掘削して地下部分をつくり、そこを中心として、山留《やまど》めをしながら周囲を掘削する工法である。掘削した穴の中に島状の部分ができるのでアイランド工法といわれる。比較的浅い掘削の場合に用いられる。水平切梁工法《すいへいきりばりこうほう》に比べ、大きな切梁などの構造物が不必要になる。先行構造体の重さでヒービングを防ぐ効果がある。

図14 アイランド工法

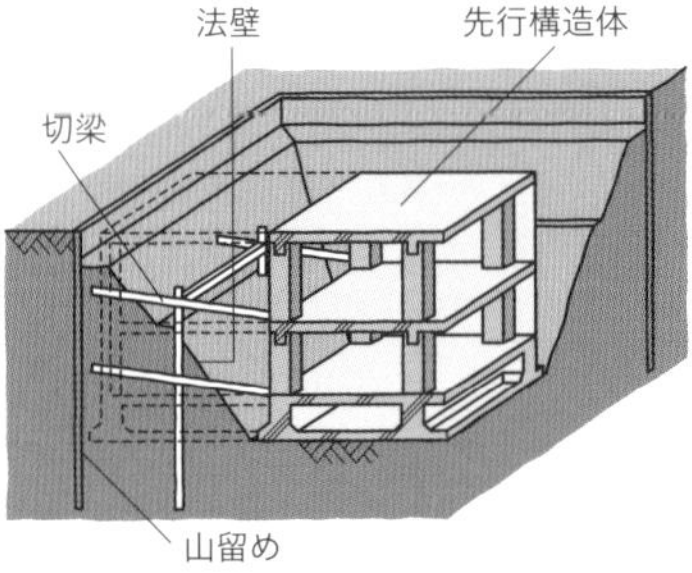

ただし、工期が長くなるケースが多い。▼図14

★ 逆打ち工法《さかうちこうほう》

先に1階部分の梁と床をつくり、法面《のりめん》を支える水平切梁《すいへいきりばり》をつくり、その後、建物の地下へと工事を進めていく工法である。同様にして掘り進み、地下の構造体をつくり地下の壁で山留めする。コンクリート打ちが、下階から上階ではなく上階から下階と逆に打つため逆打ちといわれる。比較的深い地下部分を持つ建物に適用する。ただし、構造体の鉄筋コンクリートの乾燥収縮により壁面が変化するので十分な注意が必要である。▼図15

★★ 土の息角《つちのそっかく》

自然の状態で法面《のりめん》が崩れない傾斜角度。この角度は土質や地下水位によって類推することができる。▼図16

図15 逆打ち工法

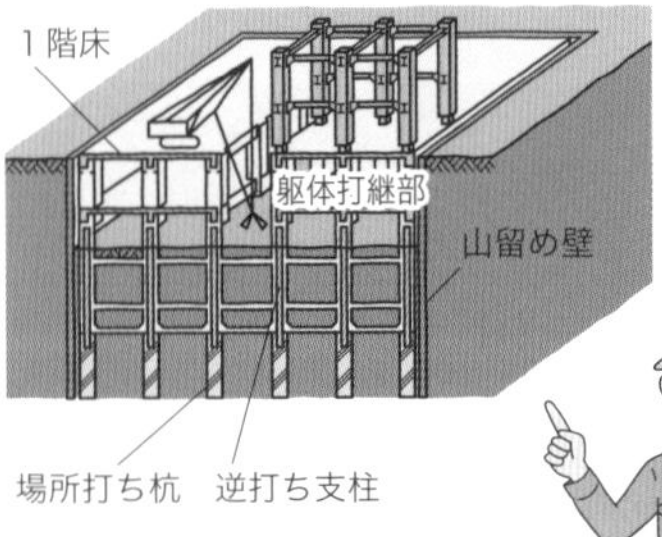

図16 土の息角

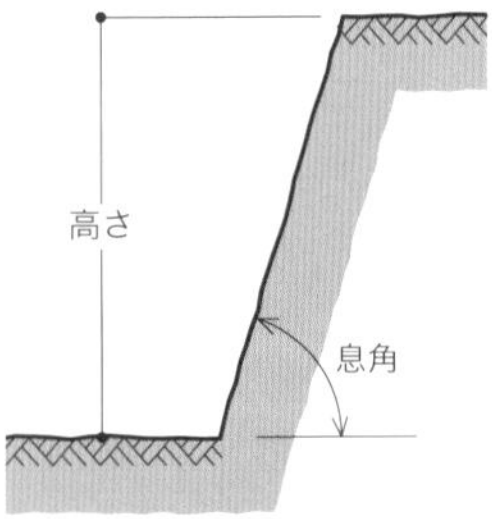

★★★
定規掘り《じょうぎぼり》

山留《やまど》め用のシートパイルや親杭《おやぐい》を定められた位置に打ち込むため、溝を掘って目印となる材を埋めることである。定規はシートパイルの位置と頭をそろえる目的で、H形鋼や角材が使われる。

★★★
根入れ深さ《ねいれぶかさ》

地山からかかる側圧の力とモーメントを支えるために、地中に打ち込む親杭、シートパイルの長さのことである。▼図17

図17 根入れ深さ

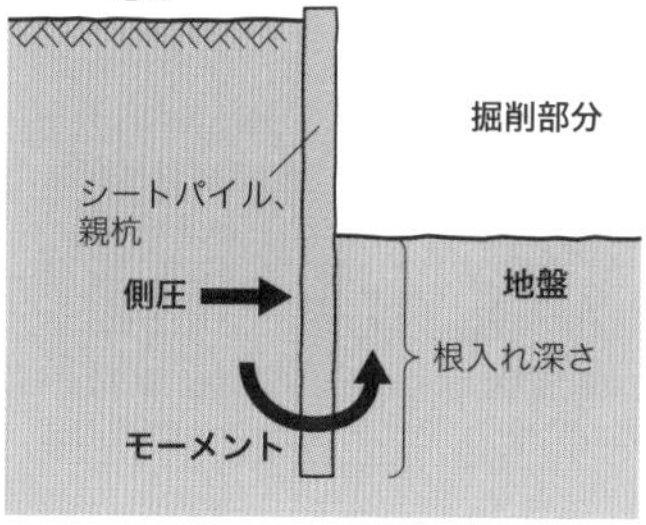

★★★
盤膨れ(ヒービング)《ばんぶくれ(ひーびんぐ)》

粘土地盤を掘削《くっさく》する際に、山留《やまど》め面の後ろ側の土圧が垂直方法にかかり、その重みで山留め面の内側の地盤が押し上げられ盛り上がる現象のこと。一般に、周囲の地盤沈下を招き、矢板《やいた》などが移動してしまうなどの問題が発生する。対処の方法には、山留めの内側に大量の割栗石《わりぐりいし》を置く等して重いものを乗せ、押し返す等がある。▼図18

図18 ヒービングの原理

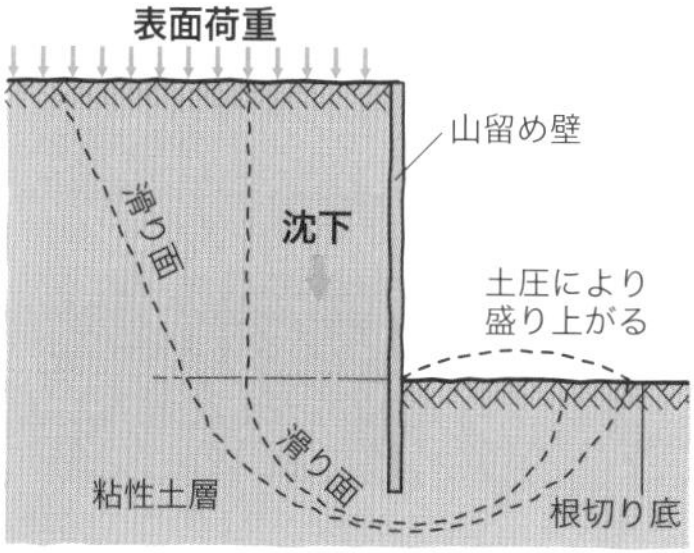

★★★
ボイリング《ぼいりんぐ》

山留《やまど》め面の内側の地盤から砂や地下水が噴き出す現象である。砂層の地盤で比較的深く掘削《くっさく》した場合に発生する現象である。地下水位より深く掘削し、山留めしたため帯水層の水が山留め面の下から湧き出してしまう。砂が噴き出す様子がボイル(ゆでる)して水が吹き出すように見えたので、この名が付いたといわれている。▼図19

図19 ボイリング

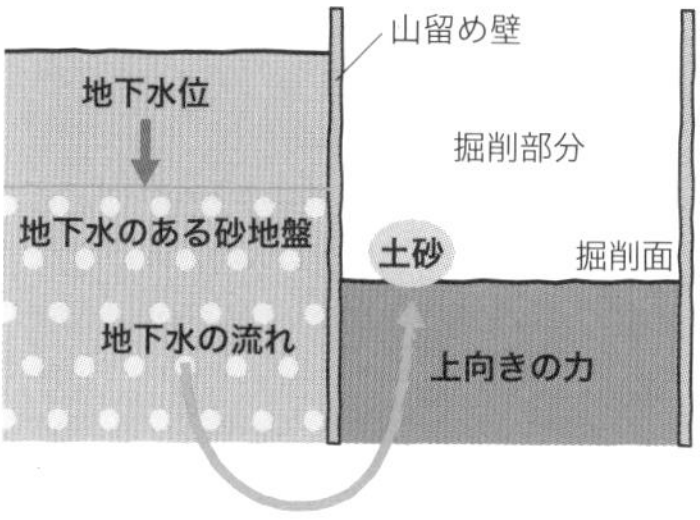

★★
パイピング《ぱいぴんぐ》

ボイリングが局部的にパイプ状に発生する現象のこと。局部的なので、一般的にセメントミルクや薬液を注入して対応する。▼図20

図20 パイピング

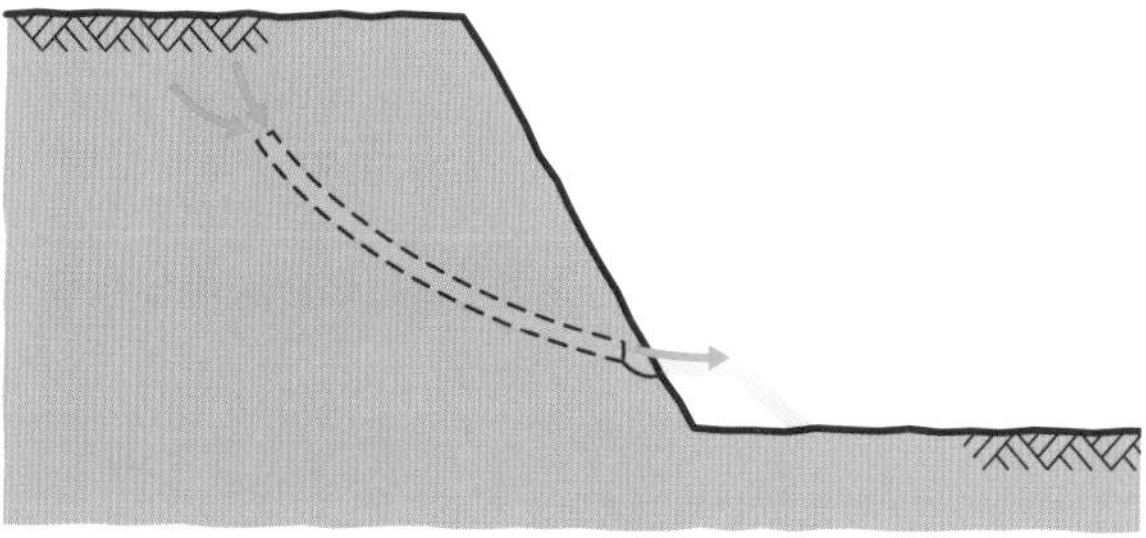

PROCESS 13

地業《じぎょう》・地盤改良《じばんかいりょう》

建物を支えるためには、堅牢な地盤がなければなりません。地盤から水を吸い上げ、締め固めたり、土を入れ替えるといった方法で、強固な地盤をつくる工事です。地盤ができると基礎をつくるための整地作業に入ります。

1 地業

★★★ 地業《じぎょう》

基礎の下の地盤に施される工事の総称。掘削《くっさく》作業が終わった後の杭打作業、割栗石《わりぐりいし》を敷く、捨てコンクリートを打つ等の一連の作業を示す。地業は建物の荷重を基礎を通じて地盤に均等にかけるための重要な作業である。

★★ 砂地業《すなじぎょう》

地盤が軟弱な場合に施される地業の1つ。表層部の軟弱な土を30cm程度取り除き、何度かに分けて良質な山砂に置き換え、水締《みずじ》めを行って砂層をつくる。比較的軽い建物では、この層を支持地盤面にすることができる。

★★ 砕石地業《さいせきじぎょう》

根切《ねぎ》り後の底面に、7～15cmの厚みで砕石（岩石や玉石を砕いたもの）を敷き詰めた後、転圧する作業である。軟弱な地盤に砕石を入れることで、多少の地《ち》耐力《たいりょく》を期待することができる。▼図1

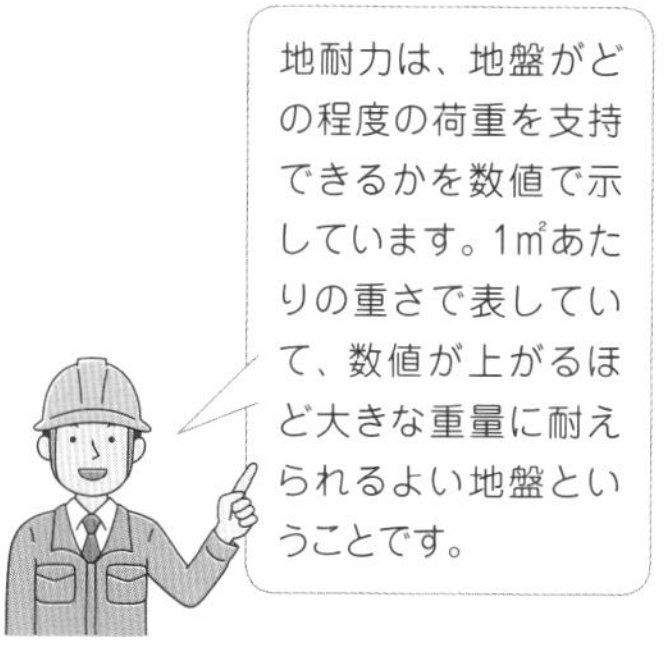

地耐力は、地盤がどの程度の荷重を支持できるかを数値で示しています。1㎡あたりの重さで表していて、数値が上がるほど大きな重量に耐えられるよい地盤ということです。

図1 砕石地業

敷地全体に砂利を敷き詰めることで、建物荷重を分散させることができる。

★★★ 割栗地業《わりぐりじぎょう》

割栗石《わりぐりいし》を敷き詰める事業である。

図2 割栗地業

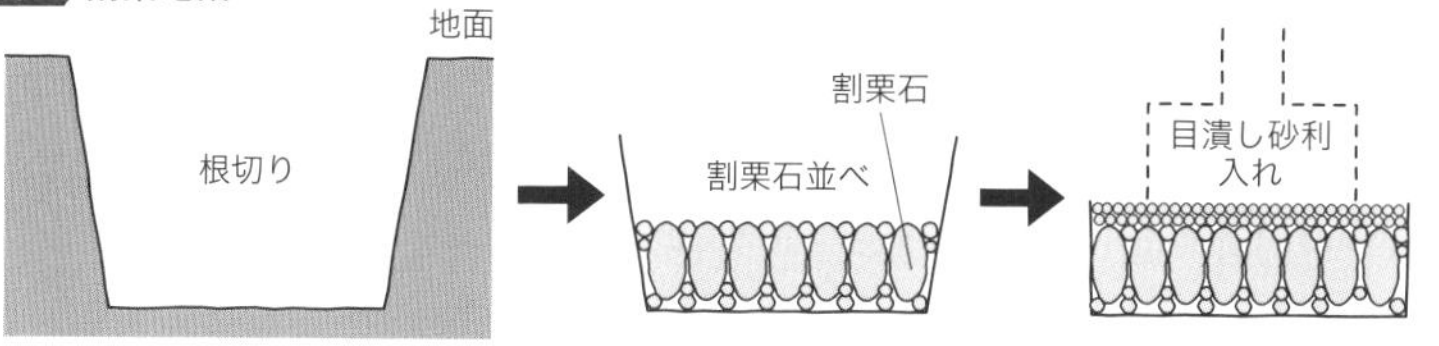

地面
根切り
割栗石
割栗石並べ
目潰し砂利入れ

①根切りする。

②割栗石を小端立てに並べる。

③割栗石の厚さ1/3の目潰し砂利を割栗石同士の隙間に入れる。

小端立てとは割栗石を縦長に配置すること。また目潰し砂利は、割栗石の隙間の空いた所を埋めるための細かい石のことで、最終的には全体を平らにならす。

割栗石とは12～15cm程度の砕石のことで、基礎と地盤をつなぐために置かれる石。割栗石を**小端立《こばだ》て**にして（細長い方を縦にして）敷きつめ、その間を**目潰《めつぶ》し砂利**（粗めの砂利）を入れ、ランマーなどにより転圧する。▼図2

★★ 粒調砕石《りゅうちょうさいせき》

粒度《りゅうど》調整砕石《ちょうせいさいせき》。人工的に割った石をふるいにかけ、粒の大きさを調整した砕石のこと。表示は、最大径で示されている。M－40等と表す。また、破砕しただけで粒度範囲が広いものをクラッシャーランという。

★★★ 転圧工法《てんあつこうほう》

地盤を強化する方法の1つで、一般に30cm程度の盛土《もりど》をして上からコンパクター、ランマーやローラーで何度も締固めを繰り返す方法である。▼図3

図3 転圧機

★★
水締め工法《みずじめこうほう》

埋め戻した砂に大量の水をかけることで締め固める工法である。水を入れると砂の粒土が移動するため、水がしみ込む流圧と浸透圧で砂を締め固める。

★★★
捨てコンクリート地業《すてこんくりーとじぎょう》

割栗石《わりぐりいし》や砂利が敷かれた後、3～5cmの厚みでコンクリートを床付け面に流し込む作業である。基礎を乗せる面を平らにするために行う。地盤面の形状が良好であれば捨てコンクリートなしで基礎をつくる。しかし、一般的に墨出《すみだ》し、作業性、基礎コンクリートと地盤面の馴染みなどの利点もあり、捨てコンクリートを打つ場合が多い。構造上、強度としての意味はないため、一般に**捨てコン**といわれる。

2 地盤改良

★★★
地盤改良《じばんかいりょう》

支持力の増強、地盤沈下量の抑制、液状化の防止などを目的として行われる、地盤の性質を変える作業の総称である。圧力を加えて押し固める**締固《しめかた》め**、地盤の土を入れ替える**置換《ちかん》**、パイプで水分を抜き取る**脱水《だっすい》**、薬剤などを入れ地盤を固める**固結《こけつ》**などの工法がある。

★★
ウエルポイント工法《うえるぽいんとこうほう》

真空を利用して地盤から強制的に水を吸い上げる方法である。砂地盤が一般的だが、浸透性の悪い粘土地盤でも可能。6m程度の深さに対応できる。汲み上げた水を地上まで上げるためのライザーパイプを多数入れ、先端部にウエルポイントを接続する。ウエルポイントは先端の直径が5～6cm、長さ1mのノズルで、地下水を強制的に吸い上げるための機材である。これにより地下水位を下げ、地盤を締め固めることができる。▼図4

★★
ディープウエル工法《でぃーぷうえるこうほう》

比較的深い層で、透水性の高い礫《れき》や砂層で行われるポンプアップによる排水工法である。500～600㎜程度の鋼管を地盤に挿し、地盤に穴をあけ、内部に発生した地下水を水中ポンプで地上に上げる。地下水量が大量で、地下水位が深い場合に行う。▼図5

図4 ウエルポイント工法

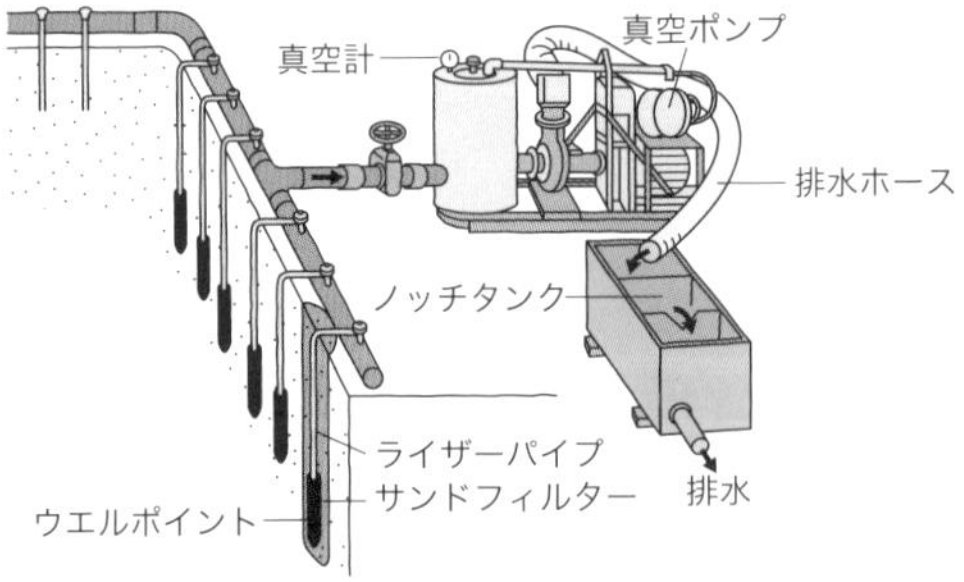

★
サンドドレーン工法《さんどどれーんこうほう》

地盤に垂直な穴をいくつも掘り、

中に砂を入れ、この砂の柱により地下水を吸い上げさせる工法である。

図5 ディープウエル工法

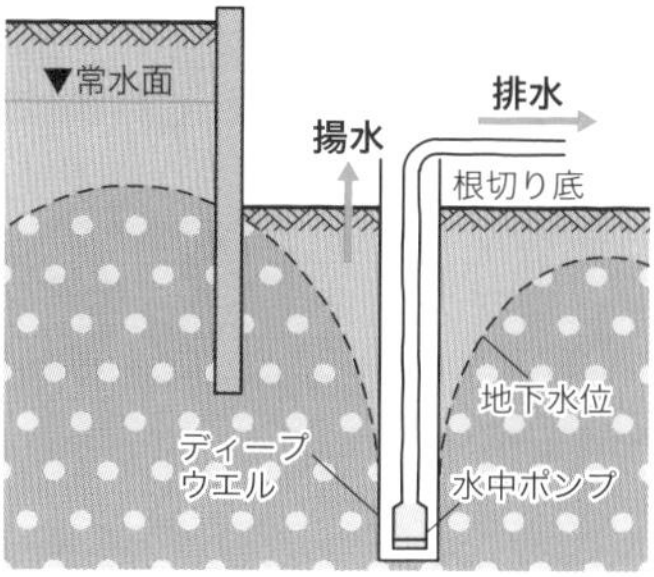

★★★ 表層地盤改良《ひょうそうじばんかいりょう》

一般的に、地表から2mぐらいまでの深さに軟弱地盤がある場合に行う工法である。基礎よりも広く掘削《くっさく》し、セメント固化材を添付して**バックホウ**などにより撹拌《かくはん》し、転圧し、整地する工法である。住宅建設で用いられることが多い。▼図6、7

図7 バックホウ

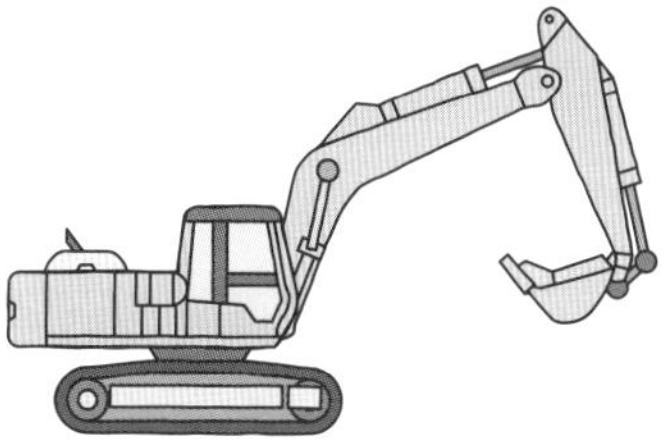

図6 表層地盤改良

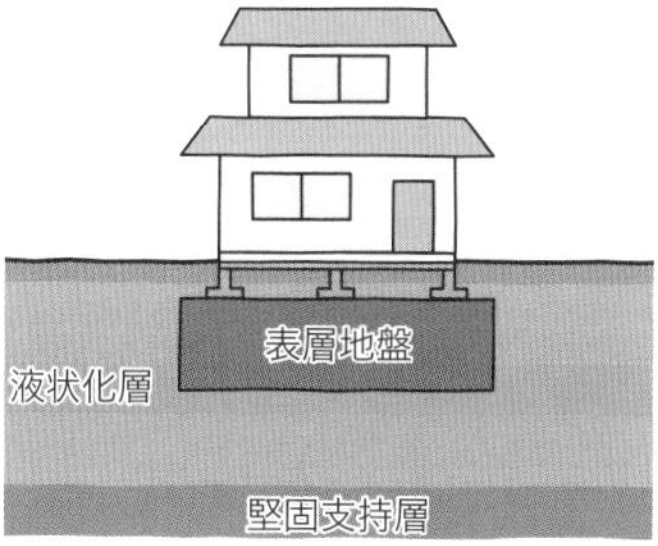

★ セメント系固化材《せめんとけいこかざい》

セメントだけでは硬化できない軟弱地盤のために開発された材料。セメントを主成分とするが、その他に土を硬化させる成分を混ぜて地盤を固める。

★★ 置換工法《ちかんこうほう》

粘土層などの軟弱地盤で、その層の一部またはすべてを別の土質のものと入れ替えてしまう工法である。住宅工事など小規模な建物で行われる。比較的工期が短くて済むが、良質な土の入手方法、残土処理などの環境問題を考慮する必要がある。

★★ 六価《ろっか》クロム溶出試験《ようしゅつしけん》

地盤改良を行ったすべての敷地では六価クロムの検出検査を行うことが取り決められており、それにともなう試験のことである。地盤改良に用いられるセメント系固化材には六価クロムが含まれているためである。工事後の7日後に行う。一般に規定の環境基準を超えた場合、使用する材を変更する。

現場の歩き方　建物のコストと地盤

建築コストは、建物の見える部分を対象に考えられることが多いですが、施工者にとって重要なのは建物の足元。最先端の地盤改良技術は埋立地などの悪条件でも建築を可能にしました。

しかしその分、基礎や杭の強度も増し、建物全体のコストが割高になる傾向にあります。そのため、N値が低い地区では、地盤改良、地下部分の構造体の強度、建物全体を考えた最適な工法が要求されます。その判断には、施工者の物づくりの力が必要でしょう。

PROCESS

14

杭《くい》工《こう》事《じ》・基《き》礎《そ》工《こう》事《じ》

地業が終われば、建物の構造体をつくる工程に入ります。杭工事、基礎工事は、建物の足腰にあたる部分をつくる工事。不同沈下を起こさないために、指示された位置に決められた高さの杭を打ち込みます。

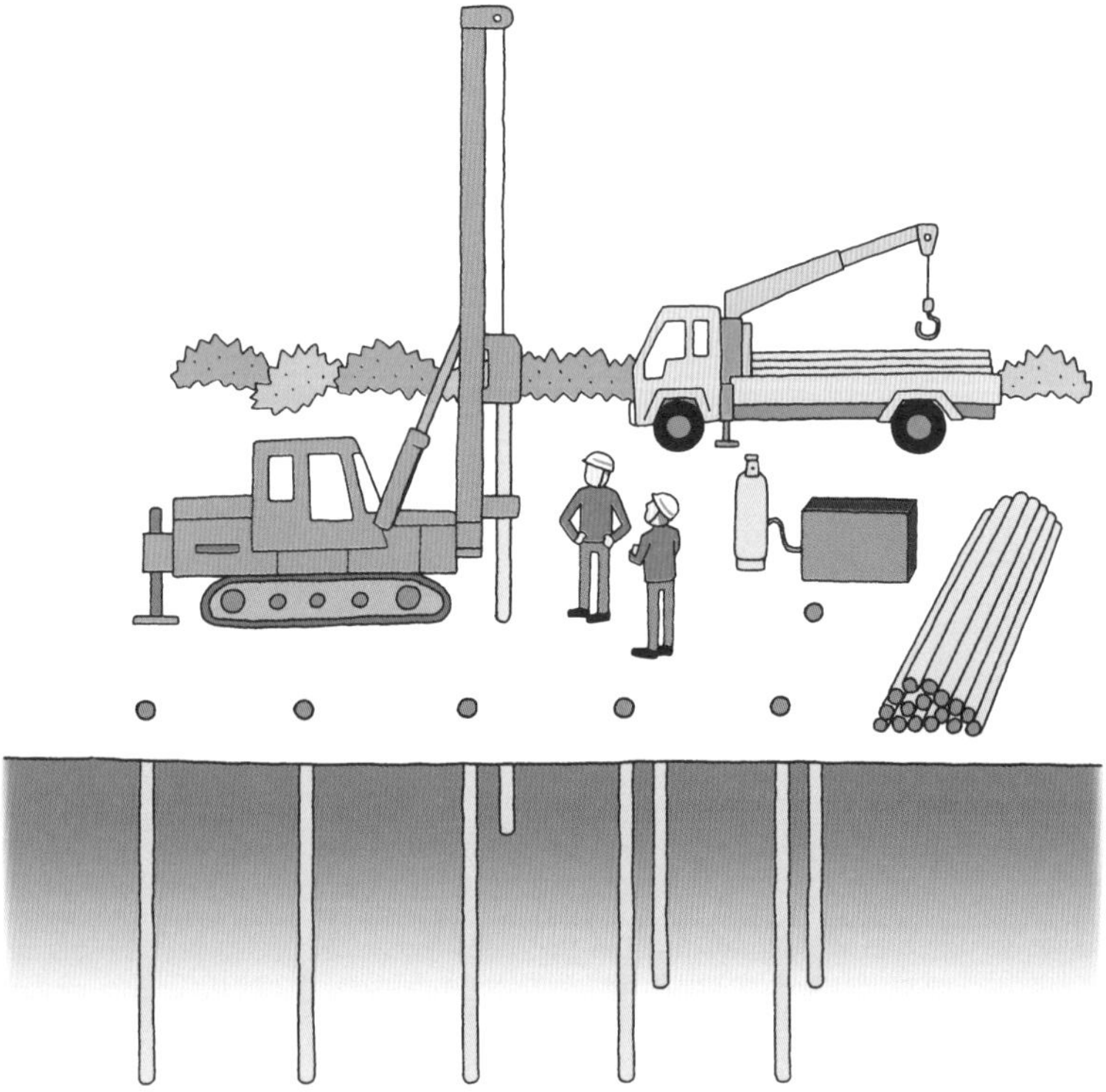

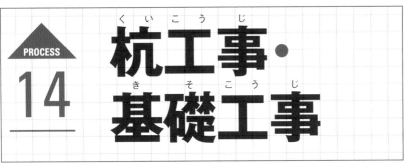

1 杭工事

★★★ 杭工事《くいこうじ》(杭地業《くいじぎょう》)

既成杭、場所打ちコンクリート杭を設置する作業全般のことをいう。杭の支持方法は支持地盤まで杭を打つ**支持杭**《しじぐい》と、杭の周囲の地盤との摩擦抵抗によって建物を支える**摩擦杭**《まさつぐい》の2種類に分けることができる。杭の種類の選択は、建物の重さと地盤の地耐力《ちたいりょく》や土質によって決定する。▼図1

★★★ 支持杭《しじぐい》(先端支持杭《せんたんしじぐい》)

建物の重量を支えられる層の地盤まで打ち込む杭。先端部を地盤に突き刺し、建物の重さを伝える。比較的、杭の本数は抑えられるが、支持地盤までが深い場合、打ち込み費用がかかる。▼図1

図1 支持杭、摩擦杭

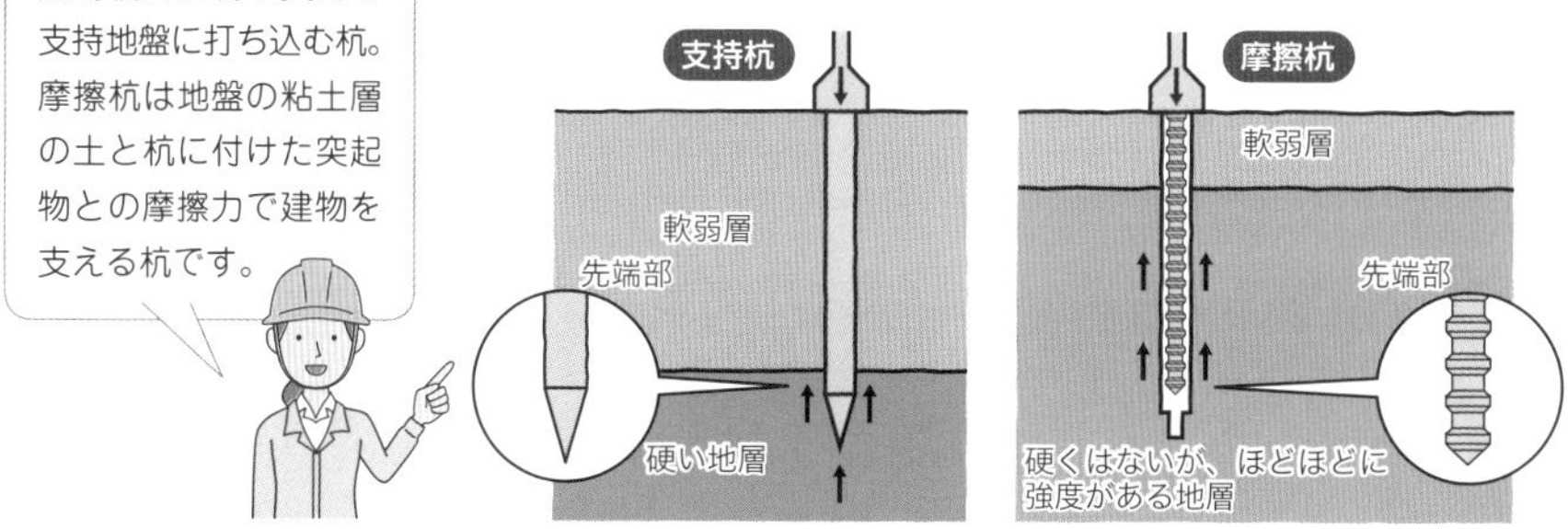
支持杭は建物を支える支持地盤に打ち込む杭。摩擦杭は地盤の粘土層の土と杭に付けた突起物との摩擦力で建物を支える杭です。

★★★ 摩擦杭《まさつぐい》

地盤の土と杭周囲との摩擦力により、建物の重さを支える杭。一般に粘土層で適用される。摩擦を与えるために、凹凸のある形状をしている。地盤によっては杭を下向きに引っ張り込む**ネガティブフリクション**が発生し、杭が引張力で破壊されることがある。▼図1

★★★ 既成コンクリート杭《きせいこんくりーとぐい》

工場生産されたコンクリート杭の総称。形態から支持杭、摩擦杭に分けられる。一般的に打撃や圧入によって杭を挿入する。近年では、孔を先掘りする埋込み工法も多くなり、支持杭の杭径が太いものが使用されるようになった。

★★ PC杭《ぴーしーぐい》

プレストレストコンクリート杭のこと。事前に引張力をかけたピアノ線にコンクリートを入れて硬化させた杭で、せん断力、曲げモーメントにも強い。

★★ RC杭《あーるしーぐい》

既成杭の代表的な杭。**コンクリート杭**のことである。

★★ SC杭《えすしーぐい》

コンクリートを核として周囲に鋼管を巻いた、**外殻鋼管付《がいかくこうかんつ》きコンクリート杭**。高強度が期待でき、支持杭として使われる。▼図2

図2 SC杭

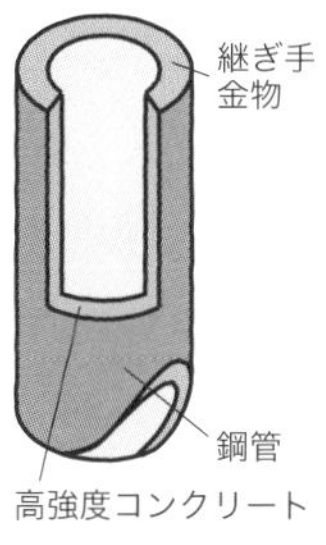

★★ 鋼杭《こうぐい》

H形鋼《かたこう》などの形鋼や管鋼のものが一般的である。搬入を考慮して2m程度の短いものもある。接合は溶接によって行われる。

★★★
打撃式杭工法《だげきしきくいこうほう》

杭の頭をハンマーで打ち込む工法である。一般に杭径が800mm以下の杭に適用される。打撃する際に振動、騒音があるため、市街化した場所での工事は難しい。特定工事に指定され、7日前までに都道府県知事への届け出が必要である。杭を打撃したときのパイルハンマーの落下高さと貫入量、リバウンドの量から支持力の大きさを簡単に確認できる。経済的な工法である。

★★
ドロップハンマー《どろっぷはんまー》

ウインチを使いおもりを持ち上げ落下させ、杭の頭を打撃する機械のこと。**もんけん**は、その鋼鉄製おもり。杭頭の破損を考え落下高さは2mと決められている。下図は小規模工事に用いられるもの。▼図3

★★
ラム《らむ》

ディーゼル油の爆発力や油圧力を使ったハンマー。ラムの中にもんけんが格納されている。**ディーゼル式ハンマー**や**油圧ハンマー**がある。現在では振動や騒音の問題もあり油圧ハンマーが一般的である。▼図4

図3 ドロップハンマー

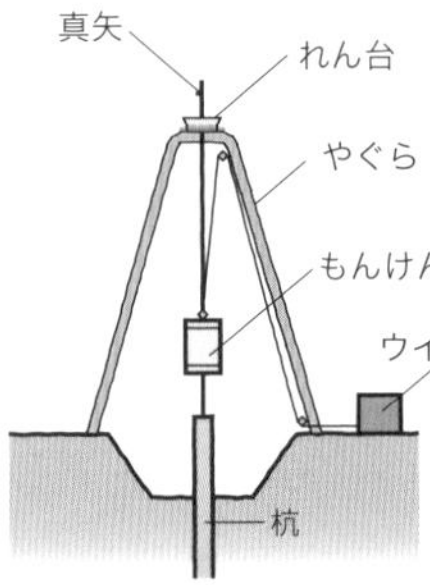

図4 ラム

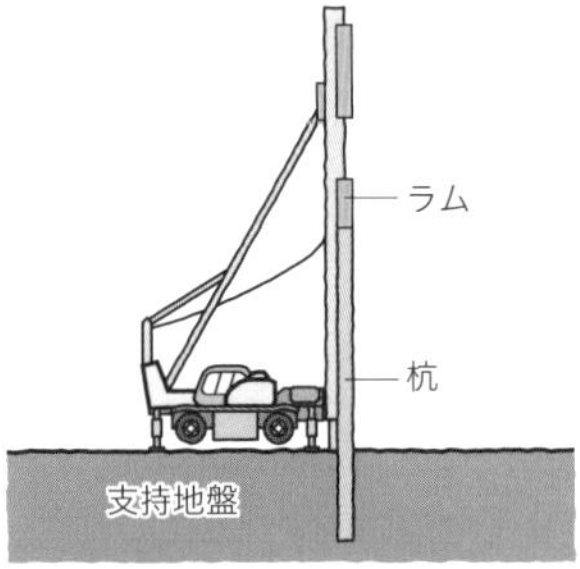

★★
高止まり《たかどまり》

杭の打ち込み時、規定よりも浅い位置で杭が打ち込めなくなった状態である。原因は支持地盤（硬い地盤）に高低差がある、杭孔の礫《れき》層の上に礫層が高低差を持ち存在している。または掘《くっ》削《さく》中に孔面《こうめん》が崩れ、**オーガー**（掘削機）の先端に礫等が詰まったなどが考えられる。現場管理者の指示を受け余分な杭を切断するか否かを決める。

★★★
圧入法《あつにゅうほう》

油圧により荷重をかけ、杭を貫入する方法である。騒音や振動が少なく、地盤を大きく乱さない長所がある。

★★★
場所打ちコンクリート杭《ばしょうちこんくりーとぐい》

事前に穴を掘り、鉄筋で組んだ籠筋を落とし、トレミー管でコンクリートを打設して固め、孔の中で杭をつくる工法の一般総称である。掘削《くっさく》した孔壁を保護するために、多種類の工法がある。▼図5

図5 場所打ちコンクリート杭

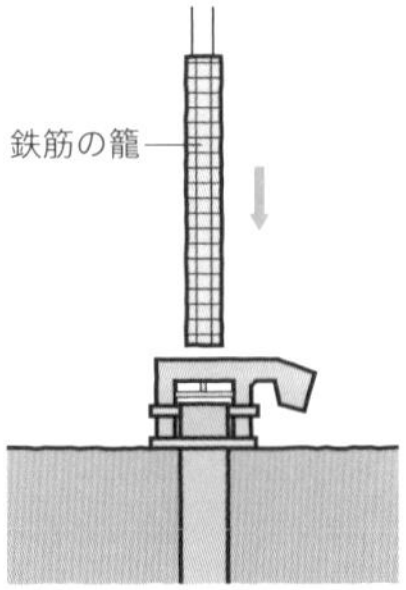

★★
中掘工法《なかぼりこうほう》

筒状の中空の杭を使い、中空部分でアースオーガーを回転させながら掘削《くっさく》し、杭を打ち込んでいく工法。最後にセメントミルクを先端部に注入し杭を固定する。掘削しながら杭を打ち込むため、杭を垂直に打ち込むことができる。崩壊が激しいシルト層や礫《れき》層、砂層にも対応できる。比較的、大口径の杭に向いている。地盤を乱すため支持力が落ちる傾向にある。▼図6

図6 中掘工法

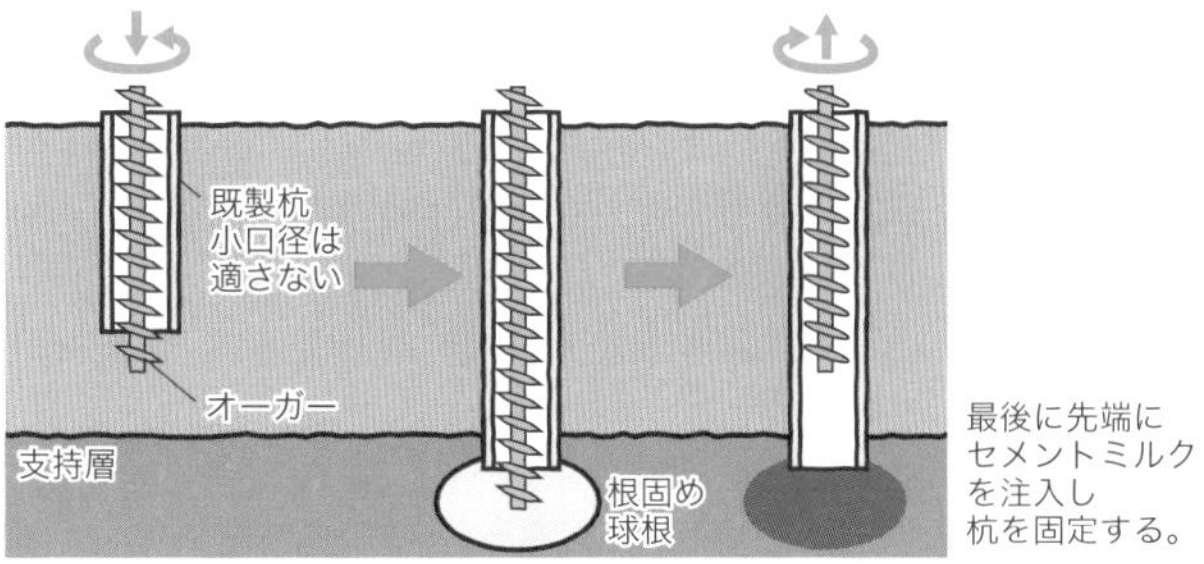
既製杭
小口径は
適さない
オーガー
支持層
根固め
球根
最後に先端に
セメントミルク
を注入し
杭を固定する。

★★★
圧入式杭打工法《あつにゅうしきくいうちこうほう》

打撃などの方法を使わず、油圧ジャッキなどで杭頭《くいとう》を押し込む方法。振動、騒音が少ない。また、油圧により杭を抜くこともできる。

★★
圧入式杭打機《あつにゅうしきくいうちき》

杭頭《くいとう》を挟み込み、自重をかけて杭を打ち込んでいく機械。杭を回転させながら打ち込む回転圧入方式、何回も杭を上下しながら少しずつ地盤に打ち込むジャッキ式、油圧で圧入させる方式等がある。

★★
アースオーガー《あーすおーがー》

先端に取り付けられたスクリューで地盤を掘削《くっさく》する機械。管鋼の内部に差し込み掘削する。比較的、深くまで掘ることができる。大型のものから手動の小型のものまである。▼図7

図7 アースオーガー

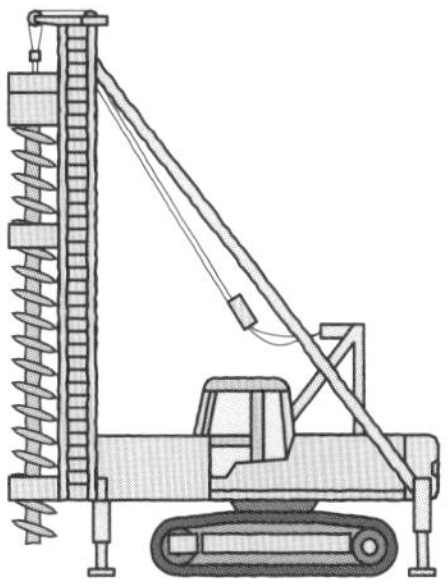

★★
ハンマーグラブ《はんまーぐらぶ》

クレーンで吊り上げ落下させ、先端に付いた2枚の刃先で地盤に食い込み、掘削し、土をつかみとる機械である。1・4～1・6ｔ程度の自重を持つ。▼図8

図8 ハンマーグラブ

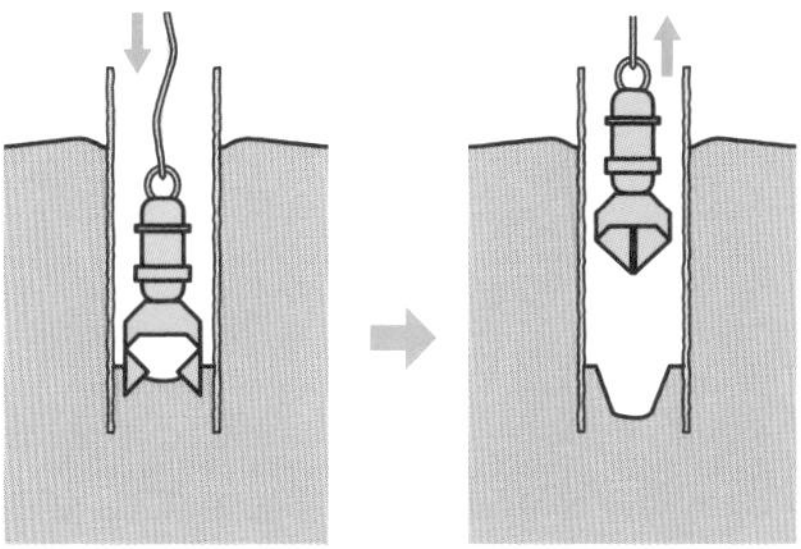

★★★
トレミー管《とれみーかん》

コンクリートを水中や地底に打設する直径150～300㎜程度の管。最初は最底部に設置し、コンクリートを打ち込み、徐々に引き上げながら上方部へと打設する。コンクリートが分離しないようにするため、管の先が常にコンクリートの中に入っていることが必要である。単に**トレミー**ということもある。▼図9

図9 トレミー管

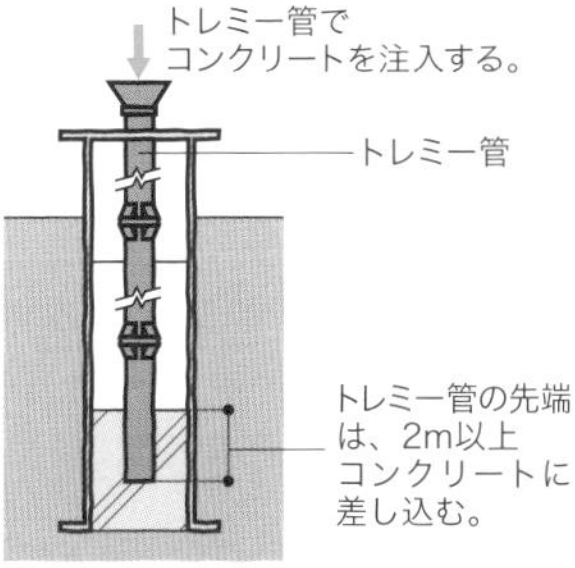
トレミー管で
コンクリートを注入する。
トレミー管
トレミー管の先端
は、2m以上
コンクリートに
差し込む。

★★★
オールケーシング工法《おーるけーしんぐこうほう》

ケーシングチューブを全長に渡り回転させて押し込み、管の中空の土をハンマーグラブで掘削《くっさく》し、孔底処理をし、鉄筋カゴを建て込んだ後、トレミー管でコンクリートを打設し杭をつくる工法である。最後にケーシングとトレミー管を引き抜く。フラ

ンスのベノト社が開発した工法は揺動《ようどう》式で、**ベノト工法**ともいう。▼図10

図10 オールケーシング工法(ベノト工法)

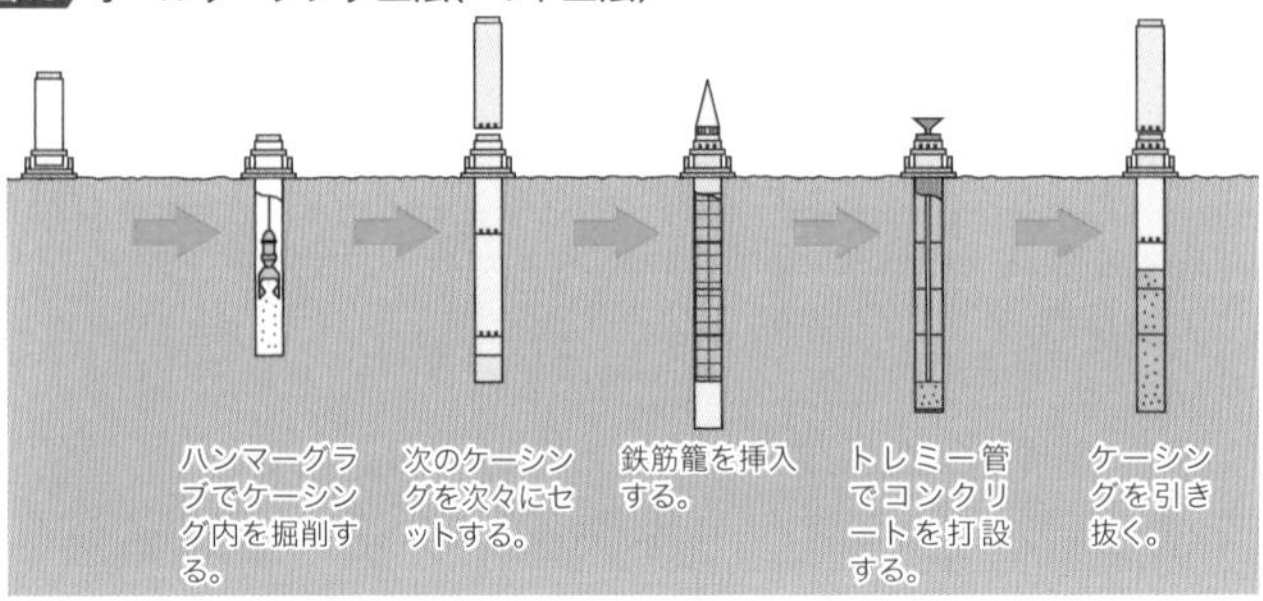
ハンマーグラブでケーシング内を掘削する。
次のケーシングを次々にセットする。
鉄筋籠を挿入する。
トレミー管でコンクリートを打設する。
ケーシングを引き抜く。

★★★ アースドリル工法《あーすどりるこうほう》

ACE工法ともいう。ケーシングを使わず、孔壁を安定させるために**ベントナイト溶液**を用いた場所打ちコンクリート工法である。表層部はケーシングを使い、深い部分ではバケットで掘削《くっさく》し、ベントナイト溶液を用い掘削した法面《のりめん》の保護をする。その後、鉄筋カゴを建て込みトレミー管でコンクリートを注入する。工事過程でベントナイト溶液の管理を怠ると孔壁が崩れ期待した支持力が得られないことがある。また、新しい工法として、杭の底部をバケットで広くする**アースドリル拡底工法**がある。掘削部をコンパクトにした**ミニアースドリル工法**は、小規模な建物で使われることがある。▼図11

図11 アースドリル工法

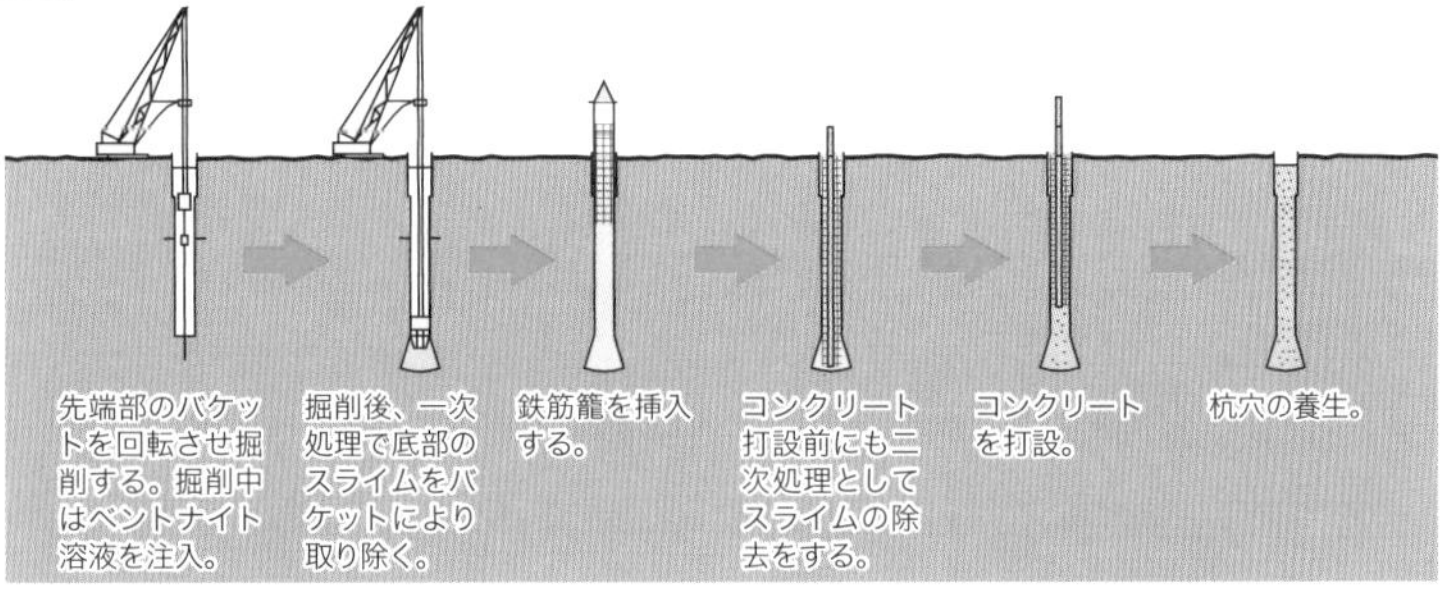
先端部のバケットを回転させ掘削する。掘削中はベントナイト溶液を注入。
掘削後、一次処理で底部のスライムをバケットにより取り除く。
鉄筋籠を挿入する。
コンクリート打設前にも二次処理としてスライムの除去をする。
コンクリートを打設。
杭穴の養生。

★★★ ベントナイト溶液《べんとないとようえき》(安定液《あんていえき》)

鉱物の結晶であるモンモリロナイトを主成分とした溶液。粘性が強く、水を吸って膨張する性質がある。孔壁面の崩れを防ぐ止水材の目的として使われる。現場では、孔内でのベントナイト溶液の比重、単位体積比重と粘性を管理し、溶液量を調整することが重要である。

★ じょうご形粘度計《じょうごがたねんどけい》

500ccの液体が、じょうごをどのくらいの時間で通過するかを計測する機材である。この時間により粘性を測定することができる。掘削孔の中の土の粘性とベントナイト溶液の粘性を比較するときに用いる機材である。**ファンネル粘度計**ともいう。▼図12

図12 じょうご形粘度計

★ マッドバランス《まっどばらんす》

掘削《くっさく》面を保護する泥水やベントナイト溶液の比重を計測する機材である。▼図13

図13 マッドバランス

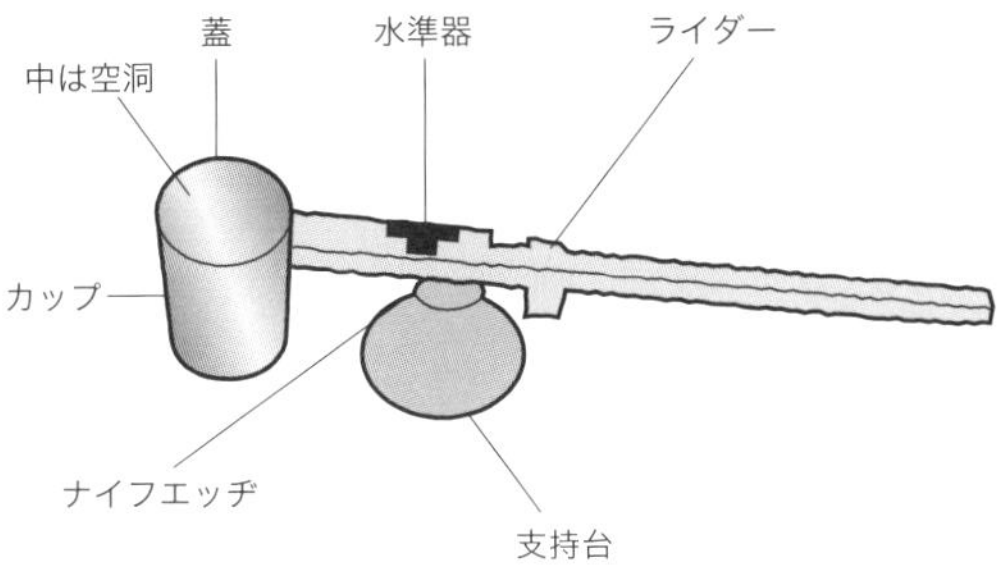

★★ スライム《すらいむ》

杭工事で最深層部に出る地下水と泥の混じった塊のことである。杭の支持力を極度に弱めるため、取り除かなければならない。これを**スライム処理**という。

★ エアリフト工法《えありふとこうほう》

掘削《くっさく》終了後、掘削孔の下に空気を入れ沈殿したスライムを浮き上がらせ除去する工法である。

★★ リバースサーキュレーション工法《りばーすさーきゅれーしょんこうほう》

場所打ちコンクリート工法の1つ。一度汲み上げた地下水と汚泥を孔内に戻し、孔壁面を安定させる工法。地面の表層部では、スタンドパイプ（鋼管）を圧入し、ハンマーグラブで掘削《くっさく》する。その後、先端のビットを回転させて掘削する。その掘削土砂はロッド内（管内のパイプ）を通り水とともに排出され、地上の沈殿漕で土砂と泥水に分離する。その泥水を掘削孔に注入することで孔壁面を保護する工法である。最後に地下水をすべて吸い出し、鉄筋を組んだ籠を入れ、トレミー管でコンクリートを入れ打設。一度、ポンプアップした水を再び孔に戻すため、リバース＝**逆循環方式**といわれている。▼図14

図14 リバースサーキュレーション工法

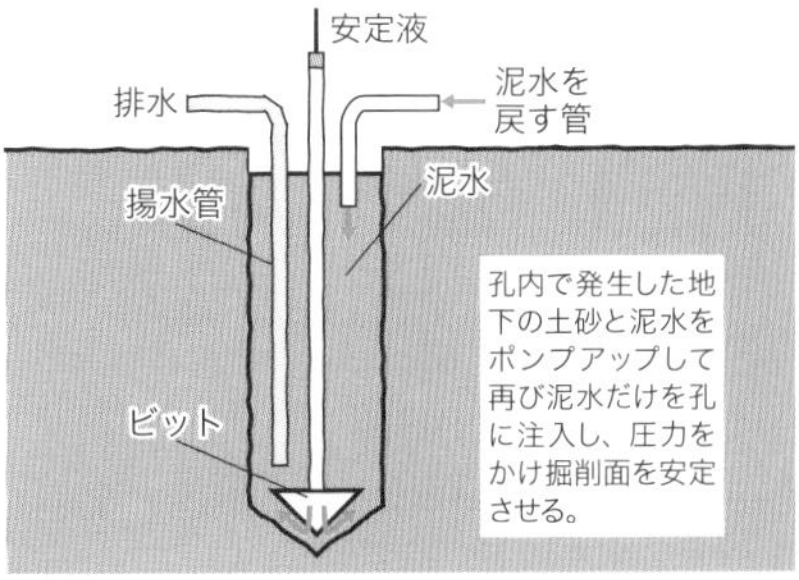

★ BH工法（ロータリーボーリング工法）《びーえいちこうほう（ろーたりーぼーりんぐこうほう）》

強力小型ドリルで、ケーシングなしで掘削《くっさく》する工法。先端に取り付けたビットを回転させながら先端からベントナイト溶液を送り込むことにより孔壁面を安定させる。その流圧で掘削土を孔外に出す工法である。ポンプアップを行わないので、**正循環方式**ともいわれている。小さな機材で作業が行えるため狭い敷地でも適用できる。▼図15

図15 BH工法

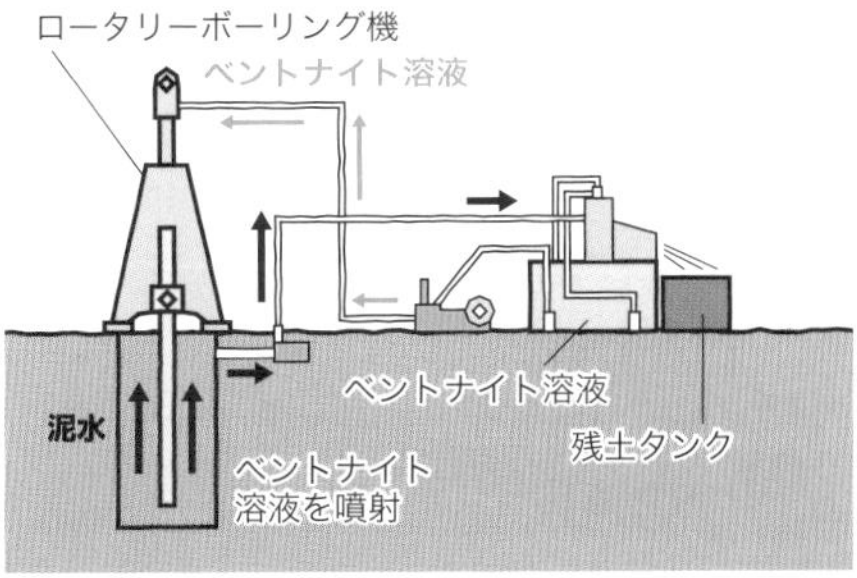

★ セメントミルク工法《せめんとみるくこうほう》

セメントミルクで掘削《くっさく》孔を固める**プレボーリング工法**の1つである。最初に、掘削面を保護するためにセメントミルクを噴射しながらオーガーで掘削する。杭穴の底部では杭を固定する根《ね》固《がた》め溶液を注入、コンクリート既成杭を挿入。その後、杭のまわりを固めるためのベントナイ

ト溶液とセメントミルクの混合液を規定量注入する。オーガーを引き上げ、杭頭を軽く打撃し工事は完了する。▼図16

図16 セメントミルク工法

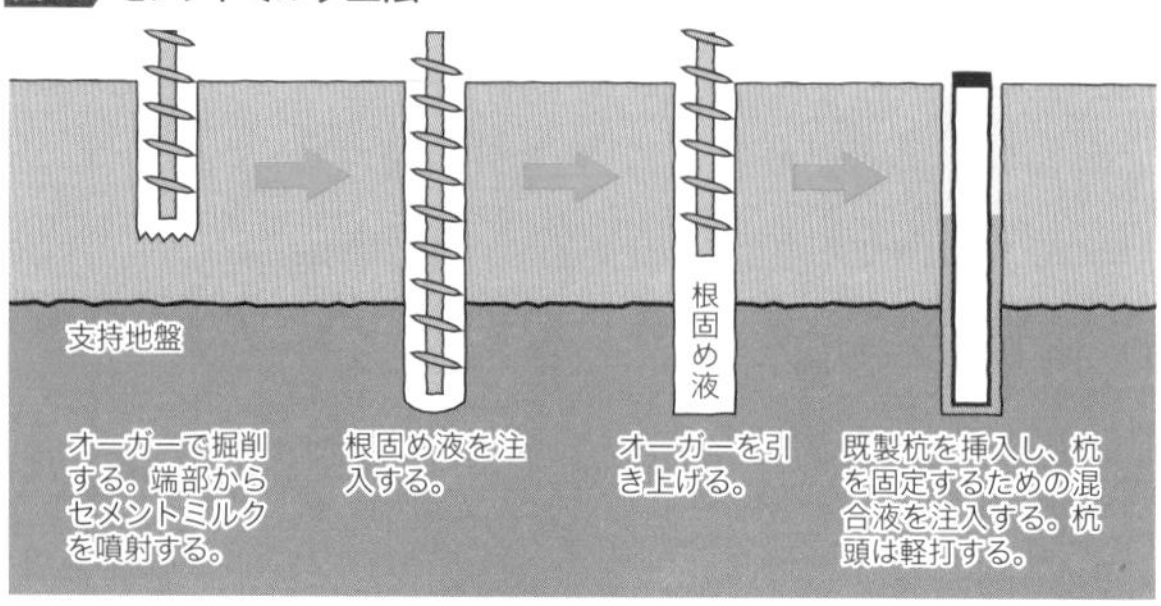
支持地盤
根固め液
オーガーで掘削する。端部からセメントミルクを噴射する。
根固め液を注入する。
オーガーを引き上げる。
既製杭を挿入し、杭を固定するための混合液を注入する。杭頭は軽打する。

★ **ネガティブフリクション**《ねがてぃぶふりくしょん》

軟弱地盤で、地盤が沈下したことで杭も同時に沈下させようとする力のこと。杭の設計時から、杭には建物の重さに加えて、沈下力が加わることも考慮する必要がある。

★ **杭頭処理**《くいとうしょり》

場所打ちコンクリート杭の場合、杭頭《くいとう》部に発生するブリージングやスライムのため脆弱な部分ができる。その部分のコンクリートを斫《はつ》ることをいう。

2 基礎工事

★★★ **基礎**《きそ》

建物の力を地盤に伝えるための構造物である。地盤に直接、力を伝えるものを**直接基礎**《ちょくせつきそ》という。木造等の軽い建物、地盤がよい場所に用いられる。一方、支持地盤が深く良好でない場合、杭を用い建物を支える基礎を**杭基礎**《くいきそ》という。▼図17

★★ **フーチング**《ふーちんぐ》

基礎の形式によって形は異なるが、建物の力を地盤もしくは杭に伝える面で、底部が広がった部分をフーチングまたはフーチンという。英語の foot（足）が語源である。▼図18

図17 直接基礎、杭基礎

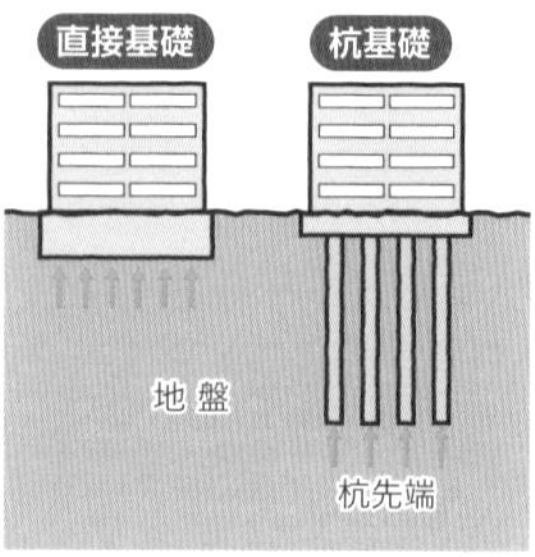
直接基礎
杭基礎
地盤
杭先端

図18 フーチング

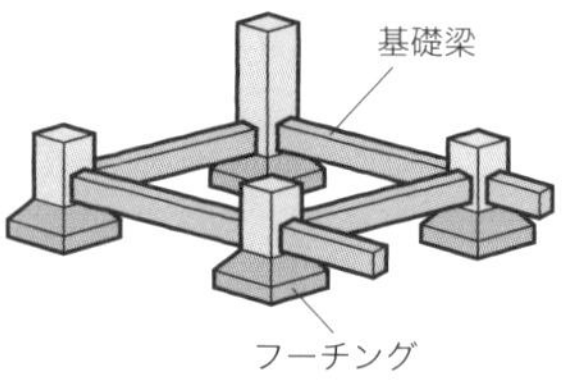
基礎梁
フーチング

★★★ **独立基礎**《どくりつきそ》

基礎の形式の1つ。柱1本に1つのフーチング基礎があり、各々が独立している。比較的地盤がよい場所で使われる。鉄筋コンクリートのラーメン構造や鉄骨造で使われる。

★★★ **布基礎**《ぬのきそ》

基礎の形式の1つ。木造や鉄筋コンクリートの壁式構造で使用される。布のような形状で逆T字形の形状をしている。**連続基礎**ということもある。▼図19

図19 布基礎（木造）

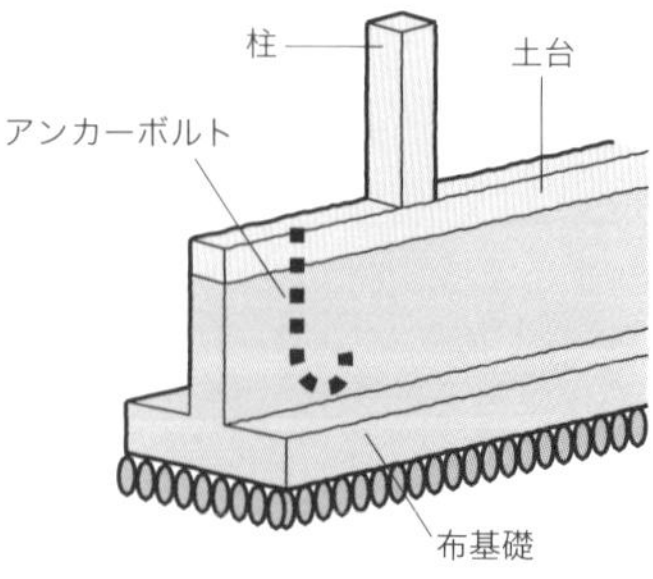
柱
土台
アンカーボルト
布基礎

★★★
べた基礎《べたきそ》

底面全体で建物の重量を地盤に伝える基礎。布基礎や独立基礎とは異なり、面で建物を支えるので不同沈下に強い。この面を**耐圧盤**、**底盤**という。▼図20

図20 べた基礎(木造)

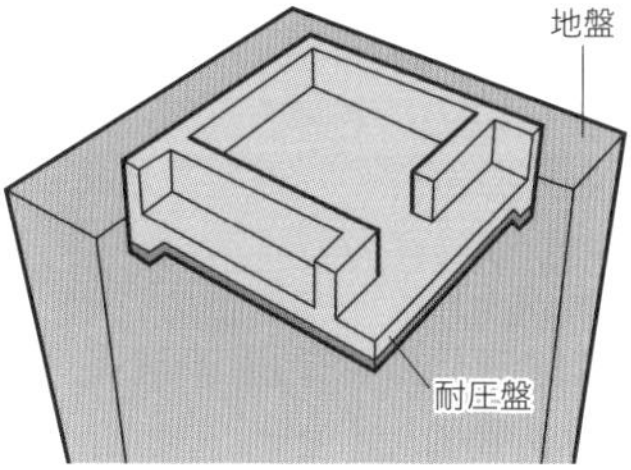

★★
耐圧盤《たいあつばん》(底盤《ていばん》)

鉄筋コンクリートの基礎の底部のこと。**基礎スラブ**ともいう。地中梁が上に載るので、最下階の床ではない。一般に最下階床と耐圧盤の間に空間ができ、これを**ピット**という。▼図21

図21 耐圧盤

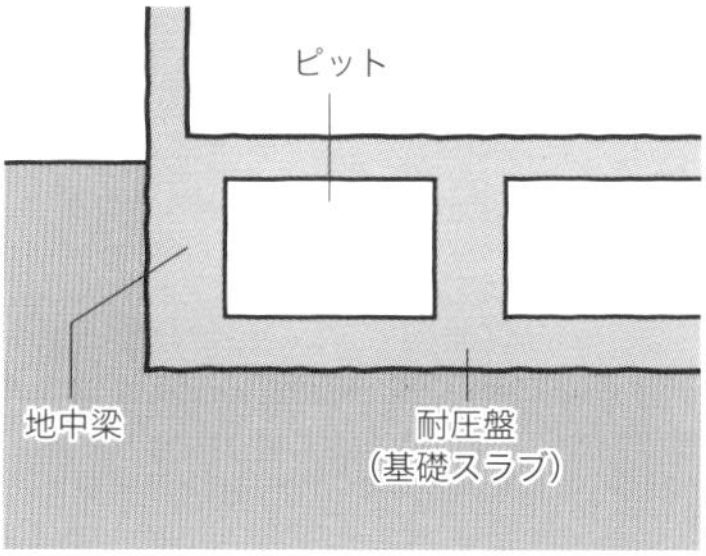

★
複合基礎《ふくごうきそ》

2つの柱の荷重を1つの基礎盤で支える基礎の形式。**複合フーチング**ともいう。▼図22

図22 複合基礎

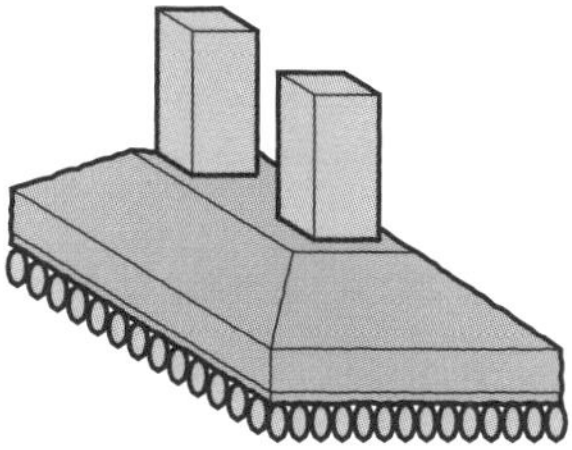

★
異種基礎《いしゅきそ》

2つ以上の異なる基礎を1つの建物で使用することは建築基準法で禁止されているが、不同沈《ふどうちん》下《か》を予想し、一方を直接基礎、他方を杭基礎にする場合などがある。支持杭と摩擦杭、場所打ちコンクリート杭と打ち込み杭を1つの建物の基礎として組み合わせることが考えられる。構造計算時に基礎にかかる垂直荷重の計算は合算できるが、地震力や風力などの水平方向の力は、それぞれで検討する必要がある。地震時などで建物全体の挙動が大きく異なる場合には避けるべきである。▼図23

図23 異種基礎

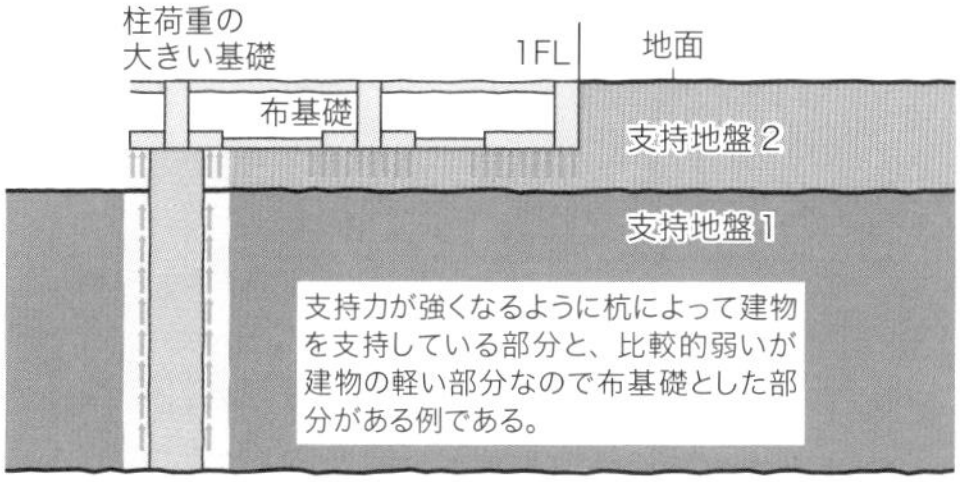

★★★
凍結深度《とうけつしんど》

冬場に気温が0℃以下になると、地盤も凍結する。この凍結する平均的な深さのことであり、地域によって異なる。地盤が凍結すると盛り上がり、基礎や埋設管が損傷することがある。そのため、凍結深度以下に基礎のフーチングや埋設管を設置する。▼図24

★★★
基礎免震《きそめんしん》

基礎の底部に地震力を制御するゴムや装置を設置する工法である。地震時、建物は揺れるので、隣地の建物との距離が必要である。木造の場合、基礎と土台の

凍結深度は、冬の風向きなどによっては隣家とも異なることがあります。設計者は、特定行政庁の建築指導課で地域別の凍結深度を調べ、次に敷地の高度を加味し、安全面を配慮して個々に決めます。

図24 凍結深度

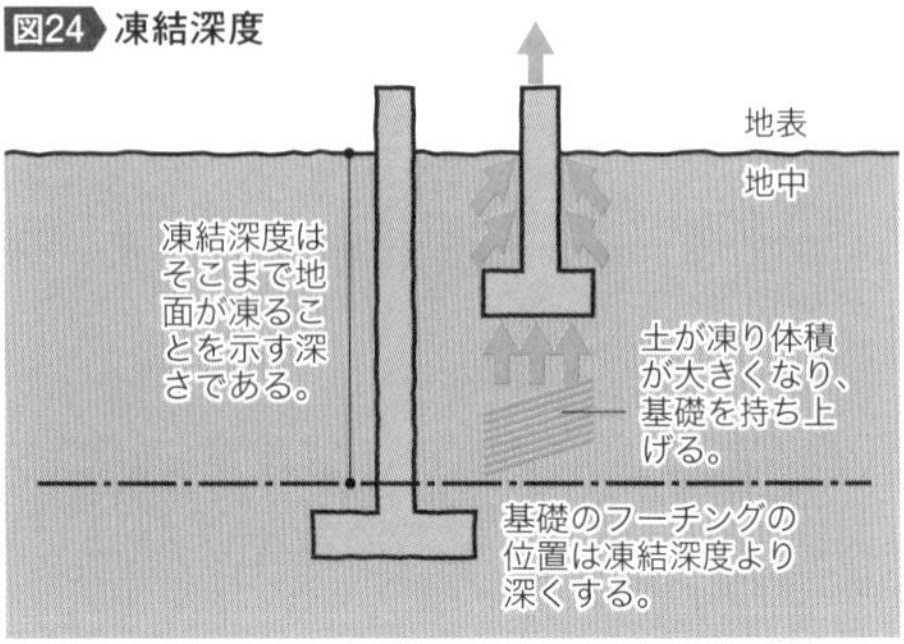
地表
地中
凍結深度はそこまで地面が凍ることを示す深さである。
土が凍り体積が大きくなり、基礎を持ち上げる。
基礎のフーチングの位置は凍結深度より深くする。

間に積層免震ゴムを設置する方法がある。また、鉄筋コンクリート構造や鉄骨構造では、基礎の下に免震装置を設置する大掛かりな方法もある。▼図25

図25 基礎免震

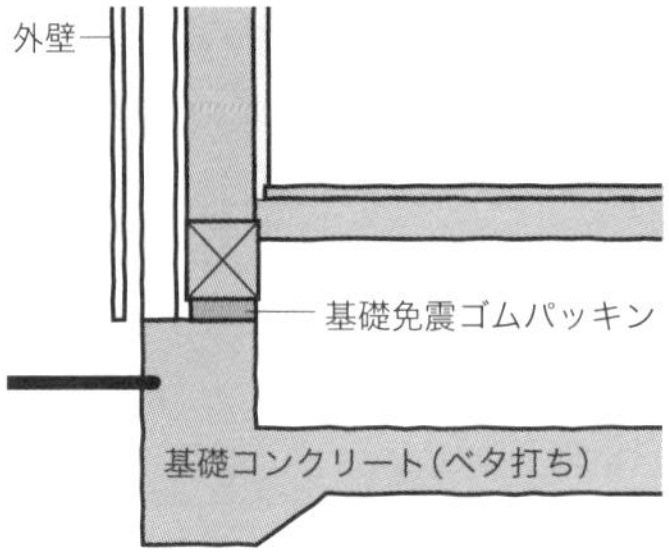
外壁
基礎免震ゴムパッキン
基礎コンクリート（ベタ打ち）

★★★

不同沈下《ふどうちんか》

一般に、建物の自重により地盤は長期の間、圧縮され徐々に沈下する。これを圧密沈下というが、なんらかの原因で建物全体が不均等に沈下することがある。これを不同沈下という。不同沈下は、不可効力で発生する場合もある。▼図26

図26 不同沈下の理由

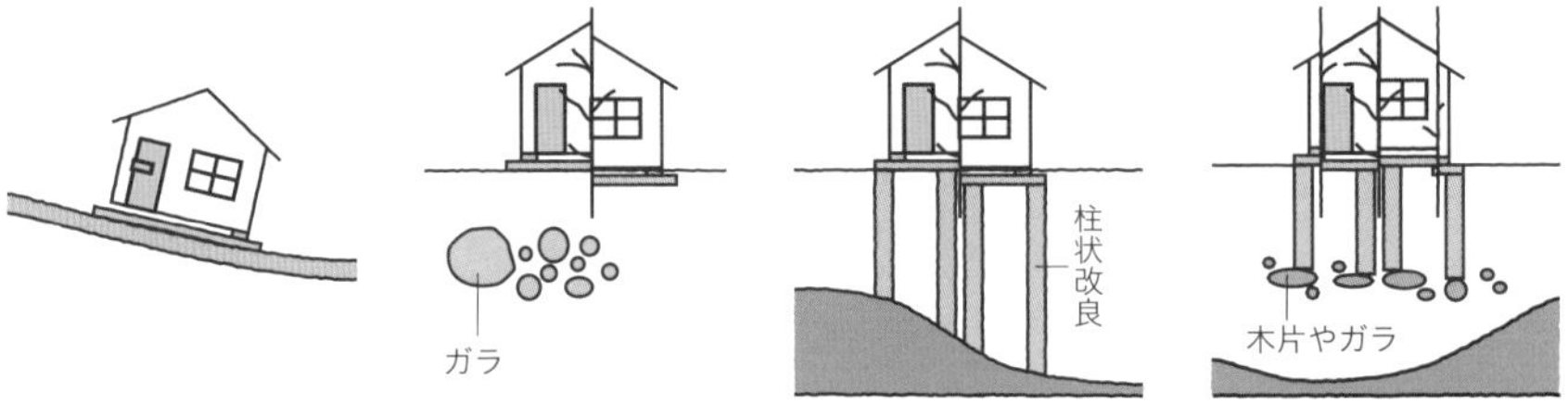
ガラ
柱状改良
木片やガラ

軟弱地盤

ガラが盛土内にあったため

柱状改良の一部が沈下したため

支持地盤に杭が届かなかったため

現場の歩き方　杭打ち作業の注意点

杭が思い通りに打ち込めないと、高止まりが続く、計算通りに杭の耐力が出ないなど、トラブルが発生します。現場管理者はそれらのトラブルを解決するための判断を随時、下さなくてはなりません。

事前の策としては、各層のN値、柱状図で地層の変化、地下水位の変動をチェックしてトラブルを予測し、考えられる対処方法を羅列しておくことです。管理者の判断の遅れが重大な事故につながることもあります。

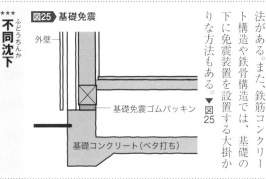

PROCESS 15

躯体工事（木造）①

木《もく》材《ざい》

木造は昔からある工法。その根幹を担う木材は、加工性がよく、寿命も長い、環境に則した材料です。施工時は、たわみ、乾燥など不具合が出ないように気をつけます。

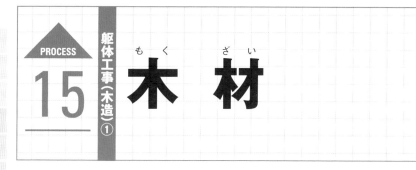

1 木の性質

★★★
針葉樹《しんようじゅ》

針のように細長い葉が特徴の樹木。松や杉などが代表的なものになる。▼図1

★★★
広葉樹《こうようじゅ》

広く平らな葉が特徴の樹木。サクラやケヤキなどが代表的なものになる。▼図1

図1 針葉樹、広葉樹

★★
国産材《こくさんざい》

文字通り、日本国内で育った木材。近年、建築では外国産材が多く使用されており、国産材を使用した建物は減少している。林野庁では、国産材の普及を進める**木づかい運動**を推進、自治体レベルでは県産材を使った家づくりを推奨している。

★★
外国産材《がいこくさんざい》

国産材に対して、それ以外の木材をいう。**外材**とも呼ばれている。

★★
心材《しんざい》、辺材《へんざい》

木材において、樹芯に近い部分を**心材**（**心持ち材**）、外周部を**辺材**という。心材は色が濃いことから**赤身《あかみ》**、色の薄い辺材は**白太**とも呼ばれる。▼図2

図2 心材、辺材

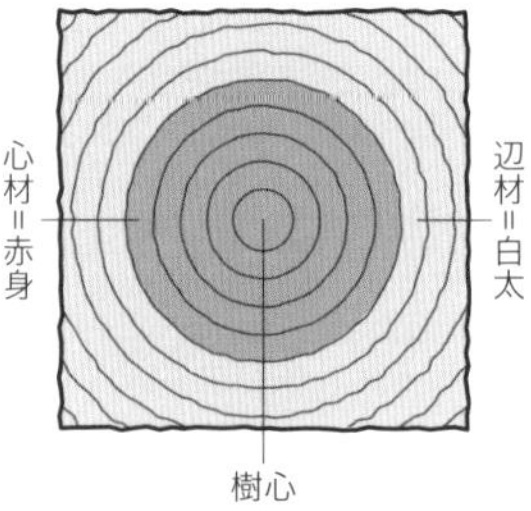

★
木取り《きどり》

原木の丸太から、柱などの形状に合わせて加工する製造工程のこと。柱は丸太の真ん中の心材、垂木《たるき》や間柱《まばしら》などは外周部の辺材というように、使う部位で木取りが考えられる。▼図3

図3 木取り

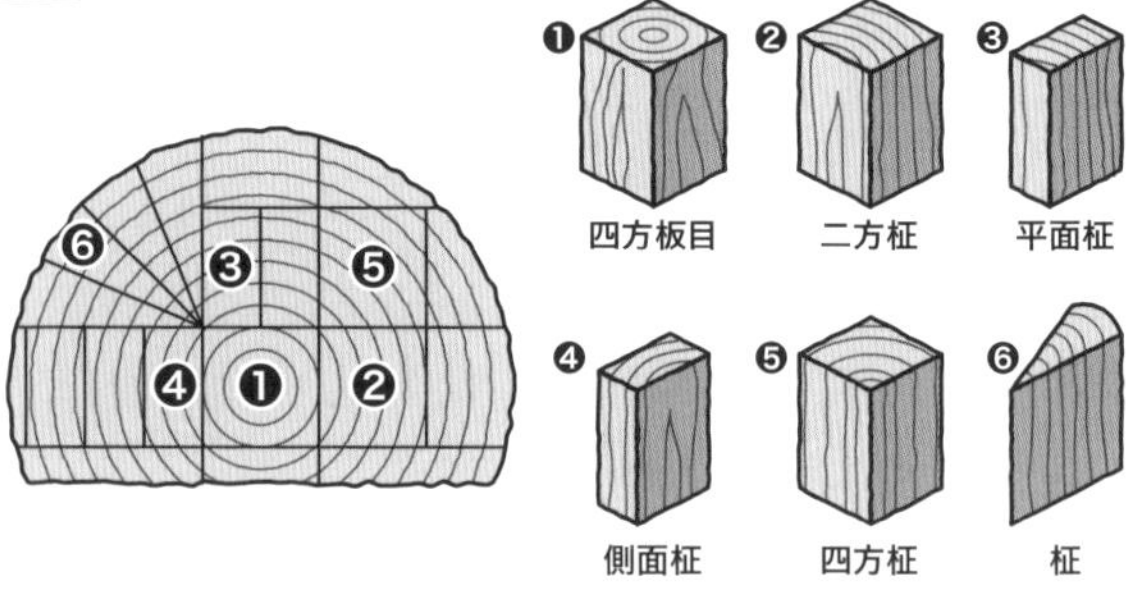

★
生地《きじ》

表面に塗装などを施していない木材表面のこと。

★★
木口《こぐち》

木材繊維の切り口（断面）が見える部分。樹木の根に近い部分の切り口を**元口《もとくち》**、上方の切り口を**末口《すえくち》**という。

★★
木表《きおもて》、木裏《きうら》

板目材《いためざい》で、樹皮側の面を木表といい、樹心側の面を木裏という。乾燥によって反り方が違うため、扱いには気をつける必要がある。たとえば敷居《しきい》には木表を上に、鴨居《かもい》には木表を下にするなどする。▼図4

★★
背割り《せわり》

心材は、乾燥によって変形し、四方にひび割れが生じてしまう。そのため、あらかじめ材の樹心に向かって溝を一方に入れ

ること。この背割りを行うことによって、他三方の割れを防ぐ。▼図5

★★ 柾目《まさめ》、板目《いため》

柾目は、年輪に対して直角に切断した際に、縦方向の縞《しま》模様が平行に現れる木理《もくり》のこと。柾目には**本柾**《ほんまさ》や**糸柾**《いとまさ》、**半柾**《はんまさ》などの種類がある。**板目**は、年輪に対して接線方向に切断した際に現れる木理のこと。その模様はタケノコ状の木目になる。特徴は膨張・収縮による狂いが大きく、割れやすい。ただし、幅の広い材を取れるのに加え、柾目と比較して安価である。▼図6

図5 背割り

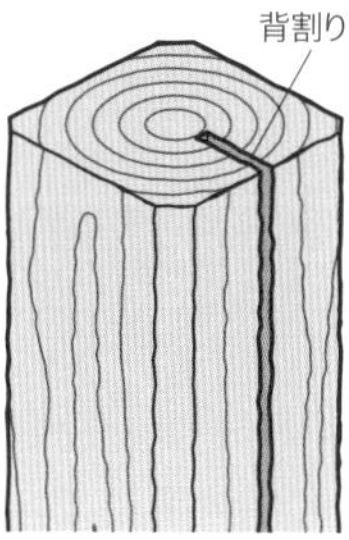

図4 木表、木裏

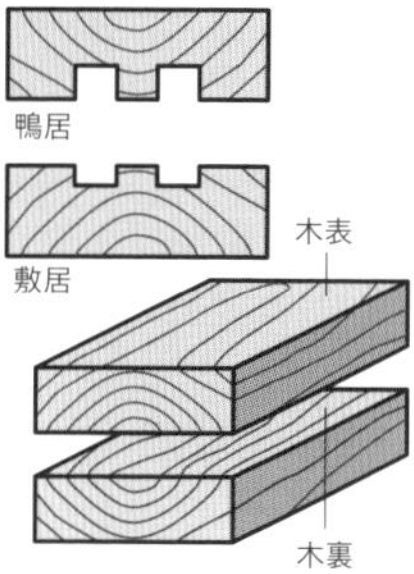

図6 柾目、板目

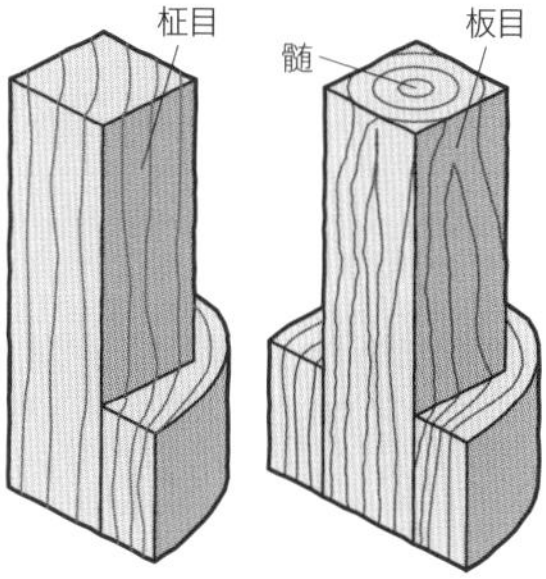

★★ 節《ふし》

木の枝が幹に巻き込まれたもの。節には、製材すると節がきれいに出る**生節**《いきぶし》と、節の繊維が周囲の材と一体化していない**死節**《しにぶし》とがある。死節はいずれ空洞化してしまい**抜節**《ぬけぶし》になるケースが多い。

★ 無垢材《むくざい》

1本の原木から切り出した材料。

★ 等級《とうきゅう》

木材の品質のランク。**JAS(日本農林規格)**で定められている。1級、2級、3級に分けられており、1級が上ランクである。

★ 生材《なまざい》

未乾燥材をいう。別名で**グリーン材**とも呼ばれている。

★ 乾燥材《かんそうざい》

乾燥を施した木材。乾燥方法には種類があり、自然に乾燥する**天然乾燥**と人工的に温度や湿度を調整して行う**人工乾燥**がある。

★ AD材《えーでぃーざい》

天然乾燥によってできた木材。ADはAir Driedの略称。逆に、人工乾燥でできたものを**KD材**という。KDはKiln Driedの略称。

★★ 含水率《がんすいりつ》

木材に含まれている含水量の割合。含水率の理想的な数値は、使う部位によって異なるが、JAS(日本農林規格)では、構造材では20%以下、下地材と造作《ぞうさく》材では15%以下と定めている。

★★ ヤング係数《やんぐけいすう》

木のたわみにくさを表す数値のこと。木材におけるヤング係数は曲げヤング係数を表す。JAS(日本農林規格)においては、木材の等級によりヤング係数の値が定められている。

★★ プレカット《ぷれかっと》

木造の建物をつくる際に構造体(柱や梁材)をあらかじめ工場で切断・加工しておくこと。

★ 杉《すぎ》

針葉樹でスギ科に属す。色は淡

紅色から赤暗褐色で、比較的柔らかい木材。主に柱に使用される。日本では秋田杉や屋久杉などが有名。

★桧《ひのき》
針葉樹でヒノキ科に属す。色は淡黄白色から淡紅白色で、香りがよい木材。建築材料としては最高品質といわれている。

★松《まつ》
針葉樹でマツ科に属す。日本で松というと、赤松や黒松を指すことが多いが、他にも唐松などがある。建築では、以前は松丸太という梁材が使われていたが、現在は赤松の梁材などが多い。

★ヒバ《ひば》
針葉樹でヒノキ科に属す。色は淡黄褐色で、香りが強いことが特徴。内装材（床材）などに使われる。日本では青森ヒバが有名である。

★スプルース《すぷるーす》
北米の針葉樹の一種。色は淡黄白色、比較的柔らかく、加工しやすいため、内装材などに使われることが多い。

★レッドウッド《れっどうっど》
北米にある針葉樹の一種。色は赤色から濃赤褐色で材質は堅め。土台や梁などの構造材に使われる。

★パイン《ぱいん》
北米の針葉樹の一種。柔らかく加工しやすい。主に内装材として使用される。最近では、**ラジアータパイン**と呼ばれるニュージーランドやオーストラリアなどで植林されたものも建築材料として使われている。

★メープル《めーぷる》
広葉樹の一種で、高級な内装材として使用される。日本では**楓**《かえで》といわれているが、よく使われるものはカナダ産のもの。

★オーク《おーく》
広葉樹でブナ科の一種。堅木《かたぎ》のため、床材などに使われる。日本では**楢**《なら》と呼ばれる。

2 合板

★★★合板《ごうはん》
奇数枚（3枚以上）の薄板を互いに繊維方向が交互に直交するように接着剤で貼り合わせたもの。▼図7

★★構造用合板《こうぞうようごうはん》
構造上主要な部分に使われる合板。主に床材や壁材の下地材に使用される。規格はＪＡＳ（日本農林規格）で定められている。

★耐水合板《たいすいごうはん》
耐水性を示した合板で、規格はＪＡＳ（日本農林規格）で定められている。湿潤の環境によって、次のように4つに種類が分けられている。特類は、屋外または常時湿潤状態の場所（環境）で使用可能な合板。1類は、断続的に湿潤状態となる場所（環境）において使用可能な合板。2類は、時々湿潤状態となる場所（環境）において使用可能な合板。3類は、極めてまれに湿潤状態となる場所（環境）において使用可能な合板。

図7 合板

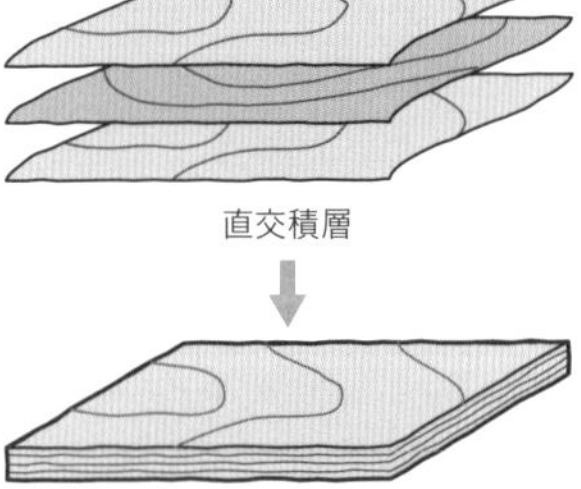

★ **積層材《せきそうざい》**

薄板を繊維方向に重ねて接着剤で貼り合わせたもの。

★ **シナ合板《しなごうはん》**

シナという木材を使用した合板のこと。木肌がきれいなことから家具の扉や建具、近年では天井仕上げ材などにも使用されている。

★ **ランバーコア《らんばーこあ》**

心材を中心に、薄い板を両面からサンドイッチして貼ったもの。トイレブースやパネルなどに使用する。

3 集成材

★★★ **集成材《しゅうせいざい》**

ひき板、小角材などを、繊維方向を平行にして集成・接着した加工材のこと。家具のカウンターなどに使用される。▼図8

図8 集成材

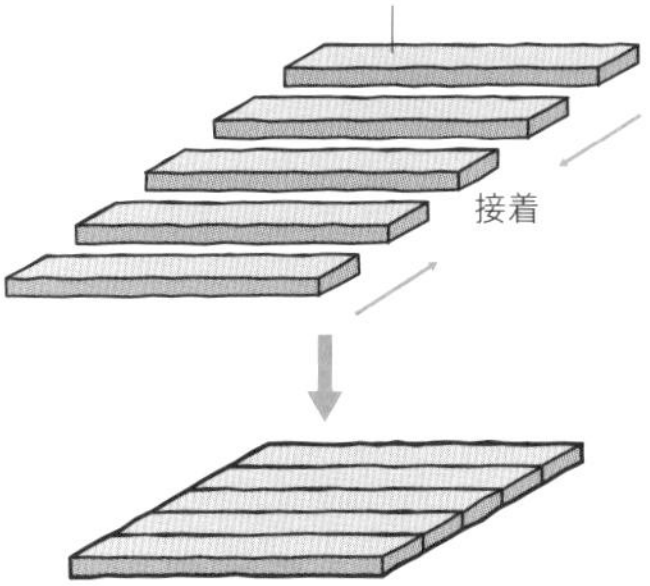

★ **構造用集成材《こうぞうようしゅうせいざい》**

梁や柱などに使用される集成材のこと。仕様（積層数）や強度によってＪＡＳ（日本農林規格）で等級が定められている。

★★ **CLT《しーえるてぃー》**

Cross Laminated Timber の略称で直交集成材ともいう。ひき板を並べた層を、板の方向が層ごとに直交するように重ねて接着した大判のパネルを示す用語。断熱・遮音・耐火性や強度が期待でき、環境性能にも配慮した材料。

★ **ラミナ《らみな》**

集成材を構成する板材のこと。▼図8

★ **スカーフジョイント《すかーふじょいんと》**

2つの板材の接合面を、おのおの斜めにして貼り合わせる接合方法。▼図9

★ **フィンガージョイント《ふぃんがーじょいんと》**

2つの板材を、接合面が指と指を組み合わせたようになるよう、ジグザグにして貼り合わせる接合方法。▼図9

図9 スカーフジョイント、フィンガージョイント

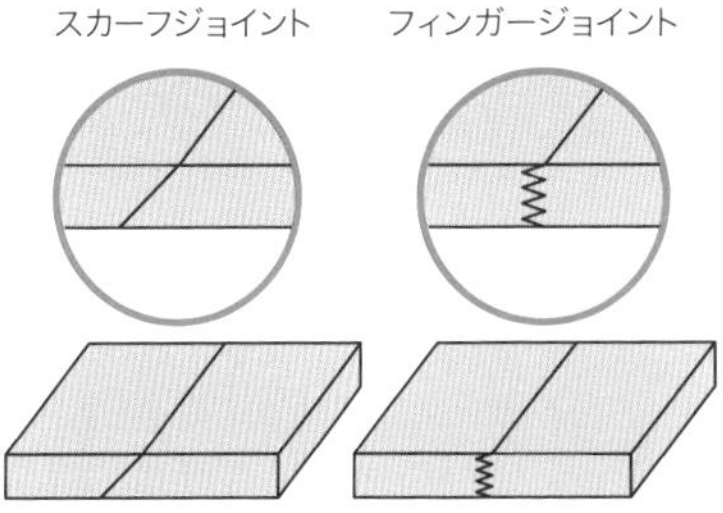

★ **単板構造用積層板(LVL)《たんばんこうぞうようせきそうばん(えるぶいえる)》**

切削機で切削された単板の繊維方向を、すべて平行にして接着、積層した木材加工製品のこと。木材にありがちな寸法の狂いや乾燥・収縮が少なく、安定性のある製品。▼図10

図10 単板構造用積層板

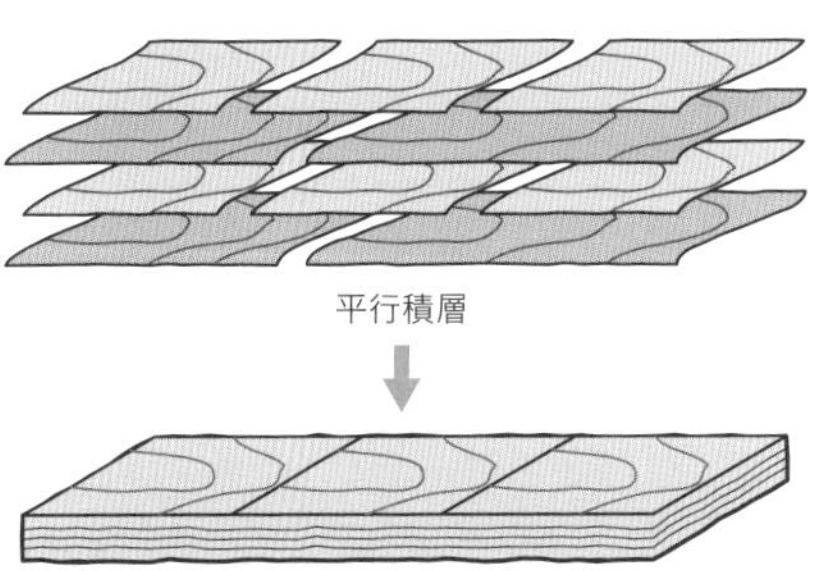

★ **化粧貼り合板**《けしょうばりごうはん》

合板の表面に高級木材の単板を貼ったもの。

★ **PSL**《ぴーえすえる》

木材の薄板を幅方向に裁断したものを、繊維方向をそろえて積層接着した材料のこと。▼図11

図11 PSL

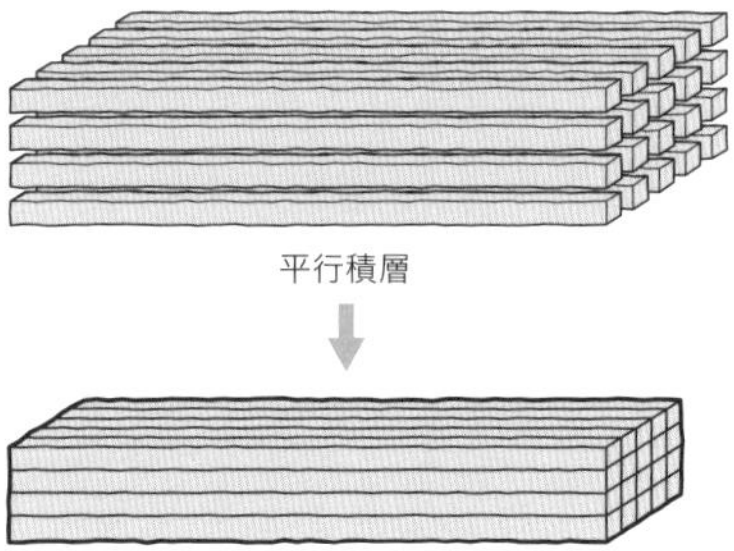

★ **ハイブリッド集成材**《はいぶりっどしゅうせいざい》

国産材に国外の材を貼り合わせた集成材のこと。異なる樹種を挟むことで強度が高まる、表面が美しくなる、また国産材の消費促進の利点がある。

4 繊維板・その他のボード

★★★ **パーティクルボード**《ぱーてぃくるぼーど》

木材の小片を主原料とし、繊維方向をそろえず積層接着した材料のこと。家具や住宅の床下地材などに使用されている。▼図12

図12 パーティクルボード

★ **ファイバーボード**《ふぁいばーぼーど》

木材繊維を接着剤などで固めた製品。密度により、**ハードボード**、**MDF**、**インシュレーションボード**に分類される。リサイクル製品でもある。

★ **MDF**《えむでぃーえふ》

木質繊維を主原料とするファイバーボードの一種。**中密度繊維板**とも呼ばれる。家具や設備機器の扉に使われる。

★ **フレキシブルボード**《ふれきしぶるぼーど》

繊維強化セメント板の一種で、セメントと補強繊維を材料としてプレスし、成型した製品。不燃材としても認定され、軽量のため、壁や天井下地材に使用されている。

★★★ **石膏ボード**《せっこうぼーど》

石膏を板状に固め、その両面に紙を貼って加工した製品。**プラスターボード**とも呼ばれている。防火・遮音性能を有しているため、建物内の壁や天井下地に多く使われている。

★ **ラスボード**《らすぼーど》

石膏ボードに、剥離《はくり》防止の溝を設けたボードのこと。室内の塗り壁下地材に使用される。

★ **コンパネ**《こんぱね》

コンクリートパネルの略称。コンクリート型枠材としてつくられた合板で、コンクリートと接するため、耐水処理がしてある。

★ **木毛セメント板**《もくもうせめんとばん》

木材を切削《せっさく》し、セメントと混ぜて成型したボードのこと。

★ **ケイ酸カルシウム板**《けいさんかるしうむばん》

一般的には、**ケイカル板**と呼ばれるボードで、石灰とケイ石を主原料として成型したもの。耐火性能に優れた材料で軒天井の材料などに使用されている。

PROCESS 16

躯体工事（木造）②

軸《じく》組《ぐ》み・建《た》て方《かた》

木造建物においては、一般的な軸組み工法。木材で建物の土台や梁、柱などを組み、箱のような形をつくります。地震や風などで横から加わる力、また建物の自重や内部の家具による荷重に耐えられる構造が求められます。

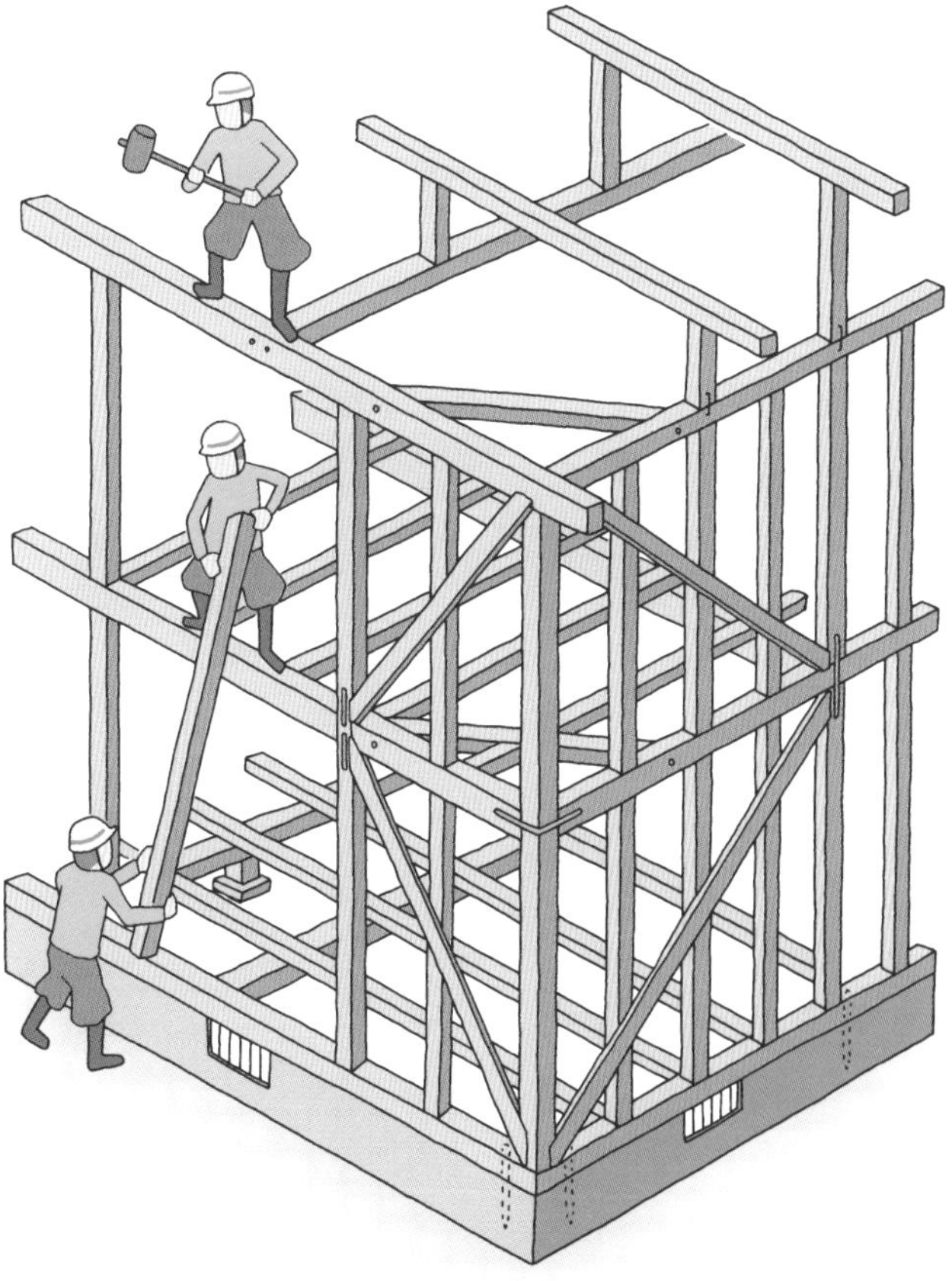

1 基本用語

★★★
軸組み工法《じくぐみこうほう》
主要構造部の土台・柱・梁・桁《けた》などで構成される木造の工法。軸組み構法は**在来工法**とも呼ばれ、伝統的な工法である。▼図1

★★★
建て方《たてかた》
要構造部を組み立てること。木造建築物の場合、土台の据え付け後から柱、梁、棟上《むねあ》げまでをいい、一般的には1日で行うケースが多い。クレーンで行う。

★
床組み《ゆかぐみ》
床面を支持する骨組みの構成である。1階は床を支える束などがあるため、2階床組みとは違いがある。▼図2

★★
小屋組み《こやぐみ》
屋根の骨組みのことで屋根荷重

図1 軸組み

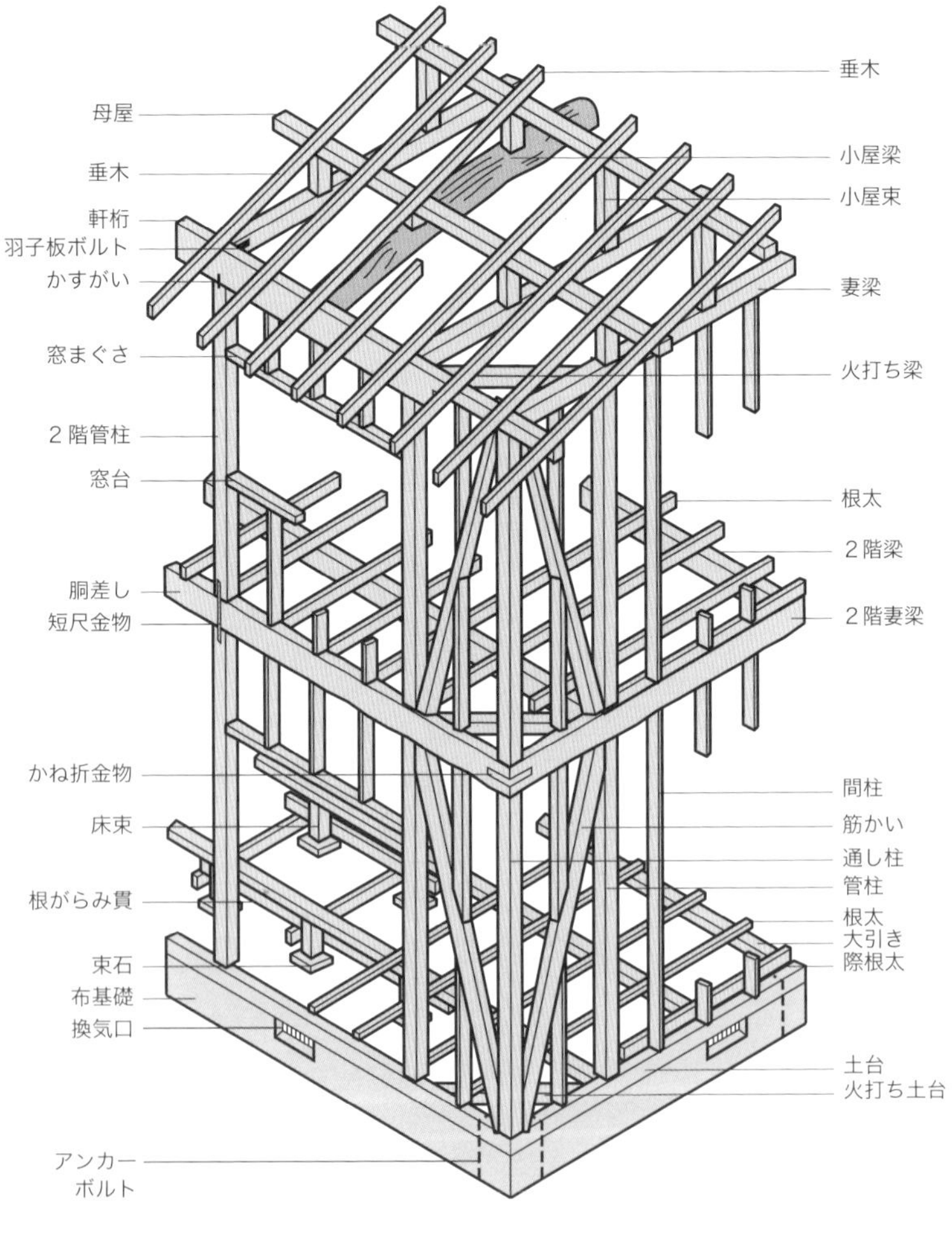

図2 床組み

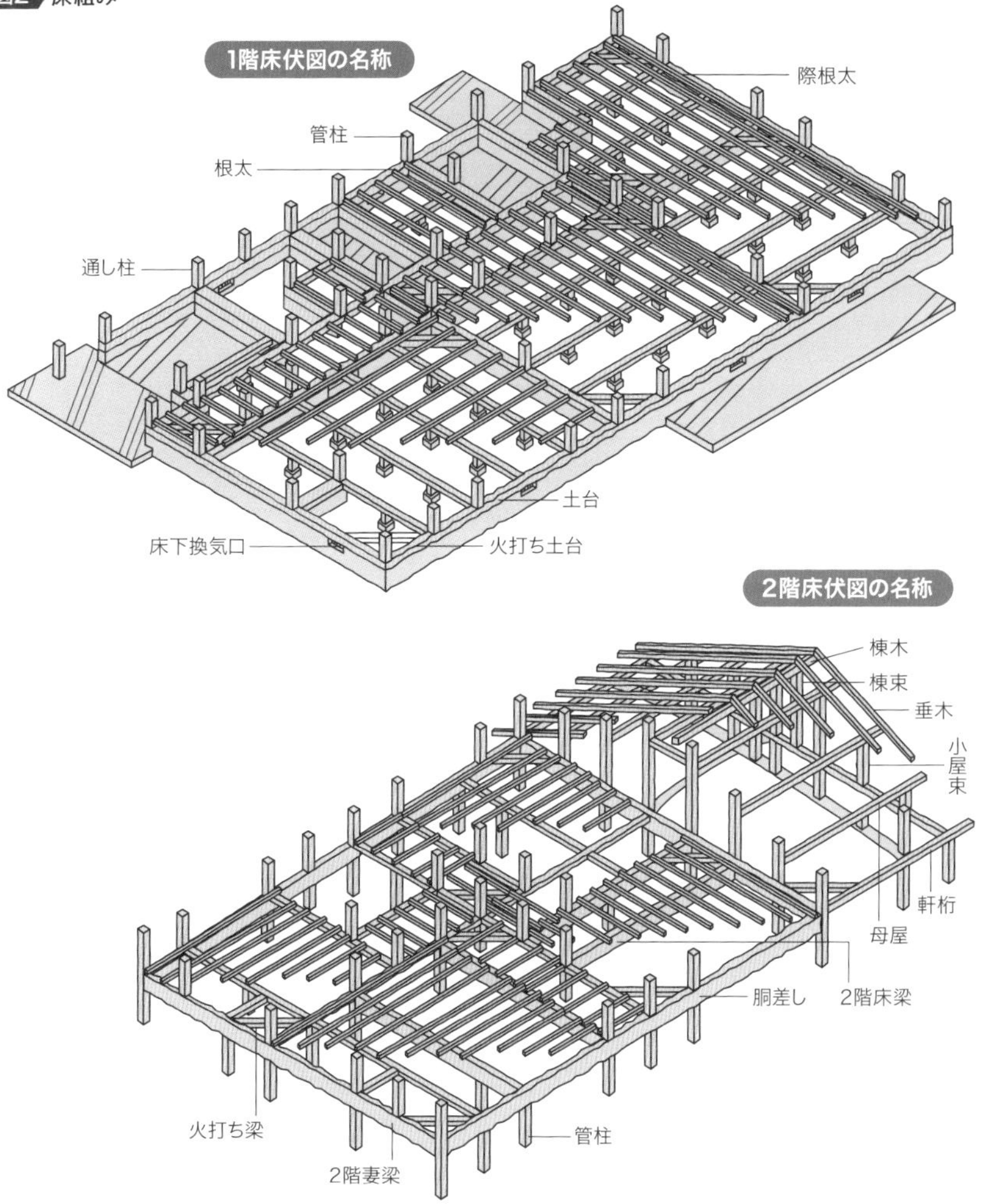

を支え、柱や壁に力を伝達させる役割がある。小屋組みの構造形式には**和小屋**と**洋小屋**がある。

★★ **和小屋《わごや》**

軸組みの桁《けた》の上に梁をかけてその上に束《つか》をたて、棟木《むなぎ》・母屋《もや》をかけ、垂木《たるき》を載せて山型の屋根を形成した構造。加工や組み立てがしやすく経済的である。

▼図3

★★ **洋小屋《ようごや》**

水平材や垂直材、斜材を用いて三角形に構成された架構。**トラス**とも呼ばれている。比較的大きな建物に適した構造である。

▼図3

★ **耐力壁《たいりょくかべ》**

建物の横からの力(荷重)を支える壁のこと。建物は上からの力(荷重)に対しては強いが、横からの力(たとえば地震力や風圧力

図3 和小屋、洋小屋

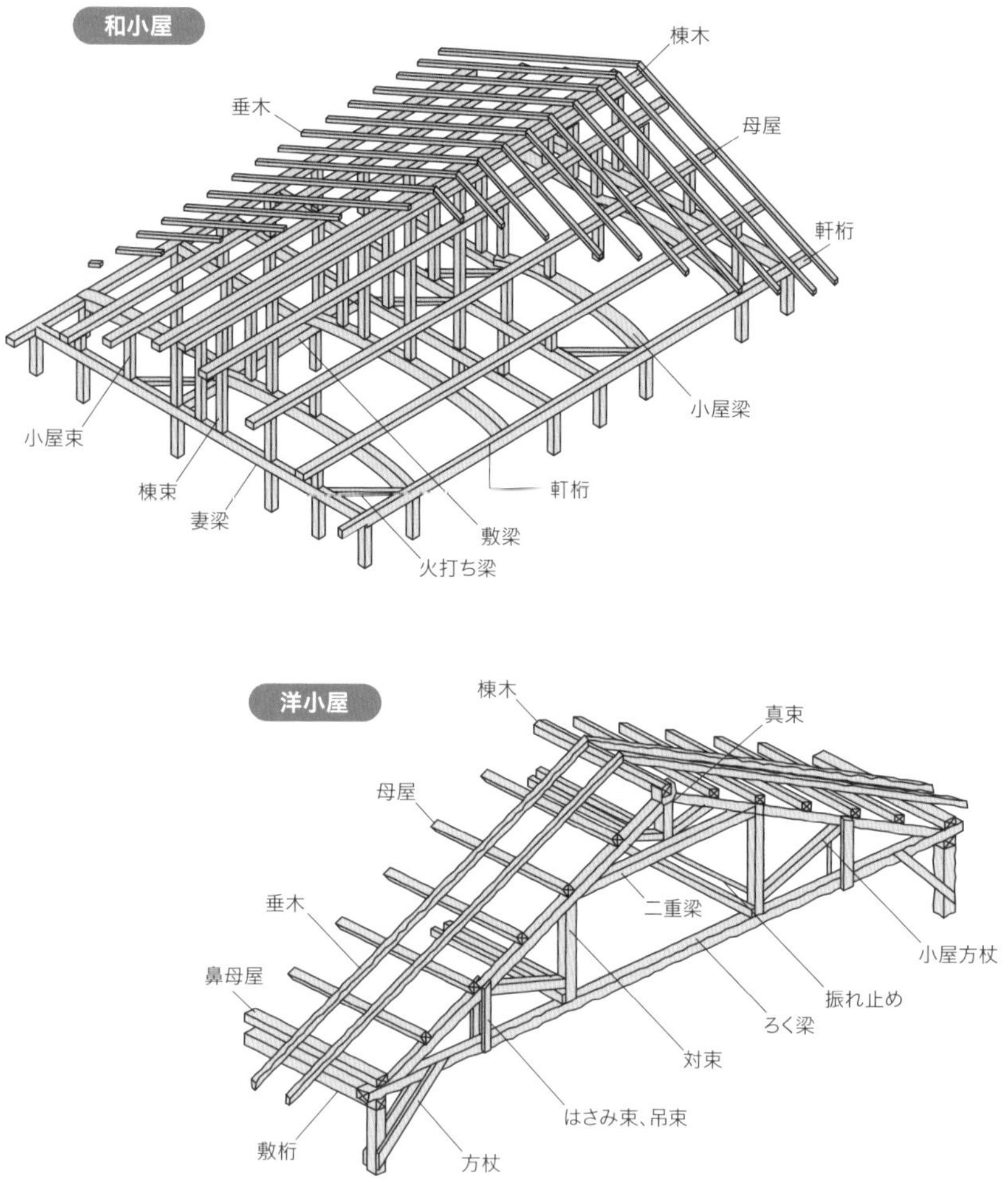

など）には弱いため、この耐力壁を設ける。

★水平構面《すいへいこうめん》
床で構成されている水平面のこと。この水平構面が、耐震など、ねじれ防止につながる重要な要素。

★剛床《ごうゆか》
床面を構造用合板などで打ち付け、限りなく面状にした床。根太レスとほぼ同じ意味となる。

★根太レス《ねだれす》
根太組みをしないで厚さ24～30mmの合板を梁の上に直接貼る方法。根太がないことから、このような名称になった。

★パネル《ぱねる》
下地部材などをユニット化したもの。壁パネルや屋根パネルなどがある。

★ **真壁**《しんかべ》

柱の内側で仕上がる壁。主に和室の仕様で多く使用されている。▼図4

★ **大壁**《おおかべ》

柱の外側で仕上がる壁。主に洋室の使用に使われることが多い。▼図4

★★ **プレカット**《ぷれかっと》

材料を工場で加工して現場に搬入し、組立てること。

2 構造部位・部材

★★ **基礎パッキン**《きそぱっきん》

基礎コンクリートと土台の間に設けるパッキン材。一般的には換気口も兼ねたパッキン材が多い。▼図5

図4 真壁、大壁

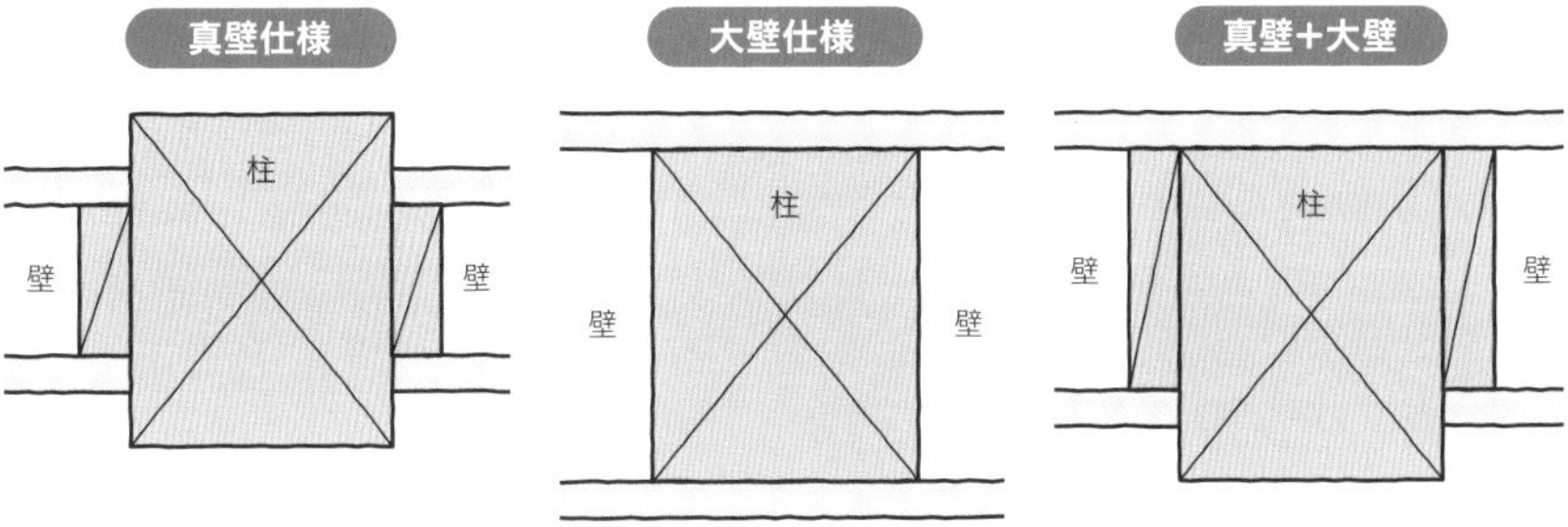

図5 基礎パッキン

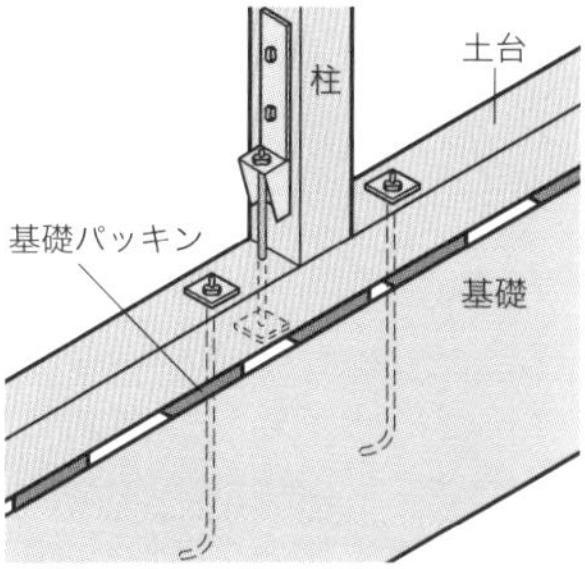

★ **床束**《ゆかつか》

1階床下にあって床構造材を支えているもの。大引《おおび》き材の下で支える。▼図6

★ **束石**《つかいし》

束材の下に据える石。土の上に直に置かれる。材質は天然の石、コンクリート製のもの、コンクリートブロックなどである。▼図6

★★ **大引き**《おおびき》

1階床下にある構造材の一種。根太《ねだ》という床面を支える部材を支持している。▼図6

★ **大引き受け**《おおびきうけ》

大引きが土台にかけられない場合に使用する、大引きを支えるために端部に添わせる木材。

図6 束、束石、大引き

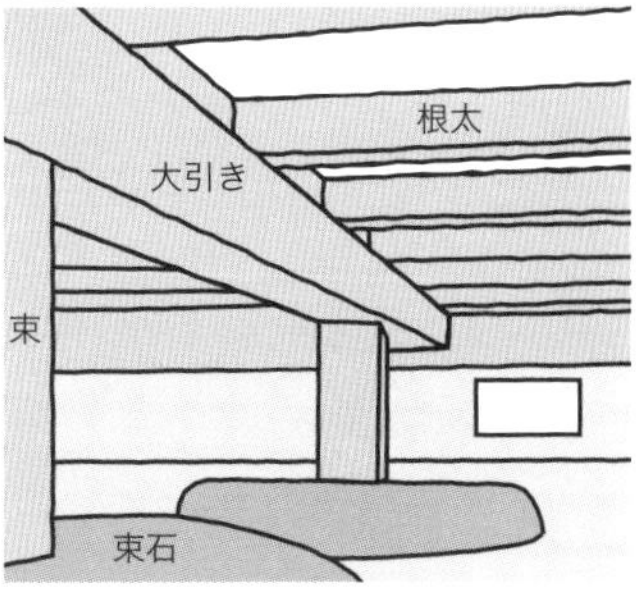

★ **鋼製束**《こうせいづか》

鋼製の既製品の束材。木材以外では、他にプラスチックでつくられた**プラ束**《づか》と呼ばれるものもある。

★★★ **土台**《どだい》

木造建築物で基礎コンクリート

の上に設置される木材のこと。地面に近いので湿気に強い木材が使われているが、近年では防腐剤が塗布されるため、木質は多種にわたる。▼図7

★
側土台《がわどだい》
物の外側に沿って設けられる土台のこと。▼図7

★
間仕切り土台《まじきりどだい》
建物内の間仕切壁下にある土台のこと。▼図7

★
火打ち土台《ひうちどだい》
土台の水平面に対して斜めにかけられた木材のこと。地震時に隅部分がゆがまないようにする効果がある。▼図7

★★★
根太《ねだ》
木造建築物においては1階床の場合、大引《おおび》き材の上に設ける床下地材のこと。近年では、根太を設けずに厚い合板を下地材にする**根太レス工法**も採用されている。▼図6、7

★
際根太《きわねだ》
壁際にかけられる根太のこと。▼図7

★
根太掛け《ねだがけ》
根太材の端部を支えるために設けられる部材のこと。▼図7

★
根がらみ《ねがらみ》
木製束をつなぐ横材のこと。束と束をつなぐことによって構造を強固にする役割がある。▼図7

★
転び止め《ころびどめ》
根太《ねだ》と根太の間に設ける部材のこと。根太のねじれを防ぐ役割がある。また間仕切壁の頭部に設ける転び止めは、**ファイヤーストップ**とも呼ばれ、壁内熱の急激な上昇を防ぐ。

★
母屋《もや》

図7 土台、根太

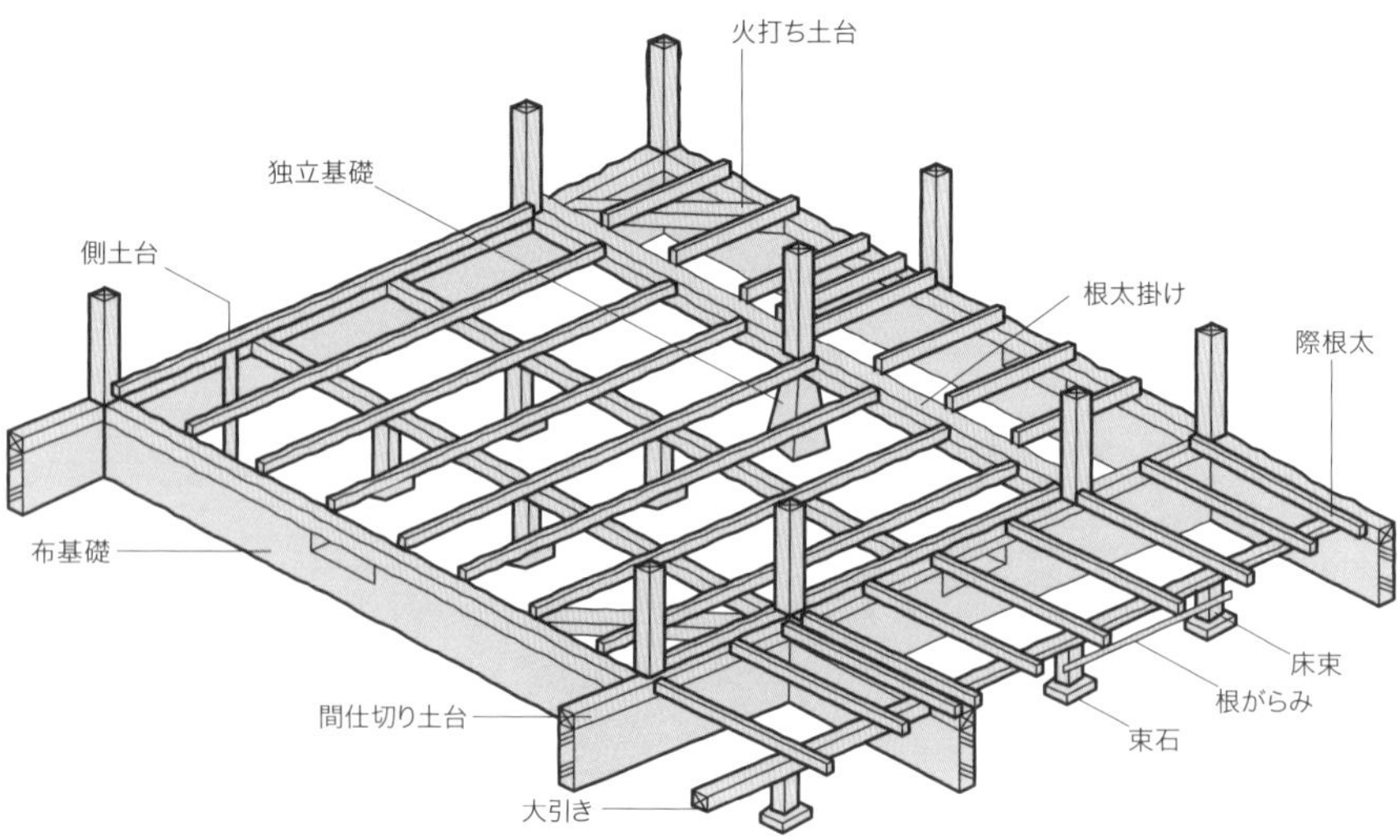

屋根を支える部材の一部で屋根勾配に対して垂直方向で支えている水平の建材のこと。また、母屋《もや》を支える縦材のことを**母屋束**《もやづか》ともいう。▼図8

★
小屋束《こやづか》
垂木《たるき》や母屋《もや》を支える柱状の縦材の総称。洋小屋では**トラス**とも呼ばれる場合もある。▼図8

★★
垂木《たるき》(棰)
屋根下地や屋根材を支える、屋根なりに設けられた木材のこと。▼図8

図8 母屋、小屋束、垂木

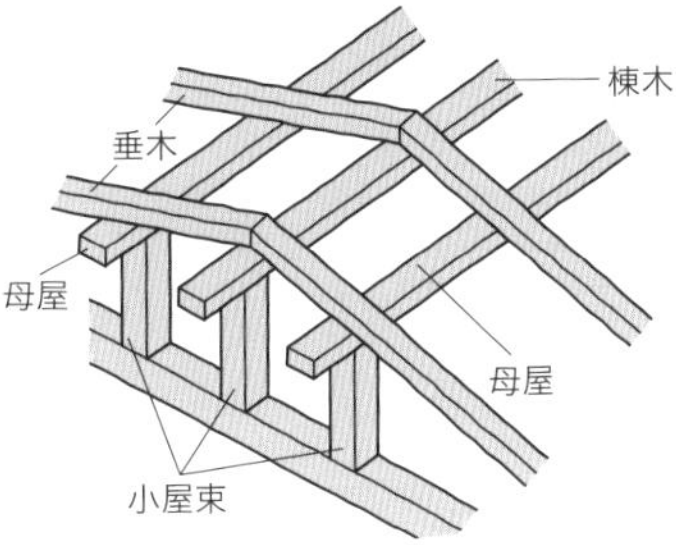

★
桁《けた》(軒桁《のきげた》)
屋根材を支える部材の一部。屋根勾配に対して垂直方向に設けて、外壁の上部で垂木を支えるもの。

★★★
通し柱《とおしばしら》
1階と2階を、継ぐことなく1本で通している柱のこと。通常建物の四隅に設置されるケースが多い。

★
間柱《まばしら》
柱と柱の間に入れる垂直材。壁の下地として使われるが主要構造部材ではない。

★★★
胴差し《どうざし》
2階や3階の床を受ける梁材。外周部に沿って設置される。▼図9

★★
方づえ《ほうづえ》
柱材と梁材との内角に突っ張り材として設けるもの。▼図9

図9 胴差し、方づえ

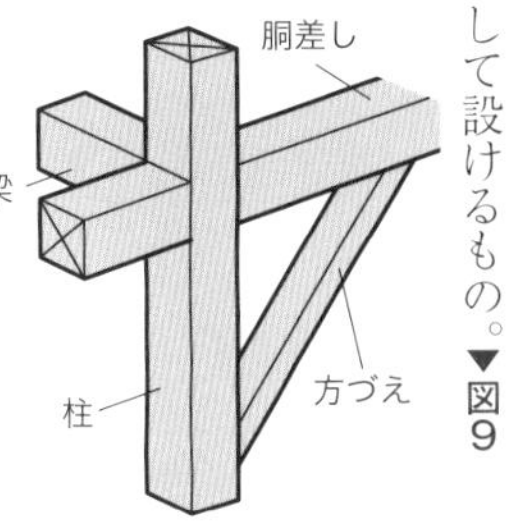

★★★
梁《はり》
建物の水平面にかけられている材で、床面や屋根の荷重を支えている。梁には、柱と接続する**大梁**《おおばり》と、柱とは接続しない**小梁**《こばり》がある。▼図9

★
小屋梁《こやばり》
小屋組みを支える梁材のこと。▼図10

★
火打ち梁《ひうちばり》
床組みや小屋組みの変形を防止するための梁材のこと。▼図11

★★
登り梁《のぼりばり》
屋根勾配に合わせて斜めにかけられた梁材のこと。▼図12

★★★
管柱《くだばしら》
梁などで、分断される柱のこと。各階ごとに分かれる。

図10 小屋梁

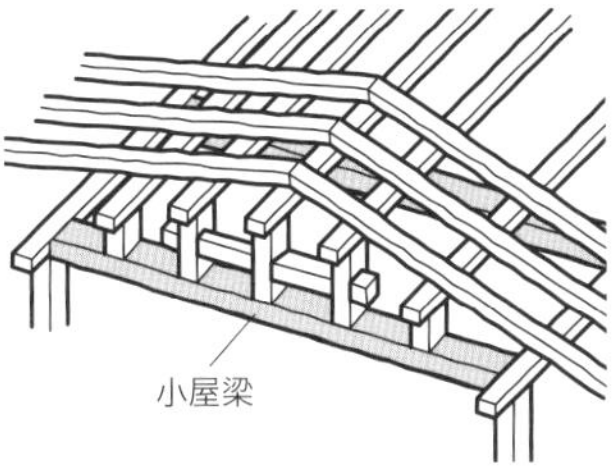

図11 火打ち梁

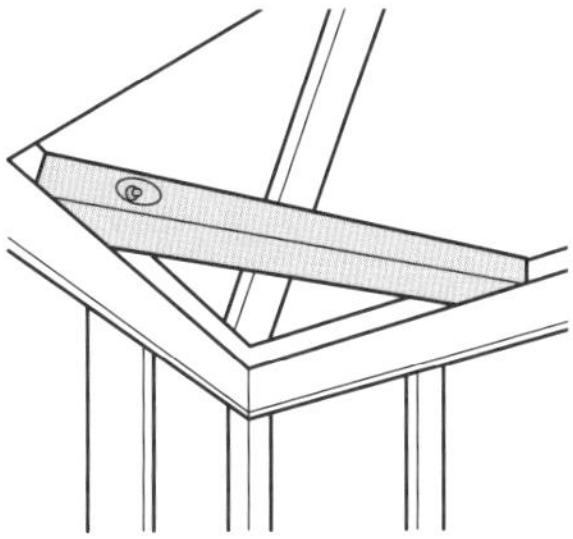

図12 登り梁

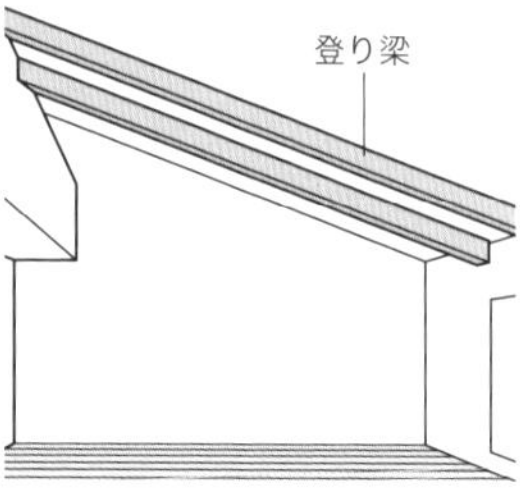

★**貫《ぬき》**
柱と柱の間に入れる水平材のこと。この貫を使ったものを**貫工《ぬきこう》法《ほう》**といい、古来からある木造の伝統工法の1つ。

★**隅木《すみぎ》**
寄棟《よせむね》の屋根などの場合、隅の角度45度の位置から屋根なりに入れる木材のこと。▼図13

★**広子舞《ひろこまい》**
軒先に付けられる角材のこと。▼図14

★**野地板《のじいた》**
屋根下地で垂木《たるき》の上に貼る板のこと。▼図14

図13 隅木

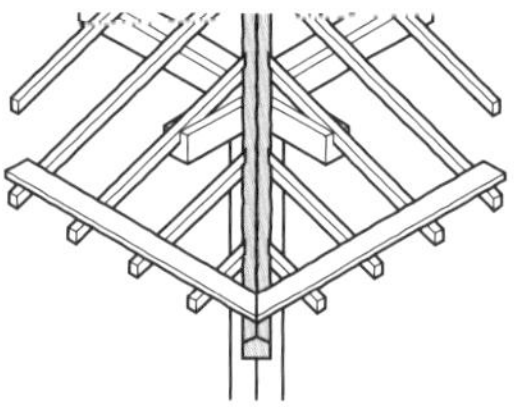

★**鼻隠し《はなかくし》**
屋根の軒の先に付けられる板のこと。▼図14、図15

★**面戸板《めんどいた》**
屋根下地である野地板《のじいた》の下に垂《たる》木《き》があるが、その垂木と垂木の間にある隙間を埋める板のこと。▼図14

★★**破風板《はふいた》**
軒先のけらば側に付けられる板のこと。▼図15

★**筋かい《すじかい》**
柱と柱の間に入れる斜め材で、建物の構造体を補強する部材である。**筋交い**、筋違いとも書く。▼図16

図15 破風板

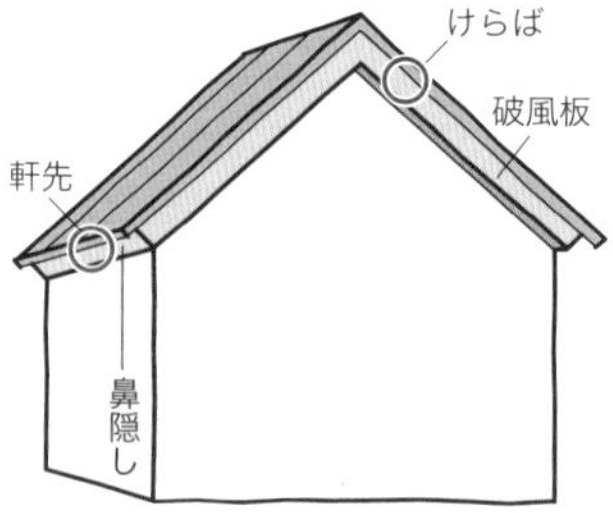

図14 広子舞、野地板、鼻隠し

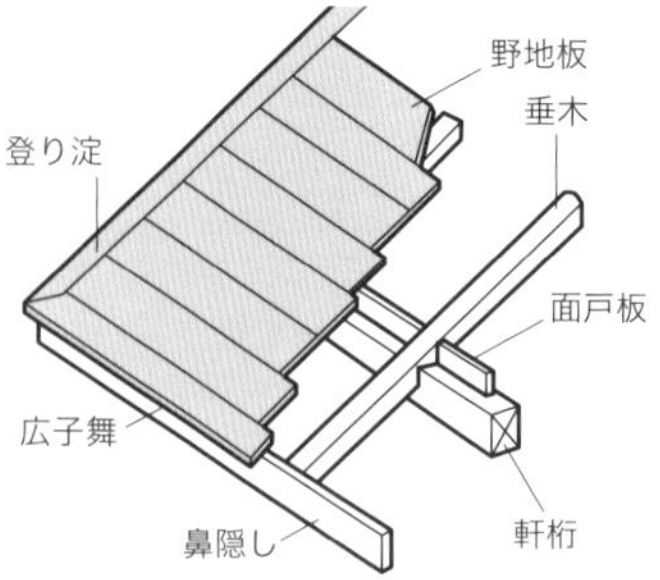

図16 筋かい

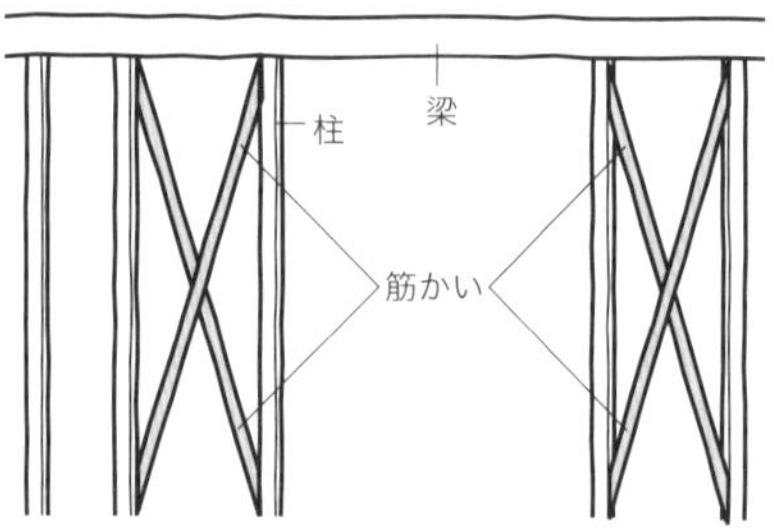

★**雲筋かい《くもすじかい》**
小屋裏の小屋束と小屋束を緊結している横材のこと。筋かい状に斜めに設けられている。

★**添え柱《そえばしら》**
既存柱の一部が腐朽した場合に、既存柱に沿って新規に縦材（柱）を補強として設けること。

★**窓台《まどだい》**
窓下に設ける、柱間に渡す横材

のこと。窓の開口補強に使われ、外部サッシ下地にも利用される。▼図17

★ **まぐさ《まぐさ》**

窓やドアの開口部上部に設けられる横材のこと。▼図17

図17 窓台、まぐさ

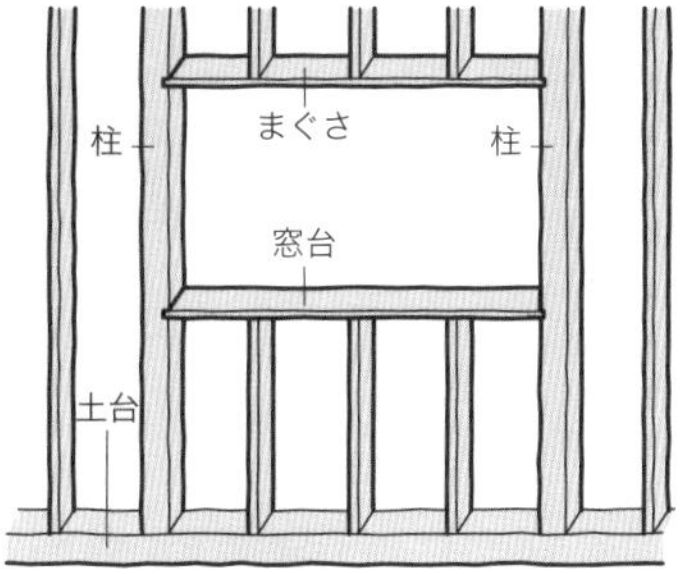

★★ **胴縁《どうぶち》**

外壁の仕上げ材（サイディングなど）の下地に設けられる部材のこと。縦に入れて通気層を設ける胴縁を**通気胴縁**と呼ぶ。▼図18

図18 胴縁

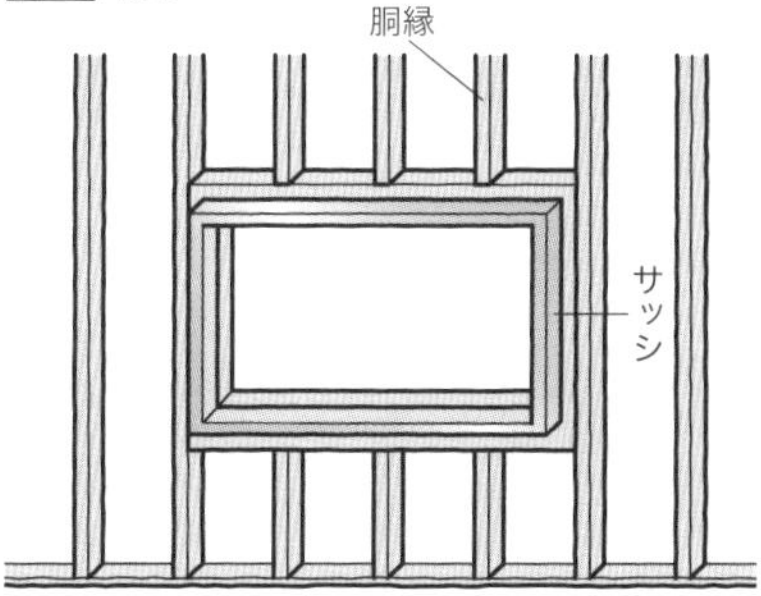

3 発注・加工・組立

★ **木拾い《きびろい》**

図面から必要な木材の量を算出する作業のこと。

★★ **桁行方向《けたゆきほうこう》、梁間方向《はりまほうこう》**

桁行は妻側の面をいい、梁間方向は妻面に対して垂直方向の面を指す。▼図19

図19 桁行方向、梁間方向

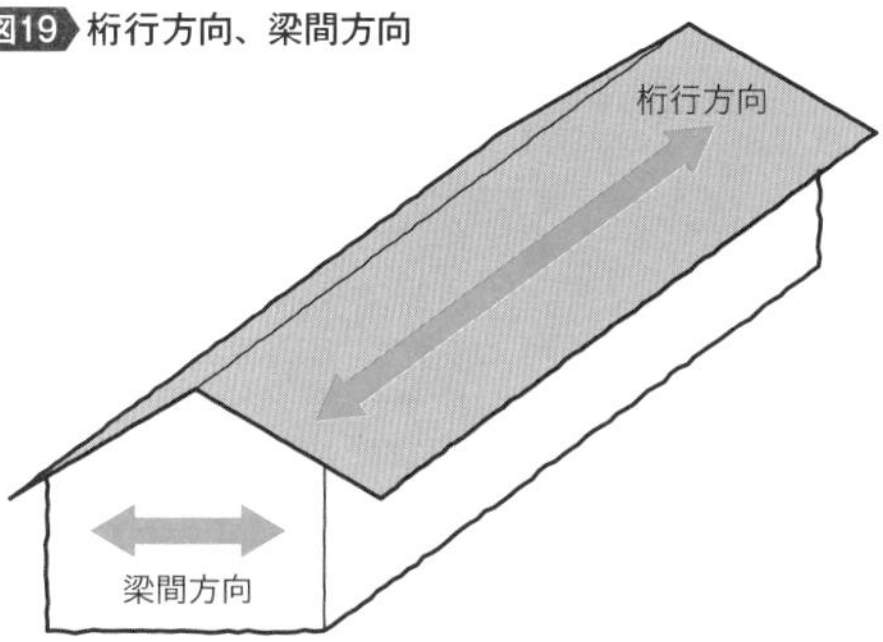

★ **仮筋かい《かりすじかい》**

上棟（建て方）の際に柱と梁をつなぐ筋かいを設ける前に仮に設置する板材のこと。筋かい同様、斜めに入れる。

★ **建て込み《たてこみ》**

軸組みやパネル工法など、工場などでつくられたものを現場で組み立てること。

★ **建て入れ《たていれ》**

取り付けられた柱や梁が水平、垂直になっているかを確認する作業。

★ **相欠き《あいがき》**

2つの部材におのおの欠き込みを入れて接合する方法。▼図20

★ **大入れ《おおいれ》**

柱と梁材に欠き込みを入れて接合する方法。▼図20

図20 相欠き、大入れ

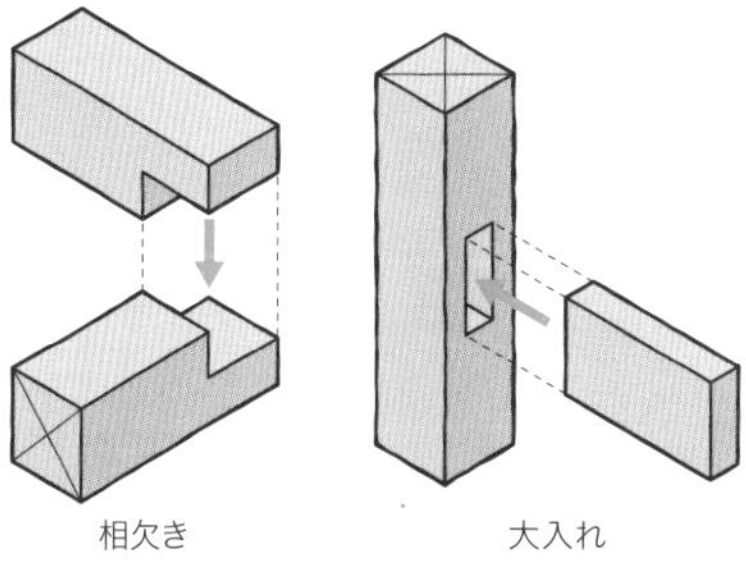

PROCESS

17

躯体工事（木造）③

金物《かなもの》・接合《せつごう》

近年の木造建物は、金物によって構造的な強度を得ています。部位によって、どの金物を使用するかは細かく決められています。ほぞ、仕口、継ぎ手といった木材同士の接合方法に関する知識も必要です。

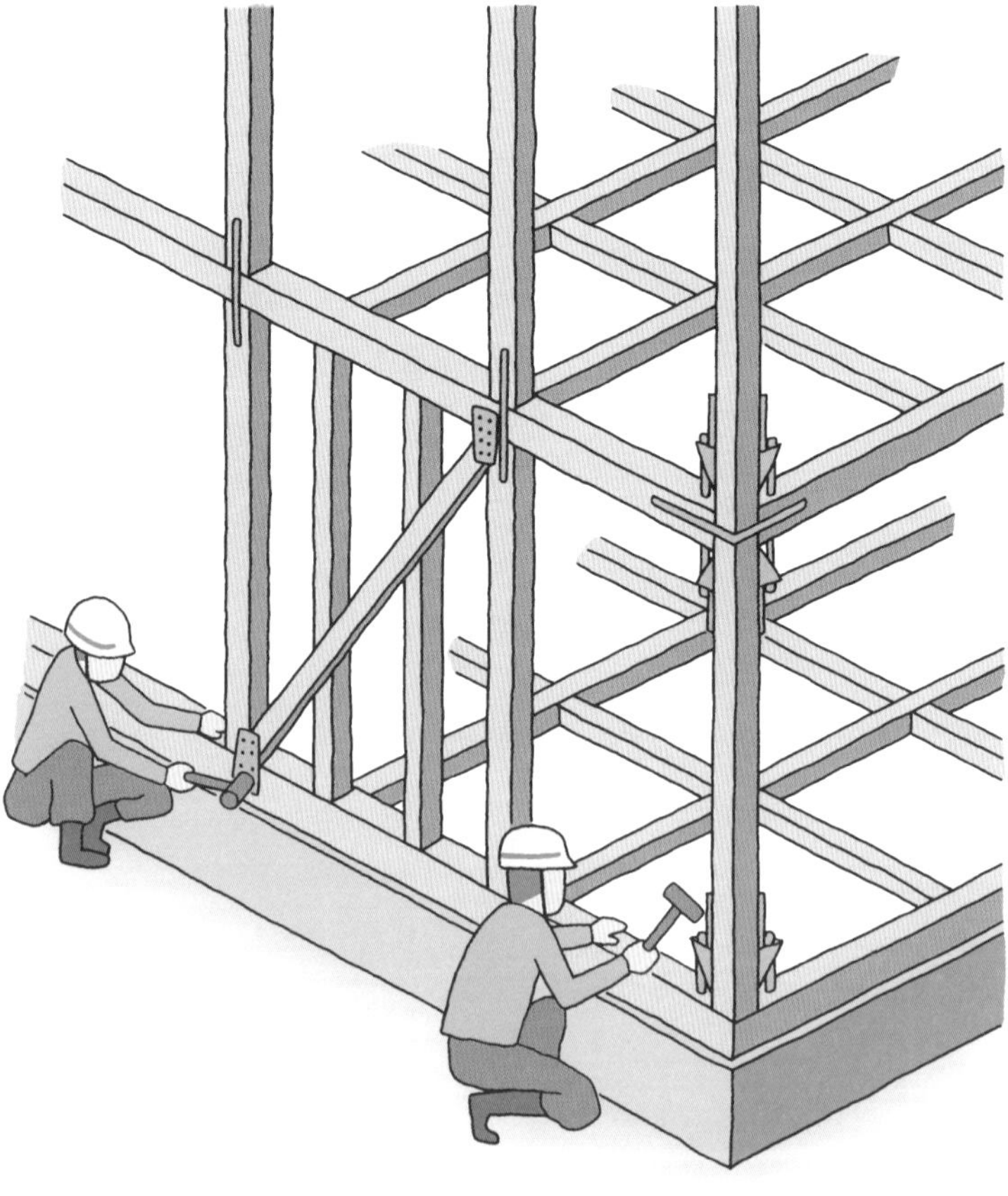

1 金物

釘《くぎ》 ★★★
先の尖った細い金属製の棒。金づちなどで打ち込み、木材などを固定するのに使用する。▼図1

図1 釘

ビス《びす》 ★★★
ネジ。先端の尖った部分から螺《ら》旋《せん》状に溝が切られ、反対側はネジ穴が切ってある。JIS（日本工業規格）では「ネジ」が正式名称となっている。▼図2

図2 ビス

N釘《えぬくぎ》 ★★
鉄丸釘ともいい、JIS（日本工業規格）では木造軸組み工法で使用するように定められている。

CN釘《しーえぬくぎ》 ★★
太めの鉄丸釘でJIS（日本工業規格）では2×4工法で使用するように定められている。

全ネジ《ぜんねじ》 ★★
ビスの軸部分すべてに溝が切られているもの。材質は鉄製、ステンレス製、アルミ合金製などがある。▼図3

図3 全ネジ

半ネジ《はんねじ》 ★
ビスの軸部分半分に溝が切られているもの。▼図4

図4 半ネジ

Zマーク《ぜっとまーく》 ★★★
財団法人日本住宅・木材技術センターの規格による在来工法木造住宅用の接合金物に表示されるマーク。金物の強度や耐久性の基準となっており、旧住宅金融公庫（現・住宅金融支援機構）の木造住宅仕様書では、これの使用が義務付けられている。在来木造は接合部を仕口加工し、部材同士ははめ込まれているが、引張りに弱いため、その部分を補強する意味がある。

Cマーク《しーまーく》 ★★★
財団法人日本住宅・木材技術センターの規格による2×4工法住宅用の接合金物に表示されるマーク。枠組み壁工法は基本的に部材の接合部に仕口をつくらない（接合部を欠き込んで木材をはめ込まない）ので、柱受け、根太《ねだ》受け、梁受けなど、図のように金物自体で木材を受けるのが特徴的。▼図5

図5 根太受けに使用されるCマーク表示金物
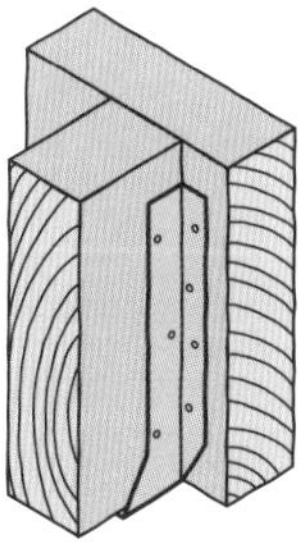

アンカーボルト《あんかーぼると》 ★★
木造建築物において基礎コンクリートと土台を接合する際に用いられるボルトのこと。基礎コンクリート内に埋め込んで固定される。埋め込み長さは250㎜以上で全長は400㎜以上と定められている。▼図6

ホールダウン金物《ほーるだうんかなもの》 ★★
基礎コンクリートに埋め込まれるボルト。アンカーボルトと違い柱に緊結することにより、地震時などで柱が引き抜かれるのを防ぐ効果がある。コンクリートへの埋め込み長さは360㎜

以上必要で、長さは強度によって違い、10kN用、15kN用、20kN用、25kN用、35kN用に分かれている。▼図6

図6 アンカーボトル

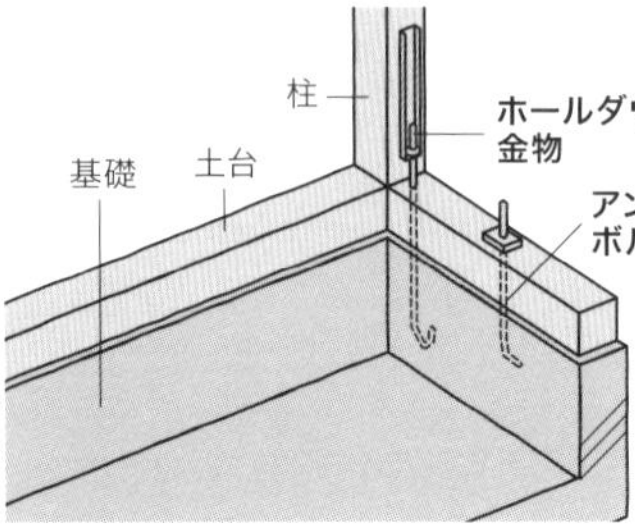

★ ホールダウン位置調整金物《ほーるだうんいちちょうせいかなもの》

アンカーボルトとホールダウン金物の位置が合わない場合に使用する製品。▼図7

★ カットスクリュー《かっとすくりゅー》

アンカーボルトのネジ山に取り付ける座金《ざがね》のこと。株式会社カネシンの製品名。▼図8

★★ 山形プレート《やまがたぷれーと》

V字形をした取付金物。柱と土台、柱と胴差しを接合する金物。▼図9

図8 カットスクリュー

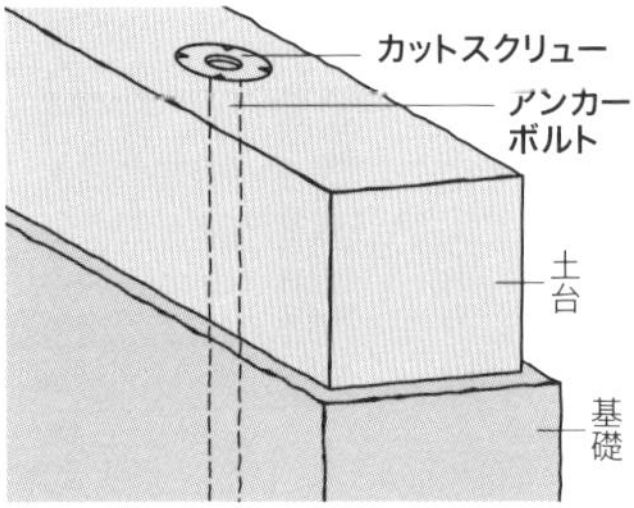

図7 ホールダウン位置調整金物

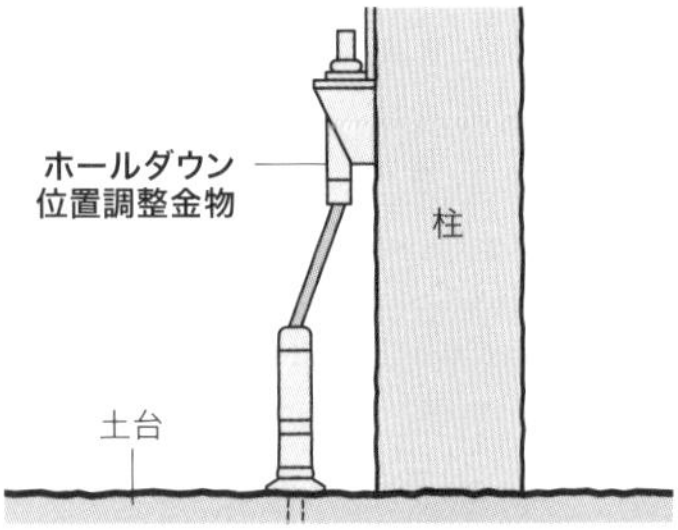

図9 既製品の山形プレート

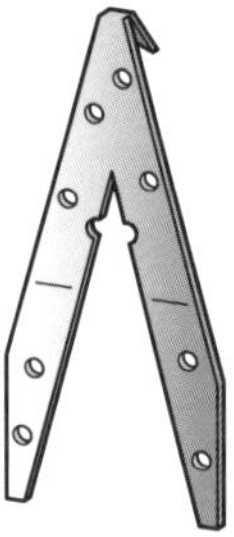

★★★ 筋かいプレート《すじかいぷれーと》

木製筋かいを柱や梁に緊結するための金物。筋かいのプレートには壁倍率2倍と3倍のものがある。▼図10

図10 筋かいプレート

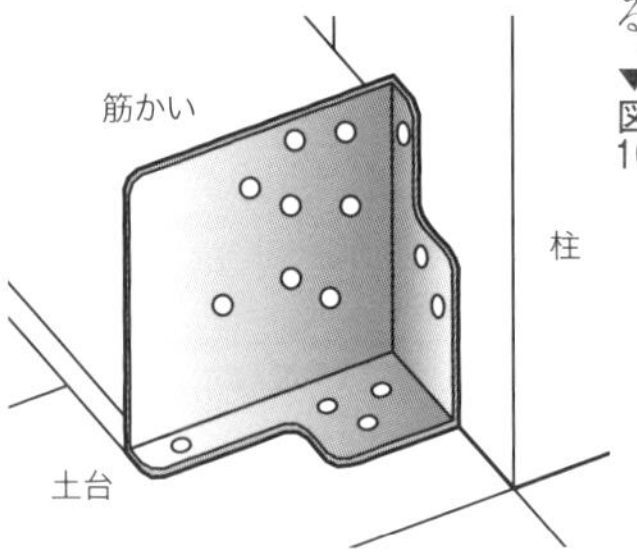

★★★ 座金《ざがね》

ボルトとナットの間に入れる円形で穴の開いた金物。**ワッシャー**とも呼ばれる。

★★★ ナット《なっと》

ボルトを締める金物。

★★★ ボルト《ぼると》

棒状で溝が切ってある金物。

★ 羽子板金物《はごいたかなもの》

片方が板状、片方が筒状になっている接続金物のこと。梁材と梁材をつなげる際に使用する。▼図11

図11 羽子板金物

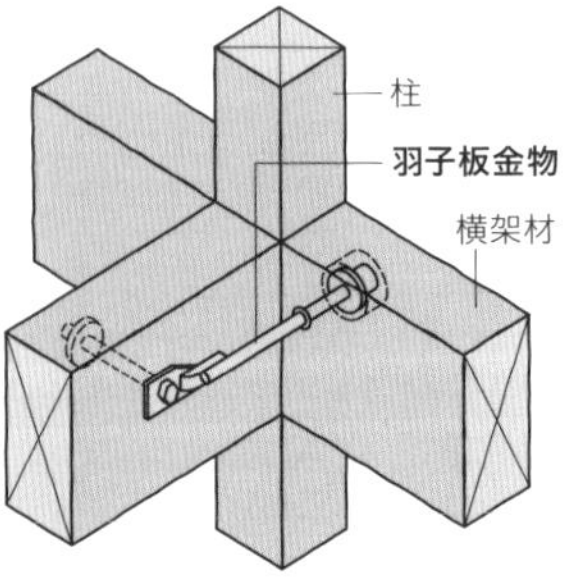

★ かすがい《かすがい》

2つの木材をつなげるために打ち込む、コの字形の接合金物。

「子は鎹《かすがい》」ということわざは、これがもとになっている。▼図12

図12 かすがい

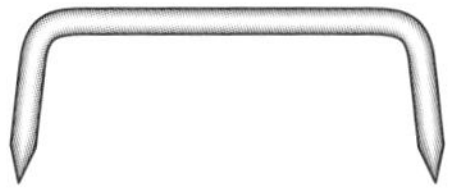

★**垂木止め**《たるきどめ》

垂木と軒桁母屋《もや》を緊結する金属製の金物。**ひねり金物**とも呼ばれるようにひねられた形状をしている。▼図13

図13 垂木止め

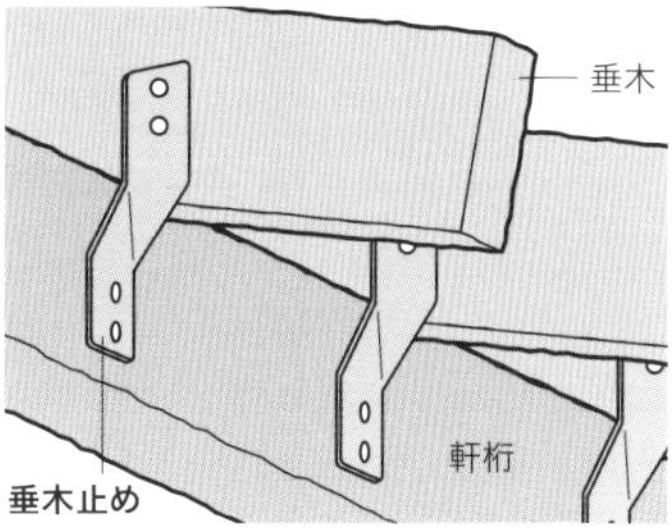

★**コーチボルト**《こーちぼると》

木ネジと同じ機能を持ち、頭がナットになっているタイプの金物。▼図14

図14 コーチボルト

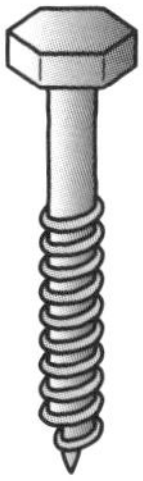

★**かど金物**《かどかなもの》

T形やL形の板状の鋼製金物。柱と土台、柱と横架材《おうかざい》の接合に用いる金物。▼図15

図15 かど金物

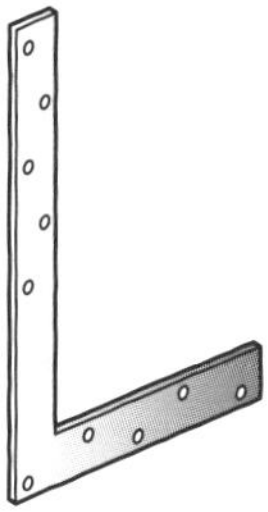

★**火打ち金物**《ひうちかなもの》

建物の隅部に入れる鋼製金物で床構面を強くするための斜め材。▼図16

図16 火打ち金物

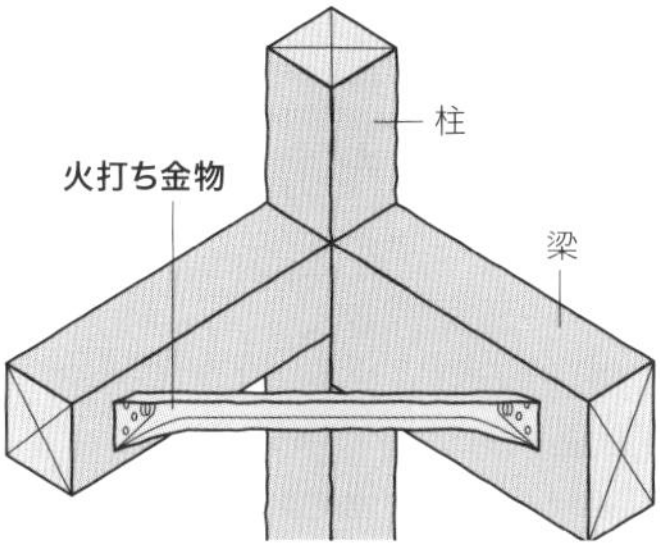

★**あおり止め**《あおりどめ》

接合金物。2×4工法では垂木《たるき》と頭つなぎとの接合に使われる。トラス工法でも使われる。▼図17

図17 あおり止め

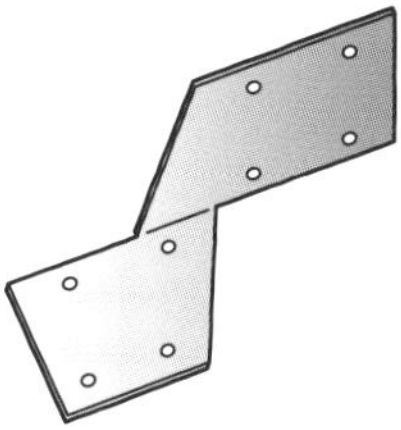

★**短ざく金物**《たんざくかなもの》

梁などの木材の接合に使う板状の金物。▼図18

図18 短ざく金物

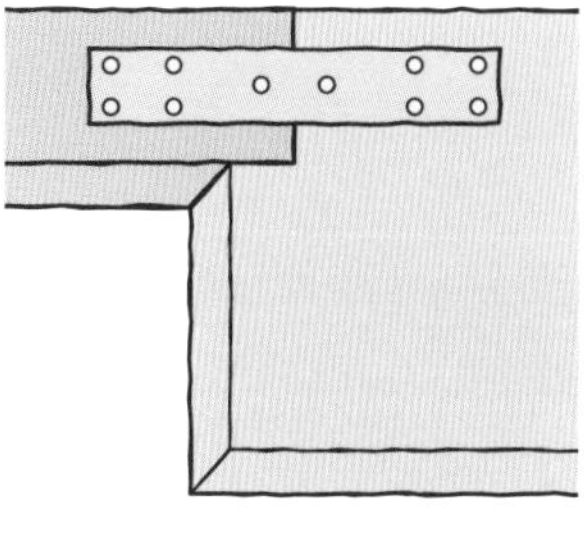

★**かね折金物**《かねおりかなもの》

L形の金物で外壁の通し柱と梁をつなぐ接合金物。▼図19

図19 かね折金物

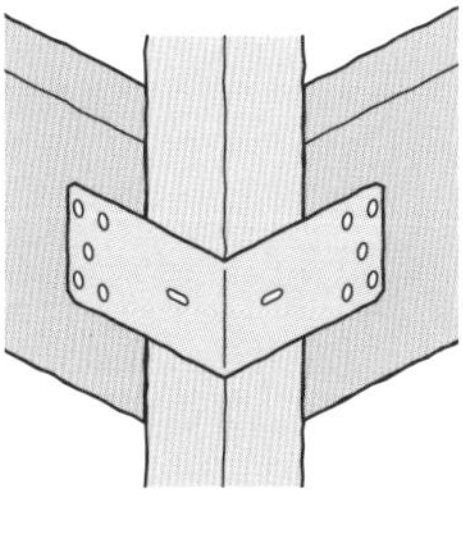

★**箱金物**《はこかなもの》

コの字形をした木造用補強金物。主に土台と柱、柱と胴差しの接

合に用いられる。▼図20

図20 箱金物

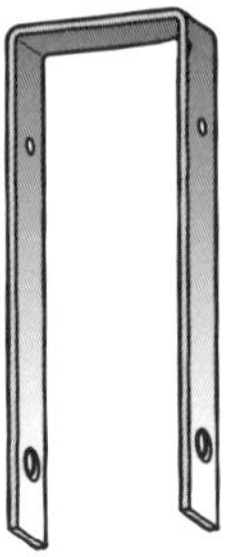

★ **梁受け金物《はりうけかなもの》**

コの字形の金物で、文字通り梁と梁の接合部に設け、梁を受ける金物。▼図21

図21 梁受け金物

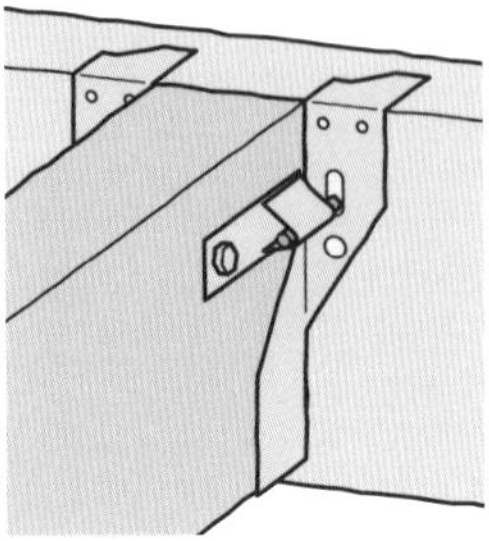

2 接合

★★ **ほぞ《ほぞ》**

木材を接合するための突起のこと。**短ほぞ、長ほぞ、重ねほぞ**などといった種類がある。▼図22

図22 ほぞ

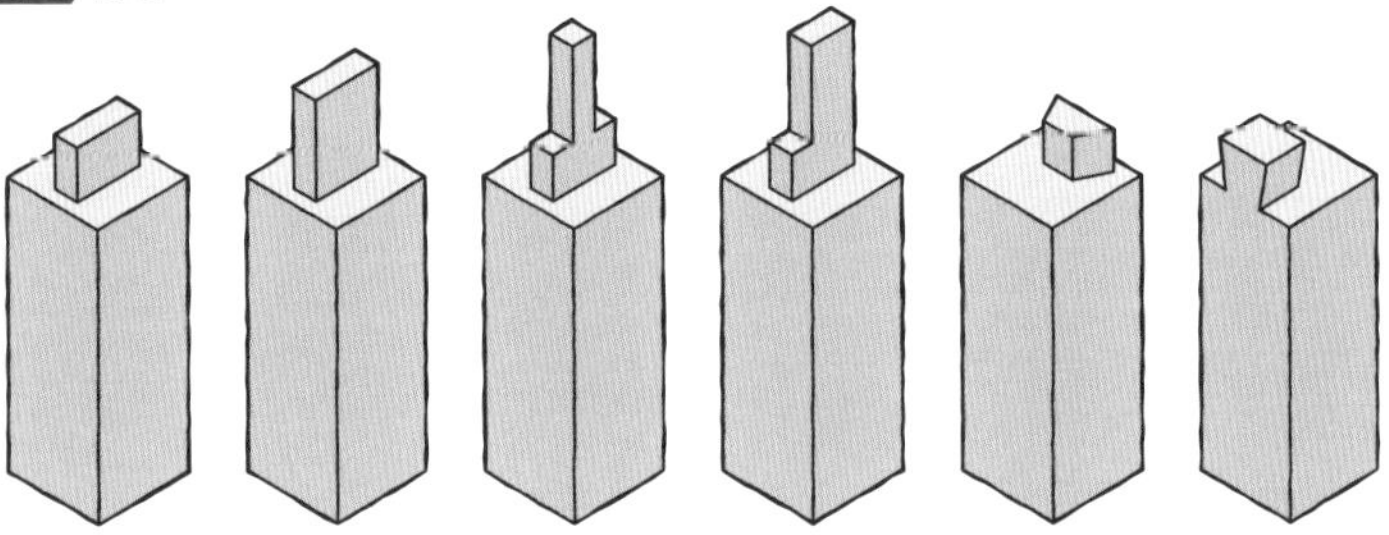

★★ **仕口《しぐち》**

2つ以上の木材を交差するように組み合わせる接合のこと。**相欠き、渡りあご、大留**といった種類がある。▼図23

図23 仕口

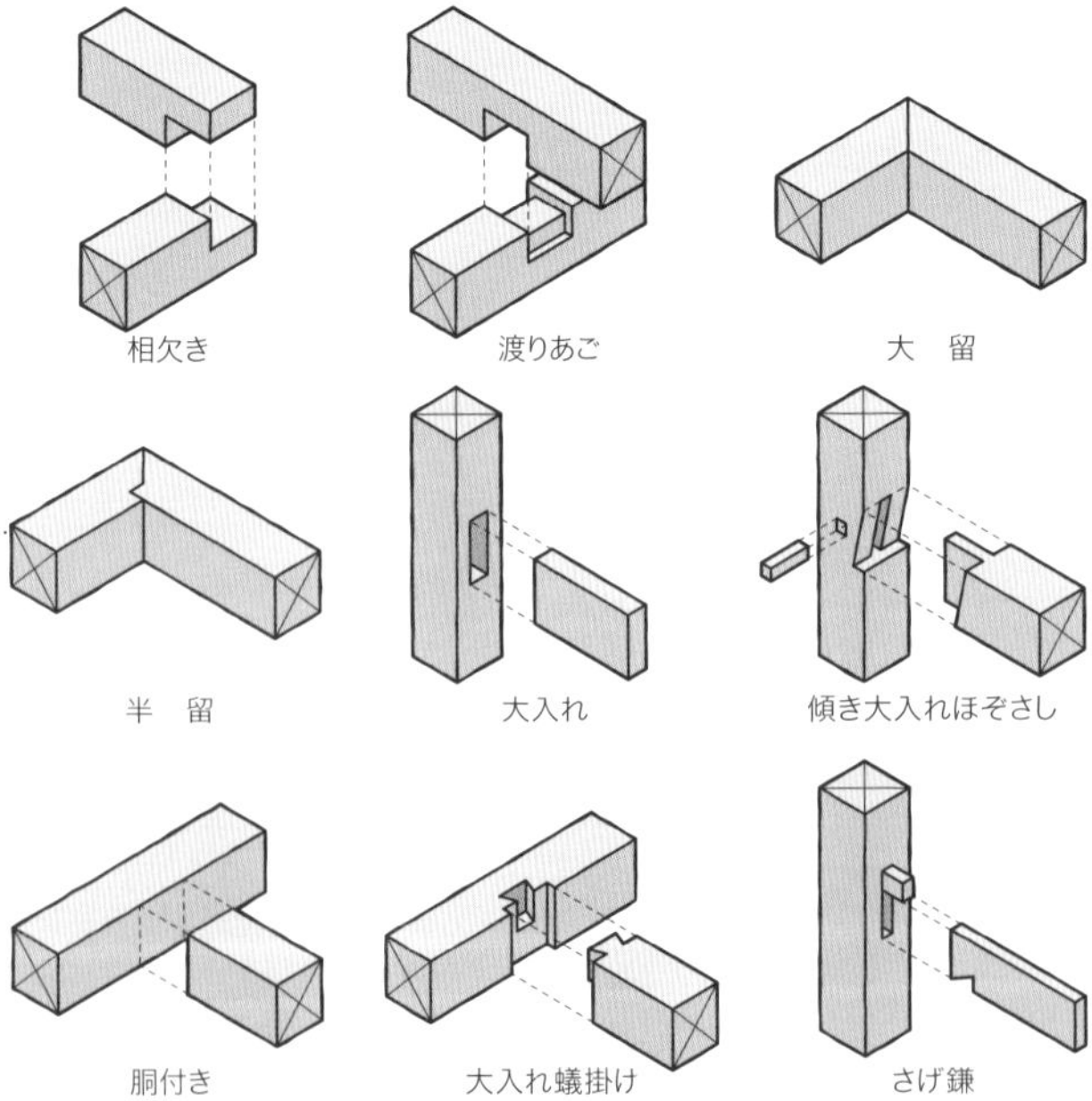

★★ **継ぎ手《つぎて》**

2つの木材を同じ方向でつなぐ接合のこと。**腰掛け継ぎ、腰掛け蟻継ぎ、そぎ継ぎ**といった種類がある。▼図24

図24 継ぎ手

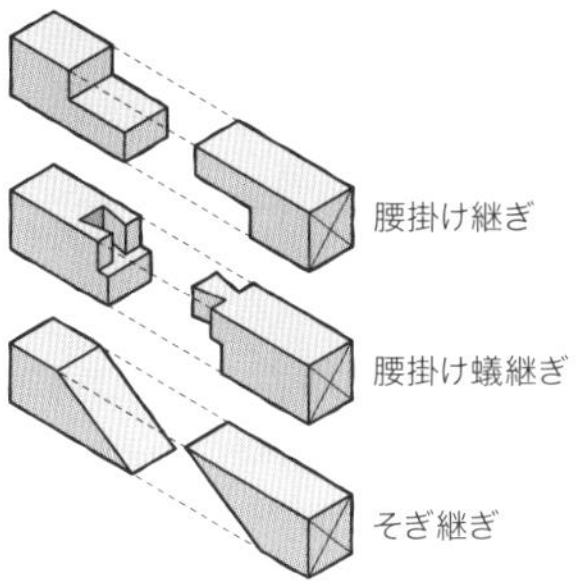

3 工具

★★★ **鋸**《のこぎり》

金属のギザギザした刃に持ち手の柄が付いている工具。木材を切るための、古来からある基本的な道具の1つ。▼図25

図25 鋸

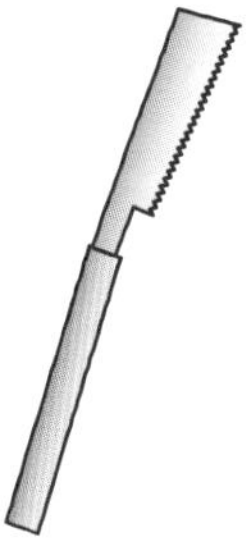

★★ **レンチ**《れんち》

ナットを回す工具。同じような工具で**スパナ**もある。日本では先端が開放されたままのものをスパナ、それ以外をレンチと呼ぶ。▼図26

図26 レンチ

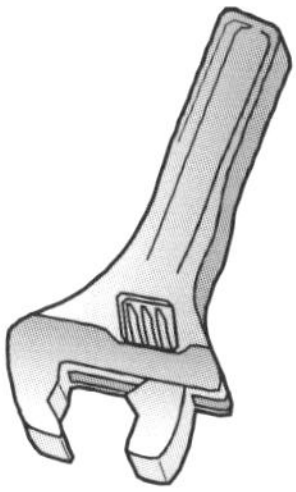

★ **金づち**《かなづち》

釘などを打ち込む工具。打撃面が金属製のものをいう。▼図27

図27 金づち

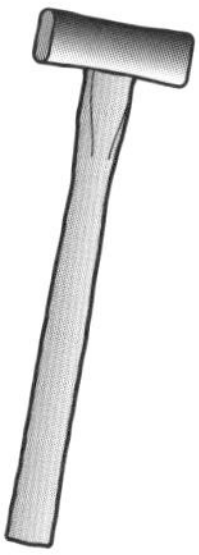

★★ **のみ**《のみ》

刃の付いた先端部分と木製の柄でつくられた工具。ほぞや仕口《しくち》をつくる際に使用される。▼図28

★★ **かんな**《かんな》

木製の箱状のものに刃が付いた木材を削る道具。▼図29

図29 かんな

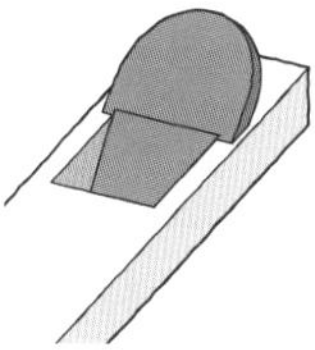

図28 のみ

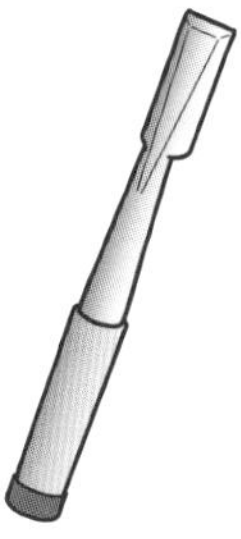

★ **吊りクランプ**《つりくらんぷ》

レッカーやクレーンの先端に取り付ける専用の吊り具のこと。安全性と簡便な作業性のある便利な玉掛け用具。▼図30

図30 吊りクランプ

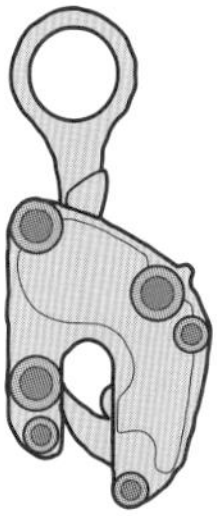

★ **電動丸鋸**《でんどうまるのこぎり》

文字通り、電動式の、丸い刃が付いた鋸工具。▼図31

★ **エアーコンプレッサー**《えあーこんぷれっさー》

気体を圧縮し、圧を吐き出す機械。圧縮機とも呼ぶ。▼図31

★ **サンダー**《さんだー》

サンドペーパーで木材の表面を研磨する機械。▼図31

図31 電動丸鋸、エアーコンプレッサー、サンダー

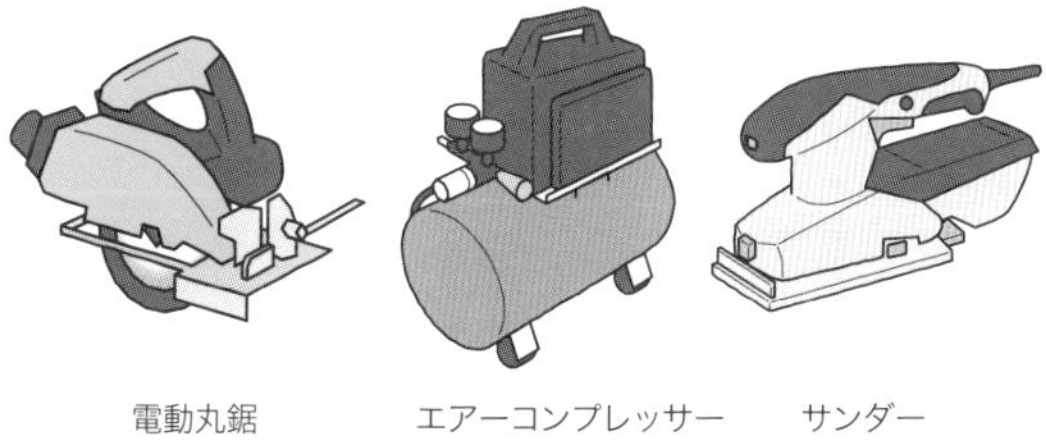

PROCESS 18

躯体工事（木造）④

防《ぼう》蟻《ぎ》・防《ぼう》腐《ふ》工《こう》事《じ》

シロアリ被害や木の腐朽は、建物の構造に大きな影響を及ぼします。現場で薬剤を塗布する、あるいはあらかじめ工場で薬剤を注入した材料を使用するなど、多面的に対策を考えていく必要があります。

1 防蟻

★★★ シロアリ《しろあり》(白蟻)

蟻に似た形をしているためシロアリと呼ばれているが、生物学上ではゴキブリなどに近い生物といわれており、木を食す特性がある。日本ではヤマトシロアリ、イエシロアリが生息しているが、近年ではアメリカカンザイシロアリと呼ばれる、乾燥した家具や木材に寄生するシロアリも見られる。▼図1、2

★★★ 防蟻材料《ぼうぎざいりょう》

構造材に薬剤を塗布したもの。防蟻の一般的な方法である。

★★ 防蟻注入材《ぼうぎちゅうにゅうざい》

通常、土台などは現場で薬剤を塗布するケースが多いが、あらかじめ工場で部材に防蟻処理をして現場に搬入される材料。

図1 シロアリ

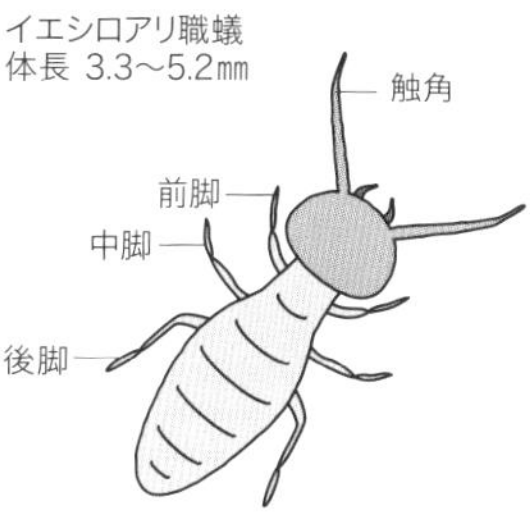

図2 シロアリ被害

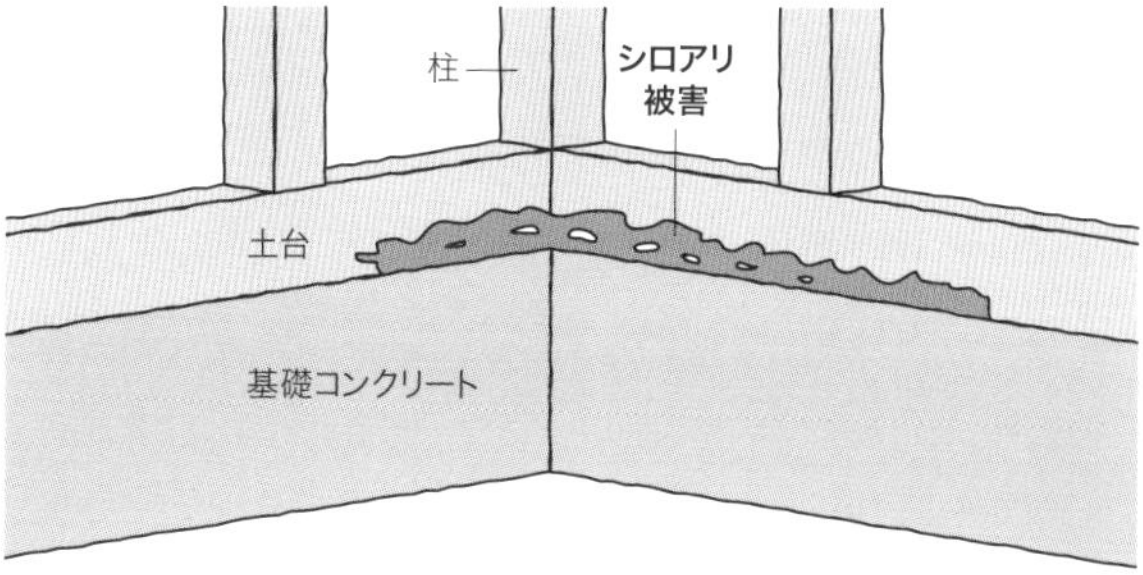

★★ シロアリ駆除剤《しろありくじょざい》

シロアリ駆除用の薬剤。銅やアルキルアンモニウム化合物、クレオソート油を加えたものが多い。

★ 防蟻用断熱材《ぼうぎようだんねつざい》

あらかじめシロアリ駆除剤を混入した断熱材のこと。基礎の立ち上がりのコンクリート打設時に打ち込むケースが多い。ただし、この断熱材だけでは防蟻処理として不十分なため、木材の駆除剤とセットで対策を考える必要がある。

★ 散布工法《さんぷこうほう》

床下の土壌表面に防蟻薬剤を散布して薬剤層を形成し、シロアリが通過できないようにする方法。

★ 発泡施工法《はっぽうせこうほう》

防蟻薬剤を泡状にして床下に吹き込み、泡で床下を満たす方法。この泡は数時間で消え、元の液状の薬剤に戻りながら床下土壌や床下部材に吸収される。

★ シート工法《しーとこうほう》

プラスチックのシートの中に防蟻薬剤を練り込んでおき、このシートを床下に敷き込む工法。シートのつなぎ目や隙間への対策が必要である。

★ 毒餌法《どくえほう》

ベイト工法ともいう。少量の薬剤でシロアリ防除をする目的で考え出された工法。建物周囲や被害を受けた箇所にシロアリの好む餌木（マツ材など）を入れた容器を置き、シロアリが容器に出入りするようになったときに薬剤を有した餌に置き換え、薬剤を巣に持ち帰らせコロニーごと撲滅する方法。薬剤アレルギーの居住者やペットがいる家などで、利用が広がりつつある。

★ **蟻道《ぎどう》**

字のごとくシロアリの通り道。シロアリは光を嫌うため、細かい砂などで蟻道をつくり、光が入らないようにしている。▼図3

図3 蟻道

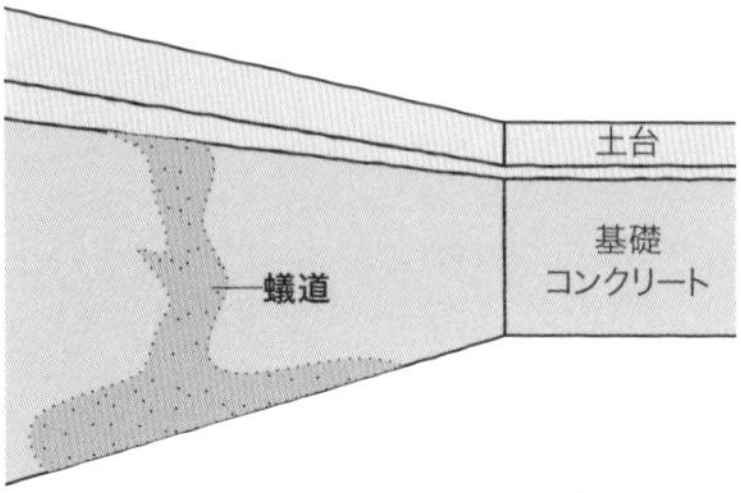

★ **土壌処理剤《どじょうしょりざい》**

シロアリは基本的に土の中に巣をつくり、その巣に100万匹ほど住みついて木材のある建物まで土を通ってたどり着く。その土に直接散布する薬剤。ただし雨水にさらされるため、一度の散布での効果は1～2年程度の持続となる。

★ **忌避剤《きひざい》**

害虫などの有害動物が、匂いや味などを嫌って近寄らないようにするために用いる薬剤のこと。ネズミやゴキブリなどの忌避剤は古くからあり、かなり毒性の強い薬剤も使用されてきた。現在は毒性の弱いものが主体だが、子供にアレルギーや喘息を引き起こすおそれがある。

2 防腐

★★ **防腐剤《ぼうふざい》**

木材の腐朽を防ぐための薬剤。クレオソート油やクロム、銅、ヒ素の防腐剤がある。木材保存剤ともいわれている。

★ **防腐注入材《ぼうふちゅうにゅうざい》**

あらかじめ工場で防腐剤を注入した材料のこと。土台で使用されるケースが多い。

★ **木材腐朽菌《もくざいふきゅうきん》**

建築材料に付着し、劣化を促進させる菌のこと。代表的なものに、白色腐朽菌と褐色腐朽菌がある。白色腐朽菌は広葉樹に付き、褐色腐朽菌は針葉樹に付く。建築部材は針葉樹材が多いため褐色腐朽菌被害が多発している。

★ **ピロディン《ぴろでぃん》**

木材の腐朽診断を行うために使用する機器のこと。金属ピンを一定の衝撃力で打ち込み、貫入深さで測定する。

★ **含水率計《がんすいりつけい》**

木材に含まれる水分の割合をはかるために使用する機器のこと。

★ **インサイジング加工《いんさいじんぐかこう》**

防腐剤を注入処理する前に、刃物などで表面に切り込みを入れて浸透しやすくする加工のこと。

★★ **カビ《かび》**

木材を劣化させる微生物。木材腐朽菌とは違い、セルロース、ヘミセルロース、リグニンをほとんど分解しないので、木材の質量を減少させたり強度を低下させたりはしない。ただし木材の美観が損なわれ商品価値が著しく低下したり、カビの胞子が人体の健康を害する場合もある。

★ **木材食害虫《もくざいしょくがいちゅう》**

大きくは、乾燥した木材を食する「乾材害虫」、湿った木材を食する「湿材害虫」に区分される。湿材害虫の代表例がシロアリ、乾材害虫の代表例がヒラタキクイムシ。

PROCESS 19

躯体工事（木造）⑤

2《つー》×《ばい》4《ふぉー》工法《こうほう》（枠組《わくぐ》み壁工法《かべこうほう》）

近年は、軸組み工法に加え、北米産の２×４工法が多く用いられるようになってきています。作業の手間やコスト、技術の面から住宅建築の工業化が進んでいるためです。

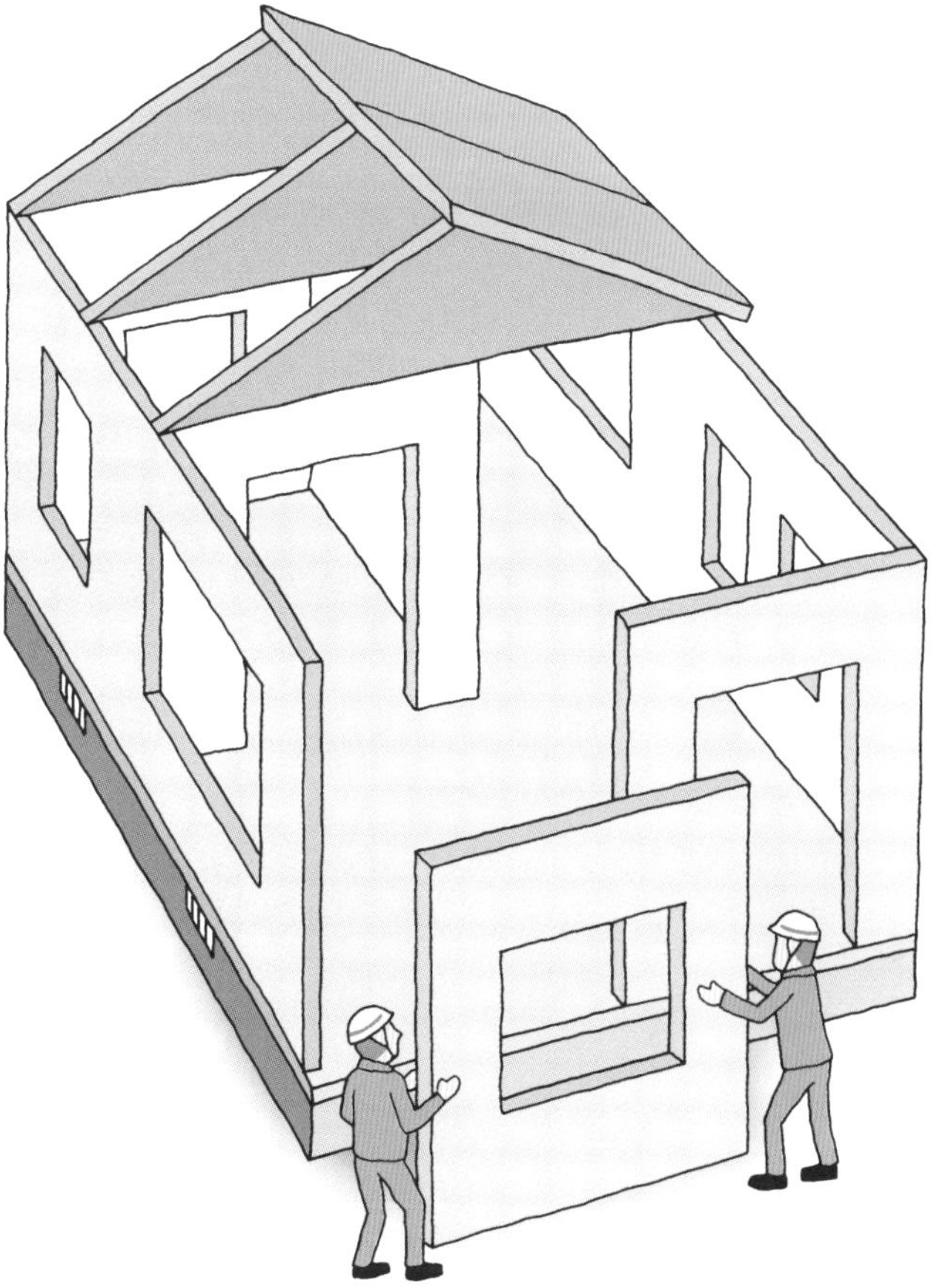

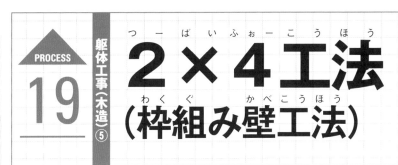

★★★ 2×4工法《つーばいふぉーこうほう》

枠組み壁工法の通称。2インチ×4インチの木材の枠組みに合《ごう》板《はん》を合わせて接合し、壁・床・天井・屋根を構成する工法のこと。梁や柱がない工法で、北米から発展した工法である。▼図1

★★★ フレーミング《ふれーみんぐ》

構造体を建てること。軸組み工法の**建て方**にあたる。2×4工法では1階フレーミング→2階床→2階フレーミング→小屋組み→屋根下地の順に作業を行って、フレーミング完了となる。

★★ ディメンションランバー《でぃめんしょんらんばー》

北米の針葉樹を製材したもので、俗に「**ランバー材**」と呼ばれるもの。2×4工法の枠組み材は、幅が89～286㎜までの

図1 2×4工法

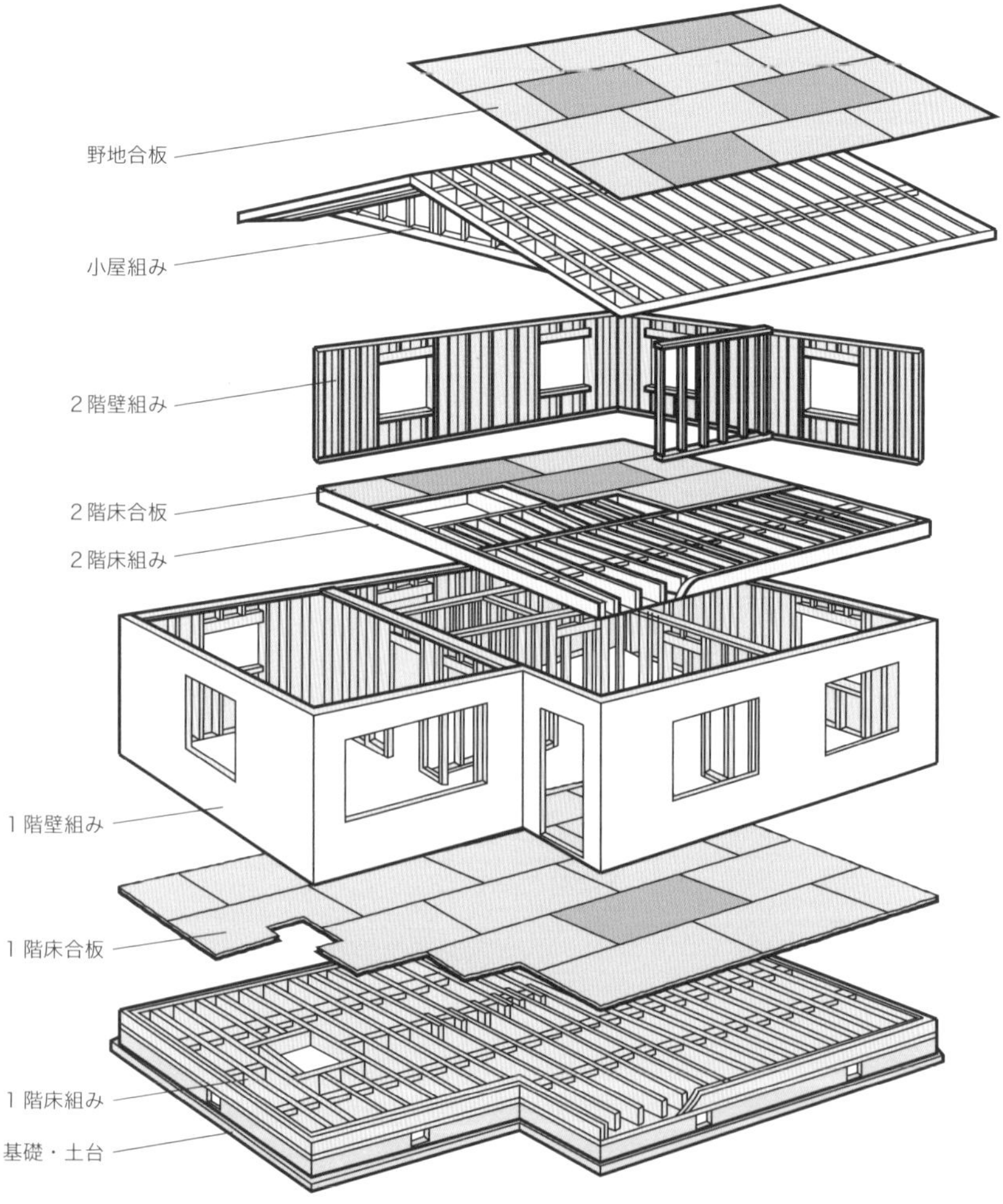

204材、206材、208材、210材、212材、土台や大《おお》引《び》きで使われる89㎜角の404材が基本となっている。▼図2

図2 ランバー材の種類

204材	38mm×89mm
206材	38mm×140mm
208材	38mm×184mm
210材	38mm×235mm
212材	38mm×286mm
404材	89mm×89mm
406材	89mm×140mm
408材	89mm×184mm
410材	89mm×235mm

★★ **有効開口《ゆうこうかいこう》**

仕上がった後に、実際に有効となる開口の高さや幅。▼図3

★★ **ラフ開口《らふかいこう》**

床下張りまたは窓台上端からまぐさの下端までの高さをいう。▼図3

図3 有効開口、ラフ開口

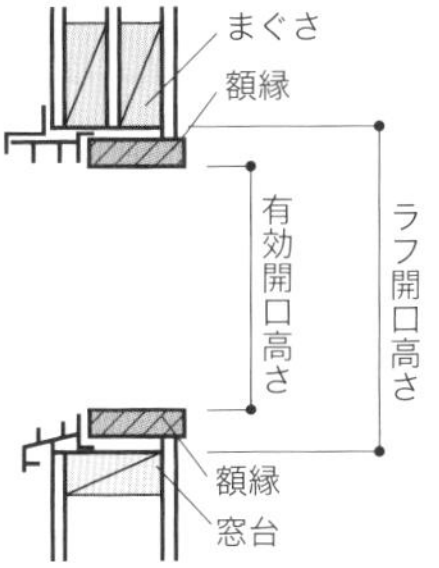

★ **通し縦枠《とおしたてわく》**

バルーンともいう。吹抜け空間をつくる際、枠材に通常の204材ではなく、206材などを使用すること。この枠でつくった壁はハイパネル壁という。

★ **エンジニアリングウッド材《えんじにありんぐうっどざい》**

工場で加工された木材で、主に接着剤を使ってつくられた木質系材料をいう。EW材。

★ **オーバーハング《おーばーはんぐ》**

下階より上階の方が張り出す設計手法のこと。2×4工法では床枠組みを延ばすことによって、オーバーハングの住宅やバルコニーが容易につくれる。▼図4

★ **セットバック《せっとばっく》**

2×4工法でのセットバックとは下階よりも上階が後退していること。この場合、下階の梁型や開口幅に制限ができるため、2×4工法には向かない。▼図4

図4 オーバーハング、セットバック

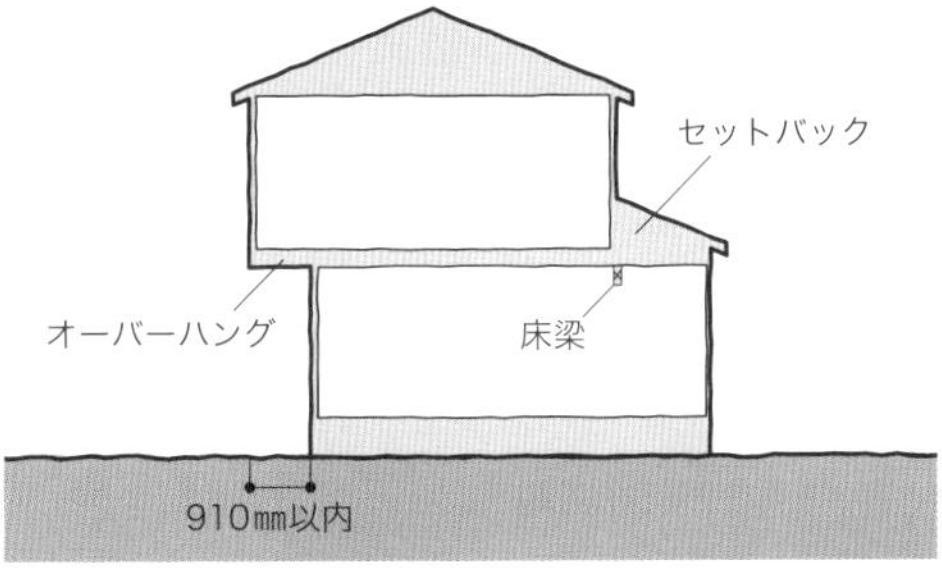

2 材料

★★★ **ツーバイ材《つーばいざい》**

2×4工法に使われる木材のこと。2インチ×4インチの角材が基本だが、実寸法は2インチ(50.8㎜)はなく、38㎜(1.5インチ)×89㎜(3.5インチ)である。

★★★ **スタッド《すたっど》**

枠材のこと。サイズは204材が基本。軸組み工法での柱にあたるものだが、このスタッドは、2×4工法ではかなりの数を入れるため、柱というよりは間柱のようなものだと考えられる。

★ **床根太《ゆかねだ》**

床を構成する水平材で、軸組み工法での梁のような役割をなすもの。

★ **ハリケーンタイ《はりけーんたい》**

あおり止め金物のこと。屋根下地の垂木《たるき》と頭つなぎ、枠材に固定する。北米の耐風対策として、つくられた金物。▼図5

図5 ハリケーンタイ

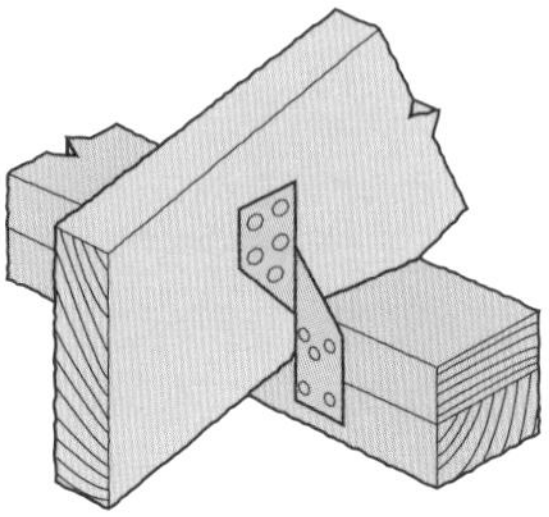

★ **SPF《えすぴーえふ》**

シトカスプルース材（スプルースの一種）、パイン材（マツの一種）、ファー材（モミの一種）の3種類の木材をあわせた総称。2×4工法の枠組み材に多く使われ、近年ではデッキ材でも使用されている。軟材で加工しやすい特性がある。

★ **合板スペーサー《ごうはんすぺーさー》**

寸法調整材。2×4工法では、材料の細かい切り欠きをせず、合板スペーサーを使用する。

★ **構造用面材《こうぞうようめんざい》**

パネルに剛性を持たせる面材のこと。構造用合板が一般的だが、その他にOSBやパーティクルボードなどの木質ボードが使われるケースも増えている。

3 その他の工法

★ **SE構法《えすいーこうほう》**

木造軸組み工法の構造強度をより高めるために考案された工法。集成材で構成し、接合部は金物を使う。壁量が少なく、**スケルトンインフィル**がしやすい点などがメリットだが、軸組み工法と比べて建設コストが高くなる点がある。▼図6

図6 SE構法

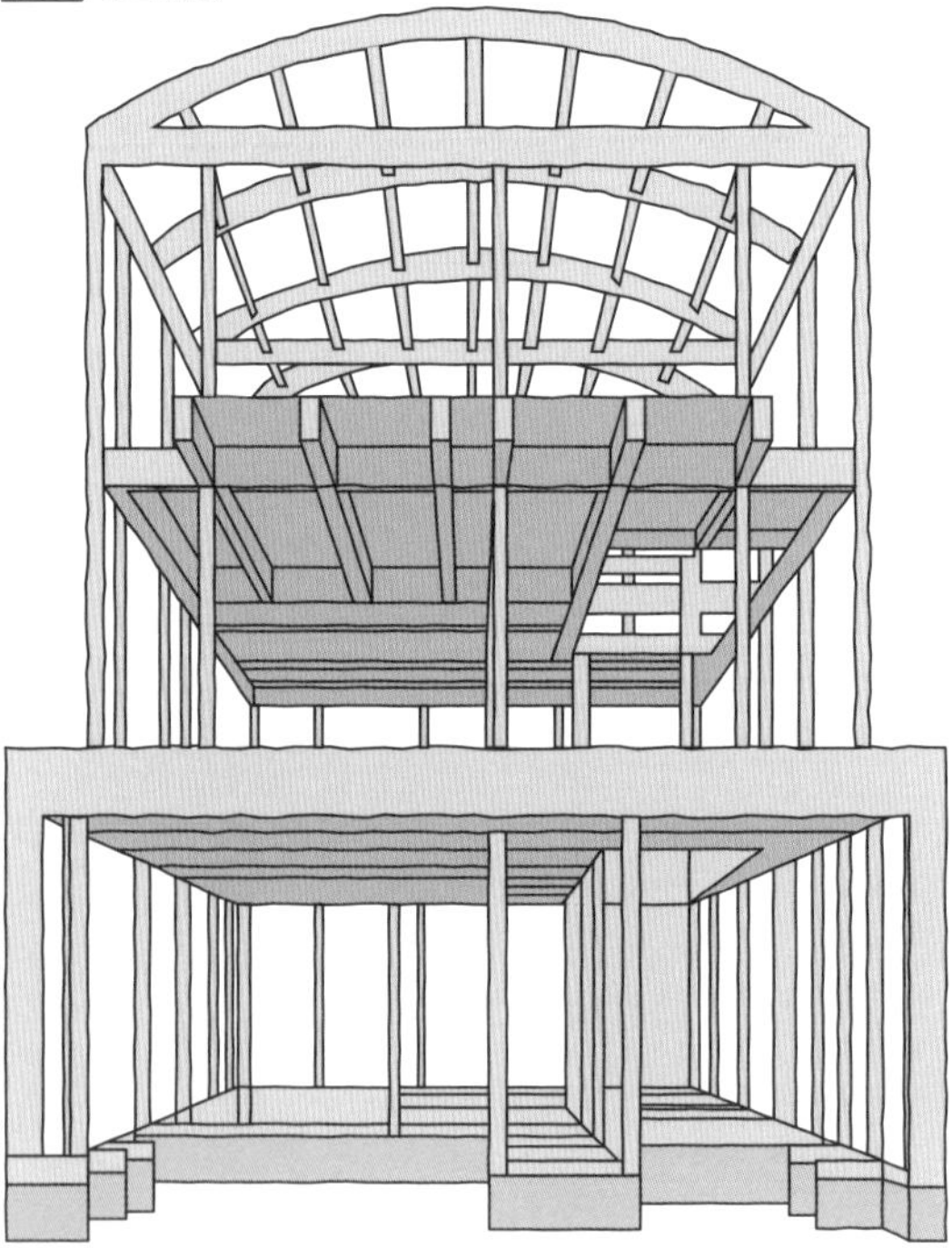

スケルトンインフィルとは、構造躯体（＝スケルトン）と内装・住宅設備（＝インフィル）とを分けてつくられる共同住宅の工法。インフィルの配置に関係なく躯体の設計ができる、またニーズによってインフィルを変えていけるというメリットがあります。

★★ プレハブ工法《ぷれはぶこうほう》

あらかじめ部材を工場で生産し、それを現場で組み立てる工法。

★★ パネル工法《ぱねるこうほう》

プレハブ工法の1つ。床や壁などの構造体を工場で生産した後に、現場で組み立てる工法。工期の短縮や耐震性・耐風性能に優れているが、部屋の間取りに制限がある。▼図7

★ 金物構法《かなものこうほう》

接合部を金物にした工法の総称。HS金物構法やHSS金物構法などがある。

★ HS金物構法《えいちえすかなものこうほう》

工場にてプレカットされた構造材にあらかじめ接合金物を付け、現場でそれを組み立てる金物工法。

図7 パネル工法の例

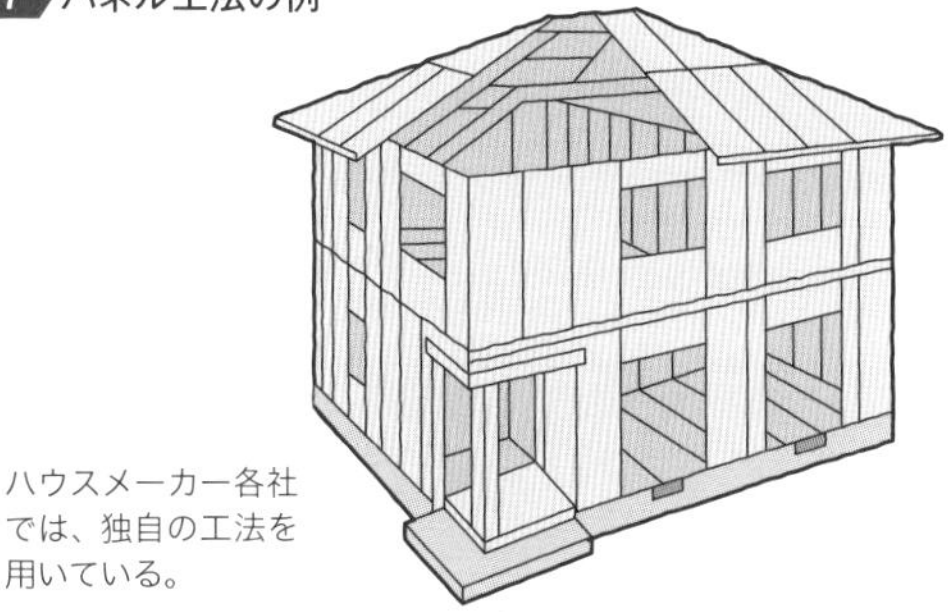

ハウスメーカー各社では、独自の工法を用いている。

★ HSS金物構法《えいちえすえすかなものこうほう》

金物構法の1つで、木材の断面欠損を少なくし、高強度の接合を持たせた工法。木材内に接合金物を納めて直に見えないようにしている。

★ テックワン・クレテック工法《てっくわん・くれてっくこうほう》

株式会社タツミの金物工法。木材の断面欠損が少なく、材の中に金物が隠れるため、すっきりとした仕上がりになるのが特徴。

★ プレセッター《ぷれせったー》

株式会社カネシンの接合金物を使った工法。テックワン・クレテック工法と同じく、構造材の中に金物が隠れるため、すっきりとした仕上がりになるのが特徴。

★ ハイブリッド構造《はいぶりっどこうぞう》

2つ以上の材質を組み合わせる構造。木造建物においてスパンの長い部分には鉄骨材を使うなどする。

★ Iビーム《あいびーむ》

木造の架構においての加工された梁材のこと。上下のフランジ（LVL）にウェブを木材で組み合わせた鉄骨のI型鋼に似た形のもの。▼図8

2×4工法は、床や壁パネルを釘によって接合する方法。そのため、釘の仕様や打ち方、本数などが細かく規定されています。

図8 Iビーム

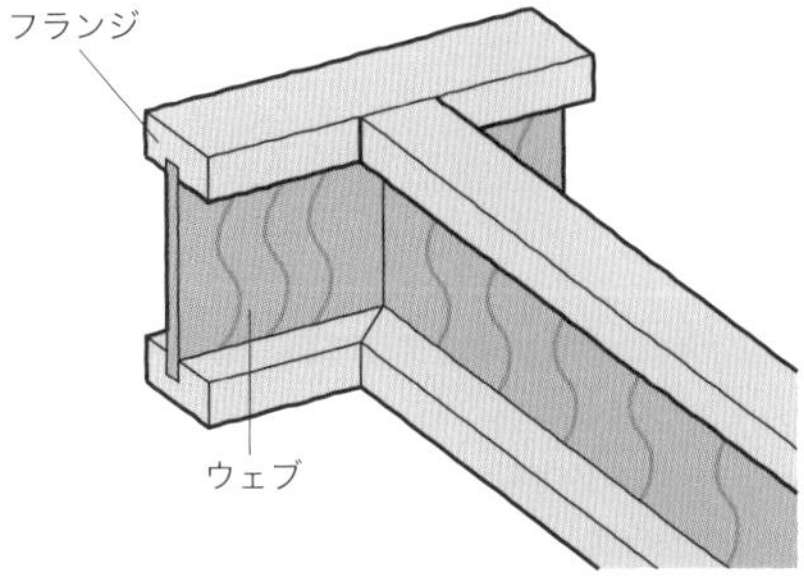

PROCESS

20

躯体工事（RC造）①

配筋工事《はいきんこうじ》

RC造は鉄筋コンクリート造の略語で、鉄筋とコンクリートで躯体をつくり上げる構造。配筋においては、鉄筋同士の間隔、継ぎ手長さ、のみ込み長さ、柱の帯筋、梁のあばら筋の間隔などにルールがあります。

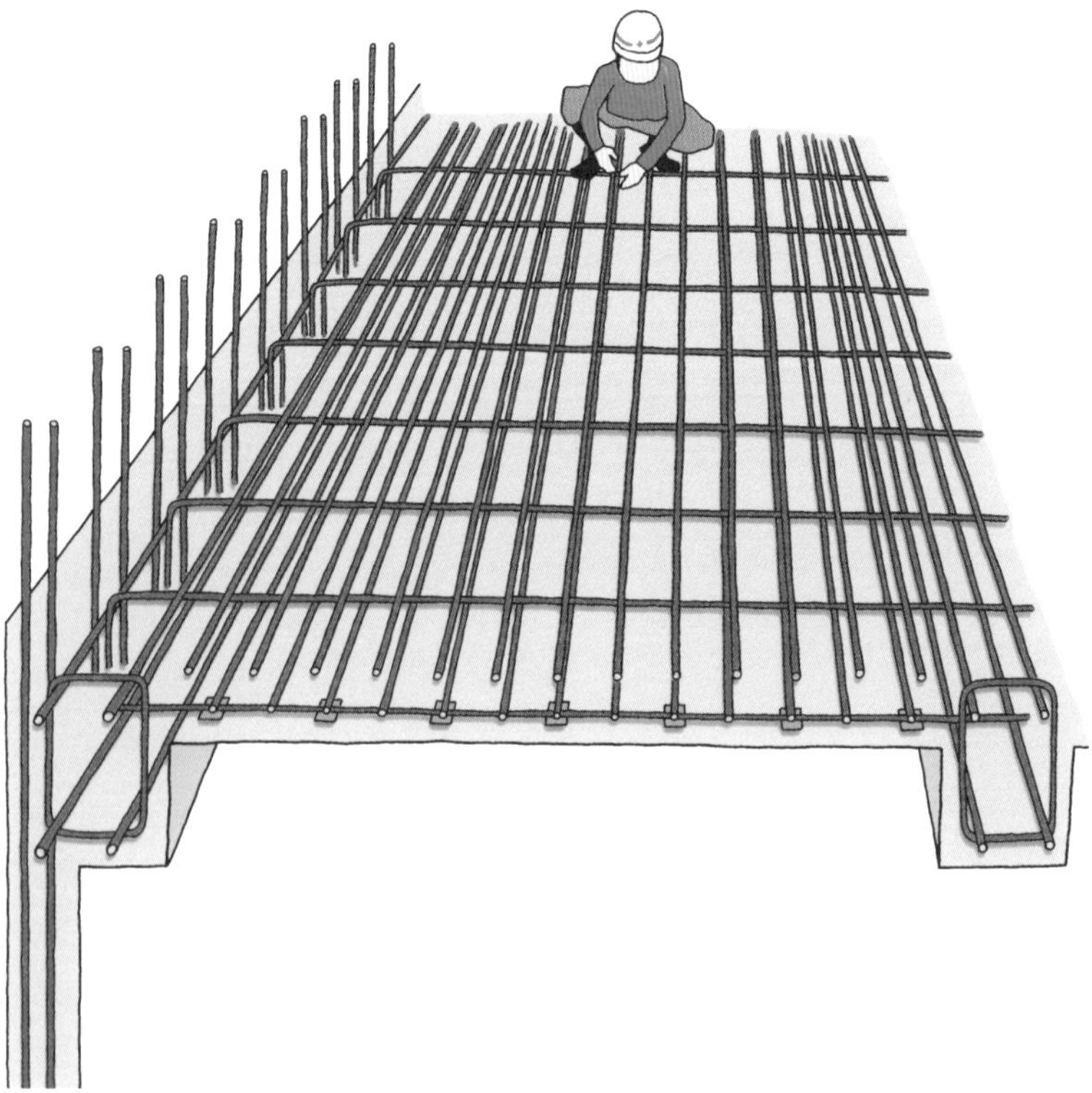

1 鉄筋の種類

★★ 丸鋼鉄筋《まるこうてっきん》

鉄筋表面がつるんとした鉄筋。コンクリートとの付着力は少ない。配筋図では、SRと示される（S：Steel R：Round bar）。

★★★ 異形鉄筋《いけいてっきん》

鉄筋表面に凹凸を付け、コンクリートとの付着力を増した形状の鉄筋。デーコンやスミバーは、異形鉄筋の商品名である。配筋図ではSDと示される（S：Steel D：Deformed bar）。▼図1

★★★ 鉄筋の種類記号《てっきんのしゅるいきごう》

SD、SRは鉄筋の形を示す記号。たとえば「SD345」の場合、SD＝異形鉄筋であり、次の3桁の数字は降伏点強度（N／㎟）を示す。

図1 異形鉄筋

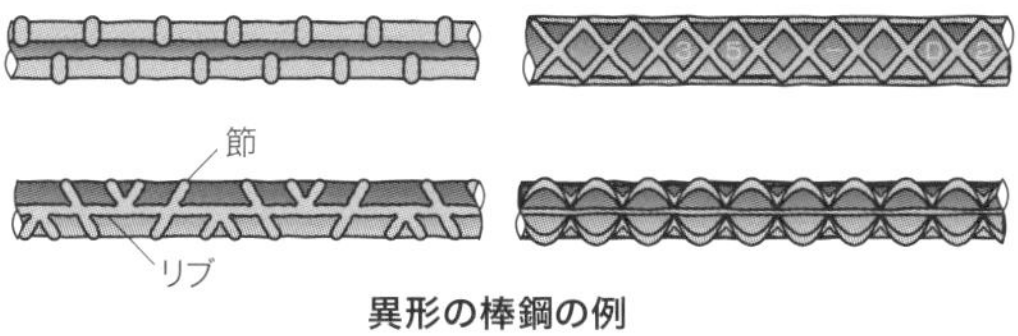

異形の棒鋼の例

製造元により節やリブの形が異なる。

★★ 呼び名《よびな》

鉄筋の直径と形状の種類を示すJISで規定された名称。鉄筋の径はインチ単位で生産されているため、たとえば「D10」であれば、直径は10㎜ではなく9.53㎜である。また、鉄筋の間隔や定着長さを算定するときは、呼び名寸法を計算式に代入する。

★★ 降伏点強度《こうふくてんきょうど》

鉄筋は引張力が加わると伸び、荷重がなくなると元に戻る。しかし、一定以上の引張力がかかると鉄筋は元の長さに戻らなくなり永久に歪みとして残る。このときの引張力を降伏点強度という。

★★★ 圧延マーク《あつえんまーく》

鉄筋に押されたマークで呼び名・製造者の略称・鉄筋の種類が刻印されている（295A、B以外は●で表される）。▼図2

★★ 鉄筋ミルシート《てっきんみるしーと》

鉄鋼メーカーが鉄筋を納入するときに、発注者に発行する品質証明書。証明書番号、化学成分、規格名称、炉番、納入状態などが記載されている。鉄筋にはタグが付いているので、ミルシートとタグをつきあわせて、現場

図2 圧延マーク

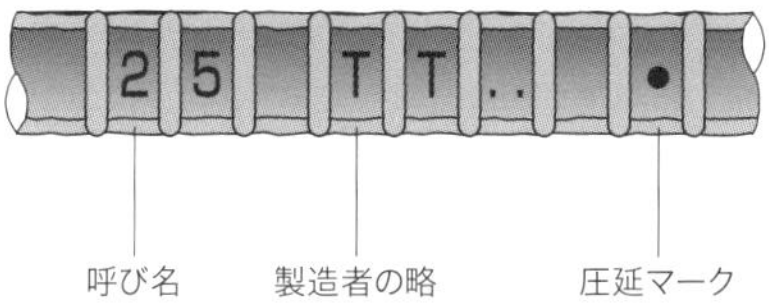

種類記号	圧延マーク	色別塗色
SD295B	1または｜	白（片断面）
SD345	●	黄（片断面）
SD390	●●	緑（片断面）
SD490	●●●	青（片断面）

で検品する。木造住宅では、鉄筋の使用量が少なくミルシートが発行されないこともあるので、鋼材の刻印を確認する。

★
ユニット鉄筋《ゆにっとてっきん》

ハウスメーカーでは、布基礎の鉄筋はメーカーごとに異なる方法で組み立てる。そのため工場で事前に決められた寸法に加工されたものを使用する。加工精度は高く工期も短縮できるが、希望に合わせたmm単位での変更などの融通は利かない。

★★
鉄筋ベンダー《てっきんべんだー》

鉄筋を常温で折り曲げる機械。

★★★
切断機《せつだんき》

常温で鉄筋を切断する油圧式の機械。

★★★
ガス切断機《がすせつだんき》

現場で用いられる器具で、ガスの熱で鉄筋を切断する機材。

★★
結束線《けっそくせん》

鉄筋を束ねるとき、鉄筋を組み立てるときに使われる細い針金。鉄筋結束線、なまし鉄線ともいう。一般的に0・2〜2mm程度の太さである。また、番線は軟鋼でできた鉄線の名称で、結束線もその一種である。▼図3

図3 結束線

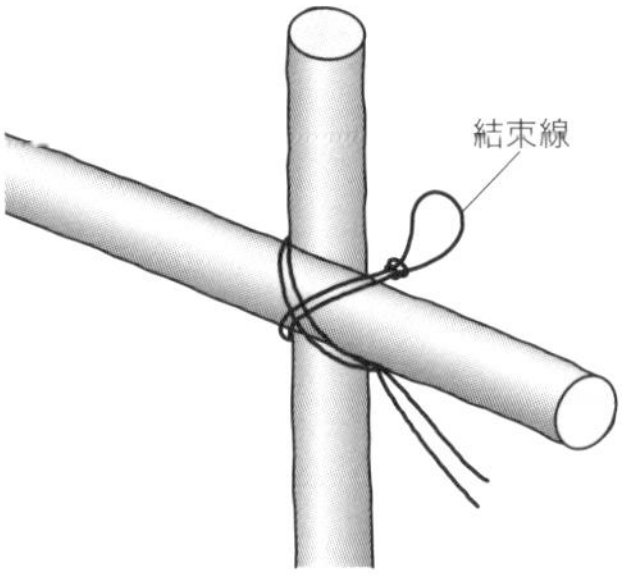

★★★
配筋《はいきん》

鉄筋を図面に従って所定の位置に配置すること。

2 部位名

★★★
主筋《しゅきん》

鉄筋コンクリート造構造矩体内でせん断力・引張力・曲げ力に対抗するための鉄筋。柱では縦方向の鉄筋。梁では横方向の鉄筋。建築基準法では柱は4本以上とし、梁は複筋（上下2段）にしなければならないとされている。▼図4

★
柱の主筋量《はしらのしゅきんりょう》

柱の断面積で、コンクリート断面積と主筋断面積の比率。建築基準法では0・8%以上と規定

図4 主筋

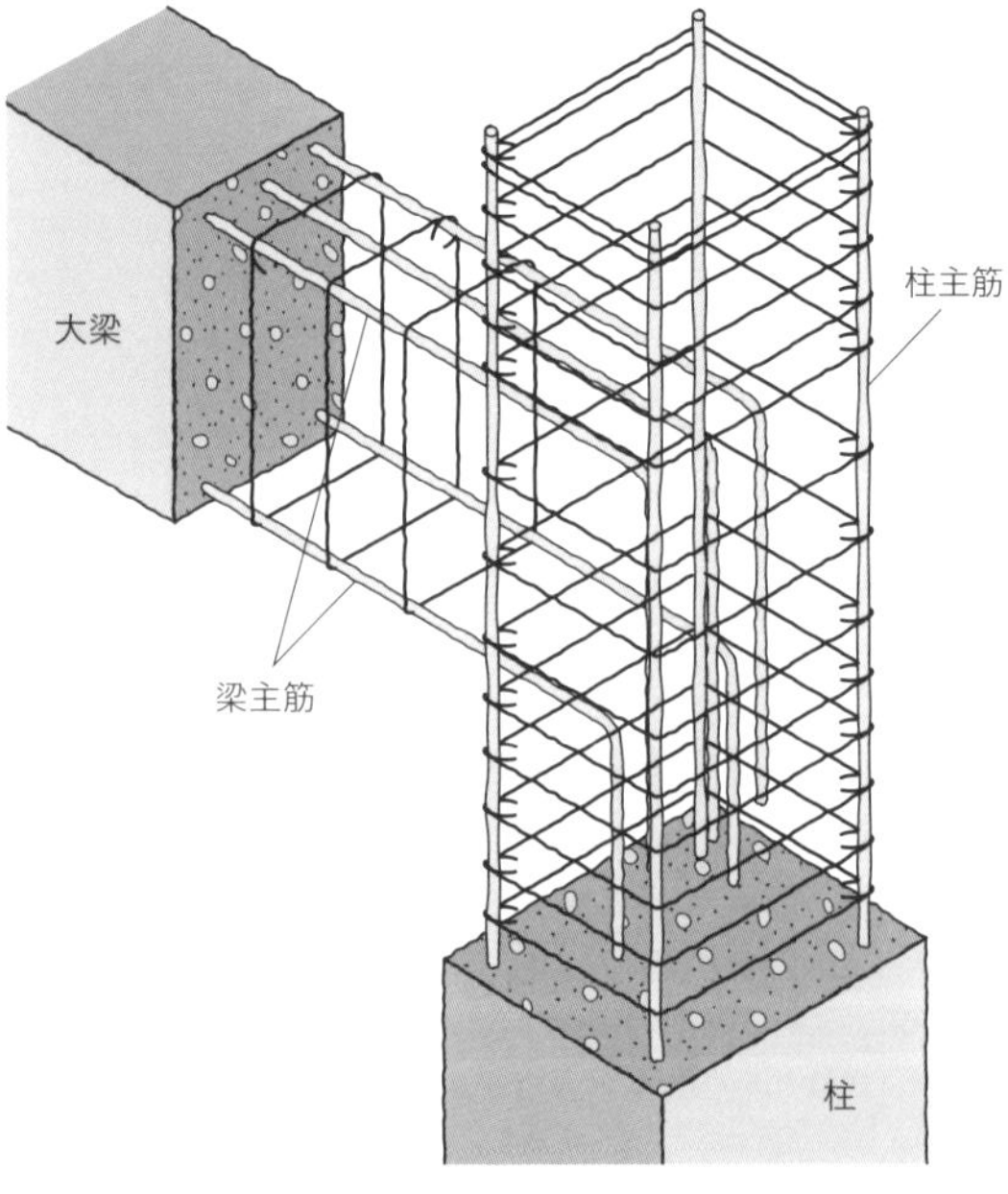

されている。

★ 帯筋《おびきん》（フープ）《(ふーぷ)》

柱の主筋を水平に巻くように配置された鉄筋。柱の座屈およびせん断力に対抗する補助筋。帯金の太さは最低6mm以上とする。柱せん断補強筋ともいう。▼図5

★ 帯筋比《おびきんひ》

柱の断面積でコンクリート断面積と帯筋断面積の比率。建築基準法では0・2％以上と規定されている。

★★★ 帯筋間隔《おびきんかんかく》

柱の上下端部では大きなせん断力が働き、柱を横に引きちぎる力が作用する。帯筋は主筋をがっしり束ねて、その力に対抗する。そのため柱の端部付近では10cm以下の間隔、中央部では15cm以下の間隔とし、最も細い鉄筋の15倍以下で配置することが建築基準法で決められている。

★★ スパイラルフープ《すぱいらるふーぷ》

らせん状に加工された鉄筋で、柱に巻き付ける。帯筋の一種。主に配筋が複雑になる鉄骨鉄筋コンクリート造に用いられることが多い。▼図6

★★ 柱の小径《はしらのしょうけい》

柱の最小の径のこと。鉄筋コンクリート造の場合、柱の座屈を防ぐため、建築基準法では柱の小径を下端から上端まで1／15以上とすることが定められている。

★★ あばら筋（スターラップ）《あばらきん(すたーらっぷ)》

梁のせん断力に対抗するための補助筋。間隔は梁の丈の3／4以下で配筋する。梁せん断力補強筋ともいう。▼図7

★★★ 腹筋《はらきん》

梁成が600mmを超えるとあばら筋の位置がずれる可能性があるので、梁の中央（腹）部、上

図5 帯筋

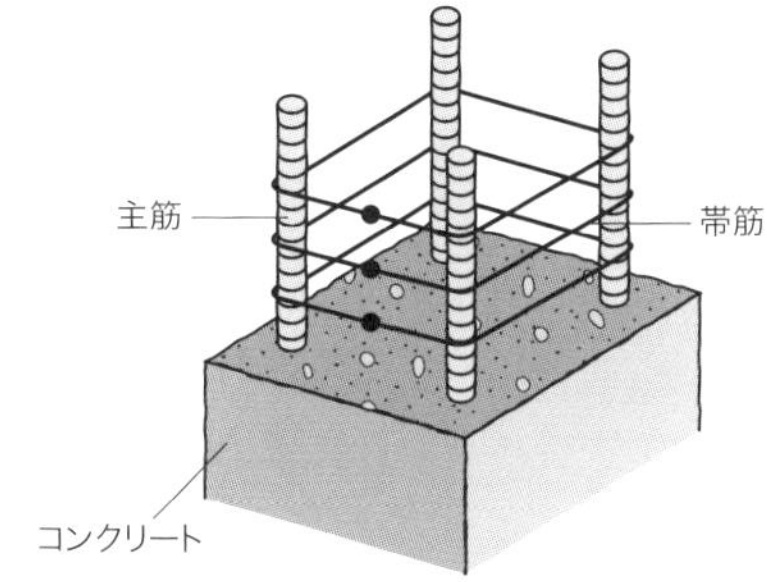

図6 スパイラルフープ

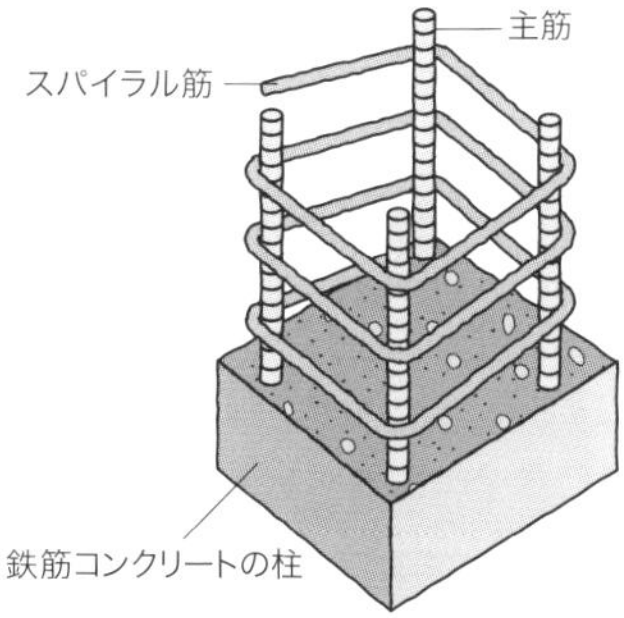

図7 あばら筋、腹筋

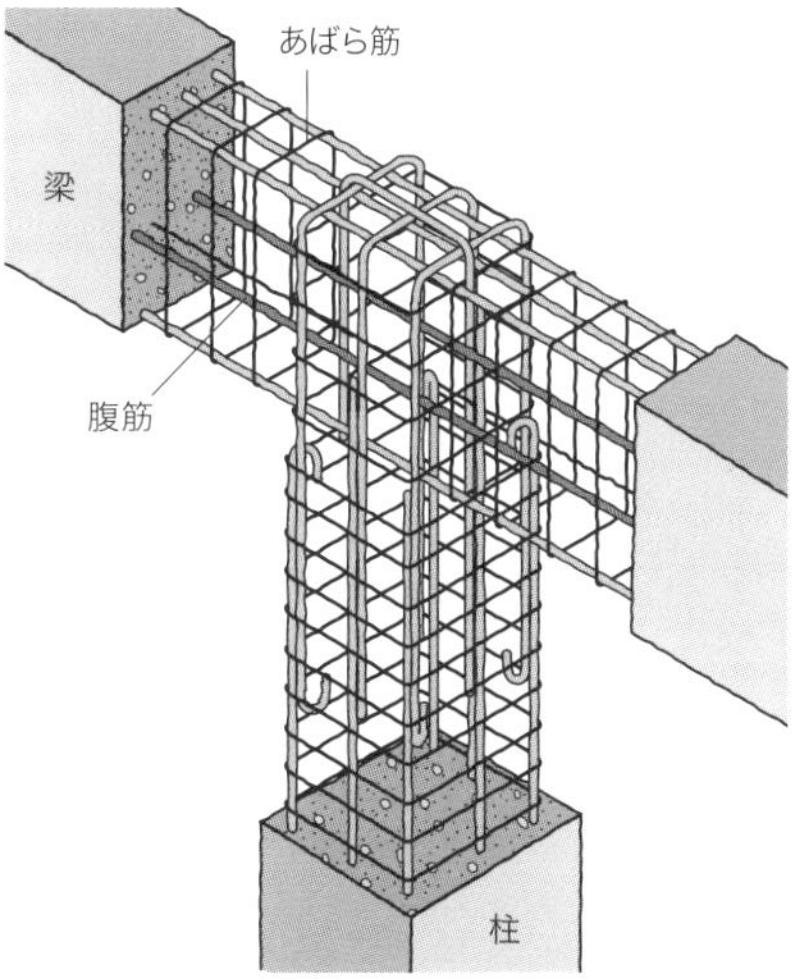

筋。▼図7

★ 補強筋《ほきょうきん》

主筋、帯筋、あばら筋などの構造用の鉄筋以外の鉄筋で、主要な鉄筋の間隔を維持するために取り付けられる鉄筋。局部的な引張力が発生する開口部の四隅、吹き抜けの四隅、スリーブの穴の端部でのクラックを防ぐために設けられる。▼図8

図8 補強筋

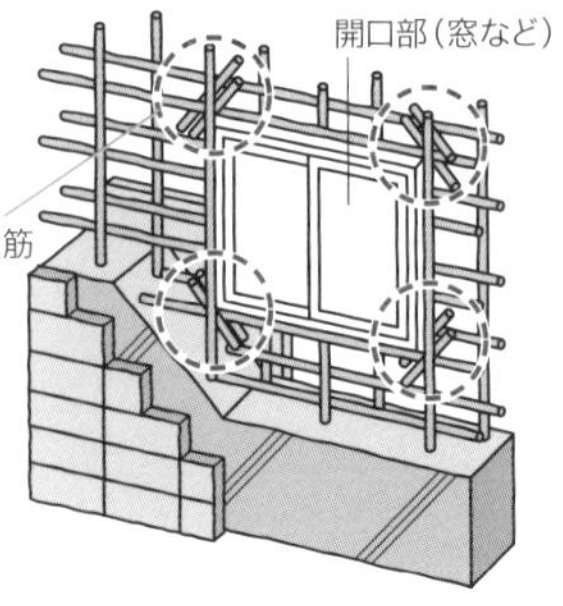

★ 幅止め筋《はばどめきん》

両端にフックを付けて梁の腹筋の上に取り付け、腹筋の位置を一定に保つための鉄筋。または、床の鉄筋の上下の間隔を一定に保つための鉄筋。1m間隔で設けるのが一般的。▼図9

図9 幅止め筋

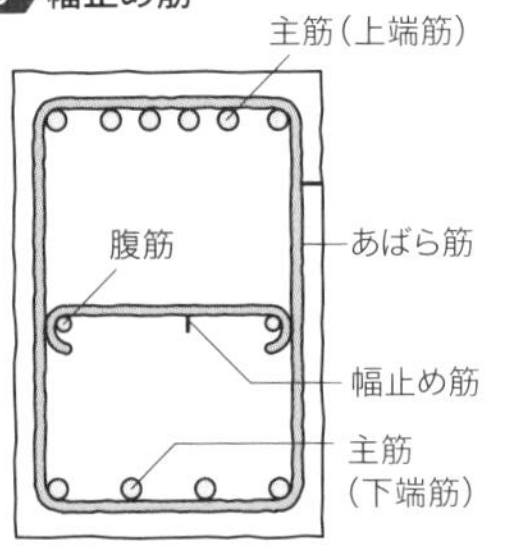

両端の腹筋の間隔を一定にする鉄筋

★ 割りバンド《わりばんど》

あばら筋や帯筋が長くなるなどの理由で、これらをU字やL字に分割した鉄筋のこと。SRC造などで配筋が複雑になる場合などに用いられる。

★ ラッキョ（落居）《らっきょ》

割りバンドの一種。梁成《はりせい》が高くあばら筋が長くなったり、梁の主筋が太く端部の折り曲げが十分にできない場合、Uの字形のあばら筋の上にかぶせる両端を折り曲げた鉄筋のこと。▼図10

図10 ラッキョ

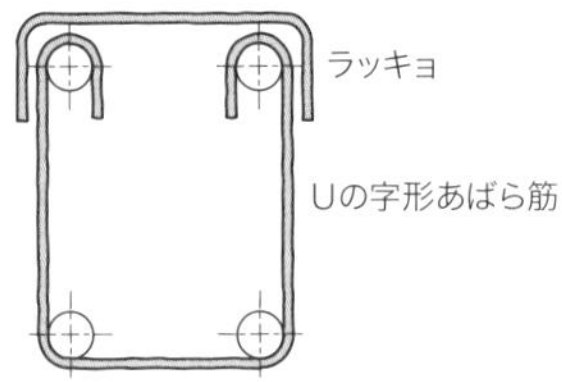

★★★ つめ《つめ》

フックともいう。鉄筋の端部を90度に折り曲げた部分。

★★ 余長《よちょう》

①柱や床、梁の鉄筋で、規定の継ぎ手長さより余裕を持って鉄筋を長めに配しておくこと。②鉄筋の端部のフックの長さ（折り曲げた角度と鉄筋の径を考慮する）。

★★ ベース筋《べーすきん》

基礎の底部の網目に組まれた鉄筋。▼図11

★ はかま筋《はかまきん》

かごともいう。基礎の配筋の一部で、ベース筋の上部の袴状の鉄筋。ベース、基礎張り、柱の主筋などの鉄筋が複雑に交差する場所なので、あらかじめ配筋の手順を考えておく必要がある。▼図11

★★ 中子《なかご》

副帯筋、副あばら筋、サブフープともいう。主筋のねじれやはらみに対応する鉄筋。主筋同士を引き合わせるための鉄筋で、柱、梁の主筋の内部に配筋する。▼図12

図11 ベース筋、はかま筋

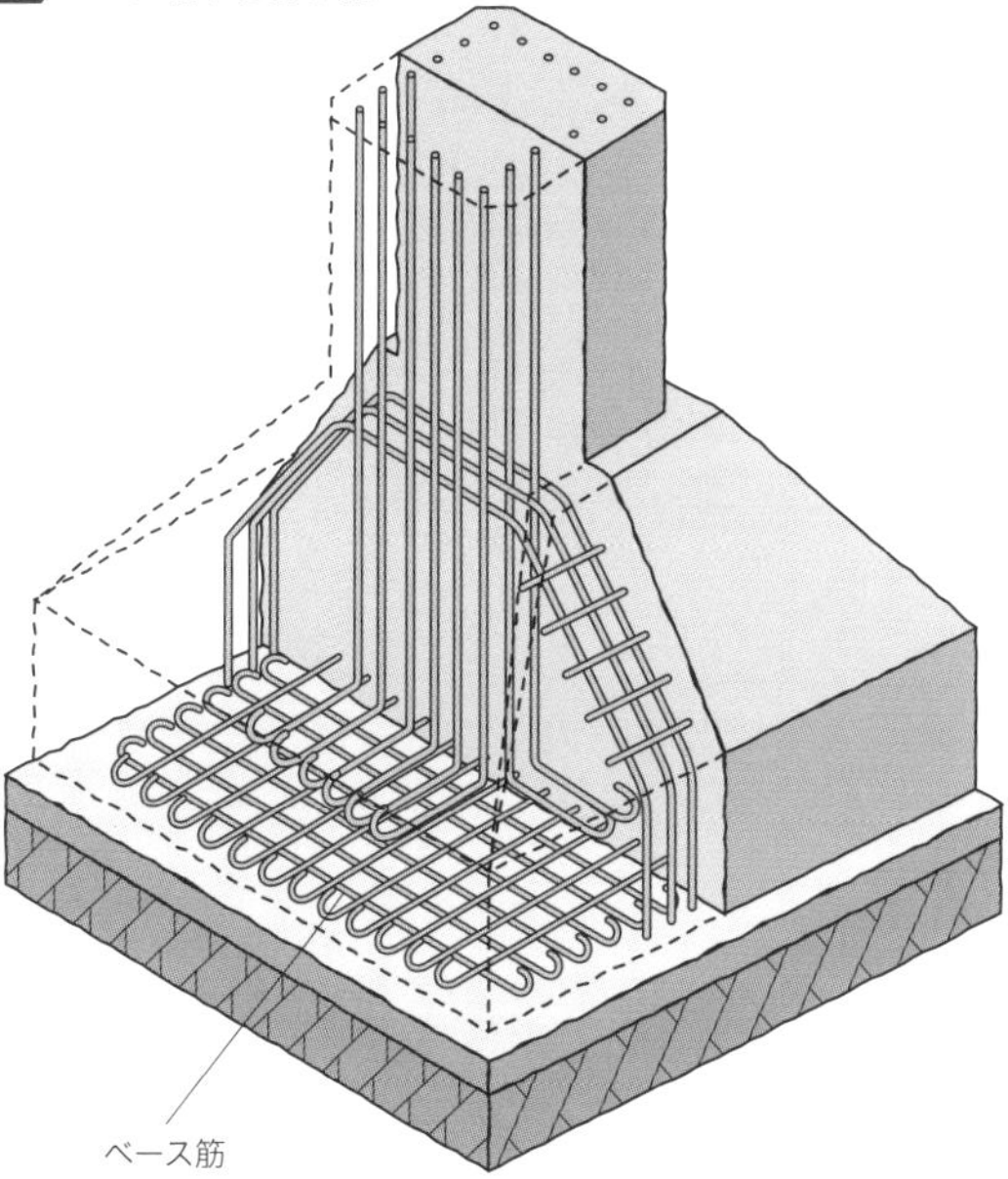

独立基礎のはかま筋、底部にあるのはベース筋。

図12 中子

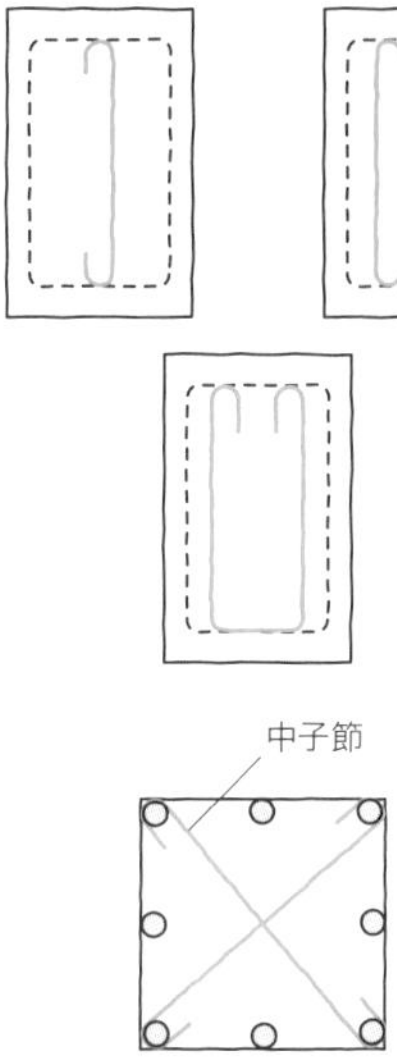

中子は柱や梁の径によりさまざまな形を検討する。

★★
中吊筋《ちゅうづりきん》

梁幅が狭く、梁の主筋が1段では収まらないため、2段組みにした中間の鉄筋のこと。梁幅に対して梁主筋は上部に1列に並べるが、鉄筋の太さやせん断力の大きさにより1列では鉄筋量が足りない場合、2段にする。コンクリートの回り込みなど施工上、注意する点が多い。▼図13

図13 中吊筋

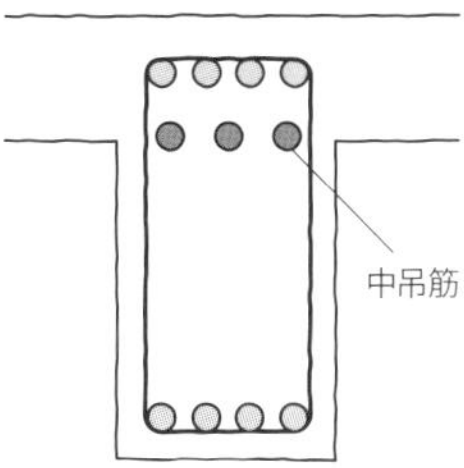

★★
配力筋《はいりょくきん》

応力を分散させるための鉄筋の総称。主筋に直角に交差し、応力を分散させる。副筋ともいう。

★★
ベンド筋《べんどきん》

冷間で曲げた鉄筋の総称。梁では、柱側では上部に大きい引張力、中央部では下側引張りで力が働くため、梁の主筋を曲げる。また同様に、床の鉄筋もベンド筋を設ける場合がある。▼図14

図14 ベンド筋

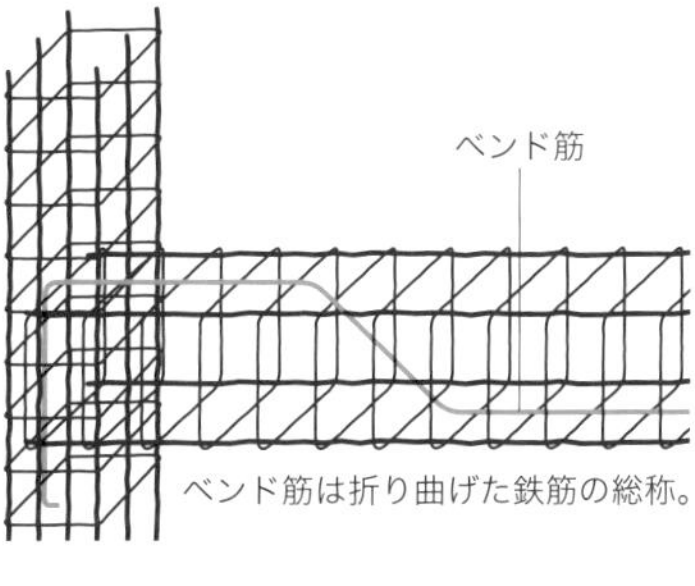

ベンド筋は折り曲げた鉄筋の総称。

3 継ぎ手

★★★
あき寸法《あきすんぽう》

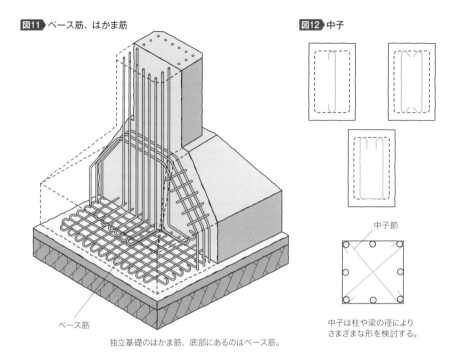

鉄筋と鉄筋の間隔。あきが狭すぎるとコンリートの骨材が鉄筋の間に挟まったり、打設時、鉄筋の裏側にコンクリートが回り込めなかったり、またコンクリートの骨材とモルタルが分離するなどで強度的問題も発生する。基準としては、①鉄筋の呼び名寸法の1.5倍 ②粗骨材の最大径の1.25倍 ③決められた最小限度25㎜のうちのいちばん大きい値とする。▼図15

図15 鉄筋のあき寸法

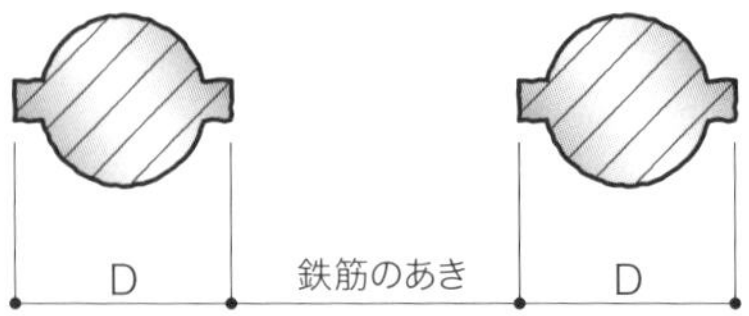

★★★
継ぎ手長さ《つぎてながさ》

鉄筋と鉄筋を重ねる長さのことを継ぎ手長さという。継ぎ手長さは、鉄筋とコンクリートとの付着力によって変化する。重ね継ぎ手長さの決定は ①鉄筋の径と種類 ②コンクリートの強度 ③フックの有無によって決まる。D35以上の径では重ね継ぎ手は不可。ガス圧接となる。継ぎ手は応力の少ない所で行う。

図16 重ね継ぎ手

D16以下の場合は、下記のいずれかとする。

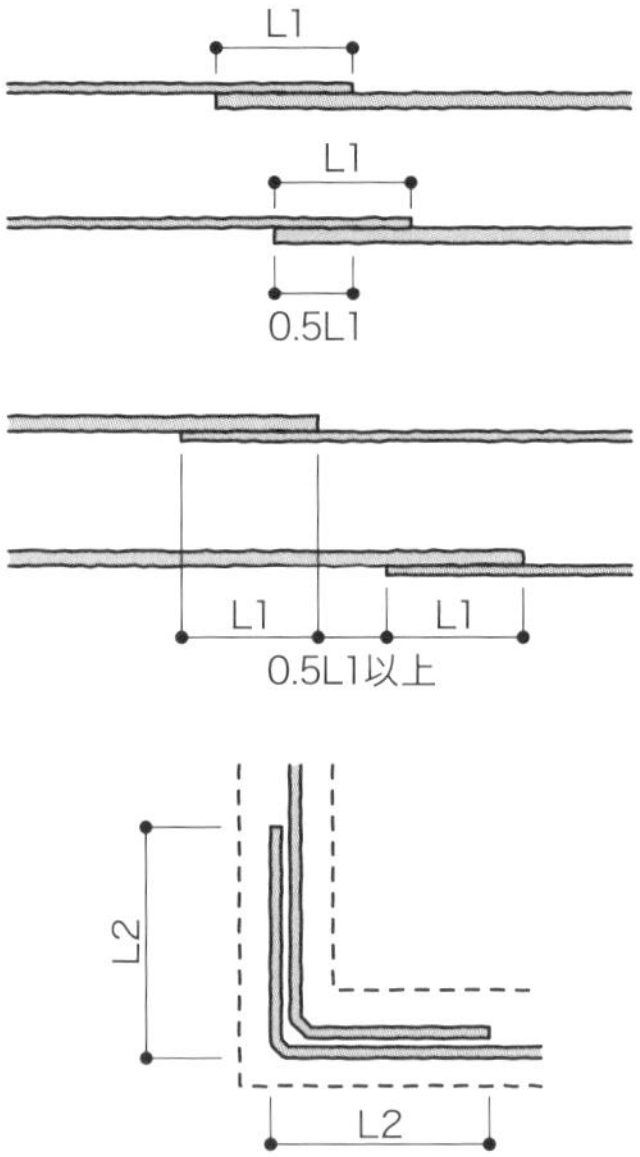

★★
重ね継ぎ手《かさねつぎて》

鉄筋と鉄筋をつなぎ合わせるための方法の1つ。鉄筋と鉄筋を一定の長さで重ね合わせることで、鉄筋に生じた力を次の鉄筋に伝える。▼図16

★★
ガス圧接《がすあっせつ》

鉄筋と鉄筋の接合方法。接合する鉄筋の両面の付着物を取り除き、酸素・アセチレン炎で加熱し、両方の鉄筋に軸力（圧縮力、押し付ける力）をかけ2本の鉄筋を接合する方法。D35以上の鉄筋はガス圧接による接合しか認められていないが、近年ではコストを考慮して、D19以上の鉄筋ではガス圧接による場合が多くなっている。

★★
溶接継ぎ手《ようせつつぎて》

鉄筋と鉄筋をアーク溶接により接合する方法で、接合部に溶解金属を配し溶接する。先組配筋の場合に行われる。あらかじめ工場などで鉄筋と鉄筋を溶接により接合し、組み立てる。一般的に梁筋で行われる。

★★
機械式継ぎ手《きかいしきつぎて》

鉄筋と鉄筋をカプラーといわれるもので両方から挟み込み接合する方法。▼図17

★★
定着長さ《ていちゃくながさ》(のみ込み長さ《のみこみながさ》)

鉄筋コンクリート造は、柱と梁や壁などの構造体の接合部が一体となる必要がある。そのため、ラーメン構造では、梁筋を柱筋にのみ込ませる。同様に、壁式構造ではスラブ筋を壁筋にのみ込ませる。のみ込ませる長さを定着長さという。①定着をとる部位 ②短部のかぎの有無 ③コンクリートの強度 ④鉄筋の太さを考慮して定着長さを決定する。▼図18

図17 機械式継ぎ手

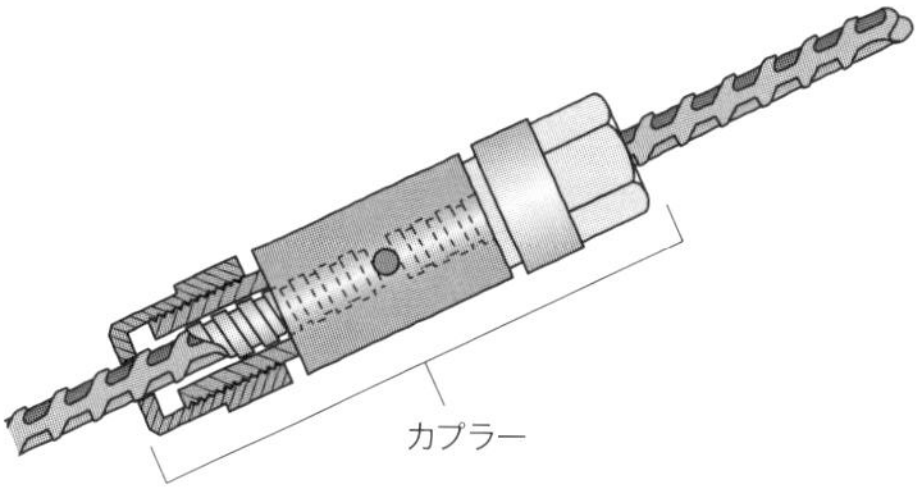

★★ 付着力《ふちゃくりょく》

鉄筋とコンクリートが互いに付着する力。丸鋼・異形の違い、コンクリートの圧縮強度、鉄筋の径によって変化する。

★★★ かぶり厚さ《かぶりあつさ》

鉄筋コンクリート内部の外側の鉄筋からコンクリート表面までの距離をいう。鉄筋は空気中ではさびるが、コンクリートはアルカリ性なので鉄筋のサビを防止している。しかし、コンクリートは、空気中にあるので酸化され中性化する。そのため、中性化したコンクリートでは鉄筋もさびる。そのためコンクリートが中性化する速度によって鉄筋コンクリート造の耐用年数が決まる。また、コンクリートの中性化の速度は、地面に接しているかの有無。室内、室外によって大きく変化する。▼図19

図18 定着長さ

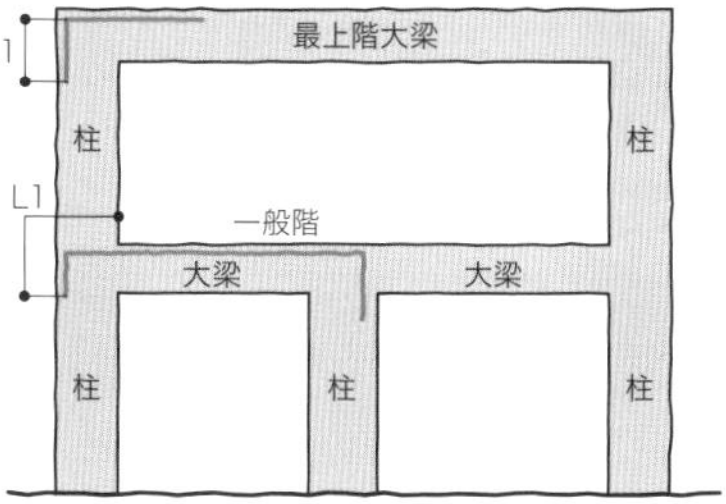

梁の定着長さは中間階と最上階では、はかり方が違う。

★★ 最小かぶり厚さ《さいしょうかぶりあつさ》

鉄筋コンクリートの内部の最も外側の鉄筋とコンクリート表面との厚さのこと。外壁がタイルの場合は、タイル目地底からの厚さをいう。

★★ 設計かぶり厚さ《せっけいかぶりあつさ》（加工かぶり厚さ《かこうかぶりあつさ》）

日本建築学会建築工事標準仕様書（JASS:Japanese Architectural Standard Specification）では、建築基準法のかぶり厚さよりさらに安全側で10㎜を加えている。これは、施工性能を考えたためである。また、鉄筋コンクリートにかかる荷重が短期か長期かについても加味している。一般的には、この数値により施工されるが、コンクリートの種類、土質などの条件により、

図19 かぶり厚さ

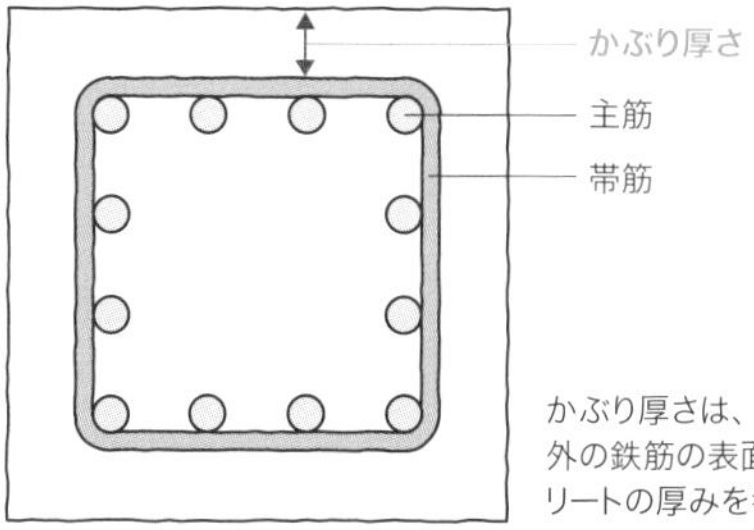

かぶり厚さは、いちばん外の鉄筋の表面とコンクリートの厚みを考える。

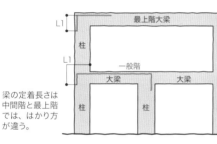

さらにコンクリートを増して打つことを指示する場合もある。

★★★
スペーサー《すぺーさー》

施工する際にかぶり厚さを確保するために型枠や捨てコンクリートと鉄筋との間に設ける仮設部材。形状からドーナツ、サイコロなどといわれる。▼図20

★★
ハッキング《はっきんぐ》

重ね継ぎ手など、鉄筋と鉄筋を束ねる作業。ハッカー（結束ハッカー）を使い、なまし鉄線で鉄筋と鉄筋を結束する。▼図21

★★
差《さ》し筋《きん》

コンクリートの打設は、各階ごとに行うため、上階と下階の鉄筋を一体化する目的で、下階の鉄筋を伸ばしておいた部分の鉄筋。一般的に重ね継ぎ手とする場合は、40d以上の長さが必要。または、型枠を固定するためにセットした鉄筋のこと。▼図22

図20 スペーサー

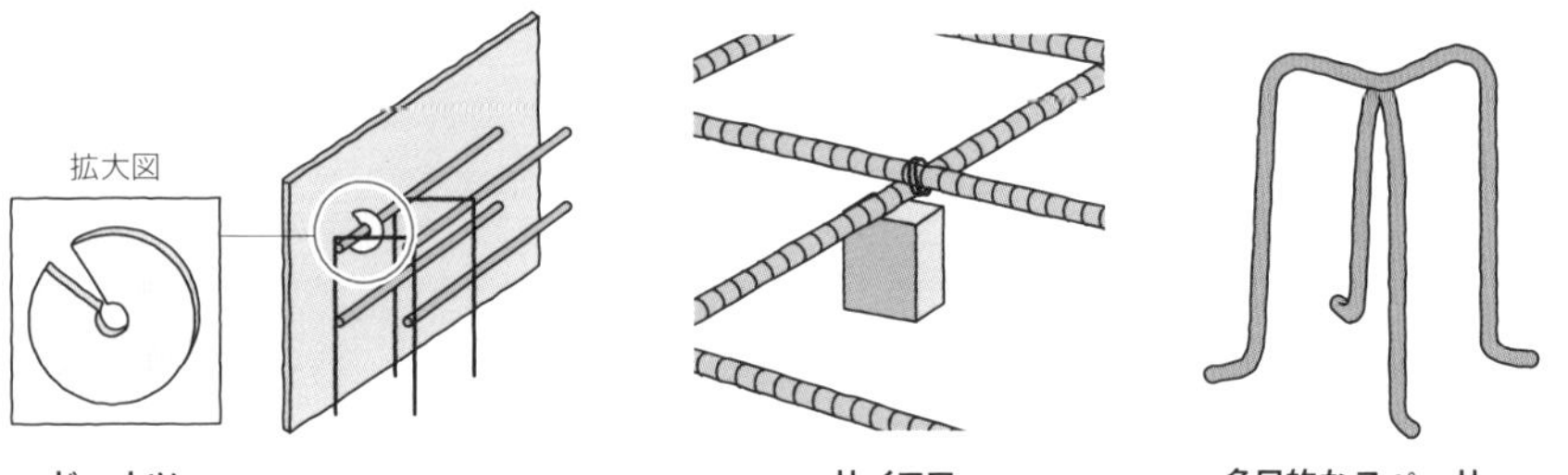

図21 ハッキング

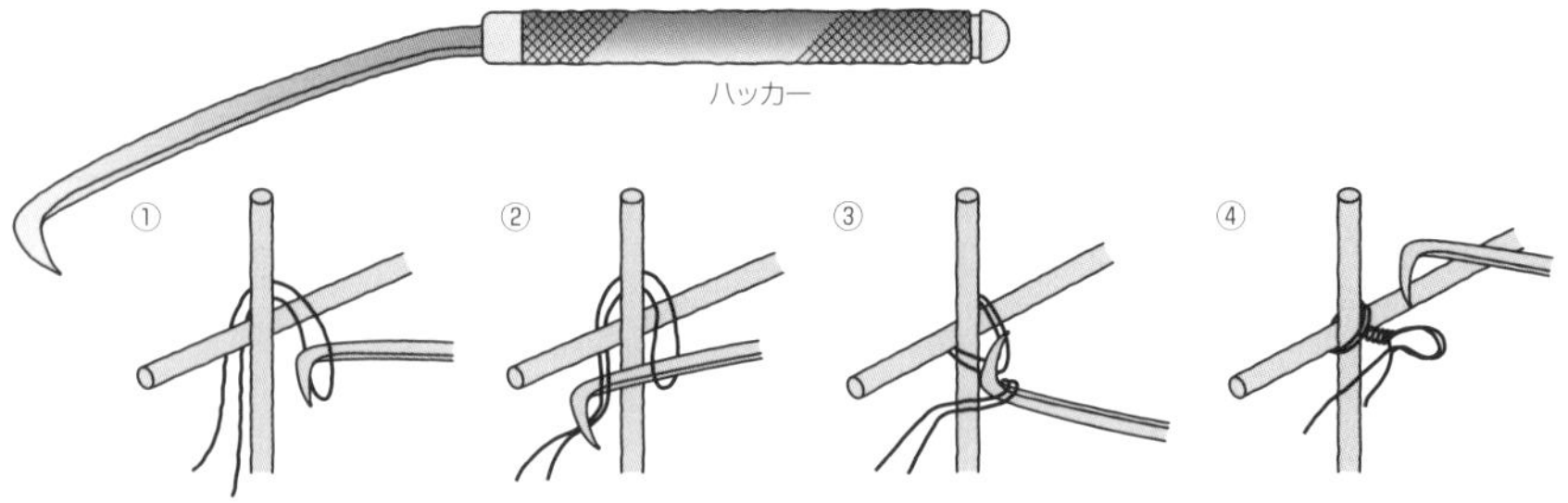

★★★
田植《たう》え

一般的に構造的な鉄筋工事では行ってはいけない行為。コンクリートを打設中にコンクリートが固まる前に、壁筋のつなぎとして、コンクリートに鉄筋を差し込む行為。同様に、木造基礎にアンカーボルトを硬化中のコンクリートに埋め込む行為。鉄筋の周囲に気泡が生まれコンクリートとの十分な付着力が生まれないので著しく鉄筋コンクリートとの付着性能が落ちる。

図22 差し筋

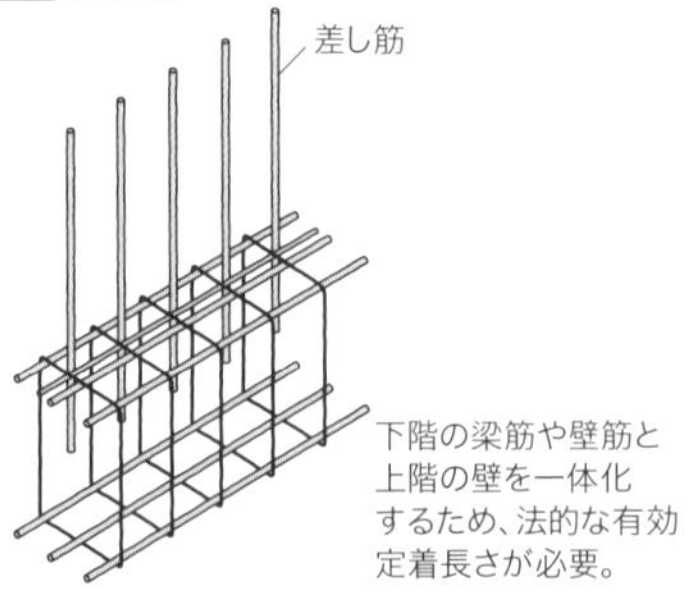

下階の梁筋や壁筋と
上階の壁を一体化
するため、法的な有効
定着長さが必要。

★★ 台直し《だいなおし》

コンクリートの打設時に、しっかりと接合しないと鉄筋や型枠が変形する。このため、コンクリート打設後に鉄筋を折り曲げて位置を変えること。本来は好ましい行為ではない。▼図23

図23 台直し

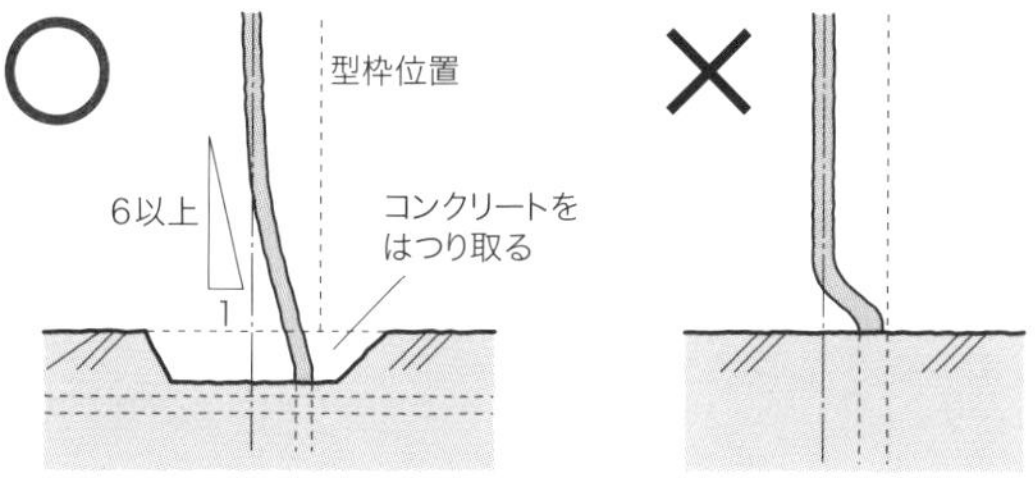

台直しする鉄筋と直交する鉄筋が見つかるまではつる。

4 後施工アンカー工事

★★ 金属系アンカー《きんぞくけいあんかー》

アンカーの根となる部分が広がり、既存の鉄筋コンクリートの構造体と結合させる方法。ドリルによってあらかじめ開けた孔の中に直接アンカーを打ち込む方法と、アンカーにネジ山を切っておき、ねじ込む締め付け型の2種類がある。▼図24

図24 金属系アンカー

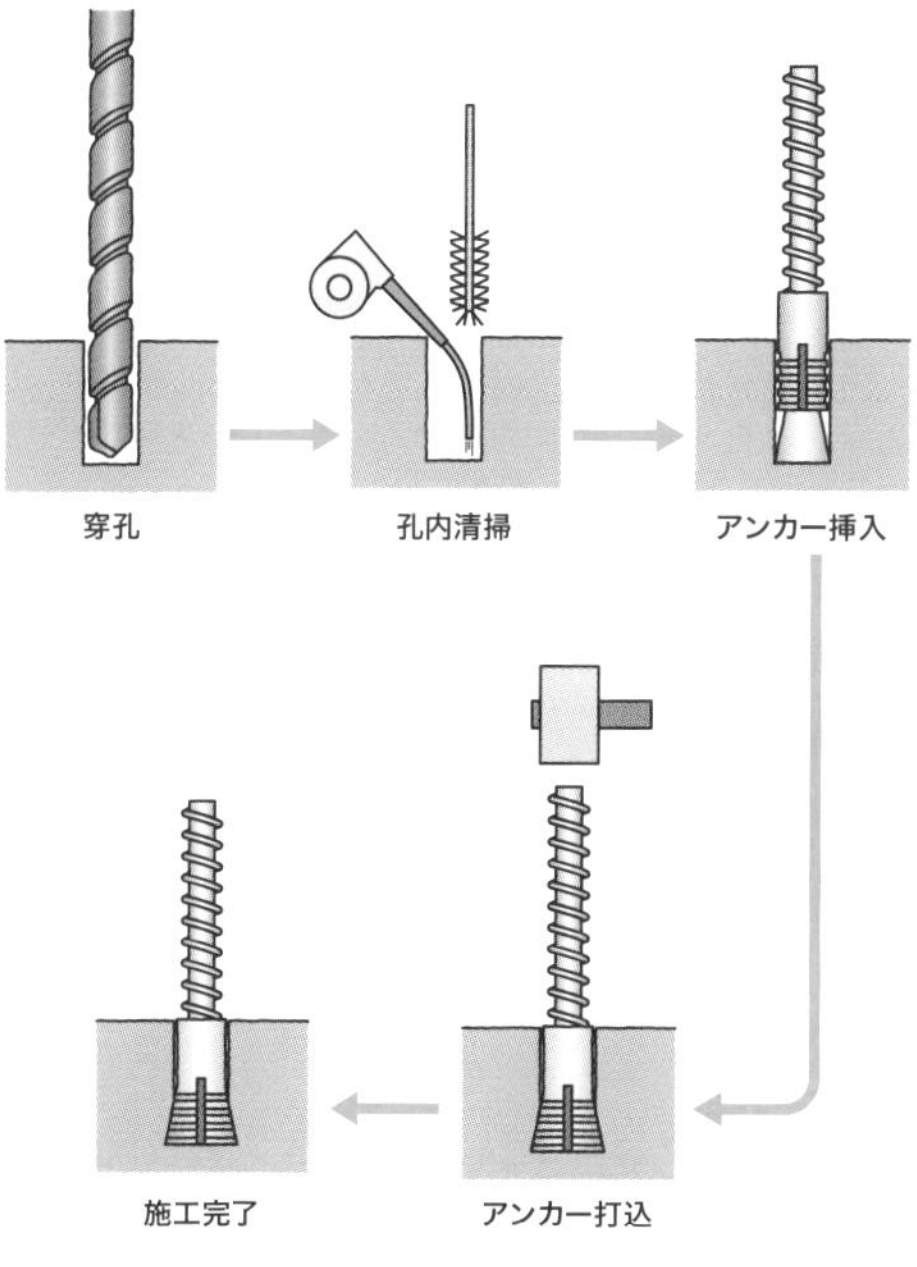

★★★ 後付けホールダウン金物《あとづけほーるだうんかなもの》

木造の耐震補強で用いる。ホールダウン金物は、木造の柱、土台と基礎の結合を強くするための補強金物で、地震力や風力の水平力に対抗する。耐震補強などの理由で後からこれらの3つの結合を強くするために設けられる金物。基礎は鉄筋コンクリートなので、後付けアンカーと同様の取り付け方法である。▼図25

図25 後付けホールダウン金物

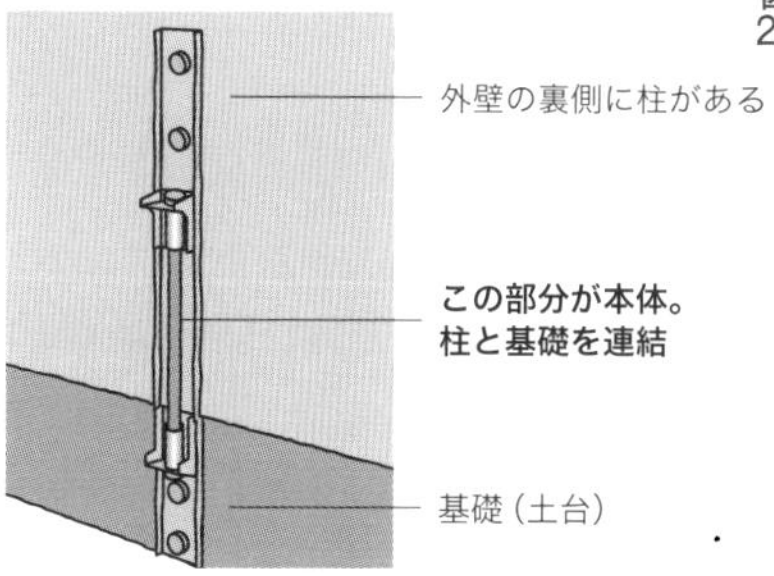

PROCESS 21 躯体工事（RC造）②

コンクリート

コンクリートの調合のポイントは、建物の形状や特性を考慮し、作業性を考えること。混和剤の選択や、特殊セメントの使用の有無を適切に判断することが、施工のよしあしを決定します。

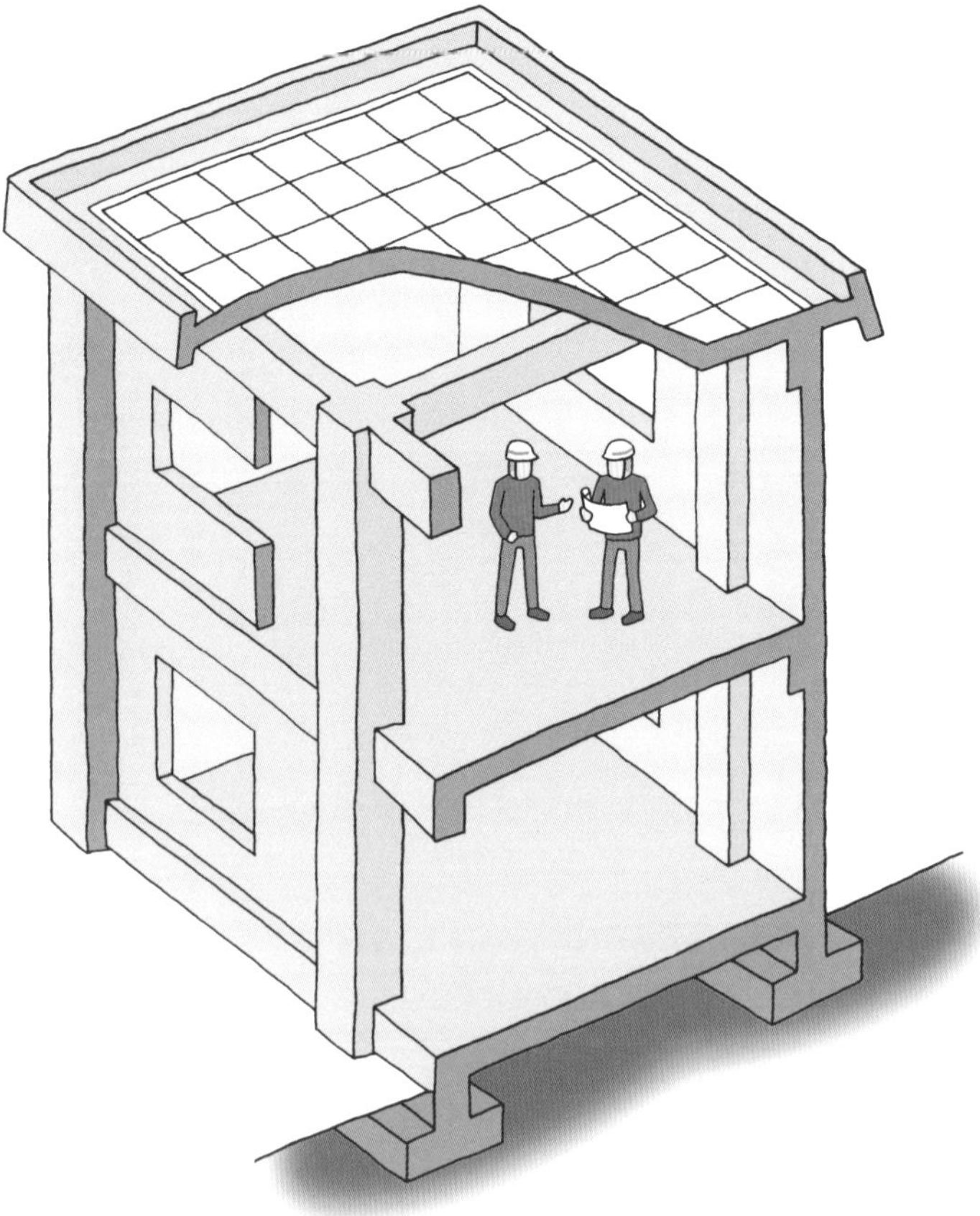

1 コンクリート・セメント

★★★ セメント《せめんと》

クリンカーと**石膏**を混ぜたもの。クリンカーとは、石灰石と粘土を焼いて粉にした混合物である。セメントの種類には、**ポルトランドセメント**と**混合セメント**、**特殊セメント**の3種類がある。

★★★ モルタル《もるたる》

セメントと砂を混ぜたもの。およそ重量比では、セメント：砂で1：2から1：3。耐火性もあり、仕上げ材や目地材、埋め戻し材等として用いられる。**混和剤**として防水剤を入れ、防水モルタルとして水まわりで用いることもある。

★★★ 水和作用《すいわさよう》

水とセメントを混ぜ合わせたときに起きる反応のこと。反応の際に発生する熱を**水和熱**という。コンクリートが固まるのは、この水和作用による化学反応である。時間とともにコンクリートの強度は上昇する。

★★★ 水セメント比《みずせめんとひ》

水とセメントの質量の割合。水和作用には、適切な水分が必要だが、一般に水分が少ないほどコンクリートの圧縮強度は大きく、水分が多いと圧縮強度は小さくなる。建築施工の場合、流動性（施工性能）を考慮して水セメント比を決定する。一般に建築用では50～65％程度。軽量コンクリートでは60％程度が適当。水セメント比（W／C）＝水（kg）／セメント（kg）×100％。▼図1

★★★ 流動性《りゅうどうせい》

凝固前のコンクリートの柔らかさを示す。流動性を示す値としては、**スランプ値**が用いられる。流動性が高いものはスランプ値が大きくなり、一般に作業性がよくなる。ただし、圧縮強度は小さくなる。

★ コンシステンシー《こんしすてんしー》

コンクリートの場合、流動性と同意語として使われる。コンクリートの水の量による変形する度合い、粘性をいう。

図1 水セメント比とコンクリートの強度、流動性の相関関係

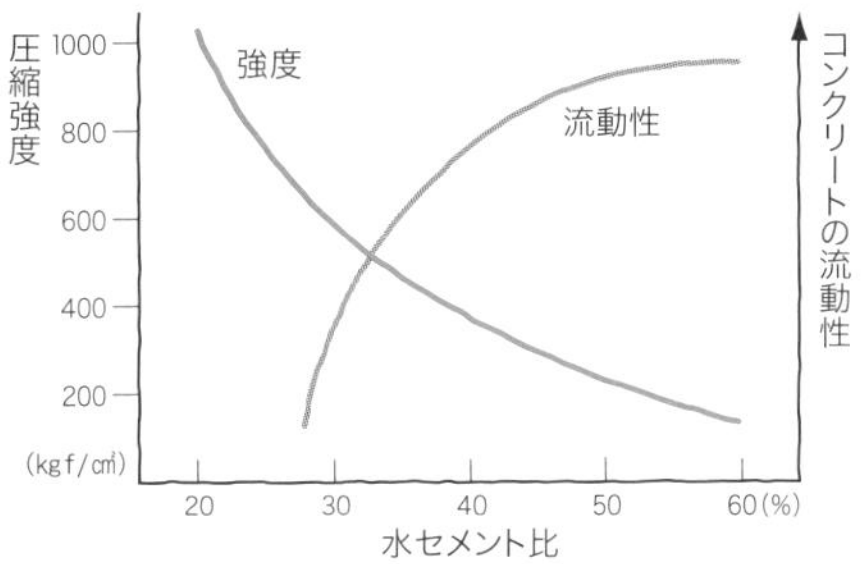

建築用では水セメント比50～60％程度と、かなり流動性が高い状態のコンクリートを使う。型枠の形状などを考慮することが必要といえる。

★★★ スランプ値《すらんぷち》

コンクリートの流動性・粘性を示す値。高さ30cm、上部直径10cm、底部直径20cmの円錐形の筒（スランプコーン）に、まだ固まる前のコンクリートを入れ、コンクリートを突き棒で撹拌《かくはん》した後、筒を地面に置き、抜き取ったときにコンクリートの上部が下がった値のこと。また、スランプ値が大きく不定の場合にはコンクリートの広がり具合を示す**スランプフロー値**を参考にする。スランプ値が大きいほど柔らかいコンクリートと言える。▼図2

★★★ ワーカビリティ《わーかびりてぃ》

コンクリート打設の作業性の難易度を示す言葉である。スランプ値が小さく硬いコンクリート

図2 スランプ値とフロー値の計測方法

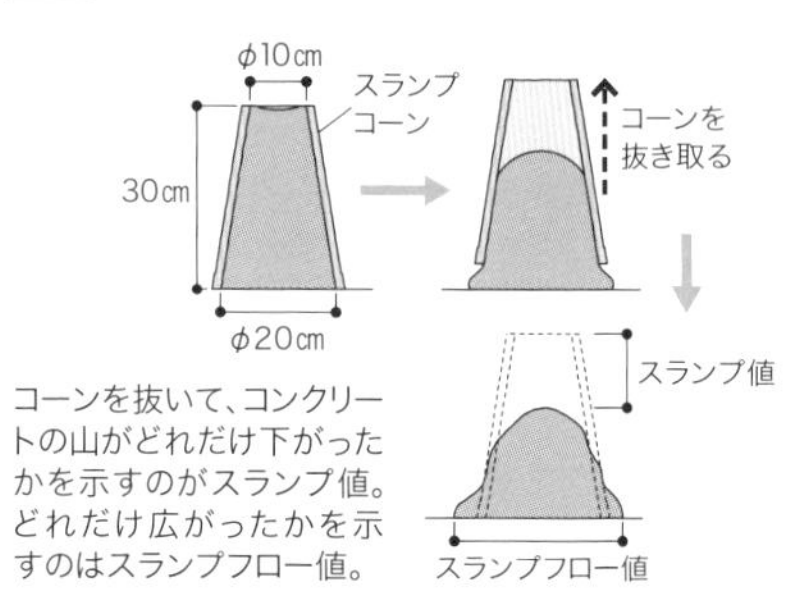

コーンを抜いて、コンクリートの山がどれだけ下がったかを示すのがスランプ値。どれだけ広がったかを示すのはスランプフロー値。

ではワーカビリティは落ちるが、コンクリートの耐久性、強度は上がる。また、スランプ値が大きく軟らかいコンクリートでは、ワーカビリティは上がるが、耐久性、強度が下がるといえる。AE剤などのコンクリートの混和剤の種類を選びワーカビリティを制御することができる。

★★ 空気連行性《くうきれんこうせい》

コンクリートを練る際に、空気の気泡をコンクリートの中に取り込む性質のこと。この性質が高いと、空気の気泡がベアリングの役割を果たし、コンクリート内の摩擦を少なくするため、コンクリートの流動性がよくなる。空気連行剤（AE剤）は空気連行性を向上させることができる。

コンクリートの砂利や砂も輸入品が多くなってきています。強度や空気量の試験も大事ですが、塩化物などの含有物量が規定内に収まっているかも大事な要素です。

★★★ ポルトランドセメント《ぽるとらんどせめんと》

セメントの種類の1つ。色合いがイギリスのポートランド島から採掘される石材に似ていたため、ポルトランドセメントといわれるようになった。国内では70%のシェアがある。一般的にセメントといわれるのは、このポルトランドセメントである。

★★ 早強ポルトランドセメント《そうきょうぽるとらんどせめんと》

初期強度が高いポルトランドセメント。通常、3日程度かかる強度が1日程度で出る。成分はほぼポルトランドセメントと同様だが、水和作用をより速やかにする物質の量を多くしている。そのため初期に高い水和熱を発生するので、夏場やマスコンクリート（大塊状のコンクリート）には適さない。緊急工事や寒冷地での施工に適している。

★★ 中庸熱ポルトランドセメント《ちゅうようねつぽるとらんどせめんと》

水和熱の発熱量を少なくしたポルトランドセメント。水和熱を抑制する成分を入れている。このため、マスコンクリートを打つのに適している。

★★ 混合セメント《こんごうせめんと》

セメントの種類の1つ。ポルトランドセメントをベースとして目的に応じた物質を混合したセメントの総称。基本形として**高炉セメント**、**シリカセメント**、**フライアッシュセメント**の3種類がある。またJISの規定した割合で混合したセメントでは混合の量によってA種・B種・C種に分けられる。JISで品質が規格化された範囲の混和材（高炉スラグ、シリカ、フライアッシュなど）を混ぜている。

★★ 高炉セメント《こうろせめんと》

製鉄過程で出る高炉スラグを混入したセメントのこと。アルカリ骨材反応の抑制ができる。また、化学抵抗性、耐熱性、水密性がある。水和反応が遅く発熱も少ないため、初期強度が弱く、低温の影響を受けやすい特徴がある。

★ アルミナセメント《あるみなせめんと》

特殊セメントの一種。成分はポルトランドセメントと大きく異なる。アルミニウムの原料となるボーキサイトと石灰石を混合したものを焼き、さらに細かく砕き、セメントに混ぜ合わせたもの。耐水性・耐薬品性・耐熱性に優れている。

★★ **エコセメント《えこせめんと》**

ゴミ焼却炉から出た灰や、汚水処理で出た汚泥を混合して生み出されたセメント。一般的なセメントを代替する成分からなり、廃棄物の再資源化を可能としている。２００２年にＪＩＳとして規格化されている。

★ **セメントペースト《せめんとぺーすと》**

水とセメントだけを配合して練ったもの。

★★★ **コンクリート《こんくりーと》**

セメントに骨材（砂、砂利）と水を混ぜて練り上げたもの。

★★★ **生コン《なまこん》**

工場生産されたものを**レディーミクストコンクリート**、凝固前のコンクリートを**フレッシュコンクリート**という。通称名を生コンという。レディーミクストコンクリートの注文は、21―12―25Ｎという形式で注文する。21は呼び強度といわれ、設計上の圧縮強度が21Ｎ／㎟、12はスランプ値で、25は粗骨材《そこつざい》の最大径を表す。アルファベットはセメントの種類を表しており、Ｎは普通セメントの意味。

★★ **スラッジ水《すらっじすい》**

生コンの製造後に残る骨材を除いた水のこと。再度、コンクリート練りに混ぜて使用することができる。呼び強度36以下のコンクリートに使用可能である。生コンのセメントの固形分率３％以下で再利用可能となる。スラッジ水は産業廃棄物である。

★ **普通コンクリート《ふつうこんくりーと》**

骨材《こつざい》を川砂（川砂利）、陸砂（陸砂利）とし、通常の状態で養生してできたコンクリートの総称。建築基準法では圧縮強度12Ｎ／㎟以上と規定されている。

★★★ **軽量コンクリート《けいりょうこんくりーと》**

普通コンクリートと火山灰、人工的な骨材（砂利）でつくられ、空気の気泡を多くして軽量化したコンクリートのこと。強度は普通コンクリートに比べ小さくなるため、定着長さは長くなる。建築基準法の規定は圧縮強度９Ｎ／㎟以上。

★★★ **寒中コンクリート《かんちゅうこんくりーと》**

水和熱が高く、寒中に打設するのに適したコンクリートのこと。

★★ **流動化コンクリート《りゅうどうかこんくりーと》**

混和剤（流動化剤）を加えることで、強度やコンクリートの性質を変えずに極度に施工性能を向上させたコンクリート。単位水量、単位セメント量を変えず

現場の歩き方　十分な強度を出すために

コンクリートの強度には、打設時の気温と湿度が大きく関係してきます。

建築基準法では、打設後５日間は、コンクリートの温度を２℃以下にしてはならないとしています。一方、夏場では水和作用が早く進み、十分な湿潤状態が保てなくなるのでコンクリートに給水する必要があります。また、養生中はコンクリートに外力・振動は有害となるので考慮すべきです。

に流動性が高まる。スランプ値が測定できないのでスランプフロー値で500~750㎜が目安となる。狭小の場所で障害物がありバイブレータの使用ができない場所に打設する場合などに用いる。高層ビルや充填用途に用いられることもある。

★★★
高強度《こうきょうど》コンクリート《こんくりーと》

一般社団法人日本建築学会では圧縮強度が36N／㎟を超えるコンクリート、JISでは呼び名50~60N／㎟のコンクリートをいう。流動性を高め強度を出すために高性能AE減水剤が用いられる。高層マンションなどに使用される。

2 骨材

★★★
骨材《こつざい》

コンクリートをつくる砂利、砂のこと。その粒の大きさにより粗骨材《そこつざい》、細骨材《さいこつざい》に分けられる。骨材は、コンクリートの重量比で7割を占める材料。コンクリートの性質や鉄筋に与える影響が大きい。

★★★
粗骨材《そこつざい》

5㎜程度の砂利のこと。ふるい試験で5㎜の網ふるいにかけたとき、質量の85%が残るものをいう。コンクリートの粗骨材粒径は生コン会社に指定することができる。粒形はできるだけ丸い方が好ましい。その理由は、角が尖っているとコンクリートを打ち込むときに鉄筋の裏側に回り込まない可能性があるため。

★★★
細骨材《さいこつざい》

砂のこと。ふるい試験で10㎜の網ふるいをすべて通過し、5㎜の網ふるいを質量で85%以上通過するものをいう。

★★★
川砂《かわすな》（川砂利《かわじゃり》）

骨材の一種。川底、ダムの底で採取されたもの。均質で洗浄も容易。コンクリートの材料として適している。現在、日本では中国から輸入しているものが多い。

★★
海砂《うみすな》（海砂利《うみじゃり》）

骨材の一種。海底で採取したものは粒径は比較的小さく貝殻などが混ざっていることがあるのですぐにわかる。塩分を含んでいるため洗浄が不可欠。

★★★
天然軽量骨材《てんねんけいりょうこつざい》

骨材の一種。火山の噴出物。使用には成分を分析し、鉄筋の腐食、コンクリートの強度低下を起こさないか確認する必要がある。

★★★
骨材の含水量《こつざいのがんすいりょう》

コンクリートの骨材に含まれる水分の量を示す。夏場では砂や石は乾燥しやすく、コンクリート中の水分を吸収し、練り混ぜ後の水セメント比が変化してしまう。そのため、骨材が乾燥しやすい夏などには散水して水を含ませ、骨材がコンクリートの水分を吸わせないような状態にする。▼図3

図3 骨材の含水量

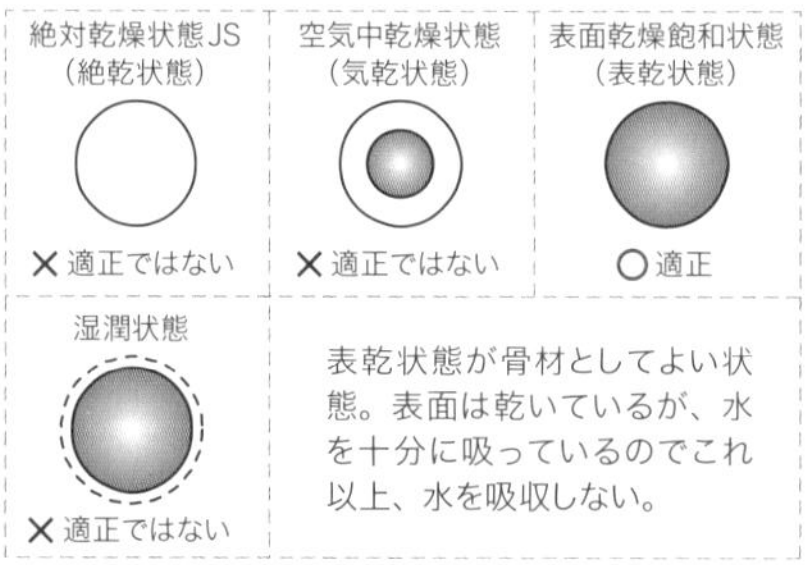

3 混和材料

★★★
混和材料《こんわざいりょう》

コンクリートの性能を変化させるために用いる材料の総称で、加える量により**混和剤**と**混和材**の2つに分けることができる。混和剤は薬のようなもので、ごくわずかしか混入しないAE剤、減水剤や発泡剤などである。これに対して混和材は、コンクリート量の5%以上を含む高炉スラグやフライアッシュなどがある。練り上がりコンクリートの容量にも算入する必要である。

★★★ 混和剤《こんわざい》

ワーカビリティの向上や防錆性を持たせるためにコンクリートに混ぜられる薬剤の総称。微量なのでコンクリートの質量（重さ）として考慮する必要がない。有機質系のものが一般的である。

混和剤は、コンクリートに高い圧縮強度が必要なときに重要な材料。超高強度コンクリートは、水セメント比を小さくすると同時に、混和剤を入れて流動性を高くすることが大きなポイントとなります。

★★★ AE剤《えーいーざい》

混和剤。空気連行性をよくする薬剤。気泡を生じさせることで、コンクリートの流動性がよくなりワーカビリティが向上する。また、凍結融解性を改善することができる。減水剤とは性質が異なる。▼図4

図4 AE剤の仕組み

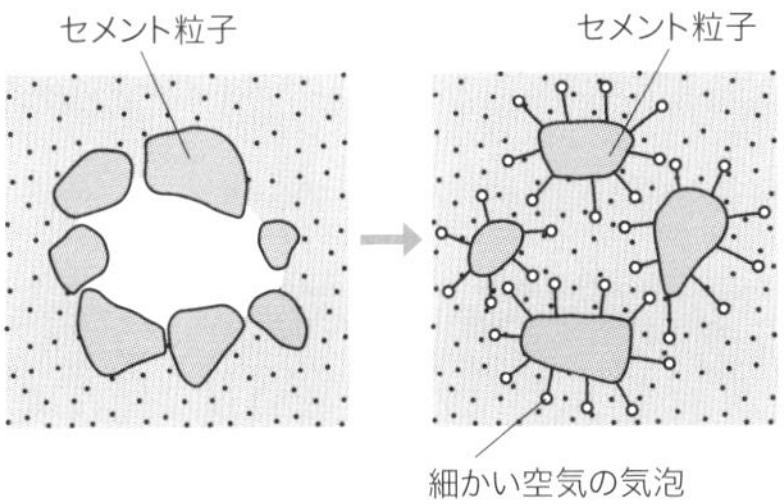
セメント粒子
セメント粒子
細かい空気の気泡

★★★ 減水剤《げんすいざい》

水の量を増やさずに、ワーカビリティを向上することができる混和剤。セメントの粉末を静電気的作用によりさらに細かくし、分散させ、水和性を向上させて流動性を高くする。そのため分散剤といえる。微粉末になったセメントは、少量の水分で水和反応を促進させるため、強度の高いコンクリートができる。標準形、促進形、遅延形の3種類に区分される。▼図5

★★★ AE減水剤《えーいーげんすいざい》

AE剤の空気連行性と減水剤の性質を持ち、コンクリートの流動性を上げる混和剤。

★ 促進形減水剤《そくしんがたげんすいざい》

水和作用を高め、コンクリートの凝結を早める減水剤。早期凝結剤ともいう。寒冷地などで起こるコンクリートの凍害を防ぐ。ただし、水和熱が大きいためコンクリートの収縮率が大きい。また、長期強度が低下するおそれがある。

★ 遅延形減水剤《ちえんがたげんすいざい》

水和熱量を抑制する作用のある減水剤。凝結・硬化調整剤ともいう。コンクリートの凝結を遅くするため、水和熱量も小さくなるので夏などの高温時の使用に有利。

図5 減水剤の仕組み

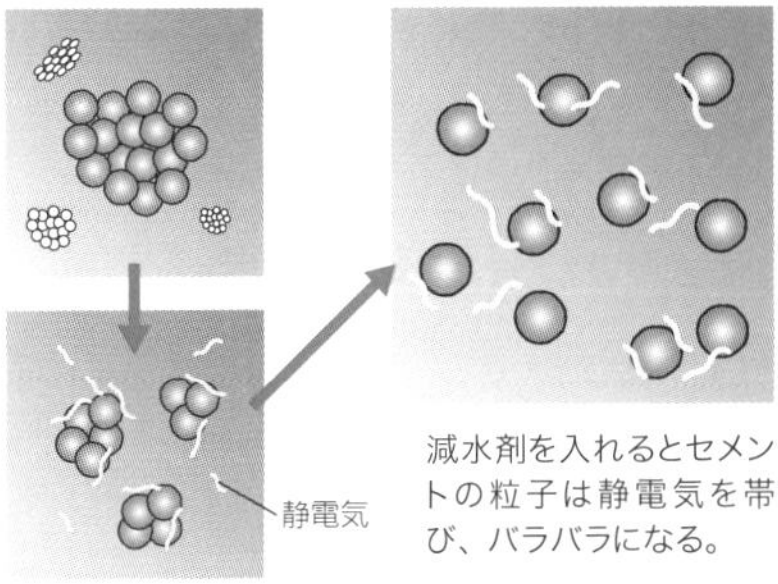
静電気

減水剤を入れるとセメントの粒子は静電気を帯び、バラバラになる。

PROCESS

22

躯体工事(RC造)③

型枠工事《かたわくこうじ》

コンクリートを流し込むために型枠をつくります。型枠は、コンクリート上の墨出しの線に従って組み立てられます。コンクリートが固まり、一定の強度が出るまでは、型枠を外すことはできません。

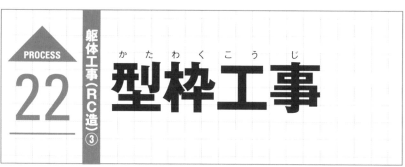

1 型枠

★★ **型枠《かたわく》**

硬化前のコンクリートを流し込む枠のこと。コンクリートが設計通りの位置、形状になるまで保持するために組まれた仮設物の総称。

★★ **殺し型枠《ころしかたわく》**

コンクリートの打設完了後も、外さずに残しておく型枠のこと。他に、**打込み型枠**、**埋殺し型枠**、**残存型枠**、**捨て型枠**など、さまざまな呼び名が使われている。基礎工事などで、脱型しなくても問題のない場合、無理に撤去せずそのままにされる型枠も多い。また、床の下、天井の裏でも使われることがある。

★★ **化粧型枠《けしょうかたわく》**

コンクリートに模様を付けるため、表面に凹凸を付けてある型枠。素材はウレタン製から金属製まであり、木材やレンガ、庭の石垣まで多様な素材感も出せる。モルタルを使った施工では、さらに細かい装飾も可能。▼図1

図1 石垣の化粧型枠

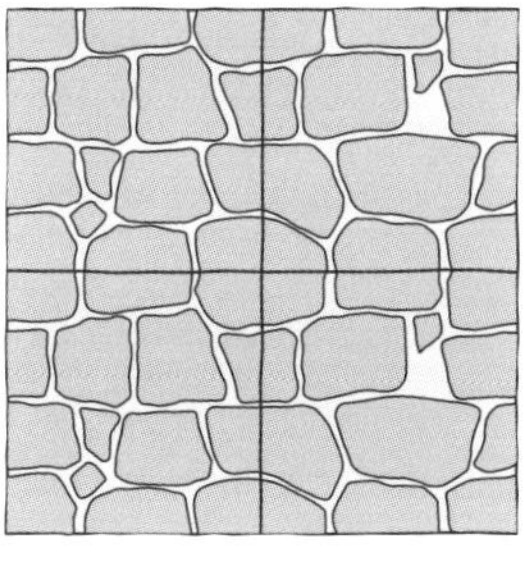

★★★ **鋼製型枠《こうせいかたわく》**

鉄製の型枠。施工精度がよく転用性も高い特徴がある。しかし、高価で型枠自体が重いという欠点がある。同じ形のせき板を繰り返し使う場合には、コストダウンにつながる。形式化された集合住宅等では、基礎に鋼製型枠を使う場合も多い。

2 部材名・施工法・その他

★★★ **型枠存置期間《かたわくぞんちきかん》**

打設後、コンクリートに一定の強度が出るまで型枠を取り付けておく期間。一定期間前に型枠を外すと、荷重によりコンクリートにクラックが入るなど、耐久性や強度に影響することがある。期間は、基礎、柱、梁、床などの部位、コンクリートの種類、コンクリート打設後の気温や養生の具合によって異なる。一般的な在置期間は、国交省告示に定められている。また、コンクリートの圧縮試験により、所定の圧縮強度が発現しているかを確かめ型枠を外す場合もある。

★★★ **コンクリート用型枠合板《こんくりーとようかたわくごうはん》**

型枠に用いられる合板のこと。一般的には**合板**、または**せき板**、**コンパネ**ともいわれる。合板は、製造工程での接着剤、木材から出る樹脂がコンクリートの材質に影響することがある。そのため、コンクリート型枠工事専用の合板は、JAS規格化され、面の材やコーティングによりA～D級まで4段階に分けている（A級が最も欠点がない）。これを表面と裏面を組み合わせ、表面A級、裏面A級とし、片面ずつA－Aと表示している。打ち放しコンクリートに使われた旧表示の1種は、現在の表示ではA－B以上とされる。

★★★ **コンクリート離型剤《こんくりーとりけいざい》（剥離剤《はくりざい》）**

型枠をコンクリートから外すとき、きれいにはがせるようにせき板に塗る薬剤。せき板に直接塗布するか噴霧《ふんむ》する。表面が打ち放し仕上げの場合は必ず使う。また、脱型がきれいだと、せき板も傷まないため転用性を上げることができる。

★★★
脱型《だっけい》
型枠を外すこと。型枠をばらすともいう。セパレータや端太《ばた》角《かく》、フォームタイを取り外し、せき板を外しコンクリートを型枠から出すことである。

★★
建て込み《たてこみ》
型枠を所定位置に設置すること。型枠を組み立てること。

★★★
単管《たんかん》
直径48・5㎜程度の鋼パイプのこと。足場用のものには端部にピンがあるが、型枠用のものにはない。

★★★
根太《ねだ》
床（スラブ）のせき板を受ける部材で、一般的に30㎝間隔で配置される。木材も使われるが、現在では単管を使うのが一般的。▼図2

図2 型枠全体図

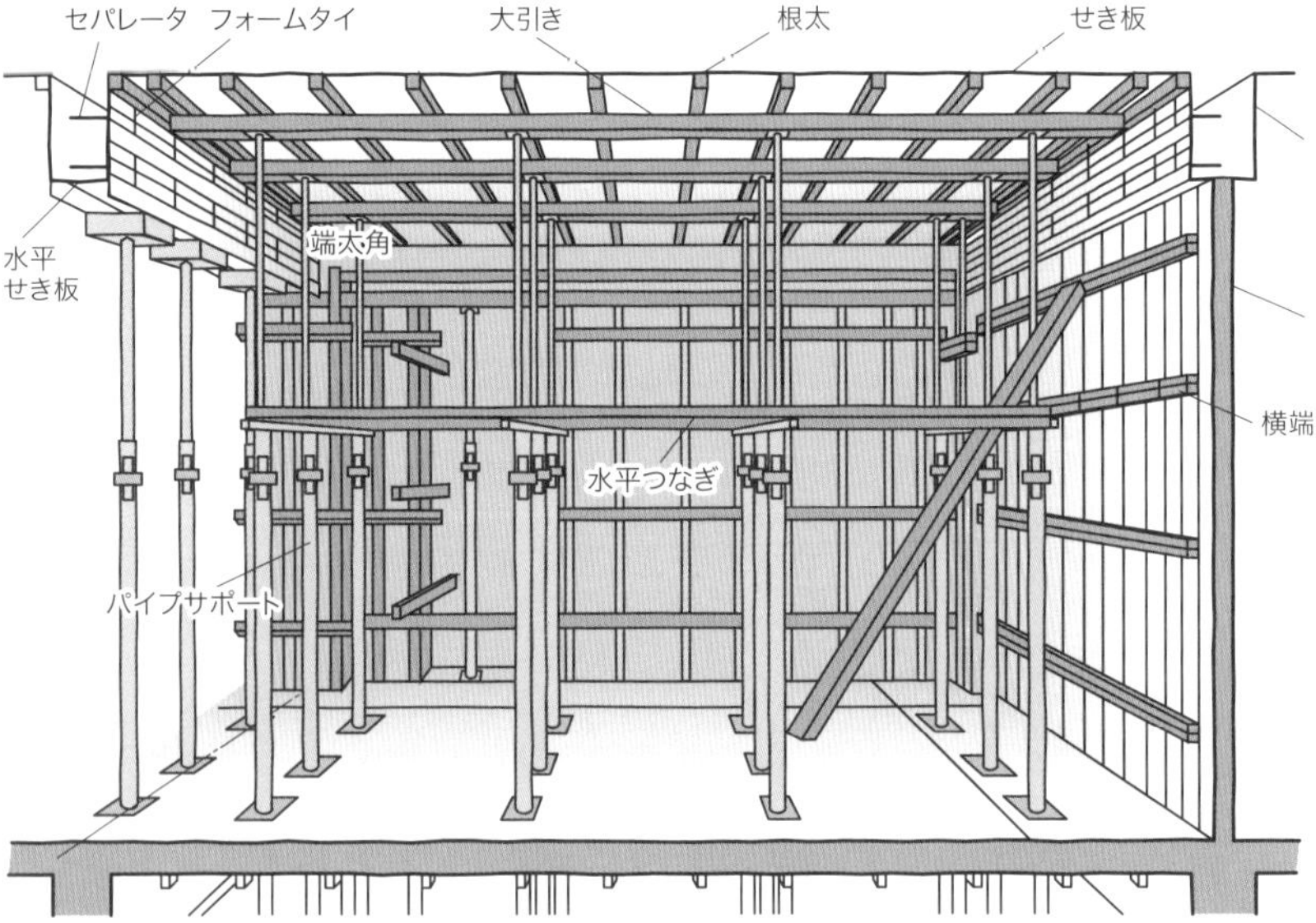

セパレータ
フォームタイ
大引き
根太
せき板
垂直せき板
水平せき板
端太角
垂直せき板
横端太角
水平つなぎ
パイプサポート

※「セパレータ」「フォームタイ」の詳細はP128の図6と図7を参照。

★★★
大引き《おおびき》
根太を受ける材料で、一般的に90㎝間隔で配置される。木材も使用されるが、現在では単管を使うのが一般的。▼図2

★★★
端太角《ばたかく》（バタ角）
10㎝角の木材のことで、主に壁の型枠を押さえるために使われる材料の総称。現在では、再利用を考え、木材ではなく単管を使うことも多い。横方向のものを**横端太**または**腹起《はらおこ》し**ともいう。縦方向のものを**縦端太**という。▼図2

型枠で注意したいのは、支保工の高さ方向です。高さ2m以内ごとに水平材でそれぞれの支保工をつなぎ合わせ、強固なものとしなければいけません。

★★★ 支保工《しほこう》

コンクリートの型枠を組み立てた際に、コンクリートの重量を支えるための仮設物。床や梁などの型枠の下部のせき板を支えるための**パイプサポート**のことをいう。2段式で上部の首の部分が伸びるので**キリン**ともいう。▼図2

★★ 水平《すいへい》つなぎ

縦方向のパイプサポートを高さ2mごとに直角方向に2方向以上で緊結する部材。作業時は水平が維持できているように確認する。

★ 鋼製仮設梁《こうせいかせつはり》

柱と柱の距離が長い場合、通常の方法では、床や梁の型枠を支えることができない。そのため仮設で鋼製のトラスの梁と柱をつくりせき板をサポートする。この仮設の梁のことをいう。**ペコ**、または**ペコビーム**ともいう。また、多くの支保工が不必要となり、支保工《しほこう》と支保工との間隔を長くすることができるため、大空間の施工をするときに効率的である。▼図3

図3 鋼製仮設梁

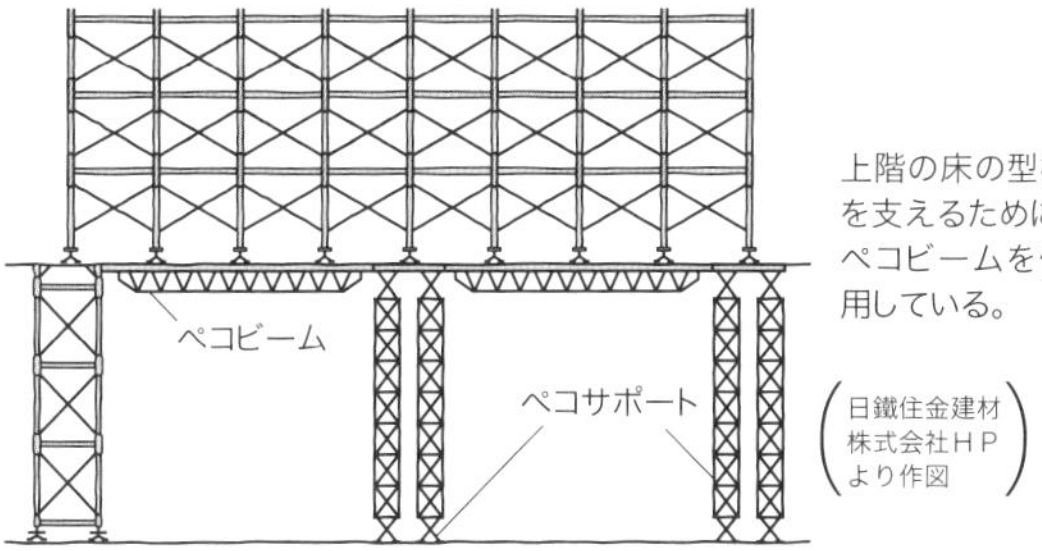
上階の床の型枠を支えるために、ペコビームを使用している。

★★★ パイプサポート《ぱいぷさぽーと》

梁や床の型枠を支える、伸び縮みするパイプのこと。1本当たりの許容荷重は2tまで。一般的に長さは3・5m程度まで。必要に応じ2本までつなげることができる。2mごとに水平つなぎを設け、最低2方向は支保工を緊結しなければならない。また、必要に応じて筋かいを設ける。▼図4

図4 パイプサポート

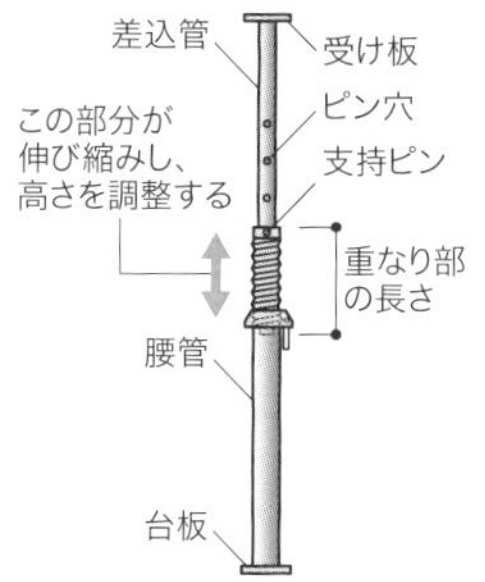

★★ 根《ね》がらみ

パイプサポートの足元を連結するための鋼管。ねがらみはクランプで接合する。ちなみに、パイプサポートの中部は中間つなぎ、上部は頭つなぎで連結する。

★★★ スラブ受けテーパー金物《すらぶうけてーぱーかなもの》

勾配のある屋根などのせき板を受けるための金物である。頭部を45度程度まで傾けることができ、屋根勾配にも対応ができる。一般にパイプサポートの上端に取り付け、屋根のせき板を平行に受けることができる。▼図5

図5 スラブ受けテーパー金物

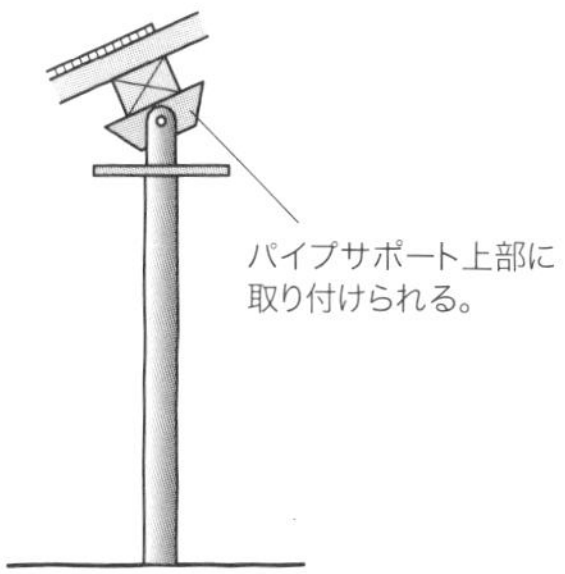

★★★ ノロ止めテープ《のろとめてーぷ》

ノロとはセメントペーストのこと。コンクリートを打設する際に、せき板の隙間から漏れ出すコンクリートの漏れを防ぐテープをいう。出隅《ですみ》や窓枠に用いることが多い。また、ノロ止めにプラスチック製のアングル材を用いることがあり、**ノロ止めアングル**という。

★★★ セパレータ《せぱれーた》(セパ《せぱ》)

せき板の間隔を保持するための棒状の金物。平べったい形状のものを**板セパ**、それに対して丸い形状のものを**丸セパ**という。また、シャタリング（商品名）のような大判のせき板に使われるセパレータのことを**タイボルト**という。▼図6

★★★ Pコン《ぴーこん》

せき板の内側に取り付けられる円形状のプラスチックキャップのこと。コンクリートの打設後取り外される。外部で雨水が入る場合にはモルタルを塗り、穴をふさぐ。一般的に内部では穴は放置されることもある。打ち放しコンクリートではこの穴が見えるため、デザイン上の理由で穴の位置を決める場合がある。▼図6

図6 せき板を両方から挟むセパレータ

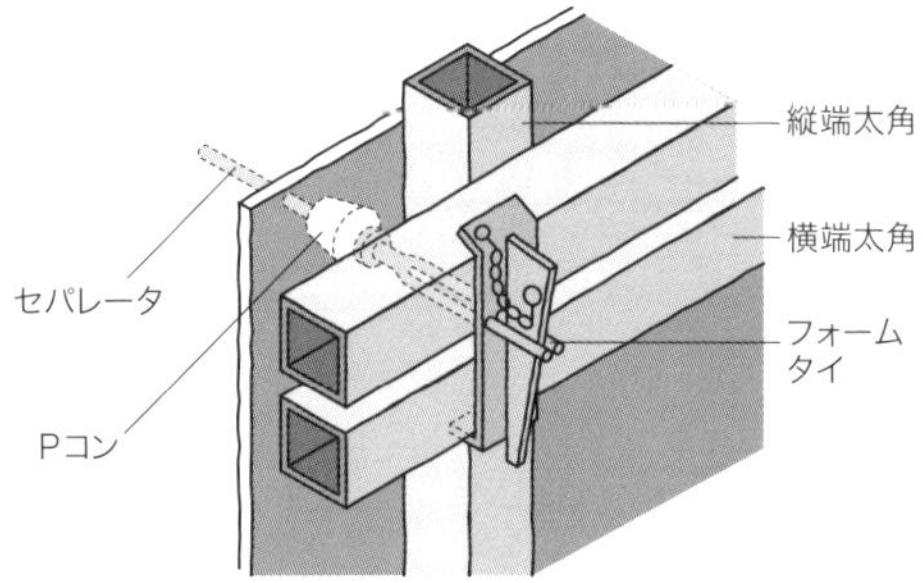

★ フォームタイ《ふぉーむたい》

セパレータを両方から締め付ける金物。せき板の外側から締め付ける金具。▼図7

★ 角締め《かどじめ》(角引き《かどびき》)

壁や柱の出隅《でずみ》部分では側圧力が増すため、型枠に設けられる補強材のこと。ターンバックルやチェーンなどで型枠を引っ張る。また角締め専用の金物を用いることもある。

図7 フォームタイ

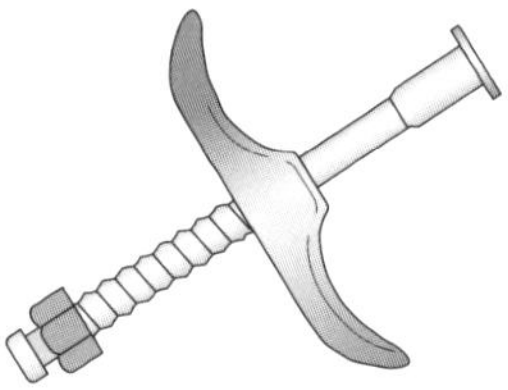

★★★ 桟木《さんぎ》

せき板を組むための木材。300～450mmの間隔でせき板に打ち付ける。寸法は、30mm×60mm程度が一般的。荷重が多い場合には、さらに、縦横の端太角を組む場合がある。▼図8

★★ ばらす《ばらす》(型枠ばらし《かたわくばらし》)

型枠を外すこと。型枠解体工事のこと。

図8 桟木

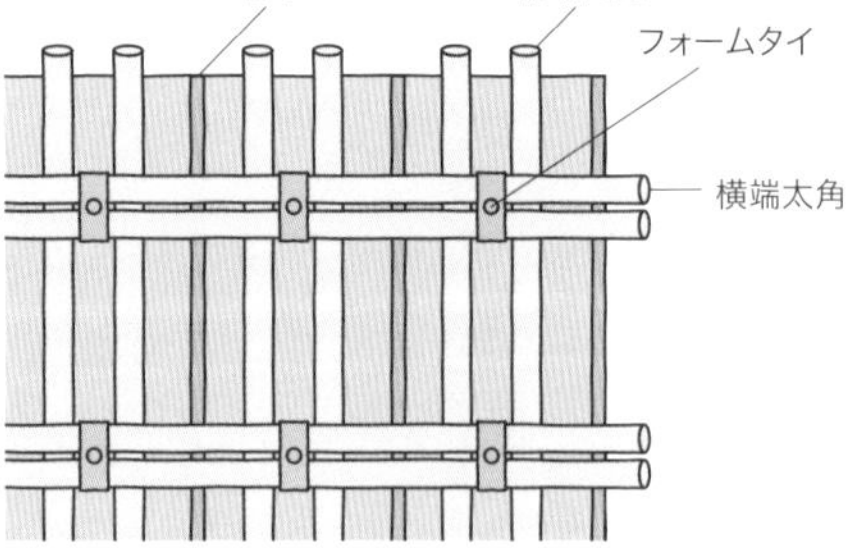

★★★ パンク《ぱんく》

コンクリート打設中に型枠が破損して、コンクリートが型枠から流れ出すこと。打設中のコンクリートは、硬化し始めるまで、流体としての性質を持つため、コンクリートヘッド（硬化前のコンクリートの高さ）に応じて型枠に流体と同様の大きな側圧がかかる。型枠が破裂したように裂けるのでパンクという。

PROCESS 23

躯体工事(RC造)④

打《だ》設《せつ》・品《ひん》質《しつ》管《かん》理《り》

打設前は、型枠内部の清掃をし、せき板に水をまきます。コンクリートの品質を抜き取り検査でチェックしたら、生コンを流し入れます。型枠を叩きコンクリートがせき板に均一になるようにします。

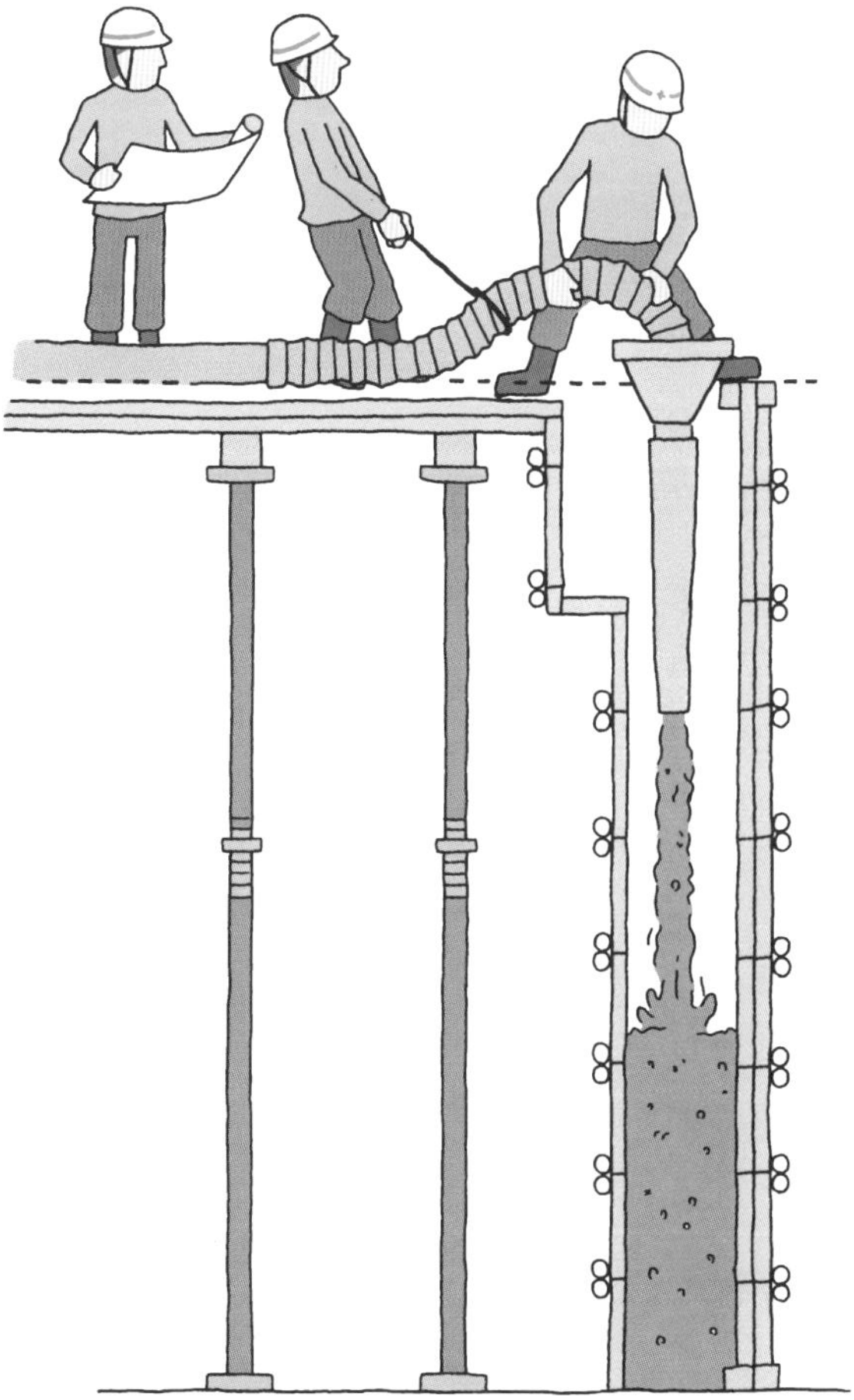

1 打設 ……………〔P130～〕 2 品質管理 ……………〔P133～〕

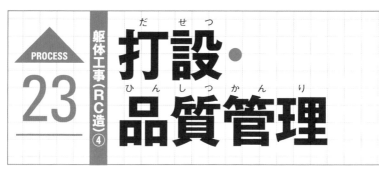

1 打設

★★★ 打設《だせつ》

型枠にコンクリートを流し込むこと。コンクートを打つともいう。コンクリートは、**アジテータトラック**（ミキサー車、生コン車）からポンプ車を通じて打設場所へ圧送される。コンクリートの品質は、打設当日の気温や湿度、天候に左右される。
▼図1

★★★ コンクリートポンプ車《こんくりーとぽんぷしゃ》

アジテータトラックからコンクリートを受け継ぎ、ポンプの力でコンクリートを押し上げるコンクリートポンプを乗せた車。圧送方法はスクイーズ式とピストン式の2種類がある。前者は遠心力を使いコンクリートを持ち上げるため、比較的、圧送能力は小さい。後者は油圧を用いたピストン運動で圧送するため、高所まで持ち上げることができる。一般に**ブーム**と一体化しているものが多い。

図1 打設

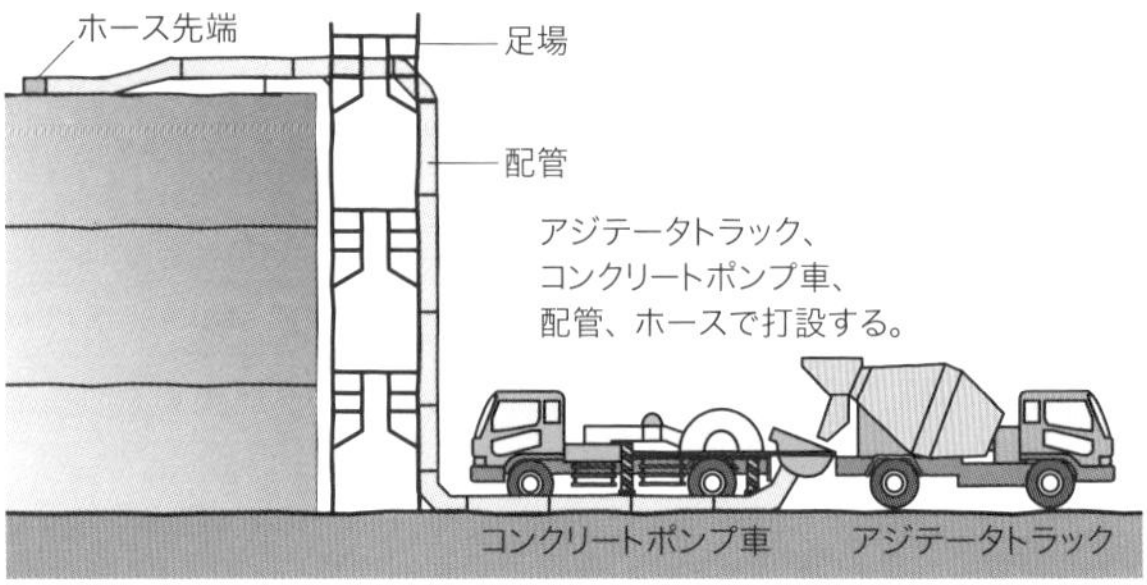

★★★ ブーム車《ぶーむしゃ》

圧送されたコンクリートを高所、遠くまで送るブームを付けたコンクリートポンプ車。長いブームを出して高所までコンクリートを持ち上げることができる。また、敷地などの関係で遠い所にコンクリートを打設する場合、輸送管の設置が難しいなどの理由でも使用することもある。広い場所にコンクリートを打設する場合にも便利。
▼図2

図2 ブーム車

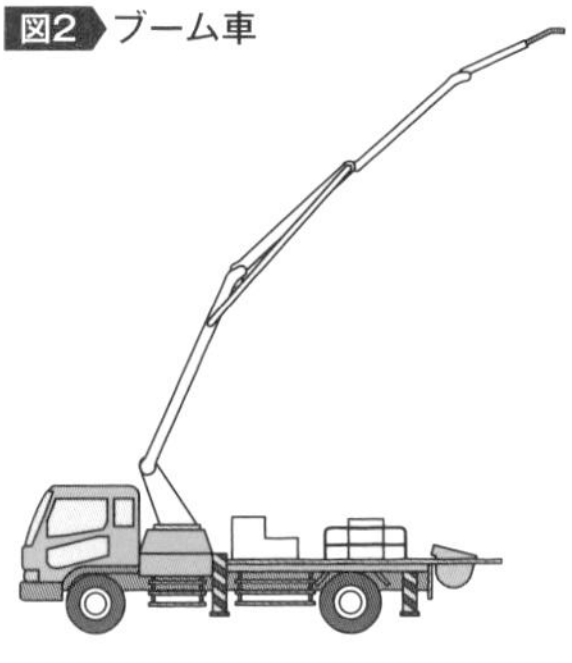

★★ ポンパビリティ《ぽんぱびりてぃ》

コンクリートをポンプで圧送する際のコンクリートを評価する言葉である。圧送を計画するときに考慮される。一般に圧送管内でのコンクリートの流動性、変形性、分離性に対しての評価。セメントの種類や水セメント比、骨材の最大径などが関係する。

★★ シャブコン《しゃぶこん》

現場において生コンを水で増量する行為の隠語。

★★★ 先送りモルタル《さきおくりもるたる》

コンクリートを圧送する際、最初にホースに入れるモルタルのこと。型枠には流し込まないで破棄する。生コンをホースで圧送すると、ホース内で水分を吸い取られて硬化し、ホースを詰まらせる原因となる。

★★ 流し込み《ながしこみ》

ミキサー車から直接、型枠へコンクリートを流し込むことをいう。基礎や杭、地下の打設で用いられることが多いが、高い位置から落としたり、シュートを使わないで自由落下させると、コンクリートが分離するので、まず一度車両後部上方の**ホッパー**でコンクリートを受け、**シュート**（管）に流し込む方法が一般的である。落下高さは1～1.5mまでとし、シュートの勾配は6／10程度までとされている。

★★ 回し打ち《まわしうち》(水平打ち《すいへいうち》)

型枠内のコンクリートの高さが一定となるように、全体を見ながら打設する方法である。フレキシブル管の届く範囲で、位置を移動させながら打設する。あらかじめ打設範囲を計画し、**コールドジョイント**が起こらないようにする。水平打ちともいい、コンクリートの一般的な打ち方である。

★★ カート打ち《かーとうち》

一度に打設せず、2、3回に分けてコンクリートを打つこと。柱や壁などのように高さがある場合に用いられる方法である。コンクリートの偏りなどによる型枠の変形を防ぐことができる。大容量のコンクリート打ちの場合、型枠に大きな側圧がかかるのを防ぐ。

★★★ バイブレータ《ばいぶれーた》

打設時にコンクリートに差し込んで高周波数の振動を与え、コンクリートを締め固める機械である。**棒形振動機**ともいう。一般に、スランプ値が18cm以下のコンクリートに使用する。配置間隔は25～90cmとし、鉄筋や型枠とぶつからないように配慮する。バイブレータをかけすぎるとコンクリートが分離することもあるので注意する。▼図3、4

★ 叩き《たたき》

打設時に、せき板を木づちで叩くこと。コンクリートとせき板の間に隙間ができないようにする作業である。隙間ができると表面の**ジャンカ**、強度不足などの問題が発生する。特に窓枠な

図3 バイブレータ

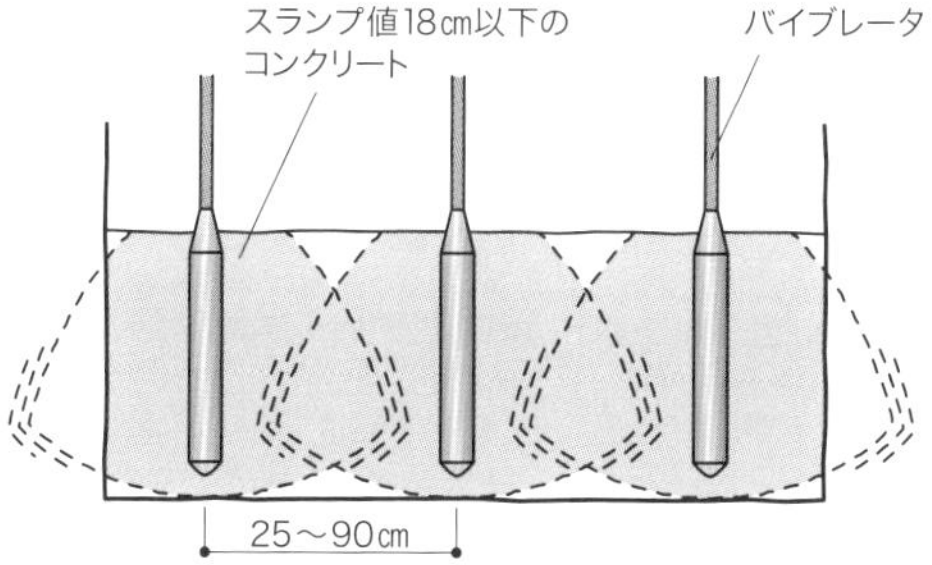

図4 バイブレータ、つつき、叩き

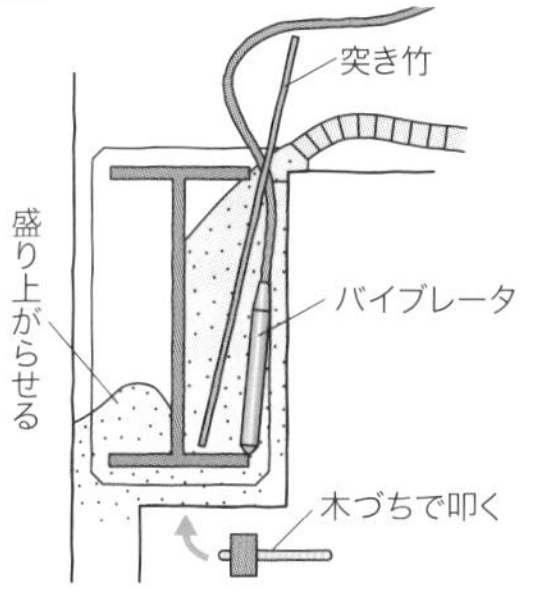

現場の歩き方　コンクリートの運搬時間

コンクリートは練り始めた瞬間から、流動性、空気量などの性質が刻々と変化するため、JISでは練り混ぜから搬入までの時間を90分以内としています。一方、JASS５では、さらに施工条件などを付け加え、練り混ぜから打設終了までの時間を気温25℃以上では90分、25℃未満では120分としています。

いずれにしても、コンクリート納品時の出荷時間の伝票を確認することが重要です。

ど複雑な形状部では、コンクリートの回り込み不足になりジャンカが起こりやすい。▼図4

★
タンピング《たんぴんぐ》

打設直後と打設から30〜40分後、ダンパー等でコンクリートの上部を押しならす作業をいう。コンクリート打設時に入った空気（気泡）や余分な水を抜いて密実なものにする作業である。小さい面積では、金ごてを使う場合もあるが、**振動ダンパー**で行う方法が一般的である。

★★★
打継ぎ《うちつぎ》

打設したコンクリートの上に新たにコンクリートを打設すること。打継ぎ面となるコンクリートの上面の清掃や**レイタンス**の除去が必要である。

★★
ブリージング《ぶりーじんぐ》（浮き水《うきみず》）

打設後、水和作用の後、余分な水がコンクリートの表面に出てくる現象をいう。フレッシュコンクリートにおいては、骨材・セメント粒子が沈下することで比重の軽い水が上面に浮かぶ。スランプ値が大きいものや水セメント比が大きい場合に多く発生する。

★★★
レイタンス《れいたんす》

打設後、コンクリートの上面に水より軽い石灰や粘土の微粒子が浮き上がり、固まったもののことである。レイタンスは脆《ぜい》弱《じゃく》なので取り除くことが必要である。コンリートを打ち継ぐ場合、先に打ったコンクリートの上部のレイタンスを除去することを**レイタンス処理**という。

★★
かぜをひく《かぜをひく》

セメントが湿気を吸収したことにより、ところどころ固まった状態、ぼろぼろになった状態を指す。十分な強度は期待できないので廃棄するのが妥当。

★★
アルカリ骨材反応《あるかりこつざいはんのう》

アルカリ性のセメントと反応性骨材が反応した際に発生した物質が水分を吸収し、膨張してコンクリート表面に割れ目をつくってしまうこと。**アル骨**と短縮していうこともある。コンクリートの脱落事故の原因となる。

★★
中性化《ちゅうせいか》

空気中の二酸化炭素により、アルカリ性のコンクリートが中性化すること。中性化したコンクリートは、鉄筋の酸化を防げなくなる。そのため、十分なかぶり厚さが必要となる。中性化の判断にはフェノールフタレイン溶液を用いる。赤紫に変色すればアルカリ性を維持しており、変化がなければ中性化しているといえる。

★★★
コールドジョイント《こーるどじょいんと》

1つのブロックでコンクリートを数回に分けて打設した場合にできるコンクリート表面の不整形な断層のことである。打設時、コンクリートの打継ぎに時間差が生じたなどが原因。▼図5

図5 コールドジョイント

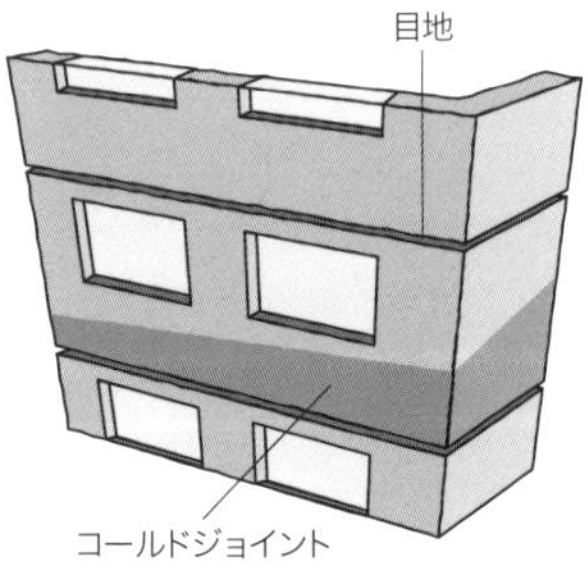

★★
コンクリートヘッド《こんくりーとへっど》

打設からコンクリートは液体から凝固体へと変化し、せき板への側圧が変化する。最大側圧力がかかっている打設したコンクリートの高さのこと。コンクリートヘッドの位置はコンクリートの凝固の具合により変化する。

▼図6

図6 コンクリートヘッド

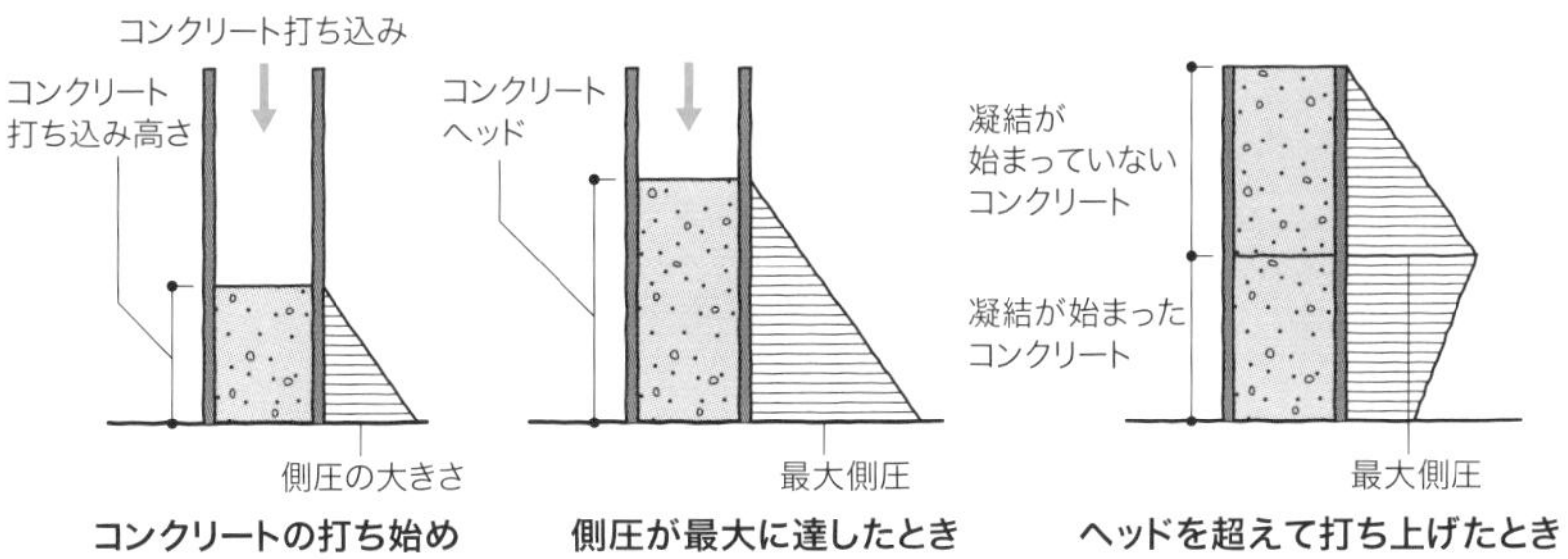

★
沈《しず》み

ブリージング現象により、コンクリートの上面が下がることである。**沈降**ともいう。原因は、コンクリート打設時の締固め不足、タイピング不足、スランプ値が大きい、打設速度が速いなどが考えられる。また、上面近くに鉄筋があると、その部分だけ沈み込みができないため、鉄筋に沿ってコンクリートにひび割れが生ずることがある。これを**沈みひび割れ**という。▼図7

図7 沈み

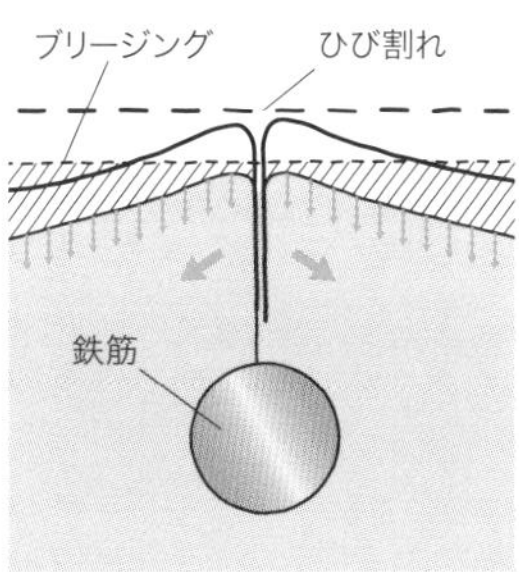

★★★
ジャンカ《じゃんか》

豆板、**あばた**ともいうコンクリートの打設不良。コンクリート表面がザラザラになって隙間ができ、粗骨材《そこつざい》が見える状態をいう。原因はコンクリート打設の締固め不足や、高所からの打設によるコンクリートの分離、セメントペーストの漏れなどが考えられる。

2 品質管理

★★
基本補正強度《きほんほせいきょうど》

設計基準強度に対して、打設時の気温や湿度を考慮、推定して出すコンクリートの強度である。材齢28日、42日、56日、91日ごとの補正の方法は決まっており、その補正値でコンクリートの圧縮強度を予測することができる。

★★★
管理材齢強度《かんりざいれいきょうど》

強度を確かめる際のコンクリートの材齢のこと。一般に設計の圧縮強度は材齢28日目（4週強度）の値とされている。28日の材齢で**圧縮強度試験**を行い、設計値通りの強度が出ているか品質管理をする必要がある。コンクリートの種類によっては91日以内まで強度管理が必要なものもある。

★★★
調合管理強度《ちょうごうかんりきょうど》

骨材などの材料のばらつきや空気量、気温、湿度の変化による強度の低下を考慮し、**設計基準強度**に割増したコンクリート強度のこと。現場においては、これらの条件を加味したコンクリートを生コン会社に発注し、調合させる。現場のコンクリートの品質管理の目標値となる強度である。旧来の呼称では、コンクリート発注時の呼び強度のことである。

★★★
受《う》け入《い》れ検査《けんさ》

現場に生コンが搬入されたときの検査のことである。一般に、

テストピースを採り、気温、湿度、スランプ値、空気量、温度、塩化物含有量を計測する。▼図8

図8 受け入れ検査

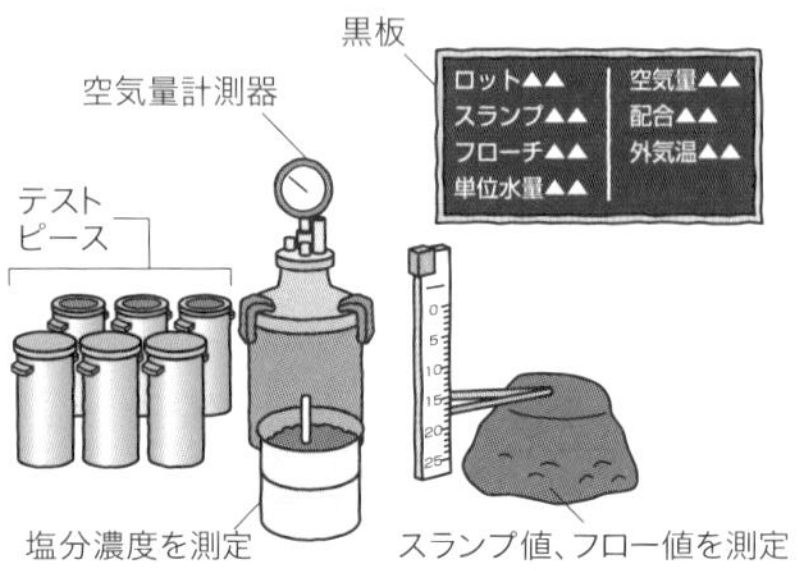

★★
筒先管理《つつさきかんり》

コンクリートを打設する際、コンクリートは圧縮されたり輸送管を通過する間に性質が変化することがある。そのため、ポンプ車のホースの先端でコンクリートの打設時の品質を管理することをいう。

★★
テストピース《てすとぴーす》

供試体ともいう。圧縮強度試験のために現場で採取したコンクリートで作成された実験用のピース。150㎥ごと適当な間隔をあけた生コン車3台から直径10cm、高さ20cmのピースを12本採取する。テストピースには現場名、日時などを書き込む。

★★★
圧縮強度試験《あっしゅくきょうどしけん》

コンクリートの強度が順調に発現しているかを確かめる試験である。材齢1週目と4週目または13週目にテストピース3本ずつ圧縮強度試験を行う。一般に**アムスラー**といわれる機械でコンクリートのテストピースに圧縮力を加えて測定する。▼図9

★★★
材齢《ざいれい》

コンクリート打設後の日数のことである。特に圧縮強度試験の目安になる日数をいう。

図9 アムスラー

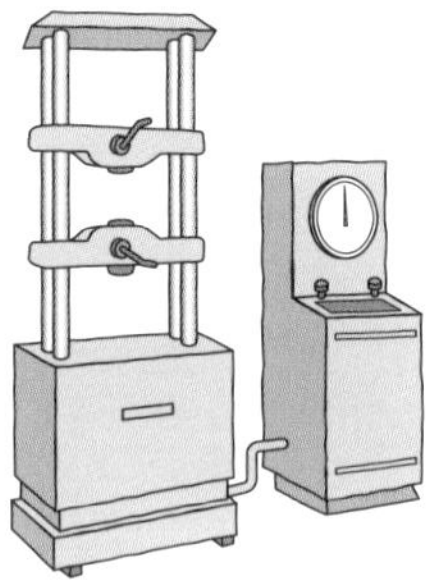

★★
標準養生《ひょうじゅんようじょう》

コンクリートは保管方法によって強度の発現が異なることがある。標準養生とは、最適な方法＝最適な現場管理が行われた場合を想定したテストピースの養生方法。標準養生ではテストピースを水中または湿度100%、温度21℃±3で保管する。つまり、コンクリートが硬化するための水分を十分に与え、温度も最適な状態で保管する養生である。材齢1週目、2週目、3週目、4週目の圧縮強度を測定し、理想的に強度を発現しているか確かめる。これは生コン会社が実施する。

★★★
現場封緘養生《げんばふうかんようじょう》

現場と同じ温度状況でテストピースを養生させること。打設時から水分が蒸発せずにあると仮定した養生である。そのため、ビニールで密封して水分量を打設時と同条件にして、日陰で保管する。また水和反応が遅い高炉セメントの強度材齢管理に適用できる養生方法である。現場施工者が行う。

★★
現場水中養生《げんばすいちゅうようじょう》

現場でのコンクリート管理が適度にできた状態を想定した養生である。テストピースを現場に用意した水槽の中で養生する。水を豊富に与えることで、水和作用を促進させる養生方法。現場の施工業者が行う。

★★★
カンタブ《かんたぶ》

生コンクリートの塩分量を測定

する用紙のことである。試薬をコンクリートに直接突き刺し、茶褐色が白色になった部分の数値を読み、換算表から塩分量を測定することができる。▼図10

図10 カンタブ

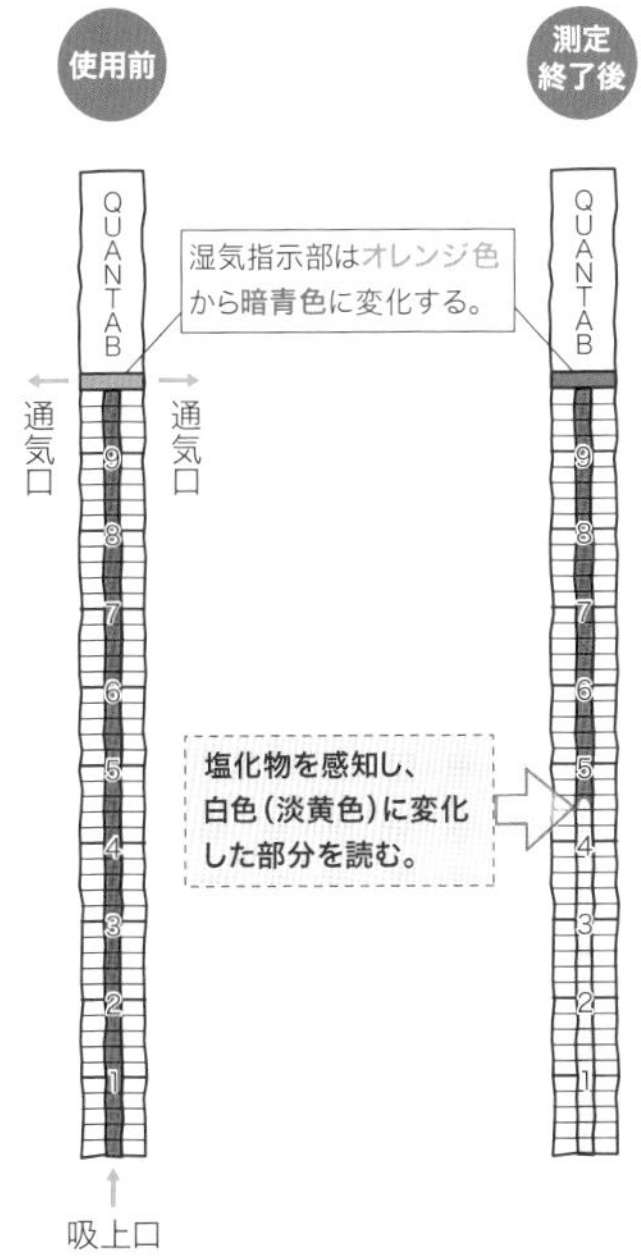

使用前
測定終了後
QUANTAB
湿気指示部はオレンジ色から暗青色に変化する。
通気口
通気口
塩化物を感知し、白色（淡黄色）に変化した部分を読む。
9
8
7
6
5
4
3
2
1
吸上口

★★ 配合表《はいごうひょう》

調合表ともいう。コンクリート納入時に生コン会社から渡される、生コンクリートのスランプ値、セメントの種類、混和剤の量、粗骨材《そこつざい》の量・大きさ、水セメント比、水量などが記入されている表のことである。▼図11

図11 配合表（例）

スランプ値(cm)		12.5
空気量(%)		5.0
水セメント比 W/C(%)		55.0
細骨材率 s/a(%)		50.0
単位量(kg/㎥)	水(W)	185.0
	セメント(C)	336.0
	砂(S)	851.6
	砂利(G)	868.4
減水剤	NO.70(/㎥)	1.01

★ 細骨材率《さいこつざいりつ》

全体骨材（粗骨材《そこつざい》＋細骨材）の容積量に対する細骨材の占める割合のこと。細骨材率を下げると表面積が少なくなることで単位水量が少なくでき、しかも作業性を上げることができる。しかし、下げすぎるとペーストと骨材が分離する原因となる。

★ 空気量《くうきりょう》

生コンクリート中に含まれる空気の割合のことである。通常、3～6％程度。空気量が多いほど作業性が上がるが、多すぎると強度低下の原因となる。

★★ 単位水量《たんいすいりょう》

生コンクリート1㎥当たりに含まれる水分量のことである。ただし、骨材に含まれる水分量はこれに含まれない。単位水量を上げると作業性は上がるが、ブリージング、クラック、打ち込み後の乾燥収縮が大きくなり、耐久性が悪くなるなどの問題が発生する。そのためJASS5では単位水量を185kg／㎥以下としている。

★★ 単位セメント量《たんいせめんとりょう》

生コンクリート1㎥当たりに含まれるセメント量のこと。セメント量を多くすると強度は増すが、作業性が悪くなると同時に高い水和熱が発生し、**クリープ**（たわみ）を起こす原因になる。JASS5は下限値を270～400kg／㎥としている。

★★★ シュミットハンマー《しゅみっとはんまー》

コンクリートを破壊することなく、圧縮強度を測定する機械。コンクリートに打撃を与え、返ってきた衝撃から圧縮強度を推定する。古くなったコンクリート強度を確かめることもできる。▼図12

図12 シュミットハンマー

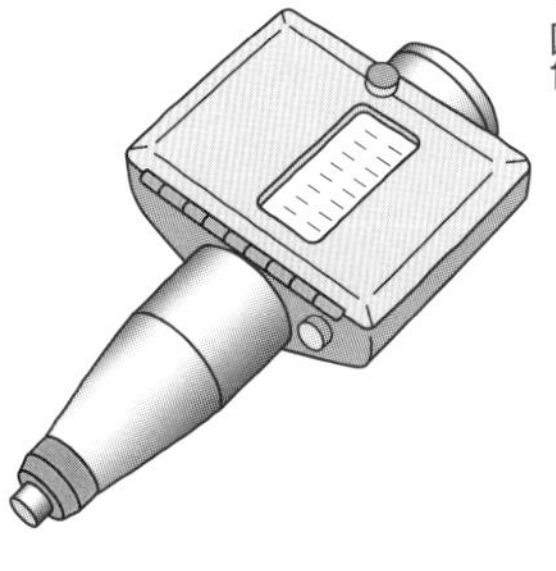

PROCESS

24

躯体工事（S造）①

鉄《てっ》骨《こつ》

S造は鉄骨造（鋼構造）ともいわれ、鉄ではなく鉄の持つ性能を人工的に高めた鋼（Steel）製の部材を用いて躯体をつくります。一般に厚みが6㎜以上の鋼材を重量鉄骨、それ以下のものを軽量鉄骨と呼ぶことが多いです。

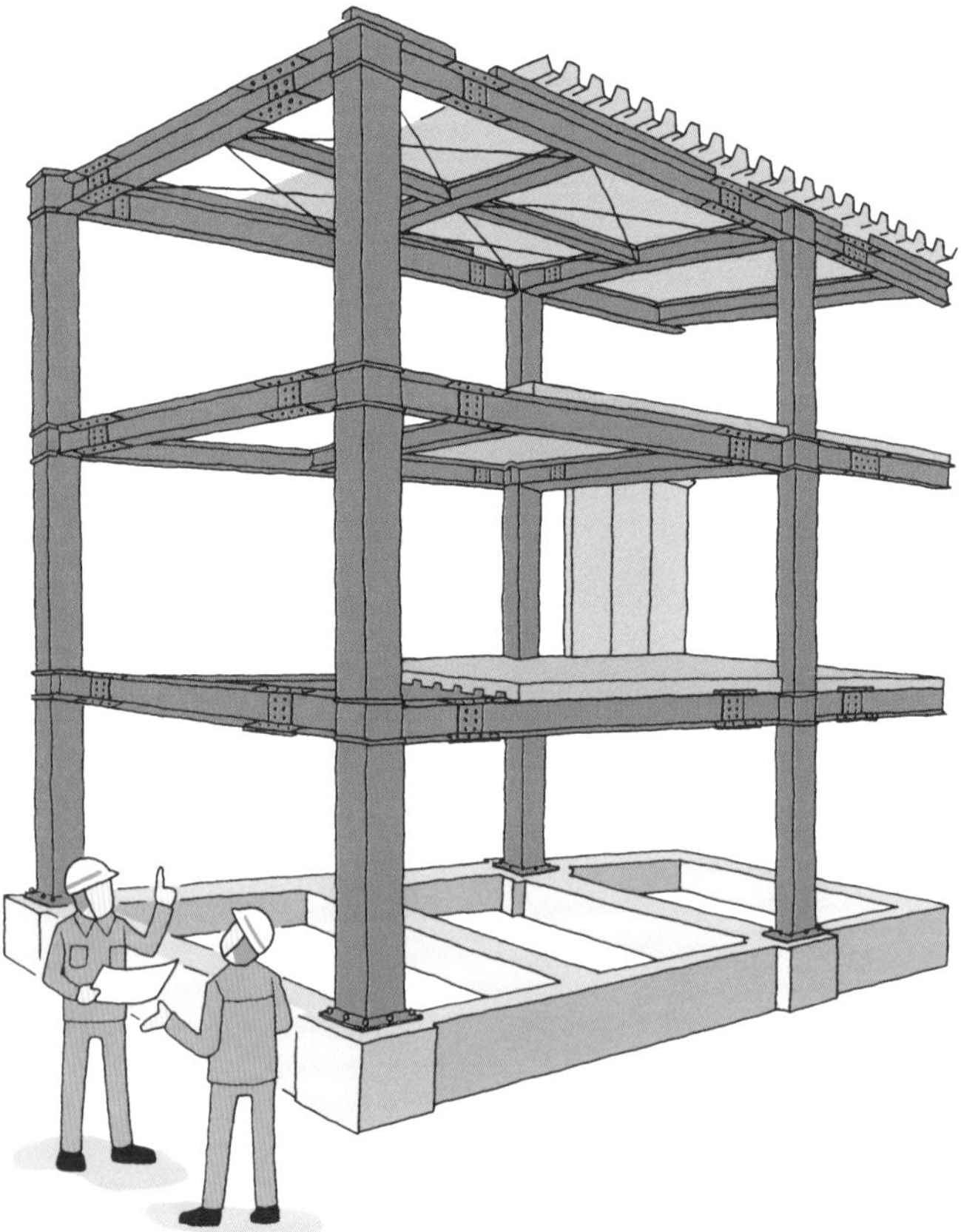

1 鉄骨造の構造

★★★
ラーメン構造《らーめんこうぞう》

柱・梁の接合部を**剛接合**（cf. p. 140）とした構造。「剛」とは接合部の角度が固定され回転しない状態のこと。鉄骨造では、接合部を溶接することで固定する。ラーメン（Rahmen）とはドイツ語で額縁＝フレームという意味。▼図1

図1 ラーメン構造

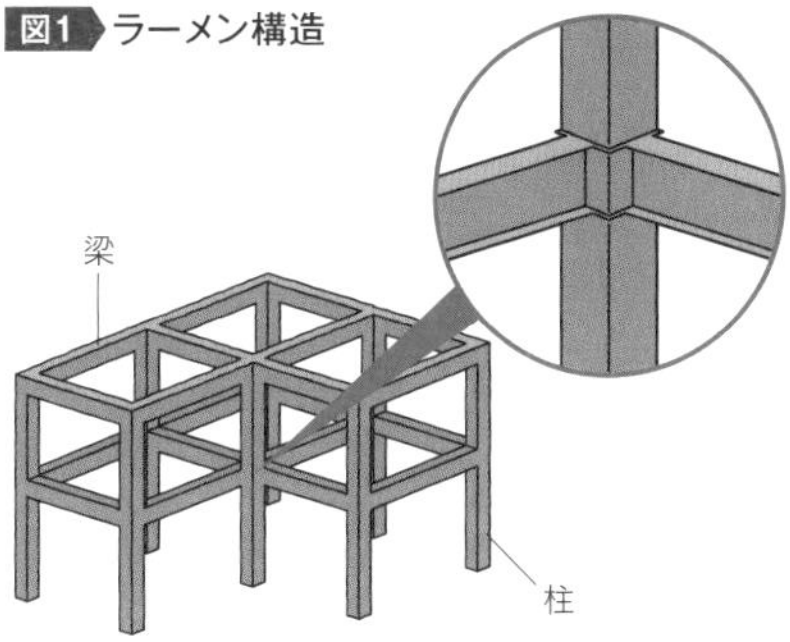

★★★
ブレース構造《ぶれーすこうぞう》

柱と梁の接合部は**ピン接合**として、斜め材（ブレース）で水平方向の力に耐える構造。水平力は斜め材が受けるのでラーメン構造よりも柱などの材料を少し小さくできる。ピン接合とは水平力が加えられた際に、接合部は移動しないが、回転はする接合方法のこと。▼図2

図2 ブレース構造

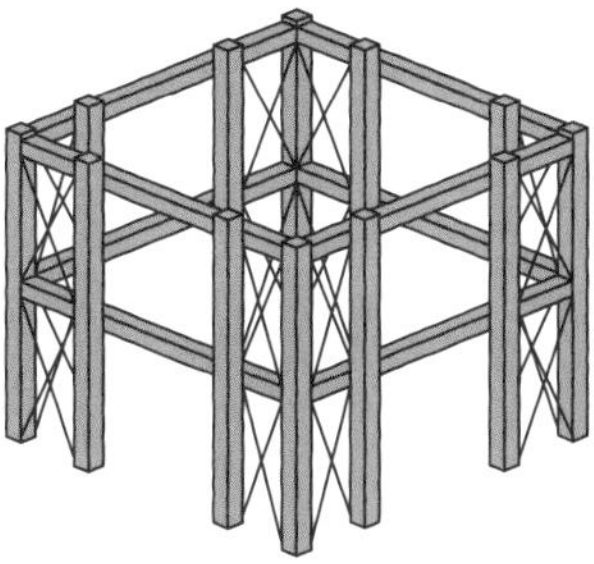

★★
3ヒンジアーチ《すりーひんじあーち》

曲線状に空間を覆うアーチの一形式。支点部の他、アーチクラウン部（アーチの最高点）にもヒンジを設けた形式。アーチ支点が仮に不同沈下《ふどうちんか》などで移動した場合でも、アーチに曲げ変形を起こさないのが特徴。▼図3

図3 3ヒンジアーチ

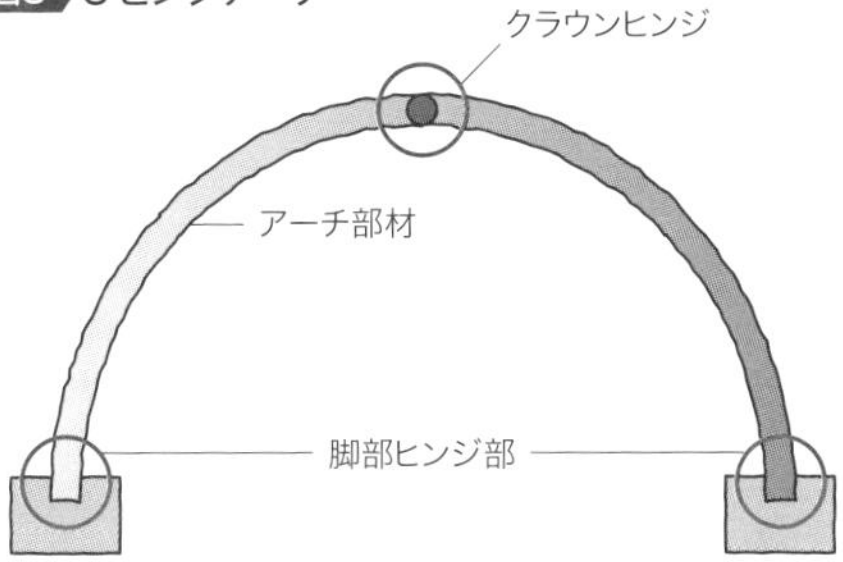

★★★
トラス《とらす》

基本単位が三角形で構成する構造形式。部材の節点をピン接合（自由に回転する支点）とし、比較的細い材料を組んだ構造である。材料として木材や鋼材がよく使われる。▼図4

図4 トラス

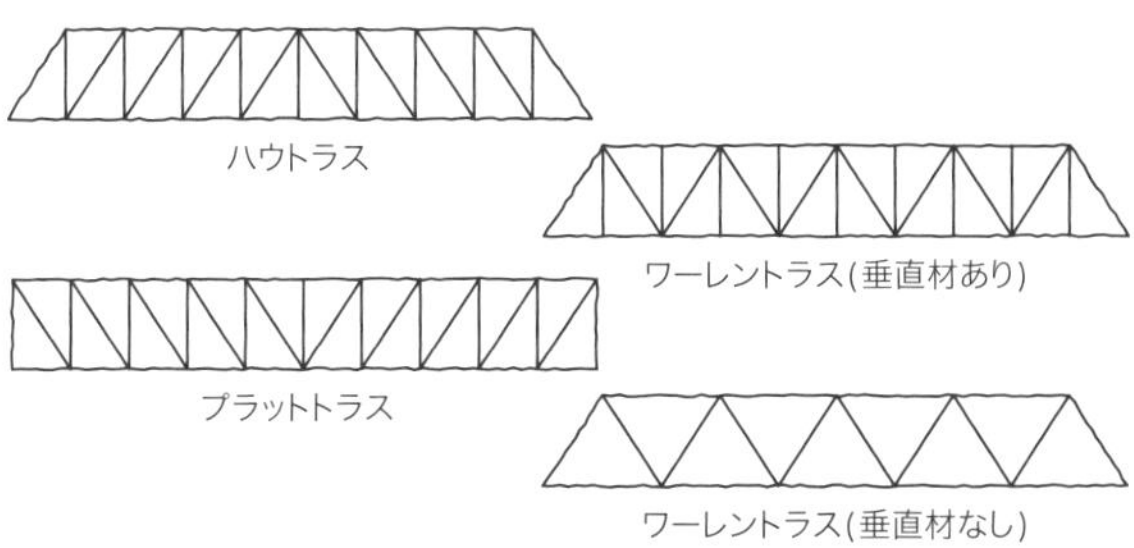

★★
シェル《しぇる》

貝殻のように薄い曲面板で空間を覆う建築構造。自在な曲面を実現できる。鉄骨造や鉄筋コンクリート造で用いられることが多い。自重や外力などの荷重を曲面内を流れる膜応力《まくおうりょく》で伝達するため曲げモーメントの発生をごく小さくすることができるのが特徴。シェル構造には、円筒、球面、折板《せっぱん》、双曲放物面《そうきょくほうぶつめん》（HPシェル）などさまざまな形状がある。鉄骨でつくられたシェルは鉄骨シェルと呼び、**ラチスシェル**などがある。▼図5

図5 ラチスシェル

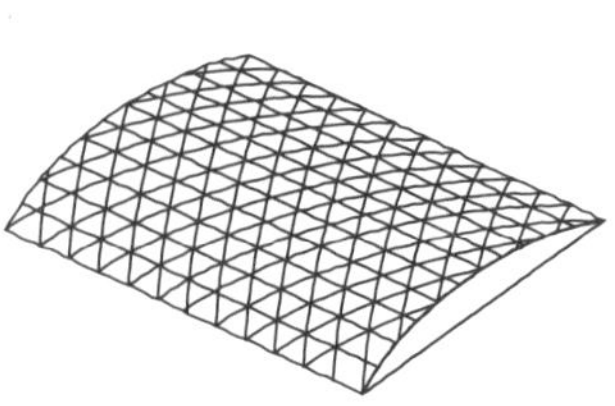

2 鉄骨部位名称

★★★
ブラケット工法《ぶらけっとこうほう》

ブラケットとは柱と梁の仕口《しぐち》などの交差部分や壁などから水平に跳ね出した部分のこと。ブラケット工法は鉄骨造の梁の接続方法の1つで、1本の梁を3分割し、両端の短い梁を工場で柱にあらかじめ溶接しておき、中央の梁は現場でボルトで接続する。現場での溶接作業を少なくできる方法。この工場で柱に溶接などで取り付けられた梁を**梁ブラケット**と呼ぶ。▼図6

★★★
ノンブラケット工法《のんぶらけっとこうほう》

鉄骨を現場で組み立てる際、工場であらかじめつくられた梁ブラケットを用いるのではなく、現場で柱と梁を接合する方法。**梁ウェブ**と柱に付けられた**ガセットプレート**は**高力ボルト摩擦接合**、**梁フランジ**と柱は現場溶接にて取り付けられることが多い。溶接という作業工程が1つ入るので、ブラケット工法に比べて現場監理の難易度は1つ上がるが、工場製作の簡素化や運搬費の軽減をはかることができる。鉄骨が見える部分であれば、仕上がりもスッキリと納まる。▼図6

図6 ブラケット工法、ノンブラケット工法

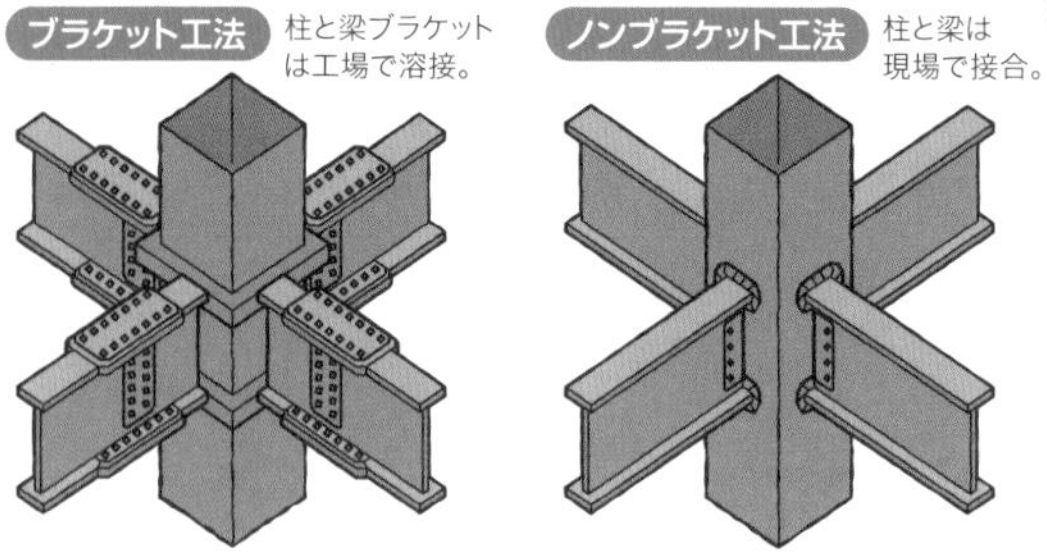
ブラケット工法
柱と梁ブラケットは工場で溶接。
ノンブラケット工法
柱と梁は現場で接合。

★★★
ウェブ、フランジ《うぇぶ、ふらんじ》

H形鋼の部材名称。H形鋼は上下2枚のフランジと中央のウェブからなる。梁に用いる場合は図の方向で用いられる。▼図7

図7 ウェブ、フランジ

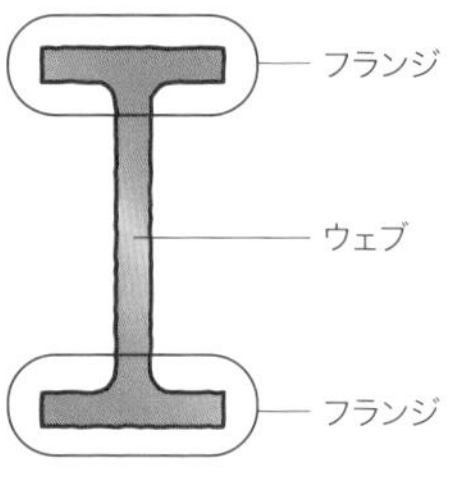
フランジ
ウェブ
フランジ

★★★
ダイアフラム（ダイア）《だいあふらむ（だいあ）》

鉄骨造のボックス状の中空**コラム**（柱）と梁の剛接合部の仕口《しぐち》の剛性を高めるために設ける鋼板。▼図8

★★★
ガセットプレート《がせっとぷれーと》

柱と梁、大梁と小梁、筋かい接合部やトラスの接点などで、部材同士を接合するために使う鋼

板の総称。▼図8

図8 ダイアフラム、ガセットプレート

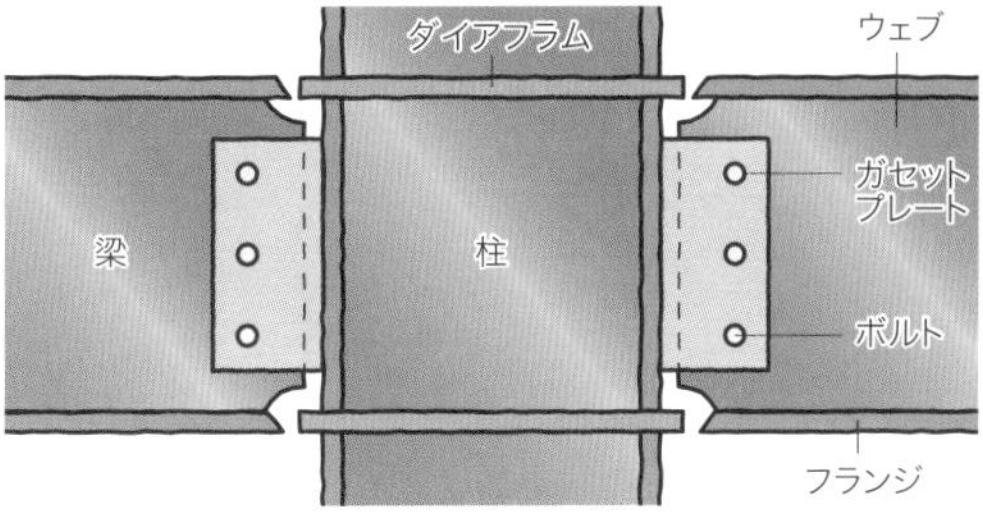

★★
リブプレート《りぶぷれーと》

鉄骨部材の局部座屈防止のために取り付ける鋼板のこと。H形鋼のウェブプレートやベースプレート柱脚部などの補強に取り付けられる。▼図9

★★
スチフナー《すちふなー》

ウェブ部分の座屈を防止するために、ウェブに添えて取り付ける補強用鋼板のこと。小さいものは**リブ**と呼ばれる。▼図10

図9 リブプレート

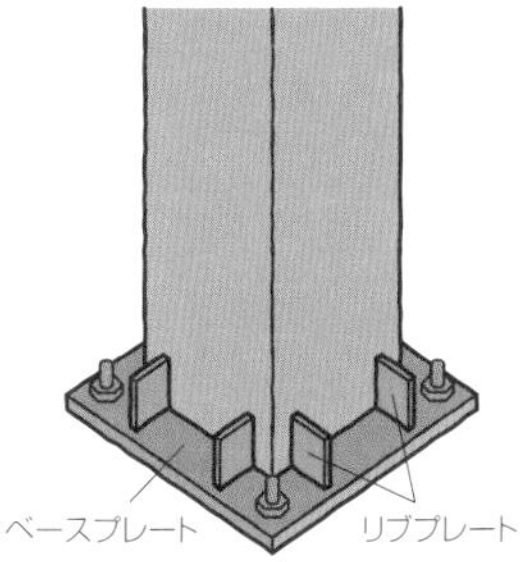

図10 スチフナー

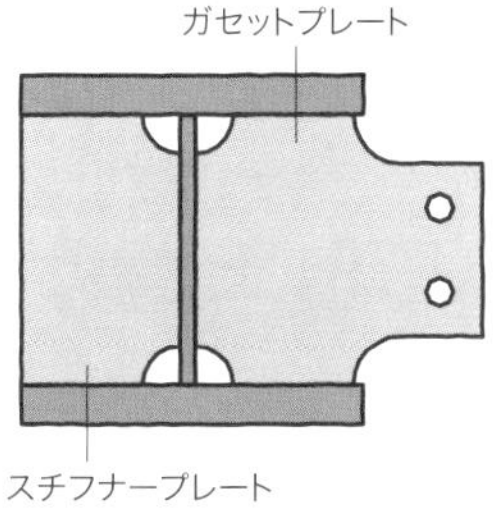

★★
スプライスプレート《すぷらいすぷれーと》

柱や梁の鋼材の継ぎ手部分に使用する鋼板の添え板。H形鋼梁の接合部分では各部材をスプライスプレートで挟み、ボルト接合で応力を伝達する。▼図11

図11 スプライスプレート

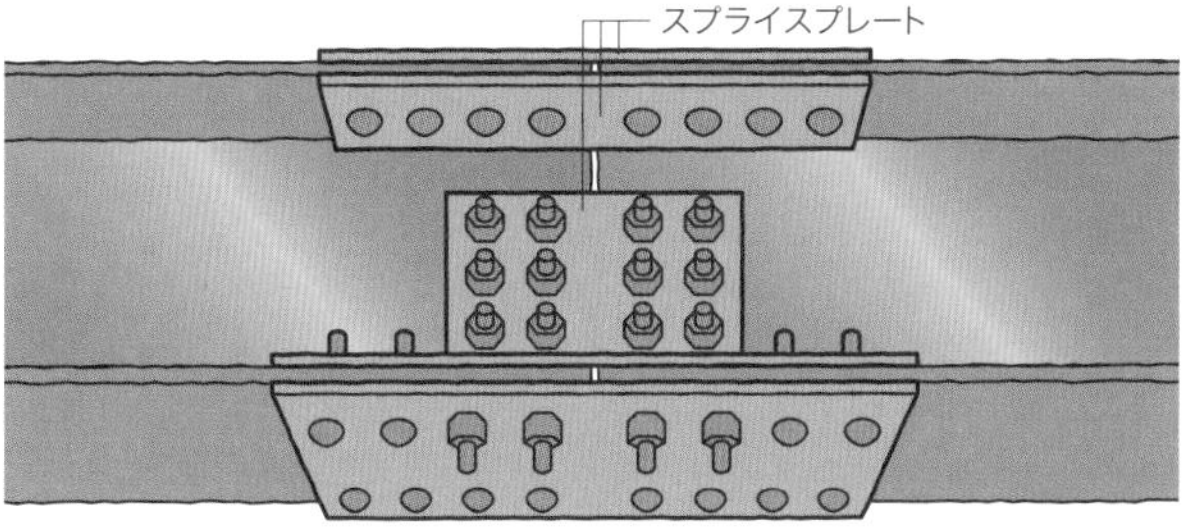

★★
フィラープレート《ふぃらーぷれーと》(フィラー《ふぃらー》)

フィラーとは隙間や段差を埋める材料のこと。鉄骨造では、厚さの異なる部材同士を接続する際などに、板厚の調整用に用いられる薄い鋼板のことを指す。

★★
エレクションピース《えれくしょんぴーす》

鉄骨柱の継ぎ手を現場溶接する際に、溶接終了まで応力を負担させ、本溶接が終わった後に切断、除去される仮設用プレートのこと。▼図12

図12 エレクションピース

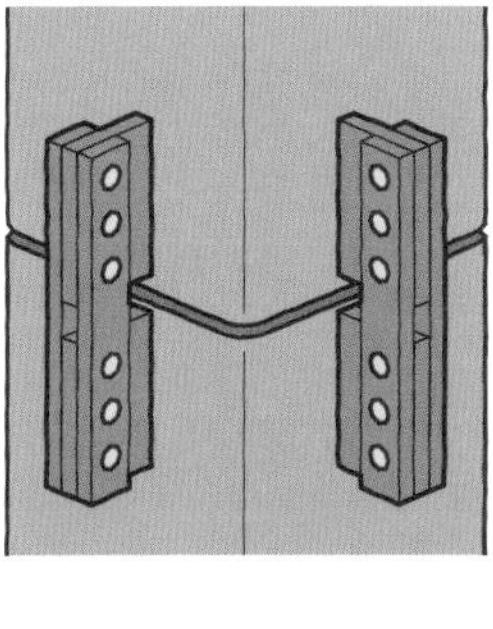

★★★
アンカーボルト《あんかーぼると》

鉄骨柱脚部と基礎コンクリートを緊結するためのボルト。あらかじめ基礎コンクリートに埋め

込んでおく。▼図13

★★★
ベースプレート《べーすぷれーと》(アンカープレート《あんかーぷれーと》)

鉄骨柱の柱脚底部に取り付ける鋼板。アンカーボルトを通して基礎と緊結、柱から基礎へ力を伝達する。▼図13

図13 アンカーボルト、ベースプレート

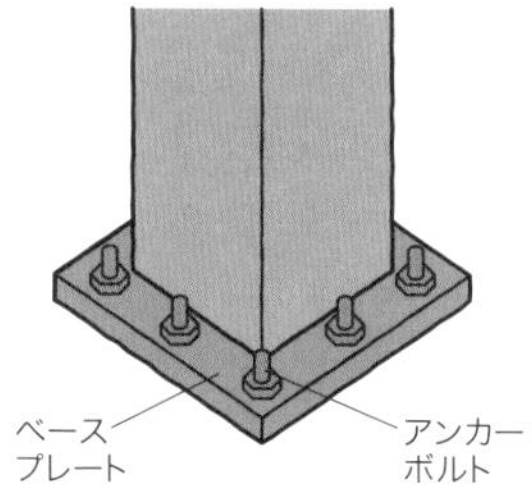

★★
柱脚部《ちゅうきゃくぶ》

柱の下部、基礎と柱の接合部。上部構造の応力を基礎に伝える重要な部分。ピン接合にする場合、剛接合にする場合がある。

★★
ピン接合《ぴんせつごう》

部材同士の接合部の接合方法の1つ。水平力（風圧や地震など横からの力）がかかったときに、接合部は移動しないが、回転はする接合方法。▼図14

★★
剛接合《ごうせつごう》

部材同士の接合部の接合方法の1つ。柱と梁などを一体化するように、頑丈に接合する接合方法。接合部の角度は固定。具体的には鉄筋コンクリートなどで一体的に成型するか、鉄骨で溶接するなどの方法。▼図14

図14 ピン接合、剛接合

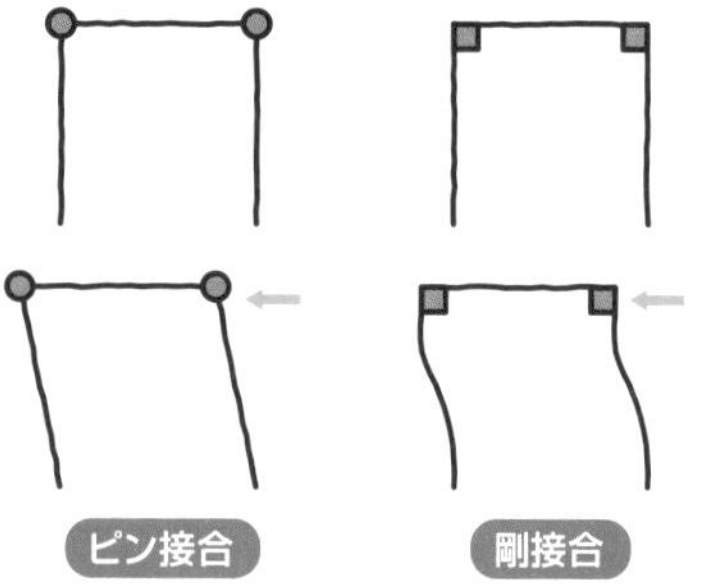

★★
埋込み型柱脚《うめこみがたちゅうきゃく》

鉄骨の柱脚を必要な長さだけコンクリートの中に埋め込んだ柱脚。力学的に固定（剛接合）の状態となる。▼図15

★★
根巻き式柱脚《ねまきしきちゅうきゃく》(根巻きコンクリート《ねまきこんくりーと》・根巻きモルタル《ねまきもるたる》)

鉄骨の柱脚部のまわりを鉄筋コンクリートで被覆した柱脚。力学的に固定（剛接合）の状態となる。▼図16

★★
露出型柱脚《ろしゅつがたちゅうきゃく》

鉄骨柱脚部を埋め込む、あるいは鉄筋コンクリートで被覆することなく露出した状態で設置する柱脚。柱脚部の固定度合いはさまざま。固定度の高い既製品があり、よく使われている。▼図17

★★
テンプレート《てんぷれーと》

ベースプレートと同じ形の型板

図15 埋込み型柱脚

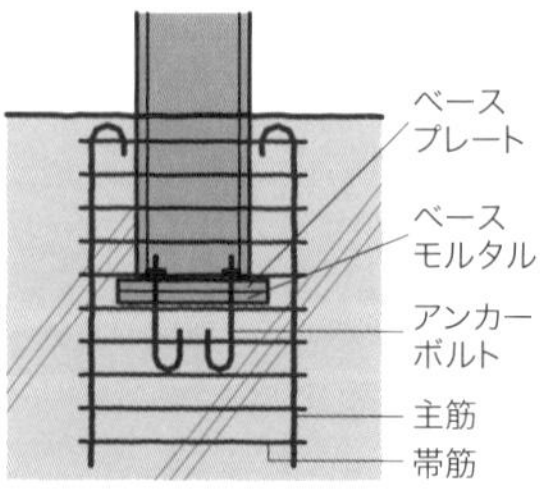

図16 根巻き式柱脚

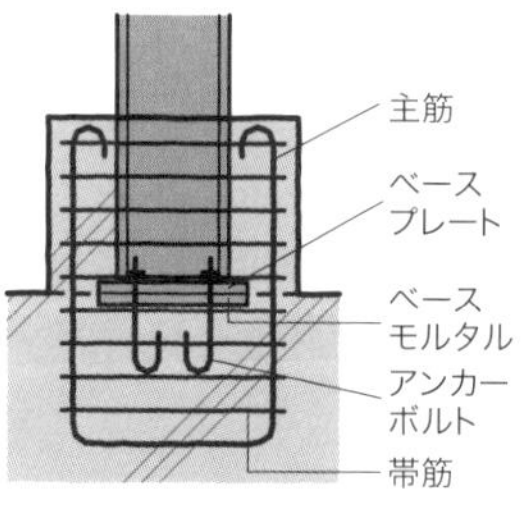

図17 露出型柱脚

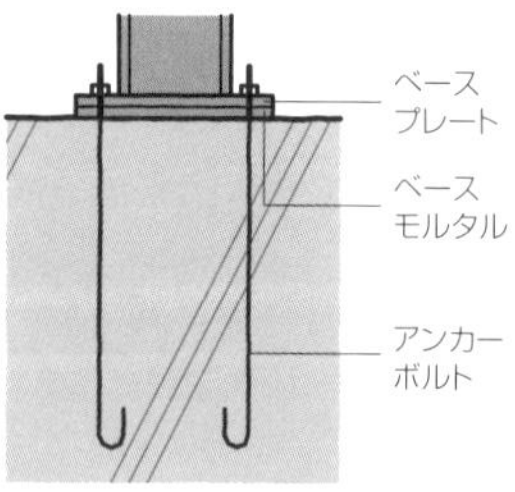

のことを指す。コンクリート打設に先立ち、アンカーボルトは所定の位置に正確に出す必要があるが、その水平方向の位置決め用として、このテンプレートが用いられる。ベニヤ板に穴を開けたものなどがよく使われる。

★★ **饅頭**《まんじゅう》

柱脚ベースプレート下部に建て方前に設置するモルタルのこと。柱の設置高さを調整する。無収縮モルタルを丸く成形しておくため**饅頭**あるいは**団子**とも呼ばれる。他に高さ調整可能な鉄製の既製品（製品名**鉄ダンゴ**など）もある。柱の設置後、周囲を無収縮モルタルなどで充填する。▼図18

図18 鉄ダンゴ

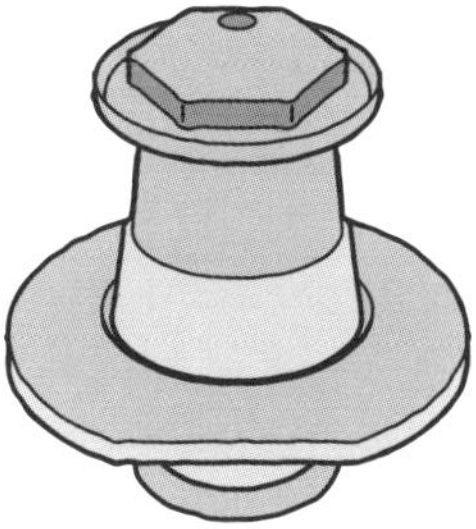

3 鋼材

★★ **鋼材**《こうざい》

いわゆる純粋な鉄ではなく炭素などを含んだ合金の建築材料。炭素量により鋼材の硬さ、強度を調整している。

★★★ **形鋼**《かたこう》

あらかじめH形、L形などの一定の断面形状に成形された、材軸方向に長い鋼材の総称である。重量形鋼は押出成形《おしだしせいけい》によって、軽量形鋼は曲げ加工して成形される。鉄骨断面が円形または角形の中空断面のものは**鋼管**と呼ばれる。▼図19

★★ **H形鋼(H鋼)**《えいちがたこう（えいちこう）》

断面がH形をした形鋼。せん断力をウェブが、曲げ応力はフランジが受け持つ。強軸と弱軸があるので部材を適正に用いる必要がある。また、外法《そとのり》一定H形鋼といい、同じ外形のサイズでフランジやウェブの厚みが異なる既成サイズがある。同じサイズのH形鋼を使いながら、必要強度に応じ部材を指定することができる。▼図19

★★★ **重量形鋼**《じゅうりょうかたこう》

重量鉄骨。**熱間圧延**《あつえん》**製法**（鉄を熱した状態でところてん状に押出成形）で製作される。概ね6mm以上の部材厚さのものが多い。

図19 形鋼

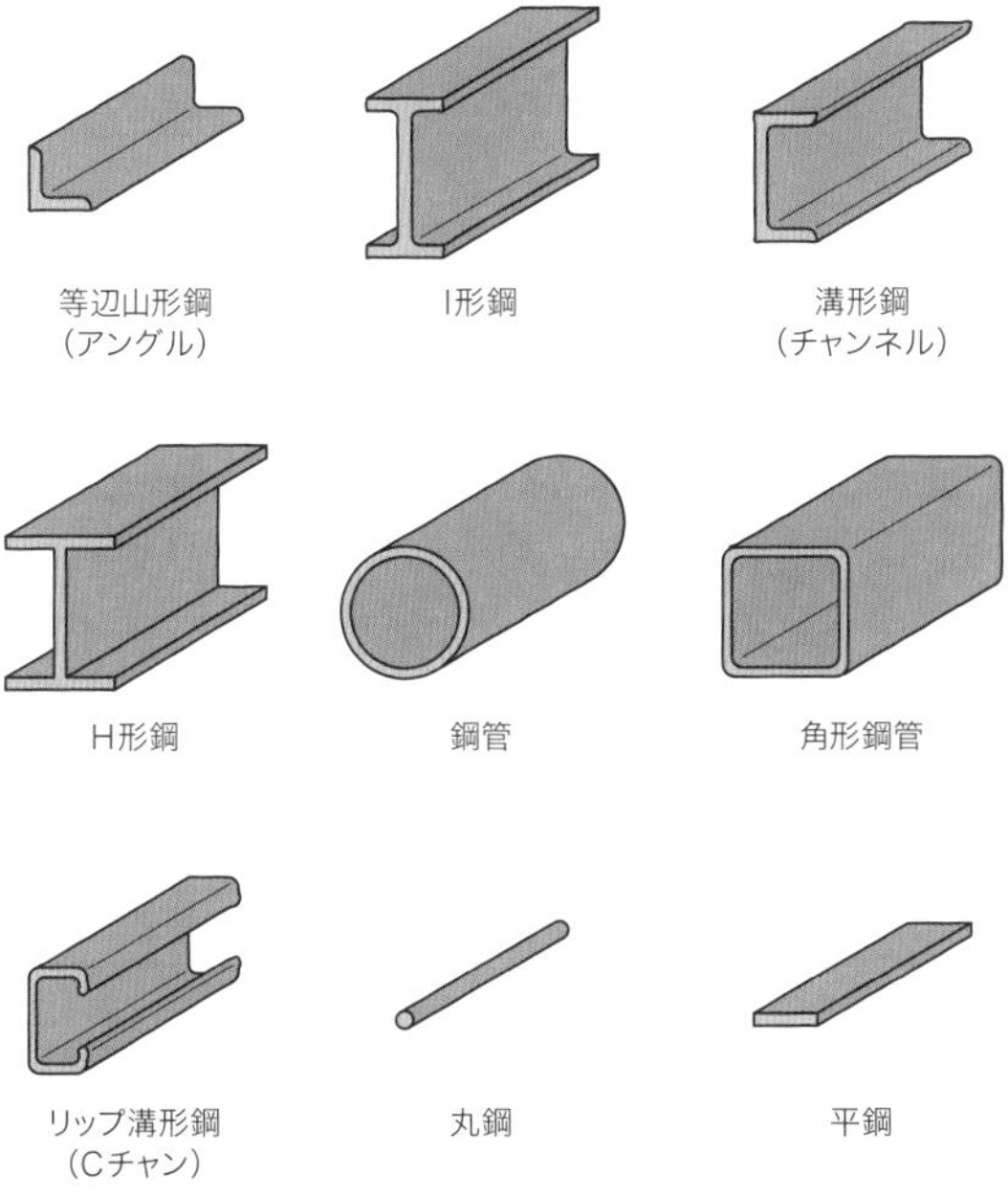

★★★ **軽量形鋼**《けいりょうかたこう》

軽量鉄骨。**冷間圧延製法**（鉄を熱せず、シート状態からの曲げ加工）で製作される。概ね6㎜以下の厚さ。▼図22

★★ **BH鋼**《びるどえいちこう》

フランジとウェブを溶接で組み立てたH形鋼。板厚、材質を自由に組み合わせて、既成のH形鋼にないものをつくることができる。

★★ **ボックス(コラム)**《ぼっくす(こらむ)》

角形鋼管のこと。H形鋼のように断面に方向性がない。主に柱に用いられることが多い。加工法によって、溶接組立箱形断面柱（BB〔ビルドボックス〕）、冷間成形角形鋼管（BCP〔プレス成形〕）、BCR（ロール成形）がある。▼図20

★★ **鋳鉄鋼**《ちゅうてつこう》

鉄に炭素を2・06～6・67％と大量に含有する鋼材。炭素を多く含むことにより、引張り強さに比べて圧縮強さが高い。耐摩耗性に優れるなど鋼にはない特長を有する。鋳造性に富む。

図20 ボックス

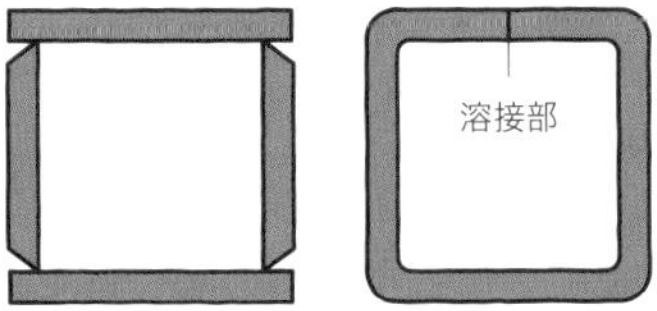

★★ **SS材**《えすえすざい》

一般構造用圧延《あつえん》**鋼材**。建築構造の中で最もよく使われる鋼材。SSとはSteel（鋼）for Structure（構造）のこと。SS400の数字は最低保証の引張り強さ（400N／㎟）を表す。SS490以上の部材、また板厚《いたあつ》が50㎜を超える場合は溶接構造用には使用せず、SM材が検討候補に上がる。

★★ **SM材**《えすえむざい》

溶接構造用圧延《あつえん》**鋼材**。もともと船舶に用いる鋼材の溶接性を高める目的で開発された鉄鋼材料で、MはMarineの頭文字からきている。SS材よりも化学成分の規定が厳しい。A種・B種・C種の等級がある。A種は耐候性に優れたタイプで強度に優れ主に弾性範囲（変形が一定の範囲）に用い、B種・C種は衝撃試験を行い、低温靭性《じんせい》を保証した、脆性《ぜいせい》破壊を起こさないタイプ。B種は塑性《そせい》変形（材料の弾性限度を超えた元に戻らない変形）を受ける部材、C種はダイアフラムなど板厚《いたあつ》方向に応力を受ける部材に適する。

★★ **SN材**《えすえぬざい》

建築構造用圧延《あつえん》**鋼材**。塑性《そせい》変形能力に期待した建築構造物向けの鋼材。従来のSS材よりも化学成分の規定が厳しくなり、降伏点のばらつきも抑える規定がある。SN材は塑性変形能力、溶接性、板厚《いたあつ》方向性能、公称断面寸法が確保される。靭性《じんせい》や絞り性能によりA、B、Cの等級があるが、特にBおよびC種は

弾性：外力を加えた後、その外力を取り去ると形状が元通りになる性質。

塑性《そせい》：外力を加えた後、その外力を取り去っても形状が元に戻らない性質。

板厚《いたあつ》**方向性能**：主に（曲げではなく）板厚方向に引っ張られるときの性能。

塑性変形能力が十分に確保され、耐震性や溶接性に優れる。溶接時の熱割れなどの問題に対応している。

★★ **STK材**《えすてぃーけーざい》

建築構造に限らず、幅広く構造材として用いられる**円形鋼管**。

★★ **STKN材**《えすてぃーけーえぬざい》

建築構造用炭素鋼管。建築構造に適した円形鋼管。STK材より塑性《そせい》変形能力などが確保される。

★ **STKR材**《えすてぃーけーあーるざい》

建築に限らず幅広く用いられる角形鋼管。ロール成形のため**溶**《よう》**融亜鉛**《ゆうあえん》**メッキ**すると割れを生じることがある。

★ **TMCP鋼**《てぃーえむしーぴーこう》

Thermo-Mechanical Control Process の頭文字をつづった鋼製造技術の略称。強度、靱性《じんせい》を向上させるために開発されたもので、超高層ビル用の構造用鋼材として使われる高性能鋼材。

★★★ **FR鋼**《えふあーるこう》

耐火鋼。Fire Resistant Steel。成分にニッケル、クロム、モリブデンを加え、高温時でも降伏点が下がらないように強度を高めたもの。鋼材の耐火被覆を低減または省略できる。一般の建築用鋼材は350℃までだが、600℃における耐力を保証する。常温時の性能は一般のJIS規格材と同じ。駐車場をはじめとして、アトリウム、外部露出鉄骨建物、美術館、スポーツ施設など多様な用途の建築物に無耐火被覆で使用されている。

★★ **Gコラム**《じーこらむ》

遠心力を利用してつくられた**鋳造鋼管**の商品名（クボタ製品）。他の継ぎ目のない柱用の鋼管。他の製法では得られない極厚管が製造できる。また機械的性質に、管軸・円周・管厚方向それぞれの部位で性質差がほぼないのが特徴。

★★ **CFT**《しーえふてぃー》

コンクリート充填鋼管。Concrete Filled Steel Tube の略。通常の鋼管に比べ変形しにくい。

★★ **デッキプレート**《でっきぷれーと》

コンクリートスラブの型枠や床板として用いられる波形をした薄鋼板。冷間で圧延形成される。サポートが不要なため、鉄骨造の建築物の床などに多く用いられる。床の軽量化、工期短縮などの利点がある。**床鋼板**ともいう。▼図21

★★ **キーストンプレート**《きーすとんぷれーと》

デッキプレートの中でも凹凸が幅50㎜、高さ25㎜前後の小さいもの。床板・現場仮囲《かりがこ》い・コンクリート止め型枠などに用いられる。▼図21

図21 デッキプレート、キーストンプレート

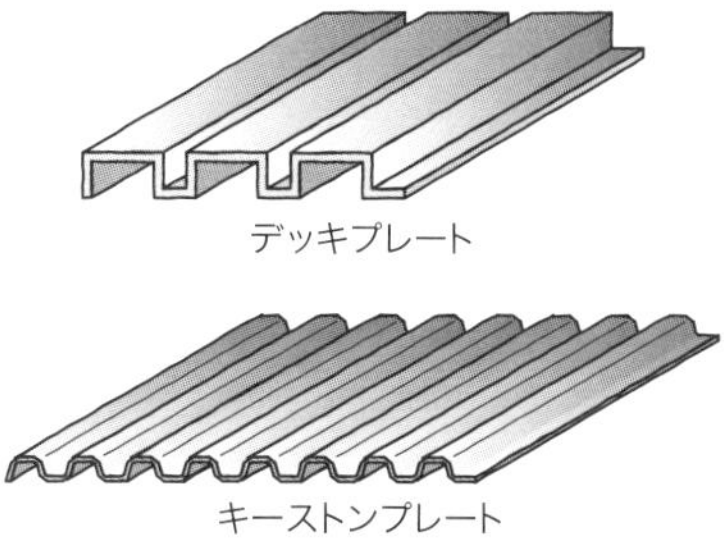

★★★ **合成スラブ**《ごうせいすらぶ》

コンクリートとデッキプレートが一体となったスラブ（床）構造。コンクリート打ち込み時にはデッキプレートが型枠となり、硬化後はコンクリートと一体になって引張鉄筋の働きをする。施工性・耐力に優れ、合理的、経済的な床構造ができる。

★★★
LGS《えるじーえす》

「ライト・ゲージ・スタッド」の略で、建築用鋼製下地材のこと(JIS A6517)。鉄骨造や鉄筋コンクリート造などの建物で壁・天井の下地材として用いられる。

★★
ステンレス鋼《すてんれすこう》

ニッケルやクロムを含んだ特殊鋼。さびにくいのが特徴。薄板の状態でキッチンカウンターなどでよく利用される。

図22 軽量形鋼の種類

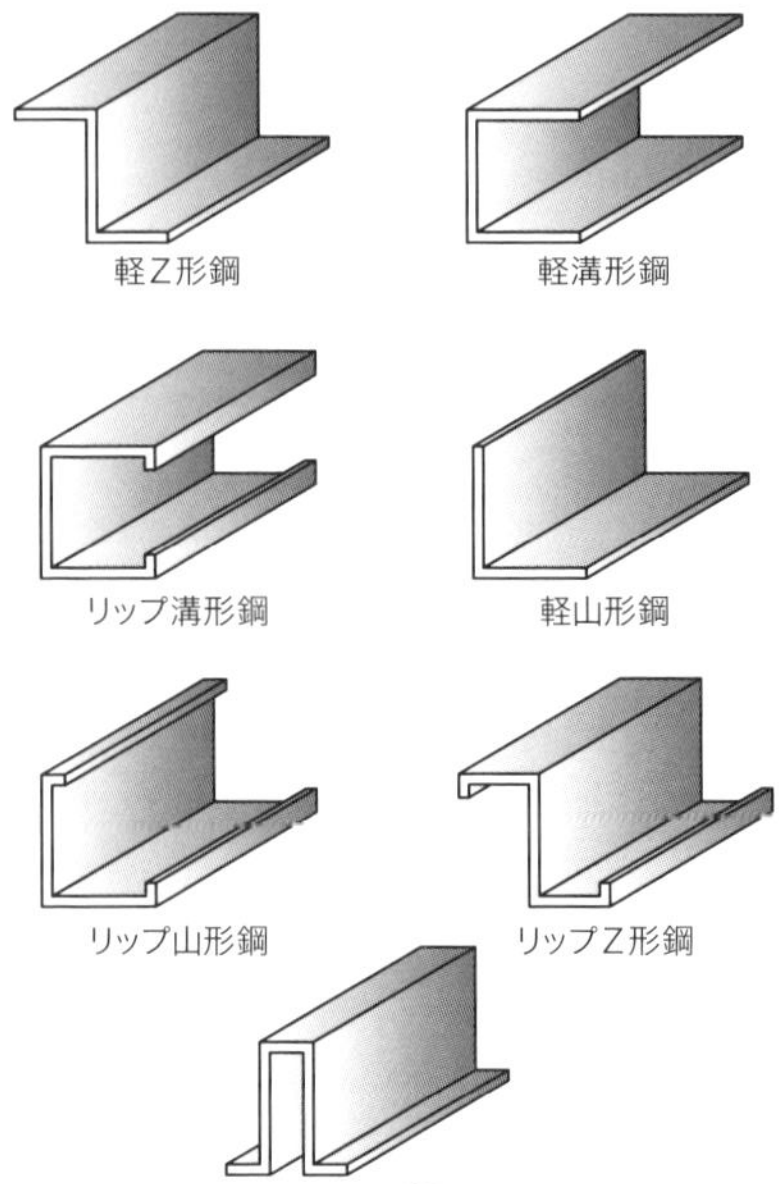

4 表面処理

★★
黒皮《くろかわ》(ミルスケール)《(みるすけーる)》

鋼材表面の黒く硬い酸化皮膜《ひまく》。熱間圧延《あつえん》する際にできる。防錆《ぼうせい》効果があるが、高力ボルト摩擦接合の接合面や亜鉛メッキする際には障害となるので除去する必要がある。

★★
赤サビ状態《あかさびじょうたい》

発生したサビの色が赤色を呈している状態。黒皮のはがれた鋼材表面が屋外に自然放置された場合、半月ほどでできる。この状態が高力ボルト摩擦接合において必要な摩擦係数が得られる。

★★
浮きサビ《うきさび》

赤サビが皮状となってはがれるようなサビの状態。この状態は高力ボルト摩擦接合において摩擦面として不適なので、ワイヤブラシなどで除去する必要がある。

★★
ブラスト《ぶらすと》

鋼材表面の膜を除去すること。研掃材《けんそうざい》を空気圧・水圧あるいは遠心力の力で鋼材表面に吹き付けて、鋼材表面の黒皮（ミルスケール）、サビ、旧塗膜などを取り除く。吹き付ける粉粒の材種と大きさで仕上がりが異なる。鋼球粒を吹き付ける**ショットブラスト**、砂を吹き付ける**サンドブラスト**、鋳鉄細片を吹き付ける**グリッドブラスト**などがある。

★★★
溶融亜鉛《ようゆうあえん》メッキ《めっき》

鋼材の防錆防食《ぼうせいぼうしょく》処理の1つ。溶融した亜鉛メッキ槽に製品を浸し、鋼材の表面に亜鉛の合金層を形成する。この様子から**どぶ漬けメッキ**、**どぶ漬け**と呼ばれることが多い。屋外に設置される鋼構造物の防食処理として広く採用される。身近なものとしては送電用鉄塔や屋外避難階段などによく用いられている。電気亜鉛メッキよりも亜鉛の付着量が多く、耐久性が期待できる。

★★
高濃度亜鉛粉末塗料《こうのうどあえんふんまつとりょう》(ジンク)《(じんく)》

塗布することでメッキと同様の被覆ができる塗料。鉄面と亜鉛粉末とが接触し、高い防食（防錆）性能を示す。亜鉛粉メッキの補修などに用いられる。

PROCESS 25 躯体工事(S造)②

加工《かこう》・建《た》て方《かた》・接合《せつごう》

S造では、あらかじめ工場で部材の接合部を加工しておきます。現場での作業量を減らし、工期を短くできるのが特徴です。加工した部材は組み立てられ、ボルトまたは溶接によって接合します。

1 加工……〔P146~〕
2 建て方……〔P146~〕
3 摩擦接合(高力ボルト)……〔P148~〕
4 溶接……〔P149~〕
5 性能検査……〔P153~〕

1 加工

★★★
エッジ《えっじ》

鋼材に開けられたボルト穴の中心から部材端部までの寸法のこと。エッジ寸法。作用する力と平行の方向を**はしあき**、直角の方向を**へりあき**と呼ぶ。両方を総称して**最小縁短距離**という。また穴と穴の間隔は、部材の長さ方向を**ピッチ**、その直角方向を**ゲージ**と呼ぶ。▼図1

図1 エッジ

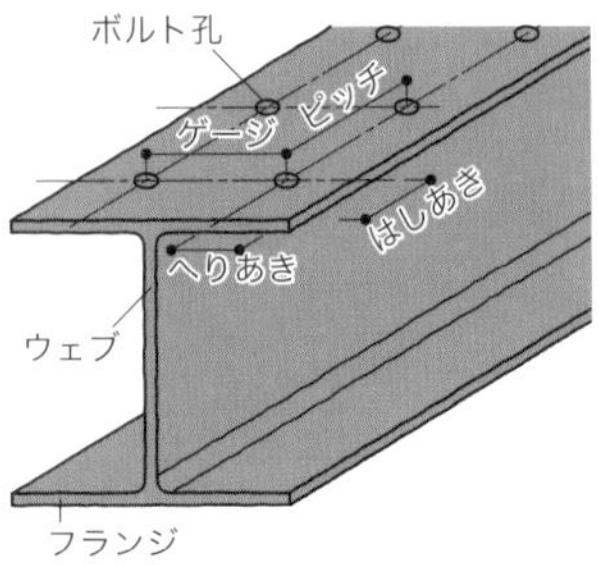

★
ベンダー《べんだー》

鋼材を常温で円形に**曲げ加工**するための機械。または曲げ加工する専門業者のことをこう呼ぶ場合もある。

★
キャンバー《きゃんばー》

梁のたわみとは逆の上方向にあらかじめ付けておく反りのこと。▼図2

図2 キャンバー

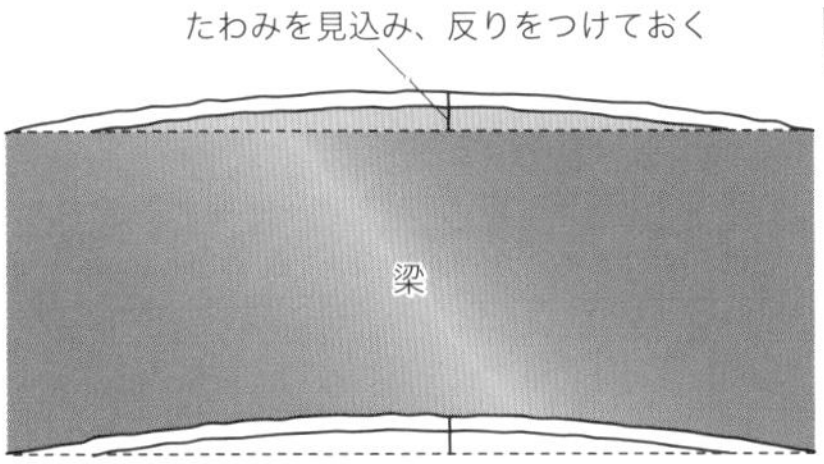

★★
ガス切断《がすせつだん》

鋼材の切断方法の1つ。酸素とアセチレンガスの酸化炎を吹き付けて加熱しながら鋼材を切断する方法。また他に鋼材を切断する方法としては、ノコギリによる**機械切断**、**レーザー切断**、**プラズマ切断**がある。

★★★
鉄骨ファブリケーター《てっこつふぁぶりけーたー》

鉄骨製作加工業者。鉄骨加工は分業が進んでおり、一部の作業工程を外注する工場も多くなりつつある。工場認定にはグレード制度（ファブランク）があり、使用できる鋼材の種類、板厚《いたあつ》や溶接の材料などに制限がある。

2 建て方

★★★
建て方《たてかた》

木造でいうと上棟にあたる、柱梁の骨組みが組み上がる工程のこと。建て方では効率のよい建て方順序を選定するとともに、周辺の状況や作業員の安全のための検討が重要。**積上げ式**、**建逃げ式**などがある。▼図3

★★
積上げ式《つみあげしき》

建て方の種類の1つ。**水平積上げ式**。鉄骨の節ごとに下層から上層へ向けて建て方を行う方法。イメージとしては階ごとに積み上げるのと同じだが、鉄骨柱は複数階を通して**通し柱**としてある場合が多いので、そのまとまりを**節**という。敷地や周辺に余裕のある場所で行われることが多い。▼図3

★★
建逃げ式《たてにげしき》

建て方の種類の1つ。**縦割り式**。建物の片側（一般的には敷地奥）から一方向に建て方を行う方法。最初に建てる部分をどう自立、あるいはどうサポートするかが安全性のポイント。狭い敷地、間口の狭い敷地、市街地の中高層建築物などで採用される。▼図3

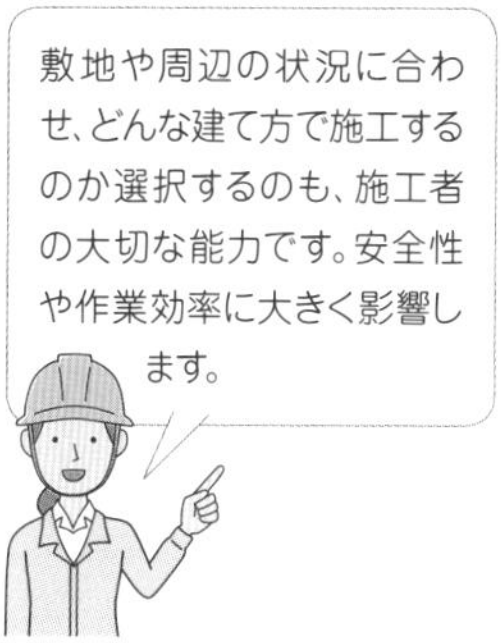
敷地や周辺の状況に合わせ、どんな建て方で施工するのか選択するのも、施工者の大切な能力です。安全性や作業効率に大きく影響します。

図3 建て方

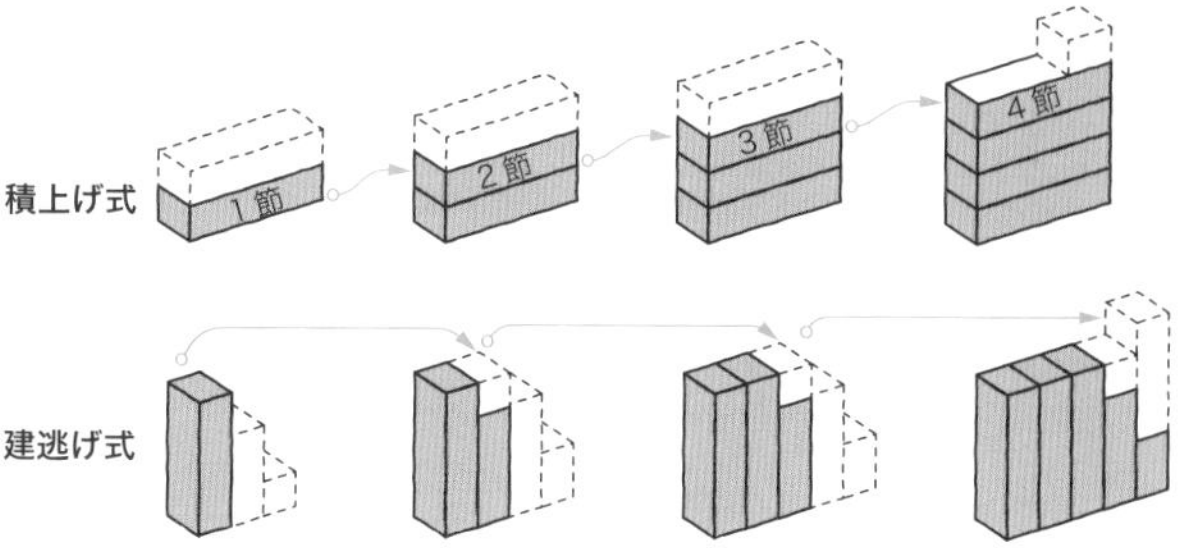
積上げ式
1節
2節
3節
4節
建逃げ式

★★ **地組み《じぐみ》**

柱梁、あるいはトラスなどの部材を現場の地上で組み立てること。または製作工場にて精度確認のため仮組みすること。

★★ **地切り《じぎり》**

クレーンの作業に関する用語。荷重を地面や床面から数cm以上吊り上げて保持すること。「地面からの切り離し」の意と考えられる。

★★ **玉掛け《たまがけ》**

荷物をクレーンなどのフックに掛ける作業のこと。ワイヤーなどを掛ける場合はもちろん、外す場合も玉掛け作業に含まれ、これらの作業には資格が必要となる。

★★★ **歪み直し《ゆがみなおし・ひずみなおし》**

骨組みが組み終わった後に、鉄骨柱の垂直精度を修正する作業。**建て入れ直し**、**歪み取り**ともいう。

★★ **スパン調整《すぱんちょうせい》**

歪み直しでは修正できない誤差を正しいスパンに調整すること。柱と柱の間の寸法を、ボルトの接合部などの隙間を含めて調整する。

★ **介錯ロープ《かいしゃくろーぷ》**

クレーンで荷揚げする際に、吊り荷の一方に付ける補助ロープのこと。▼図4

図4 介錯ロープ

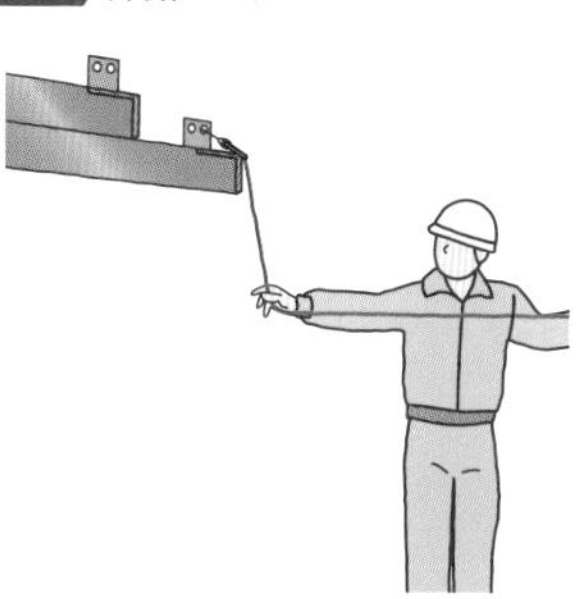

★ **レンフロークランプ《れんふろーくらんぷ》**

鋼材をつかむ吊り上げ工具。クレーンのワイヤロープの先端に取り付けられる。鋼材への着脱が容易だが、ぶつけると外れやすいので注意が必要。▼図5

図5 レンフロークランプ

★ **めがねスパナ(めがね)《めがねすぱな(めがね)》**

ボルトやナットを締める大型のスパナ。**めがねレンチ**ともいう。▼図6

図6 めがねスパナ

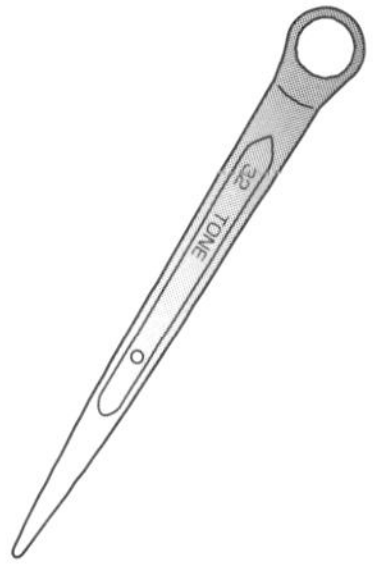

★
ラチェット(シノ付きめがね)《らちぇっと(しのつきめがね)》

ラチェット機構により回転方向が制限され、ボルトやナットを素早く締めることができるレンチ。鳶《とび》職の常用工具としてはラチェットレンチの終端に、シノと呼ばれる鉄骨の穴を合わせたり、番線を締め付けたりする機能が付いている**シノ付きラチェットレンチ**が定番である。▼図7

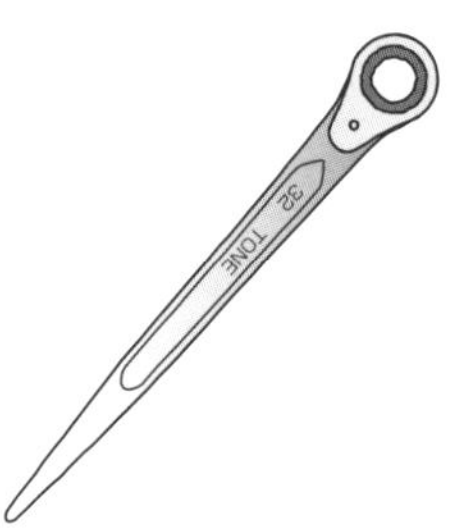

図7 シノ付きラチェットレンチ

★
インパクトレンチ《いんぱくとれんち》

ボルトを締め付ける工具。電動式、圧縮空気式、油圧式などがある。▼図8

図8 インパクトレンチ

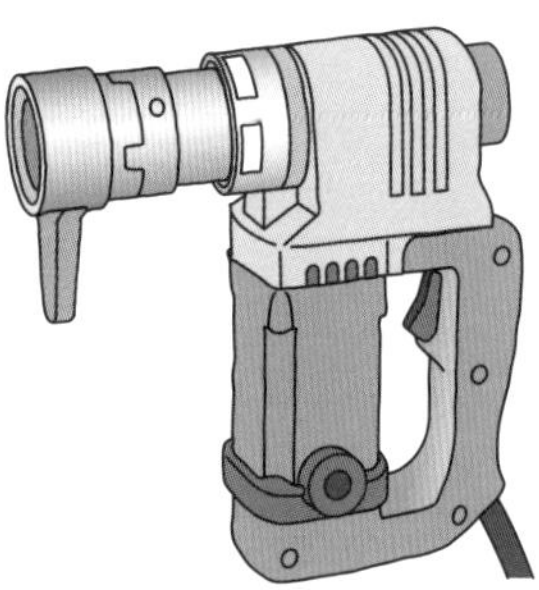

3 摩擦接合(高力ボルト)

★★★
摩擦接合《まさつせつごう》

高力ボルト摩擦接合。鋼材の継ぎ手を高力ボルトで強く締め付け、鋼材の接触面の摩擦力によって応力を伝達する接合法。

★★
メタルタッチ《めたるたっち》

接合部端面に削り仕上げをして、端面相互を密着させた継ぎ手のこと。高層鉄骨造の下層箇所の柱継ぎ手方法。柱軸力が非常に大きく引張力がほとんど生じないことを利用し、柱軸力を上下部材の接触面で直接伝達させる。

★★
仮ボルト《かりぼると》

鉄骨部材の接合部分を仮に締めて接合するときに使うボルト。本接合に先立ち、仮ボルトで仮締め接合を行って板の密着をはかり、その後、本格的に**本締めボルト**を締め付けて固定する。仮ボルトは本締めボルト締結時に取り外される。

★★
一次締め《いちじじめ》

仮ボルトを抜き、すべての本締めボルトを均等に締め付ける工程。一次締めは部材の密着を意図するもので、ボルト呼び径に応じたトルクで行われる。

★★
マーキング《まーきんぐ》

鋼材・座金《ざがね》、ナット・ボルトに白い油性ペンで直線を記入すること。マーキングは締め付け後の検査において、ナットの回転量を目視で確認するためのもの。1次締めの完了後、ボルトとナットが共回りしていないこと、またマーク位置のずれを見て本締め完了を確認するために用いる。▼図9

図9 マーキング

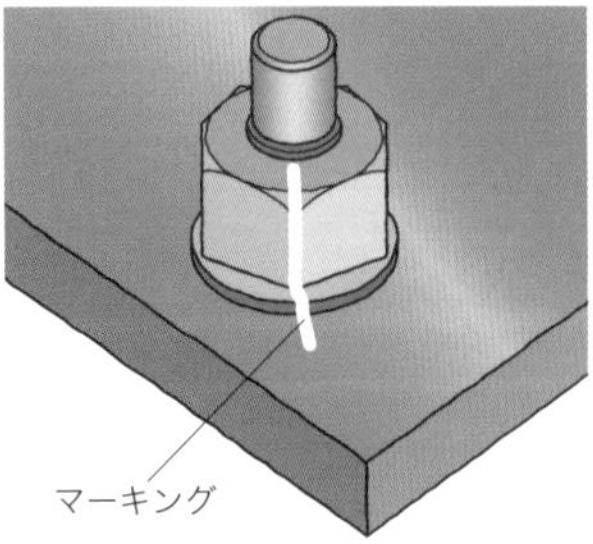

★★★
本締め《ほんじめ》

高力ボルトに**標準ボルト張力**を与えるために締めること。標準ボルト張力とは、高力ボルトの目標締め付け力。一般に締め付け時の誤差・変動などを考慮し、設計ボルト張力の10%増としている。

★★
本締めボルト(本ボルト)《ほんじめぼると(ほんぼると)》

鉄骨を現場で組み立てる際、歪み直し後、本格的にボルト締めを行うときに使うボルト。

★★★
高力ボルト《こうりょくぼると》

ハイテンションボルト(H.T.B.)。高張力鋼でつくられた非常に強度の高いボルト。摩擦接合で用いられる。部材同士を高力ボルトで締め付けることで摩擦力を生じさせ、力を伝達する。この際、ボルトにせん断力は働かない。形状、表面処理の違いにより、**摩擦接合用高力六角ボルト**、**溶融亜鉛メッキ高力ボルト**、**トルシア形高力ボルト**がある。▼図10

★★★
トルシア形高力ボルト《とるしあがたこうりょくぼると》

鉄骨建築物の摩擦接合に主に用いられる。頭が丸く先端の**ピンテール**と呼ばれる部分が、必要な締め付けトルクが得られると破断するようになっている。ピンテールの破断で締付け力を確認できるので、締付けトルクを測定する必要がない。▼図10

図10 高力ボルト

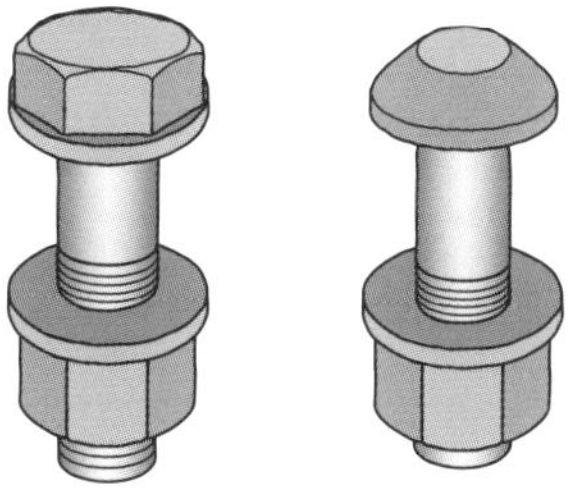

★★
中ボルト《ちゅうぼると》

いわゆる一般の六角ボルト。ボルトのせん断力、引張力で耐力を得る。

4 溶接

★★
開先《かいさき》

溶接を行う母材間に設ける溝のこと。**グルーブ**（Groove）ともいう。開先の形状としては、I形、V形、レ形、U形、J形、X形、K形、H形、両面J形がある。開先を設けて行う開先溶接は、継ぎ手形状として、突合せ継ぎ手、T継ぎ手、十字継ぎ手、角継ぎ手に適用される。▼図11

図11 開先形状

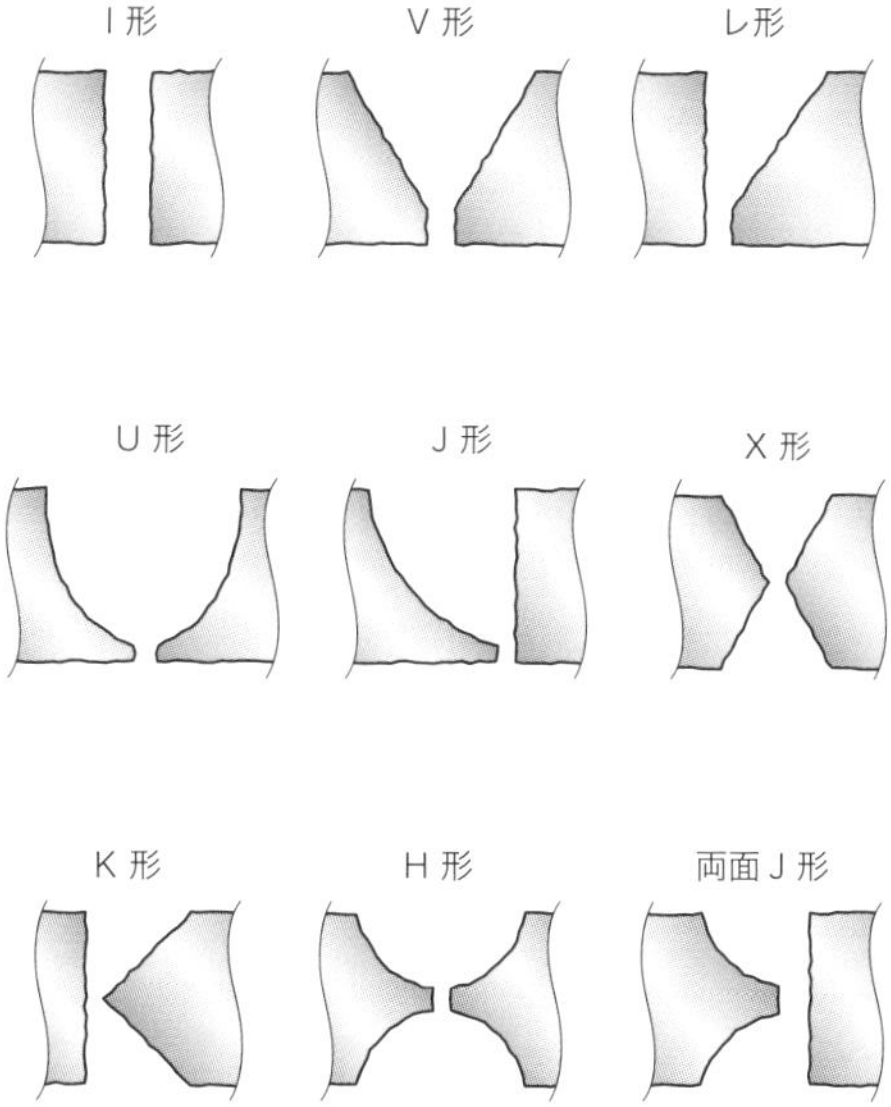

★★★
ノッチ《のっち》

開先加工した切断面にできる凹みのこと。ガス切断の場合は、ノッチ深さは1㎜以内と規定されている。▼図12

★★
溶接接合《ようせつせつごう》

溶接による継ぎ手の接合方法。溶接方法には種々の方法がある。▼図13

図12 ノッチ

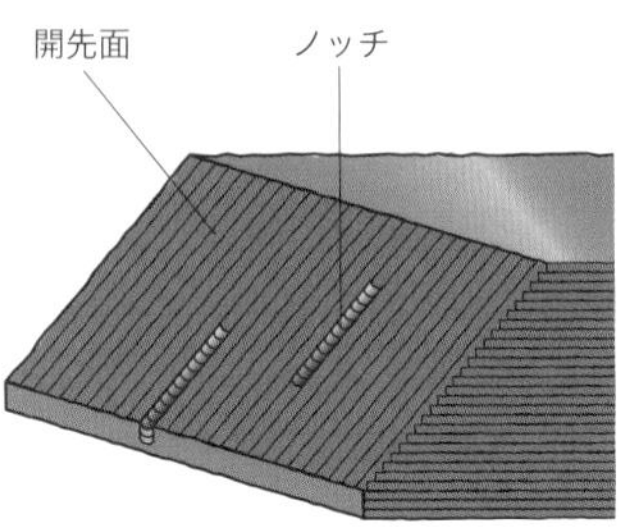

図13 溶接接合

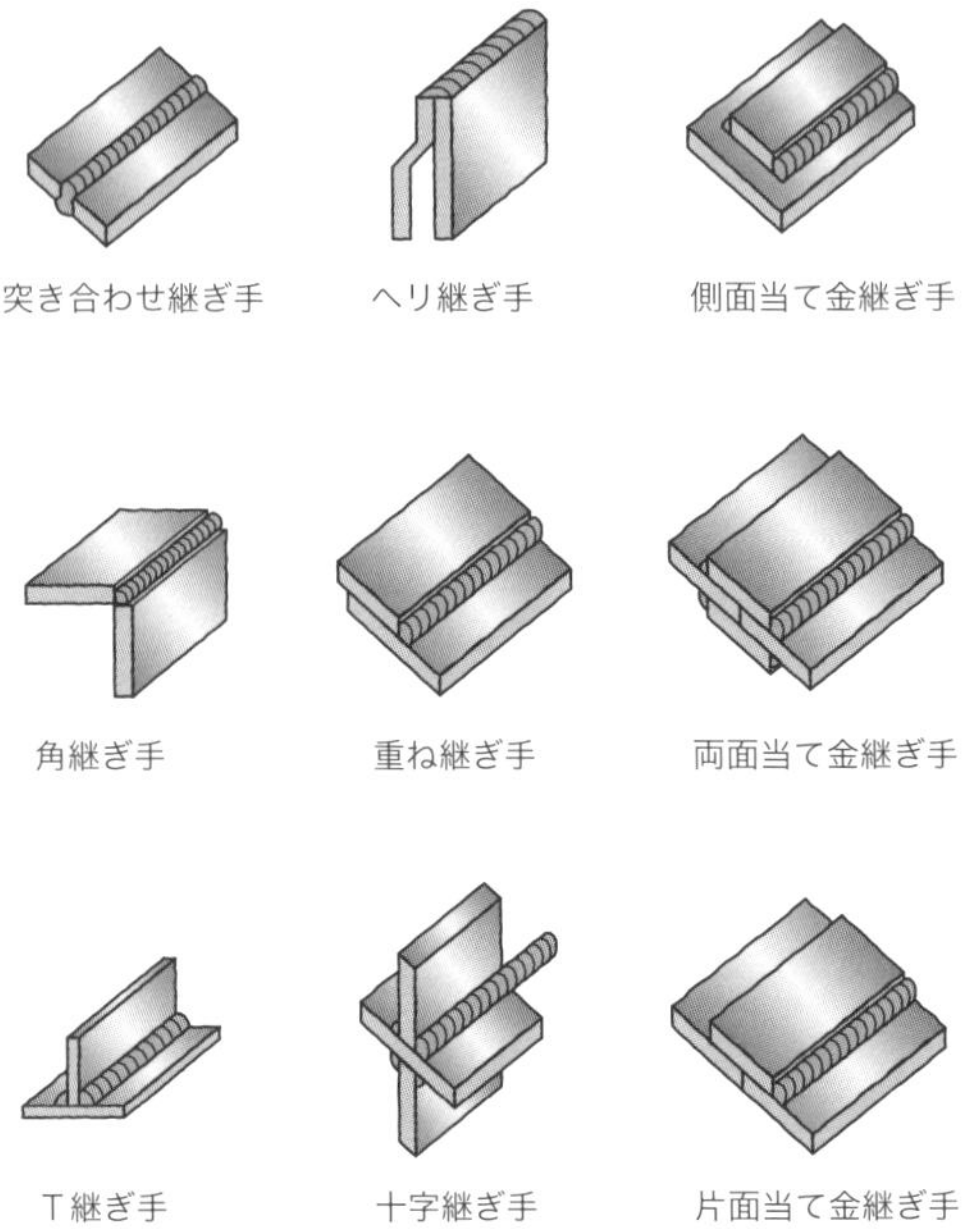

★★★
アーク溶接《あーくようせつ》

金属材料（母材）と溶接棒との間に**アーク**を発生させる溶接法。鉄系材料の溶接に最もよく利用されている方法。溶接棒を取り付けた保持器（**手溶接トーチ**）を使用し、母材と溶接棒の両方を溶かしながら溶接を行う。

★★★
被覆アーク溶接《ひふくあーくようせつ》

被覆アーク溶接棒（フラックスを施してあり、アーク溶接の電極として用いる溶接棒）を使って行う溶接のこと。**手溶接**（溶接操作を手作業で行う溶接）ともいわれ、炭素鋼や合金鋼などの鉄鋼材料から銅合金などの非鉄金属材料の溶接まで幅広く利用でき、また、大掛かりな装置が不要で簡便であるため、適用範囲も広い。

★★
ガスシールドアーク溶接《がすしーるどあーくようせつ》

アーク溶接の一種。アルゴン（Ar）や炭酸ガス（CO_2）などのシールドガスによって、アークと溶着金属を大気からシールド（遮蔽）しながら行う溶接方法の総称。

★★
スタッド溶接《すたっどようせつ》

平板や鉄骨部材にボルト（スタッド）やピンなどの部品を溶接するのに用いられる溶接方法。平板とボルト（スタッド）などの間に電流を流してアークを発生させ、両者を溶融しつつ加圧して溶接する。建築物においては、コンクリートと鉄骨部材を緊結するために鉄骨に取り付けるスタッドなどを溶接するのに使われる溶接法。

★★
エレクトロスラグ溶接《えれくとろすらぐようせつ》

溶融したスラグ浴の中に溶接ワイヤを供給し、主として溶融スラグの抵抗熱により溶接ワイヤと母材とを溶融させ、順次上方向に溶接金属を盛り上げて行う溶接。ボックス内ダイアフラムの溶接に使用される方法。▼図14

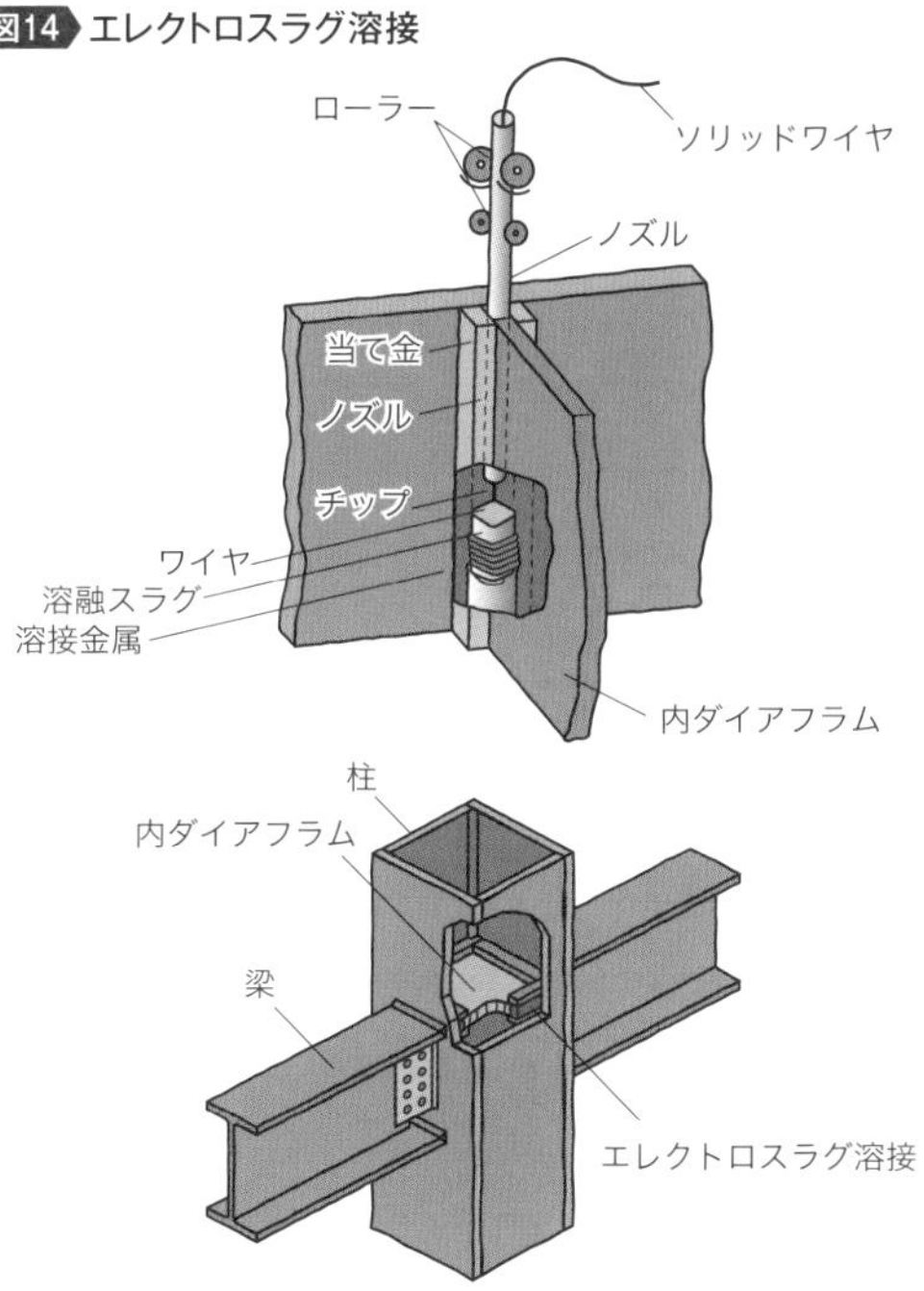

★
半自動溶接《はんじどうようせつ》

溶接時、溶接ワイヤの送給が自動で行われる溶接方法。

★★★
突合せ溶接《つきあわせようせつ》

柱・梁接合部など主要な部材の接合に用いられる溶接方法。母材の溶接を行う部分に開先と呼ぶ溝をつくり、そこに金属を流し込んで母材の一部を溶け込ませ、一体化する。

★★★
隅肉溶接《すみにくようせつ》

重ね継ぎ手、T継ぎ手、十字継ぎ手、角継ぎ手などにおいて、ほぼ直交する2つの面を溶接する三角形の断面を持つ溶接のこと。

★★
回し溶接《まわしようせつ》

隅肉《すみにく》溶接によって取り付けた母材の端部を回して、ぐるりと途切れなく溶接する方法のこと。▼図15

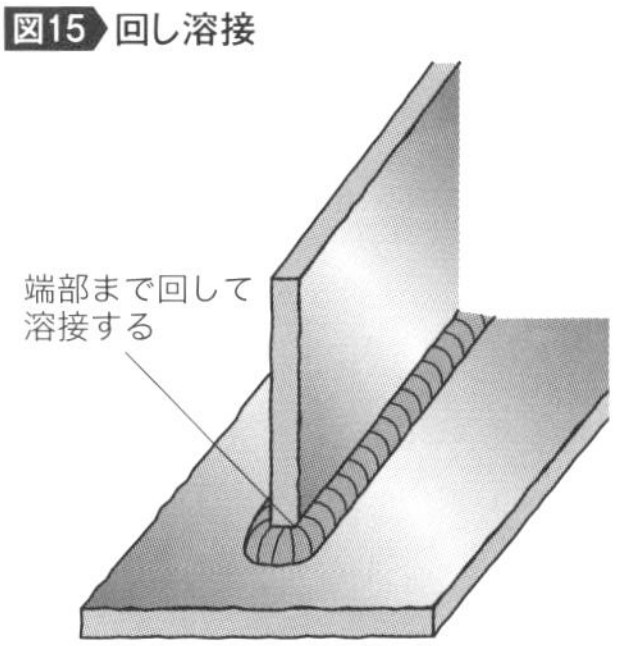

★★★
ビード《びーど》

1回の溶接作業でできた帯状の盛り上がり部分のこと。ビード外観とはその外観形状や施工品質の良否のことを指す。▼図16

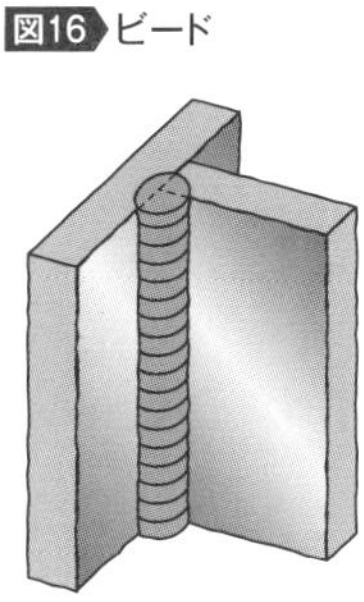

★
溶接棒《ようせつぼう》(手棒《てぼう》)

アーク溶接において、溶けて溶接部分の母材と一体となる金属棒。芯線と被覆材のフラックスが一体となっている。▼図17

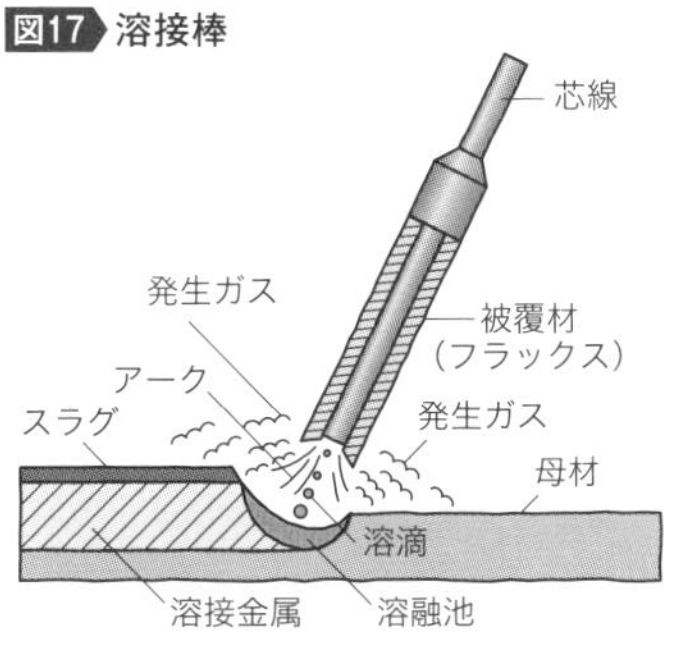

★
フラックス《ふらっくす》

アークを安定させることや、溶接される金属材料（母材）や溶加材（溶接中に付加される金属材料）の酸化物など有害物質を除去し、母材表面を保護、溶接金属の精錬を行う目的で用いる材料のこと。

★★
予熱《よねつ》

溶接または熱切断の操作に先立って母材に熱を加えること。溶接時の継ぎ手部の冷却速度を遅くすることができるため、溶接部の急冷による硬化を防止して、低温割れなどを防ぐ効果がある。

★★
パス《ぱす》

溶接継ぎ手における1回の溶接操作のこと。パスの結果できたものが**ビード**。溶接回数により**シングルパス**、**マルチパス**と呼ばれる。

★★
スカラップ《すからっぷ》

溶接線の交差を避けるために、一方の母材に設ける扇形の切欠き。割れなどの溶接欠陥や材質劣化防止のために設けるものだったが、現在はスカラップによる断面欠損や応力集中が問題となる場合もある。▼図18

図18 スカラップ

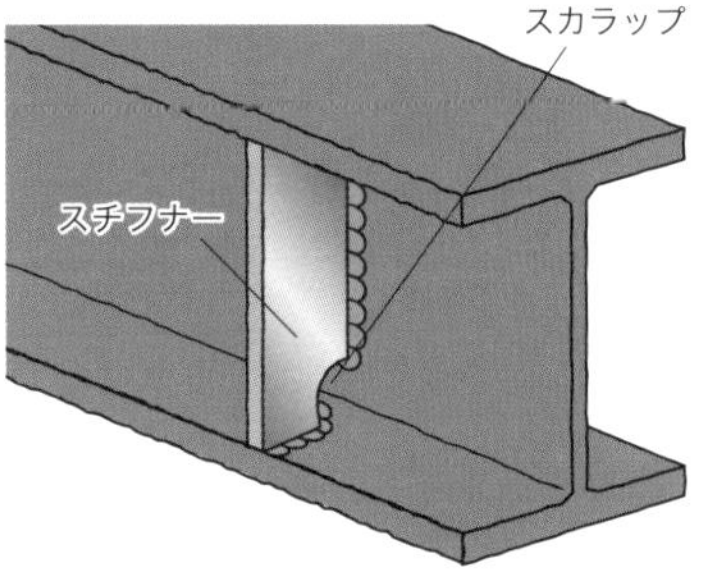

★★
ノンスカラップ《のんすからっぷ》

スカラップを設けず特別に加工した裏当て金を取り付け溶接する方法。

★★
ルート部《るーとぶ》

溶接する開先のルート面（根元、先端面）が、溶接される部材と接する部分。溶接では最初に溶接する層にあたる部分。▼図19

★★★
余盛り《よもり》

突合せ溶接の開先や隅肉《すみにく》溶接で必要寸法以上に表面から盛り上がった部分の溶着金属のこと。過大な余盛りは応力集中を招きやすいので、できる限り小さくすることが望ましい。▼図20

図19 ルート部

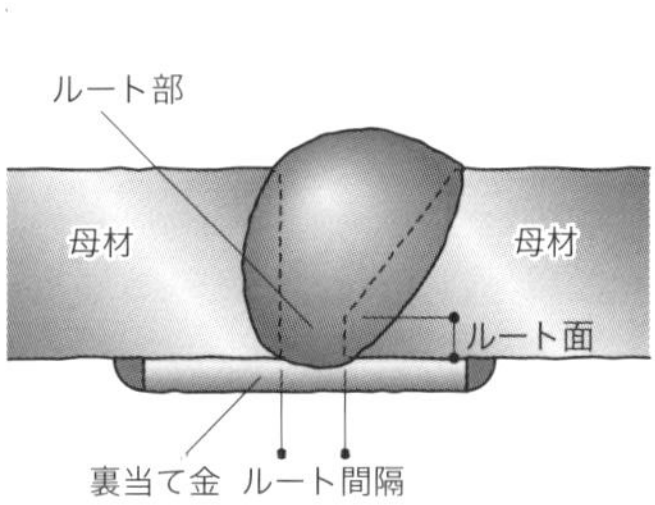

★★
のど厚《のどあつ》

溶接部の最小断面厚さ。開先や部材サイズから決まる。**理論ののど厚**。また、有効のど厚とは、応力を有効に伝達させられる溶接金属の断面、厚さのこと。▼図20

★★
脚長《きゃくちょう》

隅肉《すみにく》溶接で隅肉継ぎ手のルート（根元の部分）から隅肉溶接の止端（母材の面と溶接ビードの表面とが交わる点）までの距離のこと。▼図20

図20 余盛り、のど厚、脚長

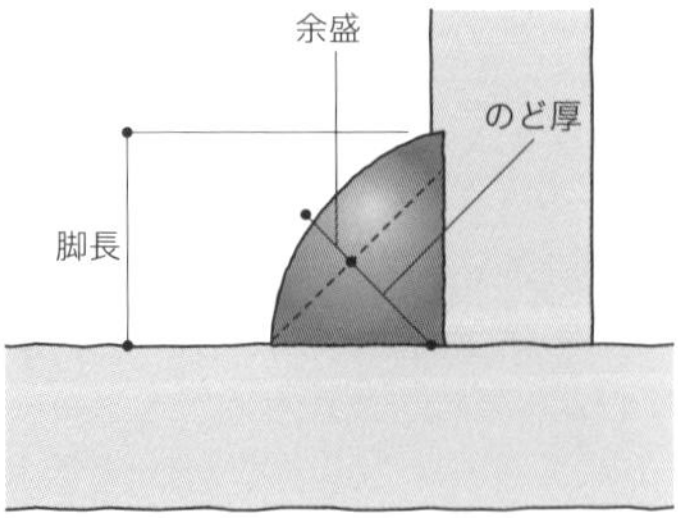

★★
アンダーカット《あんだーかっと》

溶接時、溶接の止端に沿って母材が掘られてしまい、溶着金属が満たされないで溝となって残っている部分のこと。溶接欠陥の一種。▼図21

★★
裏当て金《うらあてがね》

開先の底部に溶接ビードを置く

面と反対側の裏面から母材継ぎ手部分に当てる金属板のこと。溶接金属が裏側に抜け落ちるのを防ぐ。▼図19、22

図21 アンダーカット

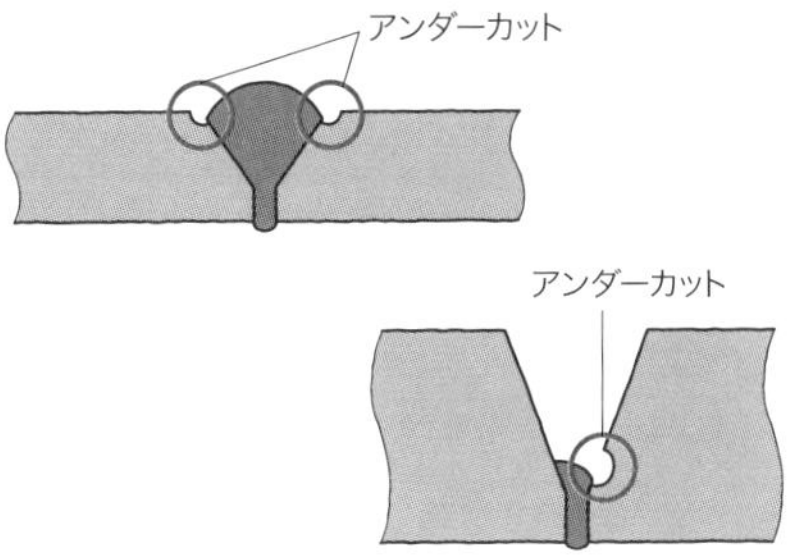

★★
エンドタブ《えんどたぶ》

溶接補助部材の一種である補助板。溶接端部での溶接金属の垂れ防止、ブローホールや融合不良など溶接欠陥が集中しやすいアークの発生、停止をエンドタブ上で行うことで、溶接部端部の溶接欠陥を防ぐ。▼図22

図22 裏当て金、エンドタブ

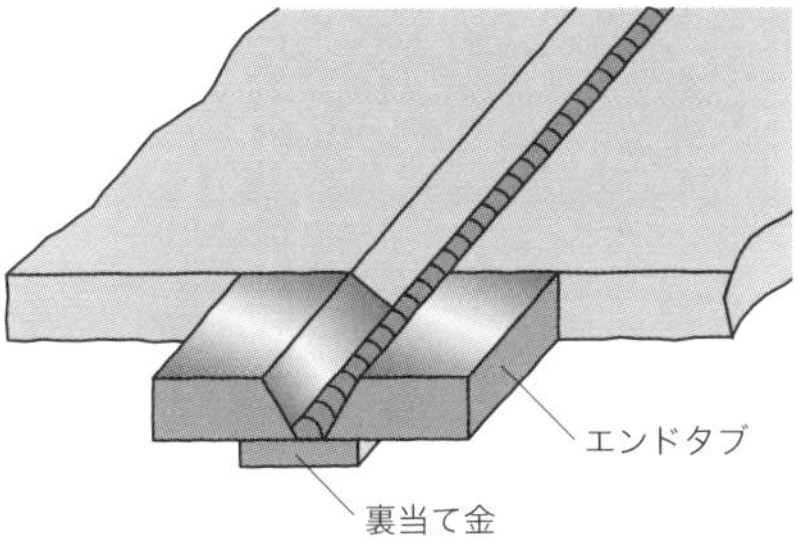

★★★
ブローホール《ぶろーほーる》

溶接部における溶接欠陥の一種。溶着金属の中に発生する球状の空洞（気孔）のこと。1mm以下のものを**ピンホール**、ブローホールが表面に現れたものを**ピット**という。

★★
ガウジング《がうじんぐ》

溶接部や母材をはつりとること。アーク熱と圧縮空気の噴射を利用して、溝掘りを行う**アークエアガウジング**という方法もある。

★★
スラグ《すらぐ》

溶接部に発生する非金属物質。溶接部の表面を覆い、溶接部の急冷を防ぐ効果がある。溶接の際、溶融スラグが浮上せずに溶接金属中に残ったものは、**スラグ巻き込み**といい、溶接欠陥の一種となる。

★★
スパッタ《すぱった》

溶接中に飛散するスラグや金属粒。アーク溶接やガス溶接などの溶融接合で発生する。ビードに付着したスパッタを取り除かず溶接を重ねると溶接欠陥となる。▼図23

5 性能検査

★★
パス間温度管理《ぱすかんおんどかんり》

パスの多い溶接では、次の溶接が開始される直前の温度が350℃以下であることを確認する必要がある。引張強度や降伏点に影響を及ぼす。

図23 スパッタ

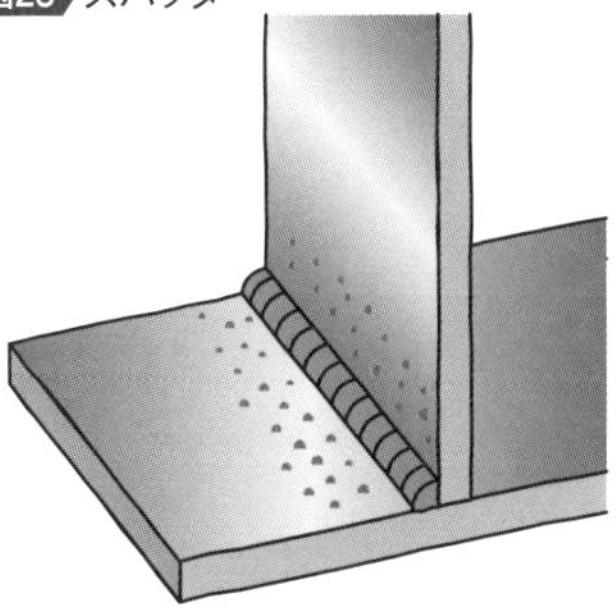

★
温度チョーク《おんどちょーく》

ある一定の温度に融点を持つ化学品を配合したクレヨン状の化合物をスティック状にしたもの。一定の温度に達すると、融解する。使い方は、ペン先のチョークをはかりたい溶接後の鋼材に当て、その温度を確認する。融点の違う2種類のものを使えばある温度の範囲にあることがわかる。パス間温度管理では必需品。

★★
組立て検査《くみたてけんさ》

本溶接をする前の仮組みで開先の状態や寸法などを確認する検査。

図24 ミルシート（例）

需要家 Customer

需要家管理番号 Customer's Control No.

注文者 Shipper

注文者照合番号 Ref. No. of Shipper

品名 Commodity & 規格 Specification

検査証明書
INSPECTION CERTIFICATE

××××株式会社
△△△△△△ Corporation

証明書番号 Certificate No

日付 Date

船番又は工事番号 Ship's No. or Consiruction No.

プロジェクト名 Project Name

契約番号 Contract No

管理 Code	ロット番号 Lot No. / 鋼番 Heat No.	行番 Item No.	寸法 Size	員数 Quantity	質量 Mass	科学成分 Chemical Composition (%) C	Si	Mn	P	S	Cu	Ni	Cr	Mo	V	Nb	引張試験 Tensile Test	曲げ試験 Bend Test	衝撃試験 Inpact Test

上記製品は検査の結果指定の規格に合格していることを証明いたします。

設計された強度を確保するためにも、各段階での検査が欠かせません。

★★
製品検査《せいひんけんさ》

施工管理者、発注者が製品を受け取る前に行う検査で、工場での組み立て作業を確認し、出来上がった製品を受け取るかどうかを決定する検査。

★★★
ミルシート《みるしーと》

鋼材規格の証明書。納入、切断されたルートを追跡できるようになっている裏書きのあるミルシートが主流。鋼材メーカーが製品納入時に発行する「鋼材検査証明書（inspection certificate）」という名で発行されることもある。▼図24

★★★
UT検査《ゆーてぃーけんさ》

超音波探傷検査。Ultrasonic Testing。エコーによる検査。溶接部の表面から見えない欠陥を探る。

★★
打撃検査《だげきけんさ》

スタッド溶接の検査方法の1つ。ハンマーでスタッドが15度曲がるまで打撃し、溶接部に亀裂や破断が生じないことを確認する。

★★★
開先検査《かいさきけんさ》（溶接前検査《ようせつまえけんさ》）

完全溶け込み溶接が対象。開先形状や加工精度を検査する。ノッチなどがないかの確認も重要。

★★
摩擦接合部検査《まさつせつごうぶけんさ》

摩擦接合面の状態を確認する検査。適正な摩擦力が得られる赤サビ状態、あるいはショットブラストなどで面を荒らした状態が必要となる。

★★
寸法検査《すんぽうけんさ》

鉄骨製品の各部位の寸法を測定、確認する検査。

PROCESS

26 構造《こうぞう》の一般知識《いっぱんちしき》

躯体工事のポイントは、多くの構造形式を知り、建物にかかる力の流れをよく知ること。理解が深まれば施工精度も上がっていきます。ここでは、一般的な構造形式の概要について取り上げています。

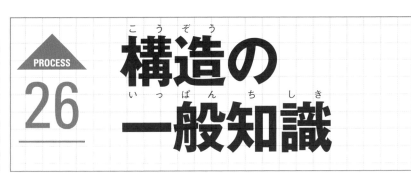

1 ラーメン構造・壁式構造

★★★ ラーメン構造《らーめんこうぞう》

ラーメンとはドイツ語で「額縁」「フレーム」を意味するRahmenが語源。柱と梁で組まれる建築の基本的な構造である。床にかかる力は、梁、柱から基礎、地盤へと伝わる。柱と梁でしっかりと組まれているので、開口部や吹き抜けを自由につくることができる。鉄骨造、鉄筋コンクリート造の基本的な構造形式であり、高層化も可能である。壁式ラーメン構造などと区別するため**純ラーメン構造**という場合がある。▼図1

図1 ラーメン構造

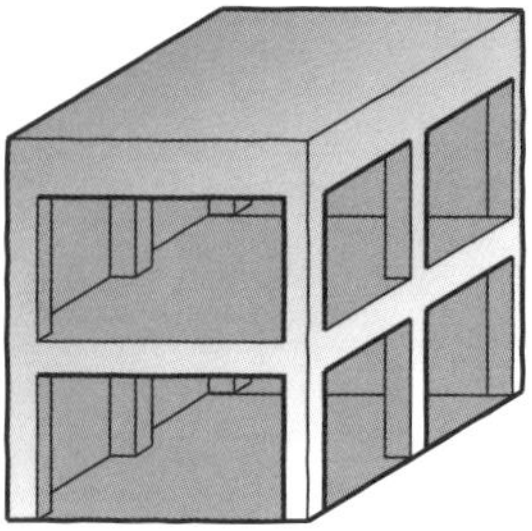

★★★ スパン《すぱん》

柱の中心と中心の距離のことである。または、梁材の支点間距離。梁間ともいう。▼図2

図2 スパン

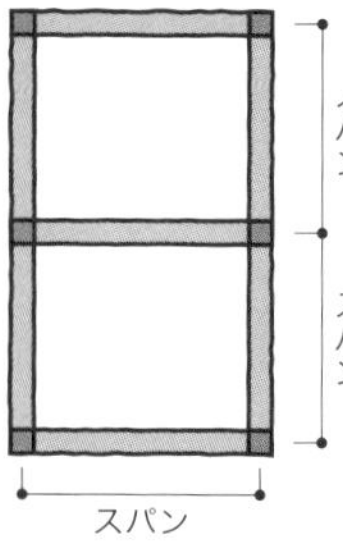

★★★ 大梁《おおばり》

柱と接合され、床からの荷重を受ける水平部材。▼図3

★★ 小梁《こばり》

床の荷重が大きい場合やスパンが長いなどの理由で床のひずみや振動が生じやすいときに設ける梁で、大梁《おおばり》に接合する部材。▼図3

★★ 梁成《はりせい》

梁の高さ。鉄筋コンクリート造の場合は、床までの高さを含む。▼図4

図3 大梁、小梁

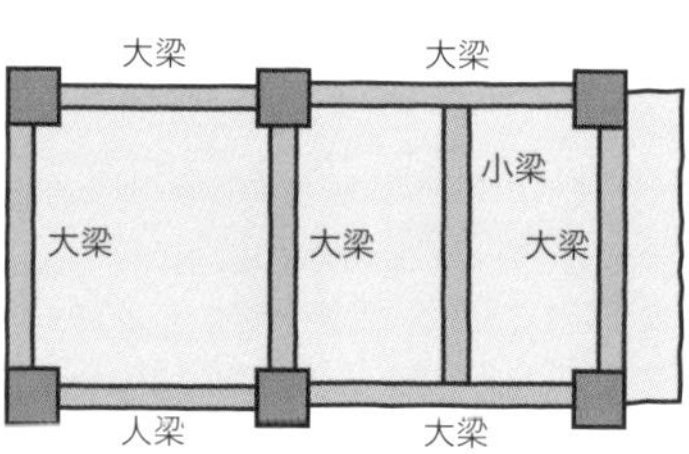

図4 梁成

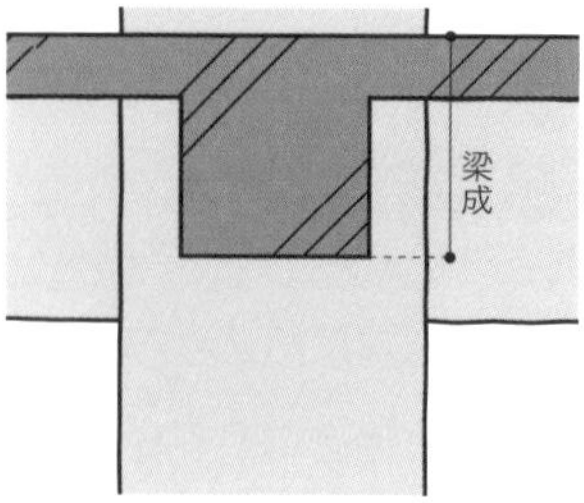

★★★ 壁式構造《かべしきこうぞう》

壁と床で組み立てられた構造。住宅・集合住宅のような小空間の鉄筋コンクリート造で用いられる。柱や梁など太い構造体がないため、部屋に凹凸がなく内部空間はすっきりとする。構造体となる壁の位置は、2階以上では原則的に1階の位置に合わせる必要があり、建物全体として壁を均等になるように配置する。大きな開口部や吹き抜けは自由には設けられない。ラーメン構造以上に、スラブには十分な耐力が必要となる。▼図5

図5 壁式構造

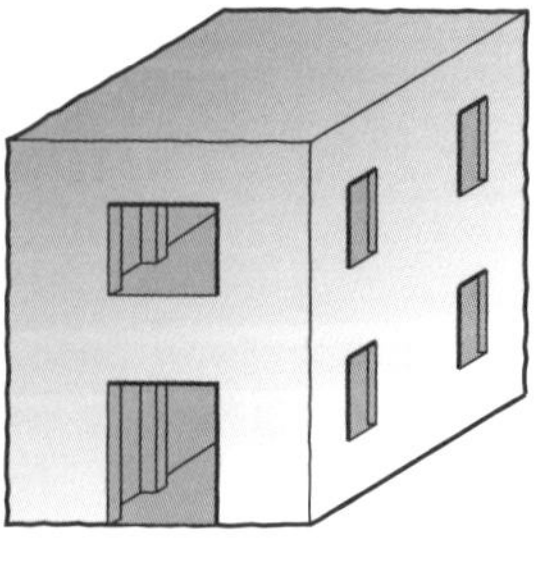

★★★ 耐力壁《たいりょくへき》

鉄筋コンクリート造のラーメン構造に用いられる場合には、柱、梁のフレームの中で、主に水平力（風圧力や地震力）を受け持つ部材をいう。鉄筋コンクリート造の壁式構造では、一般的に柱、梁がないので、床から受ける垂直力（建物の自重や建物の上に載る家具や人間の荷重）を支えると同時に水平力（風圧力や地震力）をも支える部材をいう。

★★ 壁梁《かべばり》

鉄筋コンクリート造の壁式構造の耐力壁で、開口部が大きくなった場合に開口部の上下にある壁を梁状の壁と考え、曲げやせん断力の強度を持たせる部材。

★★ 逆梁《ぎゃくばり》

主に集合住宅で用いられる構造手法。梁は床下にあるが、床の上に設けた梁。上部に木造等で床を張る。そのため床下収納ができる。窓高を高くし、ハイサッシを設ける等の利点がある。しかし、一般的な梁に比べ、性能は落ち、施工も難しい。▼図6

図6 逆梁

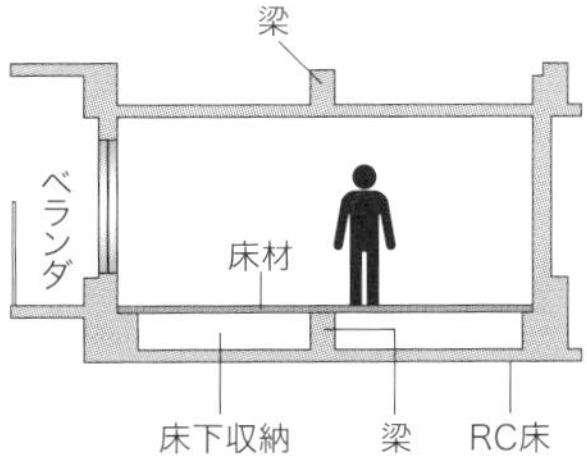

★★ 壁式ラーメン構造《かべしきらーめんこうぞう》

近年の集合住宅で用いられる構造で、開口部の少ない長辺方向に長い耐力壁を設け壁式構造とし、開口部を設ける方向には梁を配置する。壁と梁を組み合わせた構造形式である。6階程度の中層建築が可能。集合住宅の用途に適した構造である。▼図7

図7 壁式ラーメン構造

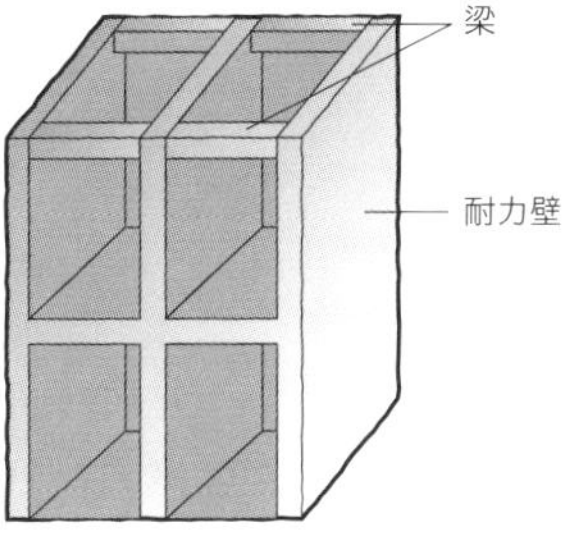

2 ブロック造

★★ 空洞ブロック《くうどうぶろっく》

鉄筋を配し、モルタルを充填するために中が空洞になったブロック。外形上、**基本形ブロック**、**基本形横筋ブロック**、四隅などに使われる**異形ブロック**の3種類に分けられる。基本形ブロックは縦方向に鉄筋を入れるためのもの、基本形横筋ブロックは横方向に鉄筋を入れるための形状をしている。JISでは、大きさ、強度、透水性などについても規格化している。間仕切壁や塀などさまざまな用途で用いられる建築材料。▼図8

図8 空洞ブロック

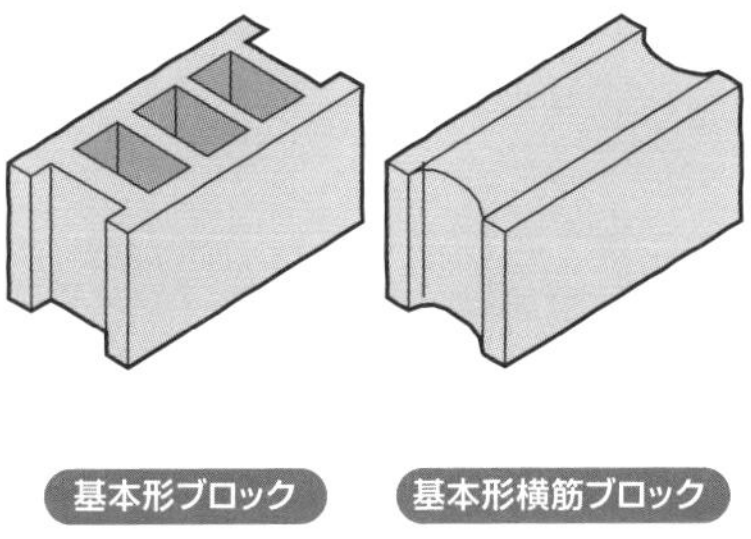

★ 型枠ブロック《かたわくぶろっく》

コンクリートを充填、鉄筋を配しやすくするために、空洞ブロックの内側を大きくえぐったコンクリートブロックのこと。ブロック内側に鉄筋を組みながらブロックを積み上げ、コンクリートを流し込む。鉄筋コンクリ

ートと同様の強度とすることができる。▼図9

図9 型枠ブロック

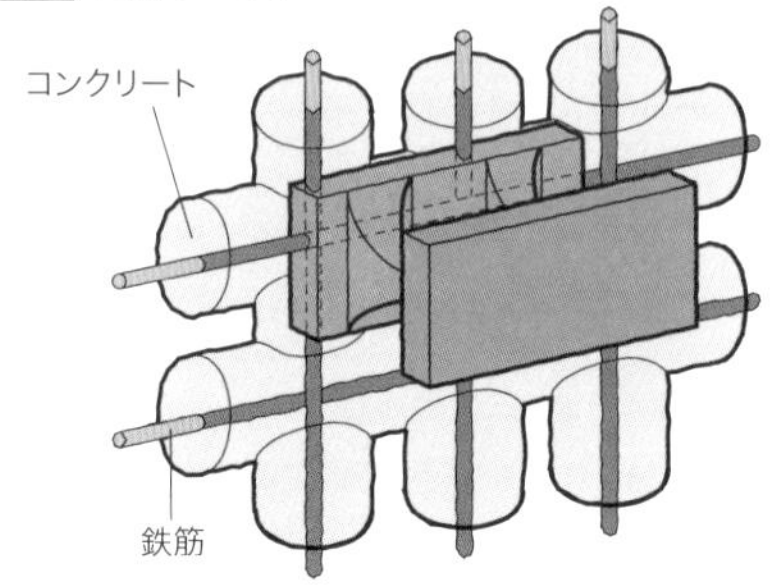

★

補強コンクリートブロック造《ほきょうこんくりーとぶろっくぞう》

空洞ブロックの中に鉄筋を配してモルタルを充填した壁部分と躯体は鉄筋コンクリート造で構成する形式の構造である。既成のコンクリートブロックでは強度が足りないため、小規模な建築物にしか用いられない。▼図10

★

型枠コンクリートブロック造《かたわくこんくりーとぶろっくぞう》

型枠コンクリートブロック内に鉄筋を配してコンクリートを充填し、耐力壁とし、臥梁《がりょう》・床は鉄筋コンクリート造とした壁式構造である。構造体は鉄筋コンクリート造と同等の強度とみなすことができる。▼図11

★★★

臥梁《がりょう》

組積造《そせきぞう》であるレンガ造やブロック造の壁を上部分でつなぎ合わせるための、鉄筋コンクリートの梁のことである。各階のつなぎ目や屋根の下部に設ける。▼図12

図12 臥梁

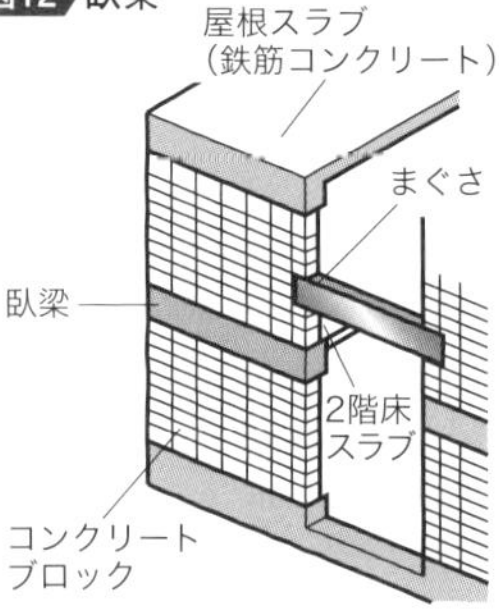

図10 補強コンクリートブロック造

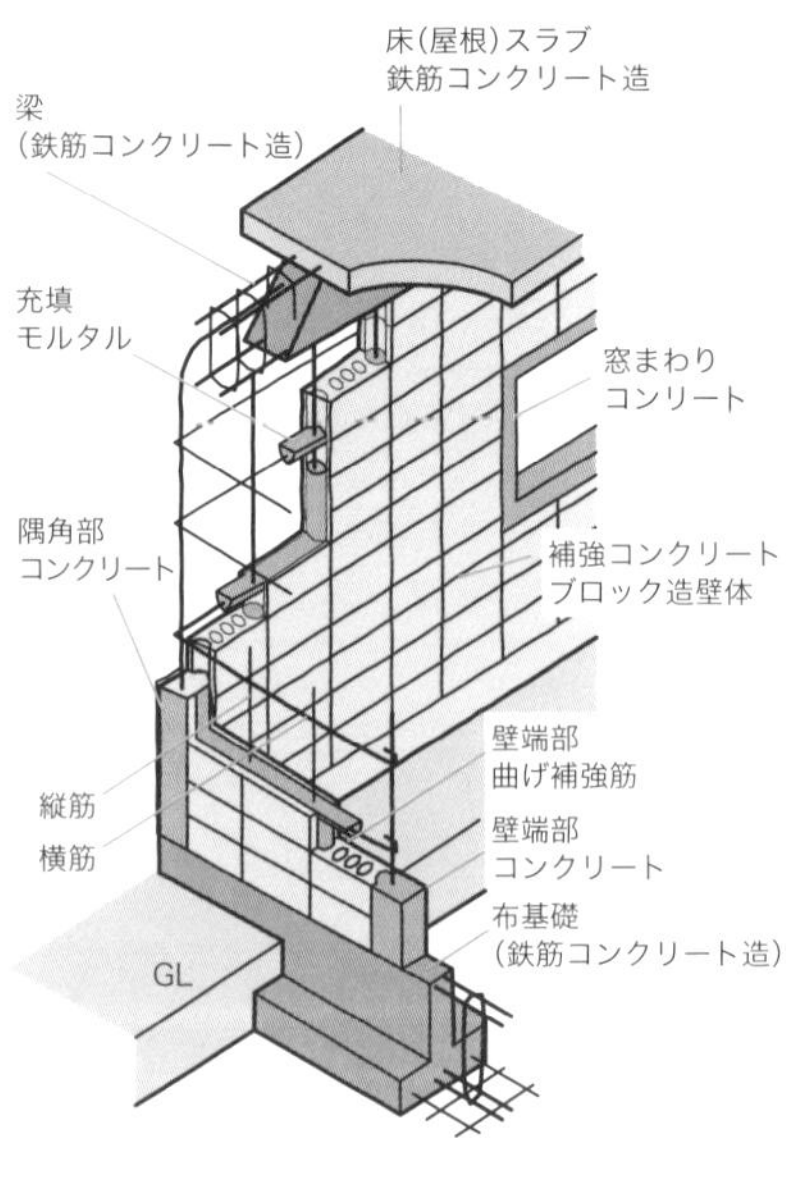

図11 型枠コンクリートブロック造

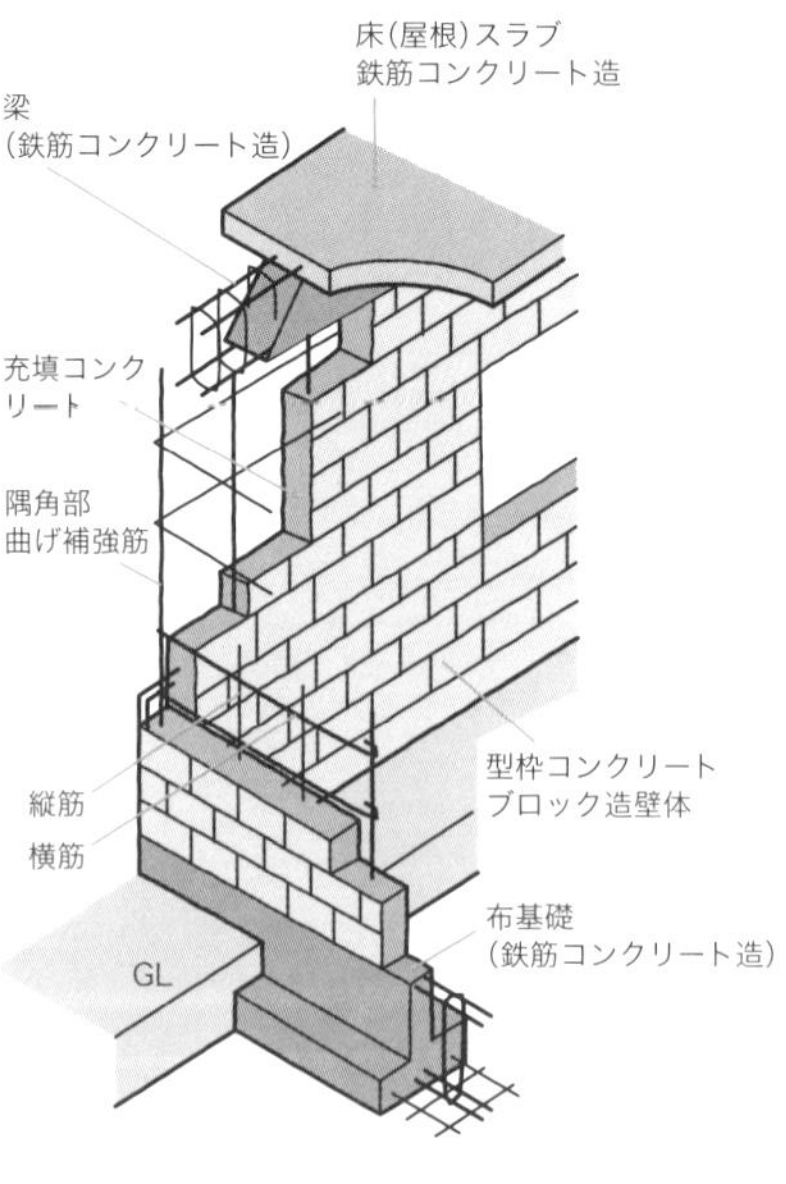

★★
帳壁《ちょうへき》

外壁面や間仕切壁として取り付けられた壁で、建物の荷重を一切負担しない壁のこと。**カーテンウォール**と同様の意味である。ただし、地震などの建物の変形に追従する必要がある。ラーメン構造の外壁で用いられる。工場生産されたものが多い。

★
控壁《ひかえかべ》

ブロック塀などで、塀が倒れないように塀から突き出した壁状のものをいう。▼図13

図13 控壁

3 その他構造用語

★★★
SRC造《えすあーるしーぞう》（鉄骨鉄筋コンクリート造《てっこつてっきんこんくりーとぞう》）

鉄骨と鉄筋コンクリートを一体化した構造で、粘り強く、座屈しにくく、耐火性能に優れている。また、耐震性にも優れ、高層ビルの低層部分に用いられる構造である。柱や梁の大きさも小さくなる傾向にある。ただし、鉄骨と鉄筋コンクリートの取り合い部分の施工が複雑になるので工期が長くなる場合が多い。▼図14

図14 SRC造

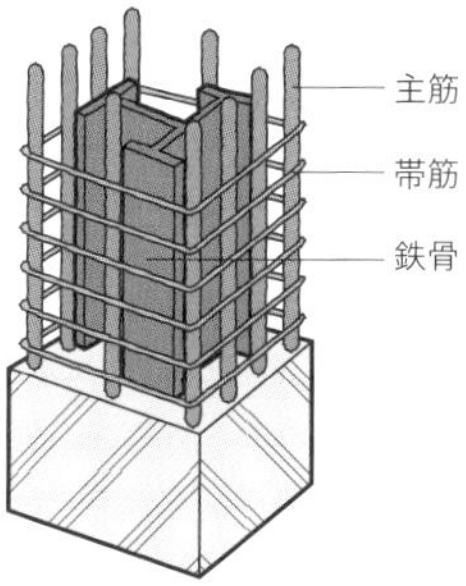

★
膜構造《まくこうぞう》

内部の気圧を高圧にし、屋根を持ち上げた構造のこと。大空間をつくるための手法の1つで、野球場のドームなどに用いられる。送風機などで内部に空気を送り込むことで外気より気圧を高める。24時間、空調設備の稼働が必要なためランニングコストがかかる。▼図15

図15 膜構造

★
吊り構造《つりこうぞう》

主要となる柱からワイヤーを出し、屋根を吊り上げる構造である。比較的自由な形ができる。▼図16

図16 吊り構造

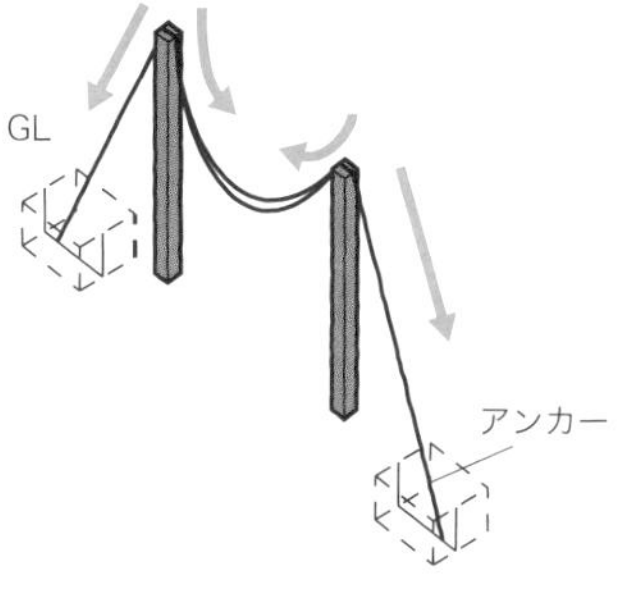

★
折板構造《せつばんこうぞう》

1枚の紙を折り曲げたような構造体を架構し、大空間を包む構造の考え方。ラーメン構造ではスパンに限界があるが、折板構造では梁を用いずに構造計算によって折り曲げた板により効率的に大空間を支えることができる。非常に難易度の高い施工が要求される。また、近年では、鉄板を曲げた折板屋根もある。▼図17

図17 折板構造

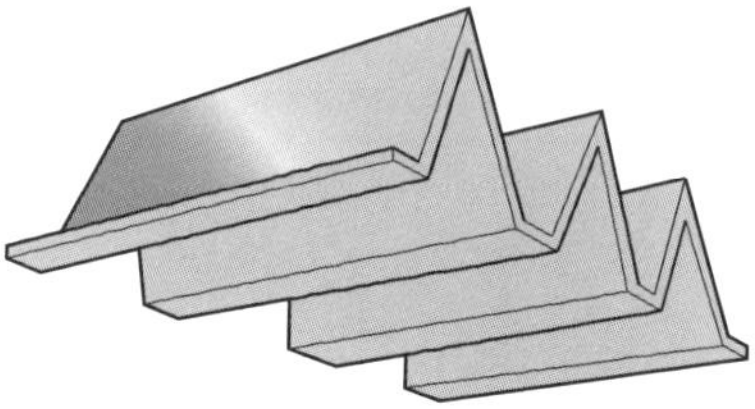

★★ シェル構造《しぇるこうぞう》

貝殻はいくつもの曲面からなる構造であり、薄い殻なのに強度が大きい。このことを構造解析した構造である。シェルは貝殻の意味である。大きな空間をつくるのに有利であり、鉄筋コンクリート造のオペラ座や体育館に実例が多い。また、多様な形態も実現することができる。ただし、高度な施工性が要求される。▼図18

図18 シェル構造

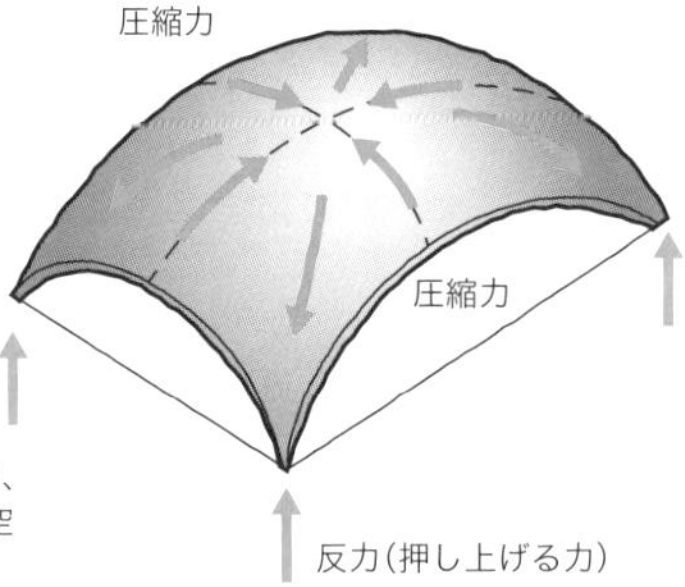

貝殻の形状と同様に考えることで、薄い鉄筋コンクリートで巨大な空間をつくることができる。

★★★ トラス構造《とらすこうぞう》

平面的に三角形で組まれた構造体のことで、部材には、引張力、圧縮力のどちらもあり、曲げ力をともなわないため、細い材を組み合わせることで強い構造物をつくることができる。それぞれの接合点は原理的なピンであるが、現実的には不可能である。鉄骨造、木造などで用いられる構造である。▼図19

図19 トラス構造

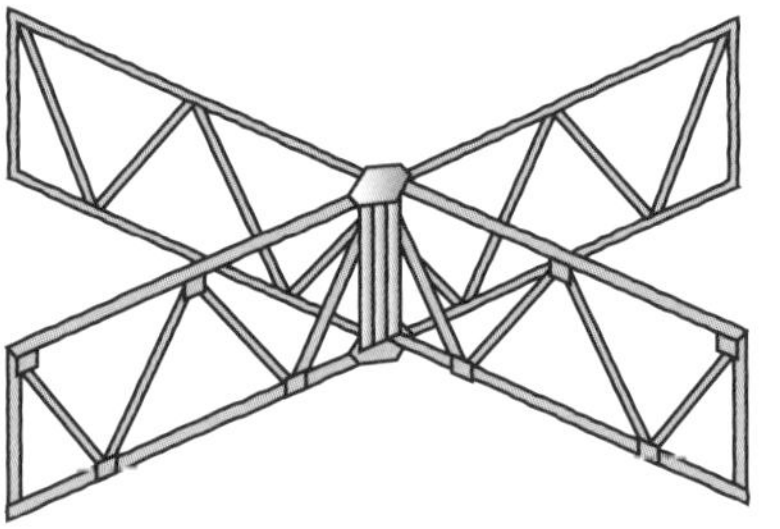

1つ1つが三角形を構成している。図は梁を軽量化するためにトラス構造を応用した例である。

★★ 立体《りったい》トラス構造《とらすこうぞう》

三次元（立体）的にトラスを組み合わせた構造である。トラスを立体的に組み合わせることにより構造材を軽量化し、効率的な構造物とすることができる。構造解析、工業製品としてユニット化が進み、大スパンの多様な用途の空間で使われるようになった。特に接合部が機械的な接合となり施工性も向上した。▼図20

図20 立体トラス構造

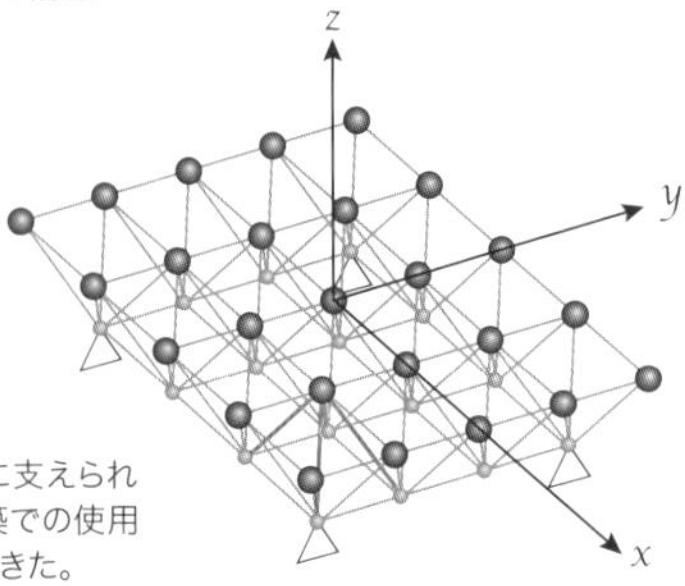

大空間を効率的に支えられるため、公共建築での使用頻度が高くなってきた。

PROCESS 27 性能工事①

遮音《しゃおん》・防音《ぼうおん》

音の制御は、設計段階で綿密に計画したとしても、現場での施工精度が確実でなければ、不具合が生じます。そのため、施工に対する打合せは、工事前から十分にするべきです。また、施工後の検査も欠かせません。

1 材料・工法

★★★
多孔質型吸音《たこうしつがたきゅうおん》

ロックウールなどの細かな繊維や多孔性を生かした吸音。中高域の吸音率がよい。ポリエチレンマットなども使う。吸音としては他に、音楽スタジオなどで使われ空気の振動を共鳴により低下させる**共鳴型吸音**や板材、膜材の振動により音エネルギーを低下させる**板振動型吸音**がある。▼図1

図1 共鳴型吸音

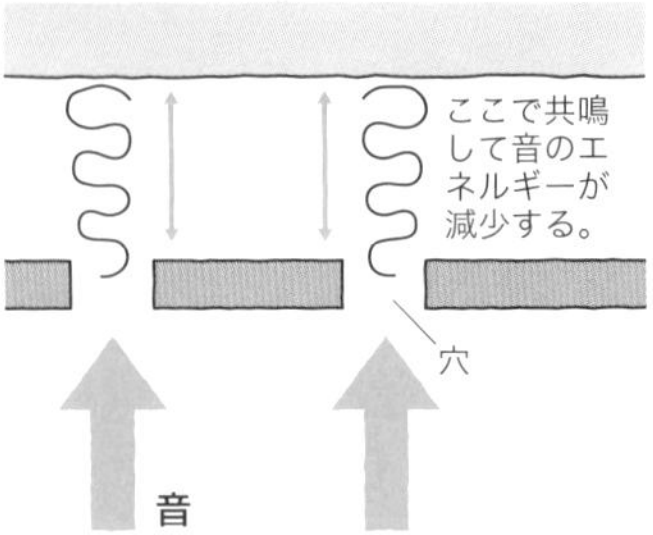

★★
グラスウール・ロックウール《ぐらすうーる・ろっくうーる》

多孔質吸音材料。細いガラスまたは岩綿の繊維のマット状素材。断熱材でもある。中高音域の吸音率がよい。ロックウール（岩綿）は耐火性もある。ともにボード状に成型した製品は吸音板と呼ばれる。**岩綿吸音板**は天井材としてよく使われる。

★
有孔合板《ゆうこうごうはん》

合板に小さな穴を連続して開けたもので、音楽スタジオなどでもよく使われる吸音用建材。裏側に空気層や吸音材を入れることで吸音性を発揮する。合板ではなくフレキシブルボードなどの場合は**有孔ボード**と呼ばれる。▼図2

★★
遮音シート《しゃおんしーと》

主に床に使われる遮音効果を持たせた厚さ1㎜程度のシート。階下への音漏れなどを低減することができる。厚手のものは遮音マットと呼ばれることが多い。

図2 有孔合板

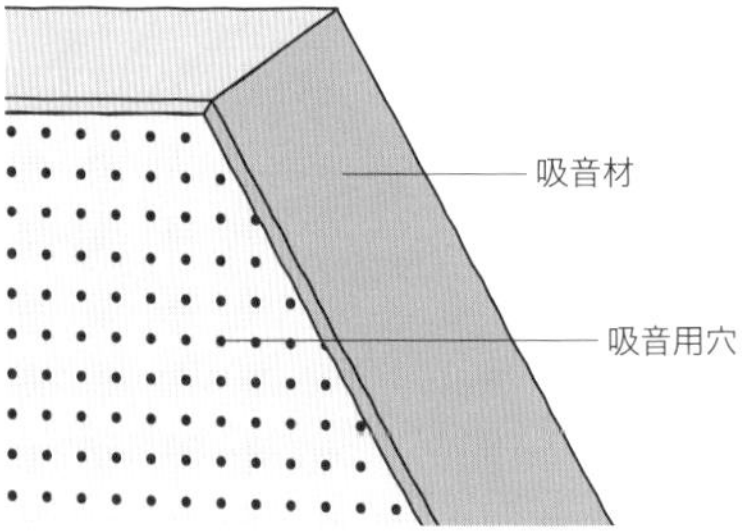

★
防振吊木《ぼうしんつりき》

上階床からの**固体伝播音《こたいでんぱおん》**を効果的に遮断する働きを持つ吊木。防震吊木と書かれる場合もある。吊木には、途中に振動を吸収するゴムや樹脂が使われている。▼図3

★★
浮き床工法《うきゆかこうほう》

RC造スラブの上に硬いグラスウールや防振ゴムなどを入れ、その上に床下地、仕上げをする床工法。床の音が直接、構造体に伝わらないようにしている。▼図4

図3 防振吊木

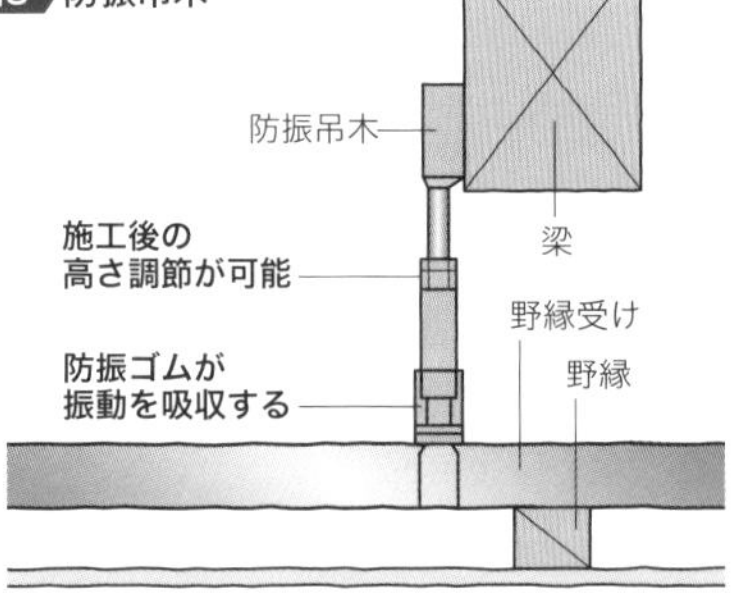

★★★
際根太《きわねだ》

壁際に掛け渡される根太。床のきしみなどが際根太を通して壁に固体伝播音《こたいでんぱおん》として伝わらないように、接触部分の工夫をする。▼図5

2 音に関する用語

図4 浮き床工法の例

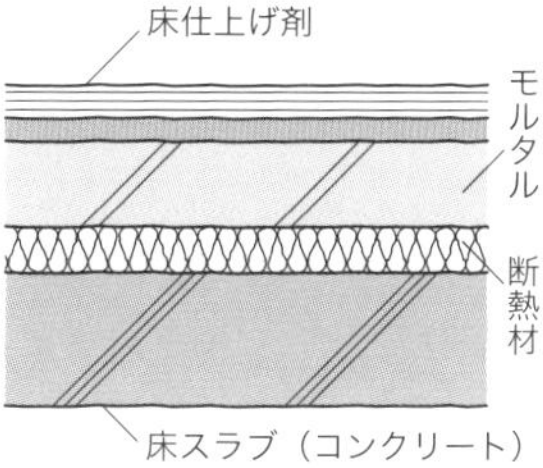

図5 際根太

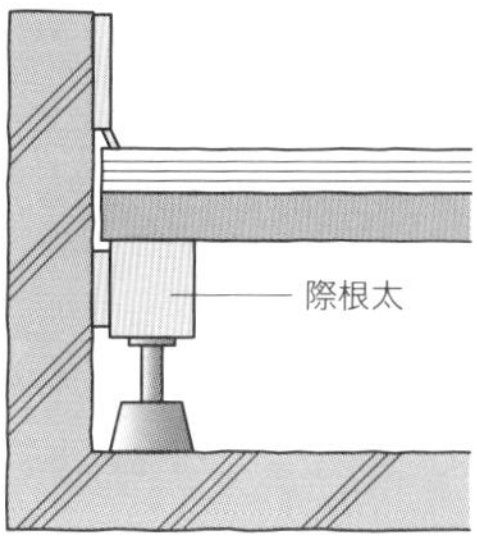

★★★ **遮音《しゃおん》**
音の波動を遮り反射させることで、壁などを透過する音エネルギーを減少させること。

★★★ **吸音《きゅうおん》**
音の波動が空気の振動などでエネルギーを失い、反射等が少なくなること。このとき、音エネルギーは熱エネルギーに変換されている。

★★★ **防音《ぼうおん》**
室内に音が入ったり、漏れるのを防ぐこと。音は遮音と吸音によって制御される。

★★★ **音圧レベル《おんあつれべる》**
音圧の大きさを、基準値との比の常用対数によって表現した量（レベル）である。音の強さを表す。人間の感覚が、この対数にほぼ比例するという法則による。単位は**デシベル（dB）**。

★★★ **Hz《へるつ》**
周波数（振動数）の単位。1Hzは、1秒間に1周期の周波数を表している。ヘルツが高いと音も高くなる。440ヘルツは音階のラの音で、その1オクターブ上のラは周波数は倍で880ヘルツになる。▼図6

図6 Hz

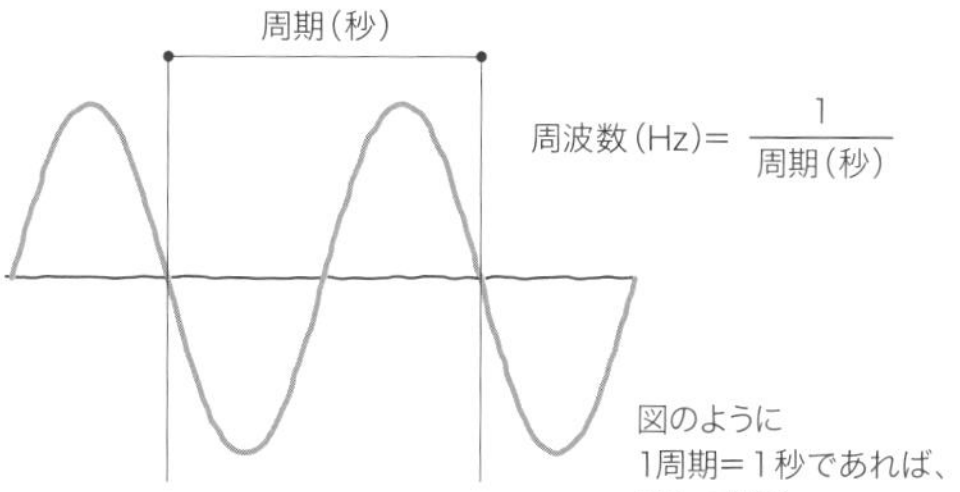

★★ **遮音性能《しゃおんせいのう》**
どのくらい遮音できるかという性能のこと。音源から界壁《かいへき》を隔てて音を聞いたとき、どのくらい音が小さくなったかを**透過損失**（TL：単位dBデシベル）で表す。▼図7

図7 透過損失

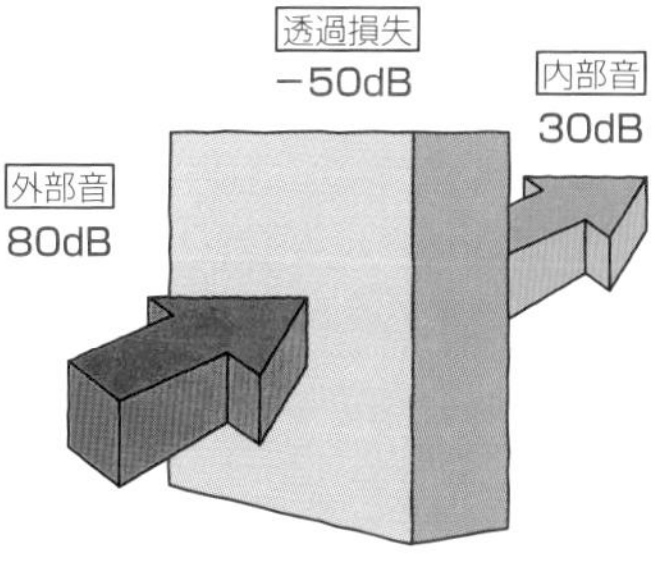

★★ **固体伝播音《こたいでんぱおん》**
壁や床、管などの物質を通して伝わっていく音。これに対し、空気を伝わる音は**空気伝播音《くうきでんぱおん》**という。

★★ **フォン《ふぉん》**
人が感じる音の大きさ（**ラウドネス**）を示す指標。感覚量（心理量）でなく、ラウドネスを音圧レベルに比例する量として捉えた心理物理量。周波数ごとに、同じラウドネスとなる音圧レベルをはかり、それを曲線（**等ラウドネス曲線**）によって示す。周波数が1000Hzの音圧レベルをフォンの数値とし、phon、ホンとも記載される。▼図8

図8 等ラウドネス曲線

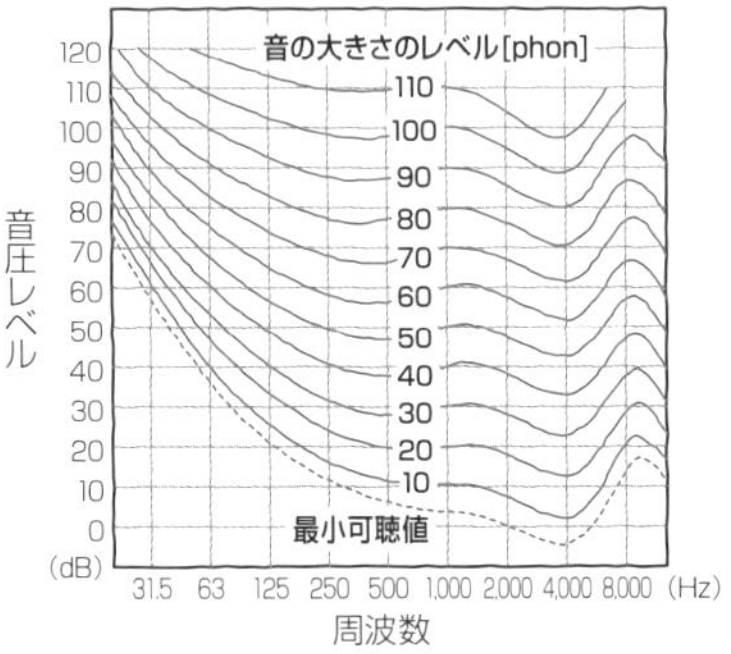

★★★
床衝撃音《ゆかしょうげきおん》

上階の床振動が下階に伝わる音のこと。人のはねる音、重いものの落下音は**重量床衝撃音（ΔLH等級）**と呼び、床の仕上げよりコンクリート床スラブの厚さや重さが大きく影響する。硬貨などを落としたときに出る音は**軽量床衝撃音（ΔLL等級）**と呼び、クッション性のある床材や下地により音は低減する。指標は上記ΔL等級値が使われるが、以前よりのL値が使われることもある。▼図9

★
コインシデンス効果《こいんしでんすこうか》

RC壁などで、特定の周波数の音だけ遮音性能が落ちてしまう現象。特定周波数の音が入射したとき、材料が共振《きょうしん》状態を起こすために生じる。

★
T値《てぃーち》

サッシの遮音性能を表す値。JISで定められている。T-1からT-4まで4つの等級に分類され、数値が大きいほど遮音性能が優れている。

図9 重量床衝撃音、軽量床衝撃音

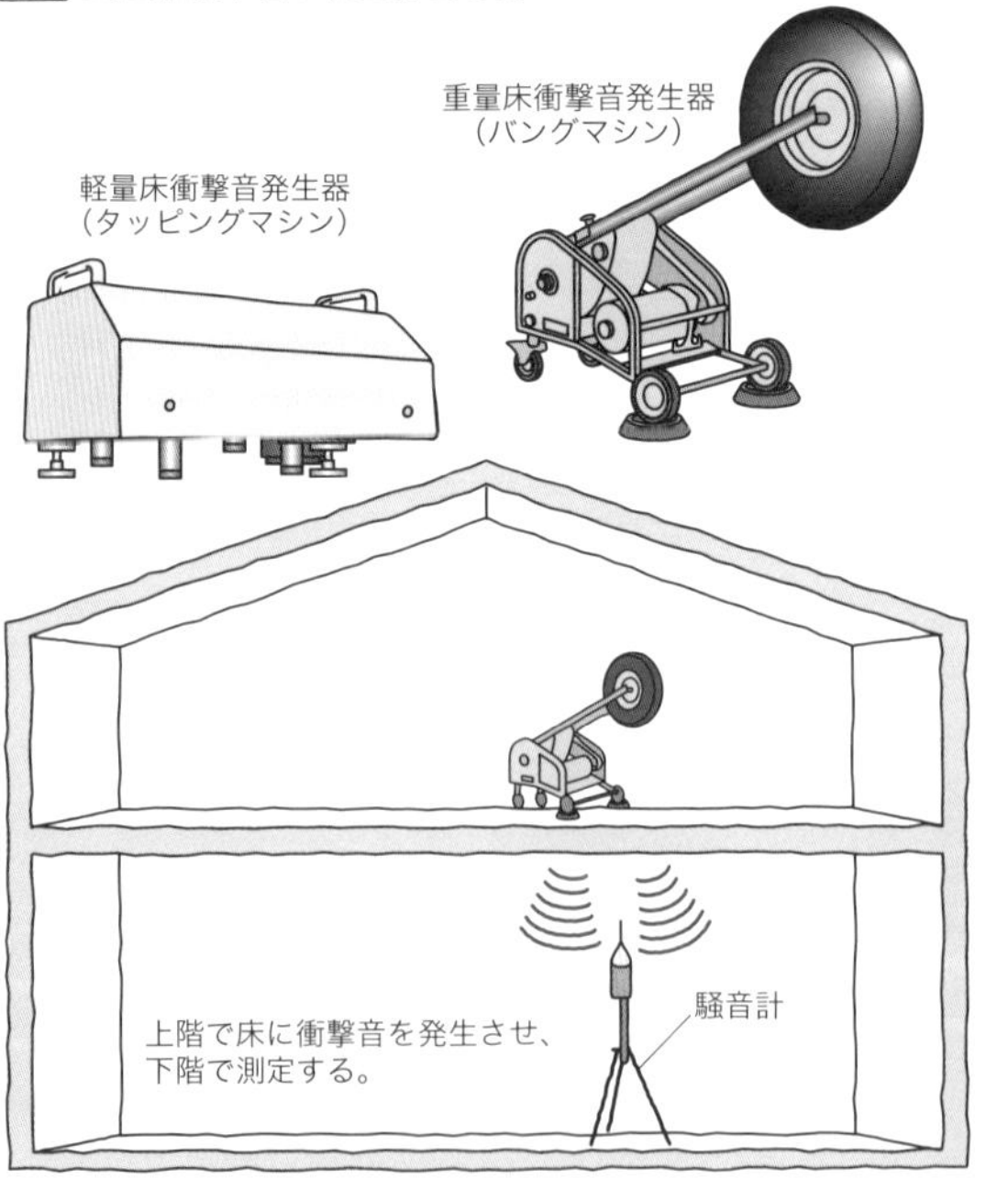

★
NC値《えぬしーち》

部屋の静けさを表す指標。値が小さいほど静かであることを示す。一般に、レコーディングスタジオはNC15以下、事務所はNC30～40程度。NC＝Noise Criteria。

★
残響《ざんきょう》

室内で音の発生が終わった後も、壁や天井などへの反射のために音が残る現象。室内の音響を考慮する際に重要である。度合いは、元の音が60dB下がる（音の強さが1／100万になる）までの時間、残響時間で示す。

PROCESS 28

性能工事②

気《き》密《みつ》・断《だん》熱《ねつ》

断熱工事は地域特性を考えます。地域に定着してきた施工法を新たな施工法に変える場合は注意を要します。また、断熱は厚みをともなうため、隣地が近接する所では、設計段階で設置位置を検討します。

★★★
発泡《はっぽう》プラスチック《ぷらすちっく》系《けい》断熱材《だんねつざい》

各種プラスチックを発泡させて細かなガスを閉じ込め、その気泡によって断熱性能を発揮する材。

★★★
現場《げんば》発泡《はっぽう》断熱材《だんねつざい》

ウレタン系の断熱材を現場で吹き付け、発泡させる断熱材。複雑な形状に対応でき、隙間なども生じにくい。発泡時には火に気をつける必要がある。▼図1

図1 現場発泡断熱材

★★★
フェルト《ふぇると》状《じょう》断熱材《だんねつざい》

厚手のフェルト状の断熱材。施工が容易で、低価格などの理由から最も普及している。グラスウールやロックウールなどの多くはフェルト状断熱材として製品化されている。▼図2

図2 フェルト状断熱材

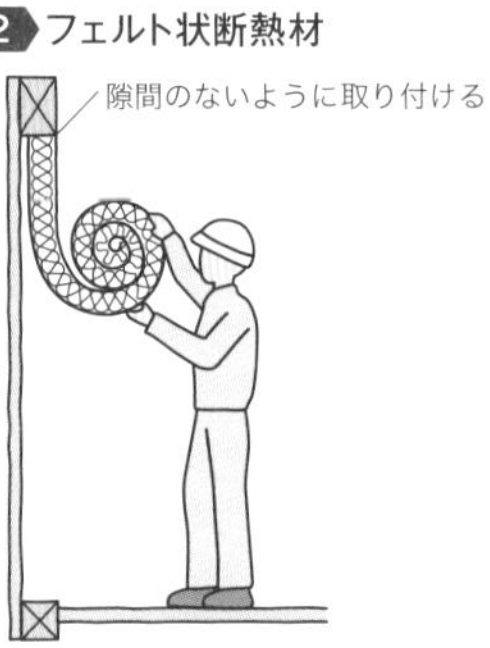

★★★
吹込《ふきこ》み用《よう》断熱材《だんねつざい》

ブローイングとも呼ばれ、天井や密閉した壁に吹き込む断熱材。グラスウール、ロックウール、セルロースファイバーなどが使われる。▼図3

図3 吹込み用断熱材

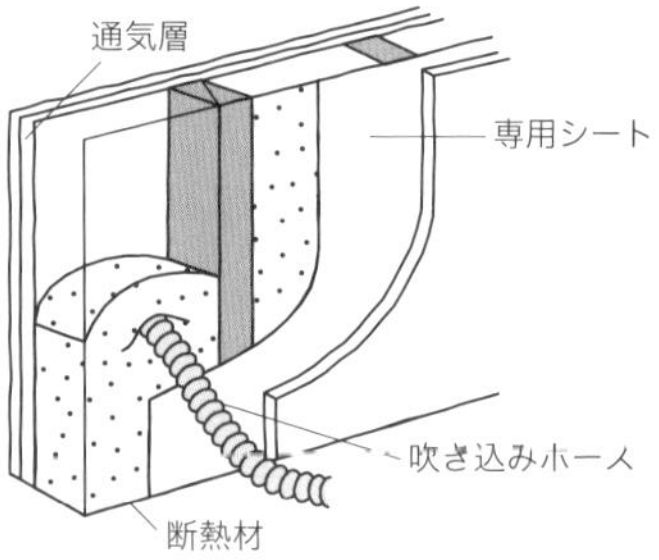

★★★
ボード《ぼーど》状《じょう》断熱材《だんねつざい》

板状に成形された断熱材。ポリスチレンフォーム、硬質ウレタンフォーム、板状に成形されたグラスウールなど。▼図4

★★★
グラスウール《ぐらすうーる》

短いガラス繊維でできた綿状の素材。建築物の断熱材、また吸音材としても使われている。防火性もよいため、それを必要とする壁などの断熱材として使われている。価格の割に断熱性能がよい。人造鉱物繊維なのでMSDS（製品安全データシート）の対象物質。解体時には防《ぼう》塵《じん》マスクの着用が必要。皮膚への刺激症状があるので注意して取り扱う。WHOの下部機関IARC（国際がん研究機関）は現在、グラスウールとロックウールに発がん性はないと分類している。

図4 ボード状断熱材

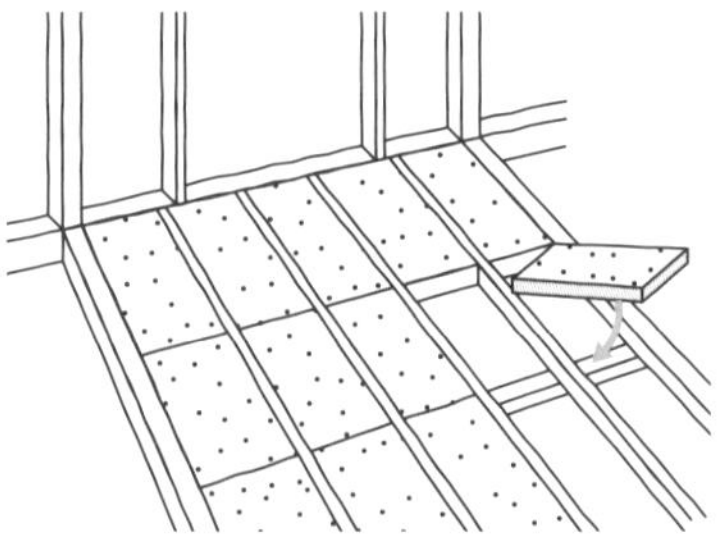

★★★
ロックウール《ろっくうーる》

鉄炉スラグ、玄《げん》武《ぶ》岩《がん》などを高温で溶解し生成される人造鉱物繊維。**岩綿**《がんめん》とも呼ぶ。建築物などの断熱材として用いられる一方、吸音材としても利用される。耐火性にも優れている。耐火被覆材の吹き付けにロックウールが使われる際、つなぎ剤として石綿《いしわた》（アスベスト）が混ぜられていたが、現在は混ぜられてはいない。

★★ ポリエステル断熱材《ぽりえすてるだんねつざい》

衣料品、飲料ペットボトルにも多用されているポリエステルを綿状にした断熱材。ペットボトルなどをリサイクルしてつくられている。湿気を吸わない、透湿性能を持つなどの性質がある。

★ 羊毛断熱材《ようもうだんねつざい》

天然繊維の羊毛の断熱材。耐熱性はグラスウールより低い。燃焼時には硫化水素・アンモニア・青酸ガスなどの毒ガスが発生する。調湿効果がよいので、壁内の結露は起こりにくい。

★★★ ウレタンフォーム《うれたんふぉーむ》

ポリイソシアネートとポリオールを主原料としたプラスチック発泡体。ポリウレタンとも呼ぶ。硬質ウレタンフォームは優れた断熱性能を有している。現場での発泡もでき、複雑な構造物に対しても断熱が可能。

★★★ フェノールフォーム《ふぇのーるふぉーむ》

フェノール樹脂を主原料とし、発泡硬化させてつくられた断熱材。断熱性は非常に高い。フェノール樹脂は、触媒を使ってフェノールとホルムアルデヒドを合成した熱硬化性のプラスチック。高い難燃性がある。

★★★ ポリスチレンフォーム《ぽりすちれんふぉーむ》

ポリスチレン樹脂に発泡剤などを加えて押出成形される板状の断熱材。**発泡スチロール**とも呼ばれる。発泡プラスチック系断熱材の中ではコストパフォーマンスに優れていて普及率は高い。コンクリート打設時に型枠に事前に断熱材を貼り付ける**コンクリート打ち込み工法**にも使われる。

★★ ポリエチレンフォーム《ぽりえちれんふぉーむ》

ポリエチレン樹脂に発泡剤などを混ぜてつくられた半硬質の断熱材。サーフボードなどにも使われる素材で、耐水性、柔軟性に富んでいる。透湿抵抗は大きい。熱には弱いので屋根の使用には注意が必要。

★★ セルローズファイバー《せるろーずふぁいばー》

木質繊維からつくる断熱材。回収された新聞古紙などを主原料に防熱・撥水《はっすい》性能を付加した断熱材。吸放湿性があり、結露はしにくい。▼図5

★ 炭化コルク《たんかこるく》

コルク樫《かし》の皮を粉砕し、炭化発泡させてつくられた断熱材。調湿機能もあり結露の抑制にも役立つ。板状のものがよく使われる。▼図6

図5 セルローズファイバー

写真：日本セルローズファイバー協会

図6 炭化コルク

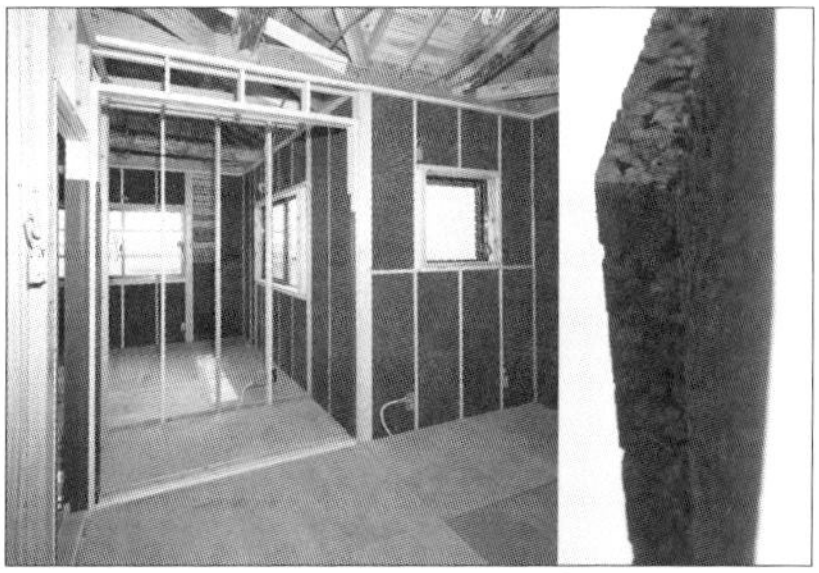

写真：東亜コルク株式会社

2 工法

★★★
充填断熱工法《じゅうてんだんねつこうほう》
柱などの構造部材間に断熱材を埋め込む、木造住宅の断熱法。現在、寒冷地以外では、木造住宅の一般的な断熱法となっている。▼図7

★★★
外張断熱工法《そとばりだんねつこうほう》
柱などの構造部材の外側に断熱材を張る木造住宅の断熱法。住宅を全体的に覆うので、充填断熱より断熱効率はよい。RC造など躯体の外側に断熱材を設置する外断熱とは区別されている。▼図7

★★★
内断熱工法《うちだんねつこうほう》
RC造などで躯体の内側に断熱層を設置する、一般的な断熱法。▼図7

図7 さまざまな断熱工法

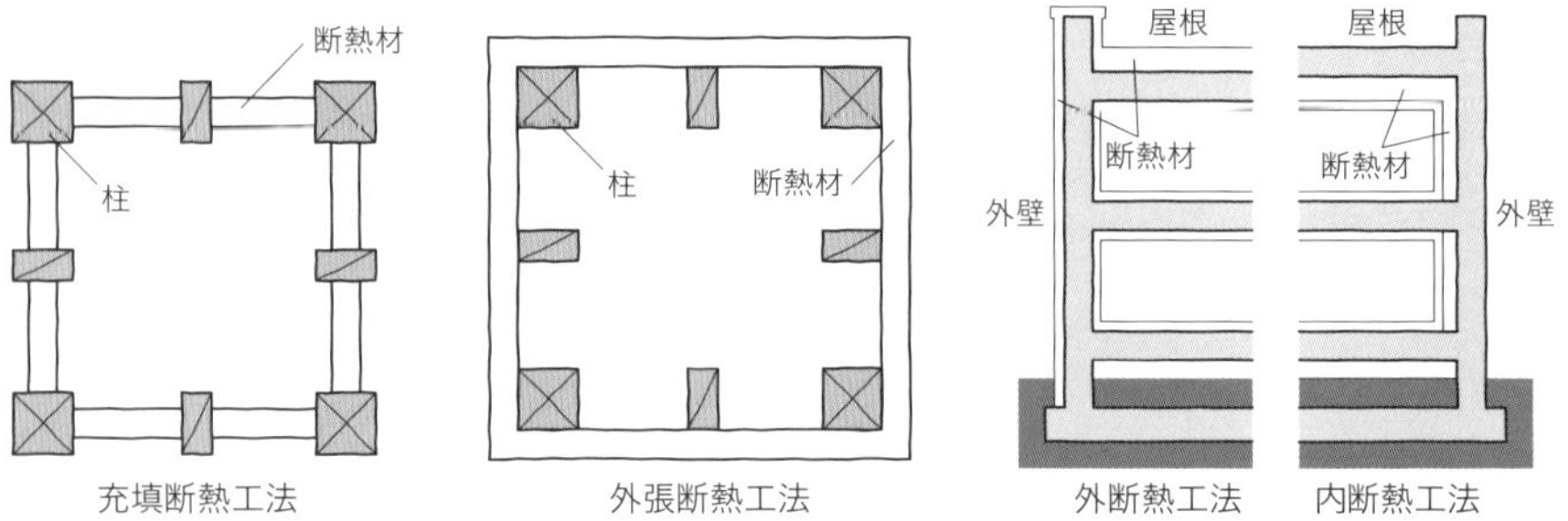

★★★
外断熱工法《そとだんねつこうほう》
RC造などで躯体の外側に断熱層を設置する工法。熱容量の高いコンクリートなどの躯体では、居住性の面から有利。ただしコストは内断熱に比べ高い。タイルなどの外部仕上げには、柔らかい断熱材が下地となるので注意する。▼図7

★★★
防湿層《ぼうしつそう》
暖かく湿った室内空気が壁内に侵入し、結露が発生しないように、室内側に取り付けられるシート部分。ポリエチレンシート（フィルム）がよく使われる。▼図8

★★★
防風層《ぼうふうそう》
木造住宅の外壁などで、風や雨などの壁内への侵入を防ぐために、通気層の内側、断熱層の外側に設ける膜あるいは層。一般的には、透湿防水シートを使用することが多い。防水性が高く壁内の湿気も排出できるからである。▼図8

★★★
気密層《きみつそう》
木造住宅の気密性を上げる、また隙間や壁の中での空気移動を止めるための膜や層。以前は防湿気密層とも呼ばれたが、現在は気密層と防湿層に分けて考えることが多い。ポリエチレンフィルムを使用する場合が多いが、専用の商品もある。▼図8

★★★
断熱層《だんねつそう》
断熱材が設置される層。壁の外側に断熱材が設置される場合は**外断熱**《そとだんねつ》、内側に設置される場合は**内断熱**《うちだんねつ》。木造住宅で柱の外側に設置される場合は**外張断熱**、壁の中に入れる場合は**充填断熱**と呼ぶ。▼図8

★★★
通気層《つうきそう》
木造住宅の壁などの内部結露を

防ぐために設けられた空気層。内部の湿気や熱気を外部へ排出する。断熱材の外側と外壁材の間に、空気が通り抜けられるように設ける。通気層の厚みは、15～18㎜が一般的。▼図8

★★ 付加断熱《ふかだんねつ》

木造住宅で充填断熱や外張断熱を単独で施すのではなく、複合して断熱する工法。「次世代省エネ基準」以後、断熱性能を上げるためには、充填断熱、外張断熱それぞれでは、厚さや性能などへの対応が厳しくなっている。そのため、工法の短所を補う意味も含め付加断熱が行われている。▼図9

★★ 基礎断熱《きそだんねつ》

基礎部分に施される断熱のこと。現在までの多くの木造住宅の床下は、外気を取り入れることが基本であったが、建築物の断熱

図8 通気工法

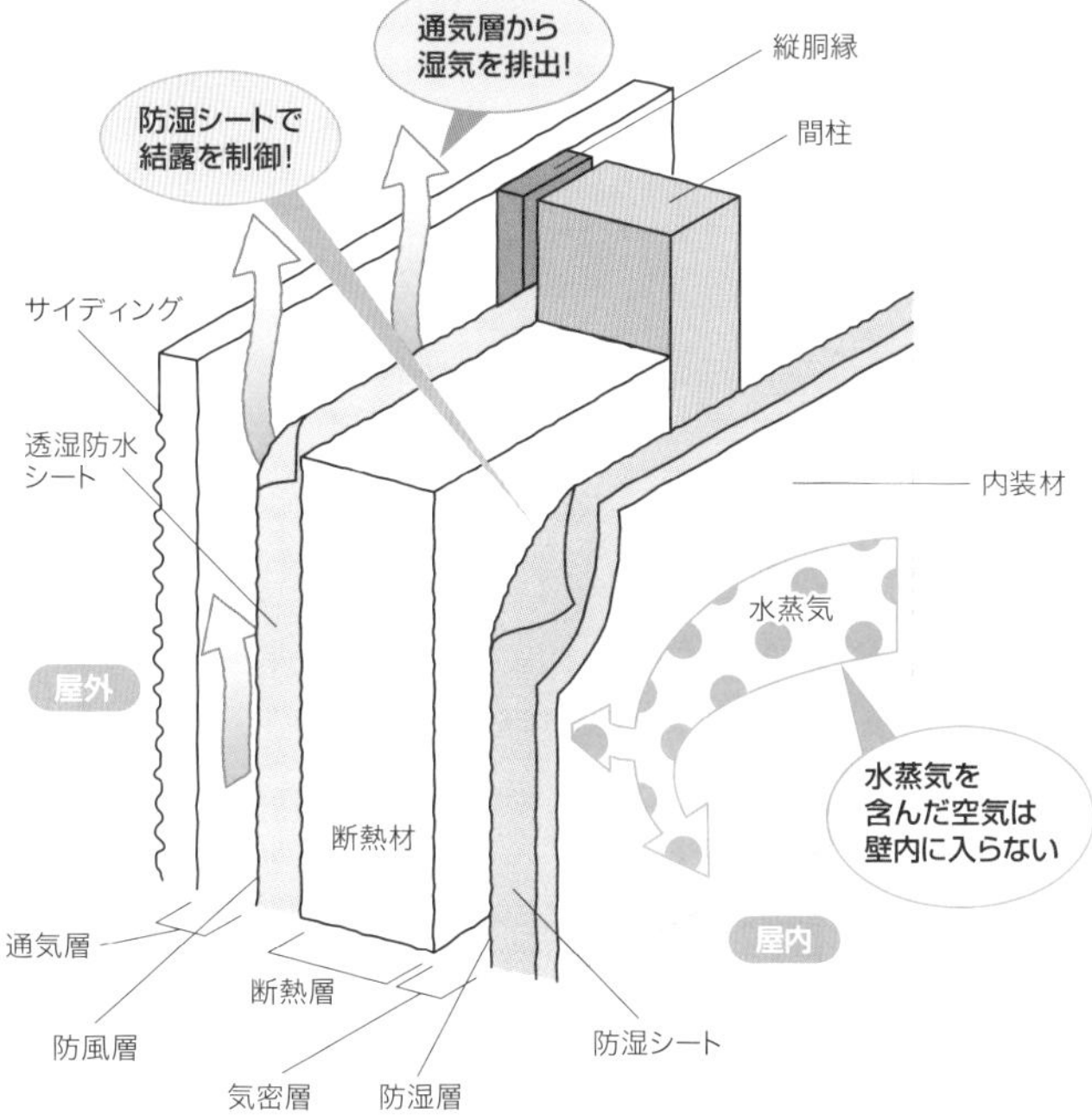

図9 付加断熱

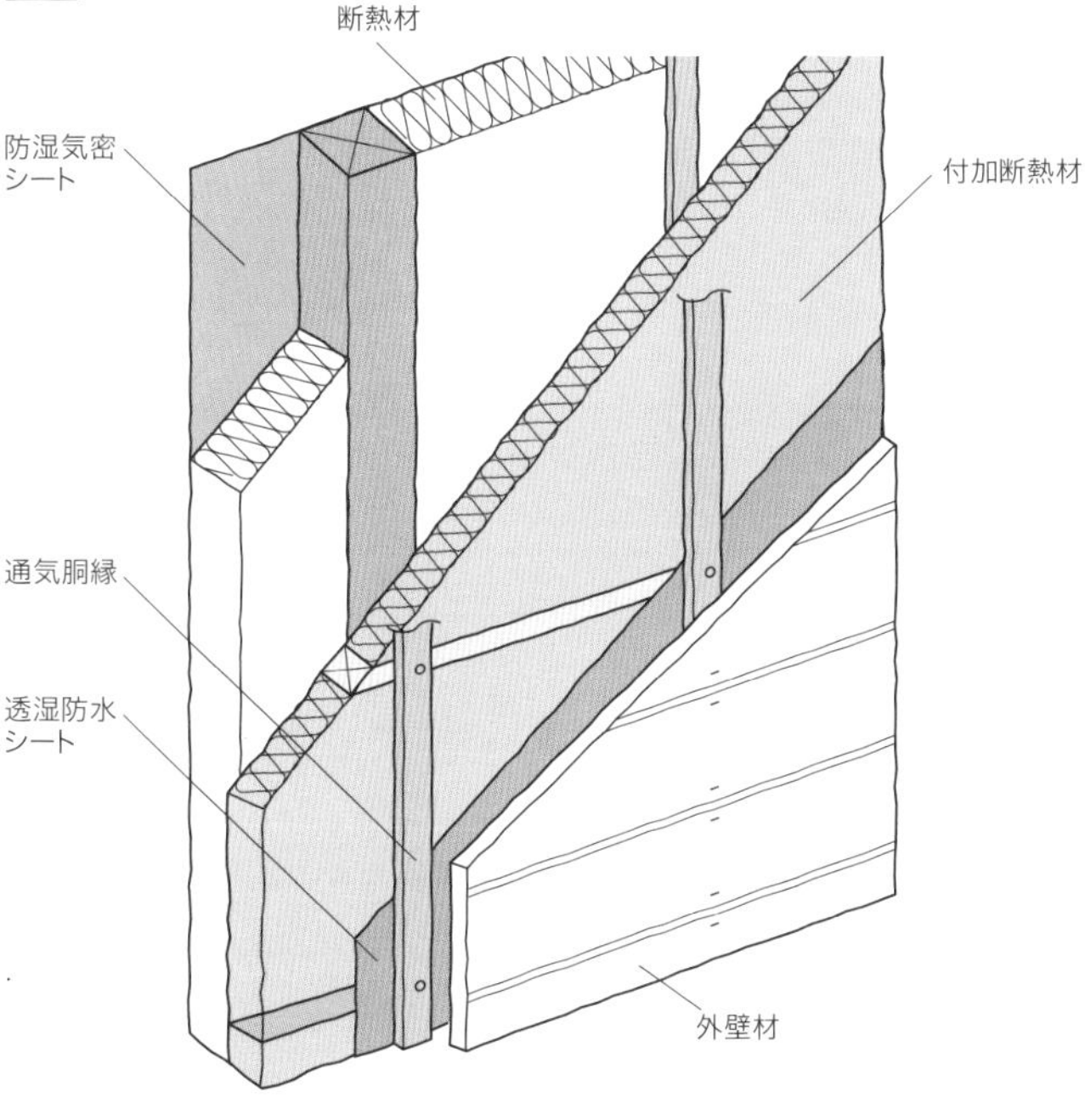

性能が重視されるに従い、基礎断熱も重要になっている。

★★★
透湿防水《とうしつぼうすいしーと》シート

水は通さないが、湿気（水蒸気）は通すシート。主に木造住宅の外壁側に使われ、雨の浸入を防ぎながら壁内の湿気を排出できる。**ポリエチレン不織布タイプ**と**透湿フィルム補強タイプ**がある。▼図8、9

図10 気流止め

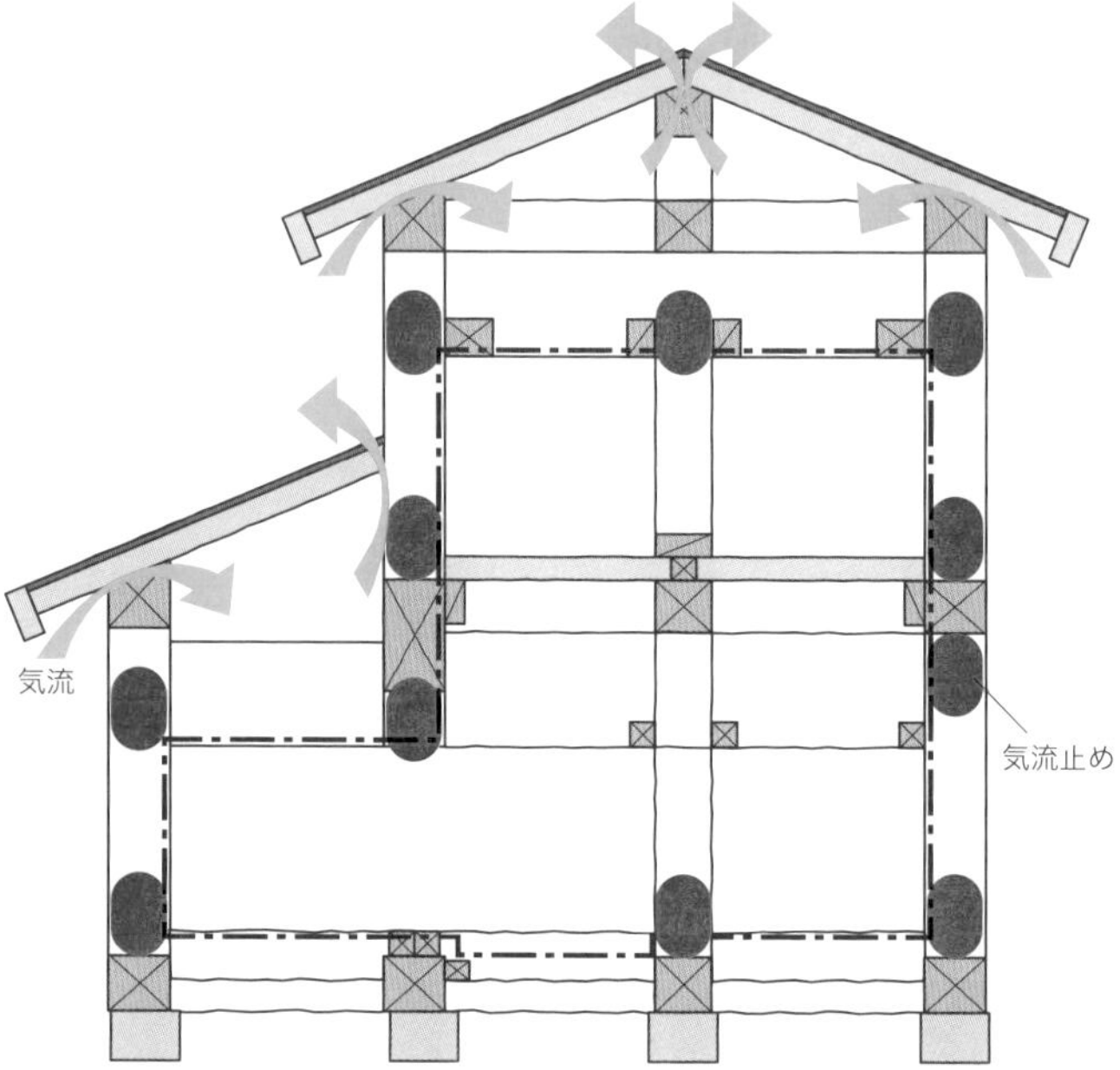

★★
気流止め《きりゅうどめ》

断熱性能を下げてしまう壁内の気流移動を止めるために使われる部材や工法。壁と床、壁と天井などの接点あたりを防湿フィルムや木材などによって埋めることが多い。▼図10

★★
断熱補強《だんねつほきょう》

内断熱《うちだんねつ》で、床部分などの断熱材が不連続になる部分に断熱材を加えて、断熱性能を確保すること。▼図11

図11 断熱補強

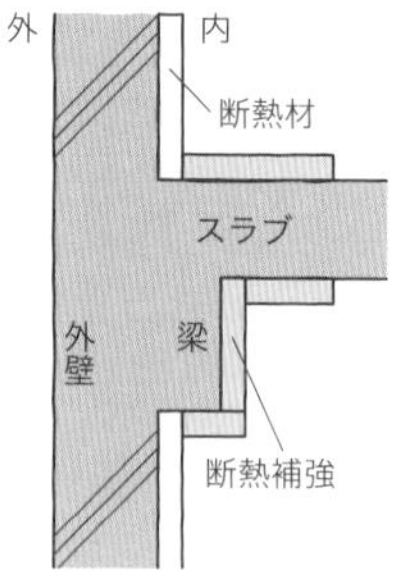

★★
気密《きみつてーぷ》テープ

材料を接合して気流を止める気密補助部材の1つ。耐久性の高いブチル系やアスファルト系のテープが主流で、主に防湿シートの重ね代部分や防湿シートの欠損が生じやすい窓、配管まわりに使われる。

★★
気密《きみつぱっきん》パッキン

基礎と土台の間に気密を確保するためのパッキン。外張断熱の場合は1階床下には通気させないことが多い。▼図12

図12 気密パッキン

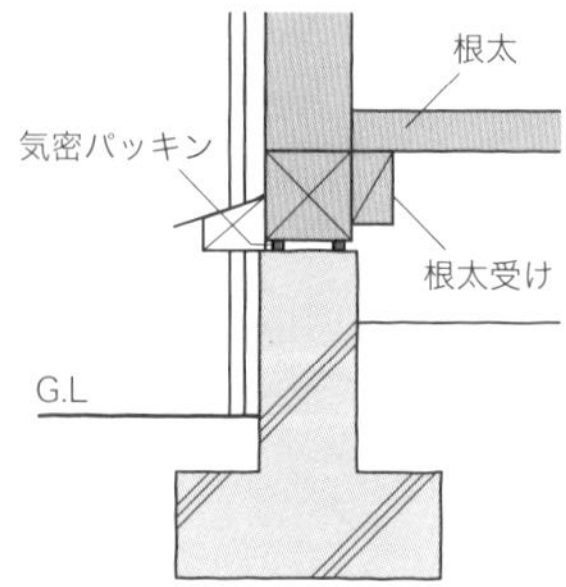

★★
気密測定《きみつそくてい》

開口部などを閉じた状態で、強力なファンを使って建物内の空気を外に出し、気密性を計測すること。住宅の相当隙間面積が

わかる。▼図13

図13 気密測定

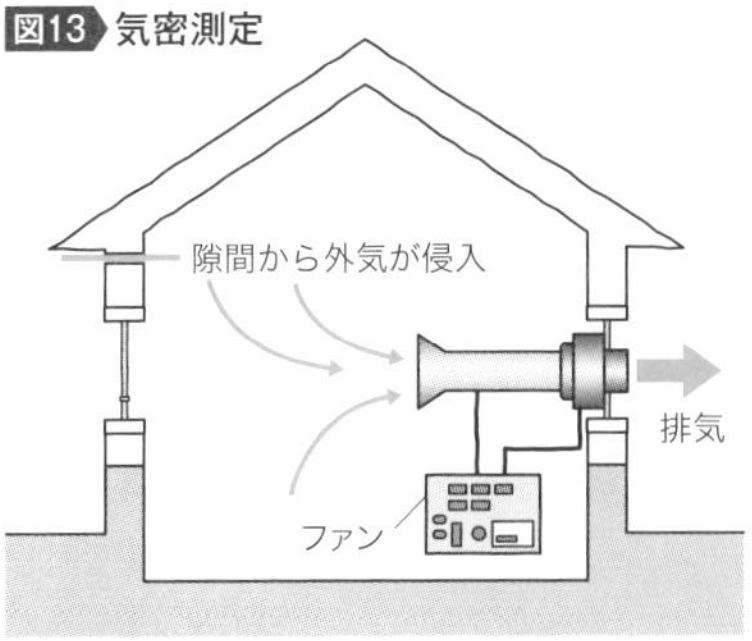

3 用語・現象

★★★ **伝導**《でんどう》

物質内を熱が移動すること。熱は高温部分から低温部分に移動する。その伝わりやすさは**熱伝導率**で示される。

★★★ **放射**《ほうしゃ》

熱が電磁波として移動すること。**輻射**《ふくしゃ》も同じ意味。真空中も伝わる。代表的なものは太陽熱。輻射熱ともいう。

★★★ **対流**《たいりゅう》

液体や気体の動きを介して熱が伝わること。やかんの水がお湯となるときはこの現象が起こっている。

★★★ **熱伝導率**《ねつでんどうりつ》

物質の熱の伝わりやすさを表す値。単位はW／㎡・K。逆数は**熱抵抗**と呼ばれる。熱抵抗に物質の厚さの要素が加わったのが**熱伝導抵抗**で、板材などの熱の伝わりにくさを示す値となる。

★★★ **熱伝達率**《ねつでんたつりつ》

壁を例にとった場合、壁表面（固体）と接する空気（流体）の間に熱エネルギーが伝わる現象を熱伝達という。熱伝達率は、単位面積当たりの熱伝達の量のこと。この熱伝達率に、壁表面と接する空気との温度差を掛ければ単位面積の移動する伝熱量がわかる。単位はW／㎡・K。逆数は**熱伝達抵抗**。

★★ **熱貫流率**《ねつかんりゅうりつ》

単一の材料ではなく、壁などの複合した材料の熱の伝えやすさを表した値。単位はW／㎡・K。現在は**U値**、以前は**K値**と呼ばれていた。逆数は**熱貫流抵抗（R値）**という。U_Aは外皮平均熱貫流率（H25年省エネ基準）。▼図14

★★ **熱損失係数**《ねつそんしつけいすう》

建物内から外部へ逃げる、時間

図14 熱貫流率

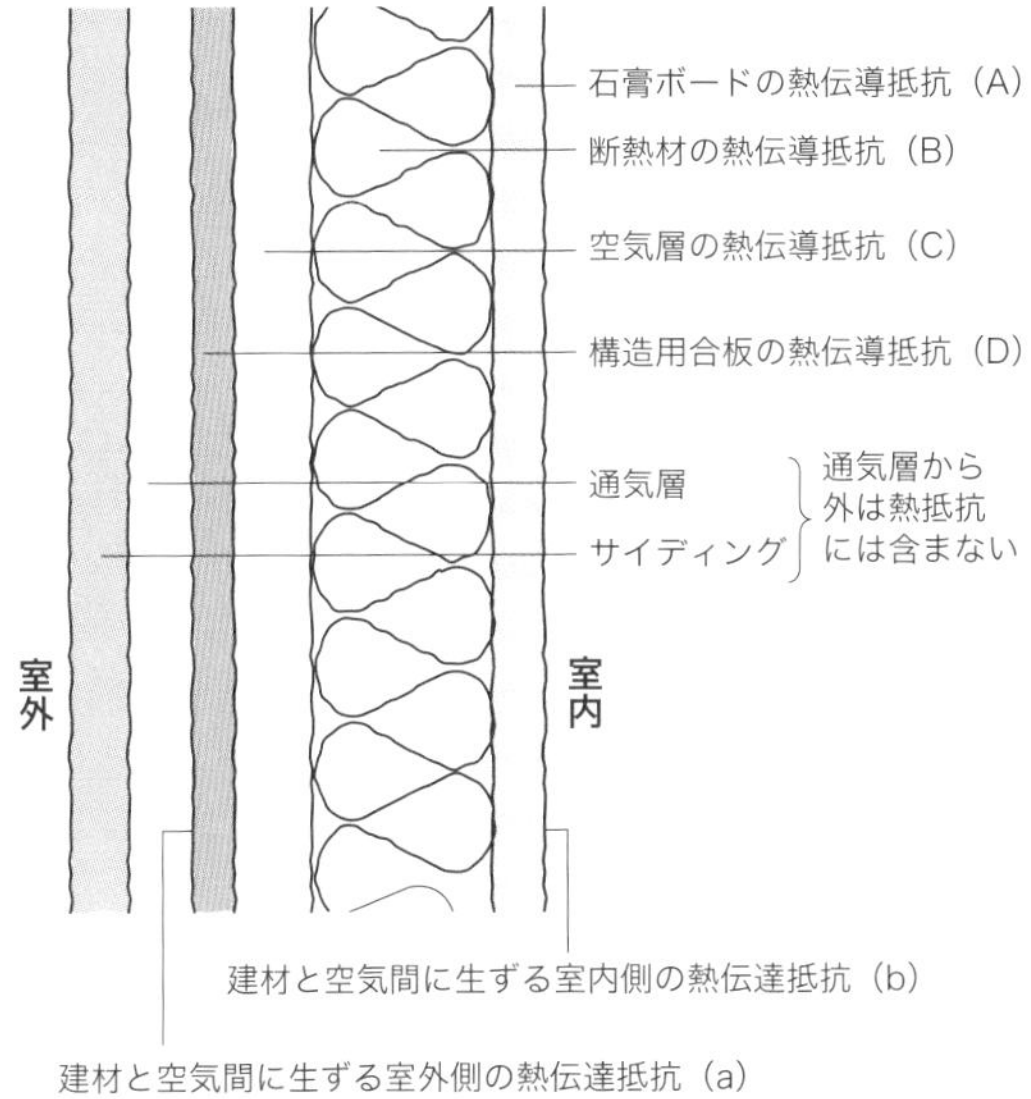

熱貫流抵抗合計＝(A＋B＋C＋D)＋(a＋b)
熱貫流率＝1／熱貫流抵抗合計

当たりの熱損失量を床面積で除した値。**熱損失量**（熱の逃げる量）は、外壁や天井・床、換気扇などで、それぞれ合計する。**Q値**といわれ、値が小さいほど断熱性能がよい。H25年省エネ基準では外皮（外壁等）で除した外皮平均熱貫流率が使われる。

★★ 相当隙間面積《そうとうすきまめんせき》

建物の床面積1㎡当たりの隙間の面積を表す。一般的に**C値**と呼ばれ、住宅の気密性能を表すのに使われている。5㎠／㎡は40坪程度の住宅でA4用紙程度の隙間。国際的には**漏気回数**《ろうき》（圧力差50Pa時での漏気回数）の方がよく使われる。

★★ 熱容量《ねつようりょう》

物の温度を1℃上げるのに必要な熱量。一般的に熱容量は同じ物質であれば、質量に比例して大きくなる。単位はJ／K。単位質量に対する熱容量は**比熱**《ひねつ》という。

★ 蓄熱《ちくねつ》

熱を蓄えること。機械を使わずに蓄えたエネルギーを利用するのは**パッシブソーラー**の基本。石やコンクリートなど、熱容量の高い物質が使われる。

★★ 日射熱取得率《にっしゃねつしゅとくりつ》

ガラスなどから入射する太陽エネルギーの、室内に流入する熱の比率。**日射侵入率**ともいう。η（**イータ**）と一般的に呼ばれる。この数値に面積と方位係数を乗ずれば日射熱取得係数（μ・ミュー）が算出される。H25年省エネ基準では外皮で除した平均日射熱取得率（η_A）が使われる。

★★ 透湿抵抗《とうしつていこう》

水蒸気の通しにくさを表す指標。数字が小さいほど湿気が通りやすく、外壁側に設置すれば壁内の湿気を吐き出しやすく結露がしにくくなる。単位は㎡・h・mmHg／gまたは㎡・S・Pa／ngが使われる。逆数は**透湿係数**。

★★ 相対湿度《そうたいしつど》

ある温度における飽和水蒸気量に対する、実際の水蒸気量の比率。通常、湿度というとこの値。これに対し、**絶対湿度**もある。これは乾燥空気1kgに含まれる水蒸気量重さ（kg）（**重量絶対湿度**）で示すが、容積比で示す**容積絶対湿度**もある。

★★★ 結露《けつろ》

飽和水蒸気圧を超えた水蒸気が凝縮して、物質の表面などで水滴となる現象。▼図15

★★ 顕熱《けんねつ》

液体や気体が、状態を変えずに温度を変化させるときに費やされる熱量。

図15 結露のメカニズム

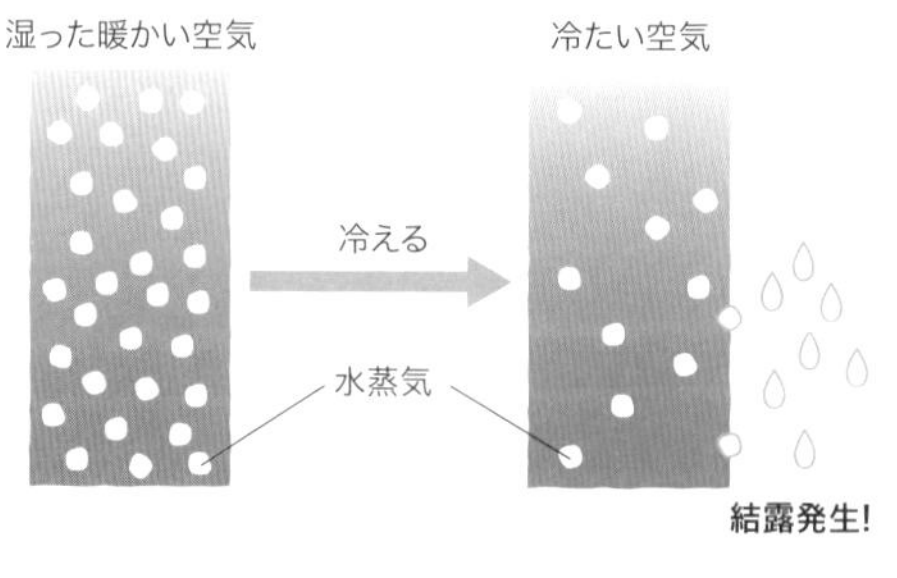

★★ 潜熱《せんねつ》

液体が気体に変化するときなどに使われる熱エネルギーを潜熱という。潜熱は、通常は**融解熱**と**蒸発熱（気化熱）**に分けられる。

★★★ 温熱環境《おんねつかんきょう》

熱や温度に関する住環境のことを指す。他に**空気環境**、**音環境**、**光環境**などもある。品確法《ひんかくほう》によって温熱環境も等級化されている。

★★★ **省エネ基準《しょうえねきじゅん》**

住宅に関する省エネ基準は時代により変化してきている。1980年の省エネ基準、1992年の省エネ基準、1998年の次世代省エネ基準、2013年省エネ基準と移行している。現在は「建築物省エネ法」により2013年省エネに準じたH28年省エネ基準（2016年）が基本である。▼図16

★★ **冷暖房負荷《れいだんぼうふか》**

室内を一定の設計条件にするために、除去または供給しなければならない熱量。単位面積当たりの負荷（W／㎡）から、年間や時間当たりの負荷を算出し、冷暖房機器の選定に使われる。

★★ **湿り空気線図《しめりくうきせんず》**

絶対湿度、相対湿度、水蒸気圧などにより、空気の湿気の状態がわかるようにした線図。空気線図ともいう。▼図17

★★ **ヒートブリッジ《ひーとぶりっじ》**

鉄やアルミなどの熱を伝えやすい材が屋外と室内でつながっていて、他の部分より熱の移動が起こりやすいこと。また、その部分。断熱性能の低下の原因となる。▼図18

★ **コールドドラフト《こーるどどらふと》**

冬期に窓ガラス面が冷たくなり、付近の空気が冷やされて下降気流が生じ、足元などに不快な冷感を与えること。cold draft。

★ **新有効温度《しんゆうこうおんど》**

人の熱エネルギーのバランスを

図16 省エネ基準の変遷

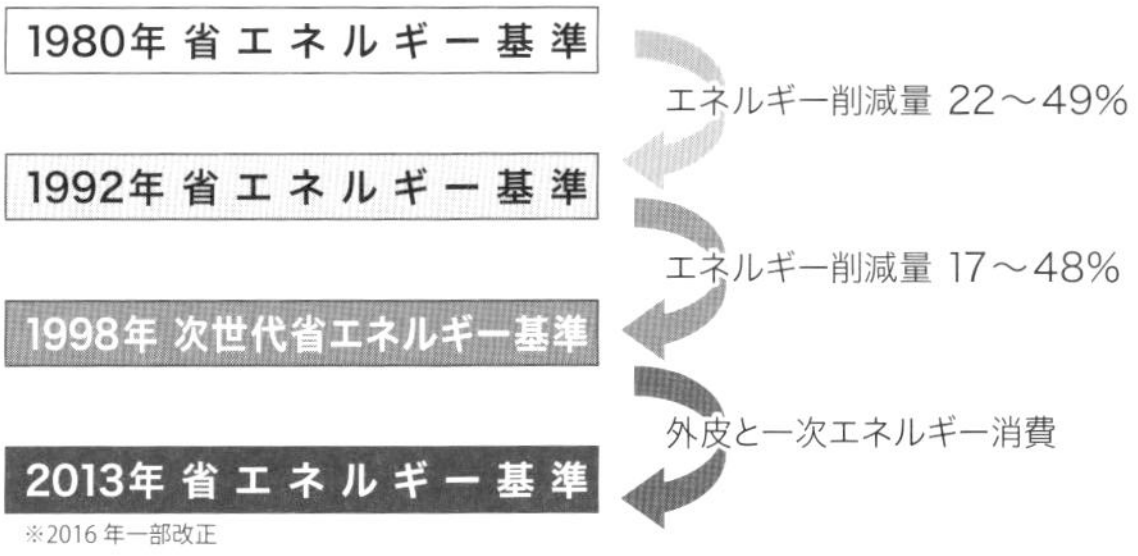

図17 湿り空気線図

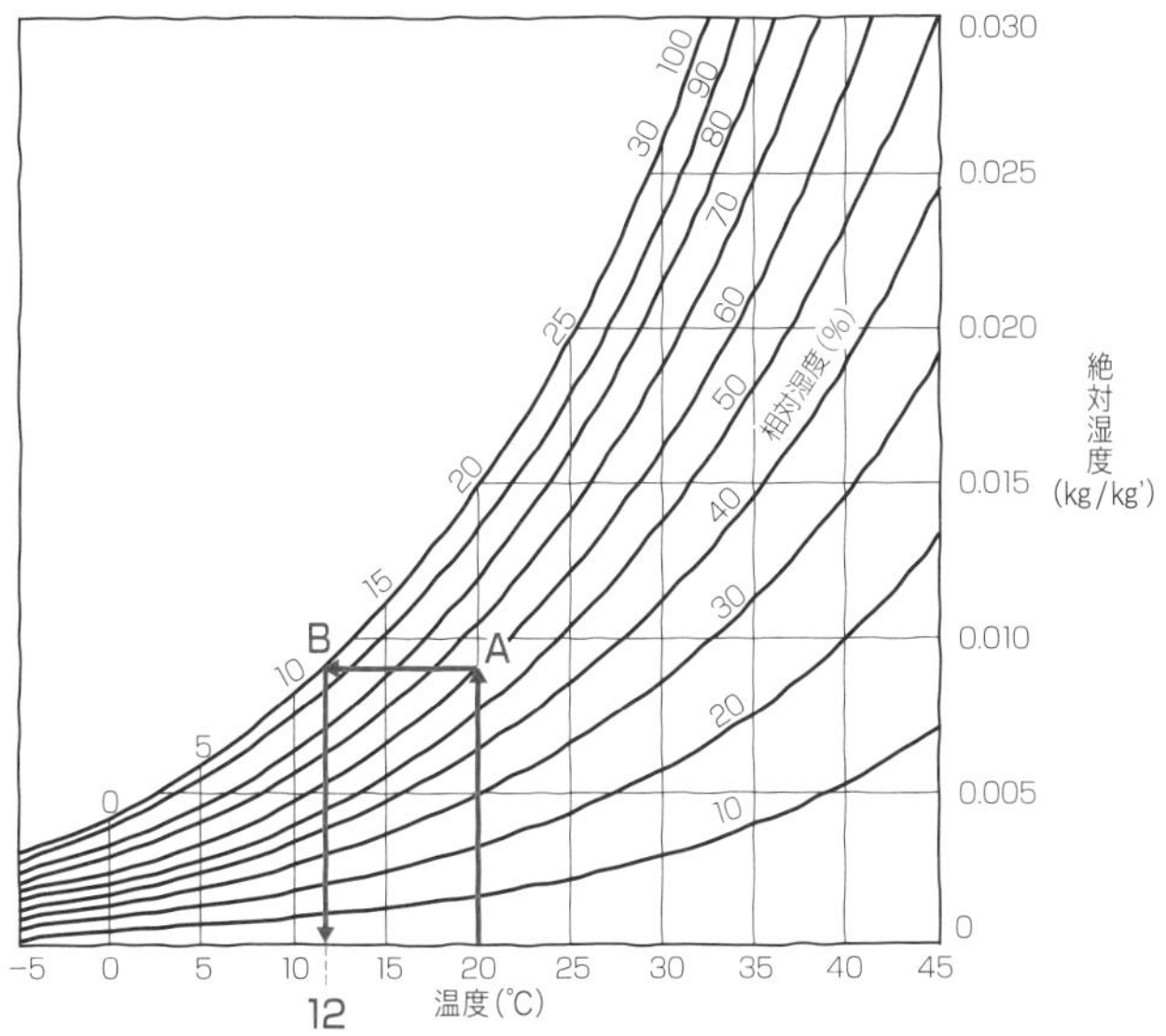

温度20℃、相対湿度60%の空気は湿り空気線上のA点。
この空気が冷えて12℃になると湿度は飽和状態（相対湿度100%）のB点に達し、結露する。

図18 ヒートブリッジ

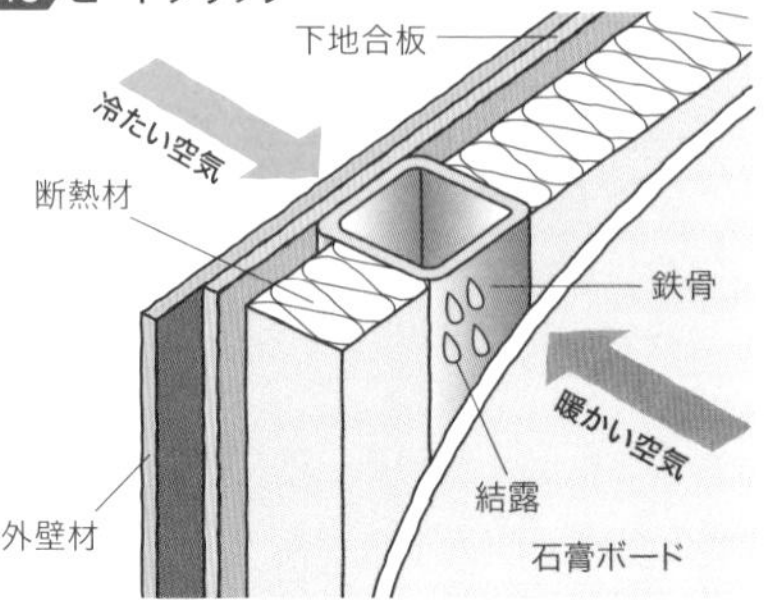

もとにして提案された感覚的温度の1つ。「ET*」と表す。ある環境と同じ着衣量、気流、作業量のときに、湿度50％下で「同じ」と感じる温度。new effective tmperature。**標準新有効温度（SET）**という指標もある。

★ **輻射冷暖房《ふくしゃれいだんぼう》**

空気の温度による冷暖房ではなく、物からの放射（輻射）を利用した冷暖房のこと。外気が低くても、太陽にあたると温かくなったり、夏、洞窟などに入るとひんやり涼しく感じられる現象を利用した冷暖房。たとえば、夏天井を地下水などで冷やすことで、輻射冷房が可能。

★ **ペリメーターゾーン《ぺりめーたーぞーん》**

ビルなどで、窓や外壁に接する、外気の影響を受けやすいゾーンのこと。オフィスビルなどの冷暖房計画で使われる概念。窓際のペリメーターゾーンの制御は熱環境にとって特に重要。perimeter zone。▼図19

図19 ペリメーターゾーン

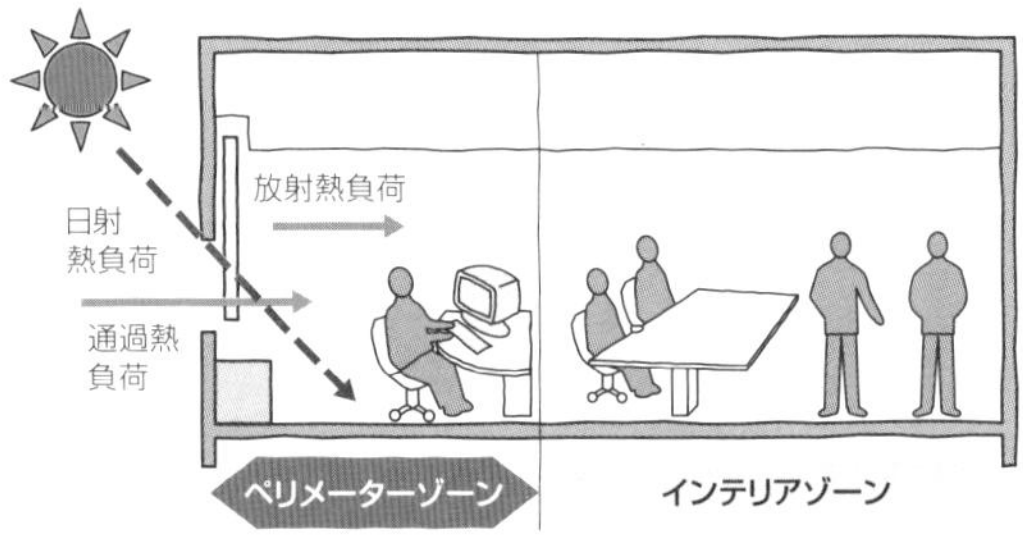

★★ **ダイレクトゲイン《だいれくとげいん》**

太陽光で室内の床や壁などを暖め、そこで蓄熱された熱で室温を暖めること。パッシブソーラーの基本的な方法。▼図20

図20 ダイレクトゲイン

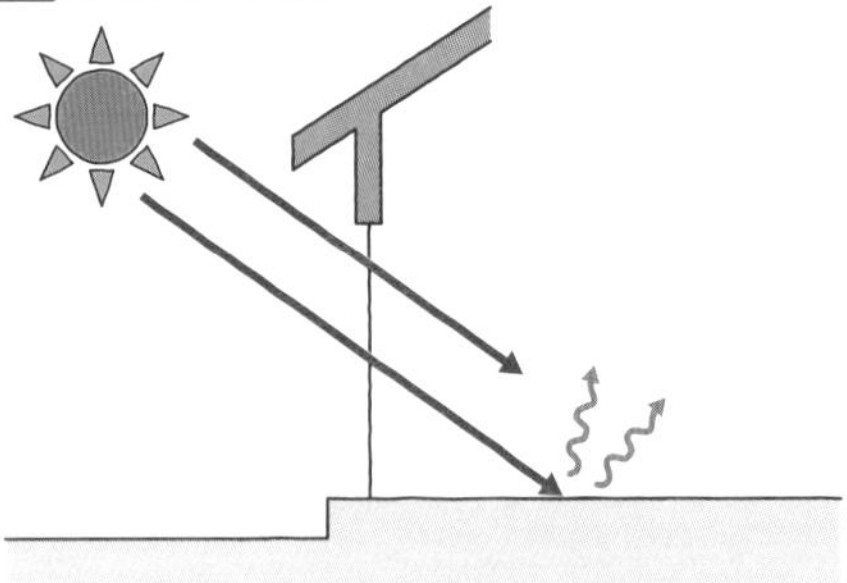

★★ **イニシャルコスト《いにしゃるこすと》、ランニングコスト《らんにんぐこすと》**

イニシャルコストとは、初期費用のこと。一方、ランニングコストとは、運用維持にかかる費用のこと。初期費用が安くても維持に費用がかかれば、安く上がったとはいえない。断熱工事では、2つを合わせて考える必要がある。

イニシャルコストやランニングコスト、解体廃棄費用などを合わせたコストはライフサイクルコスト（LCC）と呼ばれています。

遮音・防音
気密・断熱
仕上げ
屋根工事
防水工事
金属工事
外装工事
外部建具工事
ガラス工事
左官工事
タイル工事
塗装工事
シーリング工事
床
壁・天井
造作
和風造作
キッチン・家具工事
内部建具工事
外構工事
電気
ガス・その他エネルギー
給排水工事
水まわり器具
防災・防犯
空調・換気
検査・引渡し関連用語

PROCESS 29

屋《や》根《ね》工《こう》事《じ》

日本は雨が多く、建物の構造が完成したら、すぐ屋根工事に移るのが普通。そのため、基礎ができた段階で、屋根の色や軒の出、納まり、通気、断熱材の種類などを打合せする必要があります。

1 形状

★ **屋根の形状《やねのけいじょう》**

屋根は、次の図に示した8種類が代表的な形状となる。▼図1

図1 屋根の形状

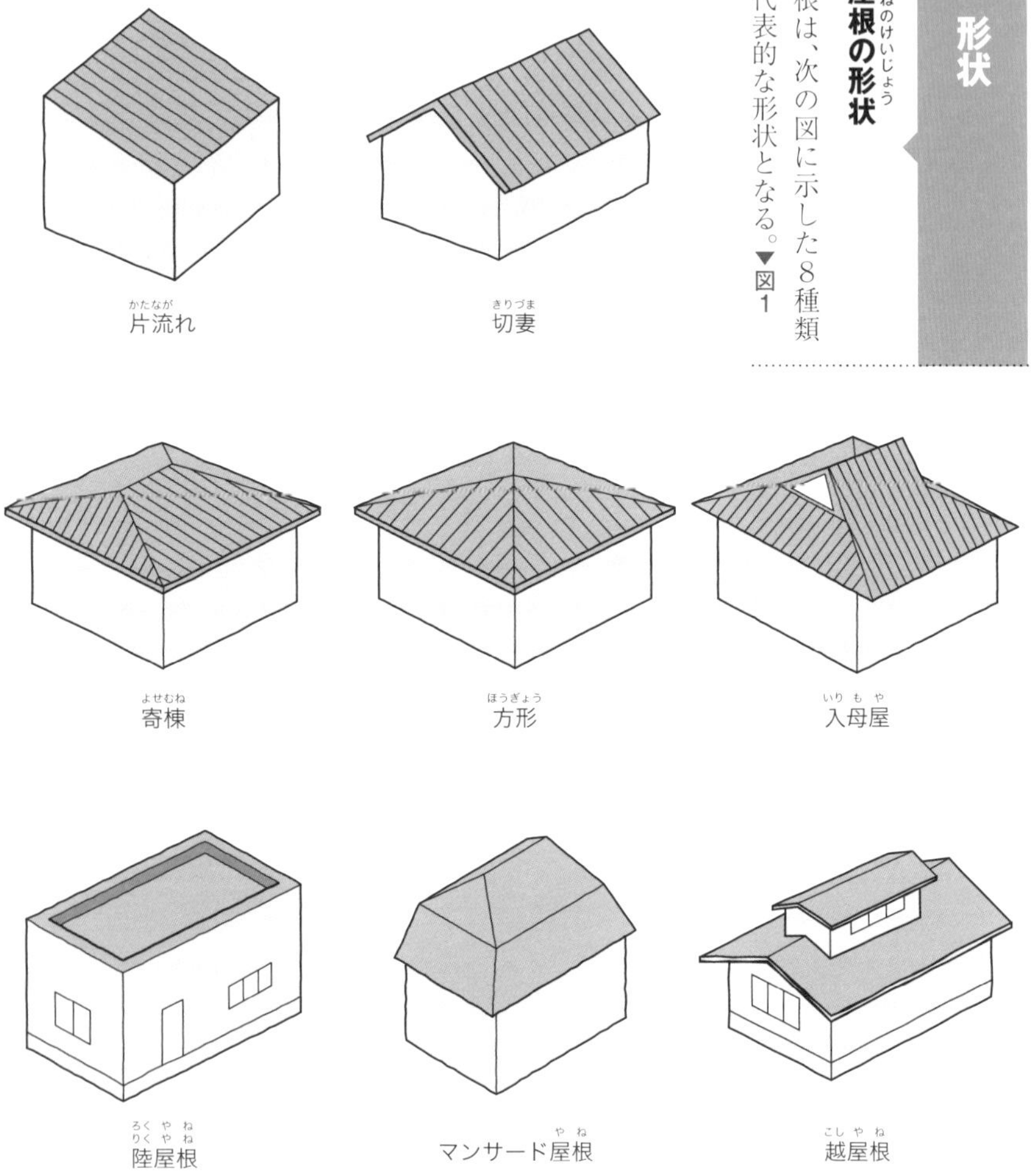

2 屋根一般用語

★★★ **棟《むね》**

屋根の頂部のこと。ここに使われる構造の梁を**棟木《むなぎ》**と呼ぶ。棟木を設置すると、工事途中ではあるが木構造の全体像が現れるため、完成への祈願として**棟上げ式**（**上棟式《じょうとうしき》**）が行われる。▼図2

★★★ **谷《たに》**

異なる方向に流れる屋根が交わる部分にできる谷状の所。屋根の雨水処理のために、谷には必ず谷樋を設けるようにする。▼図2

★★ **屋根勾配《やねこうばい》**

屋根の傾きを表す。「4寸勾配」といった表現が主に使われる。これは、水平10に対して高さ4となるような勾配をいう。▼図3

図2 棟、谷

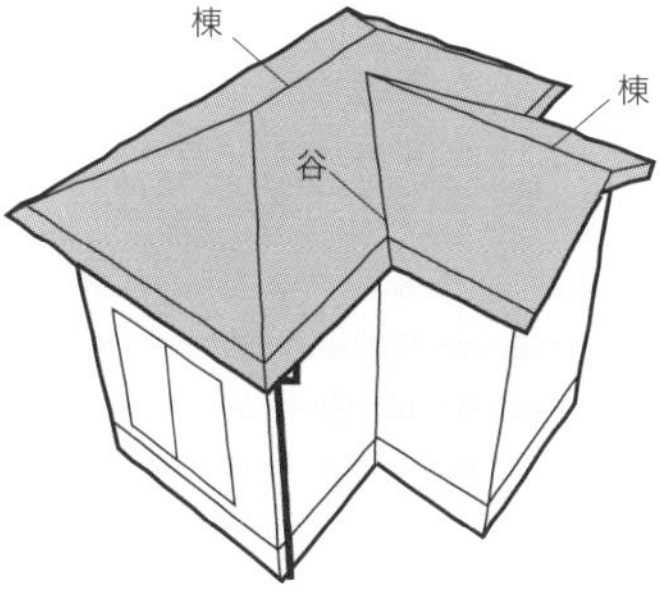

図3 屋根勾配

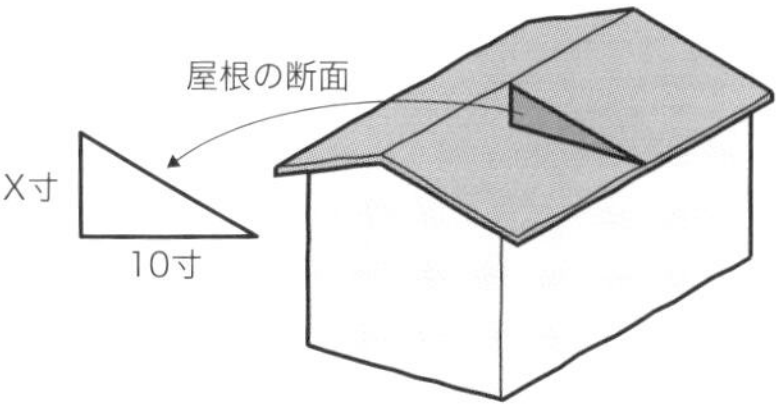

底辺を10寸としたときのXの数値が屋根勾配。

★ 屋根の各部分の名称《やねのかくぶぶんのめいしょう》

屋根に関する各部の名称は、次の図の通り。▼図4

図4 屋根の各部分の名称

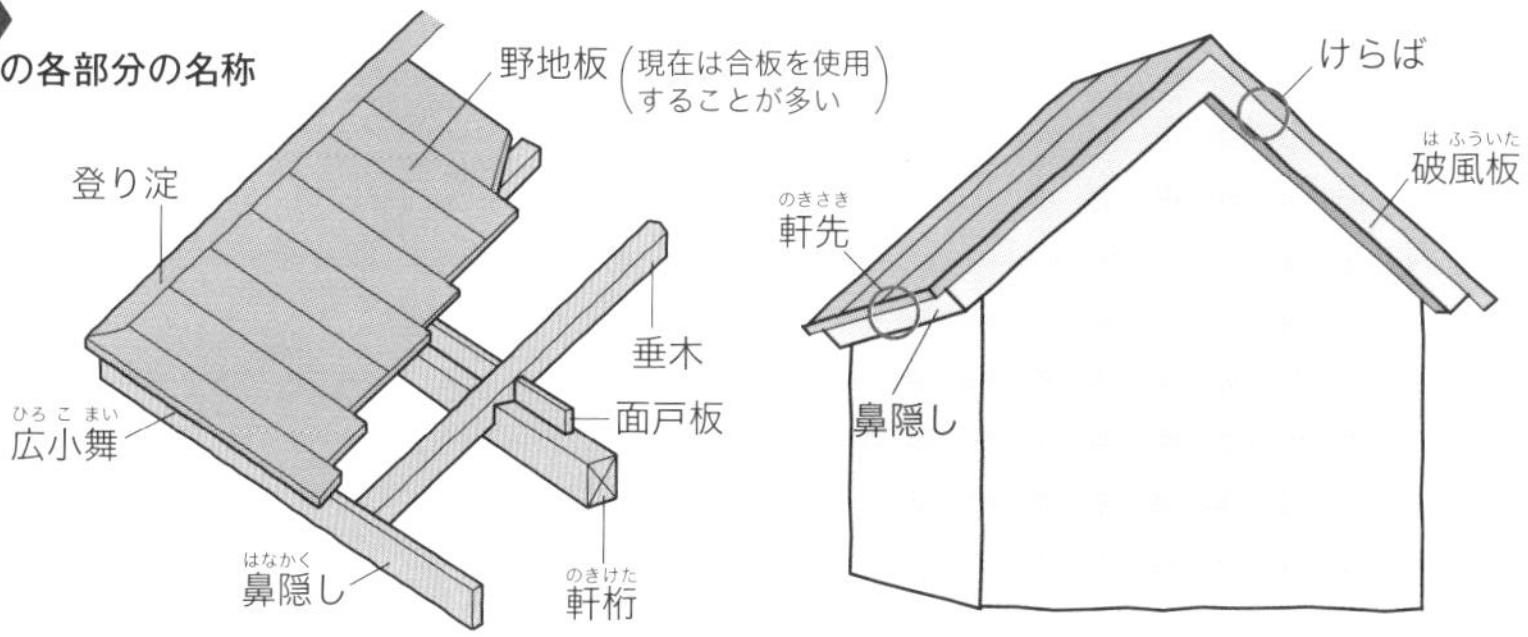

図5 樋、あんこう

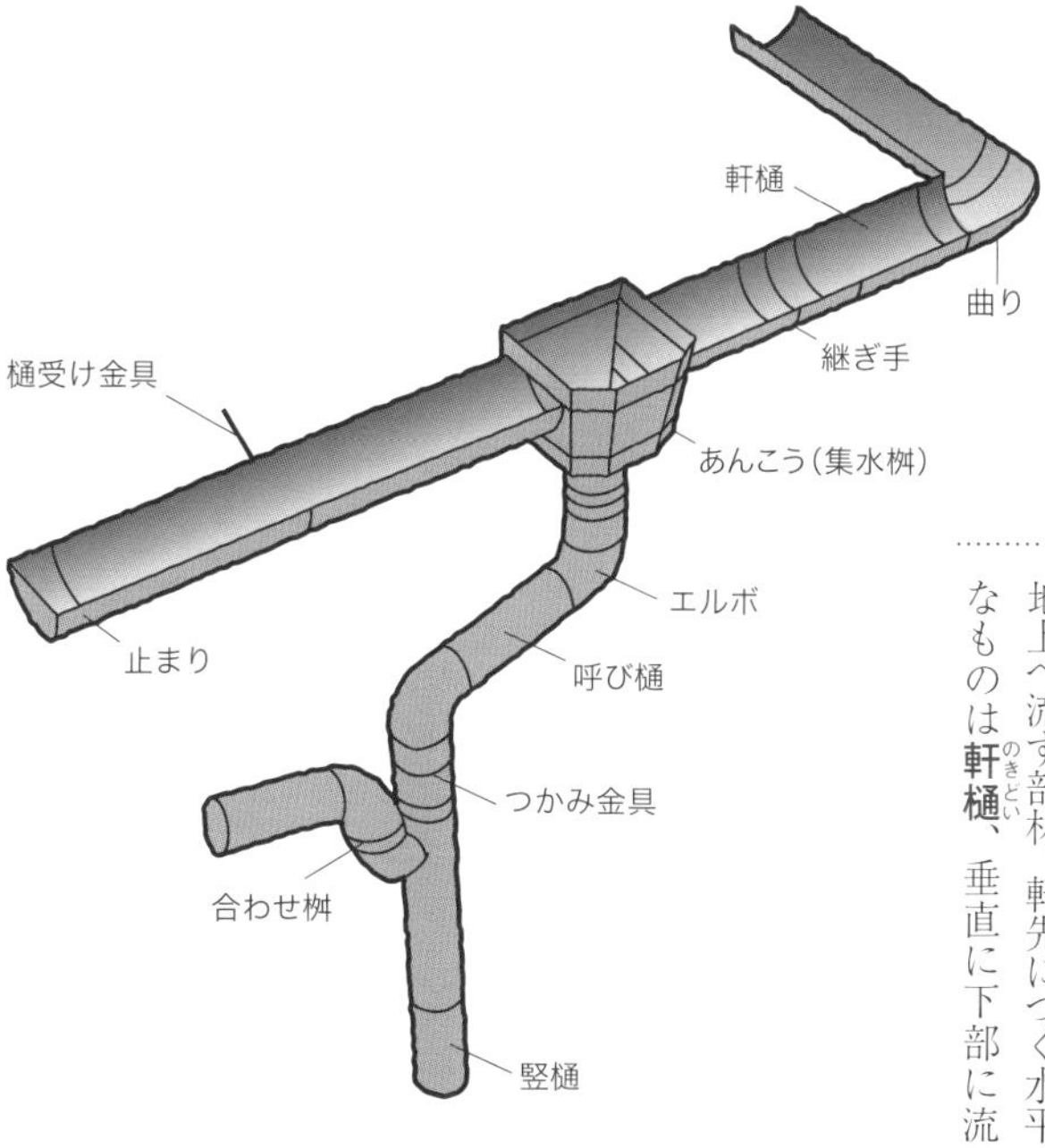

★★★ ルーフィング《るーふぃんぐ》

木造住宅では、屋根葺きの防水用下地のことをいう。雨水の浸入を止めるため、防水性のあるシートが使われる。以前はアスファルトルーフィングがよく使われていたが、現在は、いろいろな商品が出ている。屋上などに使われる防水シートもルーフィングと呼ばれている。▼図11

★★★ 樋《とい》

軒先に流れ落ちる雨水を集めて地上へ流す部材。軒先につく水平なものは**軒樋**《のきどい》、垂直に下部に流

れる部分は**竪樋**《たてどい》。**とゆ**、**とよ**と呼ぶ場合もある。**雨樋**《あまどい》とも。▼図5

★ **あんこう**《あんこう》

軒先につく軒樋《のきどい》を流れる雨水を竪樋《たてどい》に落とすためのつながり部分。集水桝《しゅうすいます》ともいう。呼び樋までを含めて呼ぶこともある。▼図5

★★★ **笠木**《かさぎ》

屋上の防水立上がり壁（パラペット）などの上方に取り付けられる水切《みずきり》用の覆い。金属製、モルタル製がある。

★ **雪止め**《ゆきどめ》

屋根の雪が落下しないようにするための金物。▼図6

3 瓦屋根用語

★★★ **本瓦**《ほんがわら》

神社仏閣の屋根に多く見られる瓦で、雨水の流れる凹形（**平瓦**）の瓦と、そのつながりを覆う凸形（**丸瓦**）の瓦で構成されている。葺き方は**本瓦葺き**という。▼図7

図6 雪止め

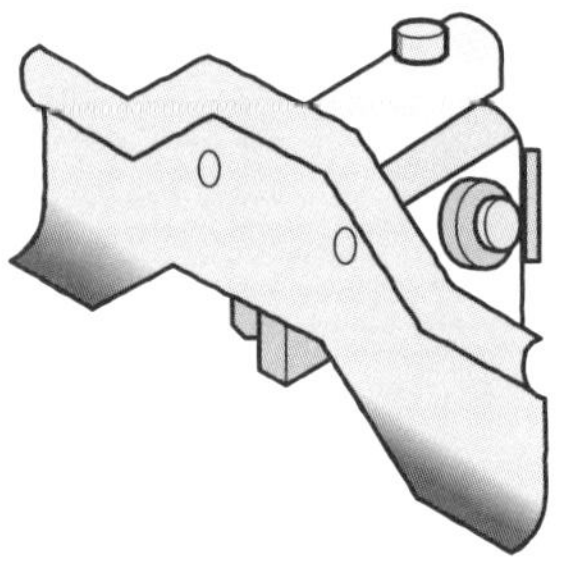

図7 本瓦

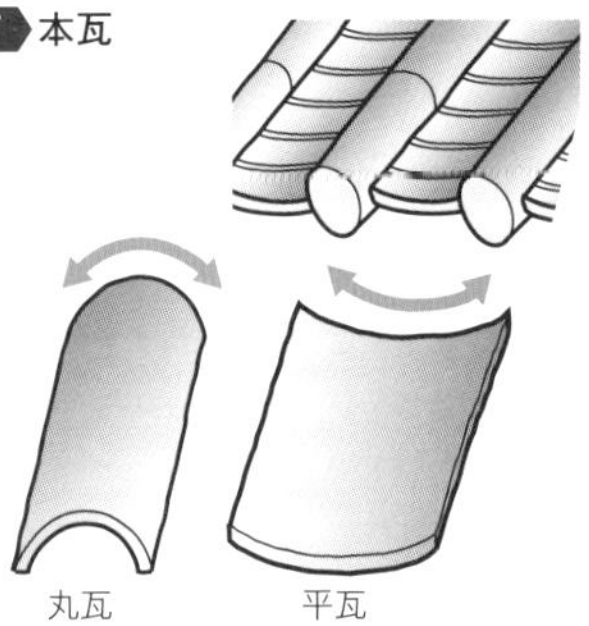

★★★ **桟瓦**《さんがわら》

本瓦の平瓦と丸瓦を合体し、一枚瓦にしたもの。民家に多く使われる。▼図8

図8 桟瓦

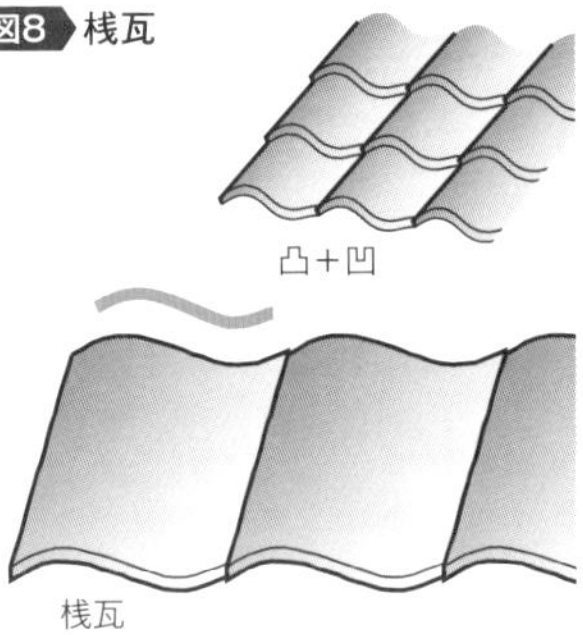

★ **洋瓦**《ようがわら》

西洋風の焼き瓦。スペイン瓦、フランス瓦などがある。形状には、平瓦や本瓦と同じように凹凸を組み合わせる瓦、桟瓦《さんがわら》と同じように凹凸のあるS形瓦などがある。▼図9

★★ **軒瓦**《のきがわら》

軒先に使用する瓦を呼ぶ。**軒先瓦**ともいう。軒瓦には、**万十**《まんじゅう》**軒瓦**、**一文字軒瓦**が一般的に使用される。装飾性のあるものは**唐草瓦**（略して唐草）とも呼ぶ。▼図10

図9 洋瓦の例

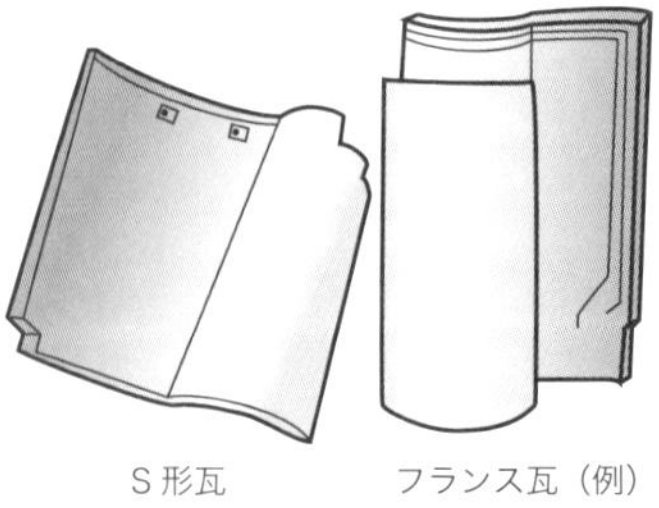

図10 軒瓦

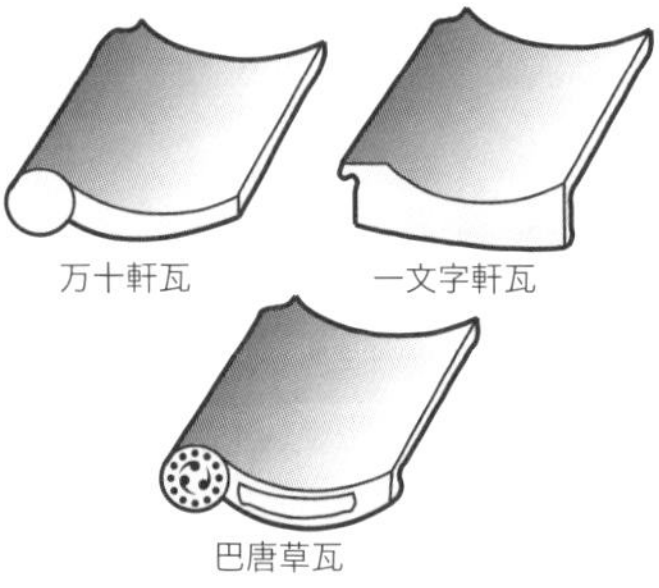

★ 瓦屋根の名称《かわらやねのめいしょう》

瓦屋根の構造と主な名称は、左の図の通り。▼図11

図11 瓦葺きの構造

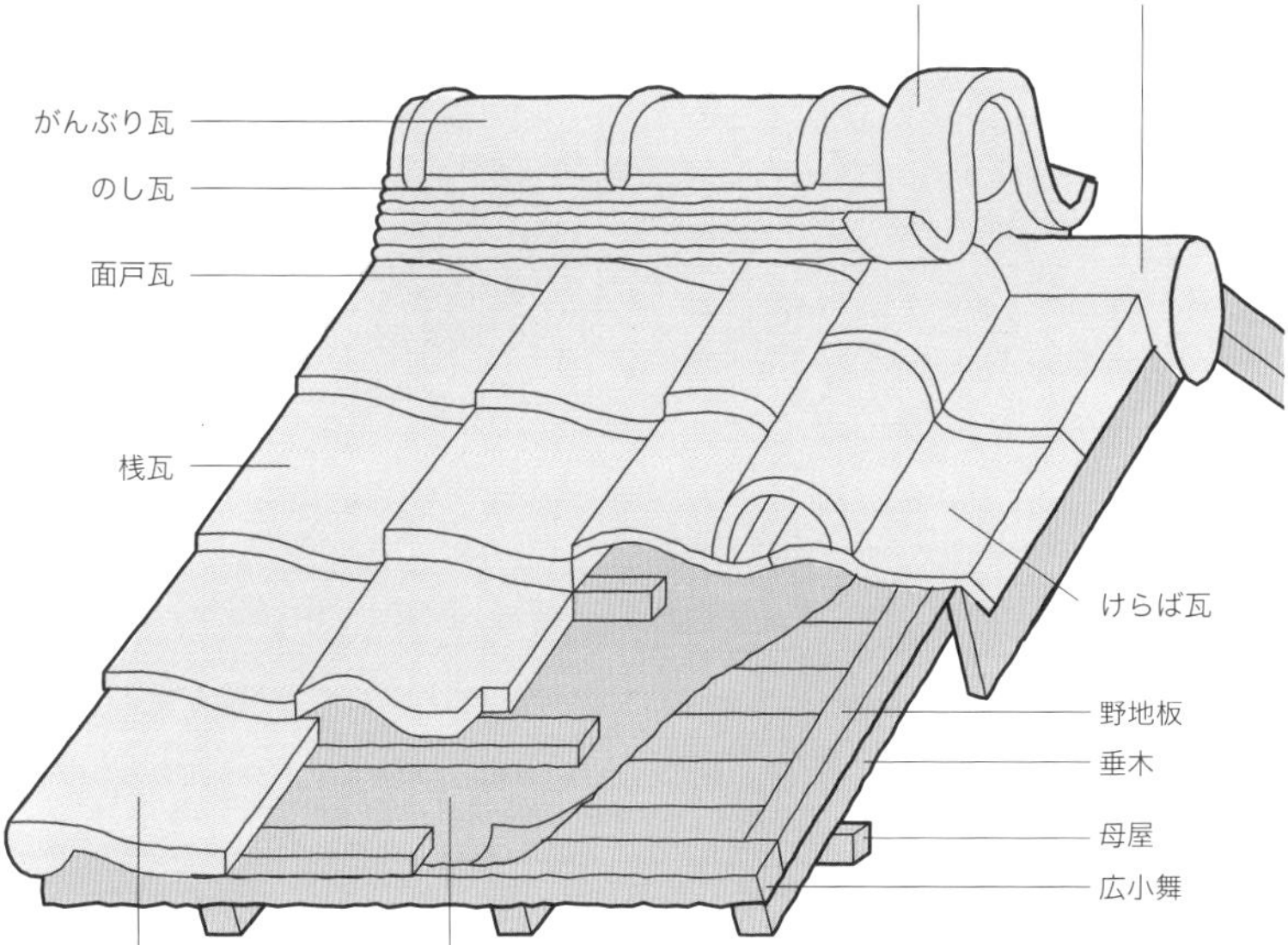

★★★ 引掛桟瓦葺き《ひっかけさんがわらぶき》

屋根の葺き方の1つ。桟瓦下部に付いた引掛け用の突起を、野《の》地板《じいた》の上に取り付けた引掛け桟に取り付けていく。葺き土を使う工法と違い乾式工法なので施工が早く、現代の瓦工法の主流となっている。瓦の重なる部分を除いた長さを利き足、幅を利き幅と呼ぶ。▼図12

図12 桟瓦葺き

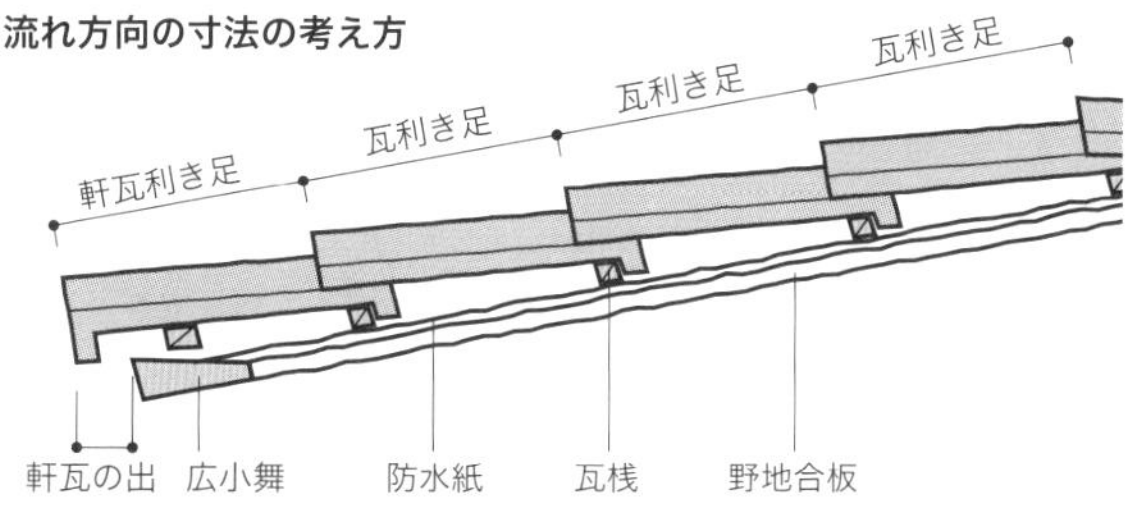

★ 隅瓦《すみがわら》

寄棟《よせむね》や入母屋《いりもや》の屋根が折れ曲がる部分の軒先に使われる瓦。

★★ 巴瓦《ともえがわら》

本瓦葺きの丸瓦の先に巴がついた瓦のことをいう。▼図13

図13 巴瓦

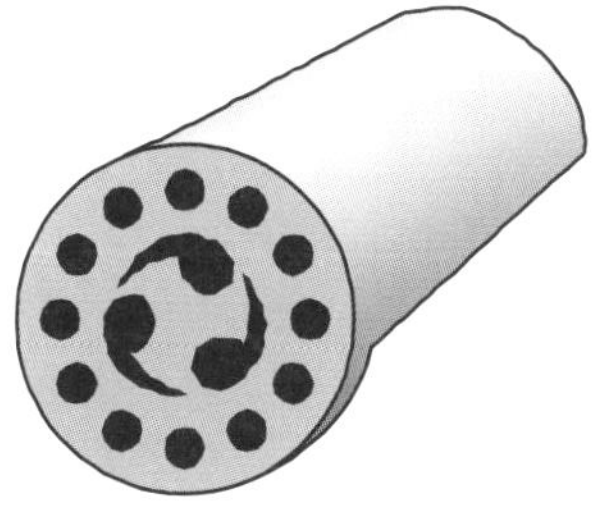

★★ 雪止め瓦《ゆきどめがわら》

雪の落下を防ぐため、瓦上面に輪形の雪止めが付いた瓦。▼図14

図14 雪止め瓦

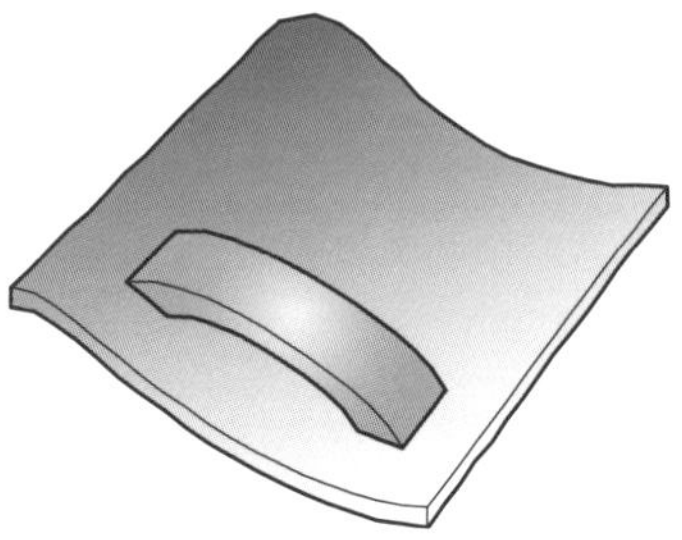

★★★
いぶし瓦《いぶしがわら》

粘土型をつくり、焼成《しょうせい》過程で銀ねず色の炭素膜を付けた瓦。黒瓦とも呼ぶ。

★★★
釉薬瓦《ゆうやくがわら》

表面を釉薬で化粧した瓦のこと。いろいろな色調がある。

★★★
塩焼き瓦《しおやきがわら》

焼成《しょうせい》の途中で塩を入れて焼く瓦。赤褐色のガラス状の皮膜ができる。現在はほとんどつくられていない。

瓦は小さな単位で取り替えがきくため、とても維持のしやすいエコな材料。「瓦は古い」などといわないでくださいね。

4 スレート系屋根用語

★★
スレート《すれーと》

本来は粘板岩を薄く板状に割った屋根葺き材（天然スレート）のことだが、粘板岩とは関係なく板状の屋根材全般にも使われる。コロニアル、カラーベストという商品が知られている。波型のスレートもある。

★
コロニアル葺き《ころにあるぶき》

セメントを主原料としたスレート葺きの呼び名の1つ。商品名が一般的に使われるようになった。**カラーベスト葺き**、**カラーベストコロニアル葺き**とも呼ばれる。外国人が建設した植民地（コロニアル）風住宅を思わせる葺き方。

★★
アスファルトシングル《あすふぁるとしんぐる》

無機質繊維マットなどにアスファルトを浸透、被覆し、表面を鉱物の彩色粒で覆った薄い板状屋根材。軽量で柔軟性、防水性があるので、さまざまな形状の屋根に対応可能。不燃材ではないので、以前は屋根の防火材としては使えなかったが、現在は屋根防火（飛び火）認定も受けている。▼図15

★★★
一文字葺き《いちもんじぶき》

屋根材のつなぎ目が横に一直線に見える葺き方。▼図21

図15 アスファルトシングル

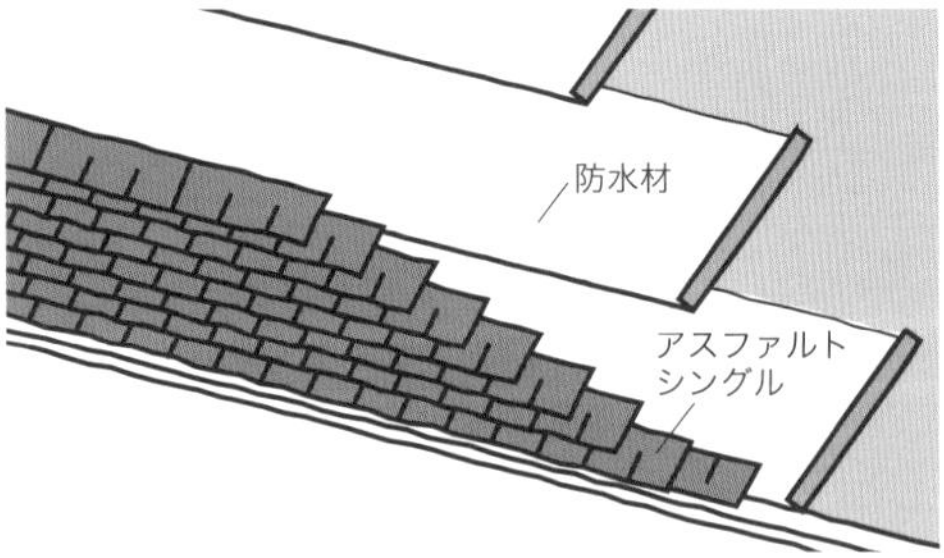
防水材
アスファルトシングル

5 金属屋根用語

★★
金属板《きんぞくいた》

主に建材として使われるシート状の金属の板。金属屋根葺きに使われる金属板の主なものには、ステンレス、アルミ合金、銅、亜鉛合金、チタニウム、表面コーティングした鋼板、ガルバリウム鋼板などがある。

★ **表面処理鋼板《ひょうめんしょりこうはん》**

表面に耐候性や塗装などの処理を施した薄鋼板のこと。トタン、ブリキから、ビニル鋼板などの合成樹脂被覆鋼板、塗装鋼板、ガルバリウム鋼板など、多くの種類がある。

★★ **棟包《むねつつ》み**

屋根頂部の棟を覆う部材。▼図16

図16 棟包み

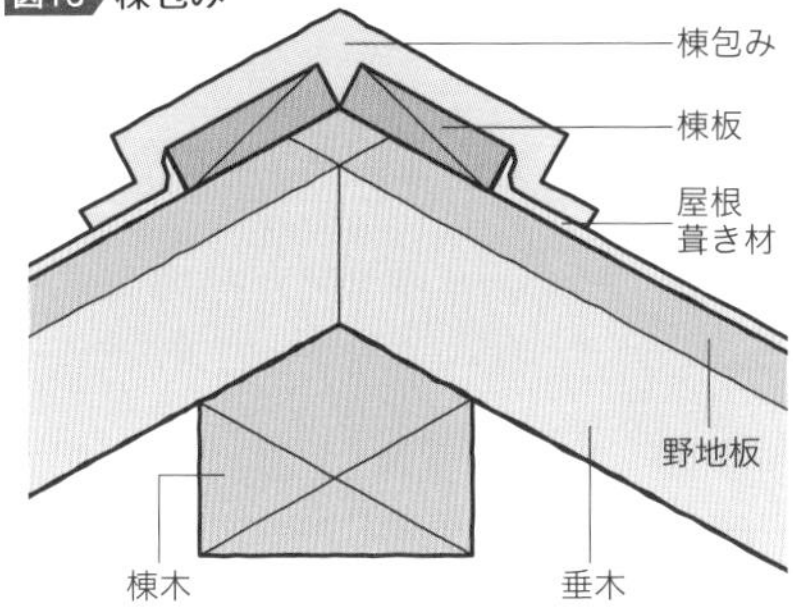

★★★ **瓦棒葺《かわらぼうぶ》き**

屋根の流れに沿い、桟木（心木、真木）を設け、その間に雨水の流れとなる凹型の溝板を設置し、心木をカバー鉄板で覆う葺き方。心木を覆った流れに沿った部分を瓦棒という。心木を設置せず形材などで瓦棒と同じような形にする方法もある。▼図17、18

図17 瓦棒葺き

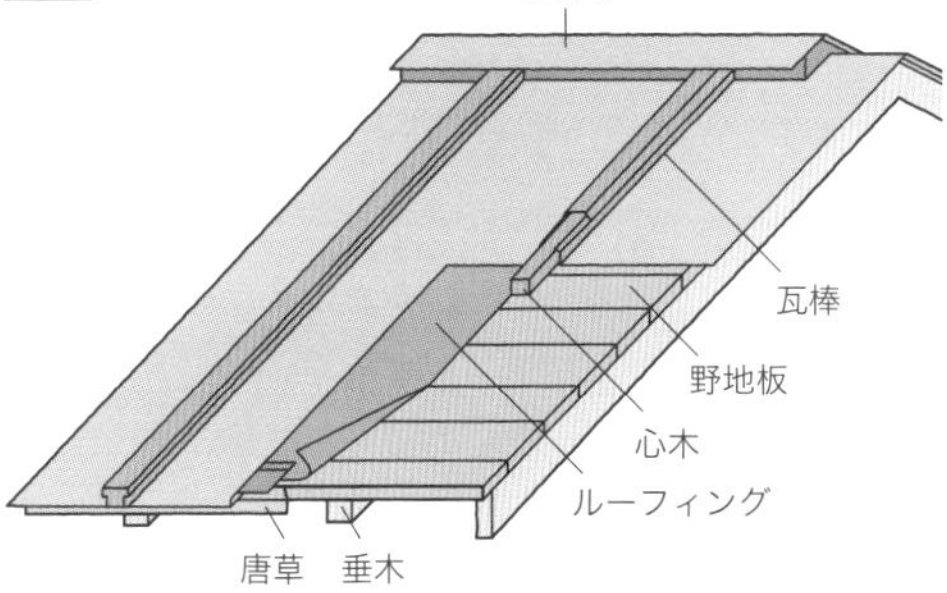

図18 心木なし瓦棒葺き

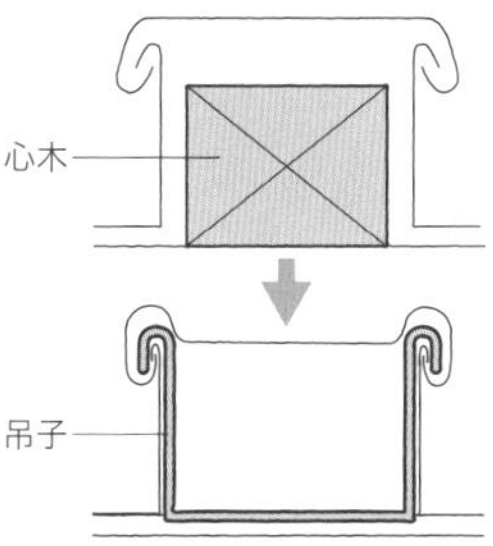

★★★ **はぜ《はぜ》**

板金において板同士を接続するためにお互いに折り曲げる部分。はぜをしっかり固定することを**はぜ締め**という。▼図19

図19 はぜ

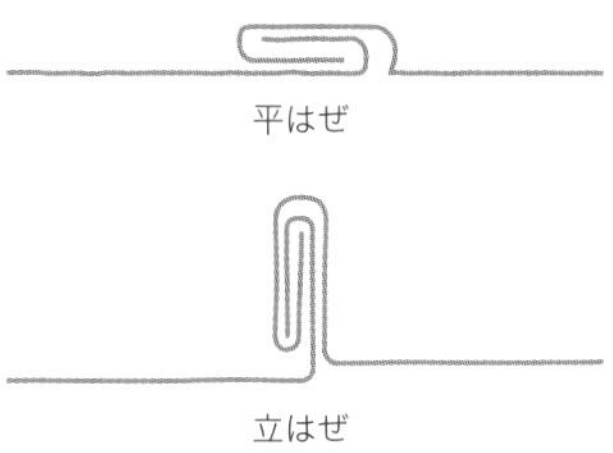

★★★ **立《た》てはぜ葺《ぶ》き**

水の流れる方向に延びる細長い金属板同士を、立てはぜによってつなぎ合わせた葺き方。立平《たてひら》葺きとも呼ぶ。▼図20

図20 立てはぜ葺き

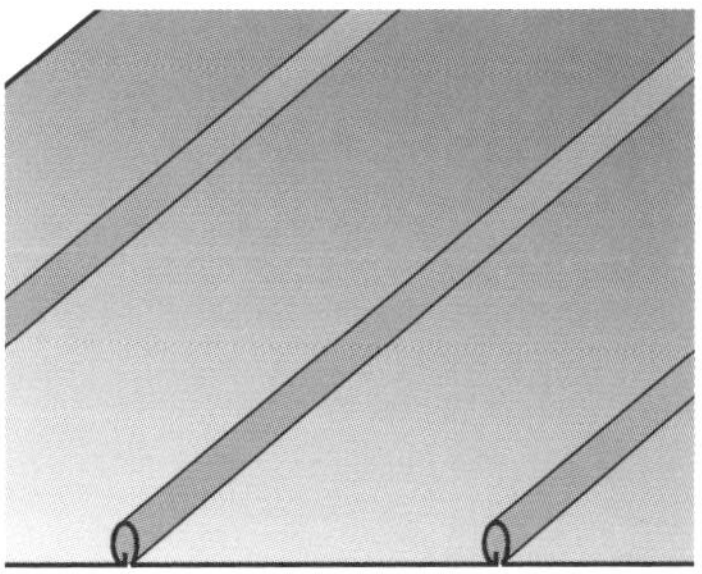

★★ **平葺《ひらぶ》き**

屋根面を凹凸が出ないように平坦にする葺き方。つなぎ目が水平方向に一直線になる**一文字葺き**と斜めに葺き上げる**菱葺き**とがある。▼図21

図21 平葺き

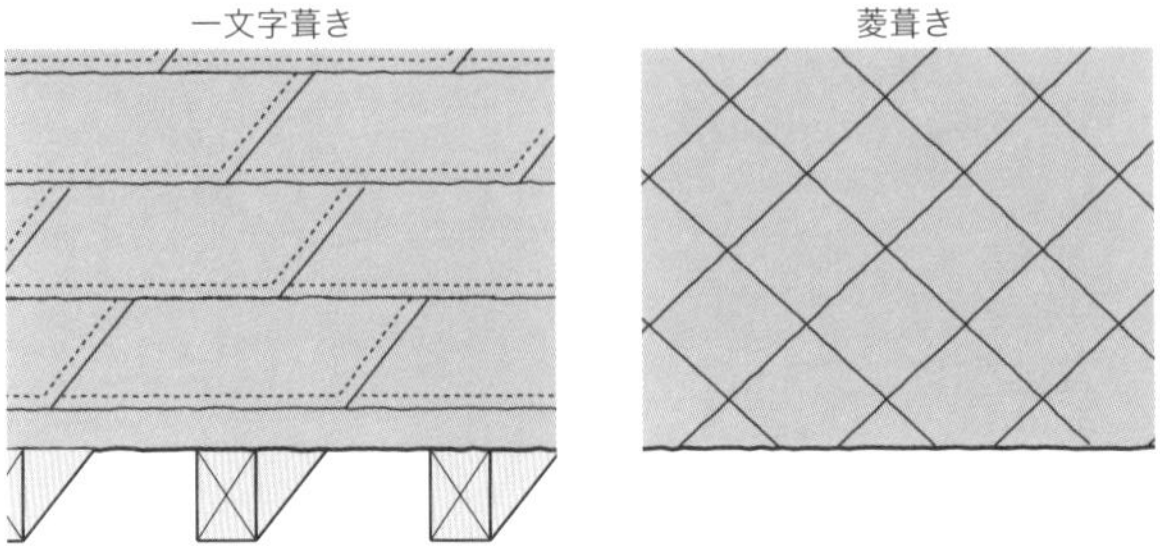

★★ **段葺き《だんぶき》**

金属屋根材の水平のつなぎ目ラインが階段のように落差（段）を持った葺き方。**横葺き**とも呼ぶ。▼図22

図22 段葺き

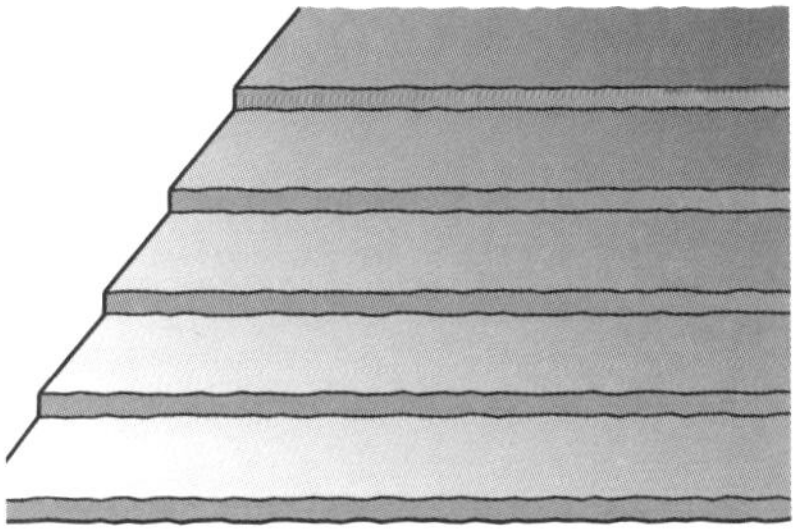

★ **折板葺き《せっぱんぶき》**

鉄板を台形状に折り曲げ加工して、屋根材とした葺き方。長い距離を渡すことができるので、工場のような大きな屋根に使われることが多い。母屋に折板の台形と同じ形をした取付用の金物（**タイトフレーム**）によって取り付けられる。▼図23

★ **波板葺き《なみいたぶき》**

波状に加工された鉄板による葺き方。簡易な建物に使われることが多い。▼図24

図24 波板葺き

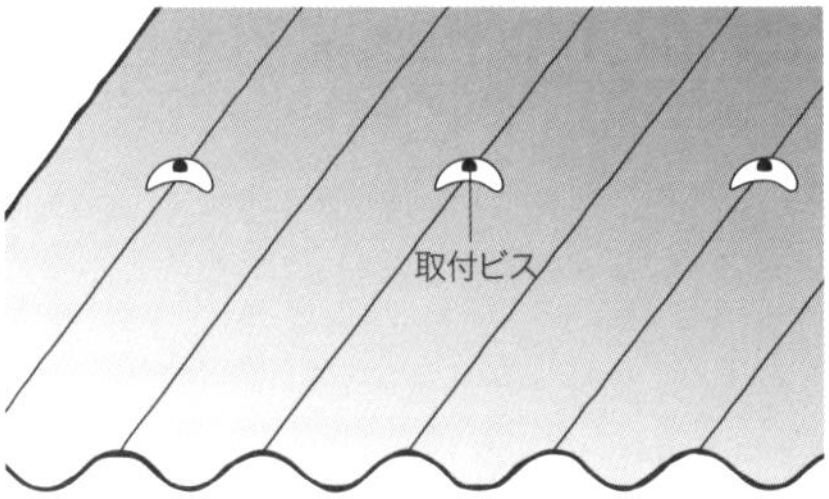

図23 折板葺き

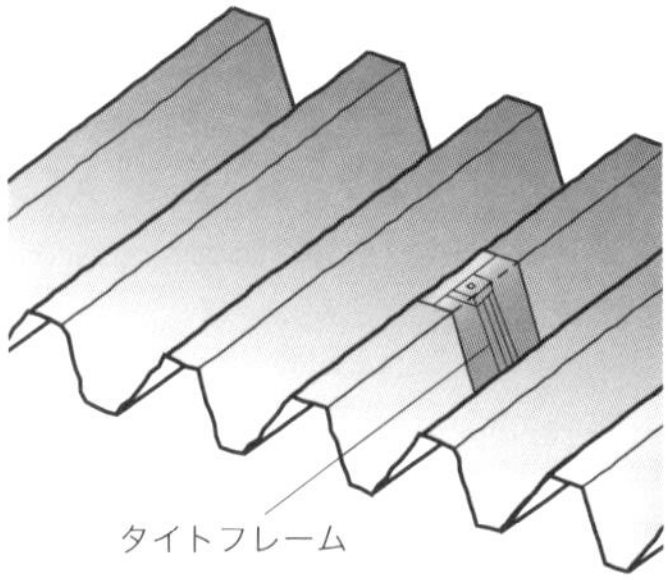

6 その他の屋根用語

★ **檜皮葺き《ひわだぶき》**

檜《ひのき》の樹皮で屋根を葺くこと。神社仏閣などで用いられるため、格式の高い葺き方といわれている。出雲大社本殿などでは、この葺き方をしている。

★ **こけら葺き《こけらぶき》**

こけら（薄い木片）を重ねて葺く屋根工法。金閣寺などが有名。

★ **茅葺《かやぶき》**

カヤ（ススキなど）を使って葺く、古い民家などに多い工法。

★★ **ステンレスシーム溶接工法《すてんれすしーむようせつこうほう》**

ステンレス板をシーム溶接機でつなぎ、水を完全にシャットアウトする工法。勾配が緩やかで、大きな屋根に向いている。P&P工法、R－T工法などがある。

PROCESS

30 防《ぼう》水《すい》工《こう》事《じ》

防水工事では、防水層の破断が起きないようにすることが大切です。構造体や下地の種類、防水面の大きさ、入隅や出隅の施工状況を把握して、適切な工法を選択し、施工します。

1 材料・種類

★★
メンブレン防水《めんぶれんぼうすい》

薄い防水膜をによる防水方法。アスファルト防水、シート防水、塗膜防水などの方法がある。膜をつくらない防水の方法としては、コンクリートなどにしみ込んで水を防ぐ躯体浸透型防水がある。membrane《メンブレン》は膜の意味。

★★★
アスファルト防水《あすふぁるとぼうすい》

アスファルトをしみ込ませたシート（アスファルトルーフィング）を、加熱溶融アスファルトを接着剤として何層かに重ね合わせて防水層をつくる方法。長く用いられてきた歴史もあり、信頼性の高い工法である。主にRC造などの陸屋根《りくやね》に使われることが多い。

★★★
シート防水《しーとぼうすい》

ゴム（加硫・非加硫）系、塩化ビニル系のシートを貼る防水方法。ゴム系、塩ビ系の1～2㎜程度のシートをつなぎ合わせて貼る。シートは品質管理された工場で製造される。つなぎ目が明確なため、露出で使う場合は管理維持しやすい。

★★★
塗膜防水《とまくぼうすい》

液状の樹脂などを躯体に塗布する防水方法。塗布することでシームレスな防水層がつくれる。また複雑な形状にも対応が可能。塗布防水とも呼ぶ。

★★
モルタル防水《もるたるぼうすい》

防水剤などを混入したモルタルによって防水する方法。

★★
ゴムアスファルト防水《ごむあすふぁるとぼうすい》

ゴムアスファルト（改質アスファルト）を使った防水方法。塗布・吹き付け・シートとして使われる。下地への接着性がよい。

★★★
FRP防水《えふあーるぴーぼうすい》

ガラス繊維などの補強材と液状のポリエステル樹脂を一体化した塗膜防水。継ぎ目のないシームレスな防水層ができる。浴槽などにも使われる素材で、複雑な形状での使用も塗膜が安定している。

★★★
ウレタン防水《うれたんぼうすい》

伸縮性のあるポリウレタンの粘度のある液体を塗布する防水方法。凸凹のある場所でも施工ができる。

★★
ポリマーセメント系塗膜防水《ぽりまーせめんとけいとまくぼうすい》

エマルション樹脂とセメント系パウダーを調合し塗布する防水方法。有機溶剤を含まないので環境に配慮した工法ともいわれる。湿った下地にも施工が可能。

★★
ケイ酸質系塗布防水《けいさんしつけいとふぼうすい》

ポルトランドセメントにケイ酸質系の材料を混ぜて、コンクリート躯体に直接塗布する防水方法。メンブレン防水と違い、コンクリートを緻密化することで防水性能を発揮する。コンクリートの中性化防止などに有効。

★
ステンレス防水《すてんれすぼうすい》

ステンレス薄板の長尺材をシーム溶接機によって溶接し、1枚のステンレス板状にして防水層をつくる防水方法。屋根材としても使われる。水密性は高い。

2 施工・施工法

★★★
熱工法《ねつこうほう》

アスファルトをしみ込ませたシート（アスファルトルーフィング）類を溶融アスファルトで貼り重ねる防水方法。陸屋根《りくやね》の防水としては最も実績のある工法。アスファルトを熱で溶融するので、この名がある。溶融するときににおいが出るので、施工時には注意が必要である。熱を使わない工法は**冷工法**と呼ばれ、常温工法、粘着工法、自着工法とも呼ばれる。

★★
トーチ工法《とーちこうほう》

改質アスファルトを塗布したシートの表面をトーチバーナーで加熱して溶融し、重ねる防水工法。熱工法に比べ、施工技術が容易な割には信頼性はよい。

★★
密着工法《みっちゃくこうほう》

防水シートなどを下地に完全に密着させる工法。下地に含まれている水分の影響を受けることがある。**絶縁工法**はこの逆。

★★
接着工法《せっちゃくこうほう》

防水シートなどを専用の接着剤や粘性の高いもので貼り合わせる工法。

★★
機械的固定法《きかいてきこていほう》

防水シートなどを特殊な固定金物で下地に固定していく工法。接着工法に対比される。下地依存が低いので改修などにも向いているが、金物を固定するときに、音や振動が出る。

★★★
砂付きルーフィング仕上げ《すなつきるーふぃんぐしあげ》

防水層がそのまま仕上げとなるアスファルト露出防水工法の1つ。最表部のアスファルト防水層に、細かな砂が表面に付いた砂付きルーフィングを使う。アスファルトの粘着を砂で抑え、ほこりやゴミが付着するのを防ぐ。

★★★
押さえコンクリート仕上げ《おさえこんくりーとしあげ》

主にアスファルト防水で使われる仕上げで、防水層の上にコンクリートで保護層をつくる防水工法。歩行用屋上などに向いている。

★★
外断熱工法《そとだんねつこうほう》

屋上スラブの上に断熱層と防水層を設ける工法。断熱層をスラブ下に設ける内断熱《うちだんねつ》に比べ、断熱性がある。近年は一般的な工法となりつつある。

★★
コーナークッション《こーなーくっしょん》

防水工法の立ち上がり入隅《いりすみ》部分に入れる防水用緩衝材《かんしょうざい》。押さえコンクリート仕上げとするときに、押さえコンクリートのずれなどにより入隅部分の防水が破断しやすいので、その部分に意図的に緩衝材を置く。▼図1

図1 コーナークッション

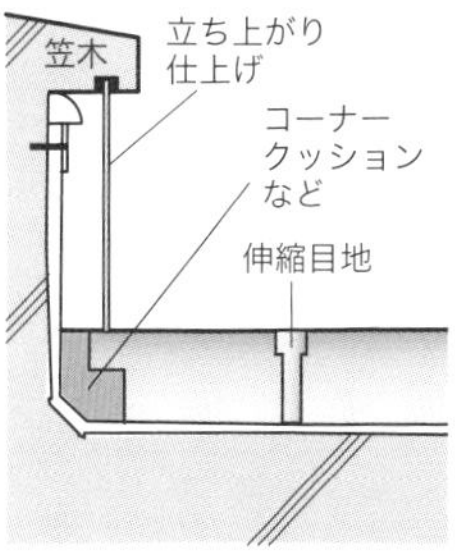

★★
絶縁シート《ぜつえんしーと》

防水層と保護用コンクリートとの間や、既存防水の上に改修用の防水をするときに挟むシート。密着などにより、防水層に破損が起こるのを防ぐのが目的。

★★
通気緩衝シート《つうきかんしょうしーと》

塗膜防水で、下地の動きによる損傷を防ぐために、防水層の下に敷くシート。シートにはシート下に生じる空気の通り道となる凹凸や穴があり、その空気を抜くための脱気筒《だっきとう》を付けることで空気を外に放出する。これは**脱気工法**とも呼ばれる。▼図2

★★★
とんぼ《とんぼ》

防水層の立ち上がり部分などにモルタルを塗るためのラスを留める金具。防水層にはモルタルなどが付着しにくいので使われる。防水処理した浴室のタイル張り下地などにも使われる。▼図3

図2 通気緩衝シート

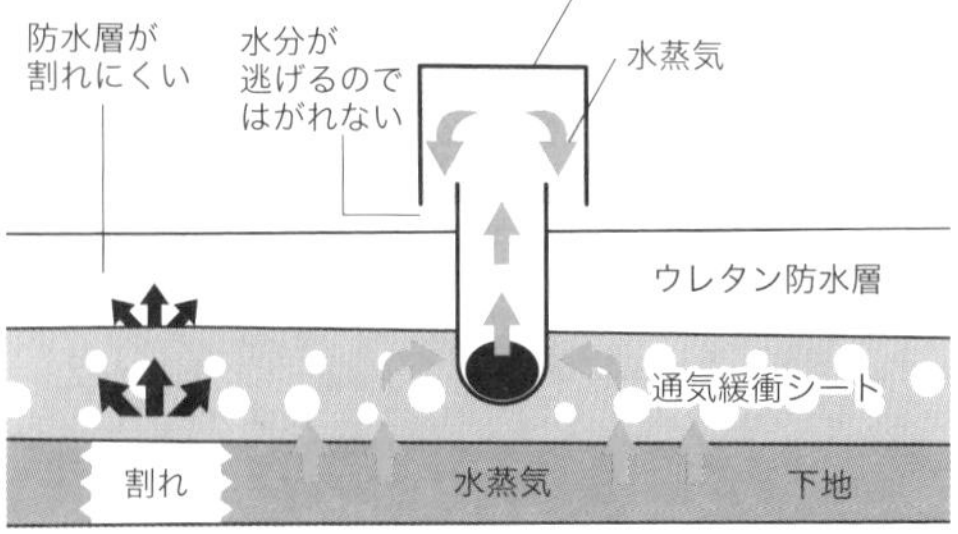

図3 とんぼ

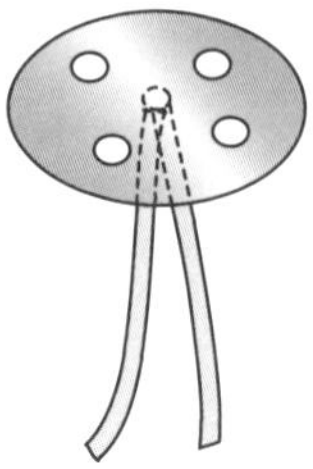

★★ **オープンタイム《おーぷんたいむ》**

接着剤を塗布してから被着材を下地に貼る（貼れる）までの時間。主に接着に使われる用語。

★★ **張り仕舞《はりじまい》**

シート防水などで、シートの張り終わりの端部のこと。

★★ **ブロック押さえ《ぶろっくおさえ》**

防水立ち上がり部分をブロックでカバーすること。▼図4

図4 ブロック押さえ

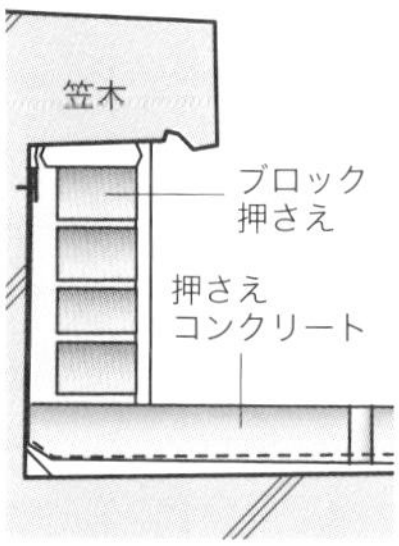

★★★ **伸縮目地《しんしゅくめじ》**

防水層の上の押さえコンクリートが熱伸縮などにより破損したり、それにともない防水層が破損したりしないように、あらかじめ設けられた目地。▼図5

★★ **保護モルタル《ほごもるたる》**

防水層の上に機材や建材などが設置されるときに、機材や建材などが防水層を破損などしないように、防水層の上に保護する目的で塗るモルタル。

図5 伸縮目地

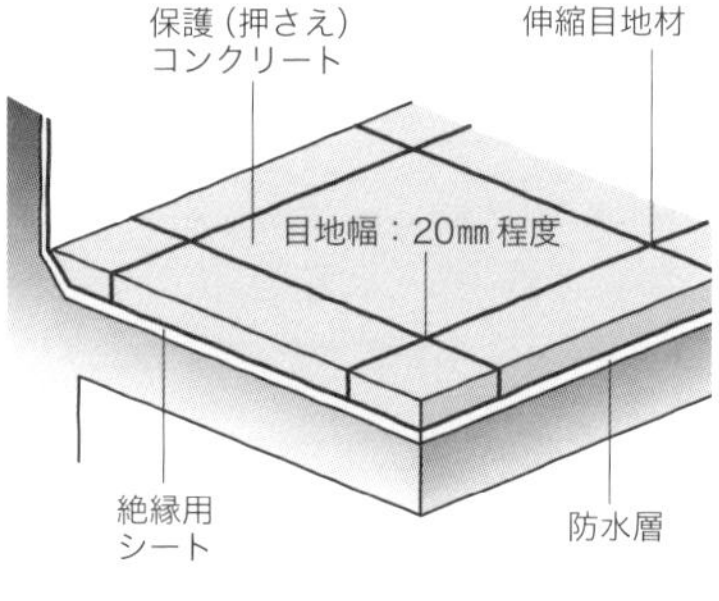

3 品質・欠陥

★★ **飛び火認定《とびひにんてい》**

木造建築の屋根などの防火認定の一般的な呼び方。バルコニーなどの防水も対象となる。建築基準法による防火地域、準防火地域や法22条指定区域の木造建築の屋根やバルコニーの防火性能として認定される。

★★ **ふくれ《ふくれ》**

防水層下にある水分や空気が防水後に、日光などで熱せられて膨らんだ状態。防ぐには、空気が抜けるようにする工法（脱気工法）などがある。

★★ **口開き《くちあき》**

防水層のつなぎ目に隙間ができてしまった状態。

★★ **ピンホール《ぴんほーる》**

防水層に目に見えないような小さな穴がある状態。確認するためには、ピンホール検査をする必要がある。

★★ **チョーキング《ちょーきんぐ》**

雨や太陽光にさらされて劣化し表面に粉状のものが出る状態。塗膜防水に多く見られる。

PROCESS 31

金属工事《きんぞくこうじ》

鉄は、他の金属を加え合金として進化し、現在は多種にわたる金属があります。建築では、屋根やサッシ、天井や壁の下地、外装、手すりなど、さまざまな用途に、それぞれ適した金属が使われます。

★★★ 鋼板《こうはん》

鋼板は鋼を板状に加工したもので板金の一種。鋼は鉄が主成分であるが、その他に少量の炭素、マンガン、ケイ素、リン、硫黄が含まれている。

★★★ 溶融亜鉛メッキ鋼板《ようゆうあえんめっきこうはん》

亜鉛メッキで加工された鋼板。高温で溶かした亜鉛に鋼板を浸し、表面に亜鉛の被膜をつくる。亜鉛は鉄より腐食しやすいため、亜鉛が優先して腐食することで、鉄の腐食を防ぐ効果がある。建築材料では、亜鉛鉄板や焼き付け塗装を施したカラー鉄板などがある。

★★ ガルバリウム鋼板《がるばりうむこうはん》

アルミニウム・亜鉛合金メッキ鋼板のこと。高い防食性を生かして屋根材や外壁材など、建築材料として広く使用されている。▼図1

図1 ガルバリウム鋼板屋根材の例

★ ステンレス鋼板《すてんれすこうはん》

鉄や炭素、クロム、ニッケルの合金であるステンレスを成分とした鋼板。耐食性が高いため、外部の手すりなどに使用されている。SUS304はよく使用されるステンレス鋼の名称。

★ アルミニウム《あるみにうむ》

比重が小さく、加工が容易で軽量なことが特徴。建築材料では、サッシ枠などに使用されている。身近なところでは、1円玉が100%アルミニウムでつくられている。

★ アルミニウム合金《あるみにうむごうきん》

アルミニウムに他の金属を加えた合金。アルミニウムは元来、柔らかい金属であるため、銅やマンガン、ケイ素、マグネシウム、亜鉛、ニッケルを加えて強度を出している。

★ 銅板《どうばん》

銅製の板金。銅は電気や熱の伝導率が高く、使用頻度が高い材料だったが、現在は生産量が少なくコスト高であるため使用頻度は減った。建築では、主に屋根材などに使用される。炭酸ガス中に置いておくと緑色の緑青《ろくしょう》ができ、耐食性がよくなる。

★★ 鋳鉄《ちゅうてつ》

鉄に少量の炭素とケイ素、マンガンを含んだ鉄合金のこと。一般に溶融点が低いため、鋼よりもろい性質がある。

★★ 真鍮《しんちゅう》

黄銅とも呼ばれる。銅と亜鉛の合金。銅より強度があり、耐食性は鉄より大きい。また銅より安価である。身近なところでは、5円玉が真鍮である。建築金物では取っ手などに使用されている。

★★ 鉛《なまり》

加工が容易。比重が大きく、耐食性に優れ、電気を伝えにくい。しかし、人体には有害であるため、粉や蒸気の吸入には注意が必要。放射線を通しにくいことからX線防御用に使用される。

★ 亜鉛《あえん》

鉄板の表面処理に使われる。耐食性がよく鋳造しやすいが酸やアルカリに弱い。

★**ブロンズ《ぶろんず》**

青銅のこと。成分は銅とスズの合金である。真鍮より耐食性に優れ、建築金物や装飾金物に使われる。身近なところでは、10円玉がブロンズでつくられている。

2 製品・加工

★**デッキプレート《でっきぷれーと》**

波形に形成された鋼板のこと。床材や屋根材などに使用されている。▼図2

図2 デッキプレート

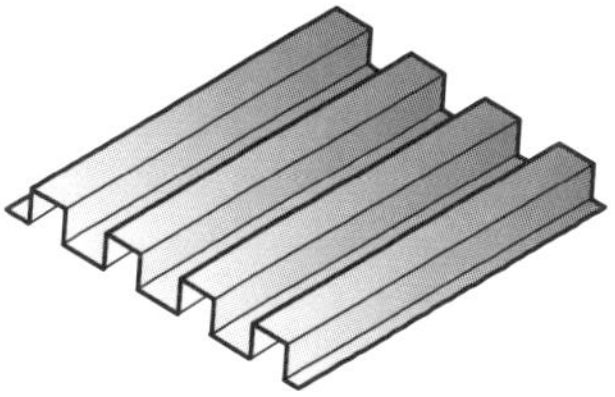

★**パンチングメタル《ぱんちんぐめたる》**

金属板に種々の形状の孔を打ち抜いたもの。換気口や建築物の外装などに用いられる。▼図3

図3 パンチングメタル

★★**金網《かなあみ》**

金属製の細い線材でつくられた網。メタルラスといわれる鉄製の金網には**平ラス**、**波形ラス**などがある。▼図4

★★**グレーチング《ぐれーちんぐ》**

鋼材などを格子状にした蓋のこと。素材にはスチール製、ステンレス製の他にFRP製、ゴム製などもある。▼図5

図4 金網

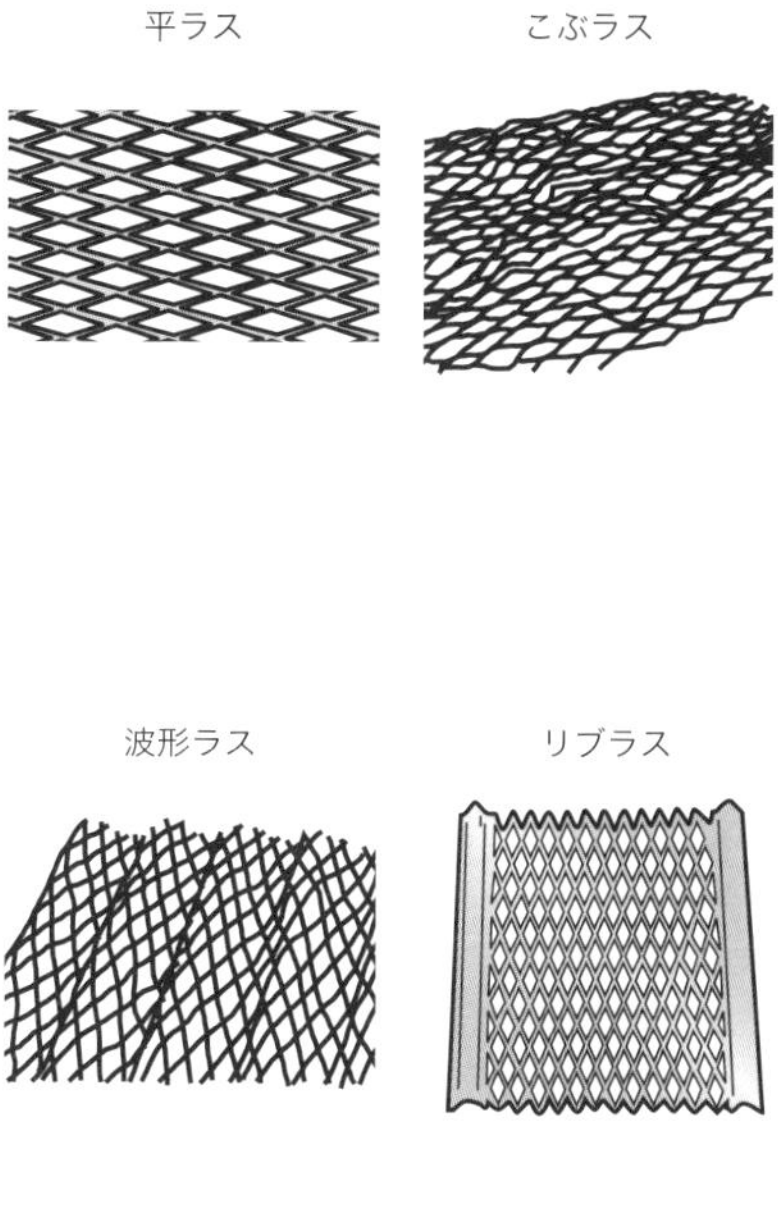

図5 グレーチング

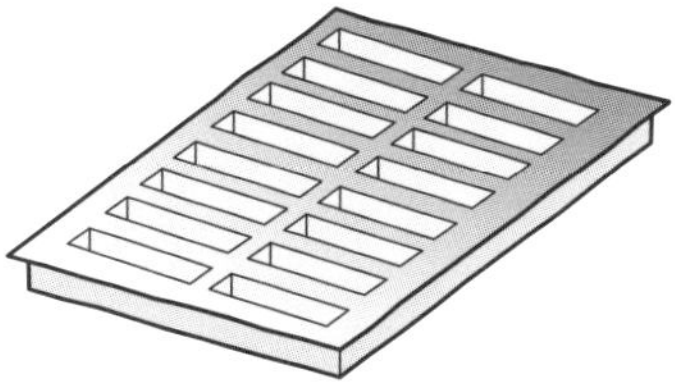

★**波板《なみいた》**

波形をした板材のこと。屋根材や外壁材に使われ、鉄板以外にもポリカーボネート材も使われる。▼図6

図6 波板

★ **スパンドレル《すぱんどれる》**

固定するビスが隠れるように成形された金属化粧板。リブ状になっていて、主に天井材に使われている。アルミ製、スチール製のものが多い。▼図7

図7 スパンドレル

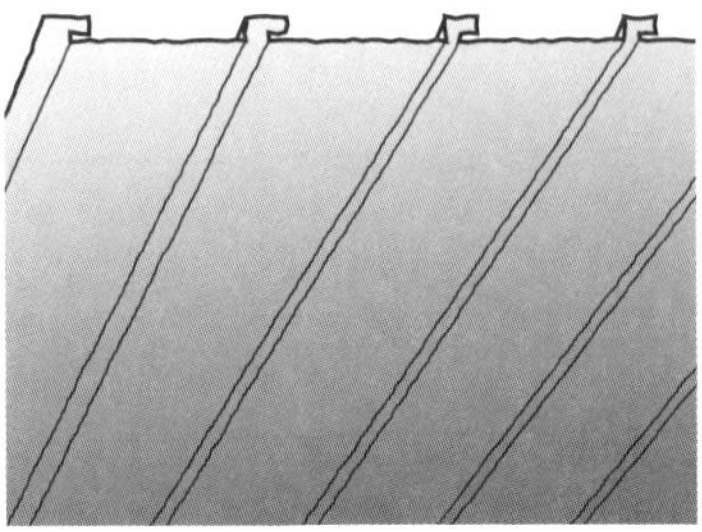

★★ **LGS《えるじーえす》**

建築用鋼製下地材のこと。ライト・ゲージ・スタッドの略。間仕切壁の芯材や天井下地材として使用される。

★ **ハニカムコア《はにかむこあ》**

内部構造が蜂の巣状（ハニカム）になっている板材のこと。

★ **チャンネル《ちゃんねる》**

コの字形の溝形鋼のこと。軽量のものはアルファベットのCの形から、C形チャンネル＝Cチャンと呼ばれることもある。▼図8

図8 チャンネル

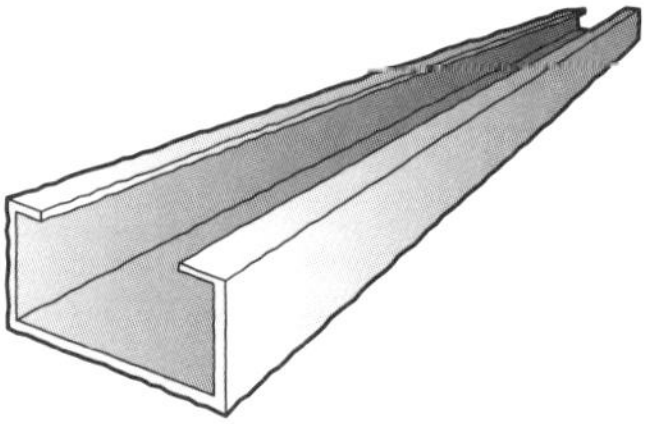

★ **フラットバー《ふらっとばー》**

鋼材で平鋼のこと。手すりをはじめとして、いろいろな加工に使われる。▼図9

図9 フラットバー

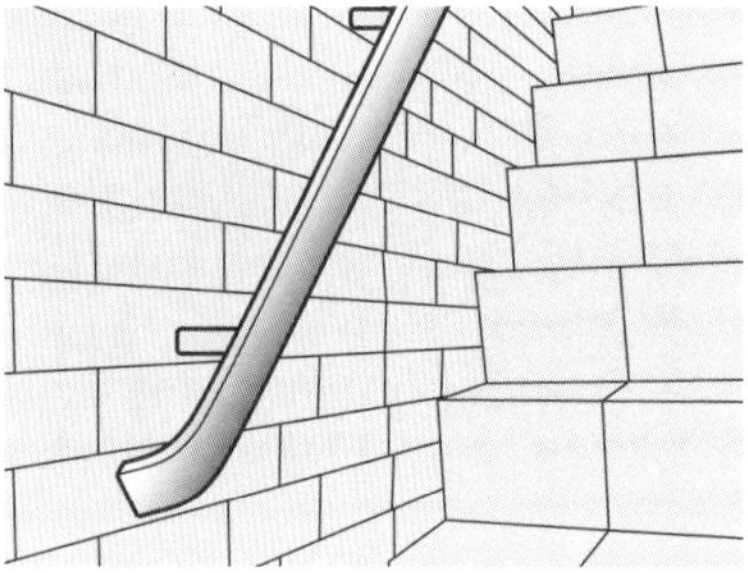

★ **アルマイト法《あるまいとほう》**

アルミニウムの処理方法。陽極酸化処理という処理により、アルミニウムの表面に活性酸素が発生し、これとアルミニウムが反応して酸化アルミニウムとなる。耐食性を高める効果がある。

★★ **焼付け塗装《やきつけとそう》**

金属に焼付け塗料を吹き付け、熱で硬化させる塗装方法。傷やサビ、腐食を防ぐ効果がある。

★ **溶接《ようせつ》**

金属材料の接合部を熱などで溶融し、接合する方法。2つ以上の物体を1つにする。

★ **黒皮《くろかわ》**

熱間圧延処理の際に生じる酸化皮膜（酸化鉄）のこと。防錆効果がある。

鋼材とアルミ材のように、異なる金属製品が接するように使用すると、一方の金属に激しい腐食が集中して起こります。このような現象を異種金属接触腐食と呼びます。

PROCESS 32

外《がい》装《そう》工《こう》事《じ》

建物の外観を決め、また建物の性能を保持する外装材。住宅では窯業系サイディング材がよく使用されるようになりました。最近は、汚れに強い光触媒コートやウォーターコートされたものも開発されています。

1 サイディング材

★★★
サイディング材《さいでぃんぐざい》

定形のサイズでつくられた既製品の外壁材の総称。材質は窯《よう》業《ぎょう》系のものや金属系のものなどがある。▼図1

建物の外壁に使われる材料は総称して外壁材といわれます。サイディング材は、その外壁材の中でも、定形サイズでつくられた既製品を指します。

★★
シーリング材《しーりんぐざい》

気密性や水密性を保持するために、隙間などに埋める充填材のこと。外壁では、サイディングとサイディングとの継ぎ目にシーリング材を充填する。シーリングは**コーキング**とも呼ばれる。▼図1

図1 サイディング材・シーリング材

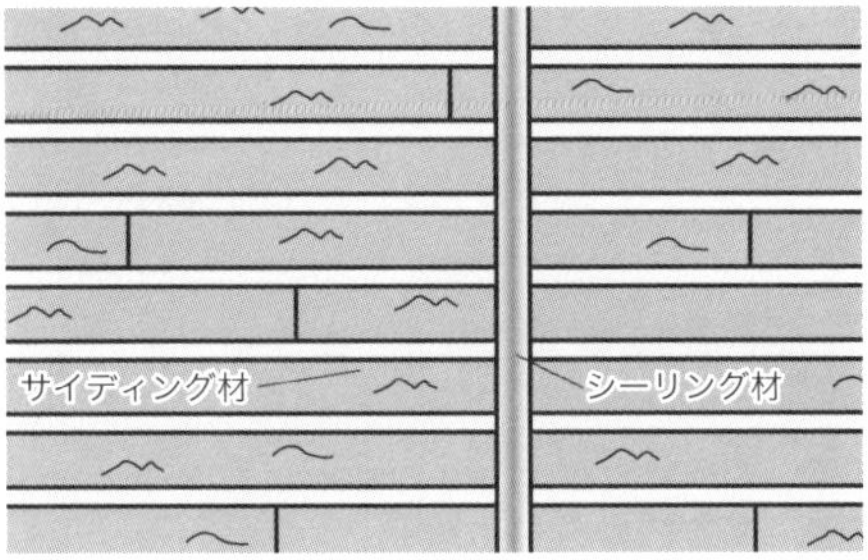

★★★
胴縁《どうぶち》

外壁仕上げ材を固定するための下地材で、板状のもの。縦に設置する胴縁は、外壁と下地材との間に通気層を設けやすい。外壁下に通気をとるための胴縁を**通気胴縁**と呼ぶ。▼図2

図2 胴縁

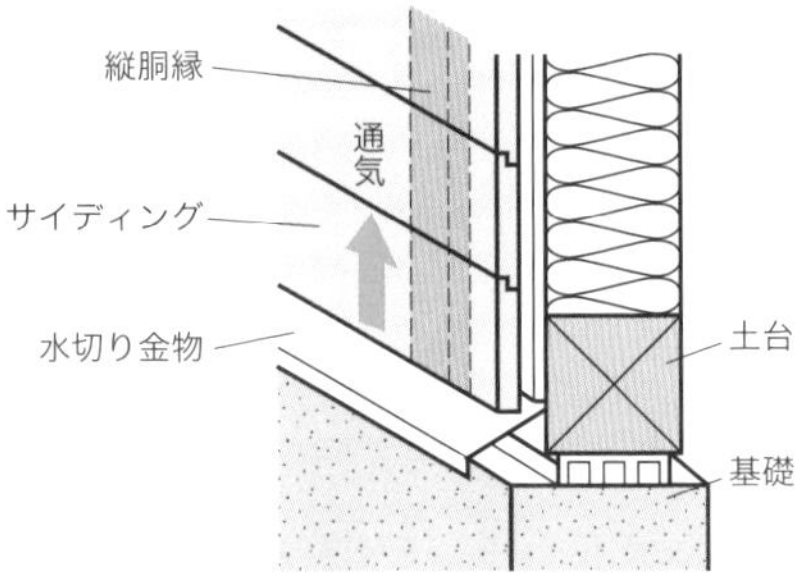

★★
透湿防水シート《とうしつぼうすいしーと》

外壁下地材に貼るシート。水を通さない防水性があり、かつ湿気は通す性質がある。

2 窯業系外装材

★★★
窯業系サイディング材《ようぎょうけいさいでぃんぐざい》

サイディング材の一種。セメントと木質成分などで混成された人工の外壁材である。

★
プレキャストコンクリート板《ぷれきゃすとこんくりーとばん》

工場にて生産されたコンクリート製品。板状になっている。PCa板とも呼ばれる。

★
繊維補強コンクリート板《せんいほきょうこんくりーとばん》

合成繊維や鋼繊維を加えることで強度を増したコンクリート製品。通常のコンクリート板より軽量化がはかれる。

★
押出成形セメント板《おしだしせいけいせめんとばん》

セメントや珪砂《けいさ》、軽量骨材などが主原料の、押出成形されたパネル。中空構造で軽量化されている。工場で生産される。

★★★
ALC板《えーえるしーばん》

軽量気泡コンクリート板のこと。安価で施工性もよいことから鉄骨造の外壁に広く使用されている。オートクレイブ・ライトウェイト・コンクリートの略称。

★ **光触媒コート**《ひかりしょくばいこーと》

太陽光が当たることによって、表面に酸化力が生まれ、有害物質を除去する環境浄化材料のこと。各メーカーごとに、ハイドロテック、光セラなどといった名称が付けられている。

3 金属系外装材

★ **鋼板断熱壁パネル**《こうはんだんねつかべぱねる》

断熱材を鋼板でサンドイッチしたパネル。規格品であり、各社で多種のものが生産されている。▼図3

図3 鋼板断熱壁パネル

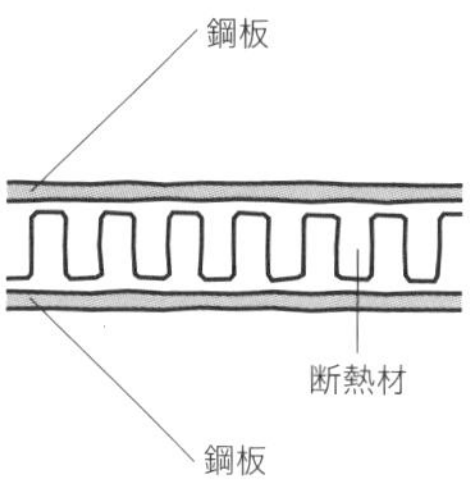

★ **アルミキャストパネル**《あるみきゃすとぱねる》

アルミ鋳物製のパネル。アルミ合金を鋳物《いもの》の型に入れてつくられる。

★ **アルミハニカムパネル**《あるみはにかむぱねる》

ハニカム状に孔の開いた芯材をアルミパネルでサンドイッチしたパネル。ハニカムとは英語で「蜂の巣」という意味。

★ **アルポリック**《あるぽりっく》

芯材に樹脂材を入れてアルミパネルでサンドイッチした鋼製合板のこと。三菱樹脂株式会社の製品名。▼図4

★ **アルミスパンドレル**《あるみすぱんどれる》

アルミ製のリブが付いたパネル。壁材や天井材に使われる。

★★ **ロールフォーミング**《ろーるふぉーみんぐ》

波形鋼板の成形方法。複数のコマが並んだロールの中を鋼板を通すことによって変形させたり加工したりする。▼図5

図4 アルポリック

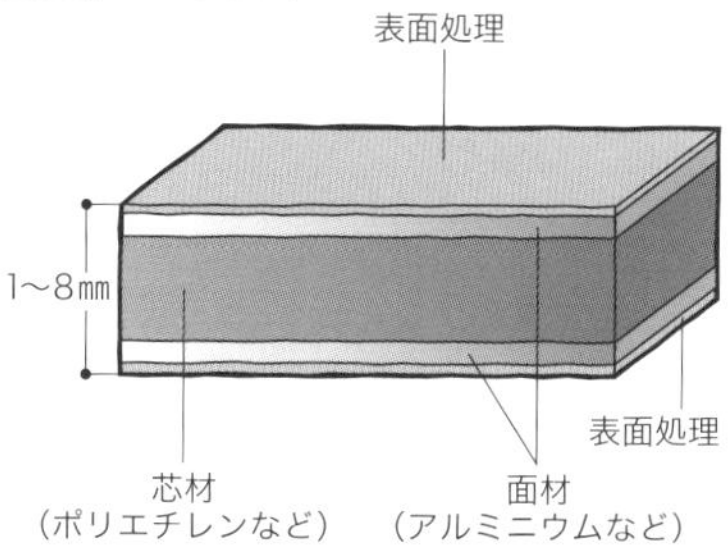

★ **アルマイトクラック**《あるまいとくらっく》

アルミニウムの被膜（アルマイト）に起こるひび割れのこと。60℃前後の環境に、ある一定の時間置いておくと起こる。

★★ **ヘアライン仕上げ**《へあらいんしあげ》

金属の表面加工の1つで、髪の毛のような細かい傷を付ける仕上げ方法。ステンレス材では最もポピュラーな仕上げ。

図5 ロールフォーミング

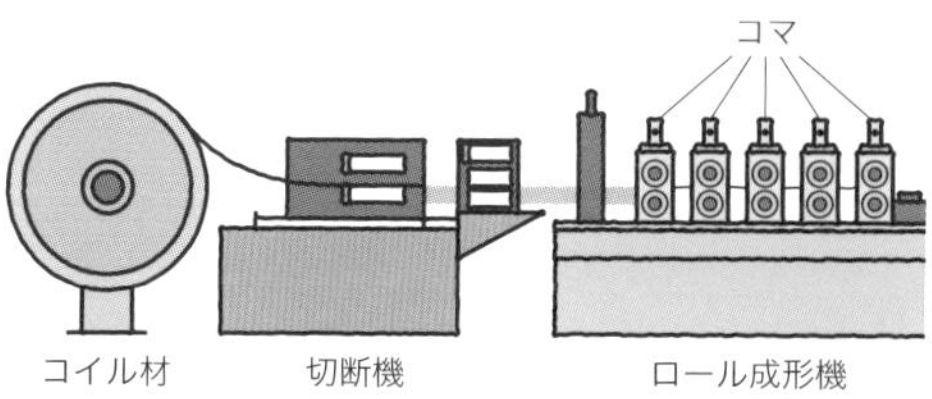

★★ **バイブレーション仕上げ**《ばいぶれーしょんしあげ》

金属の表面に回転によって微細な傷を付けて仕上げる方法。ヘアライン仕上げより不規則な模様ができる。

★ **ダル仕上げ**《だるしあげ》

金属の表面仕上げの1つで、鈍い灰色のツヤ消し仕上げ。梨地《なしじ》状にしたもの。

★★ **マット仕上げ《まっとしあげ》**

アルミパネルに腐食性の薬液をかけて、表面をツヤ消し状にする仕上げ方法。

★ **二次電解着色《にじでんかいちゃくしょく》**

電気分解を用いたアルミニウムの着色方法。一次電解で酸化被膜させた後、スズやニッケルなどの溶液で二次電解させ、着色する。これにより耐食性が増す。単に電解着色ともいわれる。

★★ **点蝕《てんしょく》**

アルミニウムに特徴的な腐食。点状のシミのようなものが表面に現れる。

4 その他の外装材

★★★ **カーテンウォール《かーてんうぉーる》**

外壁材のパネルのこと。建物の荷重を直接負担しない壁で、構造躯体の外側に取り付けられる。連続した金属パネルやアルミサッシなどがある。▼図6

図6 カーテンウォール

カーテンウォールは建物の荷重を負担しない。荷重はすべて柱、梁、床、屋根などが支えている。（写真：YKK AP 株式会社）

★ **押出形材《おしだしかたざい》**

型を通し、押し出すことで形状をつくるアルミ合金材。

★★ **面クリアランス《めんくりあらんす》**

ガラスカーテンウォールのクリアランス（隙間）の名称。ガラスがアルミ枠と折衝してガラスが割れないようにするための隙間。他に**エッジクリアランス**と呼ばれるアルミ枠材とガラスの隙間（クリアランス）もある。▼図7

図7 面クリアランス

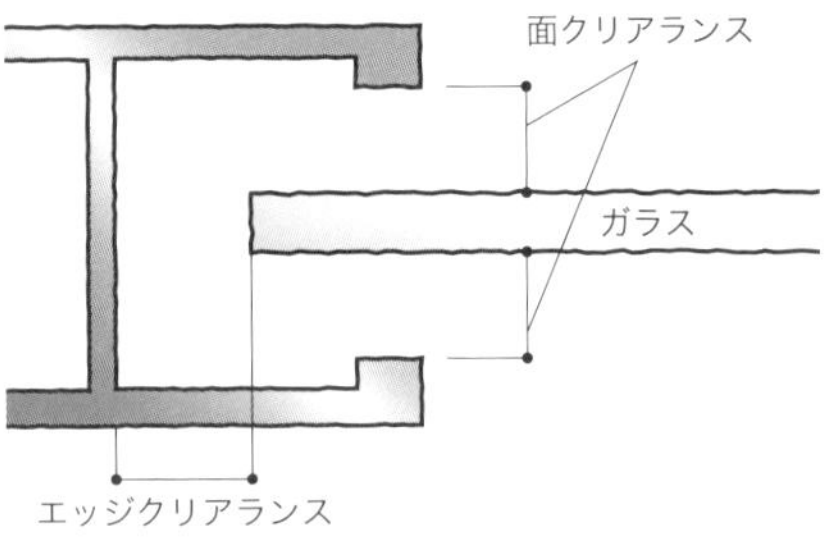

★ **モックアップ《もっくあっぷ》**

直訳すると模型。ここでは原寸模型を指す。躯体との取り合いや色調などを検討するためにつくるケースがある。

★ **ブラケット《ぶらけっと》**

カーテンウォール材と材を連結するための金物。**ファスナー**とも呼ばれ、アングル型やターンバックル型などがある。

★ **ガスケット《がすけっと》**

カーテンウォールにおいては、ガラスと枠をつなげる材や目地内にあるゴム材のこと。水や空気を遮るために設置される。

★ **木質系外装材《もくしつけいがいそうざい》**

都市計画区域内ではあまり使用されることが少ない材料だが、木材で構成された外装材のこと。近年では不燃材に認定された製品もある。

★ **水抜き穴《みずぬきあな》**

外装材やアルミサッシ内に浸入した水を抜く穴のこと。主にパイプなどでつくられる。

PROCESS 33

外部建具《がいぶたてぐ》工事《こうじ》

住宅やオフィスでは、アルミやスチールサッシがよく使われますが、木製または樹脂製サッシも使われるようになってきました。断熱・遮熱性能の面で、大きなポイントとなる部分でもあります。

1 サッシ

★★ アルミサッシ《あるみさっし》

アルミニウム合金製のサッシ。木製やスチール製に比べ、耐候性がよいため、住宅やマンションなどで多く用いられている。アルミ合金は耐候性がよいといっても、そのままでは白く酸化してしまうので通常はアルマイト処理や塗装が施される。軽量だが熱伝導率が高いため、冬場の結露や夏場に日差しを受けて高温になってしまうのが欠点である。

★★ 樹脂サッシ《じゅしさっし》

硬質の塩化ビニル（PVC）でつくられたサッシをいう。アルミサッシよりも熱伝導率が低く、断熱性が高いのを特徴とする。防火面では、防火認定を受けているかなどを確認する必要がある。

★★ 木製サッシ《もくせいさっし》

木材でつくられたサッシをいう。木材は塩化ビニルよりも熱伝導率が低いので断熱性能がよいのが特徴的。アルミサッシが普及する前にあった木製建具とは違い、金物や断面形状の工夫により気密性を高めてある。木製ゆえに塗装などのメンテナンスと多少の変形を考慮しておく必要がある。

★★ 複合サッシ《ふくごうさっし》

異種素材を組み合わせたサッシ。室外側を耐候性に優れたアルミ、室内側を断熱性に有利なアルミ・樹脂複合サッシが一般的。防火認定を受けているものもある。この他、木製サッシの室外側をアルミで保護した**アルミクラッドサッシ**と呼ばれるものもある。▼図1

図1 複合サッシ

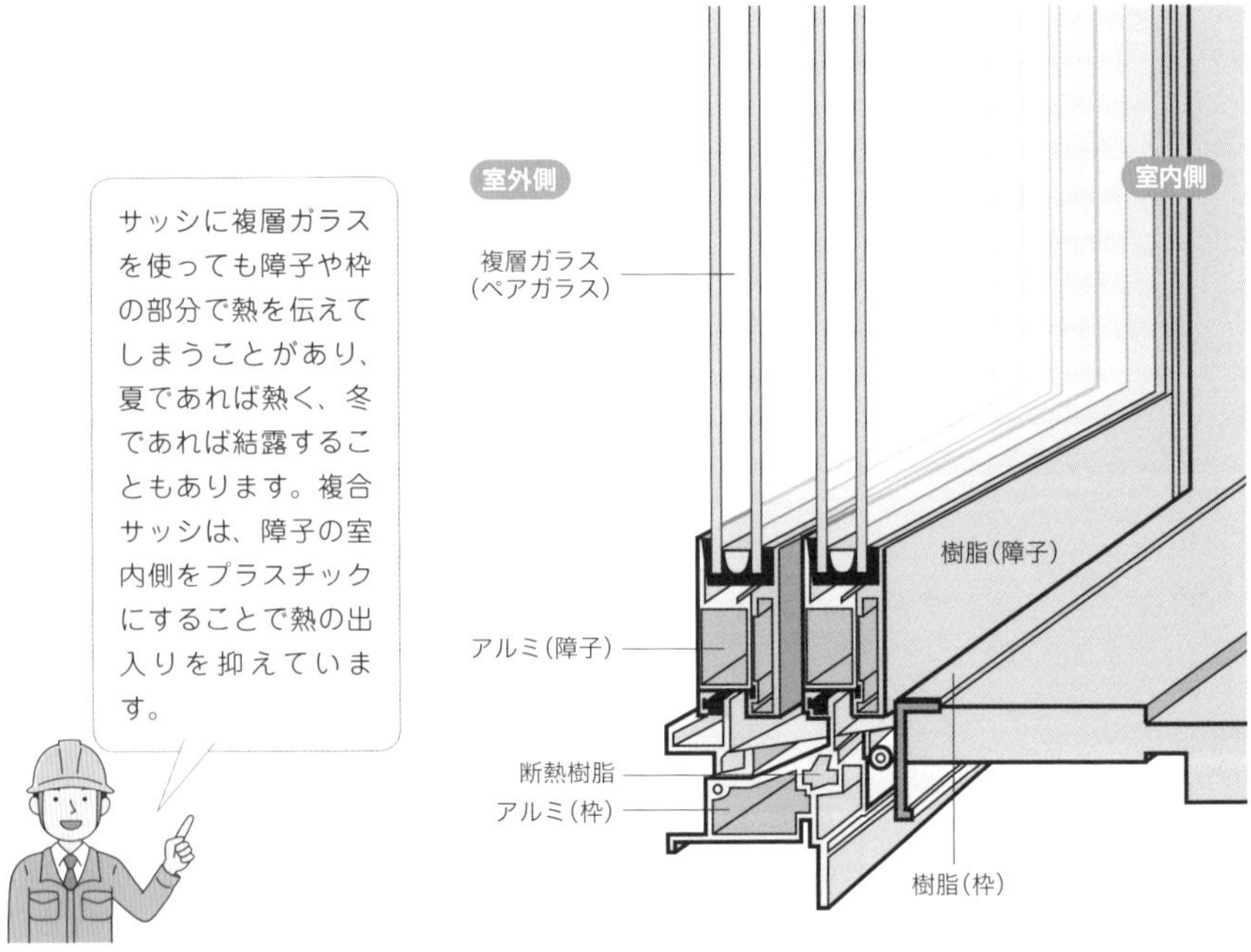
サッシに複層ガラスを使っても障子や枠の部分で熱を伝えてしまうことがあり、夏であれば熱く、冬であれば結露することもあります。複合サッシは、障子の室内側をプラスチックにすることで熱の出入りを抑えています。
室外側
室内側
複層ガラス（ペアガラス）
樹脂（障子）
アルミ（障子）
断熱樹脂
アルミ（枠）
樹脂（枠）

★★ **スチールサッシ《すちーるさっし》**

スチール製のサッシ。**鋼製サッシ**。アルミサッシが普及する前、戦前では鉄筋コンクリートの建築物にはスチールサッシが使われていた。防錆《ぼうせい》のため塗装などのメンテナンスが必要なのと、気密性などの製作精度がアルミの方が優れていたため、窓のほとんどはアルミサッシに取って代わられた。現在では、玄関ドアや防火戸などに使われることが多い。

★★ **バリアフリーサッシ《ばりあふりーさっし》**

下枠の段差をなくしたサッシが**ノンレールサッシ**などの名称で製品化されている。バルコニーのウッドデッキなどと室内床をフラットにしたい場合などに便利。また、大きな重い窓を誰でも開けやすくする**サポートハンドル**付きのサッシもバリアフリーサッシと呼ばれる。

2 取付け・部材

★★ **外付け《そとづけ》**

サッシを木造軸組みの外、外壁側に取り付ける納まりのこと。木造の真壁《しんかべ》納まりでは室内側の窓枠が不要。サッシ荷重をビスのみで受けるので変形などに注意する必要がある。▼図2

★★ **半外付け《はんそとづけ》**

サッシを木造軸組みに一部入れ、一部を外壁より外に出す納まりのこと。木造住宅では最も一般的。窓台の上にアルミサッシを載せてからビスで止め付けるので、取り付けやすく安心感もある。▼図2

★★ **内付け《うちづけ》**

サッシが壁厚《かべあつ》内に納まる納まり。RC造では一般的。木造では外壁を塗り込める納まりとして用いるが、雨仕舞いの面では半外付けや外付けの方が有利である。

★★ **W・H《だぶりゅー・えいち》**

WはWidthで幅寸法、HはHeightで高さ寸法のこと。サッシの寸法は、ビル用サッシは内法《うちのり》有効幅、有効高さで表し、木造用サッシは下地の内法有効寸法を指すことが多い。

★★ **窓台《まどだい》**

窓（サッシ）を取り付けるため

図2 外付けサッシ、半外付けサッシ

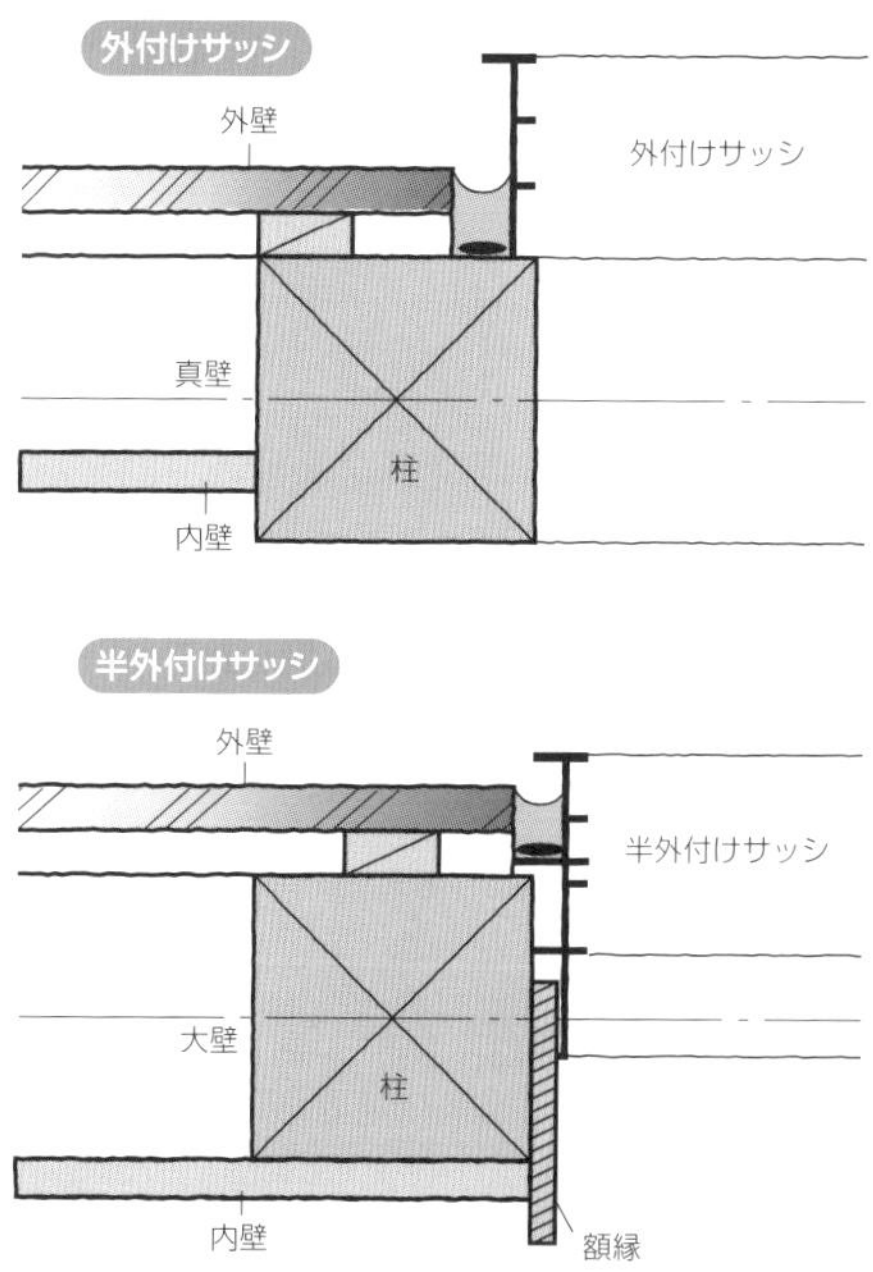

大壁《おおかべ》（洋室）納まりは半外付けサッシに額縁を付け、真壁《しんかべ》（和室）の納まりで額縁などを付けず、柱を見せたいときは外付けサッシを使います。

に、窓の下部の間柱《まばしら》間に横に付けられる材のこと。▼図3

★★
まぐさ《まぐさ》

窓（サッシ）を取り付けるために、窓の上部の間柱《まばしら》間の横に付けられる材のこと。窓台と対になる。▼図3

図3 窓台、まぐさ

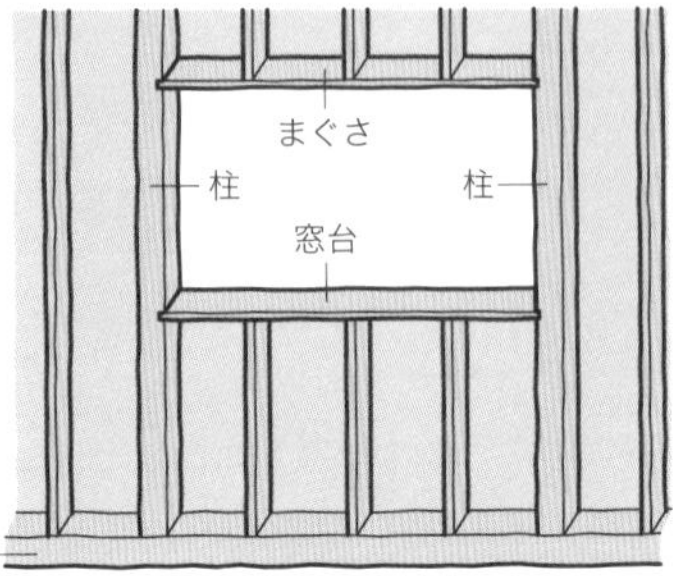

★★★
框《かまち》

床の間や玄関の部分に横に入れる化粧材のこと。建具では周囲を固める四周部材のことを指す。外部建具では、ガラスをはめ込む四周の部材が框と呼ばれる。▼図4

図4 框

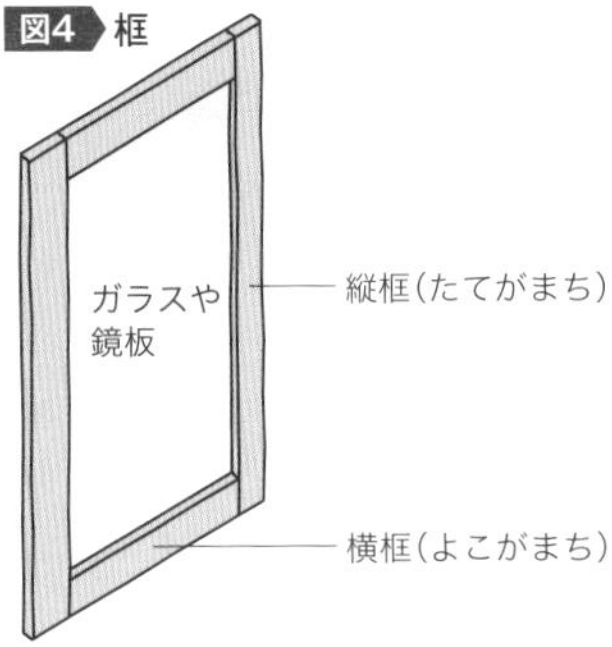

★★★
方立《ほうだて》

横に連続した窓の間に、垂直方向に設けられる部材・桟のこと。

★★★
無目《むめ》

縦に連続する窓の間に、水平方向に設けられる部材・桟のこと。

★★★
水切《みずきり》

雨水の壁体内《へきたい》への浸入や、外壁の汚れを防ぐ、水を切る部材のこと。主にサッシの下側に取り付けられる。

★★★
額縁《がくぶち》

窓や出入り口の枠に取り付ける壁との見切材《みきりざい》、化粧材。単に**窓枠**などとも呼ばれる。

★★★
クレセント《くれせんと》

引違い窓などを固定する金物。三日月（crescent）の形であることから、こう呼ばれる。▼図5

図5 クレセント

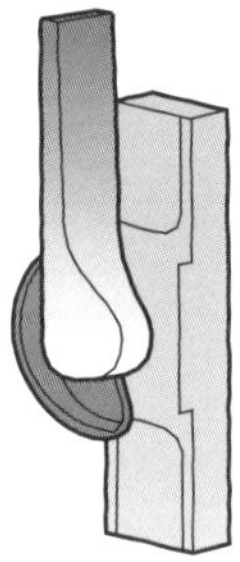

★★
気密材《きみつざい》

サッシの気密性を高めるために、枠や障子に取り付けられる部材。塩化ビニルやゴム系の素材でできた気密パッキンのピンチブロックや、パイル状のモヘヤと呼ばれるものなどがある。

★★
グレチャン《ぐれちゃん》

グレイジングチャンネルの略称。グレイジングとはガラスを固定することで、グレチャンとはガラスと障子を固定する際に隙間にはめ込む部材のこと。さまざまな形状、素材がある。▼図6

図6 グレチャン

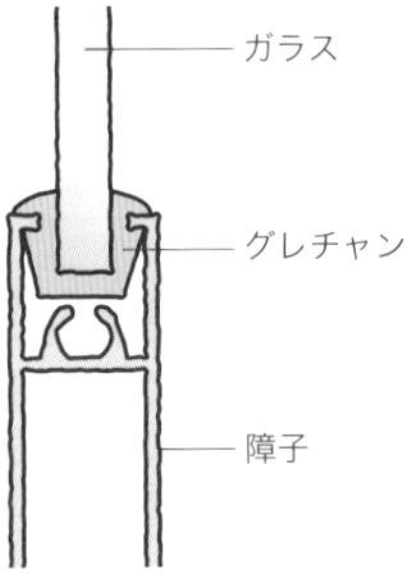

★★★
防水テープ（気密テープ）《ぼうすいてーぷ（きみつてーぷ）》

止水用粘着テープ。木造住宅のサッシでは、外壁通気層に防水シートを設置すること、アルミサッシを防水テープで留めて止水することが重要。

PROCESS

34 ガラス工事《こうじ》

ガラスは建物において、風を遮りながら視界を外へつなげ、また太陽光を取り入れるという点で重要な部分。近年は室内の熱環境を整えるため、ガラス自体の断熱、遮光の高性能化が顕著です。

1 ガラス素材 ①透明度

★★★ **フロートガラス《ふろーとがらす》**

透明な板ガラスのこと。フロート板ガラス。溶融金属（スズ）の上に溶けたガラスを流す（浮かせる＝フロート）ことで平滑にする製造法からこの名が付く。幅は約3m程度までが製造可能で、厚みは2～20㎜程度まで製造しているメーカーが多い。▼図1、3

★★★ **型板ガラス《かたいたがらす》**

製造時にガラス素板を型ローラーを使って引き出し、ガラスの片面に凹凸のパターン・模様を施し、半透明にしたガラス。汚れやすい外部に面する部分に平滑面を用いる。「梨地」「霞み」などと呼ばれる模様があり、主にブラインドなどを使わずに視線を遮りたい場所（トイレ、浴室、洗面所など）によく使われる。模様の種類は近年少なくなる傾向にある。

★★★ **すりガラス《すりがらす》**

すり板ガラス。フロートガラスの片面に珪砂や金属ブラシなどで摺り加工を施し、半透明にしたガラス。表面は白っぽく繊細だが、片面ツヤ消しの部分が手あかなどで汚れやすいこともあり、型板ガラスやフロストガラスの方が使われることが多い。そのため、ある意味でノスタルジックな印象にもなる。

図1 フロートガラスの製造

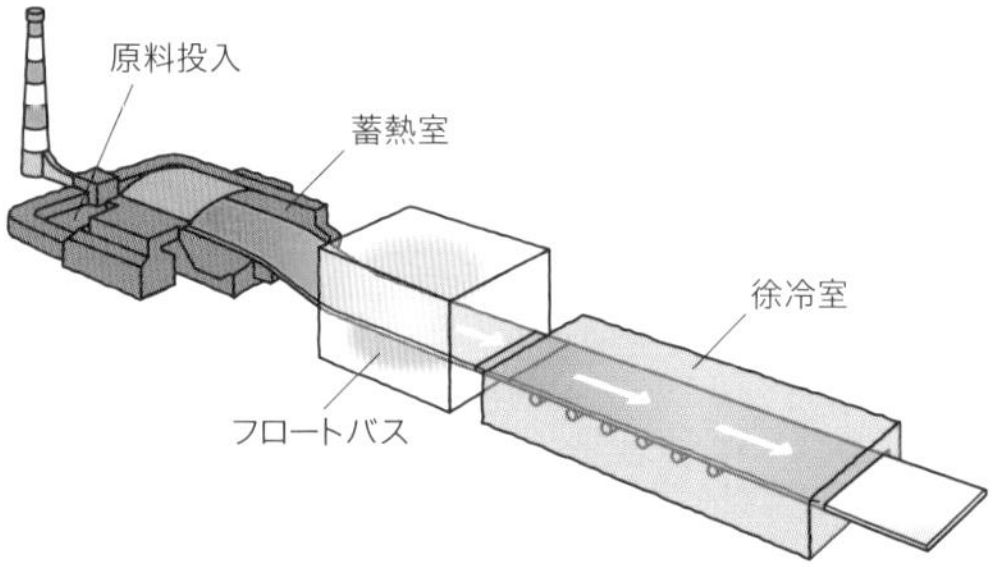

★★★ **フロストガラス《ふろすとがらす》**

フロートガラスの片面をサンドブラスト加工し、表面をすりガラス状にしてからフッ酸による薬品処理をした半透明ガラス。型板ガラスより凹凸が細かいので白っぽく滑らかな印象になる。すりガラスに比べて割れにくく、汚れの面では扱いやすい。タペストリーガラスとも呼ばれる。型板ガラス、すりガラス、フロストガラスを含めた半透明の材料は光を拡散させるので白っぽく見える。

★★ **高透過ガラス《こうとうかがらす》**

フロートガラスは厚みが増すほど青が強くなるが、高透過ガラスは厚みが増しても透明感を損なわない。ガラス越しの物の色を忠実に見せるので、博物館、美術館の展示ケース、店舗のショーウィンドウ、ディスプレーなどに使われている。ビルなどの外装に用いられる例もある。

★★ **低反射ガラス《ていはんしゃがらす》**

ガラス表面の反射率はフロートガラスで8％程度だが、ガラス表面に特殊なコーティングを施すことでこれを1％程度にまで落とし、表面反射・映り込みを少なくしたガラス。博物館、美術館の展示ケース、店舗のショーウィンドウ、絵画のカバーガラスなどに使われている。

1 ガラス素材 ②断熱性

★★★ **複層ガラス《ふくそうがらす》**

ペアガラス。2枚のガラスの間に中空層を持たせることで断熱性能を高めたガラス。冷暖房効率の低下や結露の発生などを抑える。周囲にスペーサーを用いて空間を保ち、そこに乾燥空気またはアルゴンガスなどが封入される。2枚のガラスのうち1枚に遮熱や紫外線カット、防犯、防火などの機能を備えたガラスを使用し、高性能な複層ガラスもつくることができる。▼図2

図2 複層ガラス

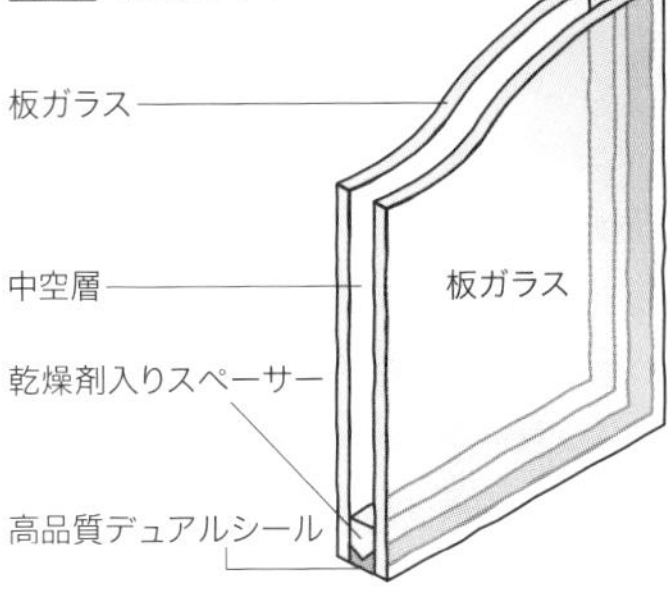

★★★ 真空《しんくう》ガラス《がらす》

2枚のガラスの間に0.2㎜の真空層をつくり、熱の伝導と対流を防いで断熱性能を高めた特殊なガラス。日本板硝子の「スペーシア」が製品名。複層ガラスに比べ製造サイズに若干の制限があるが、厚さを抑えることができるので、既存サッシでの断熱改修にも使われる。

★★ 熱線反射《ねっせんはんしゃ》ガラス《がらす》

熱反またはミラーガラスとも呼ばれる。表面に金属酸化物を焼き付けてあり、日射光線を反射する。ビルのガラスがキラキラ輝いて見えるのはこれによる。熱を吸収・反射するので差し込む日射の量を抑え、暑さや冷房負荷を軽減できる。

★★ 熱線吸収《ねっせんきゅうしゅう》ガラス《がらす》

板ガラス組成の中に微量の金属（鉄、ニッケル、コバルトなど）成分を加えて着色されたガラス。グレー、ブロンズ、グリーンなどの色がある。フロートガラスに比べて多くの日射エネルギーを吸収する。美しい色彩があるが、生産や使用量は減少傾向にある。

★★★ Low-Eガラス《ろういーがらす》（低放射複層《ていほうしゃふくそう》ガラス《がらす》）

Low-EはLow Emissivity（低放射）の略。表面に特殊金属（主に銀）の膜をコーティング（蒸着）し、表面輻射率を小さくしたガラス。この膜は傷みやすいので、この面を内側にした複層ガラスとして用いられる。熱線反射ガラスに比べ可視光をよく通し、透明感が損なわれないのが特徴。コーティング面を室内側、室外側に用いることで断熱タイプ、遮熱タイプとすることができる。

1 ガラス素材 ③安全性

★★★ 強化《きょうか》ガラス《がらす》

板ガラスを約700℃（軟化点近く）まで加熱した後、ガラス表面に空気を吹き付け、均一に急冷し、表面に圧縮層を持たせたガラス。同じ厚さのフロート板ガラスに比べ3～5倍の強度を持ち、割れにくい。割れた場合にはガラスが粒状になるので安全面で優れる。熱処理後の加工はできない。▼図3

★ 倍強度《ばいきょうど》ガラス《がらす》

同じ厚みのフロートガラスに対して2倍の強度を持つガラス。強化ガラスの2倍の強度ではないことに注意。半強化ガラスとも呼ばれることがある。破片は粒状にならずフロートガラスに近い鋭利な形で破損するので注意。強化ガラス同様、熱処理するので現場で切断などの加工はできない。

★★★ 合《あわ》わせガラス《せがらす》

2枚かそれ以上のガラスを樹脂製の中間膜を挟んで溶融圧着さ

せたガラス。中間膜の接着により破損時に飛散・脱落しにくく、耐衝撃性や耐貫通性を高められる。中間膜の厚みにより耐貫通性能を向上させることができる他、中間膜の性能により防犯、防音、装飾など特徴ある性能を加えることができる。▼図3

★★ 安全ガラス《あんぜんがらす》

ガラスに何らかの衝撃が加わって破損した場合の安全対策がなされたガラスで、強化ガラス、合わせガラスがこれにあたる。▼図3

★★★ 網入りガラス《あみいりがらす》

金網を封入した板ガラス。火災時にガラスが破損した際もガラスの脱落を防ぎ、火炎などの侵入を遮断できるので防火設備（防火戸）のガラスとして使用が可能。ただし、金属製の網がさびて膨張したり、あるいは熱による変形でガラスを破損することもある。線が平行に入ったものは、現在はガラスの脱落を防ぎきれないので防火設備（防火戸）に使用することはできない。▼図3

★ 耐火遮熱積層ガラス《たいかしゃねつせきそうがらす》

板ガラスとケイ酸ソーダ系樹脂を交互に積層した、耐火・遮熱積層ガラス。過熱時にはケイ酸系ソーダ樹脂が発泡して熱を遮蔽する。耐火壁としての性能を持ち、透明な耐火間仕切壁として使うことができるので、防火区画を透明で開放的な空間にすることができる。

★★ 耐熱強化ガラス《たいねつきょうかがらす》

板ガラスに特殊な加工と超強化

図3 ガラスの破損状況

フロートガラスの破損状況

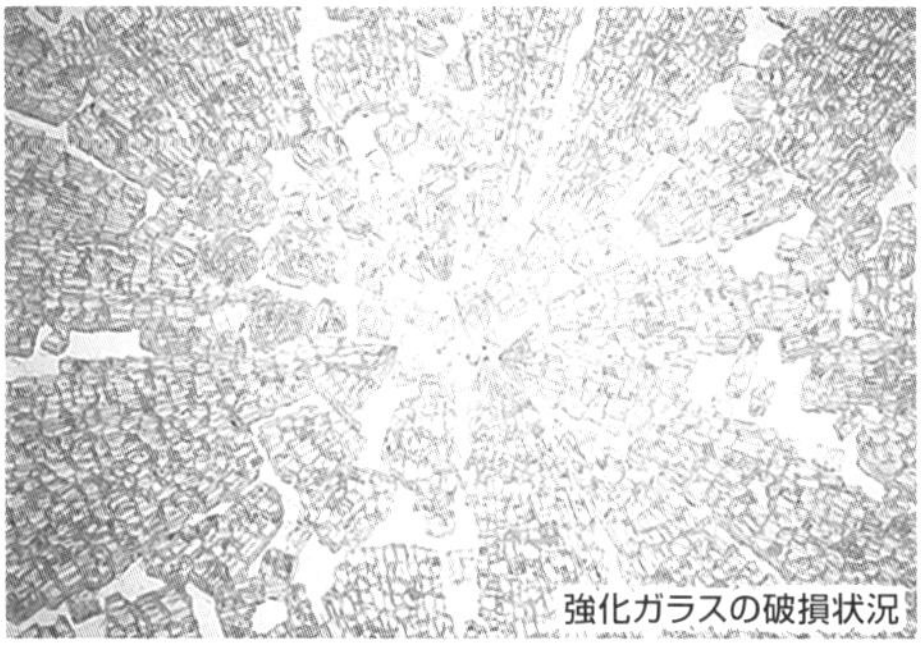
強化ガラスの破損状況

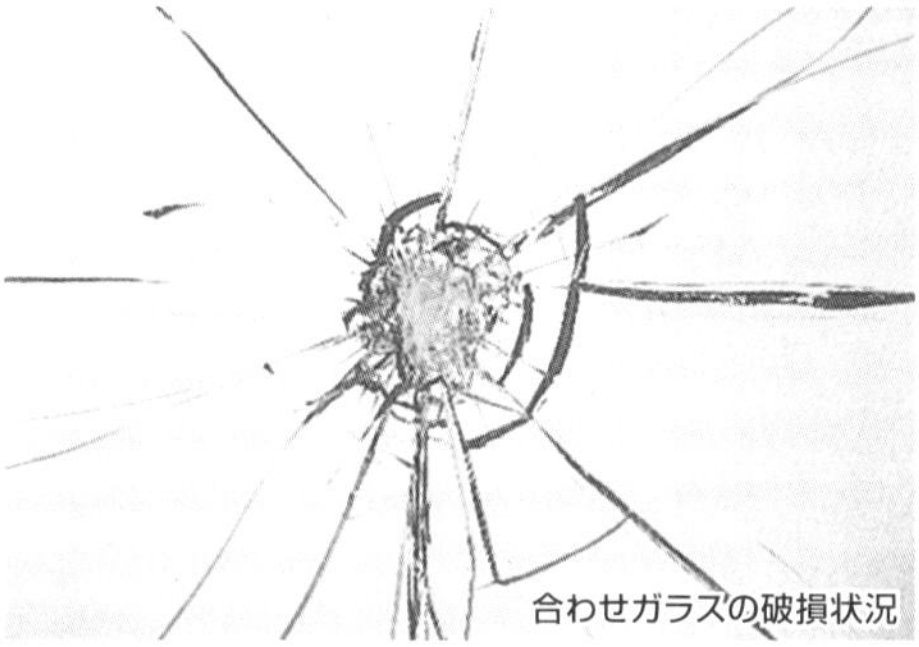
合わせガラスの破損状況

網入りガラスの破損状況

写真：板硝子協会

処理を加えた、防火設備用の耐熱ガラス。フロート板ガラスの6倍以上、強化ガラスの2倍以上の強度がある。破損すると破片は粒状になる。比較的安価で、住宅用網なしタイプの防火ガラスとして使用されつつある。

★★ 低膨張防火ガラス《ていぼうちょうぼうかがらす》

ホウケイ酸ガラスを熱処理して耐熱性を高めた、透明で網のない低膨張防火ガラス。防火設備はもちろん、特定防火設備にも使用できる。

1 ガラス素材 ④装飾性

★ セラミックプリントガラス《せらみっくぷりんとがらす》

フローートガラスの片面にセラミック塗料をシルクスクリーン印刷し、焼き付け処理により定着させたガラス。熱処理することにより強化され、強化ガラスと同じ性能を持つ。既成の模様の他、さまざまなデザインが可能。インテリア用のガラスとして、家具や店舗の間仕切りなどでも使われる。

★★★ ステンドグラス《すてんどぐらす》

カットした着色ガラスを鉛の桟に挟んで結合し、絵や模様を表現したもの。教会堂や西洋館の窓の装飾に多く用いられている。ガラスに着色加工してつくるものから、すでに絵柄が描かれた既製品まである。

★ 和紙調ガラス《わしちょうがらす》

フロート板ガラスの片面に和紙調のフィルムを密着させたもの、または合わせガラスのフィルムを和紙調のものとした装飾ガラス。室内の間仕切りや窓ガラスに温もりを与えられる。いずれもフィルムを用いているので飛散防止の効果がある。

★ ブラインド入複層ガラス《ぶらいんどいりふくそうがらす》

複層ガラスの2枚のガラスの間にブラインドを内蔵したもの。ブラインドの角度を調整することにより、自由な調光が可能、また日射侵入率を抑えることができる。ガラスに密封されているので、ブラインドが折れたり汚れたりする心配もなく、掃除の手間が不要となる。▼図4

図4 ブラインド入複層ガラス

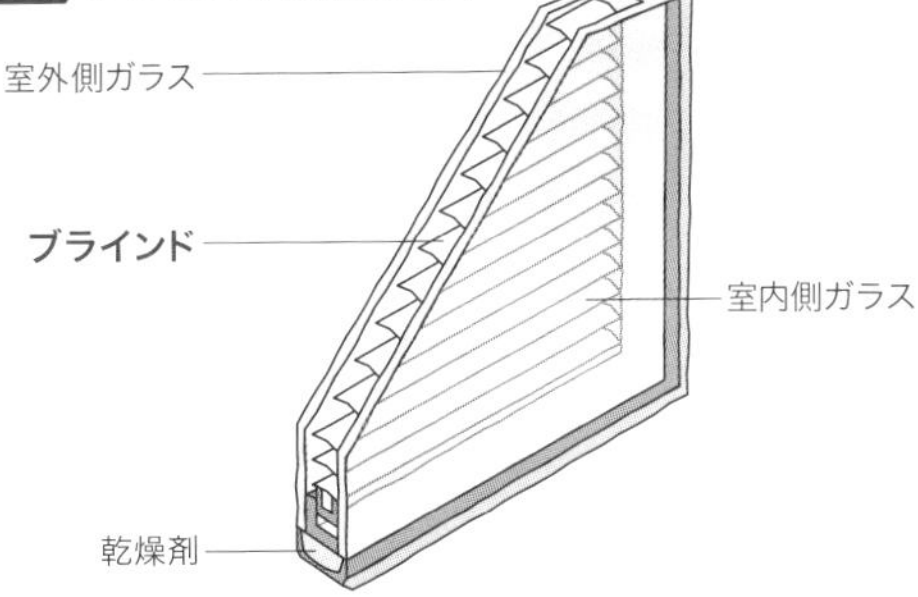

1 ガラス素材 ⑤その他特殊性能

★★ 防音ガラス《ぼうおんがらす》

合わせガラスの中間膜を防音用特殊フィルムにして挟み込んだガラス。騒音によって起こる振動を熱に置き換え、音の波を消滅させる原理を用いている。また、複層ガラスを2枚の異なる厚さのガラスで構成し、その中空層に特殊ガスを封入してより防音性を高めたものもある。サッシとの併用により、一重窓でも優れた防音性能を発揮できるが、条件により二重サッシとする必要がある場合もある。

★ 瞬間調光ガラス《しゅんかんちょうこうがらす》

2枚のガラスの間にある液晶シートに電気を通すことで、スイッチひとつで透明ガラスから不透明ガラスに切り替える調光ガラス。西日や直射日光を拡散させる効果や、室内の間仕切り、さらにはホームシアターの映像スクリーンなど、さまざまな用途に使用できる。中間膜があるので一種の合わせガラスである。そのため破片の飛散や脱落がほとんどなく、また衝撃物に対する耐貫通性も高く安全性がある。

★★ **ノンスリップガラス《のんすりっぷがらす》**

床材や階段踏板に使用するガラス。合わせガラスの片面のガラス表面に微粒ガラスを癒着させて、歩きやすく滑りにくい表面をつくったもの。中間膜を持つ合わせガラスの特性により、万一破損した場合でも飛散防止はもとより、落下などの心配が少ない。

2 プラスチック素材

★★★ **アクリル《あくりる》**

建築で用いられる樹脂の中では透光性が高い（ほぼガラスと同様）のが特徴。軽量で耐候性があるが傷つきやすい。熱可塑性があり100℃以上で軟化し、また可燃性である。また熱膨張率が大きい。近年の水族館などの大水槽は現場で接着されたアクリルが使用されていることも多い。

★★★ **ポリカーボネート《ぽりかーぼねーと》**

アクリルほどではないが透明度が高い素材。比重がガラスの半分で衝撃に強い。可燃性だが火元を遠ざけるとそれ以上燃え広がらないという自己消火性がある。紫外線によって変色するので着色または表面を他の樹脂で保護した製品が多い。熱伝導率がガラスの1／4と熱を伝えにくいのも特徴。アクリルにかわって、フェンス状の部分、駐車場などの屋根、室内用にガラスのかわりに用いられることもある。板状の他、波板、中空の複層板もある。

★★ **中空ポリカーボネート板《ちゅうくうぽりかーぼねーとばん》**

ポリカーボネートを特殊技術で一体成形した中空構造シート。軽量で空気層があるため断熱性・保温効果がある。角度により視線が遮られるので間仕切りなどインテリアにも使用される。

★ **塩化ビニル《えんかびにる》**

主に波板としてフェンスや屋根に用いられる。比較的柔らかく加工が容易であるが、その分シャープさに欠ける面がある。透明のものでも厚みがあるとやや青紫がかった色になる。

★★★ **FRP《えふあーるぴー》**

プラスチックをガラス繊維で補強した複合材料。ガラス繊維強化ポリエステル。軽量で強度があり、耐食性、耐薬品性に優れる。電波は通すが電気絶縁性がある。建材としては防水材料の他、浴室ユニットとしても使用されている。採光材料としては光透過性が大きくなく拡散性がある。熱膨張率は小さく、変退色しやすい。波板形状のものは屋根材として使用される。

プラスチック素材は外部に使用する際は防火面などを考慮しなければなりませんが、インテリアや間仕切りとしてさまざまな所で使えます。

3 ガラス構法・施工

★★ **DPG構法《でぃーぴーじーこうほう》**

Dot Pointed Glazing 構造。ガ

ラスの隅に開けた孔を金物で支持して構造体に留める構法。サッシなしで大きなガラス面を構成できるので、アトリウム外壁やトップライトなどに使われる。これによりフレームレスのガラスカーテンウォールが広まった。

★★ **SSG構法《えすえすじーこうほう》**

Structural Sealant Glazing 構法。ガラスを支持するものが表面に何も現れない構法で、内部の支持部材に「構造シーリング」と呼ばれる接着材によって強力に固定する構法。通常、サッシは溝の中にガラスをはめ込み、溝の隙間をシーリング材やガスケットで埋めて固定し止水をするが、ＳＳＧでは外部側にサッシ部材なしでガラスが止められる。

★★ **MPG構法《えむぴーじーこうほう》**

Metal Pointed Glazing 構法。またはＥＰＧ（Edge Pointed Glazing）構法ともいう。ＤＰＧ構法がガラスに穴を開けるのに対し、金物でガラスを挟み込むことによってガラスを支持する構法。ガラスの穴開け加工が省けるのと、場合によっては金物が目立たずすっきりと形成できる。

★★ **リブガラス構法《りぶがらすこうほう》**

平面に並んだガラスを直角のリブによって固定する構法。直角部分の接着に使用されるのはＳＳＧ構法でも用いられる「構造シーリング」。ビルのエントランスホールや店舗のショールームなどでよく使われている。

★★ **サッシレス《さっしれす》**

サッシを用いないガラス支持方法のこと。フレームレス。ＤＰＧ構法やＭＰＧ構法がこれにあたる。

★★ **プロフィリットガラス《ぷろふぃりっとがらす》**

溝形形状の細長いガラス。半透明。光シングル構成とダブル構成の使い分けで表情が変化する。連続した平面壁や曲面壁など自由な構成ができる自在性や、方立なしで連続したガラス壁ができる。

★★★ **二重サッシ《にじゅうさっし》**

サッシを二重にしたもの。防音や断熱性を高めることができる。新築後に室内側枠内に後日取り付けられる窓も製品化されている。防音には特に効果的。断熱には内外サッシの間隔が広いと空気が対流して熱を伝えてしまうので注意。

★★★ **ガラスフィルム《がらすふぃるむ》**

ガラスに貼るフィルム。飛散防止、防犯や侵入対策、日射遮蔽、装飾、防虫など、ガラスにさまざまな機能を付加することが可能。

★ **サビ割れ《さびわれ》**

網入りガラスの小口の金網がさびることで膨張し、それが原因でガラスが割れる現象。多くは熱割れの引き金になる。サッシの排水が悪かった場合など小口からサビが進行してしまう。

★★ **熱割れ《ねつわれ》**

窓ガラスに強く日射が当たると、その日射が直接当たっている部分と周辺部の枠の中に飲み込まれた部分との間に温度差が生じる。膨張しようとする部分がそうでない部分に押さえられ、ガラスの周縁部から割れが生じる現象のこと。

★★ **デラミネーション《でらみねーしょん》**

多層構造部材で層がはがれてしまうこと。ここでは合わせガラスが部分的に剥離し、気泡が現れる現象。樹脂中間膜の接着に不良が生じることだが、外気に面する小口はデラミネーションは避けがたい。

PROCESS 35

左官工事《さかんこうじ》

モルタル壁、プラスター壁、漆喰壁、土壁などの壁や床を施工する工事。下地のつくり方、仕上げ方は多岐にわたります。湿式工法のため、時間と手間がかかりますが、均一な工業製品とは異なるよさがあります。

1 材料

★★ プレミックスモルタル《ぷれみっくすもるたる》

セメントと種々の細骨材《さいこつざい》・混和剤などのモルタル材料を調合し、袋詰めしたもの。これに水を入れて練るだけで安定した性質のモルタルとなる。

★★ 現場調合モルタル《げんばちょうごうもるたる》

セメントと種々の細骨材《さいこつざい》・混和剤などのモルタル材料を現場にて調合するもの。現場の職人が知識や経験を生かし、使いやすいよう配合することが多い。

★★ ノロ《のろ》

セメントを水だけで練ったもの。**アマ**、**セメントペースト**ともいう。タイル目地に充填する、またモルタル面のひび割れを補修する際に使われる。石灰、プラスターなどを水で練ったものも、ノロという。

★★ 樹脂ノロ《じゅしのろ》

セメントをEVAなどで練ったもの。水状のペーストで、モルタル塗り、また目地材などによく使われる。**EVA**とは、エチレン酢酸ビニル共重合樹脂(Ethylene-Vinyl Acetate)の略。ポリエチレンよりも柔らかく弾力があり軽量で、サンダルの底などに使われている。

★★ プラスター《ぷらすたー》

壁塗装用無機質材料の1つ。ドロマイトを主成分とする**ドロマイトプラスター**と、焼石膏に砂あるいは消石灰などを加えて使用する**石膏プラスター**があるが、単にプラスターといったときは石膏プラスターを指すことが多い。

★★★ モルタル《もるたる》

セメントと砂を適量ずつ混ぜ、水を加えて練り上げたもの。セメントモルタル。コンクリートとの違いは、粗骨材《そこつざい》(砂利)が含まれないこと。強度は期待できない。

★★ ポリマーモルタル《ぽりまーもるたる》

防水性、施工性、付着性などの性質を向上させる目的で、樹脂などの少量の混和剤を加えたモルタル。

★★ 軽量モルタル《けいりょうもるたる》

セメントに砂ではなくスチレン粒やパーライト、バーミキュライトなどの軽量骨材を混ぜ、水で練り合わせたモルタルの総称。通常の砂モルタルに比べ、軽量で下地への負担が少なく、運搬や塗り作業も楽に行える。RC躯体の補修や壁・天井・梁・柱面への薄塗りなどに使われる。

★★ パーライトモルタル《ぱーらいともるたる》

セメントに骨材としてパーライトを混合した軽量モルタルのこと。**パーライト**(perlite)とは、真珠岩や黒曜石《こくようせき》を粉砕し焼成した非常に軽量な人工骨材。比重は川砂の1/5~1/10である。パーライトモルタルは、軽量である他、断熱性、耐火性、吸音性に優れ、天井・壁などの左官材料として幅広く用いられる。

★ サンドモルタル《さんどもるたる》

骨材にスチレン粒を使ったモルタル。主に下塗り用の軽量モルタル。ティエスサンド(製品名)などが使用される。

★ 膨張剤《ぼうちょうざい》

収縮をおさえる混和剤膨張剤をモルタルやコンクリートに添加するとひび割れの低減や水溶性を向上させることができる。

★★ ドロマイトプラスター《どろまいとぷらすたー》

ドロマイト(dolomite、苦灰石、白雲石)という鉱物を焼き、水を加えて熟成し、粉末にした塗り壁材料のこと。混練りが容易で作業性に優れる。石膏プラスター塗りの代用として、天井や壁の塗り仕上げに用いられる。主成分は炭酸カルシウムと炭酸マグネシウム。

★★ 石膏《せっこう》プラスター《ぷらすたー》

焼石膏を主成分とし、消石灰、ドロマイトプラスター、水、砂、粘土および粘着材などを混ぜ合わせた左官材料。ひび割れが少なく丈夫で硬化が早い。壁や天井の仕上げに使われるが、近年はクロスが主流となっている。主成分の硫酸カルシウムは水溶性のため、内装専用で外部使用には不向き。

★★ 土壁《つちかべ》

和風建築の伝統的な壁の1つ。土を使用してつくられる左官仕上げの壁の総称。京壁ともいわれ、数奇屋《すきや》建築や茶室の壁に用いられる。上塗りの土の種類により、**じゅらく壁**、**錆砂《さびすな》壁**、**大《おお》津《つ》壁**などがある。**珪藻土《けいそうど》壁**も土壁の一種。

★ じゅらく壁《じゅらくかべ》

本来の意味は、京都付近で産出する土を用いた塗り壁仕上げ。現在では、きめの細かい砂壁状の仕上げの表面状態を指していることが多い。耐火性に優れ、あたたかみのある独特の風合いがある。

★ 錆砂壁《さびすなかべ》

単に**錆壁**《さびかべ》とも呼ぶ。土壁の材料の中に鉄粉を混ぜ、塗り上げたもの。サビを出すために鉄粉をあらかじめ醤油などに入れておくこともある。時間とともにサビが浮かび上がる。

★ 大津壁《おおつかべ》

石灰に色土《いろつち》とスサを混ぜたもの。平滑な仕上げ面が漆喰やプラスターに似ているが、漆喰に比べ黄変《おうへん》などが出にくい。糊を使用しないため、内壁、外壁にも使用が可能。中でも大津磨き仕上げは光沢があり、壁の最上級の仕上げとされる。

★★ 色土《いろつち》

土壁に使う土。焼き物と同様に産地により種類があり、色が異なる。土壁では顔料を混ぜて色を出すのではなく、本来の土の色から選択するのが基本。

★★ スサ《すさ》

壁土に混ぜ込む繊維質の材料。麻、藁《わら》などの他に、植物を腐食させて繊維を取り出したもの。現代では化学繊維を用いる場合もある。藁スサには、切ったままの**荒スサ**、これを揉んだ**揉みスサ**とがある。自然素材のスサには壁の強度を出すためだけでなく、保水剤としての役割もある。

★ 繊維壁《せんいかべ》

パルプや紙繊維、化学繊維などを糊で混ぜ、水で練り、それを塗った壁。ソフトな感じに仕上がるのが特徴。吸音性や調湿作用、施工性は高い。耐久性には劣るため、現在はあまり使用されなくなった。

★★★ 珪藻土《けいそうど》

海や湖に生息している単細胞の植物プランクトンの死骸が堆積してできた土層から採取される土。多孔質であることから遮音性、吸放湿性も高く、内装用として用いられる。シックハウスの原因といわれるホルムアルデヒドの吸着・分解をはじめ、保温性・断熱性にも優れる。最近は、石膏ボードに直接塗り付けられる商品、ビニルクロスの上に塗ることができる商品、タイルなどがあり、自然素材として見直されてきている。

★★★ ジョリパット《じょりぱっと》

アクリル系の壁仕上げ材。アイカ工業株式会社の商品名。粘りのある特性を生かし、コテやローラーで模様を付ける他、水で薄めることにより吹き付け仕上げも可能。施工面での自由度が高い。色あせしにくく、色合い・質感を長時間保持できる耐久性を持つ。塗り替え回数が少なくて済むため、比較的メンテナンスに費用がかからない素材。内外装に施工することができる。

★★ 石灰《せっかい》

生石灰《せいせっかい》（酸化カルシウム、CaO）の一般名称。消石灰も含めて石灰と呼ばれることもある。用途は多岐にわたり、モルタル、コンクリート、漆喰の原材料でもある。

★★ 消石灰《しょうせっかい》

成分としては水酸化カルシウム（$Ca(OH)_2$）からなる。生石灰に水を反応させてつくる。身近なところでは学校の校庭で引かれる白線用の粉に使用されるなど、さまざまな用途に用いられる。漆喰の材料となる。

★★ 生石灰クリーム《せいせっかいくりーむ》

石灰岩を焼成したものが生石灰。生石灰クリームとは、これを水と反応させてできるクリーム状のもの。漆喰と同様、空気中の炭酸ガスと反応して炭酸カルシウムとなり硬化する。塗料と左官材の中間の扱いができることも特徴。クリームだけなら刷毛やローラーで塗ることができる。また砂などの骨材、スサや顔料を混ぜればボリュームが出るため、左官材としてコテ塗り仕上げが適するようになる。

★★★ 漆喰《しっくい》

消石灰に海藻糊やスサ、または川砂を混ぜたもの。コテで押さえて仕上げる。空気中の炭酸ガス二酸化炭素と結合し、元の石灰岩と同じ組成に戻り、硬化していく。**プレミックスモルタル**のように、既調合品が一般的に使われている。湿気を吸収し調節するので、季節の変化に耐え、カビが付きにくい。また、ある程度の重さもあるので遮音性も優れる。その他、湖やつなぎの代わりとして合成樹脂を混入させたものがある。

★★ 土佐漆喰《とさしっくい》

海藻糊が入らない漆喰。かわりに稲藁《いねわら》のスサを醗酵させ、石灰と練り合わせる。そのため粘りがあり、稲藁の繊維部が産毛のような状態で素材の中に残り、壁強度を高める。

★ 生漆喰《きじっくい》

砂を入れない漆喰。スサは白毛のものを使う。反対に砂を入れたものは**砂漆喰**ともいう。

★★ シラス《しらす》

火山灰シラスを原料とした塗壁材。シラスはマグマが岩石となる前に粉末となった物質。多孔質なため、吸放湿性、脱臭性、化学物質の吸着性などを持つ。水蒸気の細かい粒子は通すが、雨水の大きな粒子は通さないため、内装用の他、外装にも使用できる。外装に使用する場合、ラス下の透湿防水シートだけで、仕上げ表面の防水処理は不要。

★★ スタッコ《すたっこ》

消石灰に大理石の粉と粘土を混ぜたもの。西洋の漆喰。

2 下地・補強材料

★★★ 小舞《こまい》

縦横に竹を渡して藁《わら》縄で結束し

た土塗壁用の下地。**木舞**と書かれる場合もある。▼図1

★
小舞縄《こまいなわ》

小舞竹を結束するための縄。細目の藁縄、シュロ縄などが用いられる。▼図1

図1 小舞、小舞縄

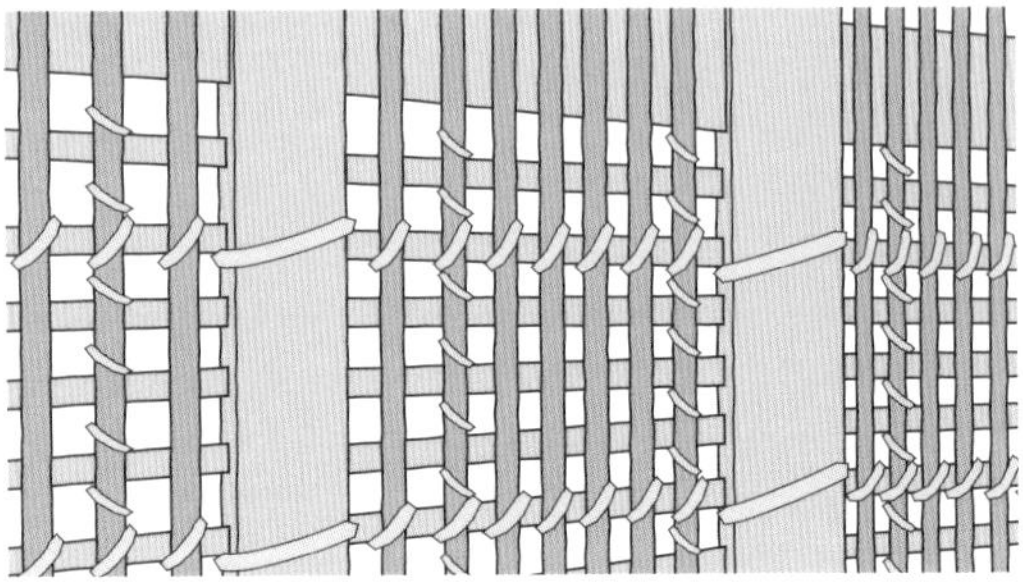

★★
荒壁《あらかべ》

下塗り層に同じ。

★★★
木摺り《きずり》

塗壁の下地に使う、幅30㎜程度の小幅の板。漆喰壁の場合は、スノコのように、一定間隔をあけて柱に打ち付ける。モルタル塗りの場合は、木摺りの上に**平ラス**などを貼り、下地をつくる。ラス下地と呼びかえることもある。▼図2

図2 木摺り

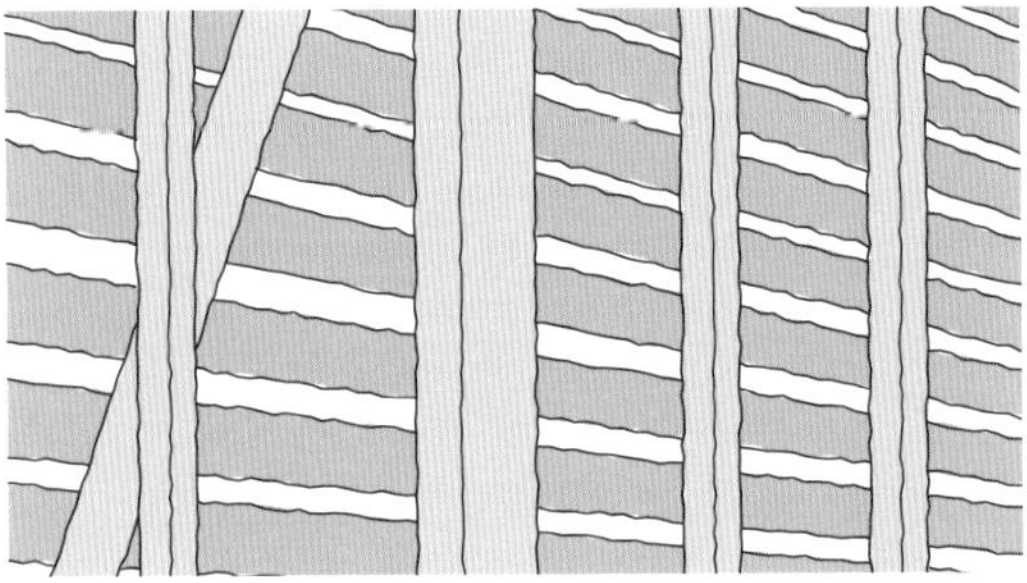

★★★
ラス《らす》

ラス網。モルタル塗り用の金網状の下地。塗面の剥落を防止する。形状により**平ラス**（メタルラス）、**リブラス**、**波形ラス**と呼ばれる。▼図3

★★
ラスシート《らすしーと》

角波形に加工した薄い亜鉛鉄板にメタルラスを溶接したもの。

★★★
防水紙《ぼうすいし》

防水性のある紙、シートのこと。塗壁の下地、ラス網の下、あるいは屋根材の下に用い、室内に雨がしみ込むのを防ぐ。**アスファルトフェルト**、**アスファルトルーフィング**、**透湿防水シート**などがある。

★★
ラスカット《らすかっと》

耐水合板にポリマーモルタルを下塗りしたもの。株式会社ノダの商品名である。木摺りのかわりに使用される。構造用合板を兼ねることができるため、工期短縮につながる。

図3 ラス

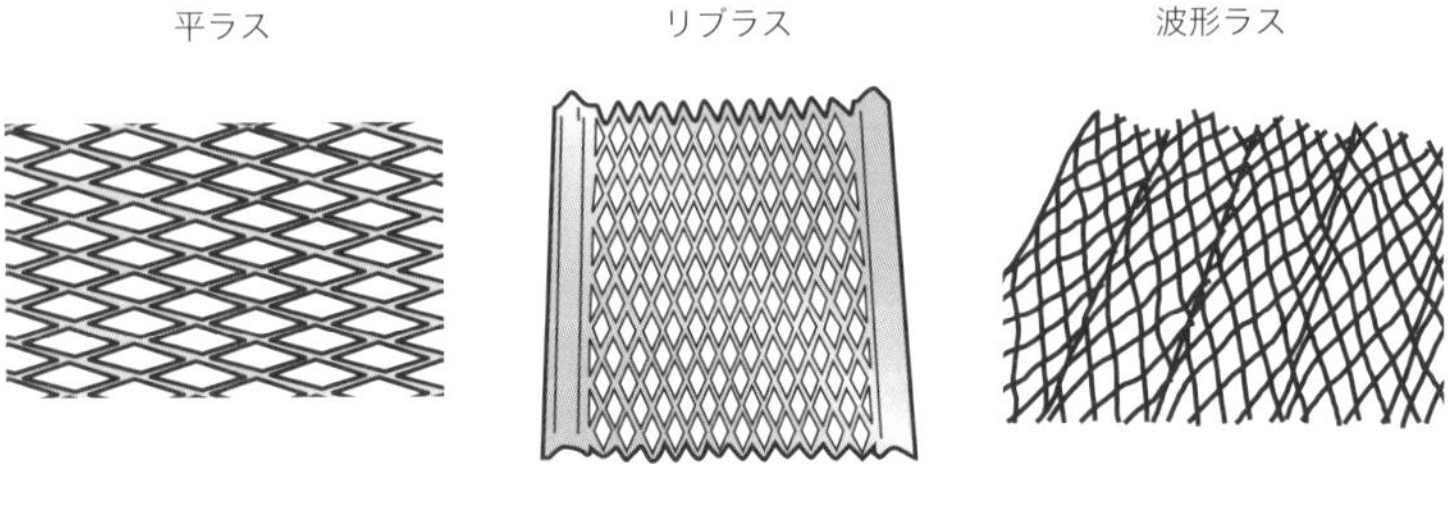

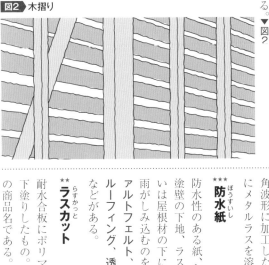

★★
ジョイントテープ《じょいんとてーぷ》
ボード目地部に貼るガラス繊維製の補強テープ。パテ処理と合わせてジョイント部を平滑に処理し、割れを防止する役目をする。

★★★
石膏ラスボード《せっこうらすぼーど》
石膏ボードの表面に剥離防止の引掛け孔を開けたもの。屋内塗り壁用の下地として一般的。▼図4

図4 石膏ラスボード

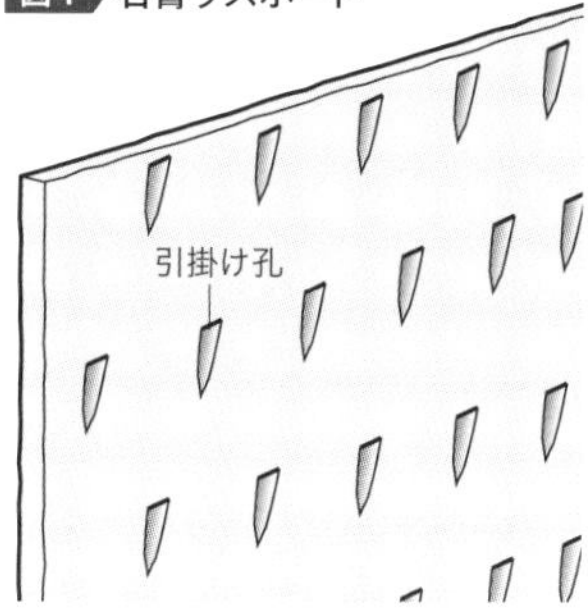

★★
パサモル《ぱさもる》
床タイルや石を貼るための下地用のモルタル。通常のモルタルよりも水分を少なくしてバサバサとした状態にさせた貧調合のモルタル。**バサモル**ということもある。

3 仕上げ

★★
下塗り《したぬり》
下地面とその後の塗り層との密着をよくするための層。または最初の塗り工程。**荒壁《あらかべ》付き**ともいう。

★★
中塗り《なかぬり》
上塗り（仕上げ塗り）の1つ前の層、またはその工程。仕上げに影響するので最も重要な工程といわれる。

★★
上塗り《うわぬり》
最後に塗る仕上げの層、またはその工程。

★★
人造石塗り《じんぞうせきぬり》
大理石やその他の砕石の種石《たねいし》とセメント、顔料を調合して塗り込む左官仕上げ。表面の仕上げ方法は**研《と》ぎ出し**、**洗い出し**、**小叩き**など。種石の大きいものはテラゾーと呼ばれることが多い。

★★★
研ぎ出し《とぎだし》
人造石の表面をサンダーで研磨して表面を平滑に仕上げること。左官仕上げの中では主に人造石の仕上げで用いられる。人造石の研ぎ出しの仕上げは**人研《じんと》ぎ**と呼ばれる。建築物以外でも公園の滑り台や水飲み場などで、この仕上げのものが見られるが、現在は時間と手間がかかることから少なくなってきている。

★★★
洗い出し《あらいだし》
壁や土間の左官仕上げの1つ。御影石《みかげいし》や大理石の砕石などの種《たね》石《いし》（細かい石材）を練り合わせたモルタルを上塗りし、その後、完全に硬化する前にワイヤブラシなどで表面を水洗いして種石を表面に浮き出させる。混ぜる種石の種類により、多彩な表情が可能。

★★
小叩き《こだたき》
石材の表面仕上げの1つで、セメントやコンクリートなどの左官の仕上げとしても使われる。びしゃん叩きした上を、さらに先の尖った両刃または片刃の石材用の工具（のみなど）を用い、平行に叩いて細かな平行線の刻み目を付ける仕上げ。

★
種石《たねいし》
人造石塗り、テラゾー、洗い出しなどでセメント系の材料に混ぜ込む石のこと。この種石の色や形が仕上げの表情を特徴づける。

★★
荒壁仕上げ《あらかべしあげ》

荒壁の状態を仕上げとする土壁の仕上げ。荒壁とは土壁の下塗りで、格子状の小舞竹に荒壁土を塗り、裏返しをした状態。**裏返し**とは反対側から土を付けることをいう。

★★ **中塗り仕上げ**《なかぬりしあげ》

土壁は下塗り、大直し、中塗り、上塗りという工程になるが、その中塗りの状態で仕上げとすること。その後、数年して上塗りをするということも多い。

★★ **切返し仕上げ**《きりかえししあげ》

中塗り土と細かいスサを混ぜた薄塗り材料を塗り付ける土壁の仕上げ。荒壁に中塗りをし、その上に塗り付ける。砂目とスサ目がほどよい荒さに仕上がる。水捏ね仕上げに劣らない風合いの仕上げとなる。

★★ **水捏ね仕上げ**《みずこねしあげ》

土壁で最高級といわれる仕上げ。色土《いろつち》、微塵砂、1㎜以下の微塵スサのみで仕上げる。水捏ね用の小さい銅コテを使い、ムラがないように仕上げる。糊を入れないため固めるのに高い技術を要する。

★ **糊差し仕上げ**《のりさししあげ》

水捏ね土に少量の糊を加えることで、粘性と保水性とを改善した仕上げ。コテさばきがよくなり、ムラを薄く消すことが容易になる。

★ **糊捏ね仕上げ**《のりこねしあげ》

糊差し仕上げより濃い（粘りのある）材料やあるいは色土《いろつち》に直接糊液を混入するもの。糊を媒体として色土の粘性を増し、保水効果を高める。糊の効果によって仕上げ材は薄くムラなく平滑に仕上がるため、水捏ねのような難しい技量は必要ない。ただし糊の効果が経年によって失われてくると上塗り壁面はもろくなる。当然、外壁には向かない。

★ **撫で切り仕上げ**《なでぎりしあげ》

コテで少しざらついた感じに仕上げる方法。塗り付け後、水持ちがよい状態のときにコテを通して仕上げる。

★★ **漆喰磨き**《しっくいみがき》

漆喰をコテで丹念に磨き上げ、鏡のように光る壁面をつくること。その結果、強度と防水性に優れる壁面ができる。**本磨き**、**黒磨き**、**大津磨き**など色や工法の違うさまざまなものがある。

★★★ **叩き**《たたき》

土やコンクリートで仕上げた土間仕上げのこと。もともとは、粘土と石灰とにがり・塩化マグネシウムを混ぜて、小づちなどで叩いて締め固めたので叩きという。3種の材料を混合するので**三和土**《たたき》とも書かれる。

★★ **コテ仕上げ**《こてしあげ》

左官仕上げの表面をコテで撫で付けて仕上げること。**コテ押さえ**。

★★ **荒らしもの仕上げ**《あらしものしあげ》

コテで一度押さえた後に、コテや櫛《くし》、刷毛《はけ》などで表面に平滑でない表情をつくる方法。櫛ゴテで縞《しま》状の模様を付ける**櫛引**《くしびき》や表面を掻き削って仕上げる**掻き落とし**などがある。

★★ **掻き落とし仕上げ**《かきおとししあげ》

表面がだいたい硬くなった状態に、コテ、金串、ブラシなどを用いて表面をムラなく掻き落とし、粗面《そめん》（凹凸のある状態）に仕上げる方法。**リシン掻き落とし**が有名。

★★★ **刷毛引き**《はけびき》

コテで一度押さえた後に、表面を刷毛《はけ》で撫で付けることで目を付ける仕上げ。

★★★ **櫛引《くしびき》**

コテである程度平滑にした後、表面が硬化しないうちに、ワイヤブラシや櫛目に切った板などを使って壁の表面に模様を付ける仕上げ。

★★ **鎧仕上げ《よろいしあげ》**

漆喰壁などの左官仕上げの1つ。鎧のように板を少しずつずらして張り重ねたように段を付けて仕上げる。水切りがよく、雨の多い土佐地方の外壁や、庇《ひさし》のない土塀などに使われる。

★★ **スタッコ仕上げ《すたっこしあげ》**

モルタルなどの左官材や塗装、吹付け材などの表面をローラーで押さえるなどして、表面を粗《そ》面《めん》（凹凸のある状態）に仕上げる方法。もとはイタリアで生まれた手法。スタッコをコテやサンダーで磨き出すイタリア伝統の手法を、**アンティコスタッコ仕上げ**と呼び区別する。

★★ **うろこ壁仕上げ《うろこかべしあげ》**

洋風漆喰（スタッコ）の仕上げ方法。漆喰を押さえずに塗っていくため、魚のウロコのような模様が付く。

★★ **梨目《なしめ》**

梨の実のようなザラザラとした表面の仕上げ、あるいは表情のこと。梨地《なしじ》。

4 工具・道具

★★ **コテ《こて》**

左官の代表的で重要な道具。左官材の塗り付け、押さえ、ならし、磨きなどに用いられる。**金ゴテ**、**木ゴテ**、**プラスチックゴテ**、**ステンレスゴテ**などがある。▼図5

図5 コテ

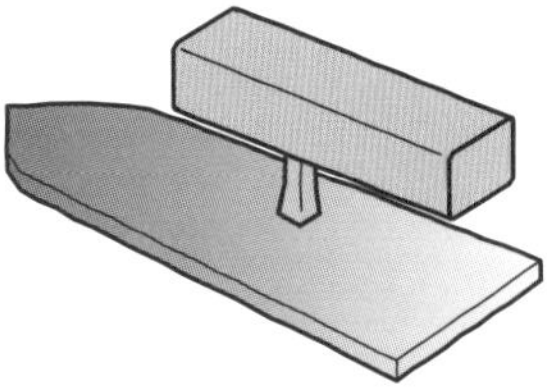

★ **コテ板《こていた》**

左官材料を塗る際に、材料を載せておく板。コテを持つ反対の手で持つ。▼図6

図6 コテ板

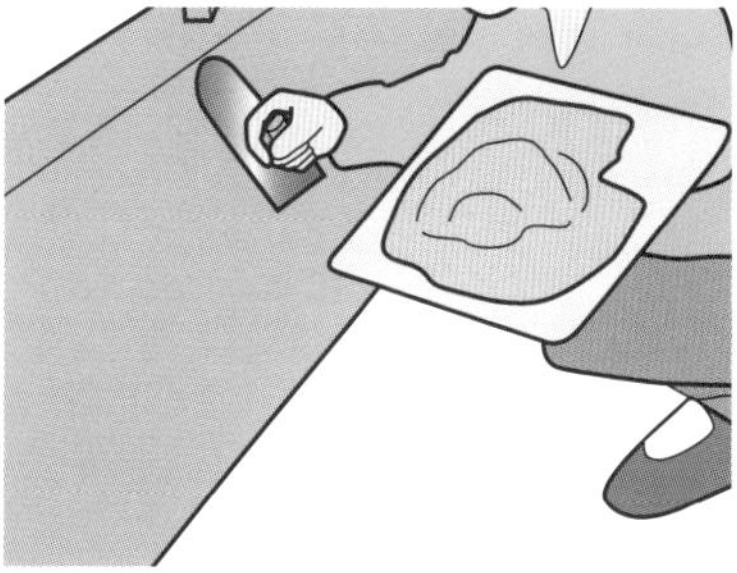

★★ **ワイヤブラシ《わいやぶらし》**

櫛引《くしびき》、掻き落とし仕上げなどに使用する。▼図7

図7 ワイヤブラシ

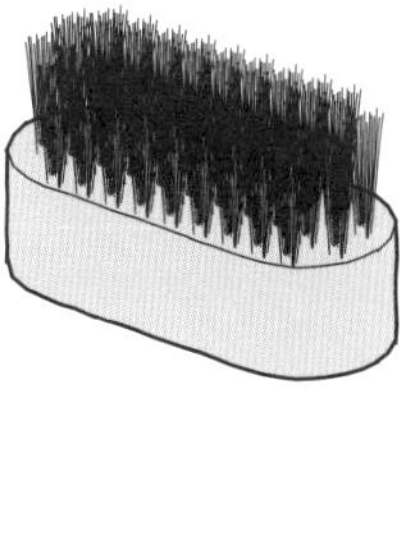

★★ **ハンドミキサー《はんどみきさー》**

撹拌《かくはん》器。少量の材料を混ぜる際に使う。▼図8

図8 ハンドミキサー

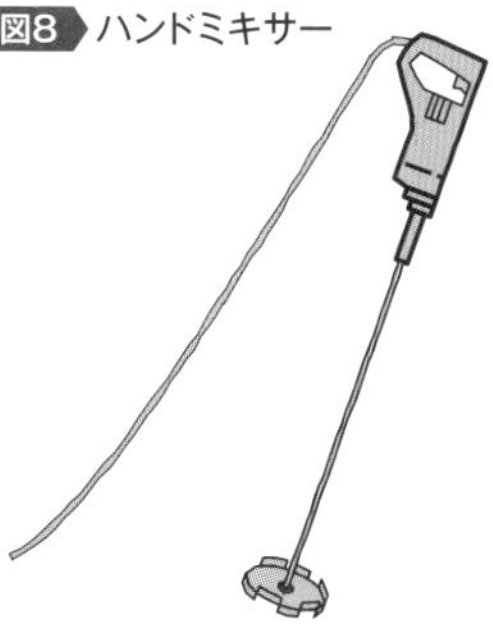

★★ **定木《じょうぎ》**

モルタルなどの塗壁面を仕上げ

る際、凹凸をなくす不陸《ふりく》直しや出隅《ですみ》の当て木、また定木摺《じょうぎず》り（定木を当てて凹凸を確認すること）などに用いる。長方形断面の**走り定木**と一辺を斜めに加工した**刃定木**、壁の出隅に埋め込まれる**埋込み定木**などがある。

★舟《ふね》
左官材料をこねるための浅い箱形容器。▼図9

図9 舟

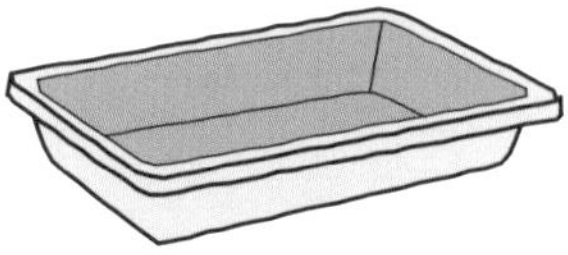

5 施工・工法

★送りゴテ《おくりごて》
左官の基本動作。コテを通すため、一度コテを止めて体を動かす動作。

★★ラス擦り《らすこすり》
ラス下地にモルタルなどを塗る最初の下塗り工程。モルタルをラスに絡ませるように下塗りするため、こう呼ばれる。

★★付け送り《つけおくり》
下地調整として凹凸をならすこと。モルタルやその他材料を継ぎ足し、凹んだ部分を埋めならすこと。

★中付け《なかづけ》
下地ムラを直すため、先に付けること。

★伏せ込み《ふせこみ》
圧力をかけ、コテなどで押さえ付けること。下塗りの際にグラスファイバーネットを**伏せ込む**ことで、地震時等の壁の崩壊やクラックを抑え、耐久性を高める工法が多く行われている。

★★★目荒らし《めあらし》
下地に櫛目《くしめ》などの凹凸を付けること。次の工程の材の付着力を上げるための処理。

★ノロ引き《のろびき》
セメントペーストを刷毛《はけ》で塗り、コンクリートの表面仕上げをすること。**アマがけ**。

★★アマ出し《あまだし》
コンクリートを直で仕上げる場合、所定の高さにほぼ均一に流し込んだ後、トンボで大雑把に平らにし、パタパタ（コンクリート表面の砂利を沈める専用道具）で上から叩くこと。その際に表面にコンクリート内のモルタル成分（アマ）が浮いてくる。

★★しごき《しごき》
不陸直しなどのために、材料を強く擦り付けるように薄塗りする作業のこと。

★★★ドライアウト《どらいあうと》
正常に硬化する前に乾燥してしまうこと。硬化不良や接着不良を起こす。下地の吸水、塗り付けた後の直射日光や強風が吹き付けた場合に起こる。

★★富調合《ふちょうごう》
セメントを多くしたモルタルの調合。セメント対砂の比が1：3より砂が少ないと富調合、多いと**貧調合**という。下地塗りでは富調合、仕上げ塗りに近くなるに従い、貧調合にする。

★★肌分かれ《はだわかれ》
下地や下塗りと仕上げ塗りなどの層が分離した状態。剥離。

★★追っかけ《おっかけ》
1回目の塗りが乾燥しない半乾きの状態で重ねて塗ること。

PROCESS

36 タイル工事《こうじ》

タイル工事のチェック項目は多数。材料選択時にはタイルのテクスチャや色合い、厚さ、滑り度などを、設計施工段階では目地割や下地との関係性、外装での剥離、シーリング目地などを逐一、確認していきます。

1 タイル材料

★★★ タイル《たいる》

粘土や石粉などを成型し、焼き固めた仕上材。ＪＩＳ規格Ａ５２０９では陶磁器質タイルと呼ぶ。吸水率により、Ⅰ類、Ⅱ類、Ⅲ類に区分される。これは従来の磁器質タイル、せっ器質タイル、陶器質タイルの区別とほぼ重なる。矩形状仕上げ材をタイルカーペットなどと呼ぶこともあるが、セラミックタイルと区別すること。伝統的な水分を含む粘土等を成型し、乾燥させて焼成するタイルは、湿式タイル。これに対し、粉末状の土をプレスで成形し、焼成するタイルは乾式タイルと呼ぶ。

★★★ 釉薬《ゆうやく・うわぐすり》

タイルの表面を覆うガラス状の仕上げ。陶磁器などを焼成するときに表面に金属や灰、塩などをかける。釉薬をかけずにそのまま焼いたものは無釉または素焼きと呼ばれる。釉薬をかけることを施釉という。

★★ テラコッタ《てらこった》

terraは土、大地、cottaは焼くという意味で、埴輪《はにわ》のような赤茶の素焼きの焼き物を指す。そのような雰囲気を持った厚手のタイルもそう呼ばれる。

★★ モザイクタイル《もざいくたいる》

面積50㎠以下の小型タイルのこと。一般的には50㎜角以下のタイルを呼ぶことが多い。多くは３００㎜角程度のシートにまとめ張りされて市販される。

★★ 小口タイル《こぐちたいる》

レンガの小口（最も小さな面約１０８×60㎜）の大きさのタイル。幅２倍で目地分を加えた寸法（２２７×60㎜）のものは二丁掛けタイルという。

★★★ 平物《ひらもの》

平らな面を仕上げるために使用される、表面が平坦で正方形、または長方形のタイルをいう。

★★★ 役物《やくもの》

出隅などに用いるタイルで、平物ではなく特別な形状をしたタイル。

★★ 面取タイル《めんとりたいる》

角に丸みが付いており、出隅などでタイルの厚み部分が見えるのを防ぐ、代表的な役物タイル。片面取り、両面取りタイルがある。▼図1

図1 面取タイル

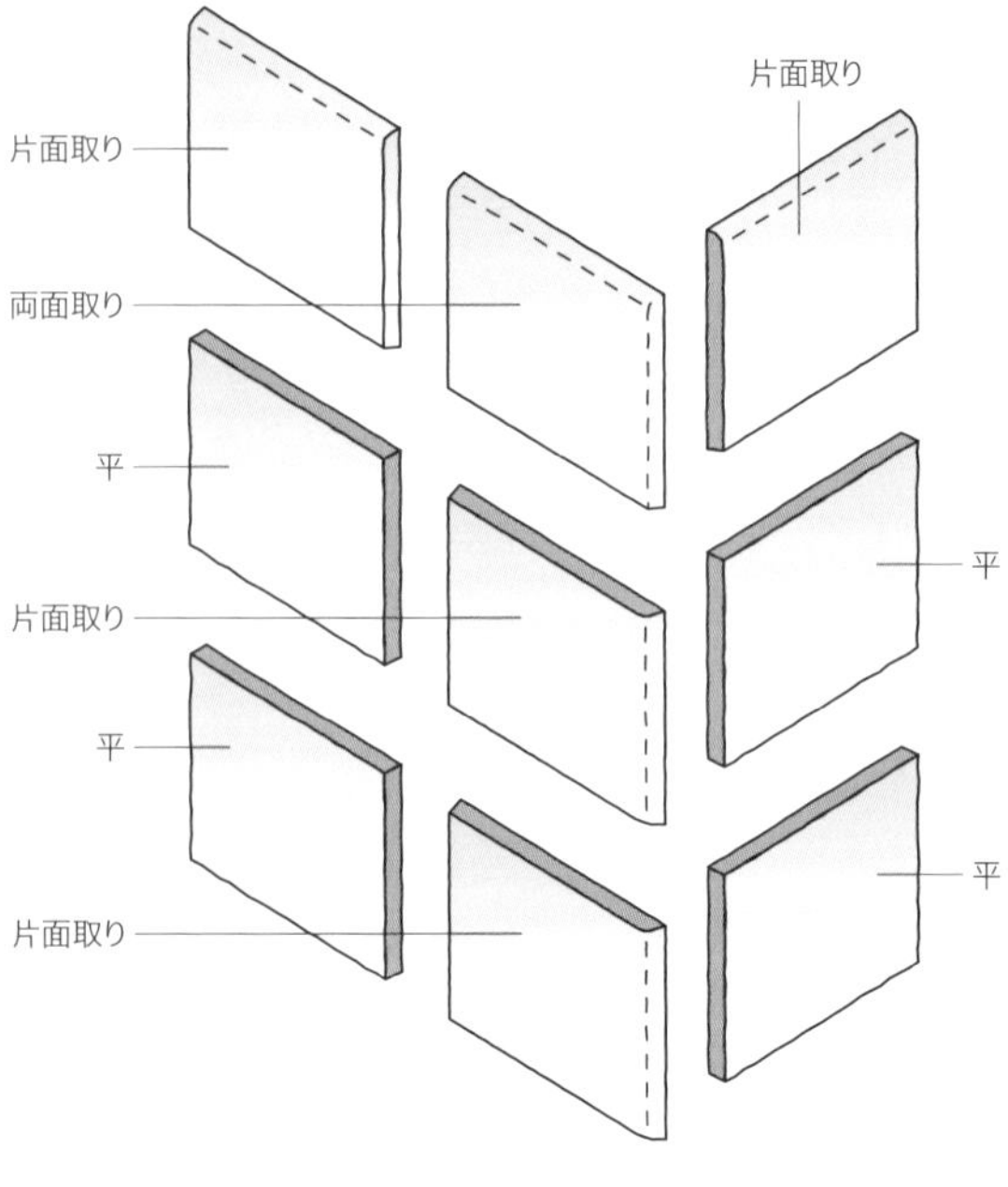

★★★ **段鼻タイル《だんばなたいる》**

階段の段鼻に滑り止めもかねて使う役物タイル。L形になった垂れ付き段鼻タイルもある。▼図2

図2 段鼻タイル

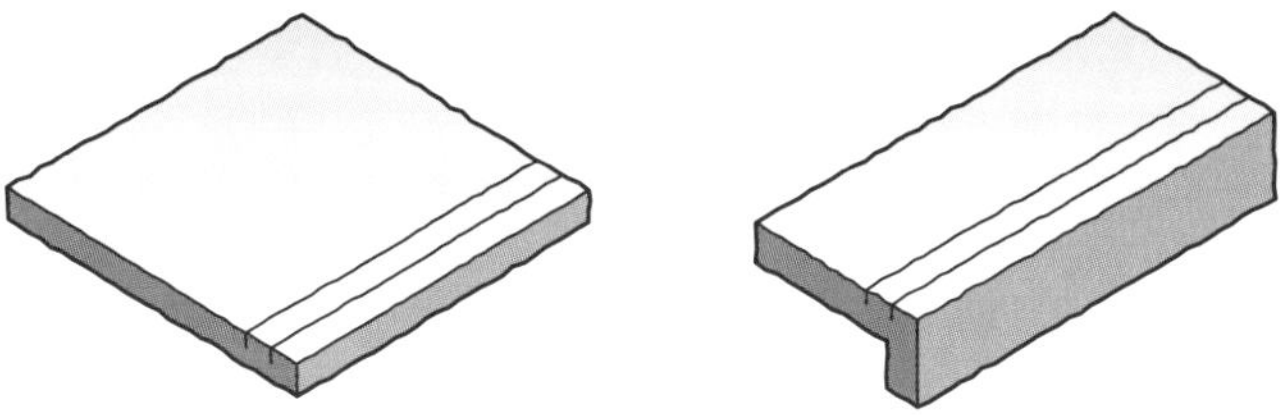
段鼻タイル
垂れ付き段鼻タイル

段鼻とは、階段の踏み板の先端部分のこと。滑りやすいため、段鼻タイルなどが取り付けられます。

★★ **マット釉《まっとゆう》**

微細な結晶や気泡を生ずるようにした釉。ツヤ消し釉。

2 工法・施工

★★ **湿式工法《しっしきこうほう》**

水を使ったモルタルなどを下地、接着剤としてタイルを貼っていく工法。▼図3

★★ **乾式工法《かんしきこうほう》**

内外装下地に接着剤でタイルを貼り付けたり、引っ掛けて設置する工法。湿式工法に比べて工期が短い。

図3 湿式工法

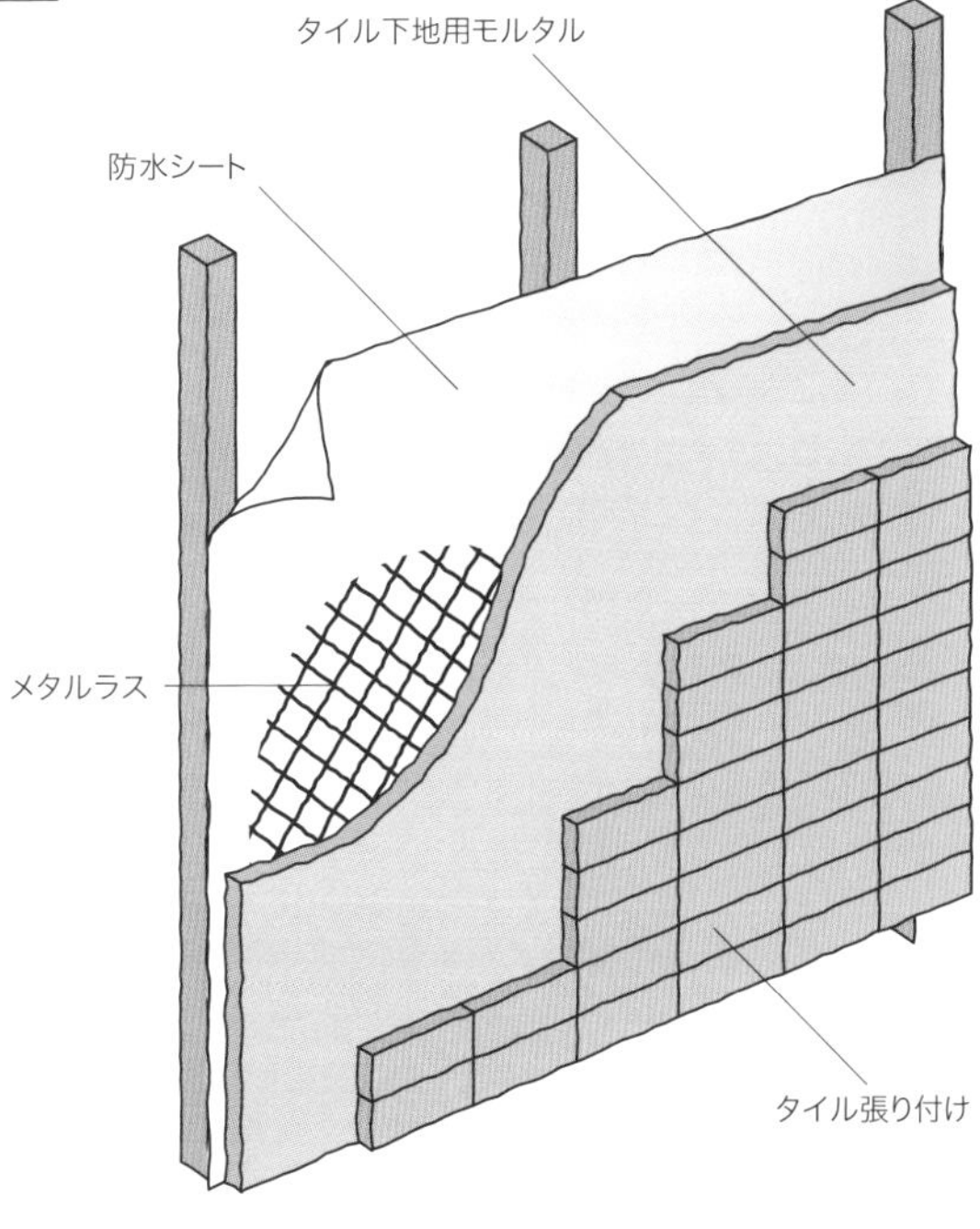
タイル下地用モルタル
防水シート
メタルラス
タイル張り付け

★★ **裏足《うらあし》**

タイルの接着性を高めるために裏側に付けた突起。より接着性を高めるために突起先端を広げたものは蟻足と呼ぶ。▼図4

★★ **張り代《はりしろ》**

タイルを接着するためのモルタルの厚み。仕上がりはタイルの厚さと張り代の合計が厚さとなる。▼図4

★★ おなま《おなま》

割り付けのためにタイルは切断するが、それに対してまったく切断していないタイルを呼ぶ。

★★★ 目地《めじ》

建築材などの継ぎ目の部分。目地に使われる建材を目地材、目地剤などと呼ぶ。目地によって仕上げの雰囲気も変わる。▼図5

図4 裏足、張り代

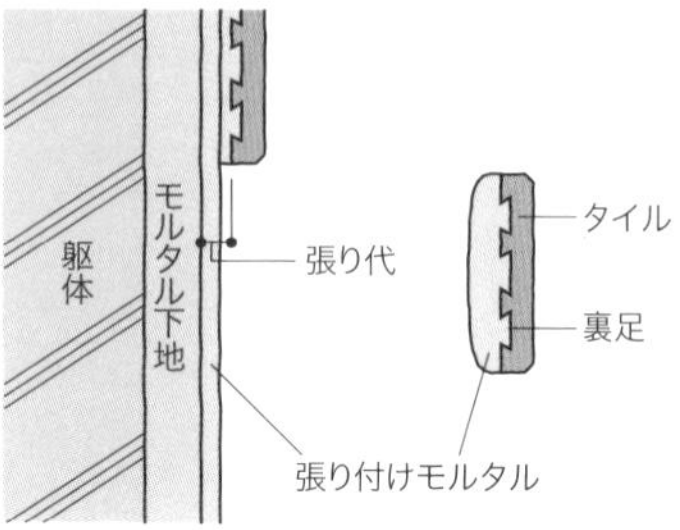

図5 目地

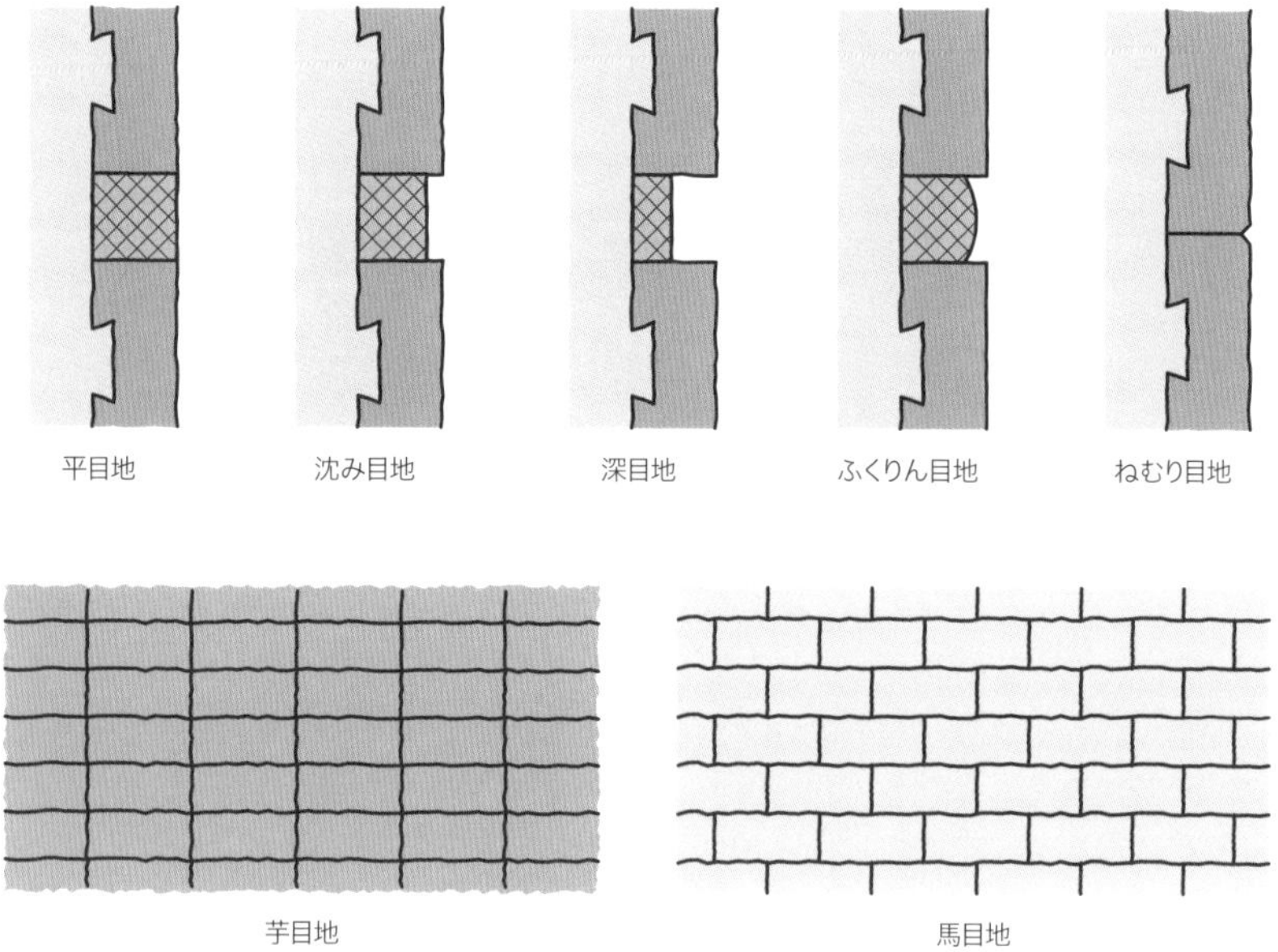

★★★ ひび割れ誘発目地《ひびわれゆうはつめじ》

タイルと目地で一体化した面が、熱や振動によってひび割れるのを防ぐための目地。熱を防ぐものは伸縮調整目地と呼ばれることも多い。目地材としては、シーリング材などを使う。

★★★ タイル張りの工法《たいるばりのこうほう》

タイル張り工法は各種ある。圧着用モルタルにタイルを押し付けて張る**圧着張り**と、その改善した張り方が基本である。モザイクタイルは効率的に何枚かまとめて張ることが多い。モルタルだけにこだわらない張り方もある。内装では板材に直接接着剤で張る**接着剤張り**、外壁では剥離を防ぐために専用シートや接着剤などを使う**剥落防止工法**がある。Q-CATは接着による剥離防止工法。コスト削減工期短縮のためコンクリート壁面に直接貼る**直張り**もある。

★★ **砂伏せ《すなふせ》**

転圧した砂の上に厚手の舗石やレンガ、タイルを敷き詰め、目地に砂を掃き込む工法。透水系のタイルなどに向く。

★★★ **タイル割《たいるわり》**

タイルを配置し割り付けることをいう。タイルを美しく見せ、枠などとの納まり具合を調整すること。

3 不具合・検査

★★★ **白華《はっか》**

エフロレッセンス、鼻垂れとも呼ばれる。タイル下地などに用いられているモルタル中のセメントの成分、水酸化カルシウムが、水で炭酸カルシウムに変わり表面に白いシミをつくること。▼図6

図6 白華、虹彩

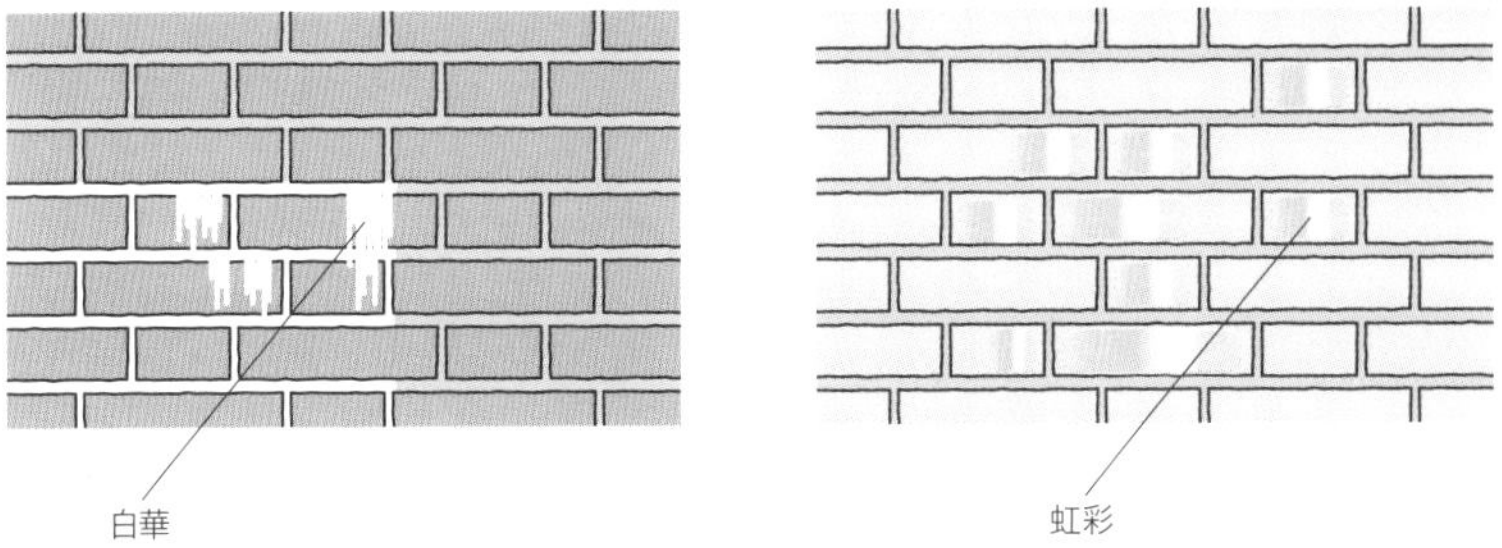

★★ **虹彩《こうさい》**

タイル表面の虹色に見える薄い皮膜状の汚れ。皮膜は炭酸塩、ケイ酸などである。ラスター釉を使用したラスタータイル、濃色のタイルでは汚れが目立つ。▼図6

★★ **打診検査《だしんけんさ》**

打診用テストハンマーで打診し、その打診音の違いでタイルの浮きを判断する検査。▼図7

図7 打診検査

★ **耐滑り性試験《たいすべりせいしけん》**

滑り試験機により求められたC.S.R値（滑り抵抗値、Coefficient of Slip Resistance）によって、滑りやすさを評価する試験。C.S.R値は滑りを適切に表現できる指標とされている。値が小さいほど滑りやすい。

建築ではC.S.R値が0・4以上が望ましいとされている。素足の場合はC.S.R・B値が使われる。

★★ **凍害《とうがい》**

タイル素地に水が入り凍結し、タイル割れなどを起こすこと。陶器質タイルは吸水性が大きいため寒冷地では注意が必要。

4 石

★★★ **大理石《だいりせき》**

変成岩の一種。マーブルとも呼ばれる。酸と水に弱いので多雨の日本では、一般的に外部には使わない。多孔質の表情豊かなトラバーチン、彫刻などにも使われるオニックスなど、装飾的なものが多い。

★★★ **御影石《みかげいし》**

火成岩の一種。花崗岩。英語はgranite。御影石という名称は、兵庫県の御影で多く産出したことから。強固で美しく耐久性があり耐摩耗性もあるので、建築に限らずさまざまな場所で使用されている。ただし、火には弱い。石垣や墓石などにも使われる。仕上げとしては本磨き、水磨き、ジェットバーナー仕上げ、小叩きなどが建築ではよく使われる。▼図8

★★ **鉄平石《てっぺいせき》**

火成岩の安山岩の一種。緻密で組成の硬い岩で、「板状節理」という層の部分を1枚1枚はがしたものが一般的に使われる。耐火性、耐侯性、耐酸性がある。屋根材、敷石などに使われる。

★★ **大谷石《おおやいし》**

水成岩の凝灰岩の一種。栃木県宇都宮市大谷町付近一帯で採掘される。柔らかく加工がしやすく、塀などに使われてきた。耐火性にも優れているので、土蔵や暖炉にも使われる。

図8 御影石の表面仕上げ例

種類	特徴
本磨き	水磨きをさらに細かく磨いた仕上げ。ツヤを出す仕上げ
水磨き	研磨機で磨いた滑らかな仕上げ
ショットブラスト	ツヤのある石の表面に高圧で鉄粉を吹き付けて小さな凹凸を付け、ツヤを消す
ジェットバーナー	石の表面に冷水を散布しながらバーナーで焼き、凹凸をつくる。滑り止めによく使われる
小叩き	ビシャン仕上げをさらに凹凸を細かくした仕上げ
ビシャン	先に小さな凹凸を持つ金槌（ビシャン）で叩き、小さな凹凸を出す仕上げ

★★ **砂岩《さがん》**

水成岩の一種。砂状のテクスチャーと、暖系色が多く石の冷たさがないことから室内でよく使われる。柔らかくて加工しやすいが、吸水性が高いので使い方には注意が必要。

★★ **粘板岩《ねんばんがん》**

水成岩の一種。黒く、スレートなどに使われる玄昌石が有名。石碑・硯石などにも使われる。

★★★ **テラゾー《てらぞー》**

主に大理石を種石とした人造石。大理石風の仕上がりになる。工場であらかじめつくられるテラゾーブロックが商品として普及している。

★★ **疑石《ぎせき》**

花崗岩などを種石とした人造石。天然石に似せてつくったもの。

PROCESS

37 塗《と》装《そう》工《こう》事《じ》

塗装工事は現場の状態に大きく影響を受けます。よい塗料を使っても塗装技術、塗装環境、下地の状態が悪ければ効果は半減します。また、将来的に塗り替えが生じるため、維持という観点からも検討が必要です。

★★ **塗膜**《とまく》
塗装した後に形成される塗料の膜。

★★ **塗膜成分**《とまくせいぶん》
塗膜となる成分。**樹脂**、**顔料**、**添加剤**などによる塗膜主成分、顔料、添加剤などを塗膜補助成分と区別することもある。▼図1

★★★ **樹脂**《じゅし》
塗料において、溶剤などが揮発した後で塗膜を形成する主成分。この樹脂によって塗料の主な性能が決まる。石油からつくられる樹脂が多いが、天然のものでは亜麻仁油、セラックなどがある。

★★ **顔料**《がんりょう》
塗料に色を付ける成分。その他にも、塗膜に厚みを持たせるものや防錆《ぼうせい》性を持ったものもある。

図1 塗膜成分

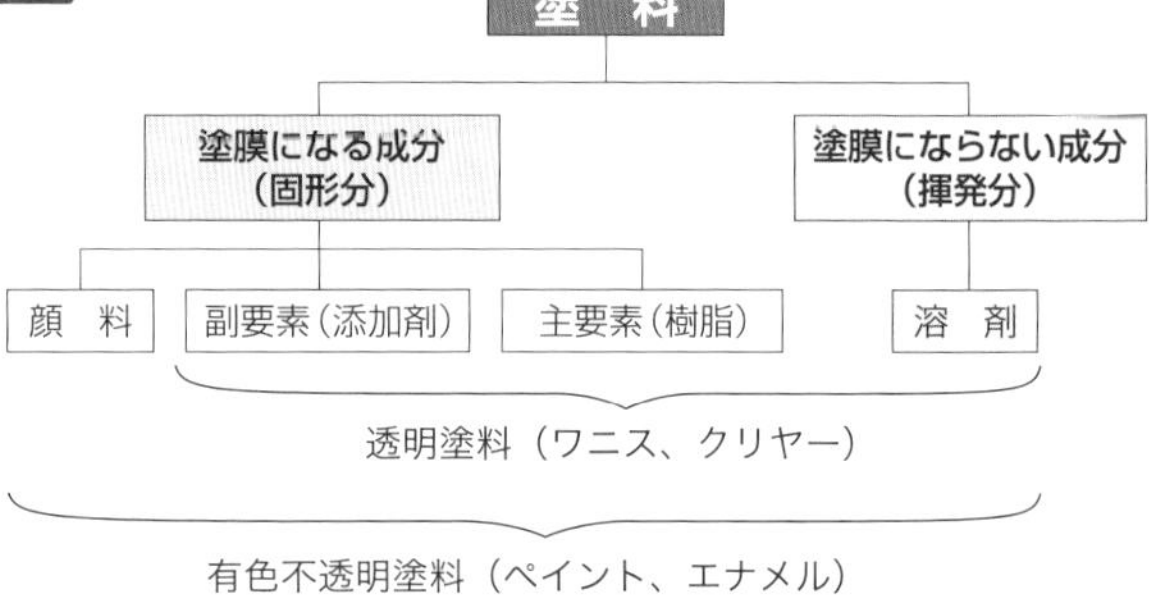

★★★ **添加剤**《てんかざい》
塗料の性能を補助するために加えられる剤。防カビ剤や粘度調整剤、防腐剤など。

★★★ **溶剤**《ようざい》
樹脂を溶かして液状にし、塗料として塗装できる状態にする液剤。希釈《きしゃく》にも使われる。塗装後、塗料中の溶剤が揮発すると、樹脂などの塗膜が残る。溶剤は水、弱溶剤、強溶剤に分類されることが多い。溶解力の強い有機溶剤を使った強溶剤が元来、用いられてきたが、現在は環境にやさしい水、弱溶剤が主流になりつつある。ただし、現場で溶剤と呼ぶときは水を含めないことが多い。

★★★ **弱溶剤型塗料**《じゃくようざいがたとりょう》
従来の揮発性の高い溶剤（トルエン・キシレン・エステル・ケトンなど）に対し、消防法による第4類危険物第3石油類などの、より危険の少ない溶剤を使った塗料を一般に指す。

★★★ **水性塗料**《すいせいとりょう》
揮発性シンナーを用いるかわりに、水で希釈《きしゃく》することができる塗料の総称。**水系**ともいう。多くの塗料は、揮発性有機化合物（VOC）規制や環境汚染の問題から水性に移行している。

★★★ **エマルション塗料**《えまるしょんとりょう》
水性塗料の代表的な塗料。塗料の主成分である樹脂を水に分散させ、乳化させている。塗装後、水分が抜ければ、水には溶けなくなる。**EP**と略す。アクリル系エマルション塗料は**AEP**。

★★ **含浸塗料**《がんしんとりょう》
木材などの素地にしみ込んで表面に膜をつくらない塗料。膜をつくるものは**造膜**《ぞうまく》**塗料**と呼ばれる。

★★ **エナメル**《えなめる》
不透明で顔料を含んだ塗料の総

称。

★★ **油性塗料《ゆせいとりょう》**

動植物性の油脂が主成分の塗料。代表的なものには、俗にペンキと呼ばれる**油性調合ペイント**（OP）があるが、現在は主成分を合成樹脂とした**合成樹脂調合ペイント**（SOP）をペンキと呼ぶことが多い。

油性塗料の他には、分類上、合成樹脂塗料（溶剤系、水性）、酒精《しゅせい》塗料、セルロース塗料、漆などがあります。

★★ **ワニス《わにす》**

木材などの表面に塗る、顔料を入れない透明の塗料。**ニス**、**バーニッシュ**などとも呼ばれる。使用される成分などによってさまざまな種類があり、**セラックワニス**、**スパーワニス**などが代表的である。

★★ **クリアラッカー《くりあらっかー》**

ニトロセルロースを主剤とした木材用透明塗料。耐油性、耐摩耗性はあるが、耐熱性には劣る。ウレタンを主剤とした**ウレタンクリア**に比べ耐水性も劣るが、施工性がよいので、家具、建具など幅広く用いられている。これに顔料を加えたものが**ラッカーエナメル**である。CL、LCが略号。

★★ **オイルステイン《おいるすていん》**

木の表面のテクスチャなどを残しながら半透明に着色する油性塗料。OSが略号。水性やアルコール性のステインもある。油性ペイントを塗った後、一部を拭き取って木目を生かす場合もオイルステインと呼ぶことがある。

★★★ **木材保護着色塗料《もくざいほごちゃくしょくとりょう》**

木材の表面に浸透し、塗膜をつくらない着色も兼ねた含浸《がんしん》塗料。防腐効果のあるものなどがある。

★★★ **アクリル樹脂塗料《あくりるじゅしとりょう》**

アクリルが主成分の合成樹脂塗料。樹脂塗料の中では廉価なため、よく使われている。水性塗料としても長く使われている。

★★ **エポキシ樹脂塗料《えぽきしじゅしとりょう》**

エポキシが主成分の合成樹脂塗料。耐薬品性、耐溶剤性などがある。

★★ **塩化ビニル樹脂塗料《えんかびにるじゅしとりょう》**

塩化ビニルが主成分の合成樹脂塗料。略号はVP。水、湯、油などに強い。

★★ **フタル酸樹脂塗料《ふたるさんじゅしとりょう》**

合成樹脂調合ペイントと同じアルキド樹脂系の塗料。光沢、塗《ぬり》肌《はだ》がよい。

★★ **シリコン樹脂塗料《しりこんじゅしとりょう》**

主にシリコンアクリルが主成分の合成樹脂塗料。耐熱性、耐候性がよい。

★★ **フッ素樹脂塗料《ふっそじゅしとりょう》**

フッ素を含む樹脂が主成分の合成樹脂塗料。耐久性がよく塗料の中では現在、最も価格が高い。

★★ **漆《うるし》**

漆の木から採れる樹液を加工した天然樹脂塗料。日本の伝統的な塗料の1つ。建築では、漆を薄く塗り木目を見えるようにした**拭き漆**といった使い方もある。

★★ **柿渋塗料《かきしぶとりょう》**

渋柿から得られる、赤褐色で半透明の塗料。日本古来の材料で、和傘などにも使われ、防虫、抗菌などの性能がある。

★★ **カシュー《かしゅー》**

カシューの木から採れる油性塗料。漆の代用として使われてきた。

★★ **サビ止め塗料《さびどめとりょう》**

鉄骨などのサビを止めるための塗料。従来は鉛やクロムが使われてきたが、現在は安全性からこれらが入っていない**鉛・クロムフリーサビ止め塗料**が主流となっている。

★★★ **機能性塗料《きのうせいとりょう》**

保護や色付けといった基本的な塗料の役割以外の、さまざまな機能が付加された塗料。防カビ性や抗菌性、防水性、低汚染性、静電気防止性、遮熱性、耐火性が付加されたものの他、落書き防止を機能として持つ塗料等がある。

★★ **光触媒塗料《ひかりしょくばいとりょう》**

光触媒に光が当たることで、表面に汚れや雑菌を付きにくくする塗料。光触媒は酸化チタンである。

★★ **遮熱塗料《しゃねつとりょう》**

太陽光に含まれる赤外線を選択的に反射して、塗膜や下地の温度上昇を抑える塗料。高日射反射率塗料ともいう。▼図2

図2 遮熱塗料

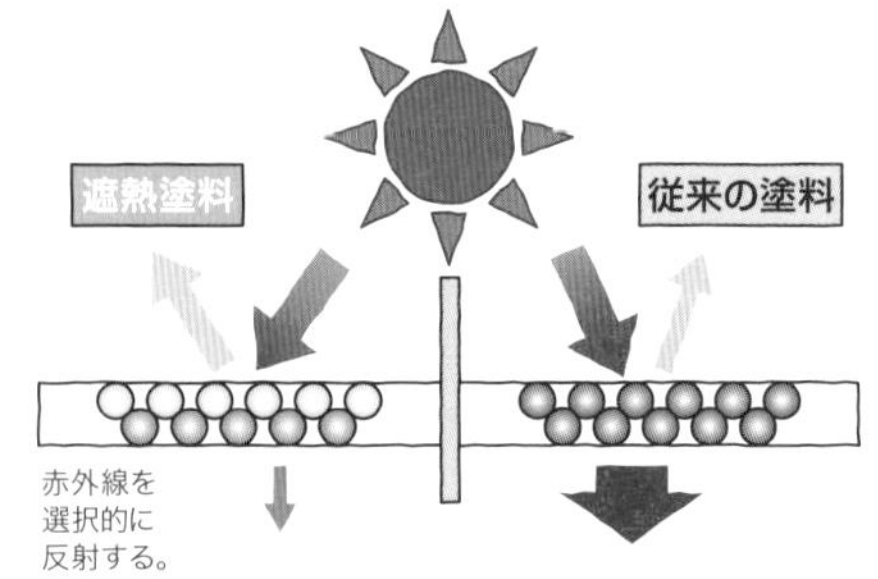

遮熱塗料
従来の塗料
赤外線を
選択的に
反射する。

★ **耐火塗料《たいかとりょう》**

火災時、塗膜面がある一定の温度に達したときに、数十倍に膨張して断熱層を形成し、耐火の役割を果たす塗料。鉄骨構造体に使用されることが多い。

★★ **防カビ塗料《ぼうかびとりょう》**

防カビ剤を含有させた塗料。内装用塗料などに使われる。

★★ **低汚染塗料《ていおせんとりょう》**

塗膜が汚染しにくいか、自己洗浄機能を持つ塗料。塗膜に付着した汚れが雨水とともに流れ落ちるなどのメカニズムがある。

★ **非トルエン・キシレン塗料《ひとるえん・きしれんとりょう》**

弱溶剤性塗料といった分類では、トルエンやキシレンの含有が曖昧なので、含有していないことを明確にした塗料。塗料製品中トルエン、キシレン、エチルベンゼンが0.1%未満（重量比）の場合をいう。

★ **ゼロVOC(VOCフリー)塗料《ぜろぶいおーしー(ぶいおーしーふりー)とりょう》**

VOC(揮発性有機化合物)を含まない、または塗装後VOCの発生がない(極めて微量な)塗料のこと。

2 施工・施工法

★★ **可使時間《かしじかん》**

塗装に使える時間のこと。主剤と硬化剤の2つを混合させて塗膜をつくる2液型塗料などでは、混合してから塗布するまでの時間に限りがある。可使時間は、気温などによっても変化する。

★★★ **プライマー《ぷらいまー》**

下地に最初に塗る塗料。primary（最初）の意味から。下地の状況とその上に塗る塗料の両方を取り持つ塗料で選択には注意を要す。鉄骨に塗る錆止め塗料も最初に塗るのでプライマーと呼ばれる。基本は付着力の向上目的だが、シーリング材などの上に塗装する場合は絶縁を目的とするものもあり、**逆プライマー**と呼ばれる。

★★ **ウォッシュプライマー**《うぉっしゅぷらいまー》

塗料ののりにくい亜鉛メッキ面などの表面を、わずかに腐食させるなどして塗料の食い付きをよくするプライマー。**エッチングプライマー**ともいう。

★★★ **シーラー**《しーらー》

下地との接着性能を上げたり、上塗り塗料の吸い込みムラなどを抑える塗料。下地のアクなどを閉じ込める役割も果たす。コンクリートや木材のように吸収性の高いものによく用いられる。

★★ **フィラー**《ふぃらー》

下地の凹凸を埋め、下地を平滑にする素材。ひび割れを平滑にならすためにも使われる。パテとシーラーの中間にあたるような素材で、両方の機能を持つ素材。**目止《めど》め剤**とも呼ばれる。

★★★ **パテ**《ぱて》

下地の隙間、段差などに充填して平滑にする粘土状の素材。ヘラなどを使って塗り付ける。

★★★ **下地調整**《したじちょうせい》

塗装の安定的で良好な性能を得るために、素地の補修や補強、清掃を行うこと。**素地《そじ》調整《ちょうせい》**、**下地処理**などともいう。

★★★ **下塗り**《したぬり》

素地の上に最初に行う塗装工程。木部以外の塗装では、この段階に使う塗料をプライマーということが多い。

★★★ **中塗り**《なかぬり》

下塗りと上塗りの間に行う塗装工程。木部以外の塗装では**サーフェーサー**と呼ぶこともある。

★★★ **上塗り**《うわぬり》

塗装工程の最後の仕上げに行う塗装。平滑性、光沢、色などが決まる。木部以外の塗装では**トップコート**と呼ぶことが多い。

★★ **素地**《そじ》

塗装を施す素材の面。何も処理されていない状態の下地。

★★ **基層塗り**《きそうぬり》

吹き付けタイルなどのように、2度塗り重ねる際の1回目の塗装。

★★★ **ケレン**《けれん》

塗料の密着性を向上するために、塗装する下地表面に付いた汚れやサビを取ること。

★★★ **タッチアップ**《たっちあっぷ》

仕上がった後の塗装面に傷や塗り残しがあった場合、修正塗りをすること。

★★★ **寒冷紗**《かんれいしゃ》

塗装時に、下地の目地割れ、ひび割れを防ぐために下地に張るガーゼ状の布。一般的に張った後はパテで平坦にする。▼図3

図3 寒冷紗

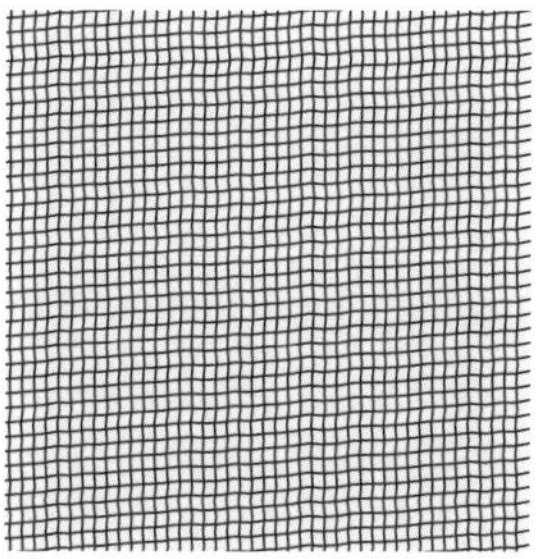

★★ **研磨**《けんま》

サンドペーパーなどで平滑にすること。パテしごき後などに行う。サンディングともいう。

★★ **ヤニ・アク止めシーラー**《やに・あくどめしーらー》

たばこのヤニやシミ、木のアク

が塗装表面に出てこないように抑える下塗塗料。

★★ **目止め**《めどめ》

荒い塗装面を平滑にすること。フィラーは目止め剤とも呼ばれるが、木部の塗料のしみ込みすぎを防ぐためのシーラーも目止めと呼ばれることもある。

★★★ **ツヤ**《つや》

塗装面の光沢の度合いをいう。度合いによって、ツヤあり、ツヤなし（ツヤ消し）、5分ツヤ、などと使う。極端に光沢度を上げる場合は**鏡面仕上げ**と呼ぶ。

★★★ **刷毛塗り**《はけぬり》

刷毛によって塗料を塗ること。塗装工事の必需品。▼図4

★★★ **ローラーブラシ塗り**《ろーらーぶらしぬり》

円筒状のブラシを使った塗装。ローラーブラシに塗料を含ませて回転させ、塗装する。大きな面を塗装する際に便利。▼図5

★★ **膜厚**《まくあつ》

塗装後の硬化した膜の厚さ。

★★ **ジョイントテープ**《じょいんとてーぷ》

石膏ボードのつなぎ目などに張るひび割れ防止用テープ。

★★★ **吹付け塗装仕上げ**《ふきつけとそうしあげ》

塗料を霧状にして塗装面に吹き付ける仕上げ。圧縮空気を使う**エアスプレー塗り**と、圧縮空気を使わない**エアレススプレー塗り**がある。霧状にする機器部分を**スプレーガン**と呼ぶ。▼図6

図4 刷毛

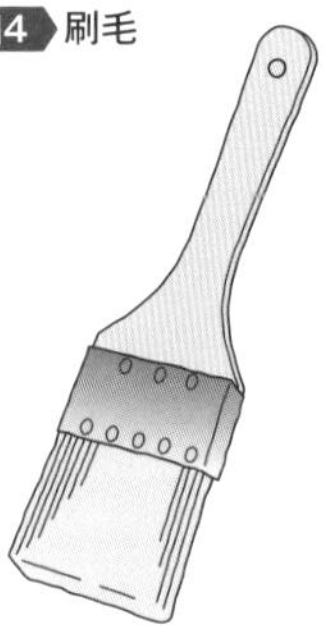

図5 ローラーブラシ

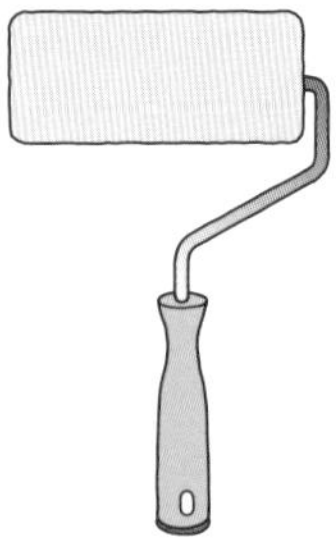

図6 スプレーガン

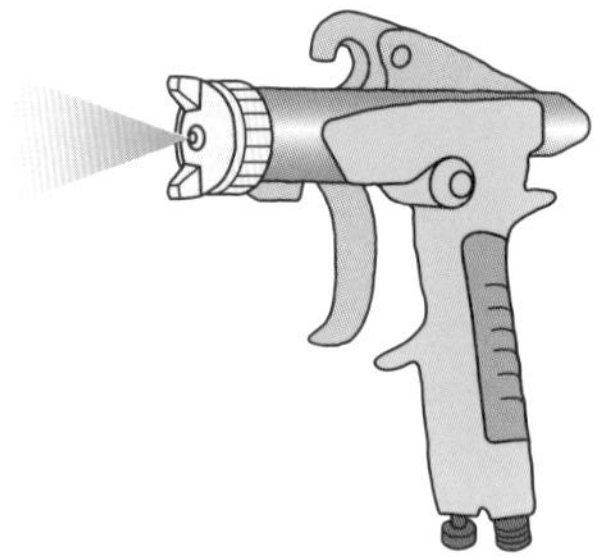

★★★ **リシン吹付け**《りしんふきつけ》

表面に砂状の凹凸を出す、左官のリシン掻き落とし仕上げに似せた吹付け塗装仕上げ。スプレーガンを使う。外壁によく使われている。

★★★ **吹付けタイル**《ふきつけたいる》

クレーター状の凹凸を表面に施す吹付け塗装仕上げ。

★★ **スタッコ吹付け**《すたっこふきつけ》

砂などセメント系の素材を厚くすることで凹凸面をつくった吹付け塗装仕上げ。スタッコとは大理石粉を混ぜた厚塗り塗料のこと。

★★ **マスチック塗装**《ますちっくとそう》

ローラー塗りによる厚付け塗装。専用のマスチックローラーによる1段塗りで厚付けができ、材料の飛散などがないため、低公害型の仕上げ工法ともいえる。

★ **焼付け塗装**《やきつけとそう》

塗装面を加熱して硬化させる塗装。緻密な塗膜がつくられる。一般的に、金属の工場での塗装に使われる。建築では家具などによく使われる。

★★ **ドライウォール工法**《どらいうぉーるこうほう》

内装の壁や天井に石膏ボードを貼り、ボードのつなぎ目にジョインテープまたはパテ処理を施し、気密性の高い壁をつくる塗装仕上げの工法。下地は湿式工事の左官工事ではなく、石膏ボードをネジで止める乾式工法なので、この呼び名がある。単に石膏ボードのつなぎ目をきれいに処理する工法とは違い、亀裂の入らないように貼り方も工夫されている工法である。▼図7

3 工具・道具

★★ ウエス《うえす》

塗装面の汚れ・不純物などを拭き取るための布。

★★ ヘラ《へら》

先端が薄く平たい道具。パテ状のものを平たく伸ばしたり、凹凸面を平坦にしたりする。素材は木材、竹、金属、合成樹脂、ゴムなどいろいろとある。▼図8

図7 ドライウォール工法の手順

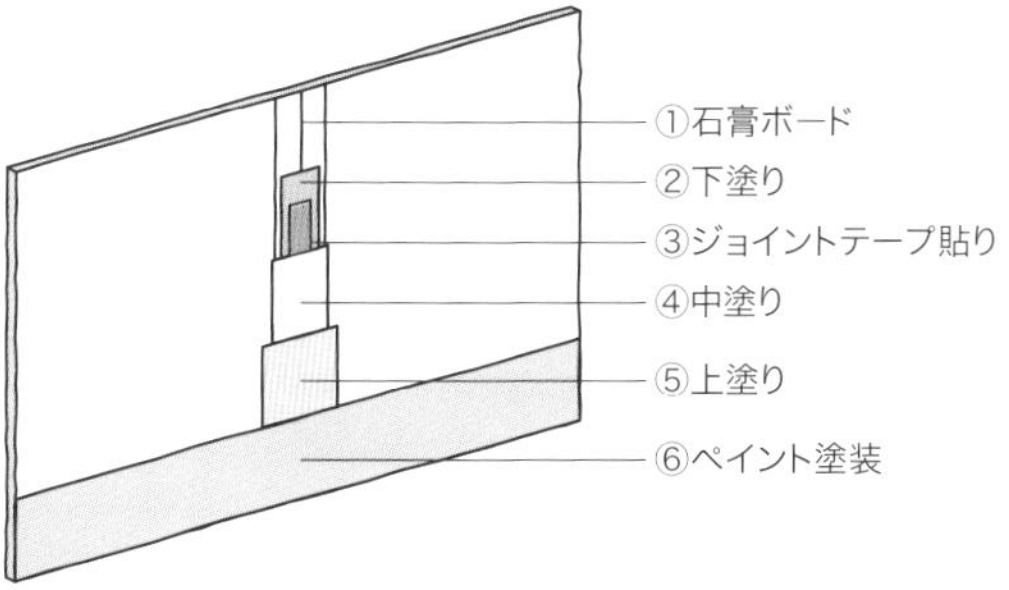

図8 ヘラ

★★ 研磨紙《けんまし》

物を磨くために、表面に砂状の研磨剤を付けた紙。**サンドペーパー**、**紙やすり**などとも呼ばれる。

★ ポリッシュコンパウンド《ぽりっしゅこんぱうんど》

塗膜表面を磨くための研磨剤。

★★ きさげ《きさげ》

幅広のヘラ状の刃のある工具。**スクレイパー**ともいう。きさぐ（刮ぐ）とは削り落とすの意。そこから、この名前が付いた。金属表面などを削って平らにするために使われる。先端の尖ったものやヘラ状のものなど形状には違いがある。▼図9

図9 きさげ

★★ ワイヤブラシ《わいやぶらし》

金属塗装面のサビなどを落とす金属製のブラシ。▼図10

図10 ワイヤブラシ

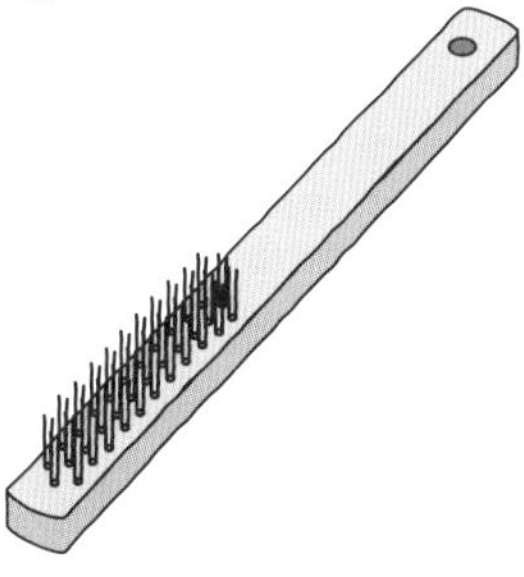

★★★ 色見本帳《いろみほんちょう》

塗装の色を指定するための見本帳。日本塗料工業会（日塗工）の色見本帳がよく知られている。▼図11

★★★ 塗見本《ぬりみほん》

指定した塗料を板状のものに塗装した物。20～40cm角程度のものがよく使われる。色見本帳だけでは判断しにくい場合につくられる。塗工程をわかるようにした工程見本というものもある。

図11 色見本帳

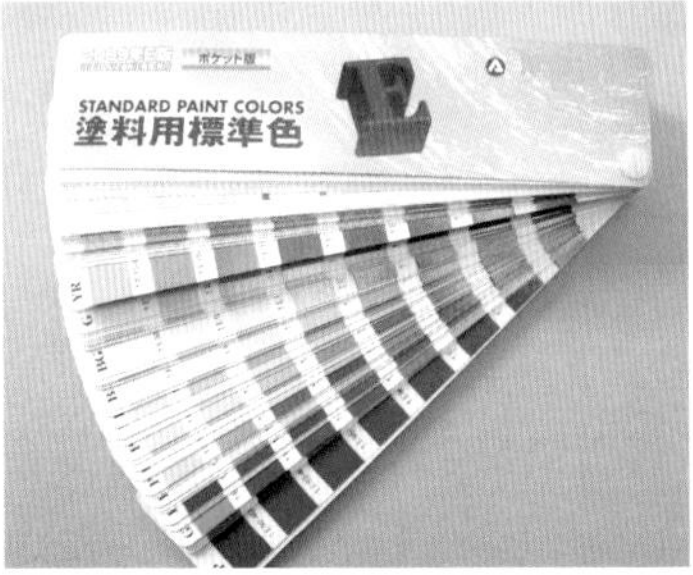

4 不具合

★★ **あわ《あわ》**

乾燥途中に塗膜に気泡ができ、その痕跡が残ったもの。素地表面の穴などが原因。

★★★ **色あせ《いろあせ》**

塗膜の彩度などが変色したり、退色したりする現象。太陽光などが原因である。

★★ **色むら《いろむら》**

塗膜の色が不均一な状態。**色分かれ**ということもある。

★★ **色分かれ《いろわかれ》**

顔料が均一に混ざらず、それぞれの色に分離してむらとなるなどの状態。

★★ **透け《すけ》**

塗膜が不完全な形で生成され、塗装の前段階や下地が見えてしまう状態。

★★ **しわ《しわ》**

塗膜が乾燥、硬化時にしわ状になってしまう現象。

★★ **にじみ《にじみ》**

下地やシーリングなどの成分が塗膜面ににじみ出ること。**ブリード**ともいう。

★★ **たれ《たれ》**

垂直面、傾斜面で、乾燥する前に塗料が下方に流れてしまい、不均一な塗膜になる状態。

★★ **白亜化《はくあか》**

塗膜表面が風化などで、白い粉状になる現象。**チョーキング**ともいう。

★★ **はがれ《はがれ》**

塗膜の付着性がなくなって下地からはがれること。

★★ **はじき《はじき》**

塗膜の一部に下地が露出する凹面ができること。下地に塗装の相性が悪いものが付着している場合などにできる。

★★ **ぶつ《ぶつ》**

塗装または乾燥までの間に異物が混入し突起状になること。

★★ **目やせ《めやせ》**

木材の塗装などにおいて、平滑だった塗膜が時間の経過とともに、下地の影響で凹凸になること。

★★ **ゆず肌《ゆずはだ》**

塗膜表面が、ゆずの皮のような小さな凹凸状の仕上がりになること。**オレンジピール**とも呼ばれる。

★★ **われ《われ》**

塗膜に亀裂ができること。素地まで届くほどのわれは**クラッキング**、届かないものは**チェッキング**ともいう。上面だけにわれができた場合は**クレージング**などという。

★ **塗りむら《ぬりむら》**

技術不足などで、塗膜の厚さにむらが生じること。

PROCESS 38

シーリング工事《こうじ》

現代では、シーリング工事を前提とした建材がほとんど。防水・気密を確実にするために、シーリングの種類、目地の幅、プライマーの種類など検討事項は多数あります。耐用年数を視野に入れることも必要です。

1 材料

★★★
シーリング《しーりんぐ》

防水や気密を目的とする目地埋め材。ガラスなどを接着保持する目的にも使われる。**ガスケット**と呼ばれる**定型シーリング材**とペースト状の**不定型シーリング材**がある。一般には、この不定型のものをシーリング材または**シール**と呼ぶ。

★★
コーキング《こーきんぐ》

建築の現場ではシーリングと同意義で使われる。過去に使われた油性コーキングだけを指したり、単なる目地埋め材に対して使われることが多くなっている。ちなみにシーリング(sealing)は密閉、コーキング(caulking)は隙間を埋めること。比較的、年配の人はコーキングと呼ぶことが多い。

★★★
1成分型シーリング材《いちせいぶんがたしーりんぐざい》

事前にすべての成分を混合してあるシーリング材。空気中の湿気などを利用して固形化する。カートリッジ型がほとんど。環境対応型として詰め替え用フィルムパック型もある。▼図1

図1 1成分型シーリング材

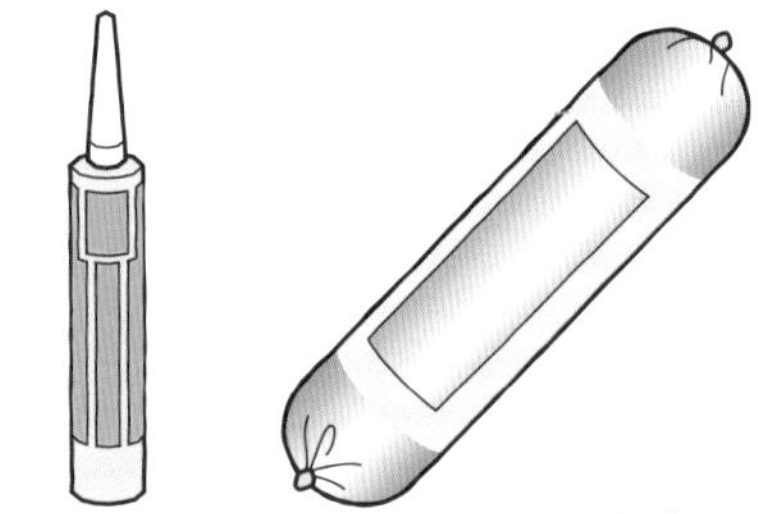

★★★
2成分型シーリング材《にせいぶんがたしーりんぐざい》

基剤と硬化剤を混合、反応させることで固形化するシーリング材。多成分型シーリング材も、同じ意味である。

★★★
変成シリコン系シーリング材《へんせいしりこんけいしーりんぐざい》

変成シリコンを主成分としたシーリング材。汎用性が高いため、現在、最も使われているシーリング材の1つである。

★★★
ポリウレタン系シーリング材《ぽりうれたんけいしーりんぐざい》

ポリウレタンを主成分としたシーリング材。外装パネルなどに使われる。弾力性がよい汎用シーリング。変成シリコン系シーリングとともに、現在最も使われているシーリング材。

★★★
シリコン系シーリング材《しりこんけいしーりんぐざい》

シリコン(オルガノポリシロキサン)を主成分としたシーリング材。ガラスまわりや動きの大きい箇所のシーリングに向いている。性能は高いが、汚れが付きやすいのが難点。

★★
ポリサルファイド系シーリング材《ぽりさるふぁいどけいしーりんぐざい》

ポリサルファイドを主成分としたシーリング材。汎用シーリング材。

★
耐火構造用シーリング材《たいかこうぞうようしーりんぐざい》

耐火部分に使われるシーリング材。耐火用シーリングとして単独で認定されているものはなく、躯体の工法とセットで耐火用と認定されている。耐火性のあるシーリング材には他に、**防火戸用指定シーリング材**があるが、これも同様で、サッシとセットで耐火性が認定されている。

★★
応力緩和型シーリング材《おうりょくかんわがたしーりんぐざい》

経年によって収縮するような建材(窯業《ようぎょう》系サイジング)に使われるシーリング材。目地が広がってもシーリングがストレスを溜めずに追従するようなシーリング材。

2 施工

★★★
コーキングガン《こーきんぐがん》

チューブ容器に入っているシーリング材を押し出して、目地に埋める工具。過去コーキングと呼ばれたものの多くは、現在シーリングと呼ばれているが、工具にはコーキングの名称が残っている。▼図2

図2 コーキングガン

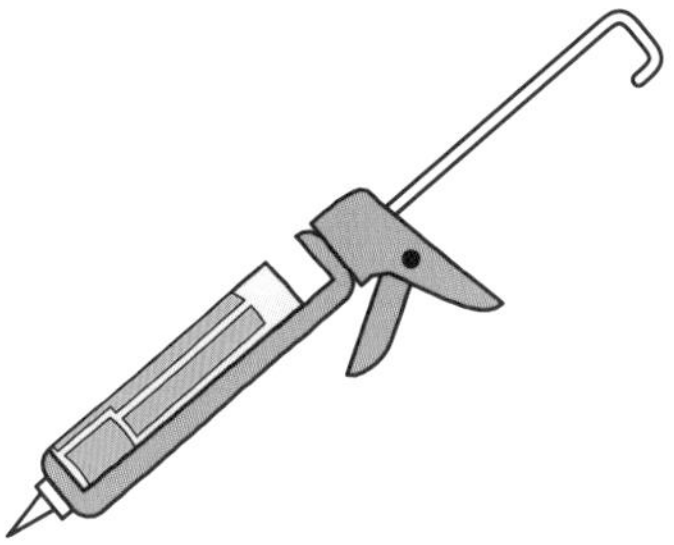

★★
回転式《かいてんしき》ミキサー《みきさー》

2成分型シーリング材を混ぜ合わせるシーリング用撹拌《かくはん》機。撹拌の量や気泡の除去方法などによってさまざまな機種がある。自動反転機能が付いたものは効率よく撹拌できる。

★★★
ワーキングジョイント《わーきんぐじょいんと》

目地に動きがあるもの。目地にムーブメントが生じるもの。コンクリートの打継ぎ目地などはムーブメントがないので、ノンワーキングジョイントと呼ぶ。

★★★
2面接着《にめんせっちゃく》

目地用シーリングで、相対する被着面は接着し目地底は接着させない方法。シーリング材が目地の動きに追従できるようにするため。動きのないRC造の打継目地などは3面接着。▼図3

★★
ノンブリード《のんぶりーど》

シーリング面に塗装をする場合、塗装面にシーリング材のにじみを出にくくすること。そのようなシーリング材をノンブリードタイプのシーリング材と呼ぶ。

図3 2面接着

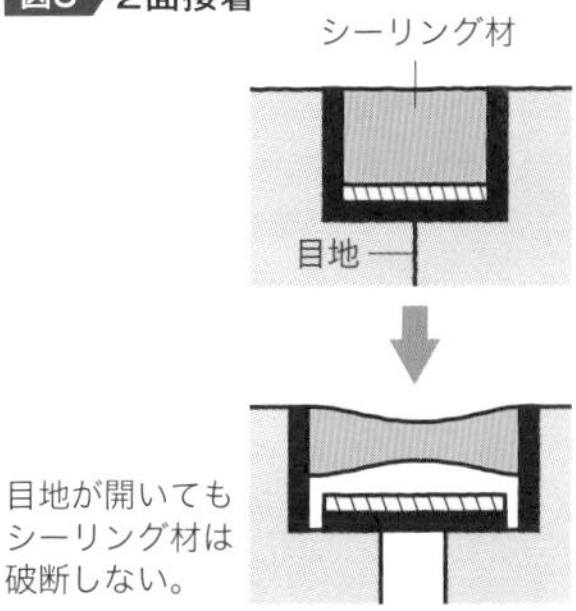

★★
タックフリー《たっくふりー》

シーリング材を充填後、硬化して指先に付着しなくなるまでの時間をいう。

★★★
プライマー《ぷらいまー》

シーリング材の接着する部分に付着性を向上するために塗布する剤。

★★
バリアプライマー《ばりあぷらいまー》

シーリング材の成分が仕上げ塗装などに移行しないようにシーリング材表面に塗る塗料。

★★★
バックアップ材《ばっくあっぷざい》

目地の深さを調整し、3面接着を防止する材。発泡ポリエチレンなどが使われる。バックアップ材装填治具《じぐ》を使うと、バックアップ材を正確に入れられ、深さが一定になる。▼図4

図4 バックアップ材

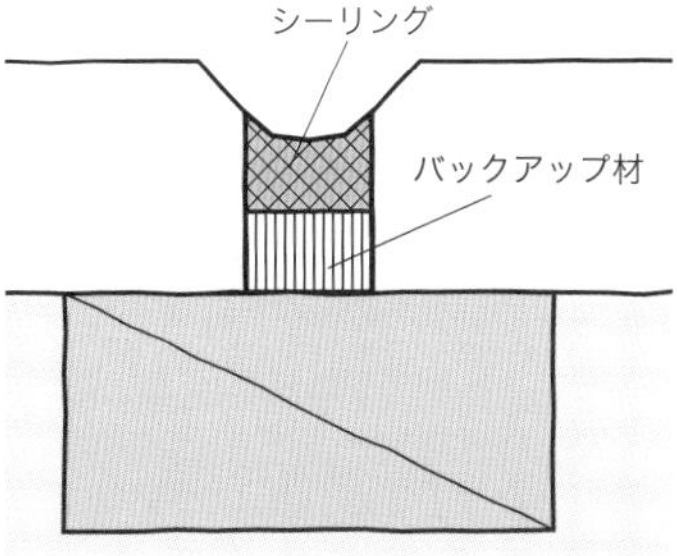

3 性能・維持・欠陥

★★★
ムーブメント《むーぶめんと》

温度の変化や地震などによって、目地などの部分にずれなどが発生すること。ムーブメントの大きさによってシーリング材の種類や使い方が変わるので、設計・施工では重要な検討事項である。

★★ オープンタイム《おーぷんたいむ》

接着剤やプライマーの塗布後、性能が発揮されるまでに必要な時間。シーリング材を充填後、シーリング材と被着体との間で良好な接着性が得られるまでの時間。

★★ 可使時間《かしじかん》

2成分型シーリング材において、充填作業ができる時間。成分を混ぜ合わせた後、作業できる時間には限りがある。

★★ モジュラス《もじゅらす》

引張応力《ひっぱりおうりょく》のこと。弾性体を伸ばしたときに元に戻ろうとする力。単位は一般にN／㎟。柔らかめのシーリング材は**低モジュラス**、硬めのシーリング材は**高モジュラス**と分類される。ALC板などの建材では、被着体が弱いので低モジュラスのものを使用するのが望ましい。

★★ チョーキング《ちょーきんぐ》

紫外線などにより、シーリング材表面にチョーク状の粉が浮き出ること。劣化現象の1つ。**白亜化**ともいう。

★★★ 内部気泡《ないぶきほう》

シーリング材内部に入った空気。性能劣化の原因の1つとなる。気泡は、2成分型シーリング材の混ぜ合わせ時に入り込むことが多い。

★★ 接着破壊《せっちゃくはかい》

目地の動き等により被着面とシーリングが分離すること。**界面破壊**、**界面はく離**ともいう。シーリング自体が割れるのは凝集破壊、材料破壊。シーリングが被着面を壊す場合は、**被着体破壊**、**母材破壊**と呼び区別する。▼図5

図5 接着破壊、凝集破壊

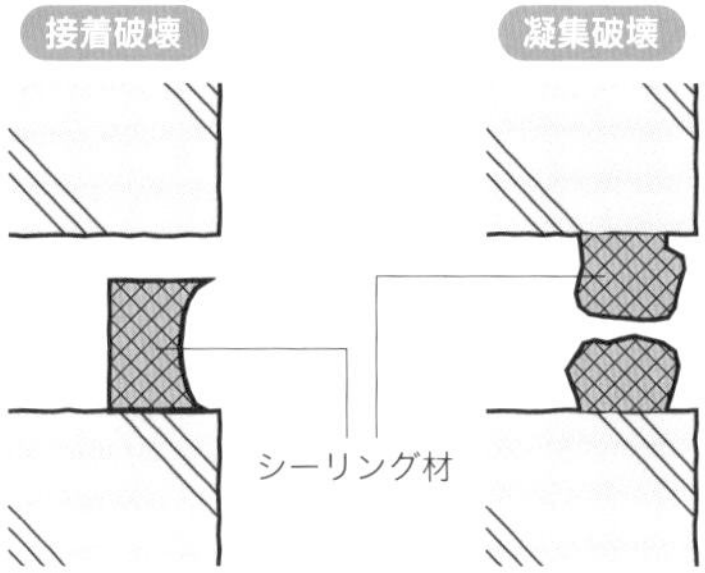

★★ ウェザリング《うぇざりんぐ》

屋外での時間の経過による材料の有害な変化。

★ クレージング《くれーじんぐ》

ウエザリングなどによって生じた表面の細かなひび割れ。

★★★ スランプ《すらんぷ》

シーリング材が自重で垂れ下がること。**サギング**ともいう。垂れ下がらないときは**ノンサグ**という。

★★ 接着性試験《せっちゃくせいしけん》

被着体とシーリングの接着性を確認する試験。被着体にシーリングをつけて硬化後引っ張る。引張接着性試験、簡易接着性試験などがある。現場で施工したシーリング自体を調べる**ひも状試験**もある。▼図6

図6 ひも状試験

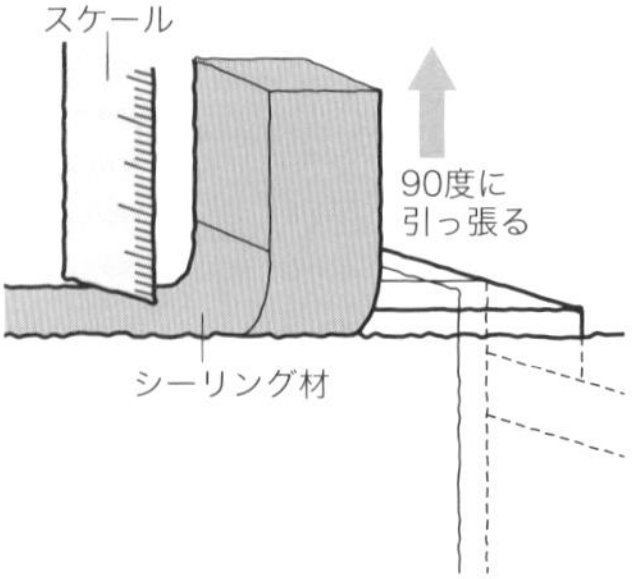

PROCESS 39

内装工事①

床《ゆか》

内装工事はフローリング貼りに代表される床、クロス貼りに代表される壁・天井に分けて考えます。造作、家具、建具などの工事とも関係します。床の工事は、床面をつくる下地と仕上げ材の知識が必須です。

1 床下地・工法

★★★
根太張り工法《ねだばりこうほう》

大引き（または梁）、根太《ねだ》、さらに合板で構成された下地にフローリングなどを固定する方法。主に一般の木造住宅に用いられてきた工法だが、最近では、合板を厚くし、根太を抜き大引き（または梁）だけで構成する**根太レス工法**が増えてきた。▼図1

★★★
合板下地《ごうはんしたじ》

仕上げ材の下に合板を敷くこと。床の強度を保つ、床の水平を出す、レベルを調整する、といった目的がある。**捨張り**ともいう。下地にコンパネが使われることもあり、**コンパネ下地**ともいう。

★★★
コンクリート直張り《こんくりーとじかばり》

フローリングやカーペットなどの仕上げ材を、下地を張らずに直接コンクリートに張ること。

図1 根太張り工法、根太レス工法

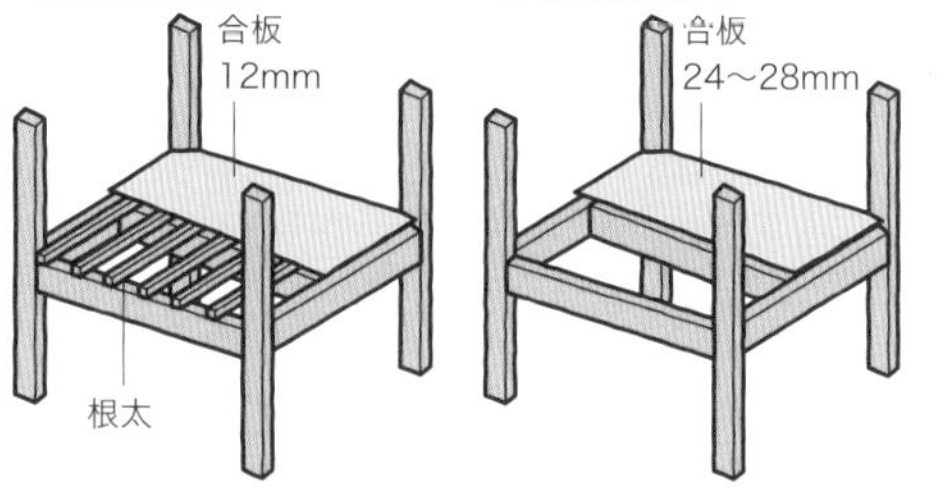

★★
セルフレベリング《せるふれべりんぐ》

コンクリート直張りなどの下地で、自己水平性を持った左官材のこと。トンボでならすことで、精度の高い平滑な床下地となる。**レベラー**、**レベリング**ともいう。▼図2

図2 セルフレベリング施工

★★★
置き床《おきゆか》（乾式二重床《かんしきにじゅうゆか》）

コンクリート構造のスラブ上に載せる二重床のこと。振動が下の階に伝わらないように、足部分の下にゴムを付けることもある。最近のマンションの床などで使われることが多い。▼図3

★★★
フリーアクセスフロア《ふりーあくせすふろあ》

床の下に配線や配管を自由に通すことのできる、二重床のこと。**OAフロア**ともいう。点検や設備変更が容易にできるため、OA化された事務所の床にはかなり利用されている。▼図4

図3 置き床（乾式二重床）

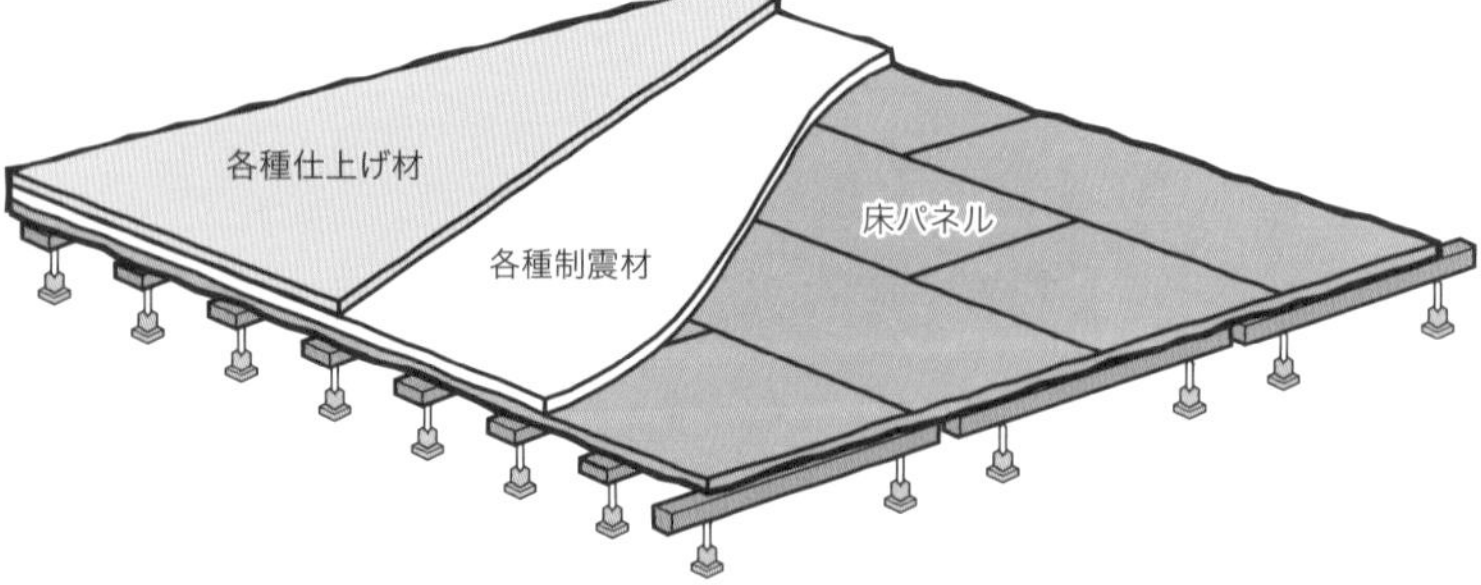

★★
転ばし根太下地《ころばしねだしたじ》

コンクリートスラブの上に浮か

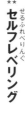

図4 フリーアクセスフロア

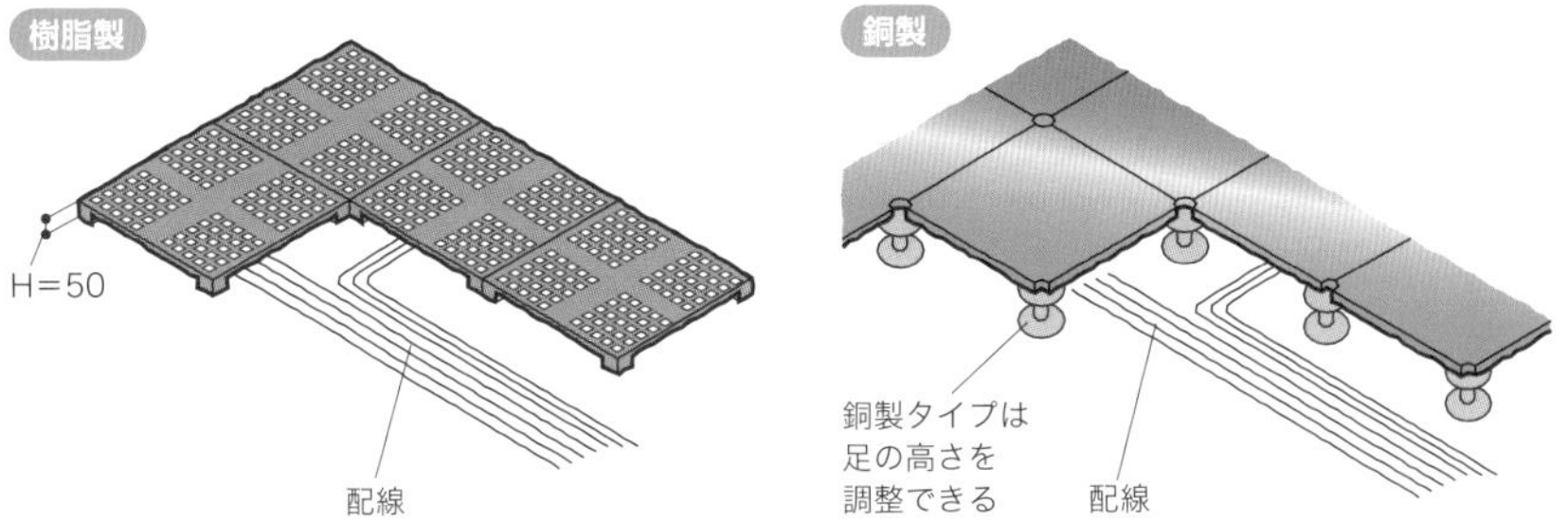

して床下地をつくる場合、大引きを用いず、直接、根太《ねだ》を置いてつくる床下地のこと。▼図5

図5 転ばし根太下地、木組み床下地

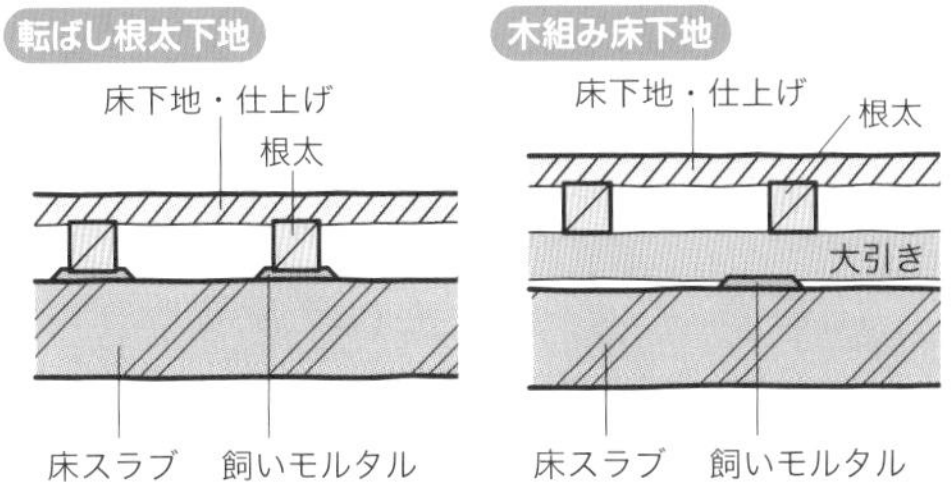

2 床仕上げ ①フローリング系

★★★
フローリング《ふろーりんぐ》

木質系の床仕上げ材で、幅10cm程度の板材を敷き詰めた木材のこと。和風建築での**縁甲板**《えんこういた》にあたるもの。

★★★
無垢フローリング《むくふろーりんぐ》

無垢材を使ったフローリングのこと。**無垢材**ともいう。継ぎ目がない1枚ものを**ソリッド**、長さ方向に何枚かつないだものを**ユニ**、集成材のようにつないだものを**FJL**と呼ぶ。▼図6

★★★
複合フローリング《ふくごうふろーりんぐ》

基材の合板などの上に単板《たんぱん》（突き板）を貼り付けたフローリングのこと。表面に木材を薄くスライスした単板を貼ったもので、反りや伸縮が少なく、最も多く使われるフローリング。基材の種類により違いがあり、合板材だけ用いた複合一種、集成材または単板積層材を用いた複合二種、それ以外のMDF、パーティクルボード、遮音材などを使った複合三種などがある。▼図7

図6 無垢フローリング

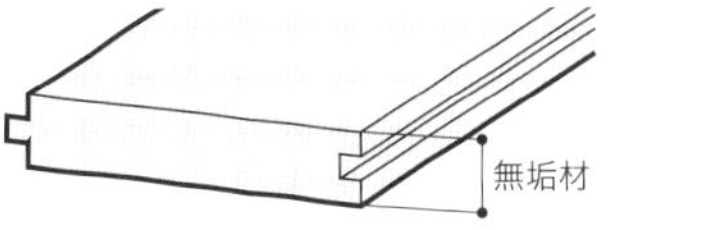

図7 複合フローリング

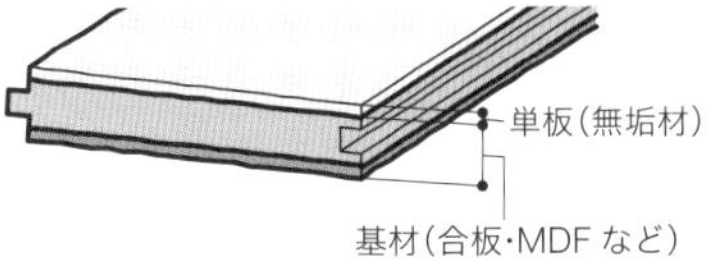

★★
WPC加工フローリング《だぶるぴーしーかこうふろーりんぐ》

複合フローリングの一種。表面の単板《たんぱん》（突き板）にプラスチック樹脂を注入している。重歩行や土足の歩行にも耐えられる、高い耐久性を持つ。

★★
遮音フローリング《しゃおんふろーりんぐ》

複合フローリングの一種。裏側に遮音マットが付いている。マンションなどのコンクリート直張りにも使われる。

★★
床暖房対応《ゆかだんぼうたいおう》フローリング《ふろーりんぐ》
よく乾燥させることで床暖房に対応させた、熱による膨張に強いフローリングのこと。

★★
縁甲板《えんこういた》
幅10cm前後、厚さ15mm程度の仕上げ板で、長手《ながて》方向両側を本実《ほんざね》加工して張ったもの。昔の住宅や和風住宅の板敷きの部屋の床や廊下、壁、天井にも使われる。

2 床仕上げ ②カーペット系

★★
カーペット《かーぺっと》
大きなサイズの繊維製床敷物のこと。**絨毯**《じゅうたん》ともいう。部屋中に敷き詰めることで、断熱・防音効果が上がる。使用頻度の高いものには、**織物カーペット**と**刺繍カーペット**の2種類がある。

★★
パイル《ぱいる》
カーペットの表面の毛足のこと。輪の形をした**ループパイル**、ループをカットした**カットパイル**がある。▼図8

図8 ループパイル、カットパイル

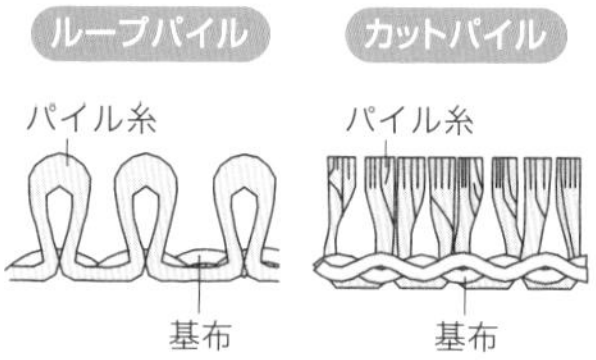

パイルがループ状で適度な硬さとなめらかさがある。

パイル先端をカットした断面で繊細なパターンを表現できる。

★★
タフテッドカーペット《たふてっどかーぺっと》
刺繍カーペットのことで、布にミシン針でパイルを刺し込むカーペットのこと。裏面に接着材（ラテックスなど）をコーティングし、パイルを裏面から固定する。現在、流通しているものの大半はこれである。パイル長さは4～12mm。▼図9

図9 タフテッドカーペット

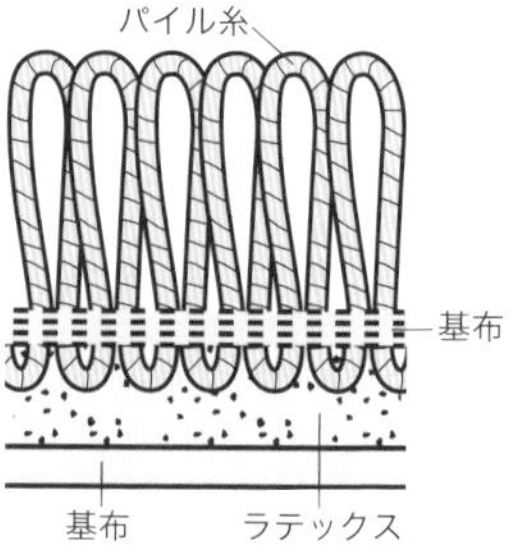

★★
ニードルパンチカーペット《にーどるぱんちかーぺっと》
繊維を針で刺し固めて、フェルト状にした不織布《ふしょくふ》のカーペットのこと。パイル糸がなく裏面は合成ゴム補強されている。厚さは3.5～7mm。▼図10

図10 ニードルパンチカーペット

★★
タイルカーペット《たいるかーぺっと》
50cm角のタイル状のカーペットのこと。裏地はゴム状のパッキンとなっている。通常のカーペットと違い、部分替えやクリーニングが可能なため、オフィスの**フリーアクセスフロア**などで多用される。▼図11

図11 タイルカーペット

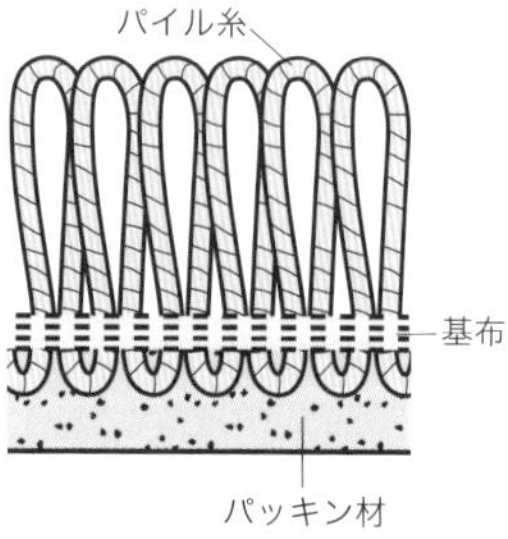

★★
グリッパー工法《ぐりっぱーこうほう》
カーペットの施工方法の一種。クッションのためにフェルトなどの下地材を敷き、上のカーペットを工具で引っ張り、隅に釘の出たグリッパーと呼ばれる板に引っ掛けて止める工法のこと。▼図12

図12 グリッパー工法

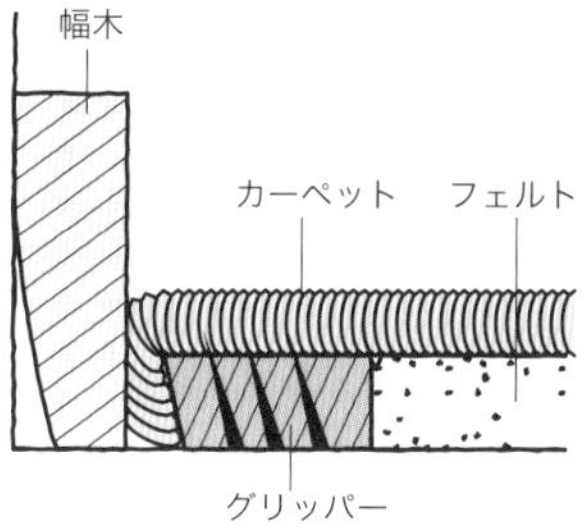

★★ **置敷工法《おきしきこうほう》**

カーペットの施工方法の一種。グリッパー工法や接着材などを使わず、床に置くだけでカーペットを敷く方法。

2 床仕上げ ③ビニル系

★★★ **ビニル系床材《びにるけいゆかざい》**

塩化ビニル樹脂などを使った床材。タイル状、シート状の形態がある他、液状の床材を塗る方法もある。

★★★ **Pタイル《ぴーたいる》**

コンポジションビニル床タイルの半硬質床タイルの商品名。塩化ビニル樹脂などの硬質な素材を使ったタイルで、オフィスや商業施設などで数多く採用されている。

★★★ **長尺シート《ちょうじゃくしーと》**

シート状のビニル系床材で、幅が1.32～1.8m程度、長さが9m以上ある床材のこと。クッションフロアのような発泡層がなく、裏面に織布があるものとないものとがある。つなぎ目が少ないので、マンションの長い廊下やバルコニーなどに適する。

★★★ **クッションフロア《くっしょんふろあ》**

シート状のビニル系床材で、幅が1.32～1.8m程度の長尺シートで、中間にクッションになるように発泡系樹脂層が入った床材のこと。店舗に適した重歩行用と、住宅に適した軽歩行用のものがある。CFともいう。

★★ **コルクタイル《こるくたいる》**

コルクを主原料にしたタイルの床材。タイル状とシート状のタイプがある。クッション性と断熱性に優れる。天然素材で無塗装のものは汚れるので、コーティング加工したものやワックスを塗り込んだものが多い。

★★ **リノリウム《りのりうむ》**

天然素材の長尺シートの床材のこと。主要材料は亜麻仁油、コルク、木粉、天然レジン(松脂《まつやに》)、顔料で、裏面にジュートの織布が裏打ちされている。

2 床仕上げ ④畳

★★★ **畳《たたみ》**

日本の伝統的な床材のこと。下地の芯材である**畳床《たたみどこ》**、その表面を覆うイ草を編み込んだ**畳表《たたみおもて》**、畳の縁に付けられる帯状の**畳縁《たたみぶち》**の構成からなっている。▼図13

図13 畳の構成

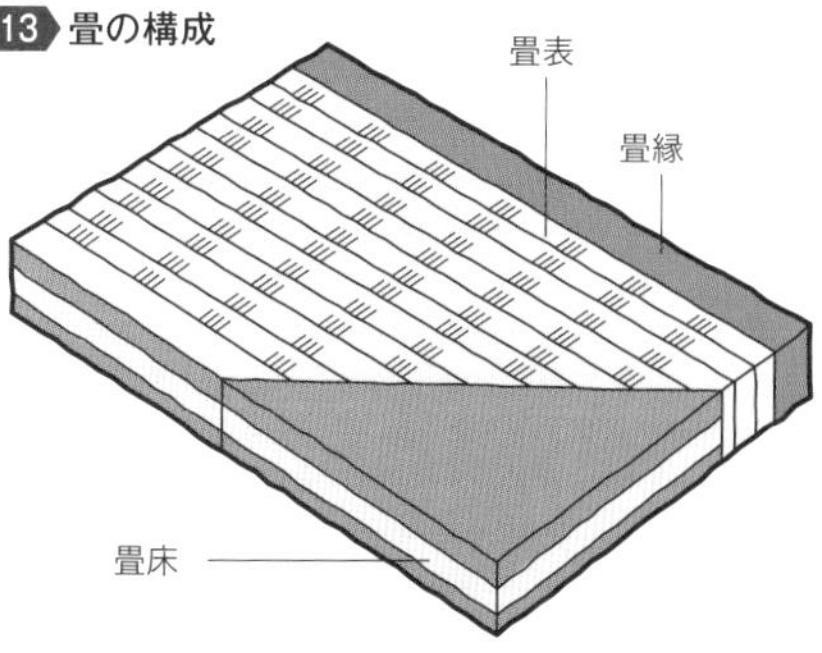

★★ **本畳《ほんだたみ》**

畳床《たたみどこ》に天然素材の稲藁《いねわら》を使った畳のこと。昔はすべて本畳だったが、防虫対策に手入れが必要とされるため、化学畳が増えた。感触などは本畳の方が優れている。▼図14

図14 本畳

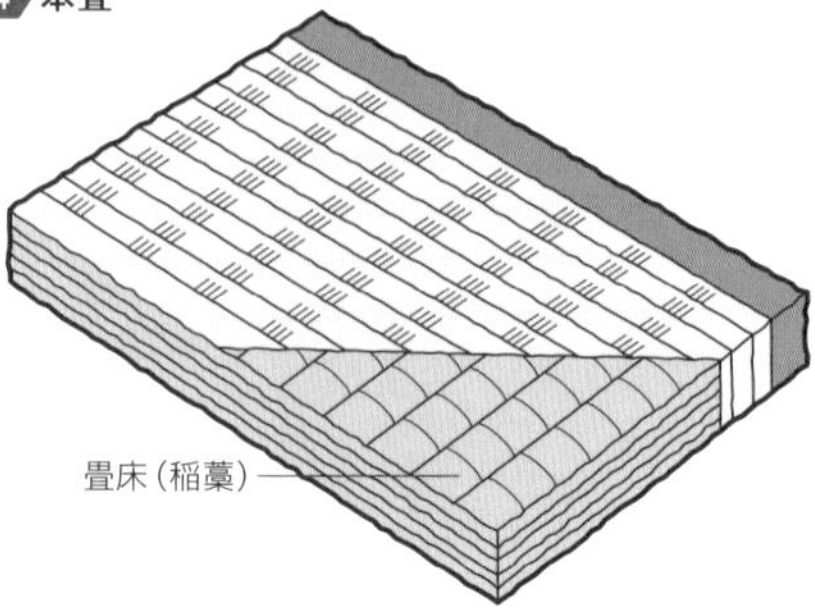

★★ 化学畳《かがくだたみ》

畳床にポリスチレンフォームやインシュレーションボードなどの化成品を使った畳のこと。それぞれを混合して使用したり、稲藁《いねわら》とサンドイッチしたものもある。最近では防虫性、安価、軽さなどから多く使われている。ポリスチレンフォームの畳床を**スタイロ畳**とも呼ぶ。▼図15

図15 化学畳の畳床構成図

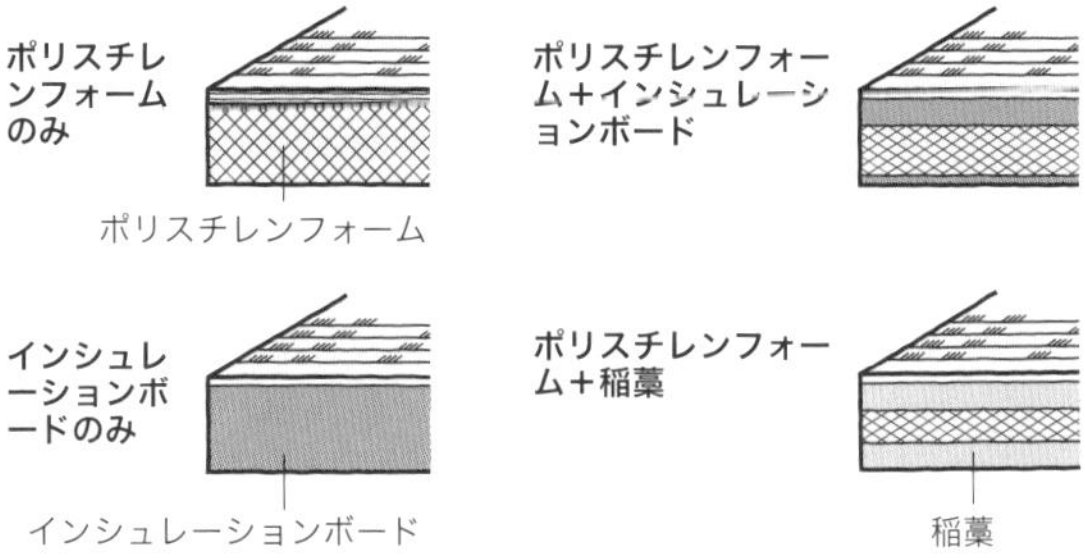

★★ 琉球畳《りゅうきゅうたたみ》

畳表に強度に優れる沖縄のシチトウの茎を使った琉球表を使い、畳縁がない畳のこと。最近では、普通の畳表を使った、縁なしで正方形のものも琉球畳と呼ぶこともあるが、厳密には違うものである。▼図16

図16 琉球畳

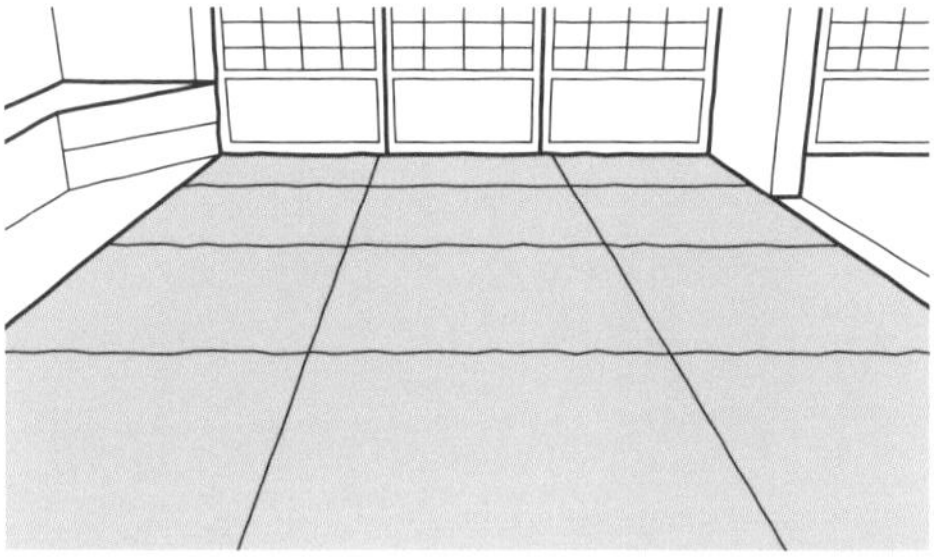

★★★ 畳割《たたみわ》り

畳を敷く部屋の大きさをはかり、畳の敷き方、各畳の大きさを割り付けること。畳の寸法から柱間の寸法を決めていく。柱を基準として畳の寸法を決める**柱割り**とは逆の発想。

★★ 畳敷《たたみじ》き様《よう》

慣習による畳の敷き方のこと。吉の敷き方である**祝儀敷き**と不幸があったときの敷き方である**不祝儀敷き**がある。昔は、行事やそのときの状況に合わせて敷き方を変えていたが、現在の普通の家では祝儀敷きが用いられている。▼図17

図17 畳敷き様

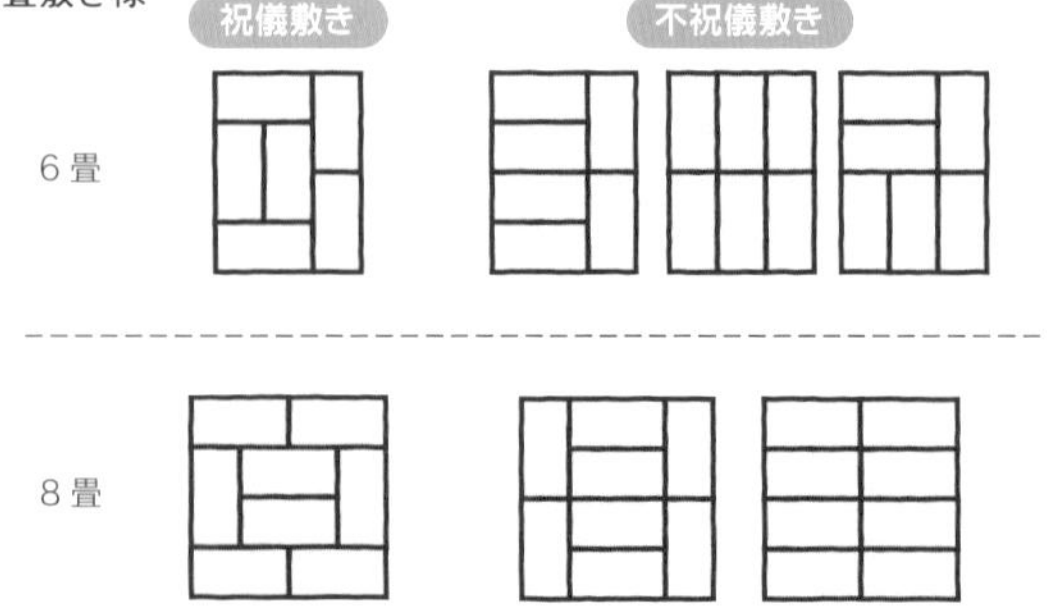

PROCESS 40

内装工事②

壁《かべ》・天井《てんじょう》

ここでは内装工事の壁・天井について取り上げます。床と同様、壁も下地部分と仕上げ材にわかれます。壁と天井では、仕上げにおいて、面をつくる構成要素が似ているため、同じ用語を使用することが多いです。

1 壁・天井の下地、工法

★★★
木下地《もくしたじ》

木製の間柱や胴縁《どうぶち》などにボードなどを打ち付けた下地のこと。木構造だけではなく、その他の構造の非構造部にも使われる。▼図1

★★★
胴縁《どうぶち》

下地を構成する柱よりも細かい骨部材。木製と鋼製のものがある。柱や間柱の間に３００～４５５㎜の間隔で入る。断面寸法はさまざまで、水平方向のものを横胴縁、垂直方向のものを縦胴縁という。▼図1

図1 木下地、胴縁

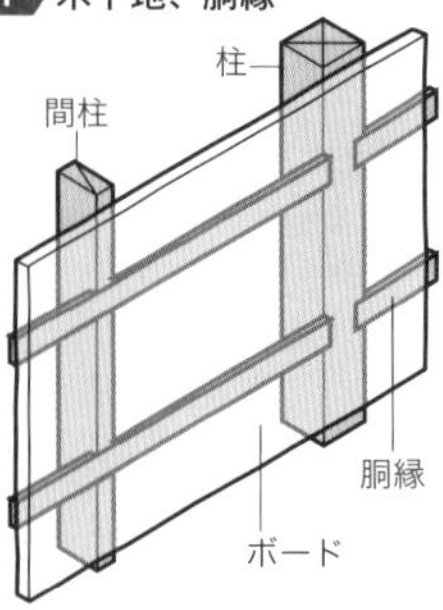

★★★
吊り天井《つりてんじょう》

天井面をつくる野縁軸材を吊り木で吊り、その野縁にボード類を張った天井のこと。木造の一般的な天井である。▼図2

図2 吊り天井、吊り木受け

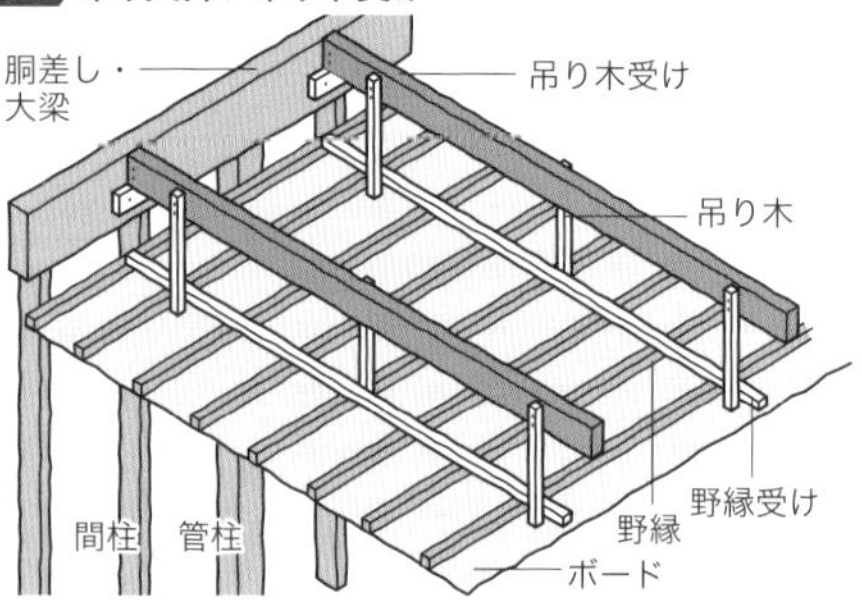

★★★
軽鉄下地（軽量鉄骨下地）《けいてつしたじ（けいりょうてっこつしたじ）》

LGS・軽量鉄骨を骨にしてボードなどを打ち付ける、壁や天井の下地のこと。▼図3

★★
スタッド《すたっど》

本来は下地の間柱のことで、通常は建築用鋼製下地材のLGSを指すことが多い。▼図3

★
ランナー《らんなー》

本来はレールのことで、主にスタッドを立てる床と天井にある横材。スタッドとはセットで使われることが多い。カーテンレールの動く部材のことも指す。▼図3

図3 軽鉄下地(LGS)、スタッド、ランナー

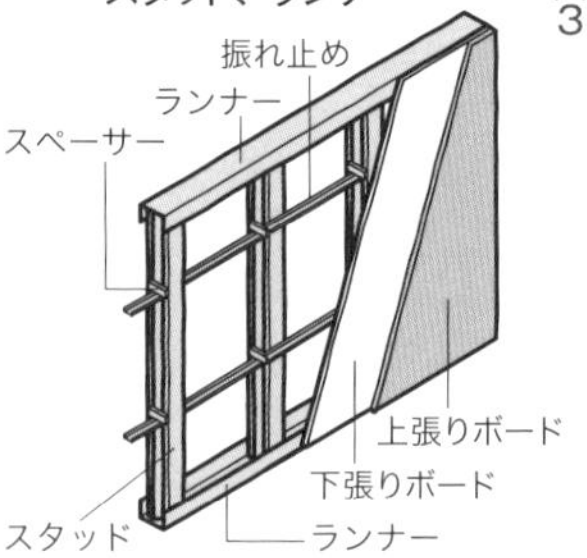

★★★
石膏ボード《せっこうぼーど》

プラスターボードのこと。石膏を芯材にし、ボードの表面をボード用の厚紙で被覆した無機質ボード。壁・天井の下地材として多く使われる。略してPBと書くこともある。強化プラスターボード、シージング石膏ボード、石膏ラスボード、化粧プラスターボードなどさまざまな種類の製品がある。

★★
軽天《けいてん》

建築用鋼製下地材のLGSを骨にしてボードなどを打ち付ける天井の下地のこと。▼図4

図4 軽天

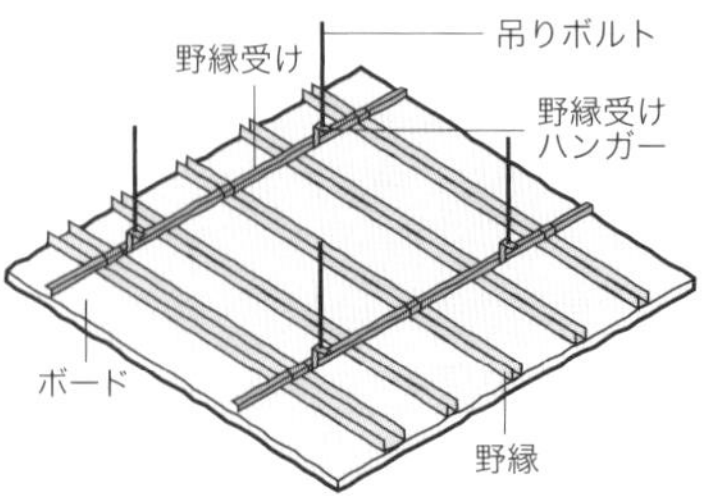

★★ **ケイカル板《けいかるばん》**

ケイ酸カルシウム板。消石灰、珪藻土、石綿に水を混ぜて練り合わせた板のこと。耐火、断熱、遮音、加工性に優れて比重が軽く、さまざまな用途で使われる。

★★ **ジョイナー《じょいなー》**

ボードとボードのつなぎ目に使う目地材。アルミ製やプラスチック製で、さまざまな形状のものがある。

★ **ドライウォール工法《どらいうぉーるこうほう》**

壁全体を平滑にする工法。石膏ボードを下地に、ボードの幅方向の両端にテーパー付きの製品を使い、セメントやジョイントテープでつなげる。**テーパージョイント工法**ともいう。▼図5

★★★ **GL工法《じーえるこうほう》**

躯体のコンクリート、ブロックなどの面に粘土状の接着剤（GLボンド）を一定間隔に塗り、プラスターボードを押し付けて貼る工法。▼図6

★★★ **下張り《したばり》**

仕上げのクロスなどに下地の凸凹や汚れが出ないように下地紙などを貼ること。

図5 ドライウォール工法

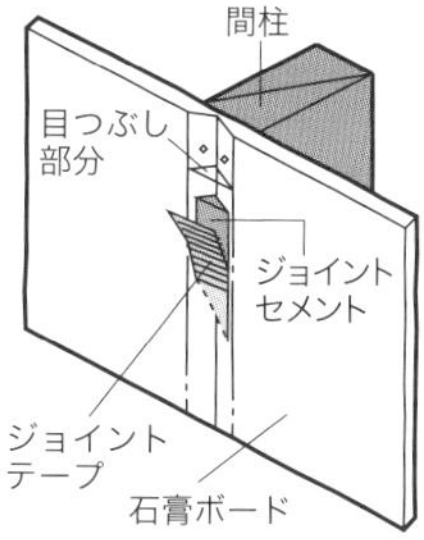

図6 GL工法

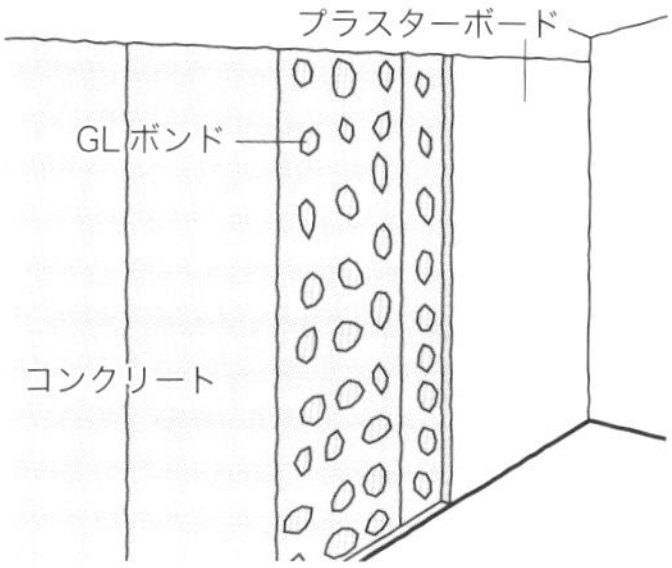

★ **堅羽目板張り《たてはめいたばり》**

板材を縦に貼っていく工法。板の接合部は突き付け張り、相しゃくり張り、本実張りなどさまざまある。▼図7

★ **横羽目板張り《よこはめいたばり》**

板材を横に張っていく工法。板の接合部は、突き付け張り、相しゃくり張り、本実張りなどさまざまある。他に接合部を重ねて張る工法を下見張りという。▼図7

★★ **直天井《じかてんじょう》**

コンクリートスラブの下面をそのまま下地として使い、仕上げた天井。そのままのコンクリート打ち放し仕上げにしたり、塗装仕上げ、クロス張り仕上げなどがある。

★ **システム天井《しすてむてんじょう》**

オフィスなどに使われるシステム化した天井のこと。パネルユ

図7 堅羽目板張り、横羽目板張り

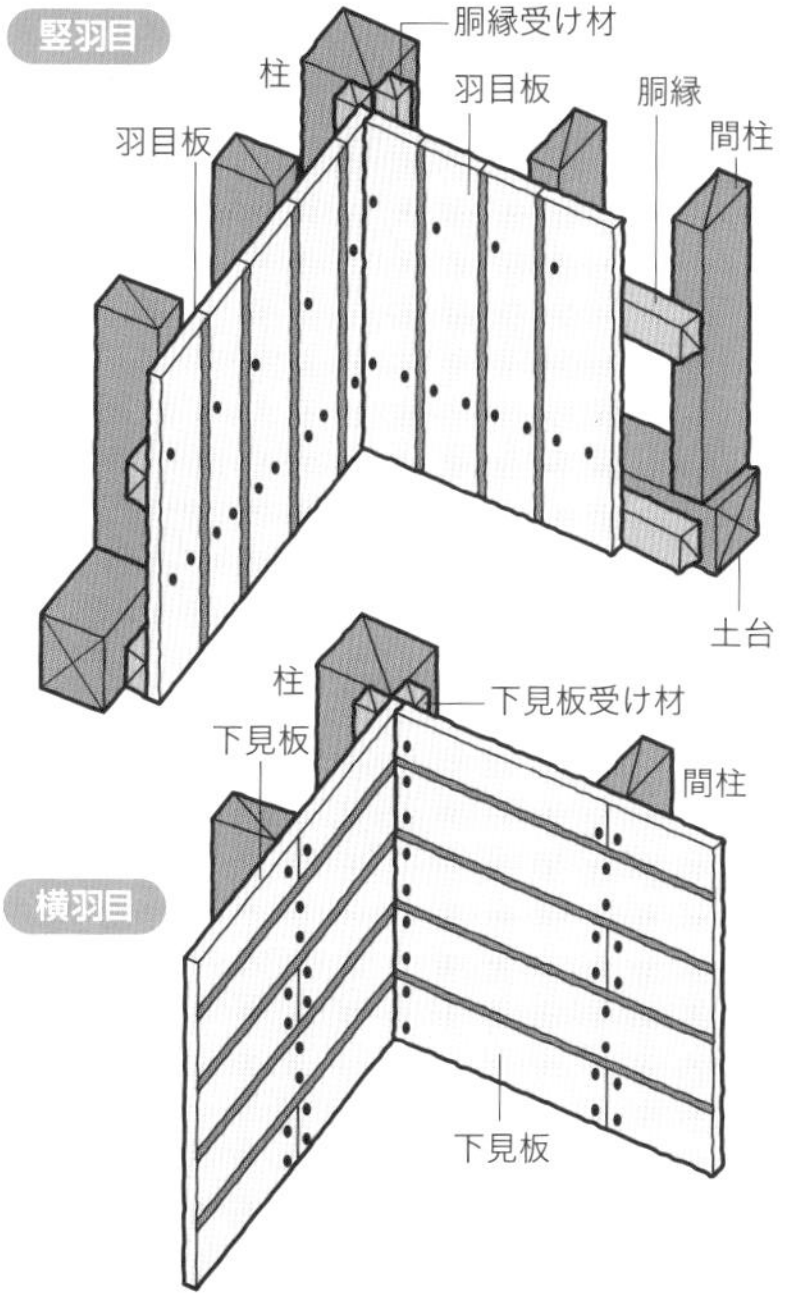

ニット化していて空調口や照明、防災機器などの設備が組み込まれている。

★**平天井**《ひらてんじょう》

平らな天井の総称。その他に駆け込み天井、落ち天井、化粧屋根裏天井などがある。▼図8

2 壁・天井の仕上げ

★★**無垢板**《むくいた》

貼り合わせていない一枚板の材料のこと。乾燥させないと反ってしまうため、伸縮の問題が出てくる。

★★★**合板**《ごうはん》

薄い単板を、繊維方向を直交させて奇数枚を互い違いに重ね、熱圧接着した木質ボードのこと。▼図9

図8 さまざまな天井の形

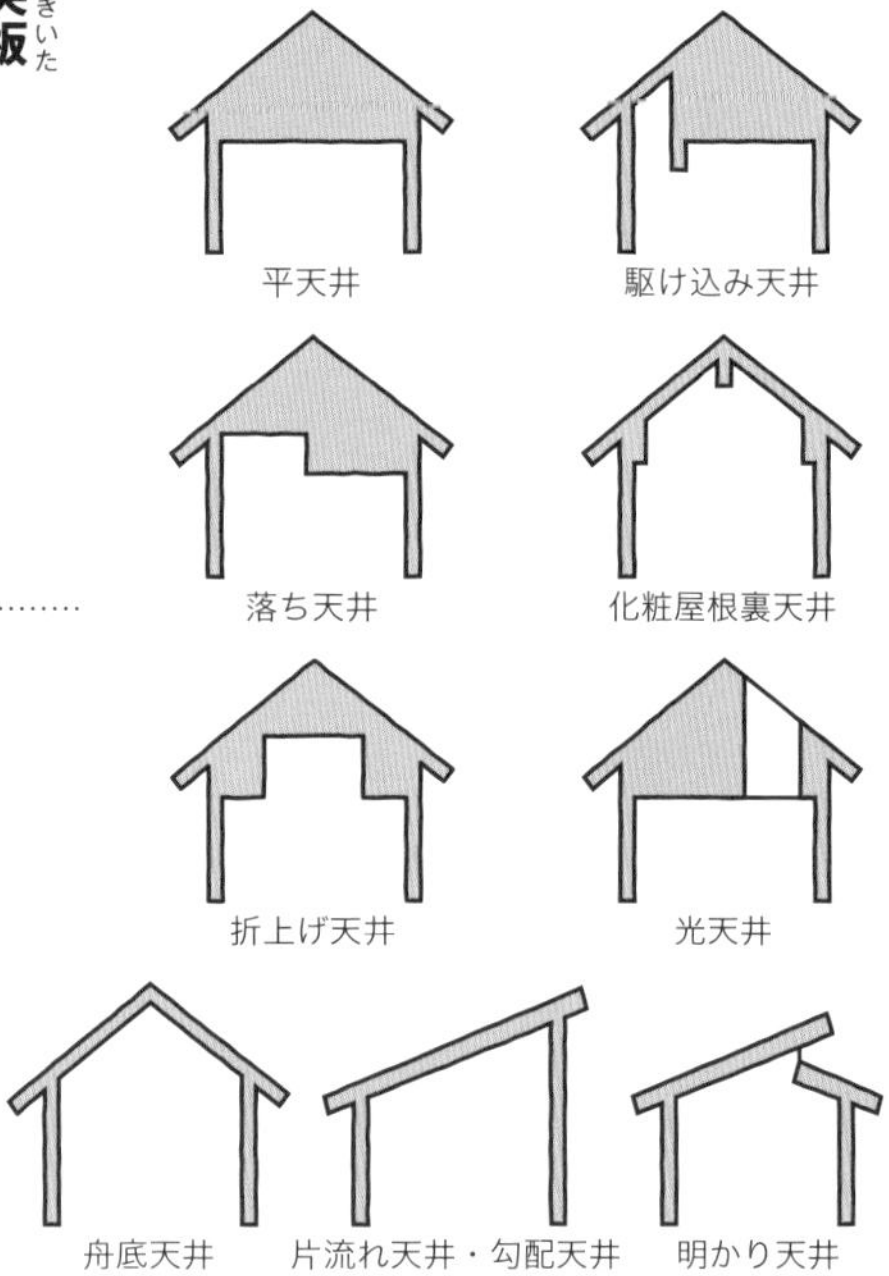

★★**突板**《つきいた》

高価な木材を薄く（0・2〜1・0㎜厚）スライスしたもの。

図9 合板

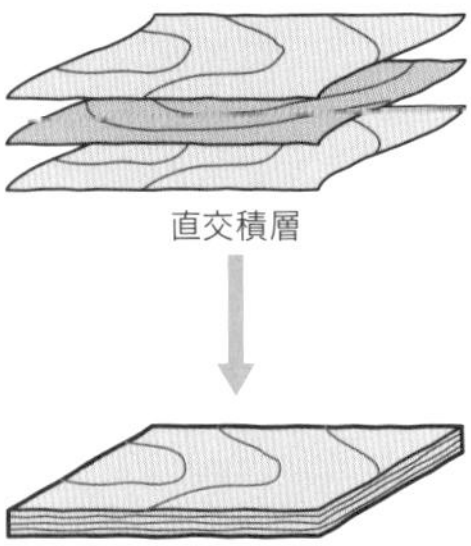

★★**天然木化粧合板**《てんねんもくけしょうごうはん》

合板のうち、表面の単板が薄い天然木の突き板を使ったもの。

★★★**ラワン合板**《らわんごうはん》

合板のうちで、表面の単板がラワン材を貼った汎用合板。合板というとラワン合板を指すことが多い。

★★**シナ合板**《しなごうはん》

合板のうちで、表面の単板がシナ材を貼った汎用合板。基材はラワンの他、シナの同材を使う場合もある。

★★★**集成材**《しゅうせいざい》

厚い板材を接着してつくる材料。建材、階段の段板、テーブル天板などの家具・造作用と、構造用のものがある。▼図10

図10 集成材

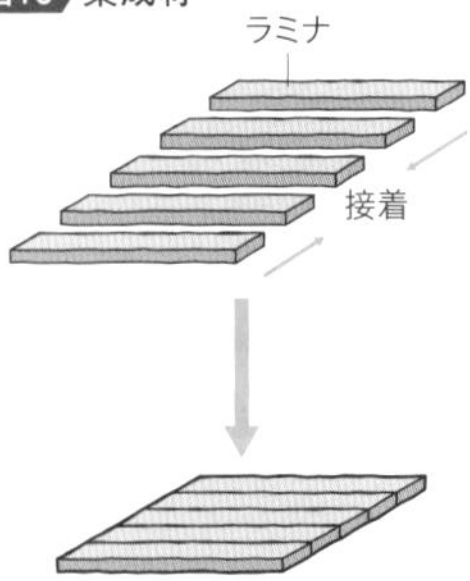

★★**積層合板**《せきそうごうはん》

合板の呼び方の1つ。合板の中でも断面小口の積層の美しいものを指す。▼図11

★ **OSB《おーえすびー》**

木材の小片を接着剤と混合し熱圧成形した木質ボード。木材の裁断サイズが大きいものをいう。▼図12

図11 積層合板

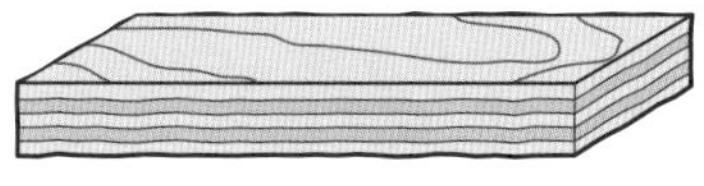

図12 OSB

★★ **ランバーコア《らんばーこあ》**

薄い板（シナやラワンなど）を小角材を寄せ集めた芯材（コア）の両面に貼った3層構造の材。▼図13

★★ **コーリアン《こーりあん》**

図13 ランバーコア

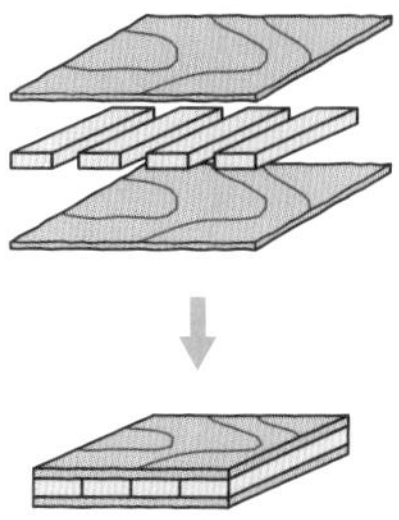

メタクリル樹脂強化無機材（メタクリル人工大理石）のこと。デュポン社の商品名。キッチンのカウンターによく使われる。

★★★ **ポリエステル化粧合板《ぽりえすてるけしょうごうはん》**

化粧紙と合板などを貼り合わせた上にポリエステル樹脂を塗布し、フィルムをかけてロールで樹脂を伸ばして硬化させたもの。**ポリ合板**とも呼ぶ。

★★ **メラミン化粧板《めらみんけしょうばん》**

フェノール樹脂板にメラミン樹脂で表面処理した板のこと。ポリエステル化粧合板に比べて耐熱、耐水、耐候、耐磨耗性に優れる。

★★ **アクリル樹脂板《あくりるじゅしばん》**

アクリル樹脂を板状に加工したもの。透明度や接着性が高く、照明器具のカバー、看板などガラスの代用として使われることが多い。

★★ **ポリカーボネート樹脂板《ぽりかーぼねーとじゅしばん》**

エステル型の熱可塑性プラスチック板のこと。強度、透明度が高くガラスの代用として使われる。

★★ **FRP《えふあーるぴー》**

ガラス繊維を混入した強化プラスチックのこと。板状で使われたり、ユニットバスやベランダの防水工事などにも使われる。

★★★ **ビニル壁紙《びにるかべがみ》**

ビニルクロスともいう。ポリ塩化ビニルを主原料とする壁紙。日本の壁紙の全生産量の90％を占める。表面の模様やプリント、型押しもさまざま。他の壁紙よりも比較的厚いため、下地の影響が少なく施工性がよい。

★ **紙壁紙《かみかべがみ》**

化粧層に紙素材を使った壁紙。

★★ **和紙壁紙《わしかべがみ》**

化粧層に「こうぞ」「みつまた」などの和紙を使った壁紙。

★★ **岩綿吸音板《がんめんきゅうおんばん》**

無機質繊維のロックウールを主原料として、接着剤や混和剤を加えて板状に成形したもの。吸音性、断熱性、防火性に優れるが、耐湿性が低い。柔らかいので捨て張りなどが必要。商品としてソーラトンなどがある。

★★ **ジプトーン《じぷとーん》**

トラバーチン模様の洋風天井用化粧石膏ボード。吉野石膏株式会社の化粧石膏ボードの商品名。

PROCESS 41

造《ぞう》作《さく》

内装工事では部位と部位の接合部が生じてきます。たとえば建具と壁、家具と壁、天井と壁。その接合部の細かい部分に関する工事が、すべて造作工事となります。

1 納まりに関する用語

★★★
納まり《おさまり》
空間や部材の接合部の出来具合。または取り付け部などがぴったりと合うこと。仕上げがうまくいくことを「納まりがよい」、いかないことを「納まりが悪い」という。

★★
見え掛かり《みえがかり》
目に見える部分のこと。その材料を**見え掛かり材**という。▼図1

★★
見え隠れ《みえかくれ》
目に見えない、隠れている部分のこと。その材料を見え隠れ材という。▼図1

★★★
取合い《とりあい》
部材と部材が接する部分、またはその状態のこと。

図1 見え掛かり、見え隠れ

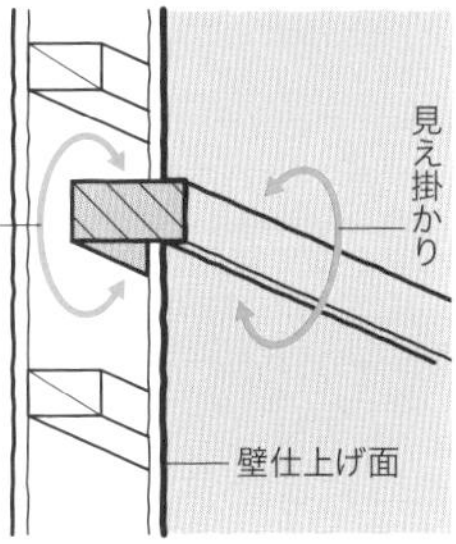

★★★
見付《みつけ》
部材の正面から見える面のこと。▼図2

★★★
見込《みこみ》
部材の正面から見たときの側面、奥行のこと。▼図2

★★★
チリ（散り）《ちり》
平行する2つの面の段差のこと。またはその寸法のこと。一般的には和室の真壁《しんかべ》の柱と壁の段差のことをいう。▼図2

★★★
面《めん・つら》
表面のこと、または木製の四角柱の角部分を斜めに削った箇所。また**面表**、**面づら**ともいう。その幅の長さを**面幅**という。▼図3

図2 見付、見込、チリ

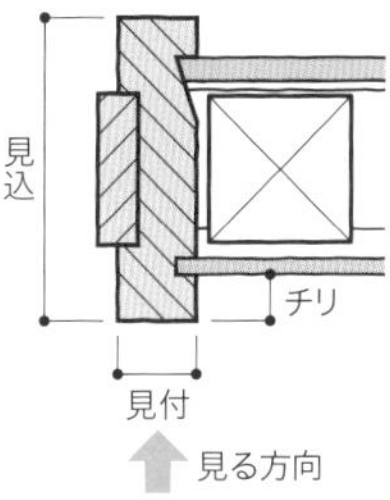

★★★
面取り《めんとり》
木製の四角柱の角部分を斜めに削ること。それによって生じる箇所を面という。面の幅により、**糸面**《いとめん》、**大面**《おおめん》などがあり、形態違いの**丸面**《まるめん》がある。▼図3

図3 面、面取り

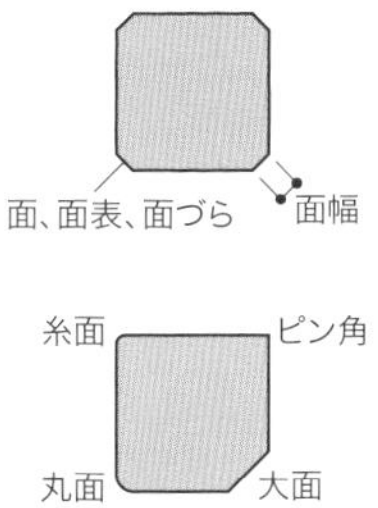

★★★
面一《つらいち》
柱などの部材に他の部材を納めたとき、並ぶ材の表面が平らにそろい、同一の面になること。**めんぞろ**、**ぞろ**、**さすり**ともいう。▼図4

★★★
見切る《みきる》
仕上げ材などの接合部や端部をうまく納めること。または、うまく留める、終わらせること。▼図5

★★★
逃げ《にげ》
部材同士をぴったりとくっつけないで、あらかじめ余裕（クリアランス）をとること。材料は伸縮などがあるため、それを見越して余裕をとること。遊びも同じ意味。

★★★
捨て《すて》
施工の納まりをよくするために使う下地材料に付ける言葉。たとえば**捨て張り板**、**捨てコンクリート**などがある。▼図6

図4 面一、面中、面内

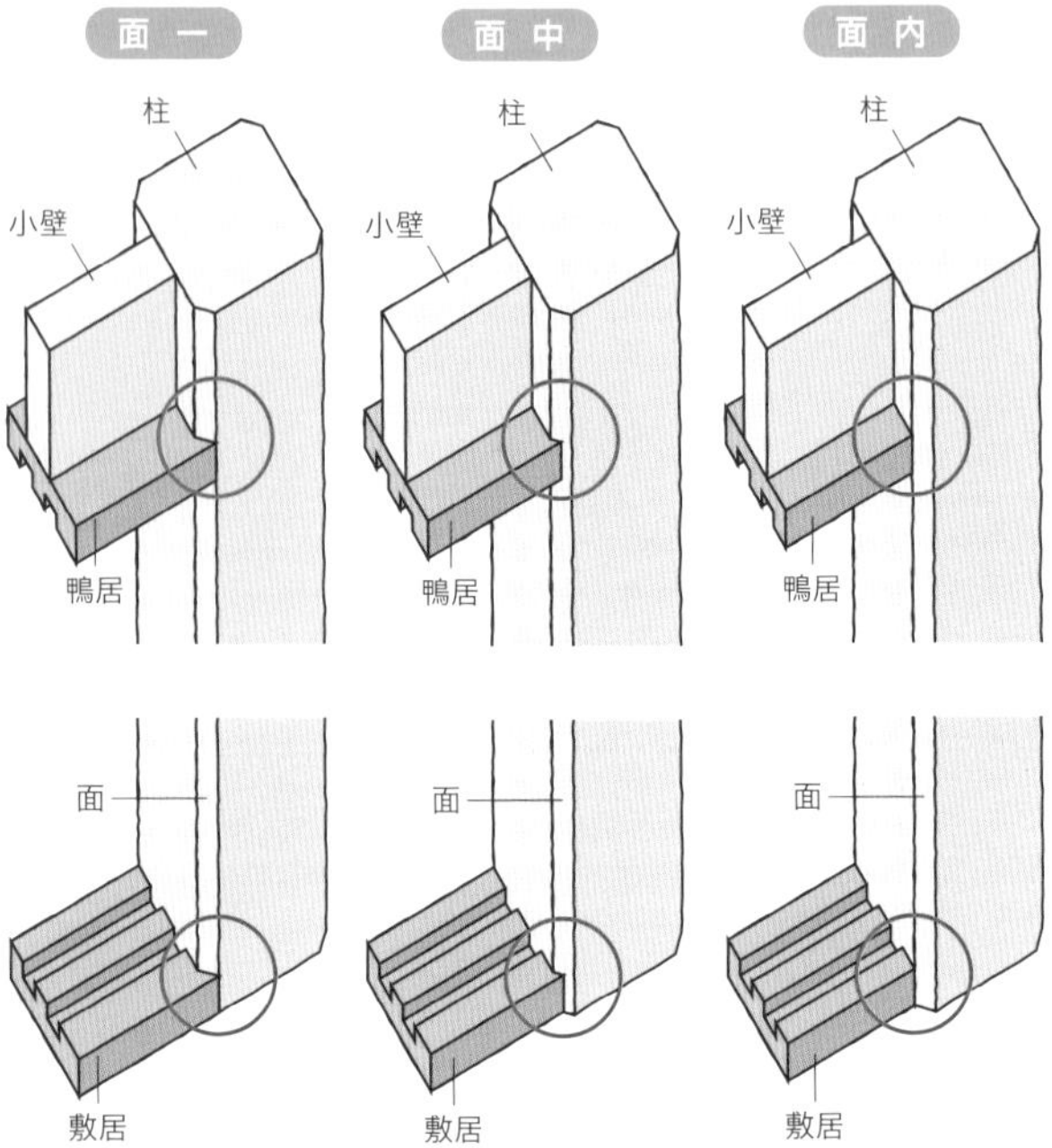

図5 見切る

図6 捨て張り板

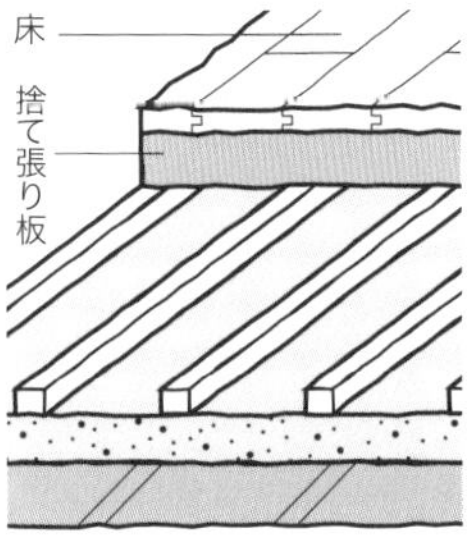

★★★
べた《べた》

全面という意味で使われる言葉。たとえば**べた塗り**、**べた基礎**などがある。▼図7

図7 べた基礎の例

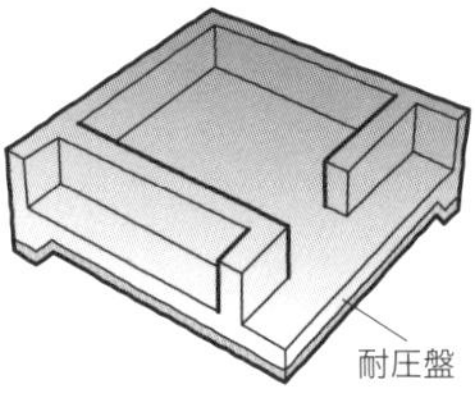

★★
勝ち負け《かちまけ》

部材と部材の接合部の位置関係の優劣のこと。たとえば図８のように、一方の部材よりも上にきたり、先にきたりしている部材は○○勝ちといい、下にきたり、後にきたりしている部材を○○負けという。また、縦材の線が通っている場合は**縦勝ち**、横材の線が通っている場合は**横勝ち**という。▼図8

図8 勝ち負け

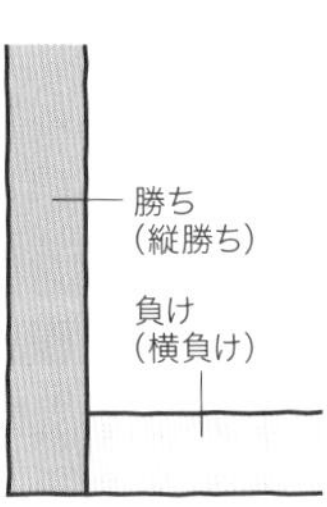

★★
ふかす（ふかし）《ふかす（ふかし）》

仕上げ面などの位置を、さらに出す、増やすこと。たとえば、「コンクリートのかぶりをふかす」といったように使う。▼図9

図9 ふかす

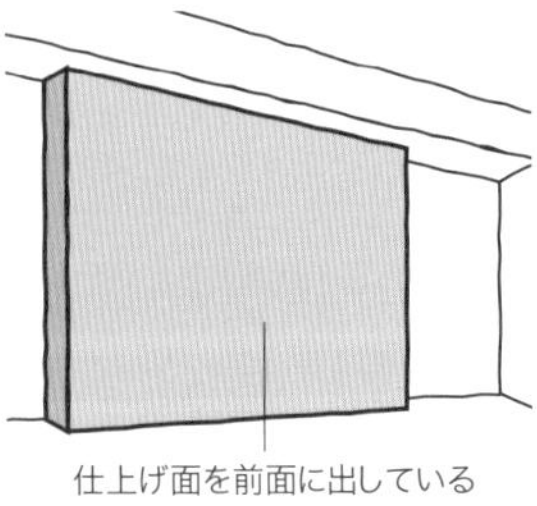

2 不具合

★★★
駄目《だめ》

完成した工事の中で、未仕上げとなっている部分や修正が必要な部分のこと。工事をチェックして見回ることを**駄目回り**という。駄目部分を直すことを**駄目直し**、その工事のことを**駄目工事**という。

★★★
笑う《わらう》

床など平滑であるべき面が均質でないこと。目地などが開いて隙間ができること。▼図10

★★★
目違い《めちがい》

板と板などを継ぎ合わせた面がズレること。同一の面にならないこと。▼図11

3 造作名称

★★★
大壁《おおかべ》

構造体などの柱が、仕上げ材などで隠れて見えない壁のこと。主に洋室などで使われる壁のこと。▼図12

★★★
廻り縁《まわりぶち》

壁と天井の隅に取り付ける横材のこと。壁と天井の見切り材としての役目を持つが、意匠や装飾としても使われる。木材の他に樹脂などの既製品も使われる。**天井廻り縁**ともいう。▼図12

★★★
幅木《はばき》(巾木)

壁の最下部に取り付ける横材のこと。壁下部の損傷を保護するのと、壁と床の見切り材としての役目を持つ。樹脂製のものを**ソフト幅木**という。▼図12

★★
出幅木《ではばき》

幅木の一種で、壁面よりも出ている幅木のこと。▼図13

★
面幅木《めんはばき》

幅木の一種で、壁面と同じ面の幅木のこと。▼図13

★★
付幅木《つけはばき》

幅木の一種で、先施工の壁に、あとに付ける幅木のこと。▼図13

図10 笑う

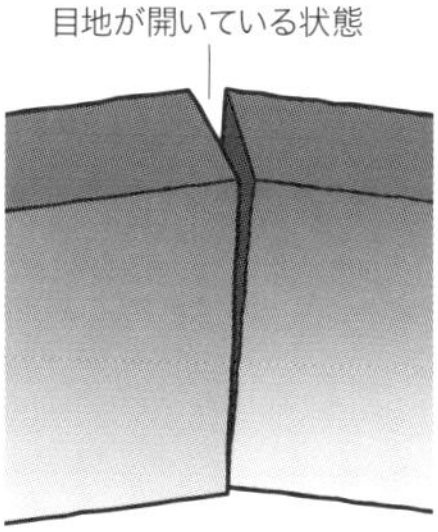

図11 目違い

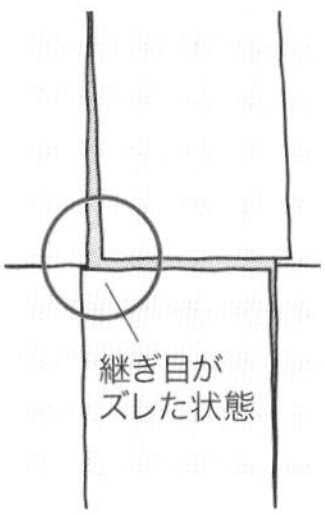

図12 大壁

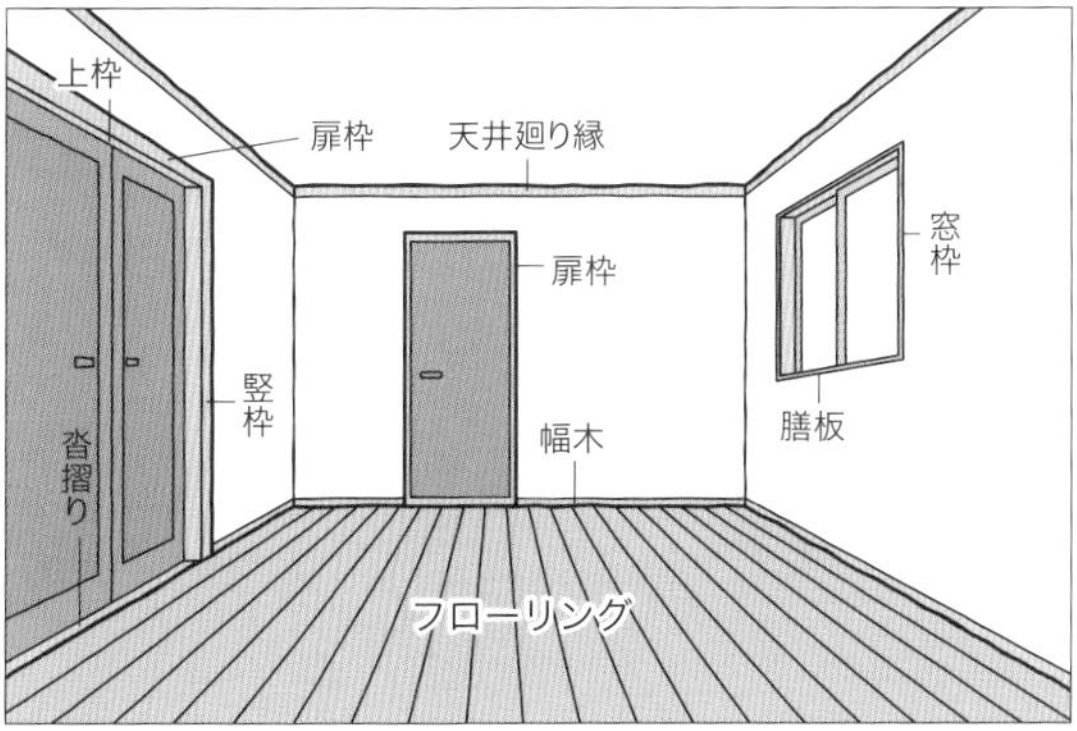

図13 幅木の種類

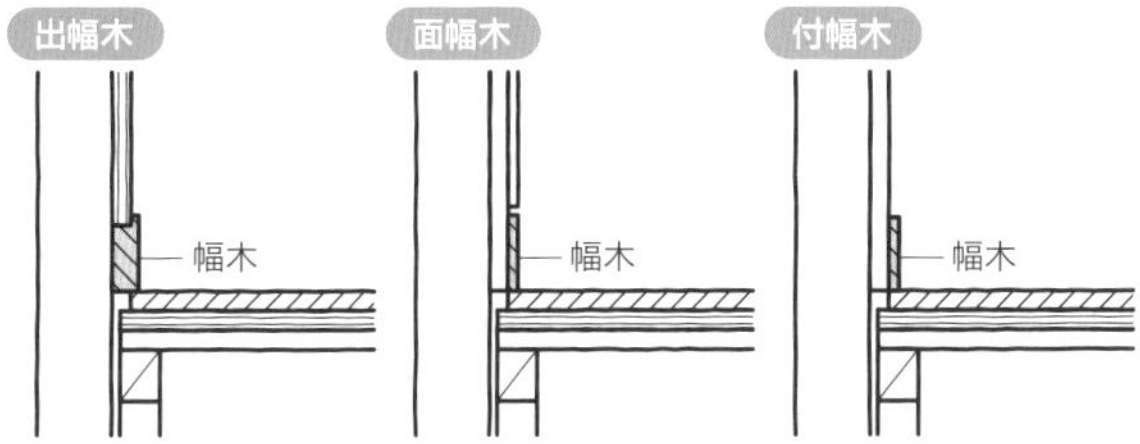

仕上げ
造作

★★★
見切り縁《みきりぶち》

内部外部での仕上げ面が変わる境界線に使われる細い部材のこと。部材と部材の変わり目で納める部材で、廻り縁、幅木、額縁、コーナービート材など、各所で使われる縁木や縁部材を総称していう。部材と部材の変わり目で納めることを**見切る**ともいう。金属や樹脂製のジョイナーも見切り縁の1つ。▼図14

図14 ジョイナー（見切り縁）

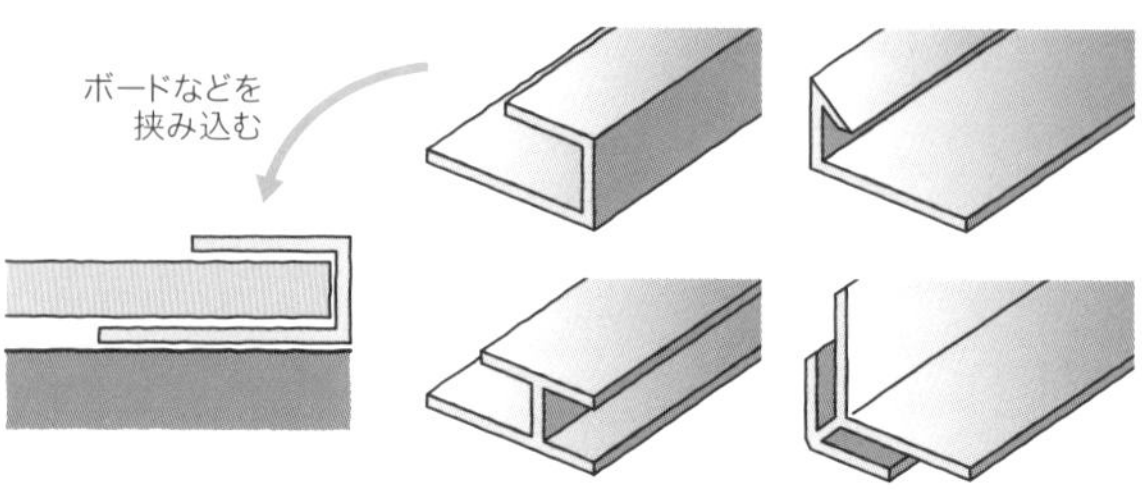

★★★
押縁《おしぶち》

板などの端部や接合部の隙間を隠したり、押さえるための細い棒状の部材。建具の框《かまち》にガラスを押さえる棒状の部材のことも指す。▼図15

図15 押縁

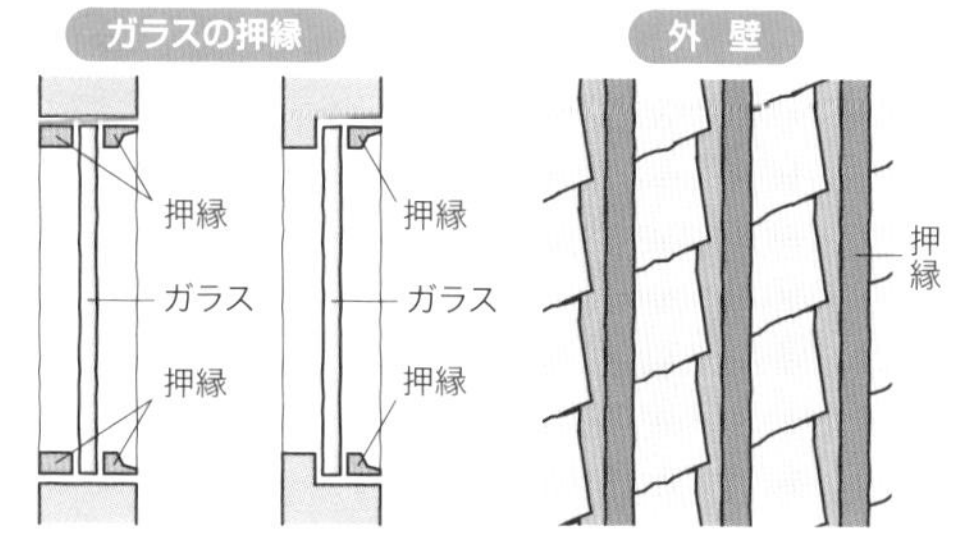

★★★
框《かまち》

床の段差にある横材。特に玄関のものを**玄関框**という。建具扉の四方縁材を指すこともある。▼図16

図16 玄関框

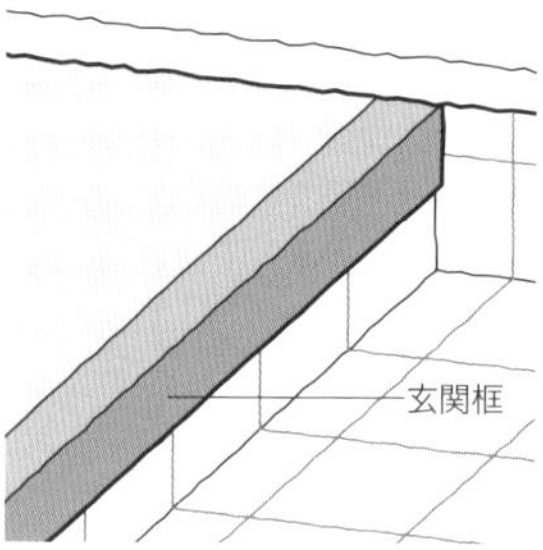

★★★
扉枠《とびらわく》

扉建具を取り付けるための枠。**ドア枠**とも。上枠、下枠、縦枠からなる。上枠は**鴨居**《かもい》、下枠は**敷居**《しきい》、**沓摺**《くつず》**り**とも呼ぶ。▼図17

★★★
戸当たり《とあたり》

ドア扉枠の中央にあり、開き扉などが当たる部分のこと。これによりドア扉と枠の間の隙間はなくなる。▼図17

★★
沓摺《くつずり》り（靴摺り）

開き扉枠の下枠。和風造作の敷《しき》居《い》のこと。最近はバリアフリーで付けないことも多い。▼図17

★★
額縁（ケーシング枠）《がくぶち（けーしんぐわく）》

窓枠、扉枠の一種で、もともとは枠に見切り縁をまわして、納める材料。最近は枠自体を呼ぶようになっている。▼図17

図17 扉枠（ドア枠）の名称

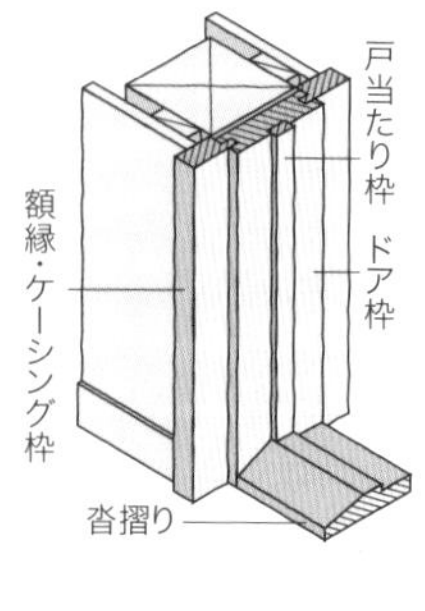

★★★
窓枠《まどわく》

窓建具を取り付けるための枠のこと。**額縁**とも呼ぶ。上枠、下枠、縦枠からなっており、下枠を**膳板**《ぜんいた》とも呼ぶ。▼図18

★★
膳板《ぜんいた》
窓枠、額縁の一部で、下枠のこと。▼図18

図18 窓枠、膳板

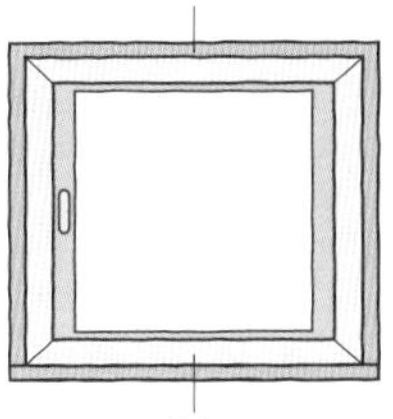

★
窓台《まどだい》
窓枠の下地材で、窓の下枠（膳板《ぜん》《いた》）などを受ける補強材のこと。▼図19

★
まぐさ《まぐさ》
窓枠の下地材で、窓の上枠などを受ける補強材のこと。▼図19

★★★
モールディング《もーるでぃんぐ》
廻り縁、壁、窓枠、家具などに設ける棒状の装飾材のこと。断面形状には、さまざまな形がある。

図19 窓台、まぐさ

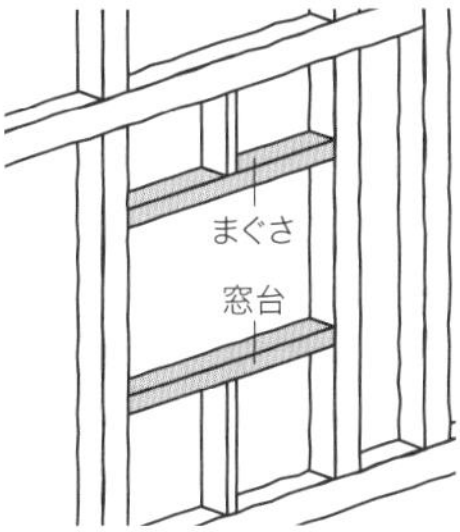

★★★
大手《おおて・おおで》
建具の扉の縁（扉の小口）で、扉枠と当たる箇所のこと。フラッシュ戸ではこの部分を5㎜程度の薄板で大手張りする。または小口処理用のテープのこと。**横手**とも書く。▼図20

図20 大手

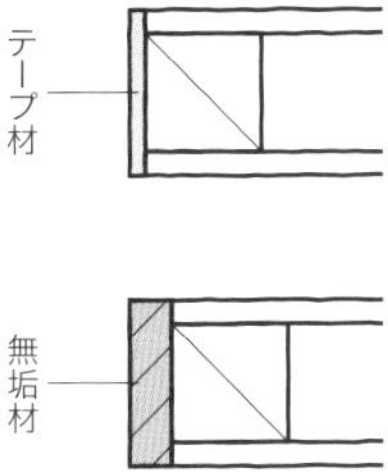

★★★
造付け《つくりつけ》
家具、机、書棚などを建物に固定してつくること。または仕上げの段階で前もって取り付けること。反対に、移動式家具や置き家具などがある。

★★★
目透かし《めすかし》
天井や壁などで板、石、タイルなどのボード状部材を貼るときに、多少の隙間目地を空けて納める方法のこと。目透かし貼りともいう。▼図21

図21 目透かし（天井）

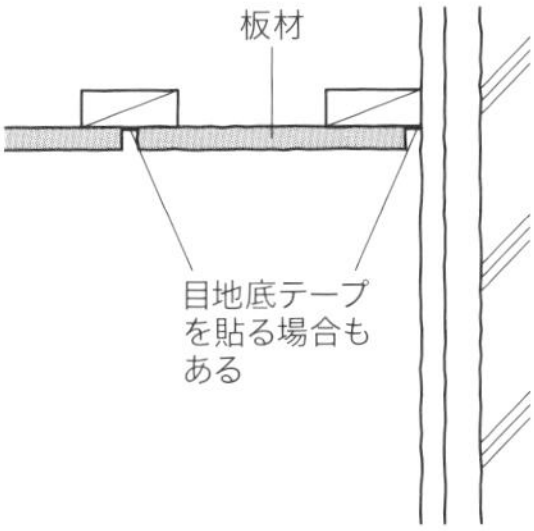

★★
留め《とめ》
天井廻り縁、枠、額縁などの部材と部材の納まりで、部材の小口を見せずに、互いの材を45度に切って接合する仕口のこと。**留め接ぎ**ともいう。▼図22

図22 ひき込み留め接ぎ

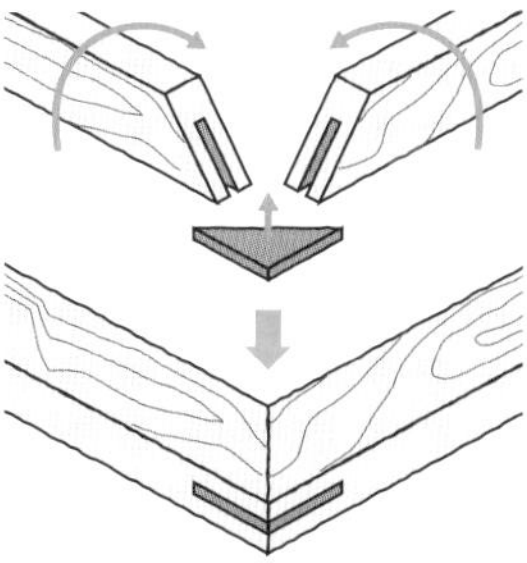

★★
矧ぎ合わせ《はぎあわせ》
複数の小幅の木材を、幅広の木材になるように組み合わせていくこと。木材と木材の継ぎ手。▼図23

★★★
本実《ほんざね》
矧《は》ぎ合わせの一種。板の側面それぞれに凸部と凹部をつくり、はめ込む接合方法。フローリングのほとんどはこの接合方法である。**本実矧《ほんざねは》ぎ**ともいう。▼図23

★★
羽目板《はめいた》
壁、天井などの板張りで、板を矧《は》ぎ合わせて平坦に張ること。

張り方によって**縦羽目**または**横羽目**がある。腰壁などによく使われる。▼図24

★★
フィニッシュ釘《ふぃにっしゅくぎ》

普通の釘と違って釘頭が小さく四角形で、仕上げ面に打ったまま仕上げとする釘のこと。廻り縁や幅木、押入れなどの化粧壁材に使う。▼図25

図24 腰壁の羽目板

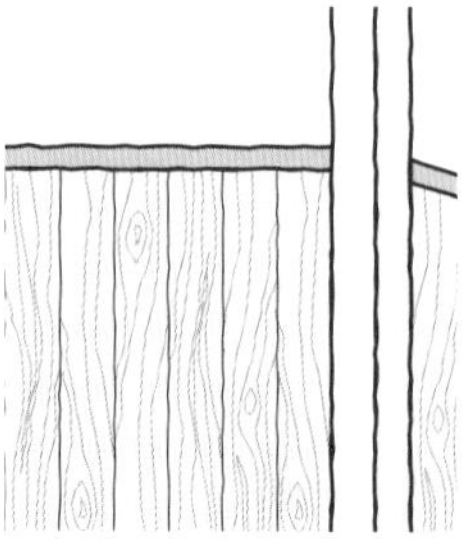

図23 矧ぎ合わせ

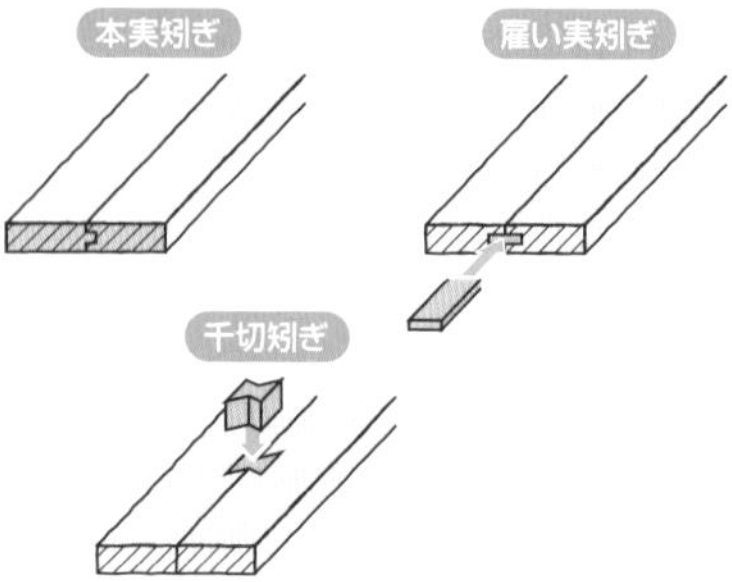

図25 フィニッシュ釘

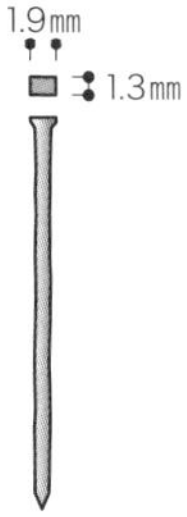

4 階段

★★★
踏面《ふみづら》

階段の足をのせる板で、段鼻《だんばな》と段鼻の間の寸法のこと。**踏面寸法**ともいう。▼図26

★★★
段板《だんいた》

階段の足をのせる板のこと。踏《ふみ》板《いた》ともいう。▼図26

★★★
蹴上げ《けあげ》

階段の1段の高さのこと。階段の立ち上がり部分の高さのこと。**蹴上げ寸法**ともいう。▼図26

★★★
蹴込み板《けこみいた》

階段の蹴上げ部分の板のこと。階段の立ち上がり部分の板のこと。▼図26

★★★
蹴込み《けこみ》

階段の踏面《ふみづら》と段板（踏板）の重なったところより奥の平面方向の部分。**蹴込み寸法**ともいう。▼図26

★★
段鼻《だんばな》

階段の段板（踏板）の先端の出《で》隅《すみ》のこと。▼図26

図26 階段の各名称

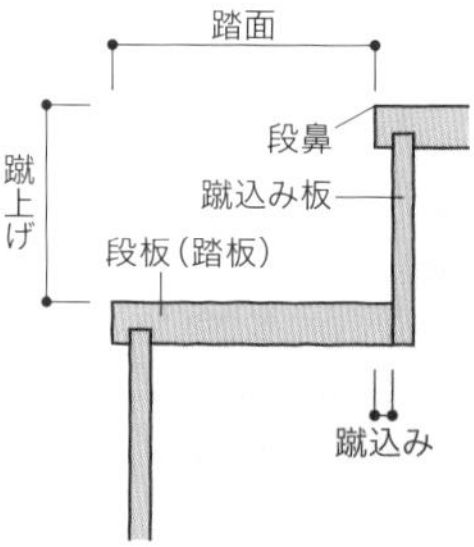

★★
側桁階段《がわげたかいだん》

階段構造の一種で、階段の支持部材に階段部分を両側から支える側桁を使った階段のこと。▼図27

図27 側桁階段

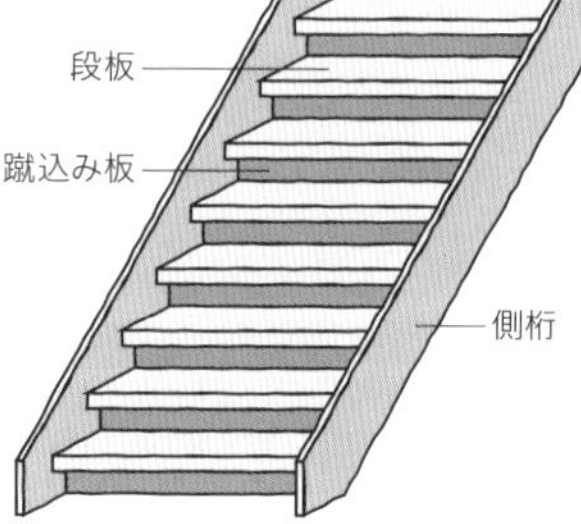

★★★
ささら桁階段《ささらげたかいだん》

階段構造の一種で、階段の支持部材に階段部分を下から支えるささら桁を使った階段。▼図28

★★★
箱階段《はこかいだん》

階段構造の一種。蹴込み板がなく、段板を側板にはめ込み、段板の裏面を側桁に沿って羽目板を張ったもの。昔の和風住宅によく使われていた、最も簡易につくれる木製階段。**箱はしご**、**踏み板階段**とも呼ばれる。もう1つの意味として、箱を積み重ねた階段のことを指すこともある。近世の町家などでよく使われ、側面から物入れとして利用できて、**階段箪笥**とも呼ばれる。▼図29

図28 ささら桁階段

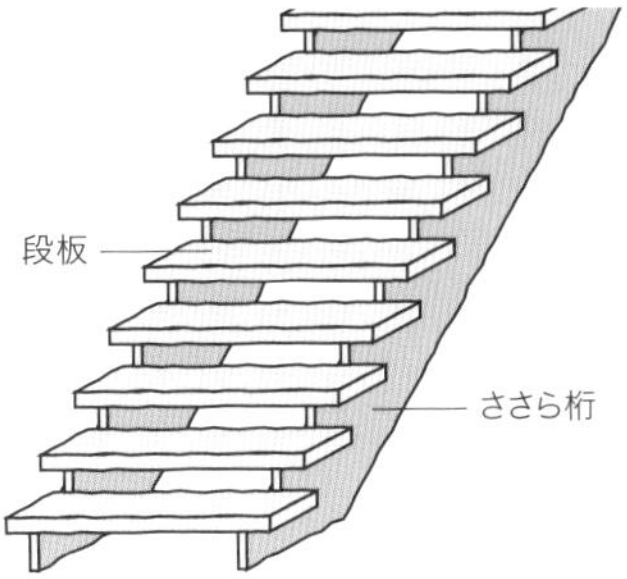

★★
力桁階段《ちからげたかいだん》

階段構造の一種で、斜めにかけ渡した1本の太い角材の力桁で、段板（踏み板）の真ん中を支える階段のこと。▼図30

図29 箱階段

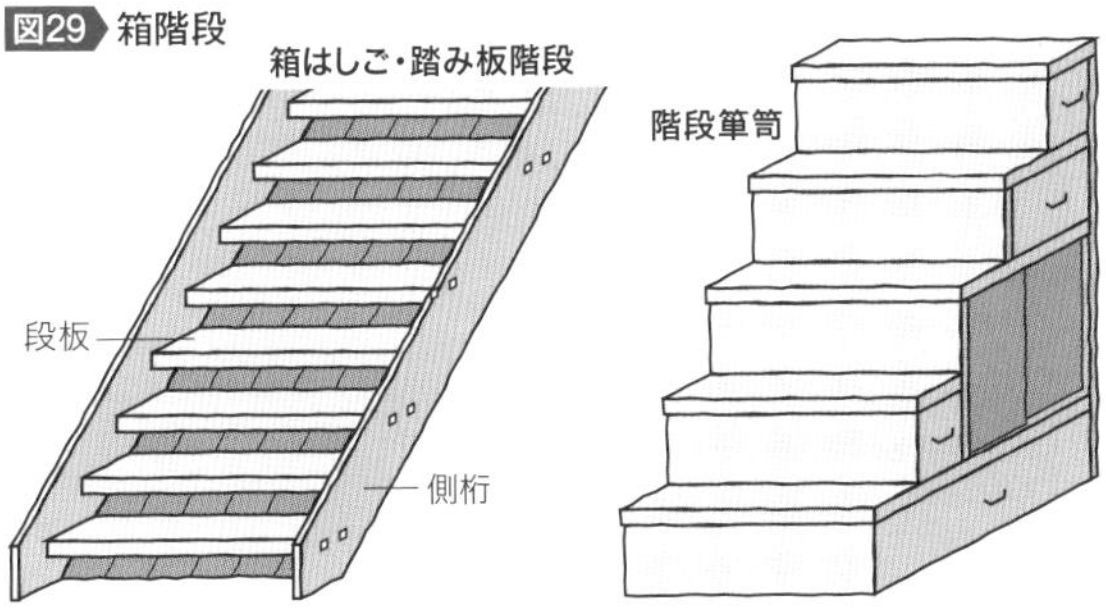

図30 力桁階段

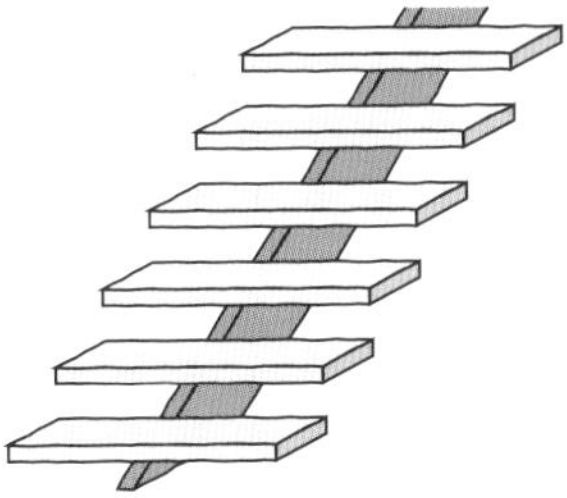

★★
片持ち階段《かたもちかいだん》

階段の形状の1つで、壁などから段板（踏み板）が片持ち構造でできている階段のこと。▼図31

図31 片持ち階段

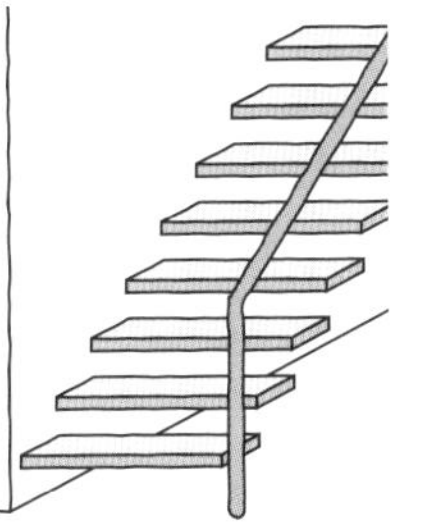

★★
吊り階段《つりかいだん》

階段の形状の1つで、上から支持部材で段板（踏み板）などを吊る構造でできている階段のこと。▼図32

図32 吊り階段

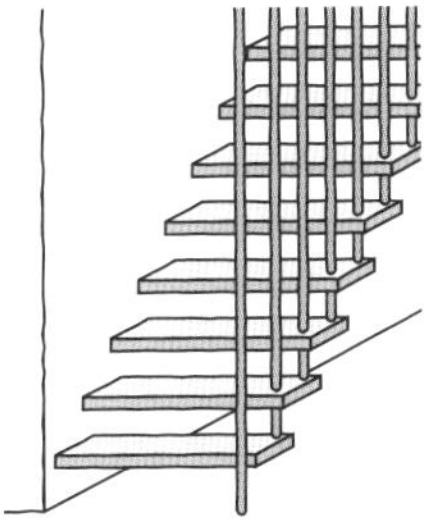

★★★
螺旋階段《らせんかいだん》

階段の形状の1つで、1本の柱に段板（踏み板）を螺旋状に取り付けた階段のこと。または、円筒形などの壁面の内側に段板（踏み板）を螺旋状に取り付け、中心が吹き抜けのまわり階段のこと。▼図33

図33 螺旋階段

★★★
踊り場《おどりば》

階段の途中に設ける、広い平坦面の足休め部分のこと。階段全体の高さにより、法規的に踊り場を設ける規定がある。

PROCESS

42

和《わ》風《ふう》造《ぞう》作《さく》

柱を見せない洋風造作（大壁）と違い、和風造作は柱や梁を見せる形式（真壁）をとります。和風造作には、日本の伝統的な木造技術が随所に見られます。

1 構造部位

★★★ **敷居《しきい》**

枠材の一種で、障子、襖《ふすま》などを入れるための水平部材。ただし、床に隣接する下部分のことを指し、上部分は**鴨居《かもい》**という。通常、建具を入れるための溝は2本だが、縁側の雨戸などに使う溝が1本のものを**一筋敷居**、溝がないものを**無目《むめ》敷居**という。また、両端の柱にほぞで差し込み、構造材の役割も兼ねるものを**差し敷居**という。▼図1、2

図1 敷居、鴨居

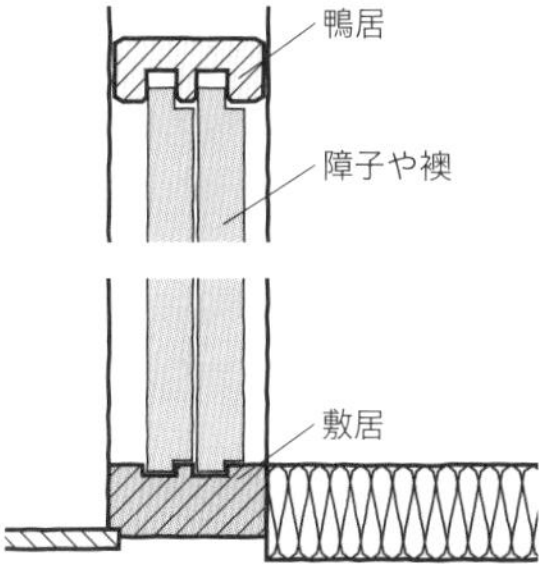

★★★ **鴨居《かもい》**

枠材の一種で、障子、襖《ふすま》などを入れるための水平部材。中でも上部のものを指す。敷居《しきい》と同じく、溝が1本のものを**一筋鴨居**、溝のないものを**無目《むめ》鴨居**、両端の柱にほぞで差し込み、構造材の役割も兼ねるものを**差し鴨居**という。**付け鴨居**とは、鴨居と同じ高さの位置で、壁面に付けるものをいう。▼図1、2

★★ **無目《むめ》**

建具を入れるための溝がない鴨居《かもい》や敷居《しきい》。**無目鴨居**、**無目敷居**ともいう。▼図2

★★★ **長押《なげし》**

鴨居《かもい》の上に取り付ける柱間の横材。元は構造材だったが、貫《ぬき》などが発達したため装飾材となり、現在では**内法長押《うちのりなげし》**を示す場合が多い。使われる位置によって、柱の最下部をつなぐ**地長押**、

図2 和風造作の各名称

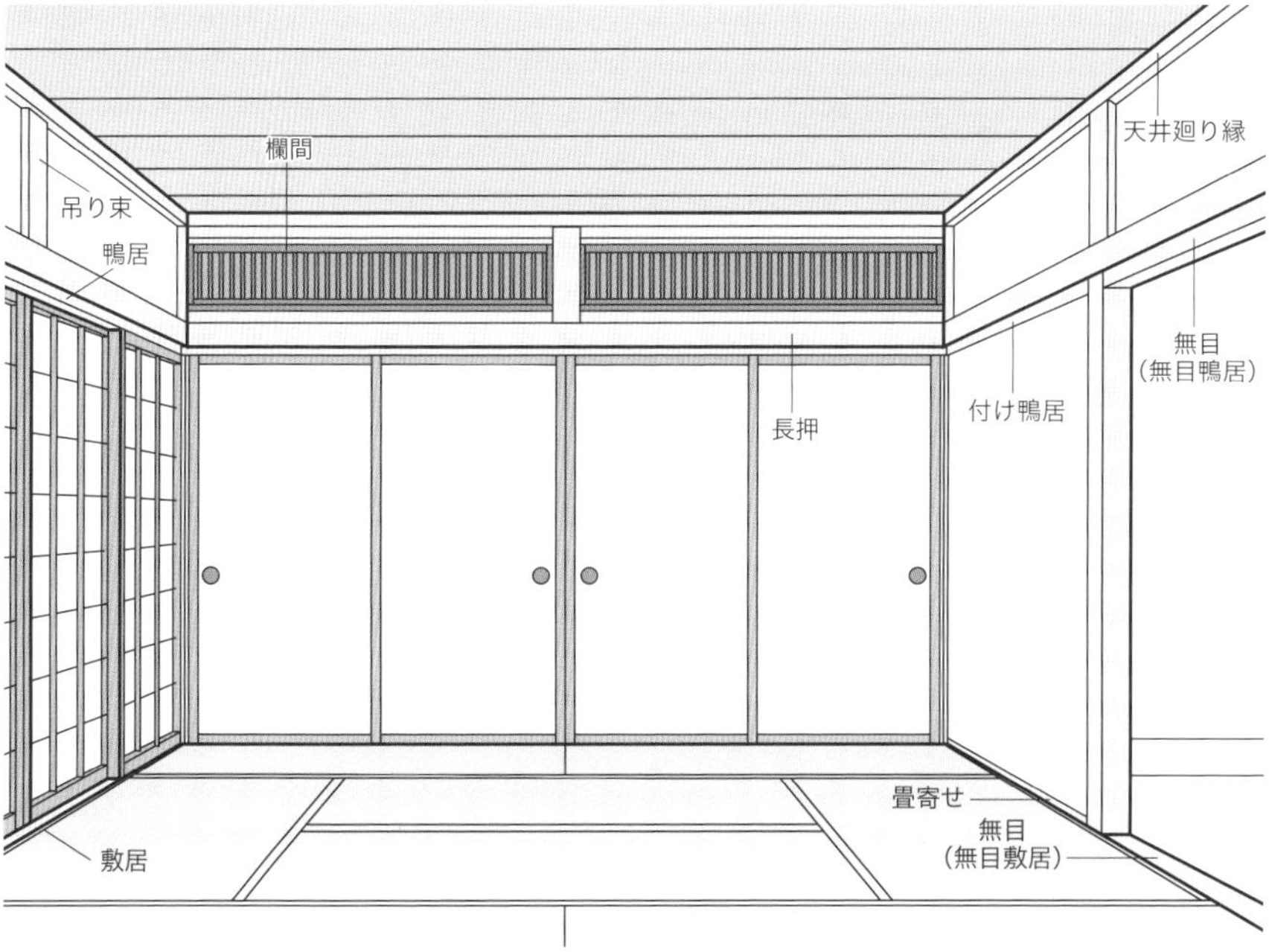

窓の下端や壁の中程あたりに取り付けられる**腰長押**、天井の縁の下に取り付けられる**天井長押**などがある。マンションなどの簡易な和室では、物を引っ掛けるためだけに付ける場合が多い。▼図2

★★★
竿縁《さおぶち》

天井仕上げ材で、天井板の板張り方向と直角方向で支える細い部材。床の間に対して平行になるようにするのが一般的。竿縁を使う天井を**竿縁天井**という。▼図3

★★★
天井廻り縁《てんじょうまわりぶち》

壁と天井の接合部に隙間が開かないように取り付ける見切り材のこと。和室の場合は木材が多く使われるが、洋室の場合は塩ビ材も多く使われる。▼図3

★★★
欄間《らんま》

天井と鴨居《かもい》の間に設けられる、採光や通風のための開口部のこと。格子や透かし彫りの板などの装飾材が取り付けられていることが多い。外壁まわりの窓、扉の上に設けられる開口部のことも欄間という。▼図2

図3 竿縁、天井廻り縁

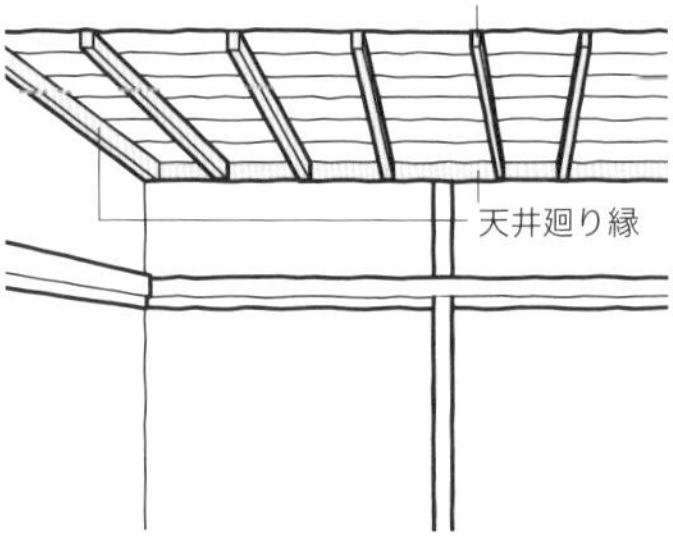

★★
雑巾摺り《ぞうきんずり》

和室の押入れなどに使われる、壁と床の接合部に隙間が開かないように取り付ける見切り材のこと。床掃除の際に壁を汚さないために取り付けられる。▼図4

★★
畳寄せ《たたみよせ》

壁と畳に隙間ができないように取り付ける見切り材のこと。和室の真壁《しんかべ》では柱より壁が下がる。畳は柱と接するため、壁と畳の間には隙間が開く。その隙間を畳寄せで埋める。▼図5

図5 畳寄せ

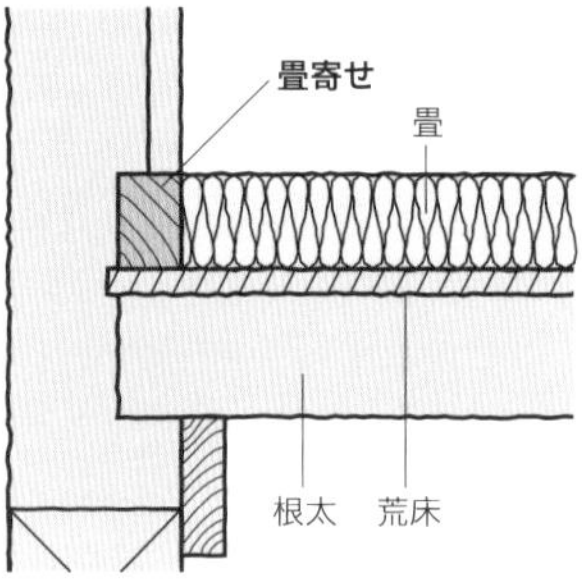

図4 雑巾摺り

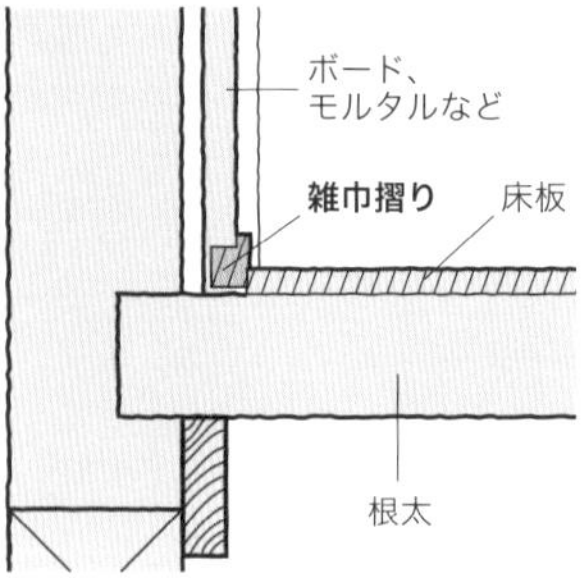

2 床の間まわり

★★★
床の間《とこのま》

和室の上座で一般的には床が一段高くなり、掛軸・置物・花瓶など装飾ができる空間。▼図6

★
床《とこ》

床の間の部分で、床《ゆか》のこと。▼図6

★★★
床框《とこがまち》

床と畳の間の段差にある横材、化粧材のこと。手前の畳面との見切り材としても使われる。▼図6

★★★
床柱《とこばしら》

床の間に立つ柱で、床脇《とこわき》との境にある柱。床の間の様式により、さまざまな材質を使う。正式なものは**角柱**であるが、その他に**絞り丸太**・**磨《みが》き丸太**・**面皮柱《めんかわばしら》**・

図6 床の間の各名称

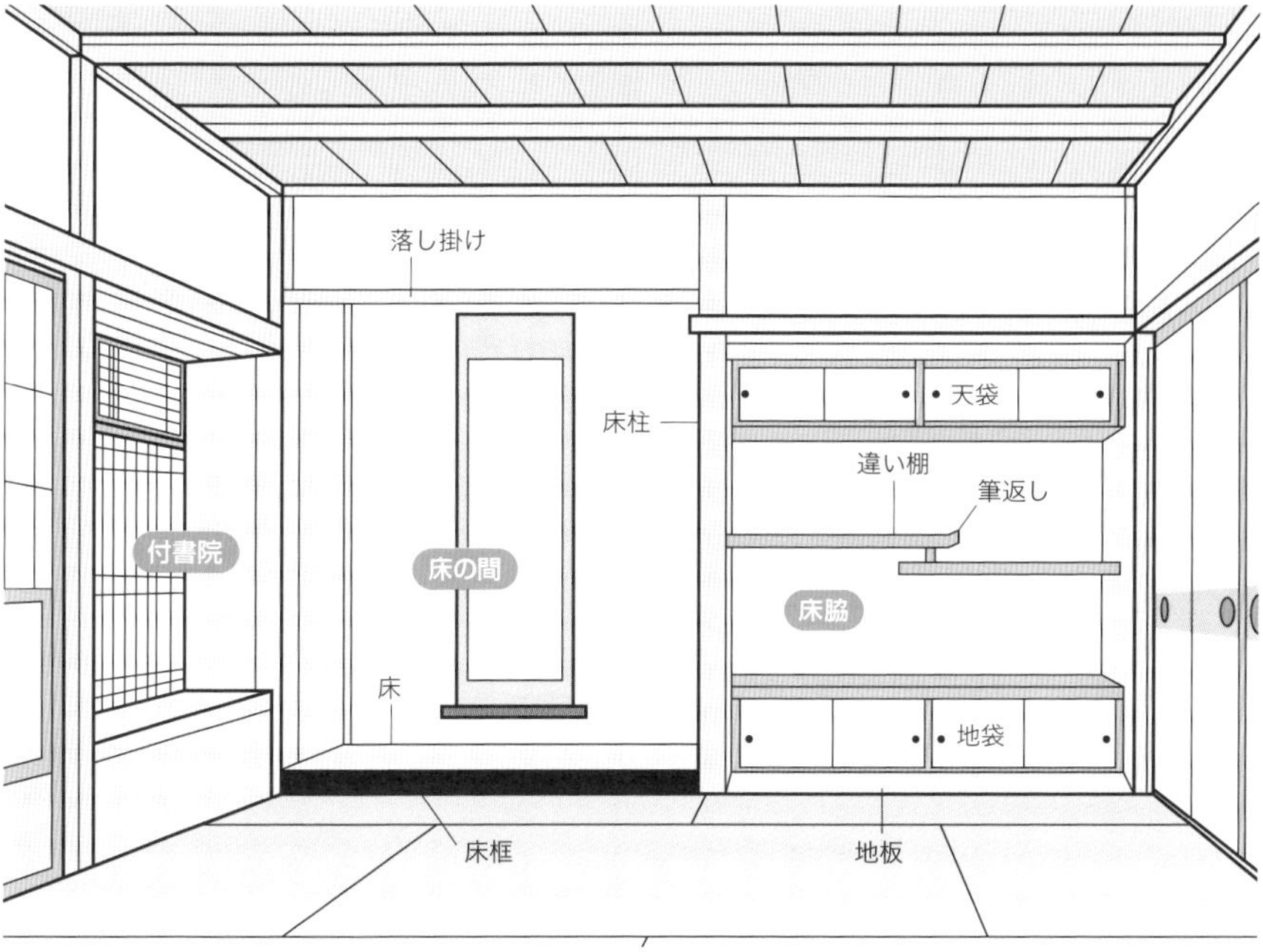

唐木《からき》なども使われる。▼図6

★★★ **落《おと》し掛《が》け**

床の間の上部、垂れ壁の下部に設ける横材のこと。高さは鴨《かも》居《い》、長押《なげし》よりも上になる。▼図6

★★ **付書院《つけしょいん》**

床の間の脇につくられる床飾りの1つ。縁側に張り出して設ける出窓のような部分。**文机《ふづくえ》**の高さ程度に板面を設け、その前方に明かり障子を付けている。中世の住宅では、つくり付けの出《いだし》文机《ふづくえ》が設けられたが、これが装飾になったもの。付書院の他に、明かりとりの障子だけついた**平《ひら》書院《しょいん》**がある。▼図6

★★ **床脇《とこわき》**

床の間の脇につくられるスペースで、座敷飾りのこと。違い棚・地袋《じぶくろ》・天袋《てんぶくろ》・地板《じいた》などを組み合わせてつくり、棚の間ともいえる所。▼図6

★★ **地袋《じぶくろ》**

床脇《とこわき》の床面に接して設けられる高さの低い物入れのこと。または違い棚などの下にある戸棚のこと。上面の板には装飾的な厚い板を使う。▼図6

★★ **天袋《てんぶくろ》**

床脇《とこわき》の上部に設ける物入れのこと。床脇ではなく、和室で天袋という場合は、押入れ上、天井面にある物入れのことを指す。床脇の天袋の場合は4枚引違い戸が、押入れの天袋は2枚引違い戸が用いられることが多い。▼図6

★ **地板《じいた》**

床の間や床脇《とこわき》の床板のことで、手前の畳面と同じ高さにしたもの。または、床脇の違い棚・地《じ》袋《ぶくろ》の床となる幅広の化粧板のこと。▼図6

★★★
違い棚《ちがいだな》

床脇《とこわき》にある飾り棚で、隣り合う段違いの棚板でつくられた棚。高さは通常、地袋《じぶくろ》の天板と天袋《てんぶくろ》の底板の真ん中を下段棚の位置とし、上段棚は柱1本分の間隔をとって取り付ける。▼図6

★
本床《ほんどこ》

床の間の形式の1つで、正統とされる形式。左右に付書院《つけしょいん》と床《とこ》脇《わき》を設けて、面取りの角の床柱、漆塗りの床框《とこがまち》に畳床、落し掛けで構成する。▼図7

★
蹴込み床《けこみどこ》

床の間の形式の1つで、本床よりもやや崩した形式。畳床《たたみどこ》のかわりに床板を使い、床框《とこがまち》のかわりに蹴込み板を使う。▼図8

★
踏込み床《ふみこみどこ》

床の間の形式の1つで、本床を崩した形式。**草の形式**ともいう。床框《とこがまち》がなく、床は手前の畳面と同じ高さになっている。▼図9

図7 本床

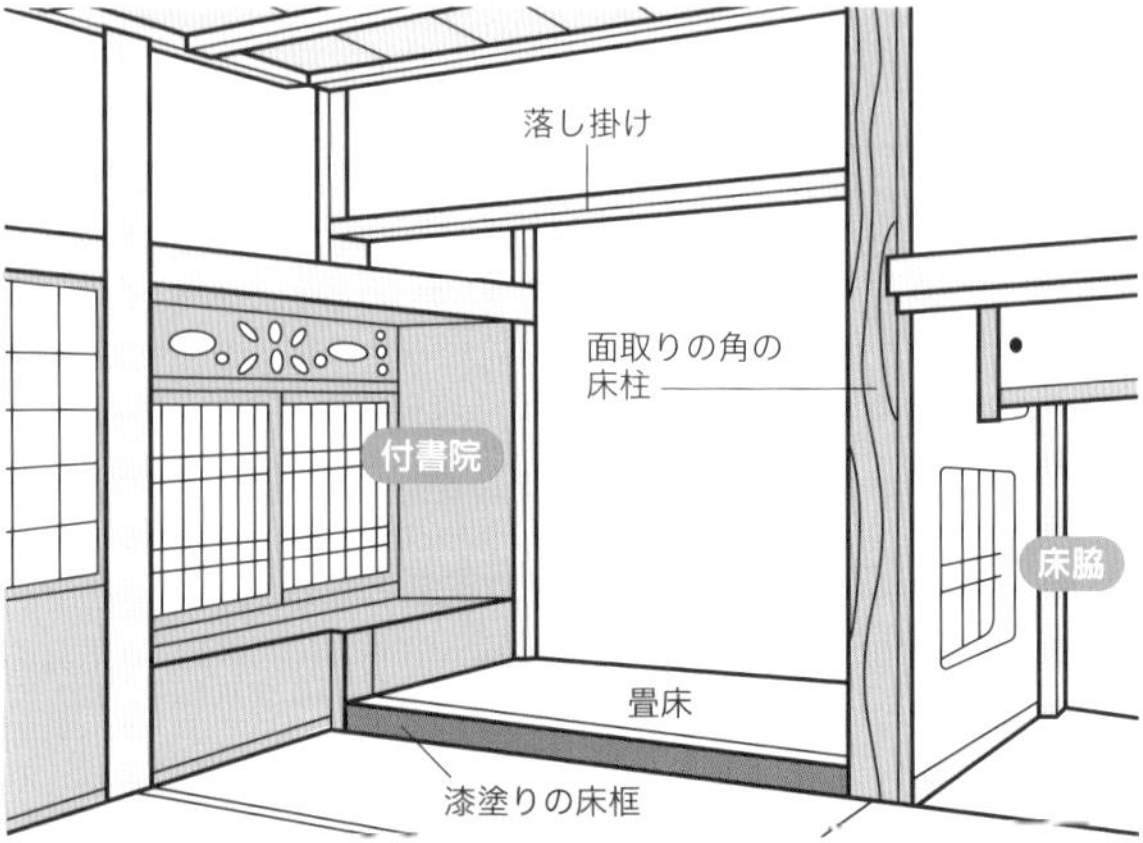

図8 蹴込み床

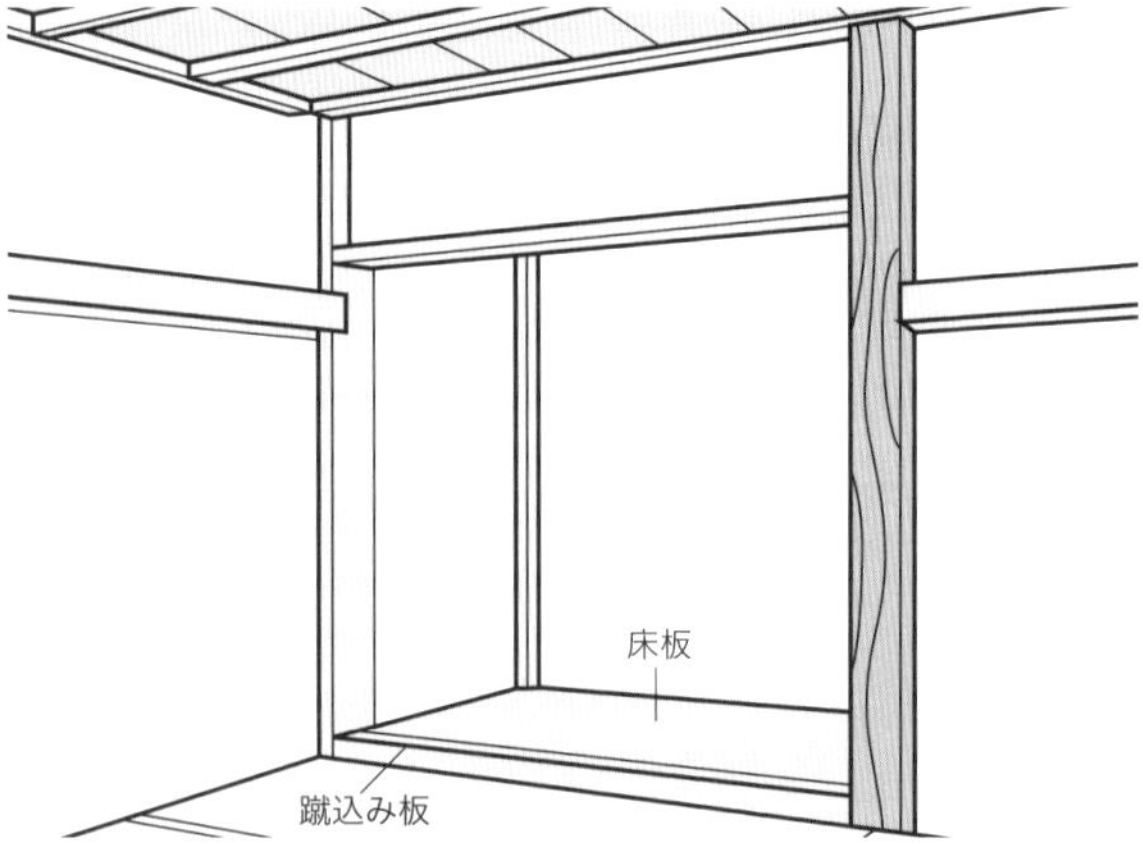

図9 踏込み床

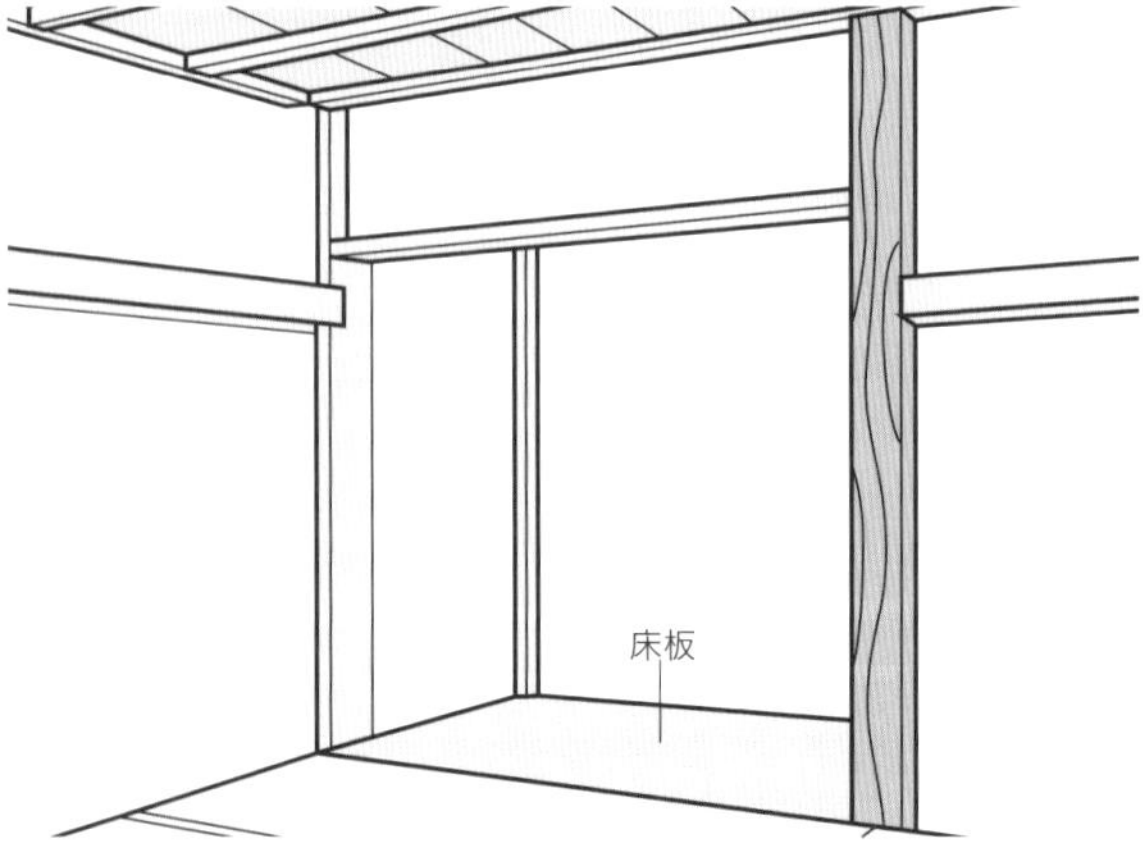

PROCESS 43

キッチン・家具工事《かぐこうじ》

キッチンや家具は、最終的な満足度を左右する重要部分。既製品、セミオーダー、オーダーにより、仕上げの度合いや使いやすさが違うため、設計の初期段階から打合せ、使い手に合った選択をします。

1 造作家具

★★★ 集成材《しゅうせいざい》

断面寸法の小さい矩形《くけい》木材（ラミナ）を接着剤でつないだ木材製品。▼図1

図1 集成材

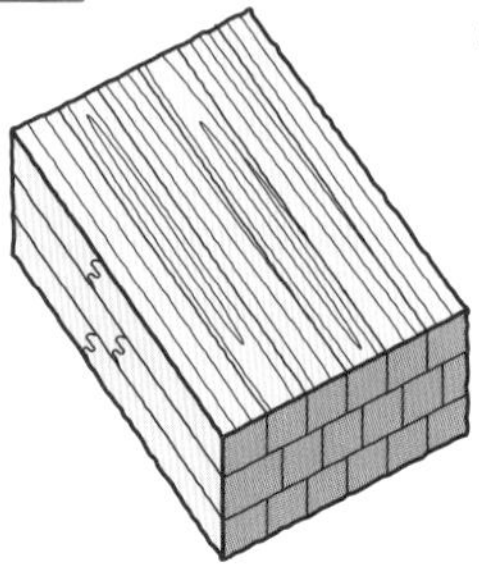

★★★ 突板《つきいた》

木材を薄くスライスしたもの。**単板《たんばん》**とも呼ぶ。きれいな木目の木材などを利用するとき、突板に加工して合板などに貼り付ける。木目のきれいな突板を貼ったものを**天然木化粧合板**とも呼ぶ。厚めの突板を**厚突き**という。

★★★ 練り付け《ねりつけ》

木材の表面に化粧用として、木目のきれいな突板（単板）や樹脂板などを接着し貼ること。

★★★ ランバーコア《らんばーこあ》

広義では合板の一種。小角材をつないだ芯材の両面にシナやラワンなどの単板や薄い合板を貼ったもの。大工が家具を製作するときによく使う。**ランバーコア合板**とも呼ばれる。▼図2

図2 ランバーコア

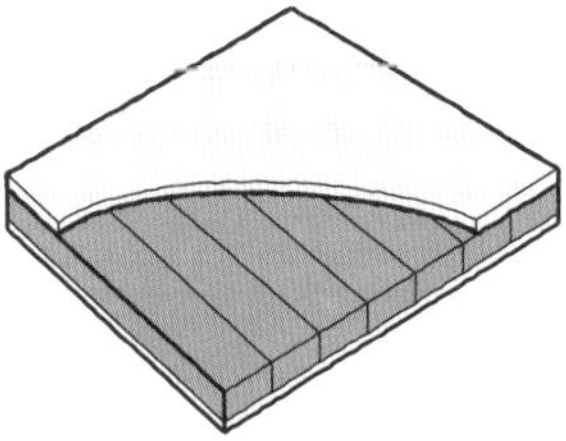

★★ アウトセット扉《あうとせっととびら》

扉が枠（側板）にかぶさるもの。**かぶせ扉**ともいう。▼図3

★★ インセット扉《いんせっととびら》

扉が枠（側板）の中に納まっているもの。▼図3

図3 アウトセット扉、インセット扉

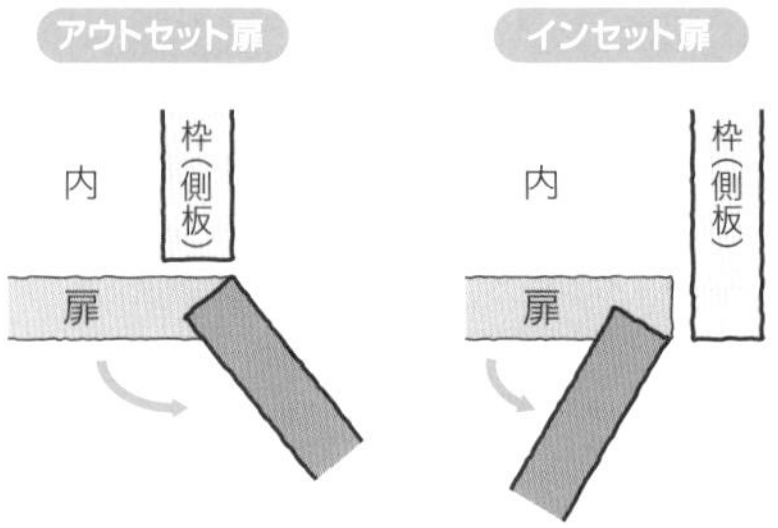

★★ フィンガージョイント《ふぃんがーじょいんと》

木材を指と指を組み合わせたようにはめ込んでつなぐ方法。集成材をつなぎ合わせるときによく使われる。単に斜めに切断面をつなぐときは**スカーフジョイント**という。▼図4

図4 フィンガージョイント

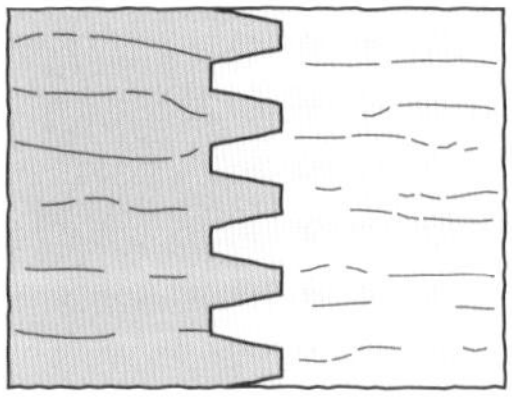

★★ だぼ継ぎ《だぼつぎ》

だぼ（丸棒）を使って木材同士を接合する方法。接合する木材両方にだぼ穴を開け、それにだぼを埋めてつなぐ。家具製作でよく使われる。だぼという言葉は棚を受けるために枠に差し込む部品にも使われている。▼図5

★★ 人工大理石《じんこうだいりせき》

アクリルやポリエステルなどの樹脂を使った石調の素材。カウンターなどに使われる。コーリアンという製品が有名。家具以外にも浴槽などにも使われている。

図5 だぼ継ぎ

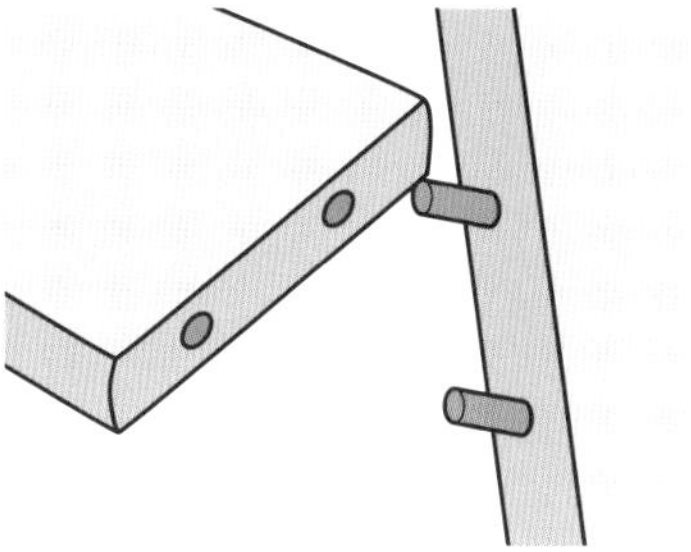

★★★
メラミン樹脂合板《めらみんじゅしごうはん》

家具の表面に使われる化粧板。木目をはじめとして、さまざまな模様がある。耐摩耗性があるため、カウンターやキッチントップにも使われる。これを貼った合板は**メラミン樹脂化粧合板**と呼ばれる。

★★★
ポリ合板《ぽりごうはん》

ポリエステル樹脂でつくられた化粧シートを貼った合板。**ポリエステル化粧板**とも呼ばれる。メラミン樹脂合板と同じような模様の製品もあるが、耐摩耗性、耐水性などは劣る。安価で家具の扉・枠等の仕上げによく使われる。

★
ポストフォーム《ぽすとふぉーむ》

キッチンのカウンターなどで、縁とトップが一体となるようにメラミン樹脂などを二次加工した商品。▼図6

図6 ポストフォーム

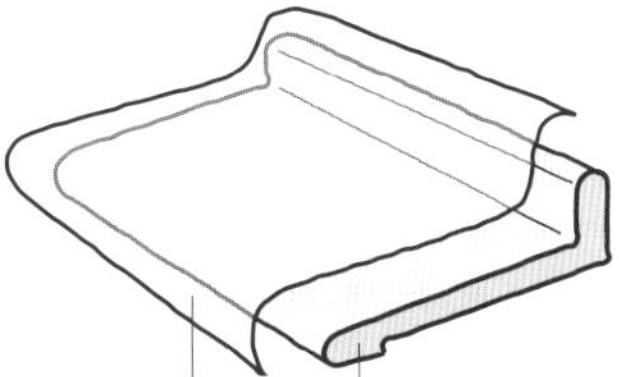

★★
MDF《えむでぃーえふ》

木材を繊維状にしてボード状に接着加工し、圧縮成形した繊維板の一種。Medium Density Fiberboard（**中質繊維板**）。繊維板には他にインシュレーションボードやハードボードがあるが、家具にはＭＤＦが最も使われている。

2 家具金物

★★★
スライド丁番《すらいどちょうばん》

丁番の回転軸がスライドする丁番。主にアウトセット扉に使われる。▼図7

図7 スライド丁番

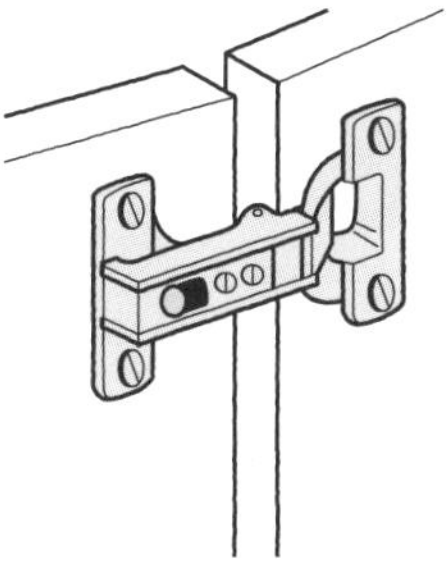

★★★
スライドレール《すらいどれーる》

引出しやスライド天板などの出し入れをスムーズに行うための金具。▼図8

図8 スライドレール

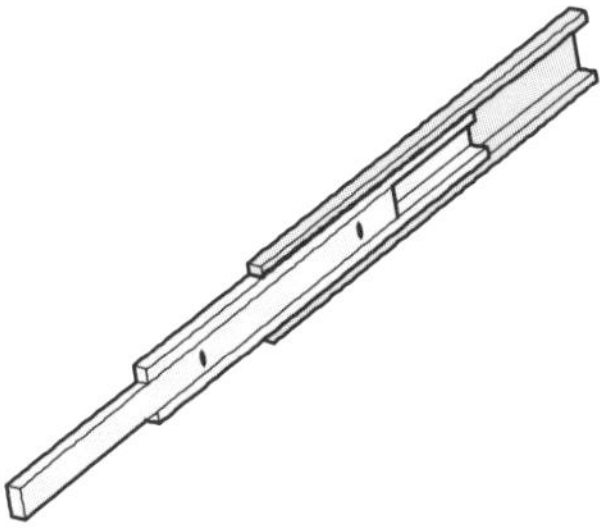

★★
棚柱《たなばしら》

棚板の取り付け高さを調整できる金物。▼図9

図9 棚柱

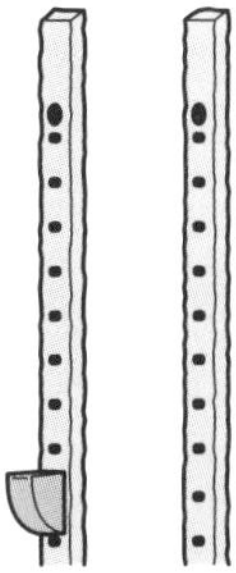

★★★
キャッチ《きゃっち》

閉めた扉が自然に開いたりしないように保持する金具。磁石を使うマグネットタイプ、回転す

るローラーを使うローラータイプなどがある。▼図10

図10 キャッチ

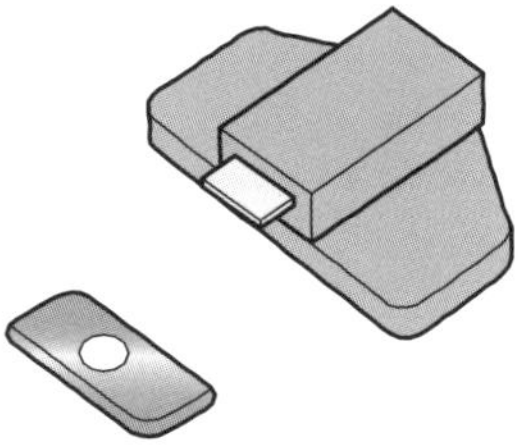

★★★
ラッチ《らっち》

扉・門などのかけがね、留めがねのこと。Latch。家具ではキャッチという言葉も使われる。地震対策用の**耐震ラッチ**は吊戸棚によく使われている。

★★
キャスター《きゃすたー》

家具や台車などの下部に付いている移動用車輪。椅子やワゴン、キャビネットなどにも使われる。車輪の方向が自由に動くものを自在型、自由に動かないものを固定型と呼ぶ。ストッパー付きのものもある。▼図11

図11 キャスター

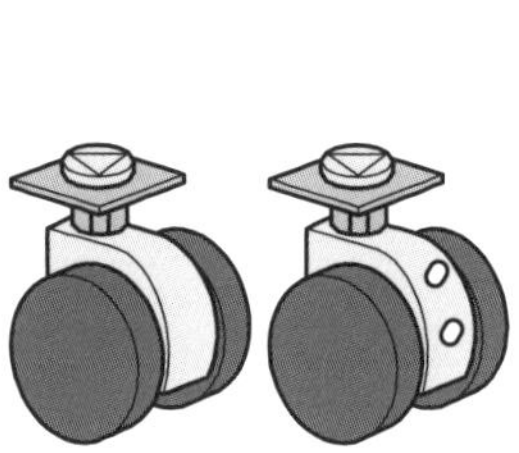

★
ドロップ丁番《どろっぷちょうばん》

下に開く**ドロップ**扉用の丁番。扉を開けたとき、扉と棚の面がフラットに使える。▼図12

図12 ドロップ丁番

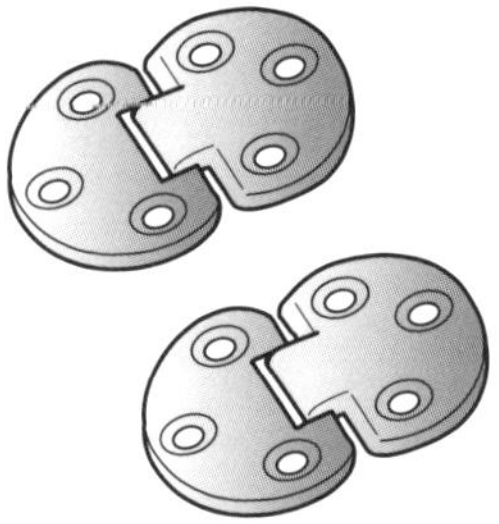

★
ミシン丁番《みしんちょうばん》

180度開き、平らなテーブル状態にすることができる丁番。ライティングデスクなどにも使われる。▼図13

図13 ミシン丁番

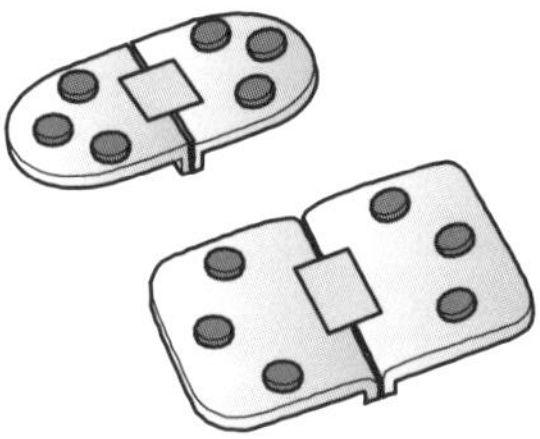

★★
隠し丁番《かくしちょうばん》

扉に埋め込み、閉めたときに家具の内部・外部からは見えない丁番。▼図14

図14 隠し丁番

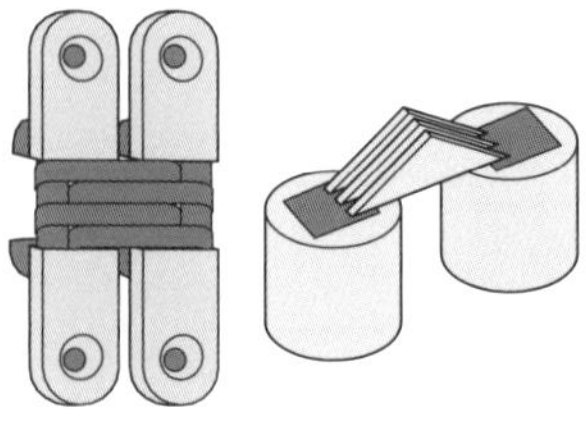

★★
アングル丁番《あんぐるちょうばん》

取り付け部分が直角に曲がっている丁番。▼図15

図15 アングル丁番

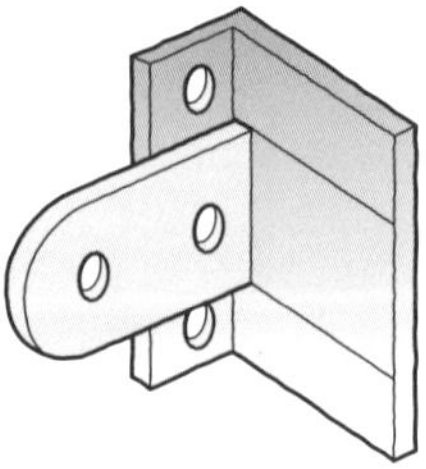

★
長丁番《ながちょうばん》

ピアノなどに使われている長い丁番。▼図16

図16 長丁番

★★
ガラス丁番《がらすちょうばん》

ガラスの扉に使う丁番。ガラスに穴を開けるもの、ガラスにゴムなどで密着させるものなどがある。▼図17

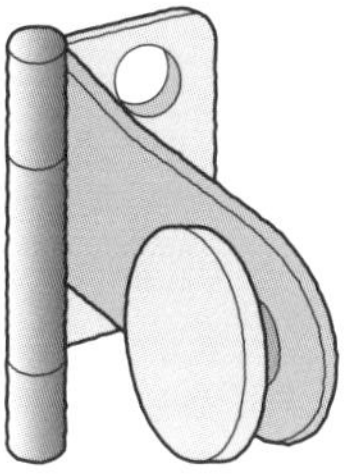

図17 ガラス丁番

★
屏風丁番《びょうぶちょうばん》

屏風のための丁番。折り曲げが自由で、どちらの方向にも開くことができる。▼図18

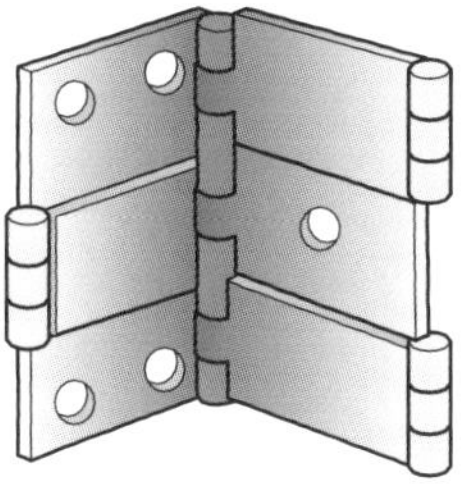

図18 屏風丁番

★★
アジャスターボルト《あじゃすたーぼると》

椅子や机の足の高さを調整する金物。床の凸凹でのがたつきをなくすこともできる。▼図19

★★
ステー《すてー》

扉の開閉時、開きすぎないようにするなどの補助金物。▼図20

★
フリッパードア金物《ふりっぱーどあかなもの》

家具に収納できる上開き扉用の金具。▼図21

3 キッチン

★★★
セクショナルキッチン《せくしょなるきっちん》

流し台や調理台、コンロ台などが単品で並列配置されるキッチン。ワークトップが一体ではない。キッチンセットともいう。

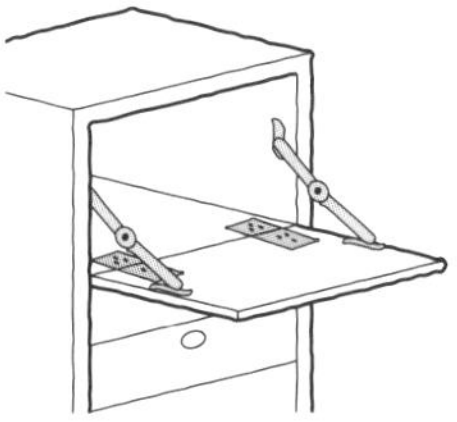

図20 ステー

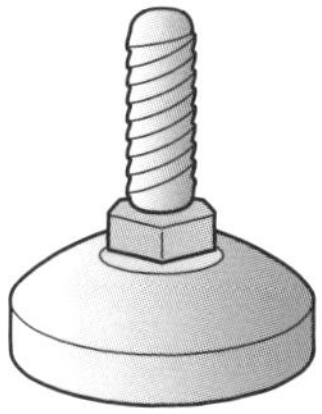

図19 アジャスターボルト

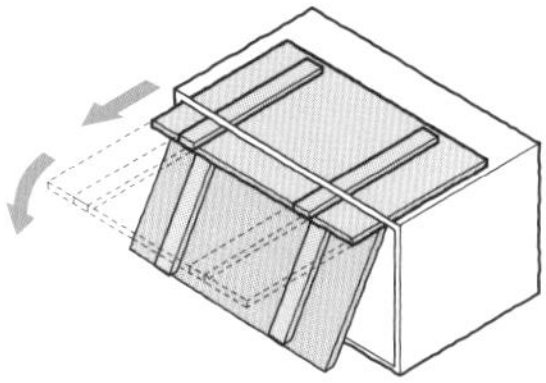

図21 フリッパードア

★★★
システムキッチン《しすてむきっちん》

シンクやコンロ、収納などが一体化したワークトップでつながるキッチン。簡易施工型と部材型とがある。現在は、ある程度規格化された簡易施工型でセミオーダーするのが主流。部材型は工場で製作された部材を現場に合わせて組み合わせる。

★★
オーダーメイドキッチン《おーだーめいどきっちん》

使い手の条件に合わせて、形状や素材を自由に設計するキッチン。

★★★
IH《あいえいち》

鍋底に誘導電流を流し、鍋そのものを熱くする熱調理機器。熱効率はよい。IH＝induction heating。

★★
コンベック《こんべっく》

熱風を循環させることで、庫内の温度ムラをなくしたオーブンのこと。

★★★
ビルトイン《びるといん》

建物や家具などに、器具を組み込むこと。キッチンでは食器洗浄機やオーブンなどの器具がビルトインされることがある。

★★★
キッチンの各部名称《きっちんのかくぶめいしょう》

キッチンの各部名称は次の図の通り。▼図22

図22 キッチンの各部名称

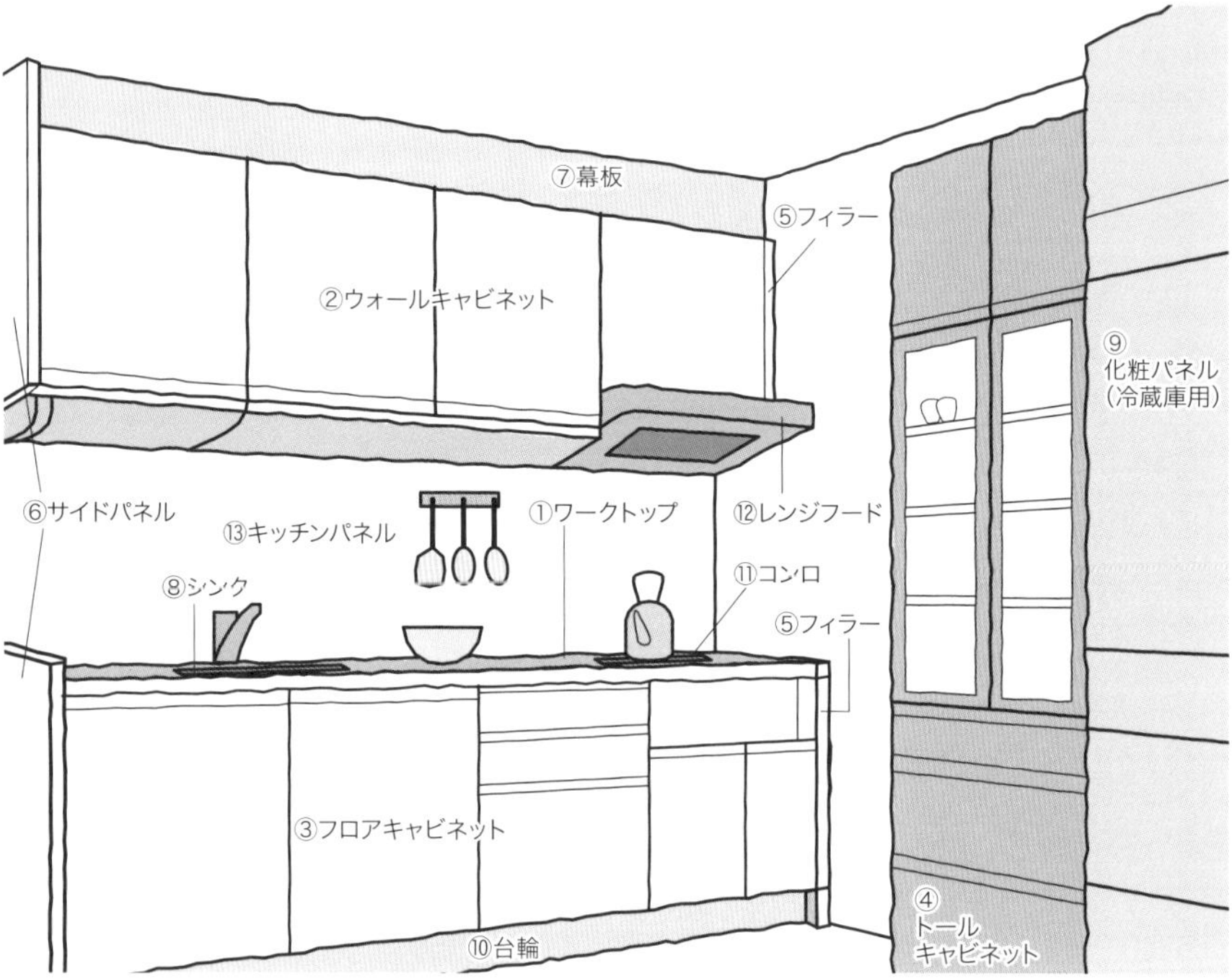

①ワークトップ
調理作業を行うカウンター面。材質はステンレス、人造大理石、メラミン化粧板、石材、タイル。

②ウォールキャビネット
壁に取り付ける戸棚、吊り戸棚。

③フロアキャビネット
ワークトップを支えるキャビネット。扉や引出しなどが付く。

④トールキャビネット
床置きの背の高いキャビネット。

⑤フィラー
キャビネットなどと壁面との隙間を埋める部材。扉と同じ部材を使うことが多い。

⑥サイドパネル
システムキッチンの側面が露出するときに塞ぐパネル。

⑦幕板
天井とウォールキャビネットの隙間を埋める部材。

⑧シンク
流し。

⑨化粧パネル
キッチン用電化製品の扉面に付ける面材。キッチンと同じようなデザインになるように取り付けられる。

⑩台輪
フロアキャビネットの高さ調整のための台座。幅木にもなる。

⑪コンロ
加熱調理機器のこと。ガスコンロは、ガステーブル、ガスレンジ、電気式ではシーズヒーター式、ハロゲン式、ＩＨ式などがある。

⑫レンジフード
調理のときに出る煙やにおいを集め、外部に排気する機器。一般に、煙を集めるフードと換気扇とが一体となっているものが多い。

⑬キッチンパネル
コンロまわりの壁面に取り付ける壁面パネル。耐熱性があり、汚れが付きにくい。

PROCESS 44

内《ない》部《ぶ》建《たて》具《ぐ》工《こう》事《じ》

以前は、建具枠は大工、建具は建具屋がつくるのが一般的でしたが、現在は、枠と建具がセットになったものも商品化されています。建具は外観が同じでも、芯材の種類はさまざま。選択時の重要なポイントとなります。

★★★
内法《うちのり》

部材間の寸法。材の外側、中心からではなく、内側から内側までの距離。もともとは敷居《しきい》と鴨《かも》居《い》との間の寸法を指したが、現在は拡大されて使われている。▼図1

★★★
見込《みこみ》

部材の側面、奥行。▼図2

★★★
見付《みつけ》

部材の正面から見える部分やその幅。▼図2

図1 内法

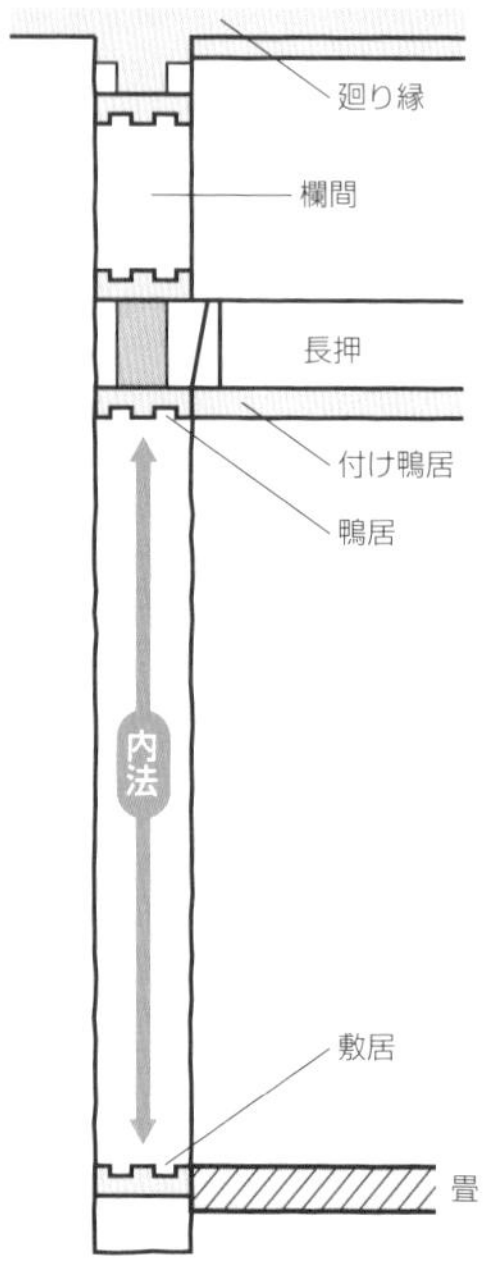

図2 見込、見付の例

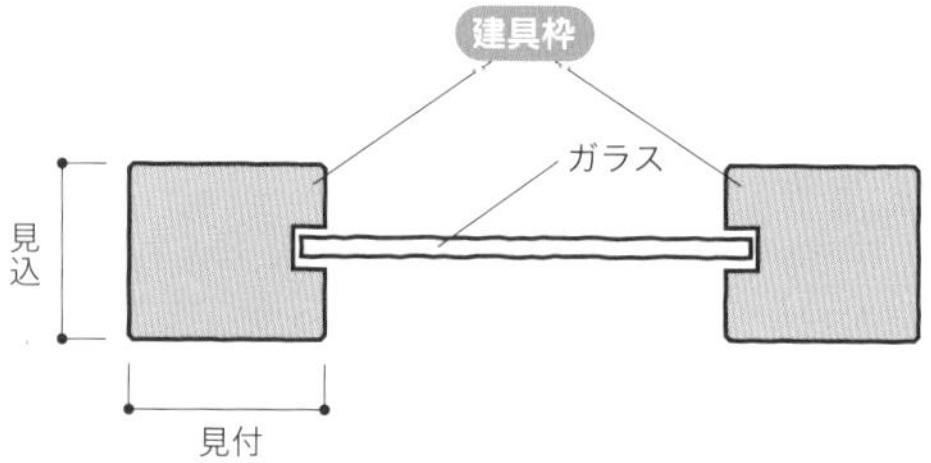

★★★
建て付け《たてつけ》

扉や襖《ふすま》などが建物に納まっている状態。うまく納まらないときは「建て付けが悪い」といわれる。

★★
開き勝手《ひらきがって》

開き戸で丁番《ちょうばん》がどちらに付くかを示す言葉。開き戸を手前に開くとき丁番が右側にあるものが**右吊元**《みぎつりもと》、**右勝手**《みぎかって》。左側にあるものが**左吊元**《ひだりつりもと》、**左勝手**《ひだりかって》という。▼図3

図3 開き勝手

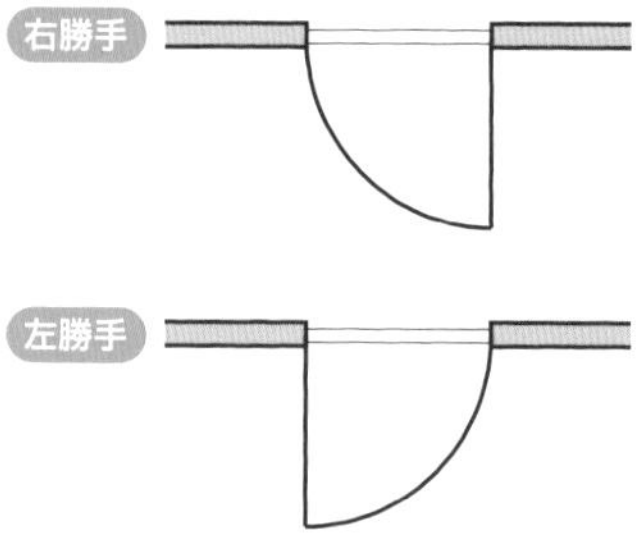

★★★
召合せ《めしあわせ》

引違い戸などで、2つの戸が合わさる部分。▼図4

図4 召合せ

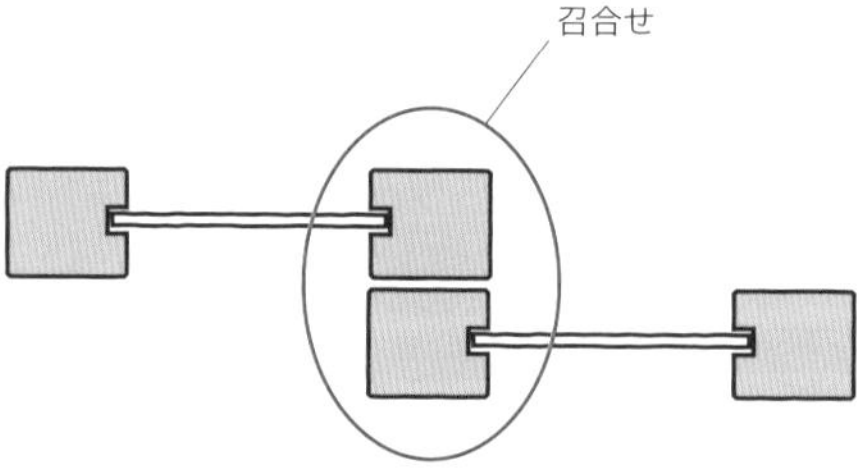

★★★
吊り込み《つりこみ》

枠などに建具を取り付けること。

★★
押縁《おしぶち》

ガラスや板材を枠などに固定す

るために取り付ける細長い材。▼図5

図5 押縁

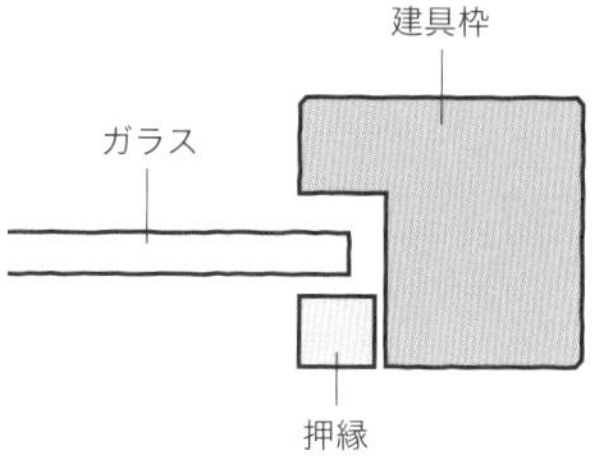

★ 落とし込み《おとしこみ》

建具や板材、ガラスなどを溝を付けた枠にそのまま入れ込むこと。

★★ 無目《むめ》

敷居《しきい》・鴨居《かもい》で溝のないもの。

★ 膳板《ぜんいた》

窓枠の下枠に取り付けられる化粧の額縁。

★★ べた芯構造《べたしんこうぞう》

フラッシュ戸などで、芯部分に合板やMDF、パーティクルボードを使う構造。戸の内部に中空部分がなく、密な構造なので重いが強度は高い。▼図6

図6 べた芯構造

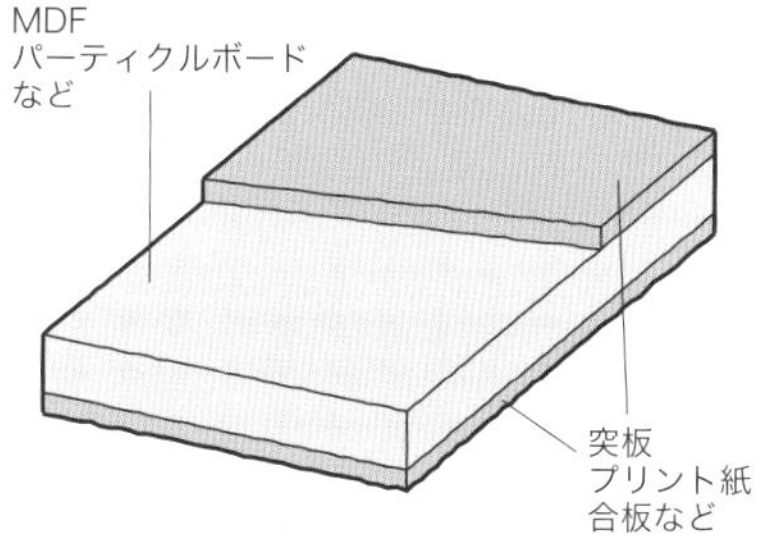

★★ 枠芯構造《わくしんこうぞう》

フラッシュ戸などで、周囲や内部を枠や桟で組んで、その外側に合板などを貼った構造。枠以外は中空なので軽量。フラッシュ戸で最も使われる構造。▼図7

図7 枠芯構造

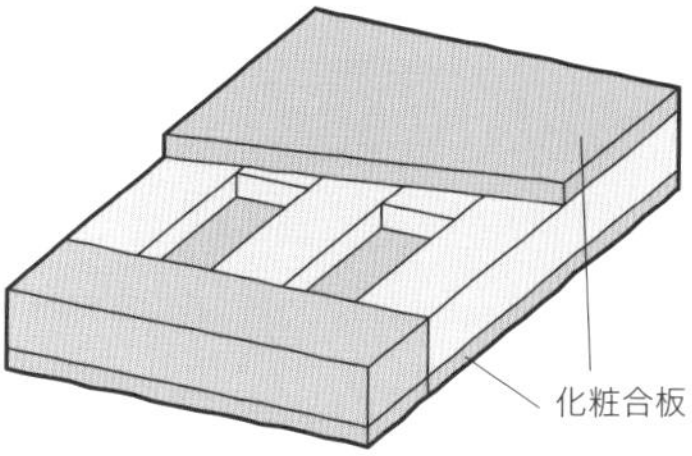

★★ ロールコア構造《ろーるこあこうぞう》

紙をロール状に加工して芯材とし、両面に合板などを接着したフラッシュ戸の構造。枠芯構造《わくしんこうぞう》の戸に比べて軽い。芯材が六角形のものはハニカムコア。▼図8

図8 ロールコア構造

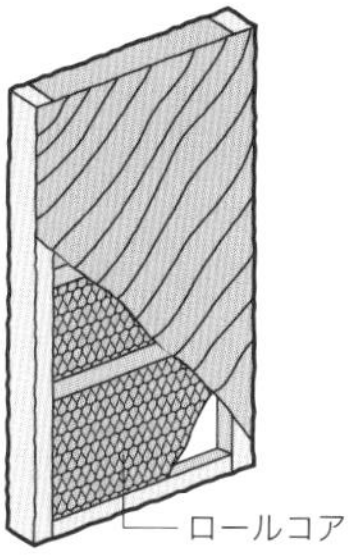

★★ 建具面材《たてぐめんざい》

建具の表面に使われる素材。ポリエステル樹脂合板（ポリ合板）とメラミン樹脂合板は同じような柄もありよく使われる。軟質のポリ合板に比べメラミン樹脂合板は硬質。大量生産品にはシート状樹脂の面材もある。天然化粧合板では栓、シナ、マホガニー、ウォールナット、チーク、ナラ、タモ、ブナといったものがよく使われている。

★★★ 留め《とめ》

小口を見せない枠材のつなぎ方。45度に切断して直角に組む組み方。▼図9

図9 留め

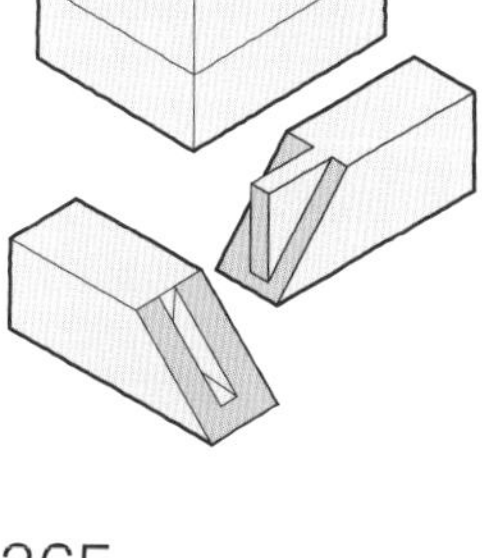

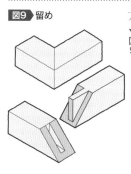

★★★ ほぞ《ほぞ》

木材同士をつなぐために加工した、木材端部の突起。ほぞをほぞ穴に差し込んで接合する。このような組み方を**ほぞ組み**という。▼図10

図10 ほぞ

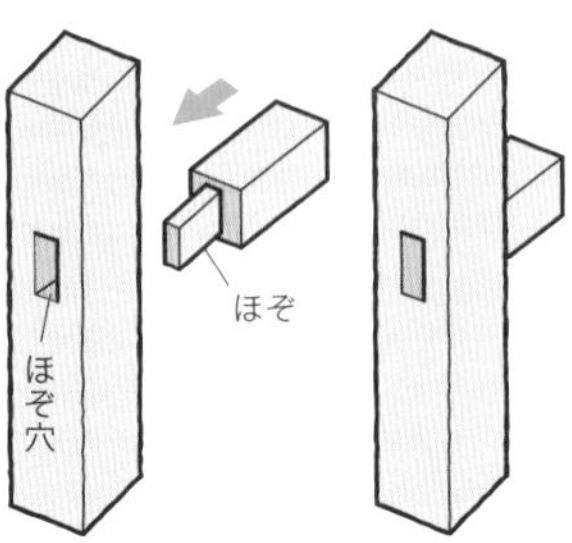

ほぞ
ほぞ穴

★ 指物《さしもの》

木と木を、釘などを使わずに組む家具や建具などやその技法をいう。これらをつくる職人は、指物師《さしものし》と呼ばれる。

★★★ 木口《こぐち》

棒状の木材の横断面。▼図11

図11 木口

木口
矩形《くけい》のレンガなどの短辺方向の面は、小口といいます。“こぐち”と同じ読み方をするので、注意しましょう。

★★★ 障子紙《しょうじがみ》

障子（明かり障子）に張る紙。

★★★ 鳥の子紙《とりのこがみ》

襖《ふすま》に使われる代表的な和紙。手漉《す》きの本鳥の子、機械漉きの鳥の子、普及品の新鳥の子などの種類がある。

★★ 組子《くみこ》

障子の四方の桟の内側に組む格子。縦の組子を密にしたものを**竪繁**《たてしげ》、横の組子を密にしたものを**横繁**《よこしげ》、組子のピッチが大きなものを**荒組**《あらぐみ》、**荒間**《あらま》という。▼図22

★★ べた張り《べたばり》

襖《ふすま》紙、壁紙などを全面接着で張る方法。

★★ 袋張り《ふくろばり》

襖《ふすま》紙、壁紙などの周囲のみ糊付けし中央部には糊を付けない張り方。

★★★ 襖縁《ふすまぶち》

襖《ふすま》の外周を囲う桟。

★ ケンドン《けんどん》

戸や蓋をはめ込む方式の1つ。上下の溝に、戸や蓋を上げ落としに建て込む方式。左右のときは「**行って来い**」ともいう。▼図12

図12 ケンドン

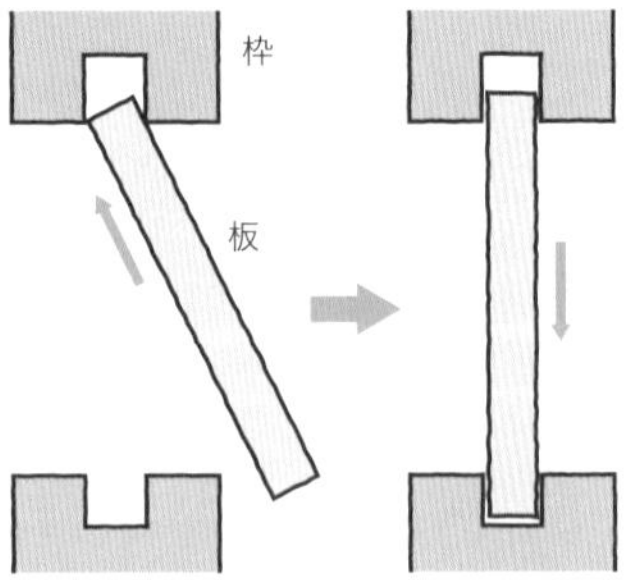

枠
板

2 建具の種類

★★★ フラッシュ戸《ふらっしゅど》

表面が平らになった戸。フラッシュとは平らな面という意味がある。木製では、木で枠を組み両面に合板などを張って平坦に仕上げるものが多い。金属製では、金属枠に平坦な金属板を溶接などによって張り付ける。**フラッシュドア**とも呼ぶ。平たい面に穴を開け、ガラスやガラリをはめ込んだりする場合もある。

中空構造のものは軽く、歪みにくく安価である。▼図13

図13 フラッシュ戸

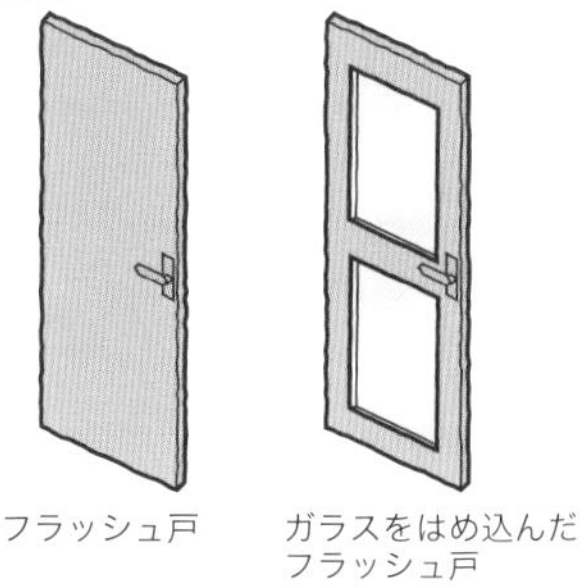

★★★
框戸《かまちど》

建具の上下左右を木の角材（枠、框《かまち》）によって組んだ戸。枠内にガラスを入れると**ガラス戸**、板を入れると**鏡板戸**《かがみいたど》となる。▼図14

図14 框戸

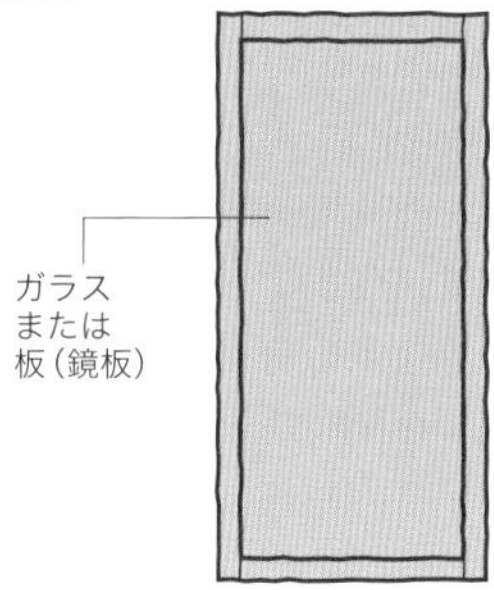

★★★
唐戸《からど》

4周以外に内側にも枠を取り付けた装飾性の高い洋風の鏡板戸。框戸《かまちど》、鏡板戸《かがみいたど》とほぼ同義に使われるが、現代では**洋風戸**と呼ぶことが多くなっている。**桟**《さん》**唐戸**《からど》と呼ぶこともある。▼図15

図15 唐戸

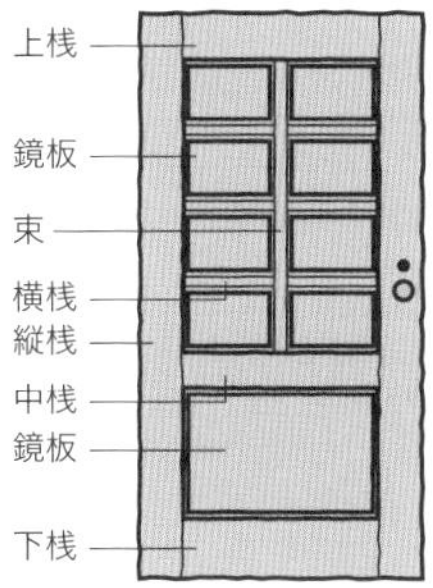

★
板戸《いたど》

板張りの戸。雨戸などのように、枠（框《かまち》）よりも板部分が主と見えるものを呼ぶことが多い。框《かまち》戸《ど》の一種。鏡板戸《かがみいたど》との区別はあいまいである。

★★
鏡板戸《かがみいたど》

框《かまち》戸《ど》の四方の框間に板状の面材をはめ込んだ扉。枠などに囲まれた板を鏡板と呼ぶことからきている。**鏡戸**とも呼ぶ。四方枠に水平枠を入れると、**帯戸**《おびど》と呼ばれる。鏡板をガラスに替えると**ガラス戸**となる。▼図16

図16 帯戸

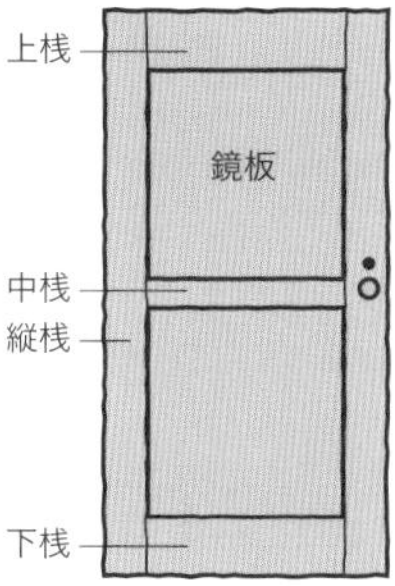

★★
戸襖《とぶすま》

和室と洋室の境に設けられる引き戸の一種。洋室側は洋風、和室側は和風に見えるように工夫されている。▼図17

図17 戸襖

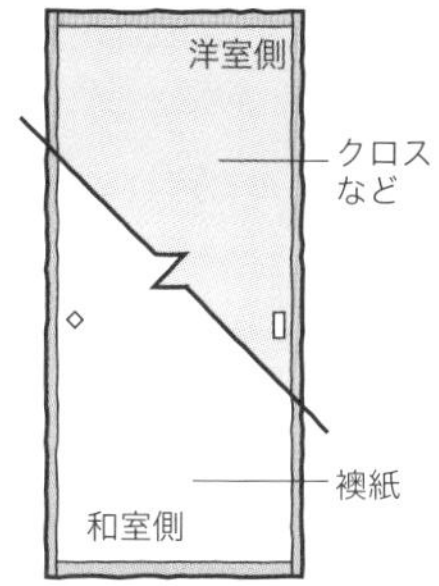

★★★
ハンガードア《はんがーどあ》

天井など部屋の上部に設置したレールから吊り下げられたドア。間仕切りなどに使われる。▼図18

図18 ハンガードア

★★★
折戸《おりど》

扉自身が折り畳める戸。**中折戸**《なかおりど》とも呼ばれる。▼図19

図19 折戸

★★★
ガラリ戸《がらりど》

通気ができるように格子が付けられた戸。ガラリとは、横板を視線を遮りながらも通気ができるように、平行に連続して取り付けたもの。鎧戸《よろいど》とも呼ばれる。ガラリ部分は木以外にプラスチックなども使われる。▼図20

図20 ガラリ戸

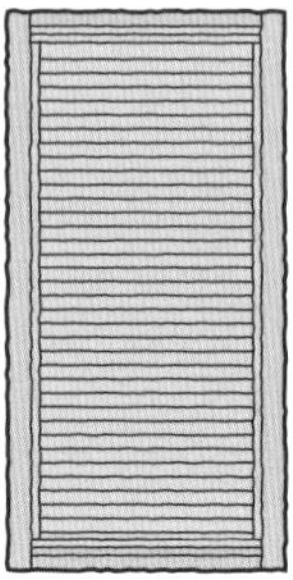

開き戸《ひらきど》 ★★★

丁番《ちょうばん》などで前後に開閉する戸。**片開き戸**、**両開き戸**などがある。

引違い戸《ひきちがいど》 ★★★

2枚の戸を2本のレールで左右に引く戸。戸を開けたときは2枚の戸は、重なった状態になる。2枚のうち右側の戸が手前に来るのが一般的。欧米ではあまり使われないが、日本では多くこの形式が使われている。1本のレールで両側に開いて開ける場合は引分け戸という。

引込戸《ひきこみど》 ★★★

壁の中に引き込む引戸。壁の中に入らないものは、**片引戸**という。▼図21

図21 引込戸

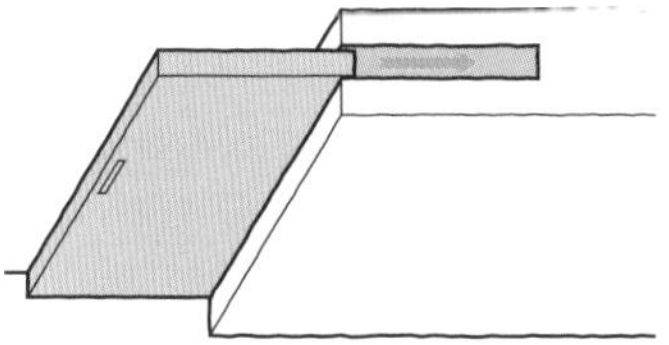

障子《しょうじ》 ★★★

出入り口や窓に用いる建具のことだが、一般には障子紙を張った光の入る明かり障子を指す。▼図22

図22 障子

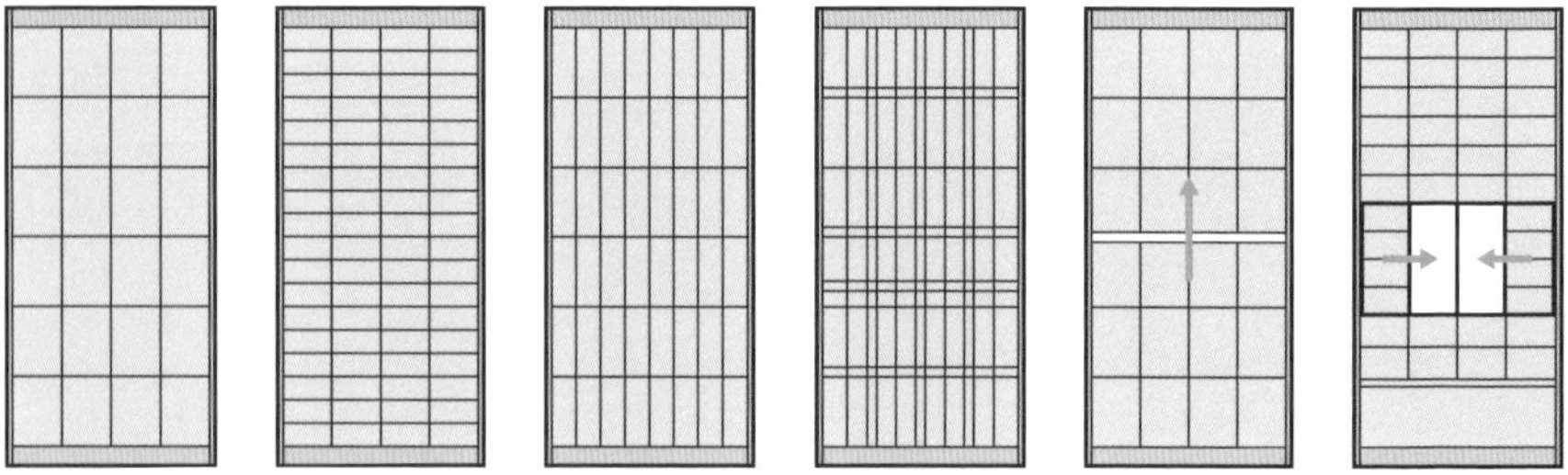

荒組障子　横繁障子　竪繁障子　吹寄障子　雪見障子　引分け猫間障子

襖《ふすま》 ★★★

和室の間仕切りに使う建具の1つ。木製の枠組みの両面に紙や布を張る。**襖《ふすま》障子**、**唐紙障子《からかみしょうじ》**と呼ぶこともある。▼図23

図23 襖

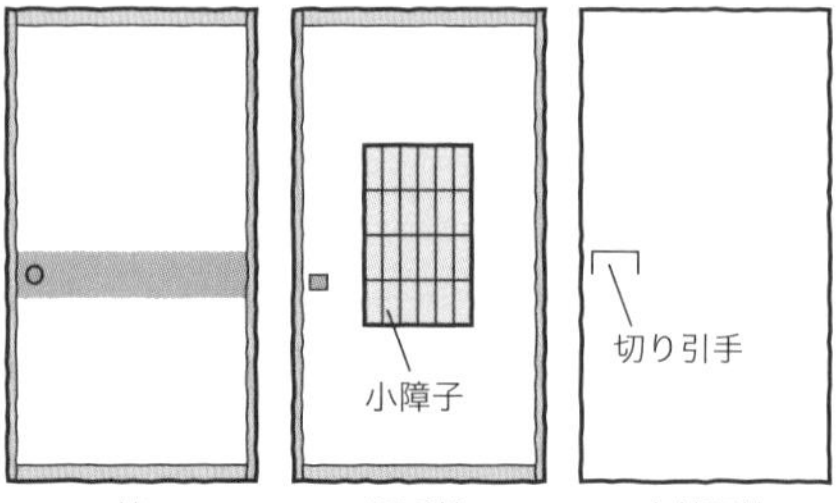

襖　源氏襖　太鼓張襖

格子戸《こうしど》 ★★★

格子状に組まれた戸。格子の形状によってさまざまな種類がある。▼図24

図24 格子戸

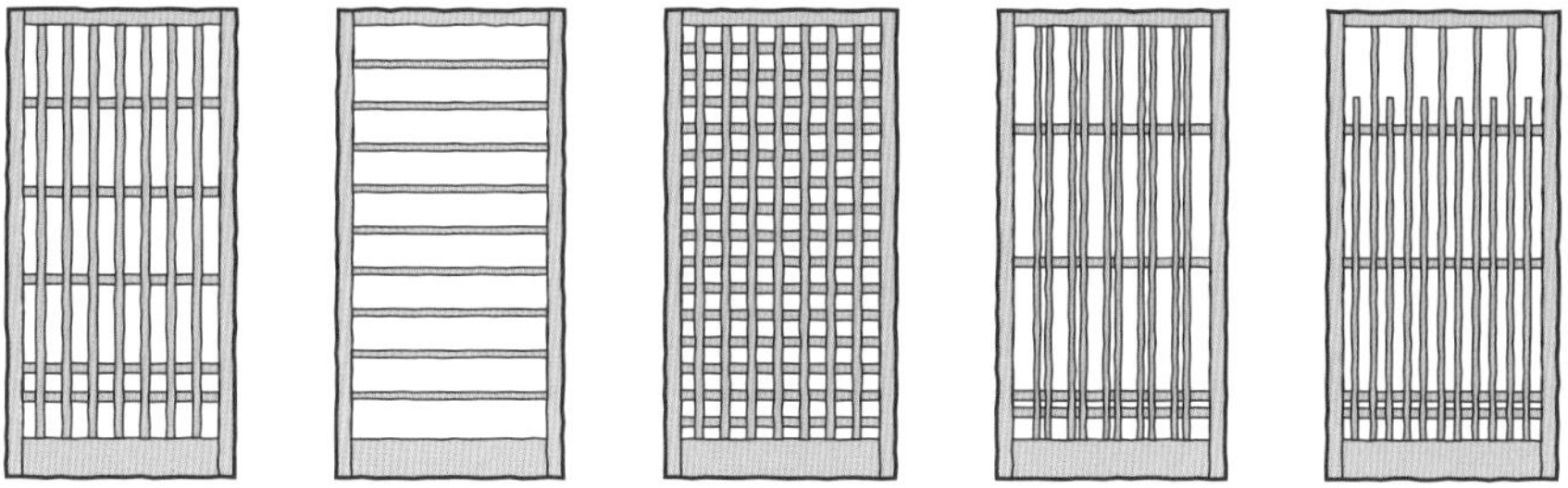

★★
舞良戸《まいらど》

框《かまち》に板をはめ、その表または表裏に細い桟を割り付けた和風の板戸。▼図25

図25 舞良戸

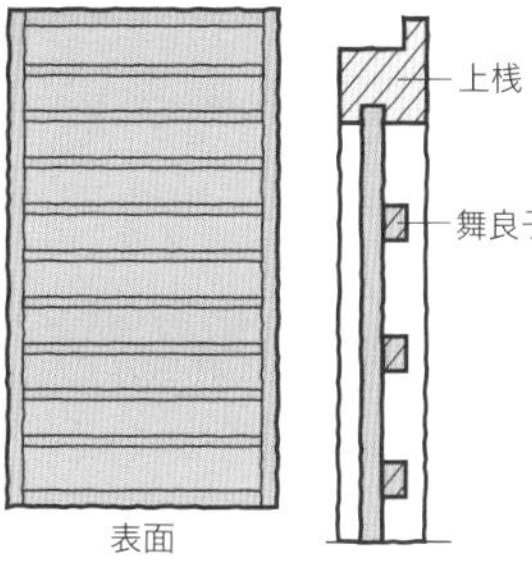

★
蔀戸《しとみど》

外側または内側に押し上げて開く板戸。▼図26

図26 蔀戸

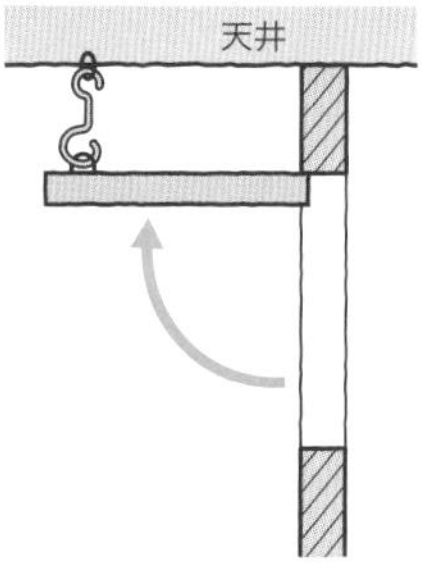

★★★
欄間《らんま》

和室の鴨居《かもい》の上にある開口部。格子や透かし彫りなどの飾りをするものも多い。現代では、出入り口や窓の上に設けた採光や通風のための窓も「ランマ」という。▼図27

図27 欄間

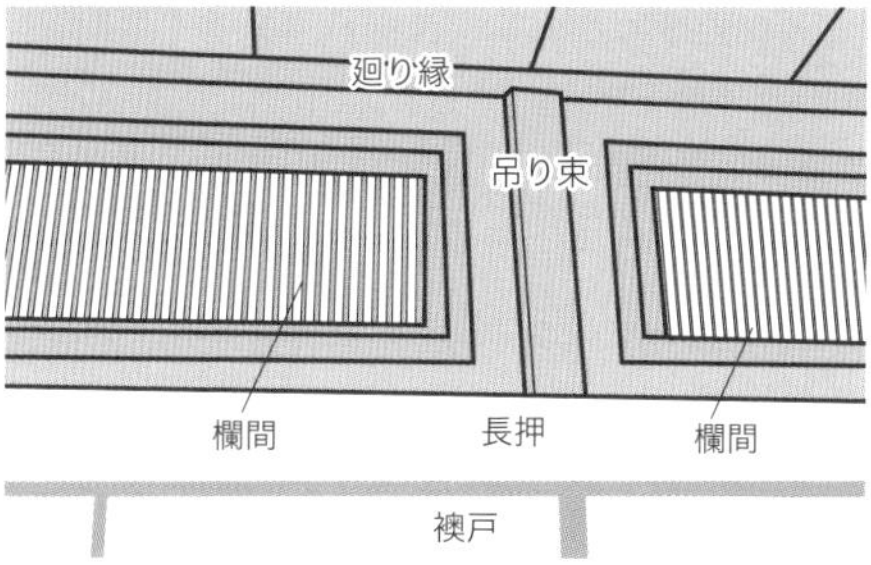

★
簀戸《すど》

竹やよしを編んでつくった扉。▼図28

図28 簀戸

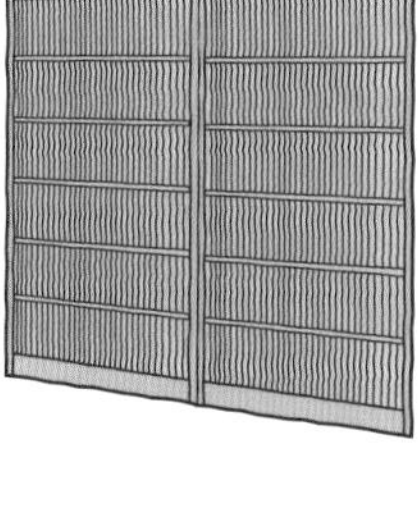

3 建具金物

★★★
錠《じょう》

扉が開かないようにするための金物。鍵は錠を開閉するもので、「錠を掛ける」が本来の正確な言い方だが「鍵を掛ける」という言葉が一般的には使われる。**ロック**、**錠前**なども同じ意味。▼図29

★★★
鍵《かぎ》

錠を閉めたり、開けたりするための道具。▼図29

★★★
シリンダー錠《しりんだーじょう》

鍵を差し込み回す円筒状の錠の部分。シリンダーとは円筒の意味。シリンダーの中にはタンブラーという凸があり、鍵の形状に合うと回転するものが一般的。

ビルなどに多く使われてきたものには**ディスクシリンダー**、**ピンシリンダー**などがある。近年は**ディンプルシリンダー**や**ロータリーディスクシリンダー**といった防犯性の高いシリンダーも各種開発されている。▼図29

図29 錠の各名称

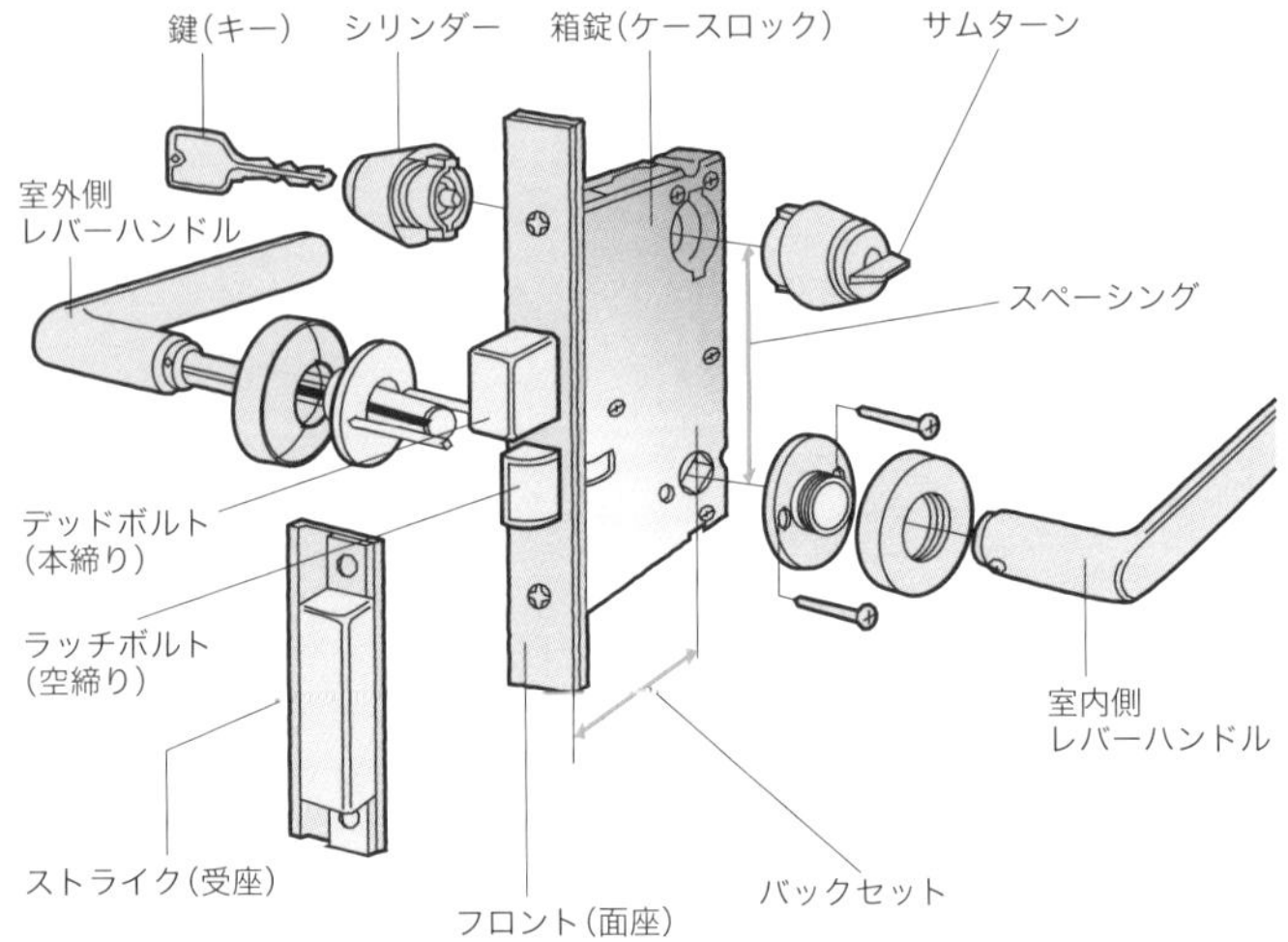

★★★
箱錠《はこじょう》

金属製の箱の中に、錠などの開閉機構を納めたもの。**ケースロック**ともいう。▼図29

★★★
空錠《そらじょう》

鍵を用いて錠をかける部分がない錠。戸が閉まった状態で開かないようにしておく**ラッチボルト**といわれる部分があるだけ。

★★★
本締錠《ほんじまりじょう》

鍵を回すとドア面よりデッドボルトという筒が枠に入り施錠する錠。

★★★
彫込錠《ほりこみじょう》

箱錠をドア内に埋め込んだ錠。**彫込箱錠**ともいう。

★★★
面付錠《めんつけじょう》

箱錠をドアの表面に取り付けた形の錠。**面付箱錠**も同じものを指す。▼図30

図30 面付錠

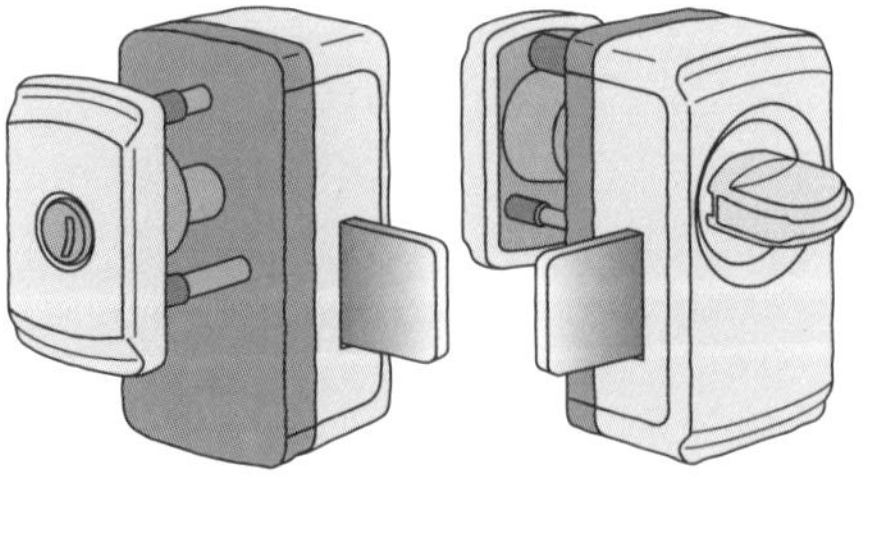

★★
サムラッチ錠《さむらっちじょう》

ドア取っ手上部のつまみを親指で押して錠の開け閉めを行う錠。▼図31

図31 サムラッチ錠

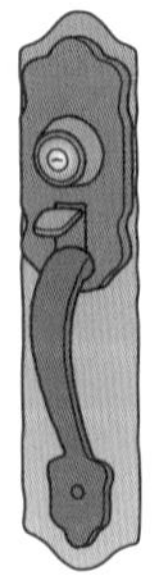

★★ **ディンプルシリンダー**《でぃんぷるしりんだー》

従来の鍵山ではなく、表面にくぼみ（dimple）を付けた鍵。従来のものと比べると複製が難しく、防犯性は高い。この施錠には**ディンプルキー**が対応する。

★★ **コンストラクションキーシステム**《こんすとらくしょんきーしすてむ》

工事完了後、住み手が鍵を使うと、工事期間中に使っていた施工用の鍵が自動的に無効になるシステム。

★★★ **マスターキーシステム**《ますたーきーしすてむ》

ビルなどで、異なる複数の錠を1本の鍵（マスターキー）で施解錠できる鍵のシステム。

★★★ **丁番の種類**《ちょうばんのしゅるい》

開き戸の開閉に使われる金物。ちょうつがい、ヒンジ、**蝶番**ともいう。シンプルな**平丁番**、回転軸端部が擬宝珠状の**擬宝珠丁番**、回転部が楕円形で取り外しができる**フランス丁番**、開閉が内外にできる**自由丁番**、軸部分上下が旗形状で取り外しができる**旗丁番**などがある。▼図32

★★★ **ピボットヒンジ**《ぴぼっとひんじ》

扉の上部端と下部端に別々に取り付ける丁番。これを支点に扉が回転する。**軸吊り丁番**ともいう。▼図33

図32 丁番の種類

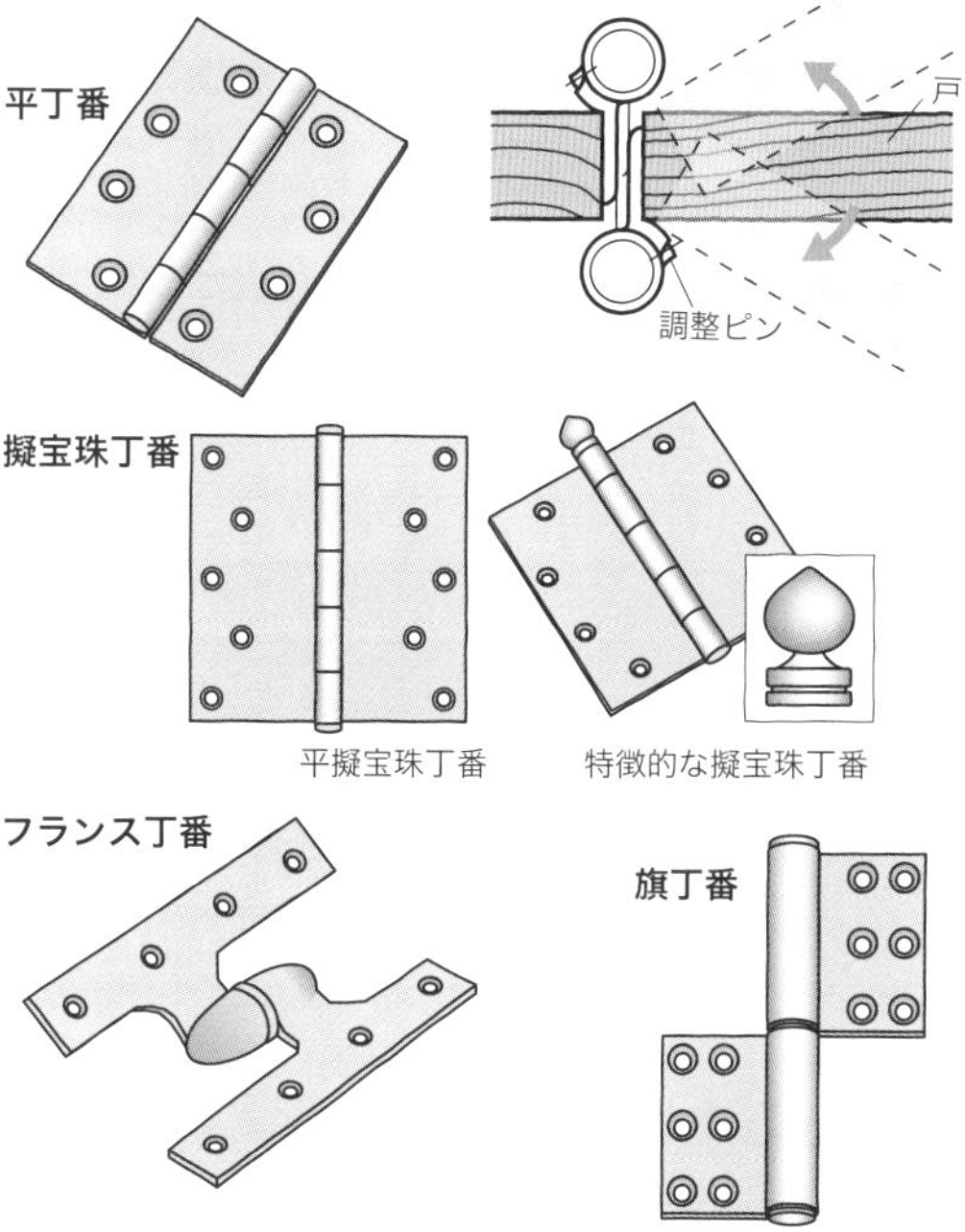

図33 ピボットヒンジ

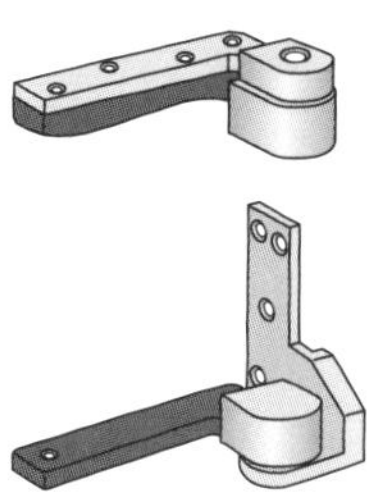

★★★ **戸当たり**《とあたり》

扉が開きすぎないように止めるための部品。▼図34

図34 戸当たり

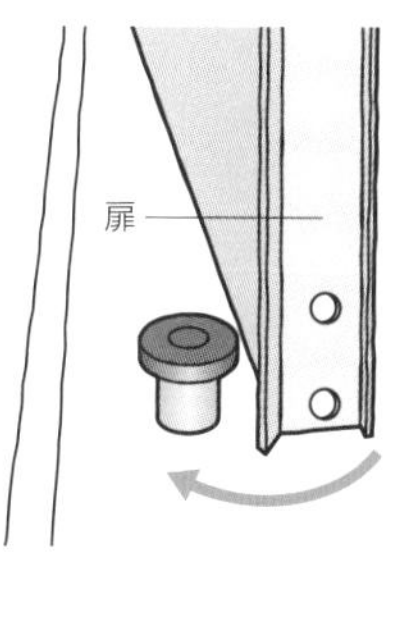

★★ **甲丸レール**《こうまるれーる》

断面がかまぼこ形になっている引き戸用レール。▼図35

図35 甲丸レール

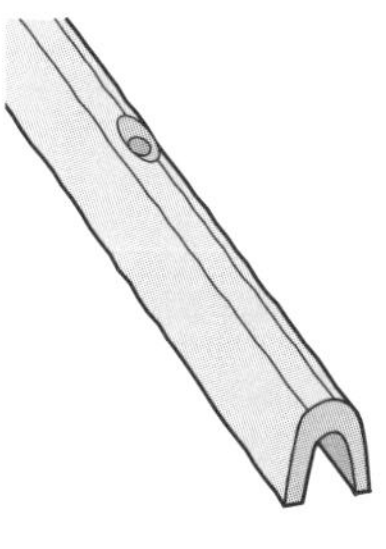

★★★ **Vレール**《ぶいれーる》

レール形状が凸形ではなく凹形になった引き戸用レール。凹形部分がV状なのでこう呼ぶ。床に埋め込んで使うので床より突出がない。Mにも似ているのでM形と呼ぶこともある。▼図36

図36 Vレール

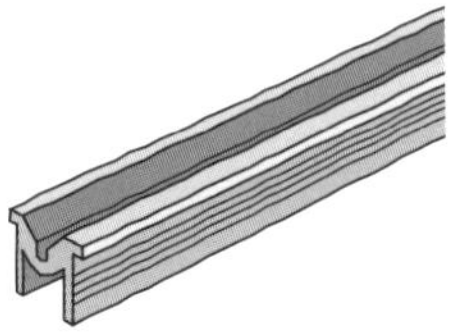

★★★
戸車《とぐるま》
戸の下に取り付ける、レール上を回転して動く部品。▼図37

図37 戸車

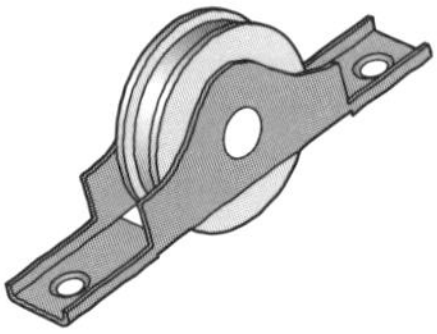

★★★
握り玉《にぎりだま》
扉の取っ手で、円筒または球状のもの。ノブともいう。▼図38

★★★
レバーハンドル《ればーはんどる》
棒（レバー）状のドアの取っ手。握り玉に比べ操作がしやすい。▼図39

★★★
ハンガードアレール《にぎりだま》
上部で吊る引き戸のためのレール。天井や鴨居《かもい》に取り付け、吊り用戸車を受ける。ドアの重さがかかるので取り付けには十分な補強が必要。▼図40

図39 レバーハンドル

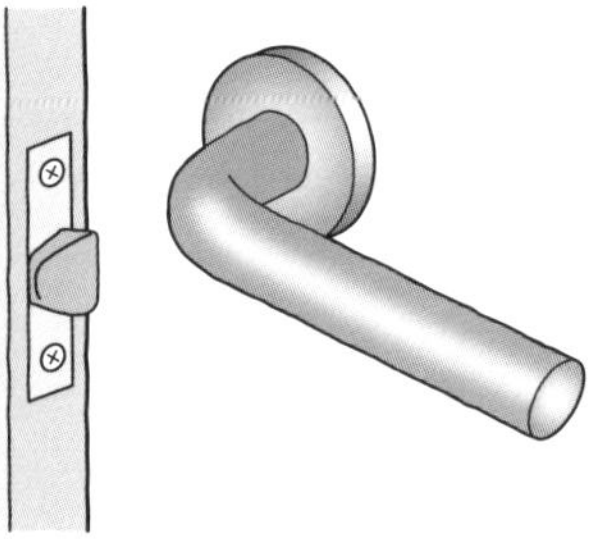

図38 握り玉

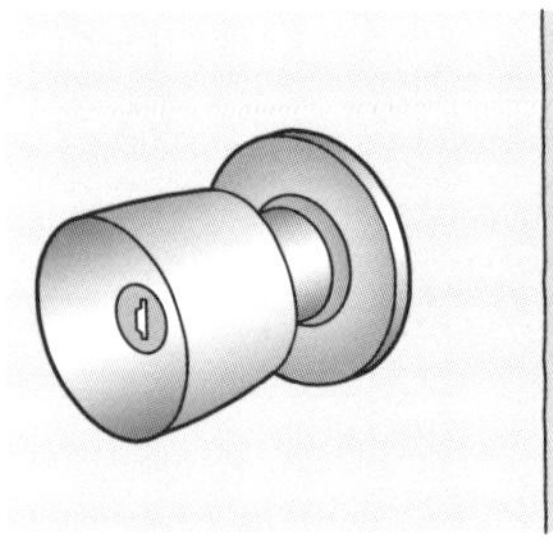

図40 ハンガードアレール

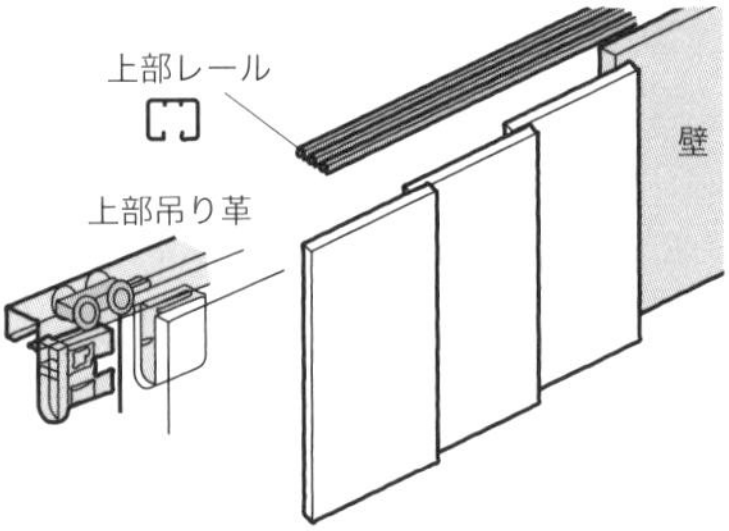

★★
エスカチオン《えすかちおん》
ハンドルやノブの取り付け用の台座。▼図41

図41 エスカチオン

★★★
引手《ひきて》
開閉時に手をかける、引き戸などに付ける金具類。▼図42

図42 引手

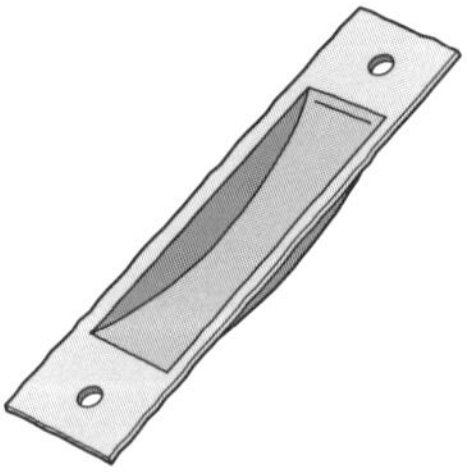

★★★
取っ手《とって》
扉の開閉のために取り付けるハンドル。▼図43

図43 取っ手

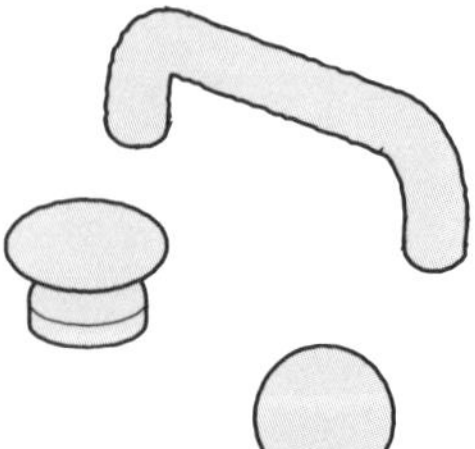

★★
フランス落し《ふらんすおとし》
両開きドアなどで、扉を固定す

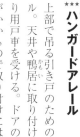

るための金物。扉に彫り込んで取り付けた上げ下げ式の丸軸を、床や上枠に付けた受金の穴に差し込んで固定する。▼図44

図44 フランス落し

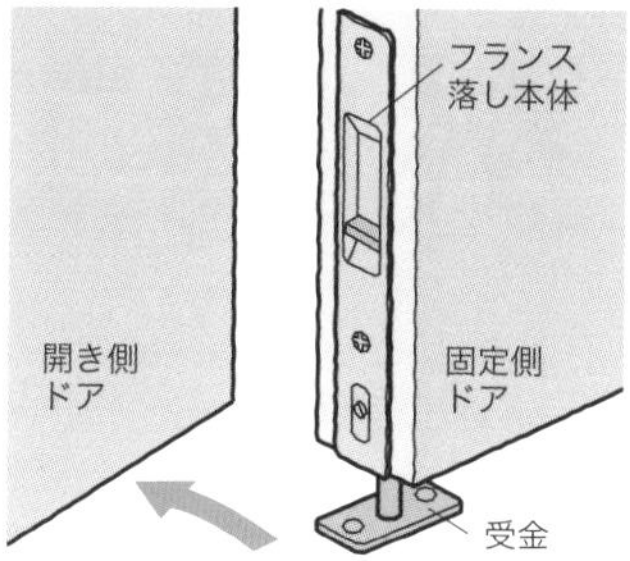

★★
丸落し《まるおとし》

開き戸や引き戸を固定するための、上げ下げができる丸棒を備えた金物。**南京落し**ともいう。▼図45

図45 丸落し

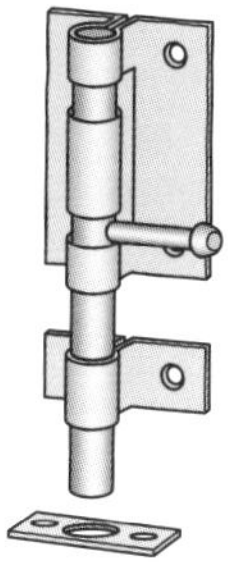

★★
アームストッパー《あーむすとっぱー》

ドアや開き窓を、開いた状態で止めておく金物。**レバーストッパー**とも呼ばれる。▼図46

図46 アームストッパー

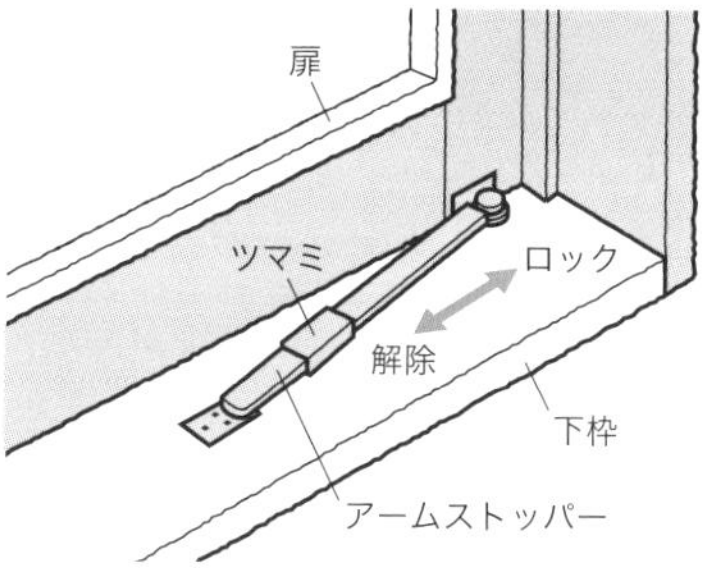

★
ドアチェック《どあちぇっく》

戸を自動的に閉鎖する金物。**ドアクローザー**ともいう。▼図47

★★★
鎌錠《かまじょう》

鎌の形状をした金物がドア枠の受け座にかかって、引き戸や引違い戸を施錠するもの。開き戸用のものもある。▼図48

図47 ドアチェック

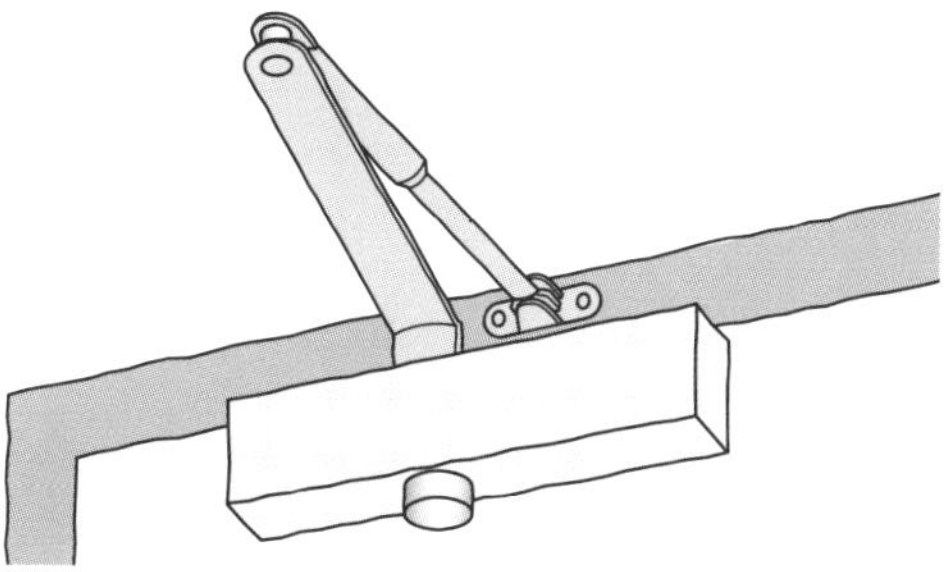

図48 鎌錠

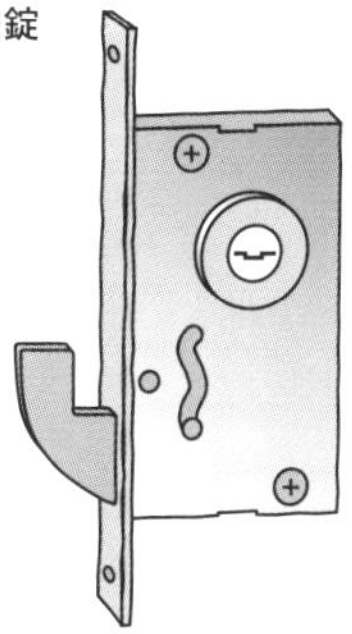

★★★
栓錠《せんじょう》

引違い戸の召し合わせ部分に栓（ボルト）を差し込んで施錠するもの。日本家屋で使われてきたネジ型の栓を回転させて閉める**中折ネジ締まり**も栓錠の一種。▼図49

図49 栓錠

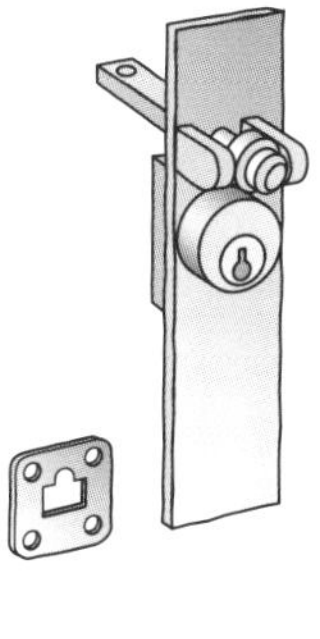

★
電気錠《でんきじょう》

錠の開閉を電気的に遠隔操作するシステム。錠を設置した扉と電線で結ばれたスイッチや操作盤で施解錠ができる。一般住宅でも使われるが、集合住宅のオートロックシステムにも使われる。セキュリティシステムと連動させることもある。

PROCESS

45

外《が》構《いこう》工《こう》事《じ》

外構は住環境に大きく影響を及ぼすにもかかわらず、建物の"添え物"として捉えられてきました。近年は、見直されてきている分野です。植物の維持については、知識ある専門家と相談することも大切です。

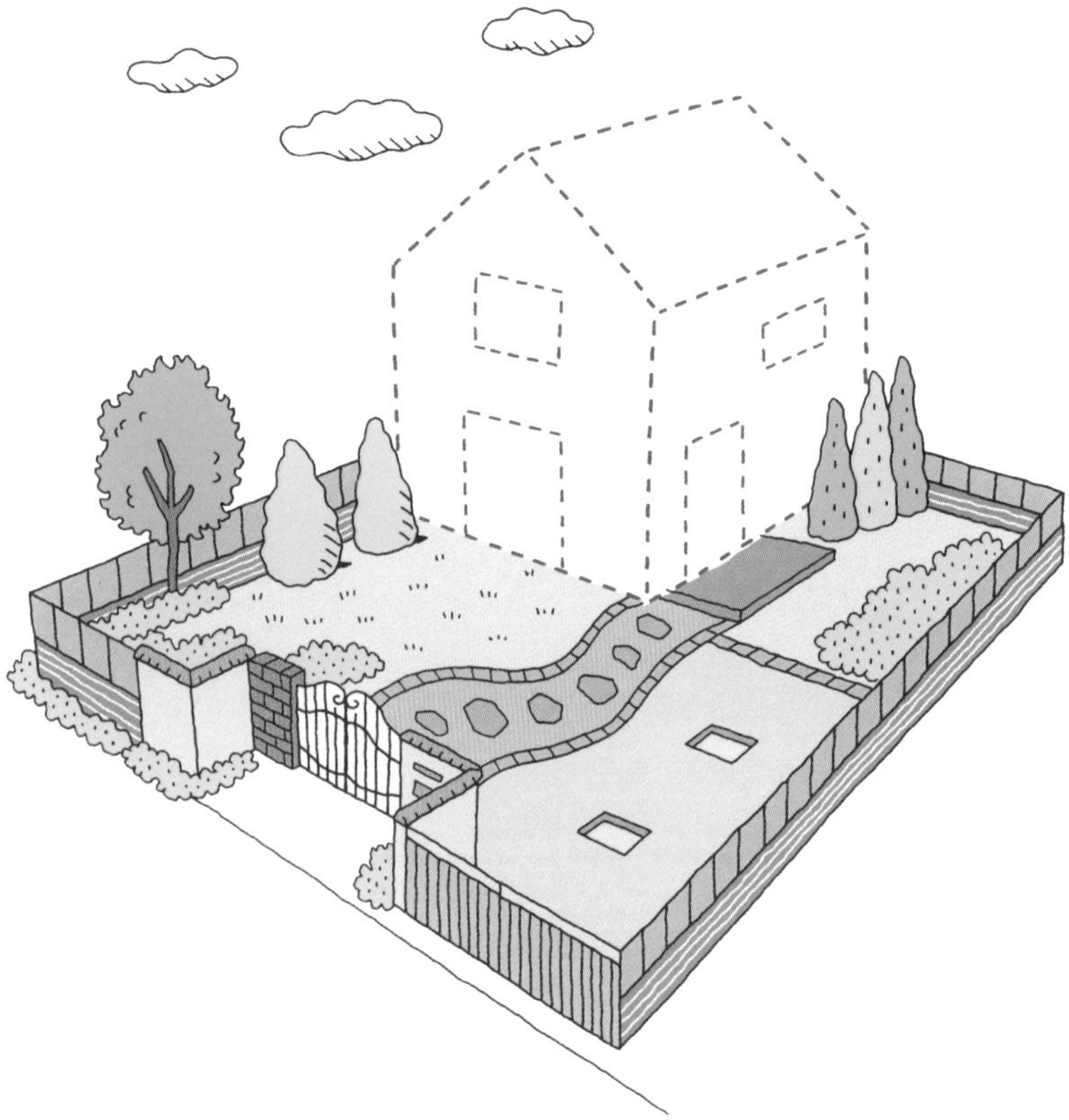

1 フェンス

★★★
空洞ブロック《くうどうぶろっく》

空洞のあるブロックで補強コンクリートブロック造に使われる。**コンクリートブロック（CB）**、**中空コンクリートブロック**とも呼ぶ。塀によく使われる。表面をデザイン加工したものは**化粧ブロック**。素材そのままを積む化粧積と間違えないこと。▼図1

図1 空洞ブロック

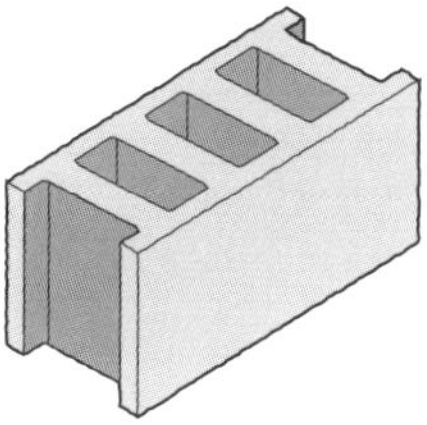

★★★
ネットフェンス《ねっとふぇんす》

金網を使ったフェンス。▼図2

★★
バリカー《ばりかー》

可動式の車止め支柱のこと。外部駐車スペースで境界用の支柱として使われる。バリカーという言葉が一般的に使われるが、これは商品名である。▼図3

★
雨水タンク《うすいたんく》

雨水利用のために、雨樋《あまどい》などにつないで雨水を貯めるタンク。貯めた雨水は火災時の消火用、庭の植木用に利用するなどの利点がある。

図3 バリカー

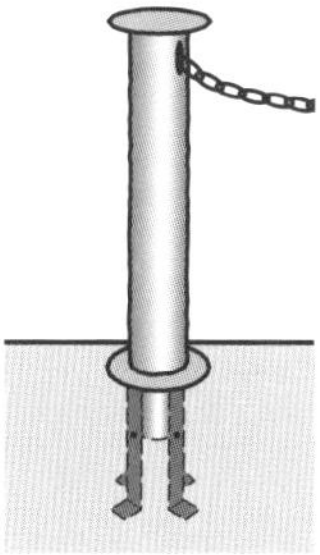

図2 ネットフェンス

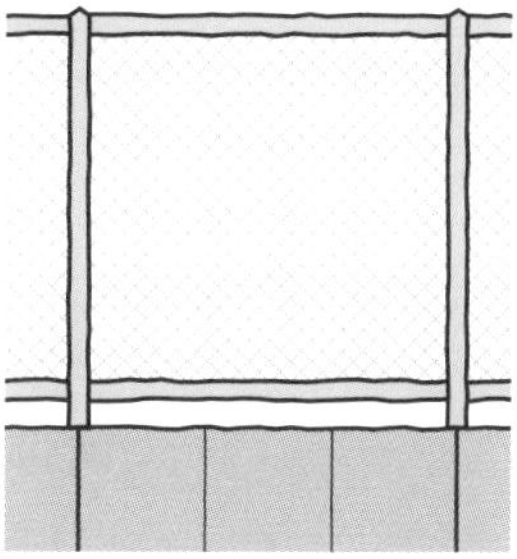

★
忍び返し《しのびがえし》

泥棒や猫などの侵入を防ぐもの。塀などの上に金属などの尖ったものを設置する。

★★
生垣《いけがき》

主に植物を使った垣根。イヌマキ、イヌツゲ、ウバメガシ、ツバキなどがよく使われる。

★★
竹垣《たけがき》

竹材を組んでつくった垣根。▼図4

図4 竹垣

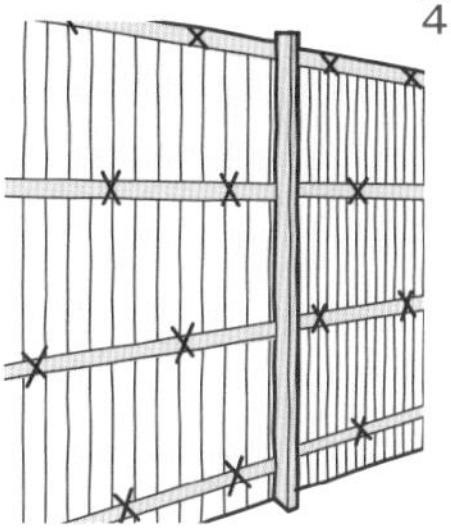

★
板塀《いたべい》

木の板でつくった塀。板の組み方には、**大和塀**、**ささら子下見塀**などがある。▼図5

大和塀は横桟に立て板を交互に取り付けた塀で、シンプルな塀の代表格。ささら子下見塀は伝統的な外壁にもよく使われるささら子下見板張を使った塀で、屋根付きの立派な塀に利用されることが多いです。

図5 板塀

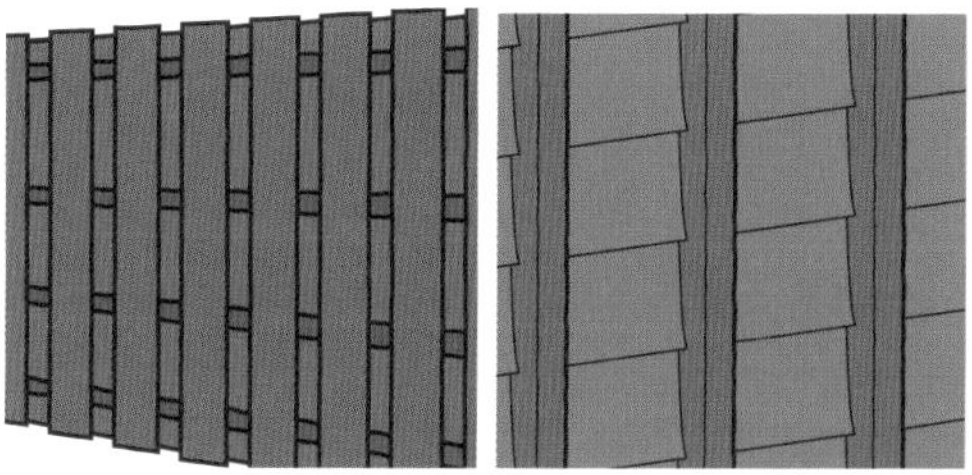

大和塀　ささら子下見塀

★★★ **門扉**《もんぴ》

門の扉（とびら）。扉のついた門。扉を取り付ける柱は**門柱**という。

★ **築地塀**《ついじべい》

土を固めてつくった塀。塀の上に瓦や板などで屋根をかけたものも多い。▼図6

図6 築地塀

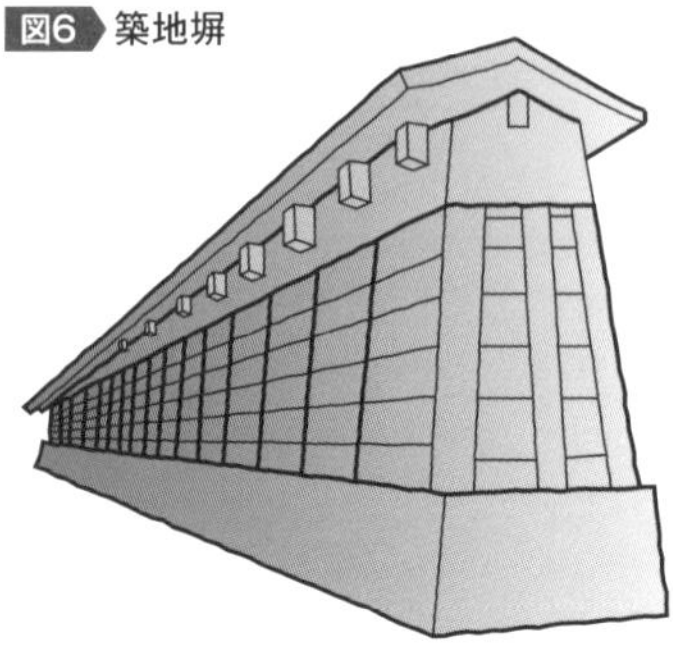

★★ **アップゲート**《あっぷげーと》

上方に開ける駐車場用の門扉《もんぴ》。**跳ね上げ門扉**などとも呼ぶ。▼図7

図7 アップゲート

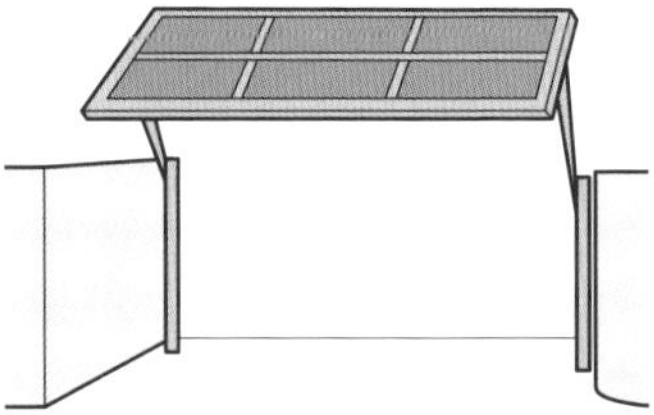

★★ **伸縮ゲート**《しんしゅくげーと》

折り畳み式の門扉《もんぴ》。駐車場などによく使われる。**カーテンゲート**などとも呼ばれる。▼図8

図8 伸縮ゲート

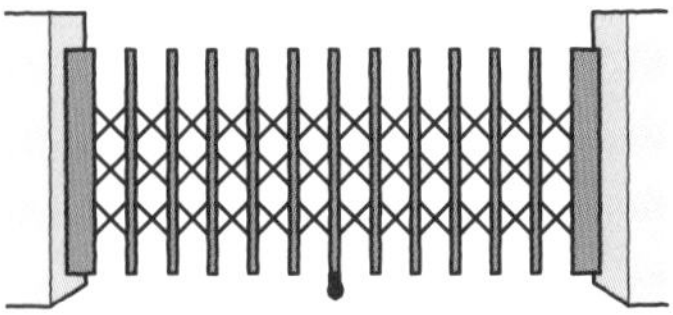

2 外部床

★★ **グレーチング**《ぐれーちんぐ》

格子状の排水溝用の蓋。素材は亜鉛メッキ加工された鉄、ステンレス、アルミニウム、FRPなどが使われる。住宅ではバルコニーなどにも使われている。▼図9

図9 グレーチング

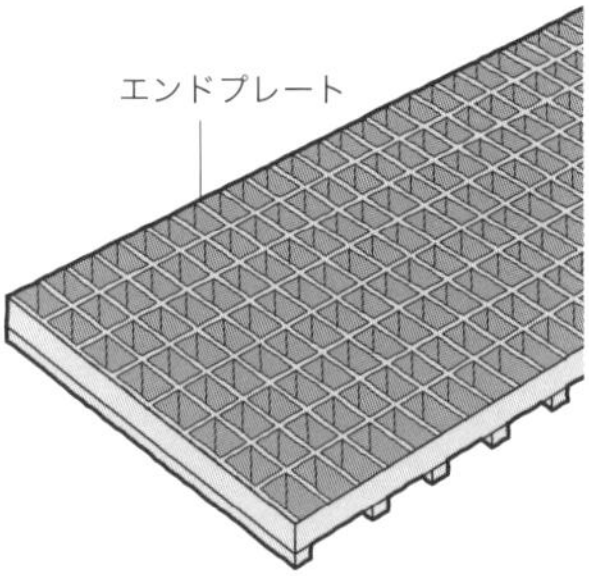

★★ **洗い出し床**《あらいだしゆか》

コンクリート床などで、表面が乾かないうちに表面に埋め込んだ小石を水とブラシで洗い、表面に石の凸面が出るようにしたもの。

★★ **ピンコロ**《ぴんころ》

やや粗めで小さい矩形の石のこと。舗石《ほせき》などに使われる。

★★★ **インターロッキングブロック**《いんたーろっきんぐぶろっく》

お互いがかみ合うようにつくられた舗石《ほせき》。ブロックの目地がかみ合うだけなので、そこから透水できる。▼図10

図10 インターロッキングブロック

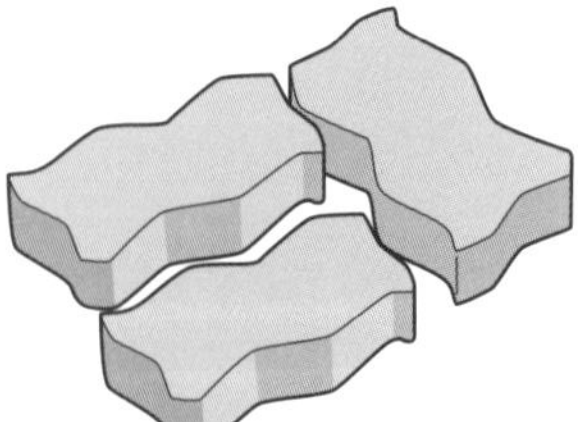

★★★ **ウッドデッキ**《うっどでっき》

木材や合成木材でつくられた、テラスなどの平たい床のこと。

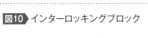

★★ 透水性ブロック《とうすいせいぶろっく》
透水性のある外部床用ブロック。

3 庭

★ トレリス《とれりす》
植物を絡ませるためのフェンス。多くは格子状である。▼図11

図11 トレリス

★ ラティス《らてぃす》
格子状の木製フェンス。菱形に組まれたものがよく知られる。▼図12

★★ パーゴラ《ぱーごら》
ツル植物を絡ませることができる木材などで組んだ棚。日本では**藤棚**、**日除け棚**などともいう。▼図13

★ 枯山水《かれさんすい》
水のない庭のこと。池や滝などを水を用いずに石や砂などで表現する。

★ 景石《けいせき》
庭に使われる風情を持った観賞用の石。日本庭園に使われる。

図12 ラティス
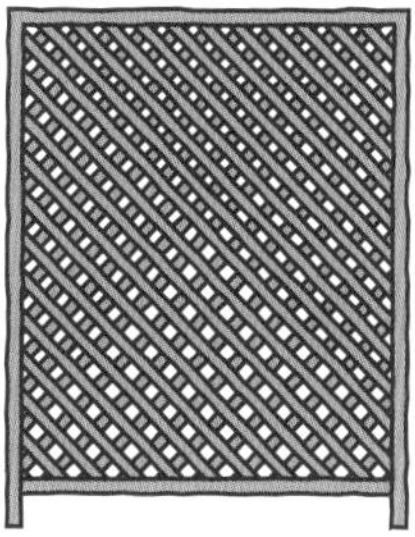

図13 パーゴラ
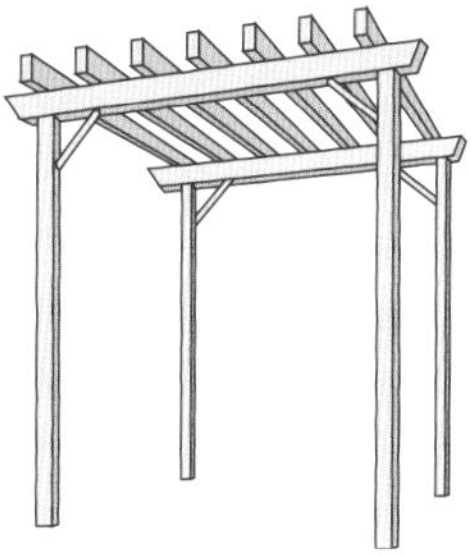

★★ 沓脱石《くつぬぎいし》
縁側の下に置く石で、そこで靴などを脱ぐために置かれる。地面よりやや高く置かれる。

★★ 延段《のべだん》
平らな自然石を一定の幅で細長く敷きつめた歩道。▼図14

図14 延段
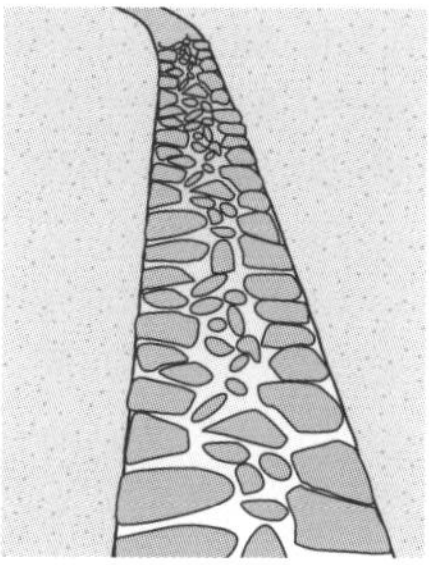

★ 石燈籠《いしどうろう》
庭園内に置く石でできた明かり。灯篭、灯籠とも書く。▼図15

★★ 飛び石《とびいし》
一定間隔で離して置く、平らな石でつくる歩道。▼図16

★ 露地《ろじ》
茶室に付随した庭のこと。広義では庭内の通路をいう。

★ 土壌のpH《どじょうのぺーはー》
土壌の酸度の指標。通常の植物は6・0～6・5程度で良好に生

図15 石燈籠
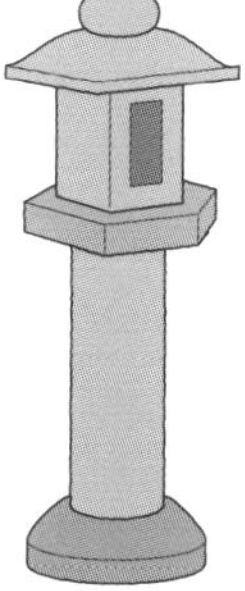

図16 飛び石
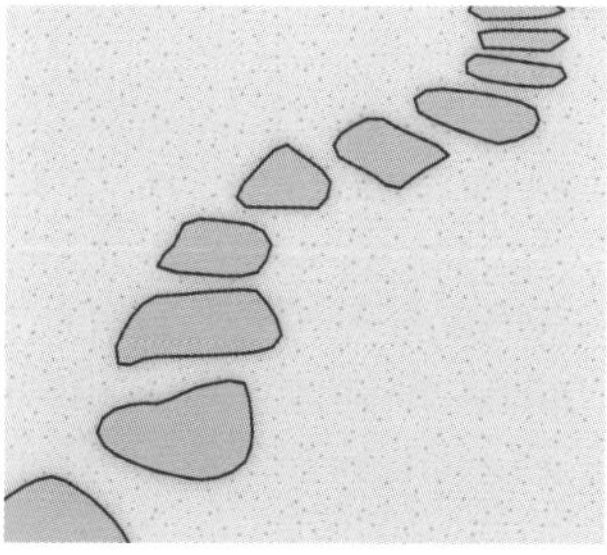

育できる。日本の土壌の多くは酸性系なので、消石灰などで中和するケースもある。pH＝7が中性。

★★ **コン柱《こんちゅう》**

外部立水栓用の柱。以前はコンクリート柱を使ったことから、こう呼ばれる。現在は樹脂製のものが多い。▼図17

図17 コン柱

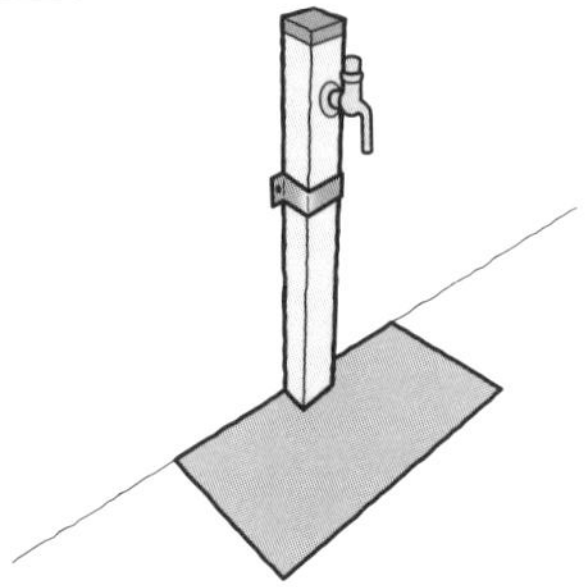

★★ **灌木《かんぼく》**

低木のこと。0.2m以上1m未満程度の樹木。目安として、高木は成木時に樹高が3m以上、中木は成木時に樹高が1m以上3m未満といった分類がある。

★★ **コンテナガーデン《こんてながーでん》**

庭づくりの手法。さまざまな容器に草木を植えて庭に配置する。

4 屋上・壁面緑化

★★★ **屋上緑化《おくじょうりょくか》**

建物の屋根や屋上に植物を植え、緑化をはかること。断熱性などの利点もある。土をあまり厚くせず重量の負担を軽減した薄型緑化と、本格的な植樹も可能とした庭園型緑化とがある。

★ **ヒートアイランド現象《ひーとあいらんどげんしょう》**

郊外に比べ、都市部の気温が高くなる現象。都市部には土や緑が少ない、排熱が多い、建造物の蓄熱があることが影響しており、屋上緑化は有効な対策だといわれている。

★★★ **壁面緑化《へきめんりょくか》**

建物の外壁まわりを緑化すること。緑のカーテンという言葉も使われる。

★★ **セダム《せだむ》**

屋上緑化によく使われる植物。灌水があまり必要ないことからメンテナンスしやすく、土壌の軽量化も可能なので利用されている。

★★ **ソイル《そいる》**

土・土壌のこと。緑化ではこの言葉は頻繁に使われる。軽くて保水性のある、さまざまなソイルが開発されている。

★★ **砂苔《すなごけ》**

屋上緑化でよく使われる苔。直射日光にも適応力があるためである。

★★ **保水量《ほすいりょう》**

植物の生育のために、土壌が水分を保てる量。屋上緑化では保水量を検討することが大切。

★★ **ツル植物《つるしょくぶつ》**

他の樹木を支えにして高い所に伸びる植物。壁面緑化にもよく使われる。壁面緑化にはヘデラなどがよく使われる。

★ **自動灌水装置《じどうかんすいそうち》**

灌水ホースやスプリンクラーで水やりを自動的に行う装置。

★★ **透水シート《とうすいしーと》**

土の流出を防ぎつつ排水できるシート。屋上緑化には必須の素材。

★★ **防根シート《ぼうこんしーと》**

防水層や下地への根の侵入を防ぐシート。庭園型の屋上緑化には必須の素材。

PROCESS 46

電《でん》気《き》

設備工事の一部です。最近では、空調設備に続いてスペースを必要とすることが多くなっています。動力と弱電設備に関する用語と配線・配管などの工事用語、そして照明設備に関する用語をおさえておきましょう。

1 電気用語

★★
電気《でんき》
静止または移動する、電荷の相互作用によって発生するさまざまな物理現象の総称。雷、静電気といった認識可能な現象だけでなく、電磁場や電磁誘導といったあまりなじみのない概念も含まれる。動電気と静電気の2つに大きく分けられる。

★★★
電力《でんりょく》
単位時間当たりの電気エネルギーのこと。電気が1秒間にどのくらいの仕事をするか、電気が仕事をする力のこと。単位は**W(ワット)**。主に直流の場合は電力(W)=電流(A)×電圧(V)と、電圧と電流の積で示すことができる。

★★
電力量《でんりょくりょう》
電力の量のこと。単位は**Wh(ワットアワー)**。電力量(Wh)=電力(W)×時間(h)と、電力と時間の積で示すことができる。電力量は**従量制**(利用時間や通信量による料金システム)の場合、電気のメーターで計量する。

★★★
電圧《でんあつ》
電気は電位(電気的なポテンシャル)が高い方から低い方へ電流が流れるが、電圧とはこの電位の高低差のこと。単位は**V(ボルト)**。

★★★
電流《でんりゅう》
電気の流れのこと。単位は**A(アンペア)**。たとえば乾電池の+極と−極を結ぶと電気が流れ、豆電球に光がつくが、この電気の流れが電流。**直流**と**交流**の2種類がある。▼図1

★★
直流《ちょくりゅう》
電流の方向と大きさが時間的に変わらない電流のことで、電圧を変えずして電流を流す方式。▼図1

★★
交流《こうりゅう》
正弦波《せいげんは》のように規則正しく、一定の周期をもって大きさと方向を変える電流のことで、電圧が時間とともに規則正しい波のように変化していくもの。▼図1

★★
電気回路《でんきかいろ》
電気素子を導線(電線)で結んだもののこと。電気(電流)が回り流れる路という意味合いがある。抵抗器(抵抗)、インダクタ、コンデンサ、スイッチなどの電気的素子が導線でつながった電流のループ(輪)である。

★★★
EPS《いーぴーえす》
electric pipe shaft の略で、建物などに設ける縦方向に貫通する電気用の配線スペース(シャフト)のこと。PSは縦方向に貫通する給排水ガスの**パイプスペース**(配管スペース)のことをいう。

図1 直流、交流

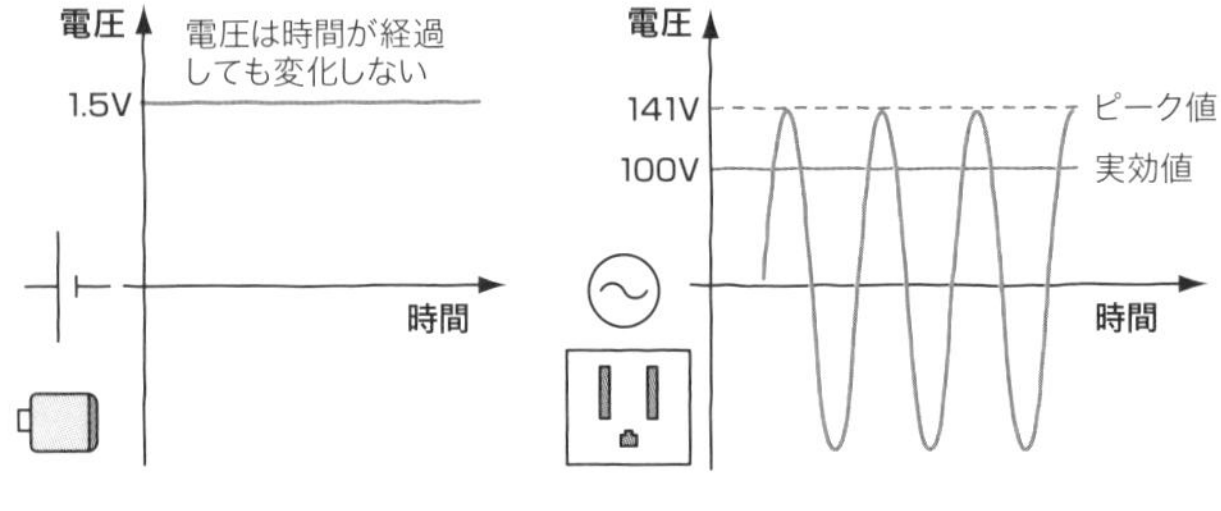

★★★
弱電設備《じゃくでんせつび》
一般的には、通信機械、防犯設

備、電話設備、放送設備、インターホン設備、テレビ共聴設備、ネットワーク設備など、主に60V以下の電気を使う設備のこと。対して**強電設備**とは、動力、電灯・電熱などの大きな電圧を使う設備のこと。これらは電気機器や技術を分類するための便利な言葉であるが、弱い電流で回る超小型のモーターなどが開発され、厳密には「強電」と「弱電」の区別があいまいになってきている。

★★★
動力(電源)《どうりょく(でんげん)》

一般に3相3線式200Vの電源のこと。回転機械に都合がよい電源で、工場などに使用する大きな電気容量を必要とするモーターの電動機や、大型の電熱器、業務用空調機などの電気機器、回転機械に使用する。一般家庭ではあまり使用しないが、大型のエアコンなどで使う場合もある。

★★
配電方式《はいでんほうしき》

電気を分配することを**配電**といい、その方式のこと。送電網から変電所を通し需要家引込口に至るまでの配線系統を構成する方式のこと。**特別高圧配電方式**、**高圧配電方式**、**低圧配電方式**とがあり、そのうちの低圧配電方式に**単相**、**3相**がある。

★★★
単相、3相《たんそう、さんそう》

交流の波のタイミングを**相**と呼ぶ。単相とは位相が同一である交流電力で、電灯、コンセントなどの100V電圧として使う。3相とは位相が3つの正弦《せいげん》波《は》交流電力で、一般的にモーターなどの200V電圧として使う。単純に単相に比較して3相の方が、より多くの電気を流すことができる。

★★
単相2線式《たんそうにせんしき》

単相交流電力を電圧線1本と接地された無電圧の線1本の計2本の電線・ケーブルを用いて供給する低圧配電方式のこと。100Vの電源に使われる。▼図2

★★
単相3線式《たんそうさんせんしき》

単相交流電力を3本の電線・ケーブルを用いて供給する低圧配電方式のこと。低容量の配電に向くため、一般住宅用として普及している。100Vと200Vの電源が同時に使える。▼図2

★★★
受電電圧《じゅでんでんあつ》

電力会社から受電する電圧のこと。契約電力が50kW未満で200Vか100Vのものを**低圧受電**、50kWを超えて6000Vのものを**高圧受電**、2000kW以上で22kVか33kVか66kVのものを**特別高圧受電**という。

★★
リミッター契約《りみったーけいやく》

10~60Aまで契約容量に応じた制限をかけるリミッター（ブレ

図2 単相2線式、単相3線式

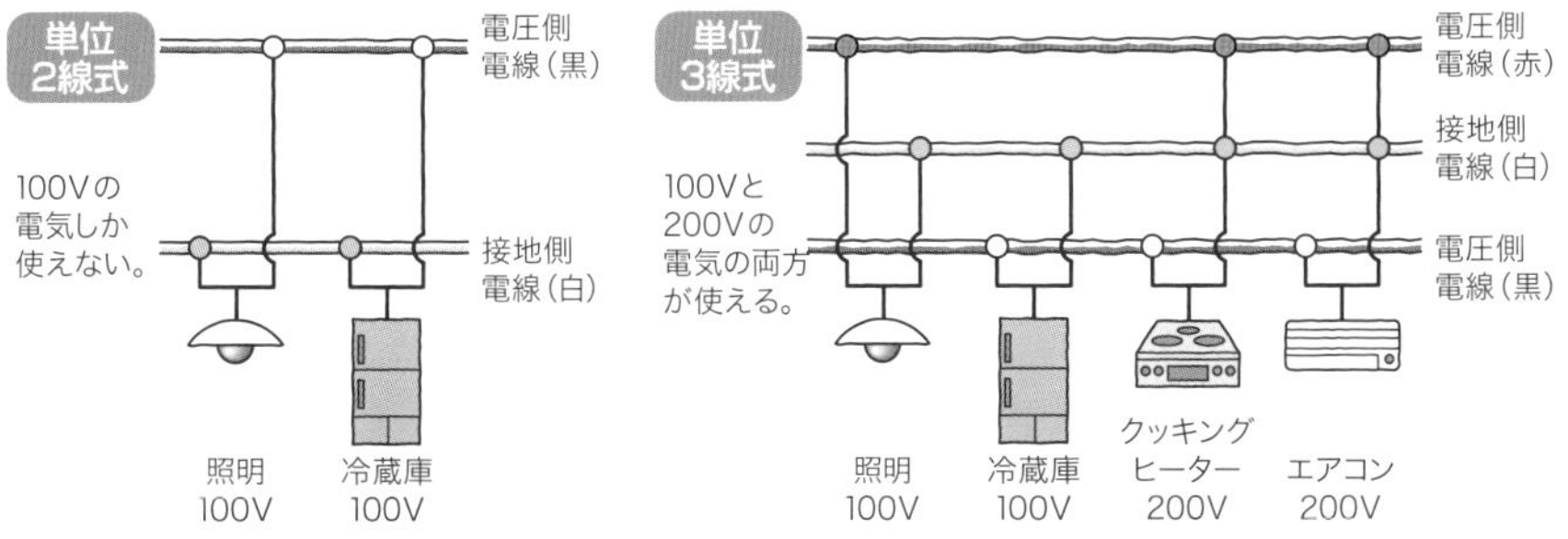

ーカー）を設置する契約のこと。リミッター（ブレーカー）とは契約した容量を超える電流が流れたときに電気の供給を自動で止める装置のこと。一般住宅で最も多く採用される契約方法。

★★ **回路契約《かいろけいやく》**

回路の数に応じた契約のこと。1回路で約1kVAを回路数に掛けた値から換算表を使用して契約電力を出す契約のこと。事務所などでよく使われ、契約電力以上に電気を使用できて、契約電力を少なくできる利点もあるが、回路を増やすたびに契約を変更するなど欠点もある。

★★ **従量電灯《じゅうりょうでんとう》**

電力会社の契約プランの1つで、最もオーソドックスなプラン。内容はリミッター契約と同じで、使用するアンペアの大きさによって基本料金が異なり、使用電力量に応じて電気代が決まる契約のこと。従量電灯A、従量電灯B、従量電灯Cと各電力会社により違いがある。

★★ **深夜電力《しんやでんりょく》（契約《けいやく》）**

電力消費の少ない深夜から朝の電気を使用することで、料金が割安になる契約のこと。通電時間や電気温水器などにより契約は異なる。

★★★ **接地《せっち》**

電力の安全供給と人体への感電防止のために、電路を大地に接続すること。**アース**ともいう。大地に接地しない場合でもアースという。

2 電気機器

★★ **高圧キャビネット《こうあつきゃびねっと》**

受変電設備の一種で、高圧の電力を使う需要家の敷地境界内に、外部からの電線の引き入れ点に設ける自立型の開閉器や断路器箱の入った箱（キャビネット）のこと。**ピラーボックス**も同じものである。電力会社の所有物。▼図3

図3 高圧キャビネット

★★ **パッドマウント《ぱっどまうんと》**

受変電設備の一種で、集合住宅用の変圧器のこと。40戸（最近ではそれ以上大型の72戸）くらいまでのマンションで使用される。電力会社の所有物。

★★★ **キュービクル《きゅーびくる》**

受変電設備の一種で、**高圧変電設備**のこと。受変電の主要機器類として遮断器などの開閉装置、変圧器などの主回路機器や計器類などを収納した受配電盤。建物内部、屋上、屋外に設置される。住宅以外の建物（事務所、施設）は、所有者がこのような変電設備を設置し、管理には法的に主任技術者の専任が必要とされる。▼図4

図4 キュービクル

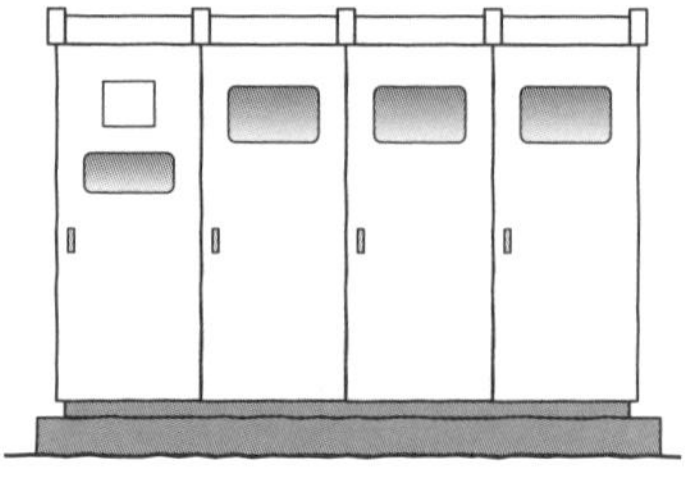

★★ **引込み柱《ひきこみちゅう》**

外部から（引込み線から）供給される電気を敷地内へ引き込むときに使用される電柱のこと。電話線引き込みなどにも使われ

る。住宅用鋼管引込み小柱でメーカーの商品として**スッキリポール**などがある。▼図5

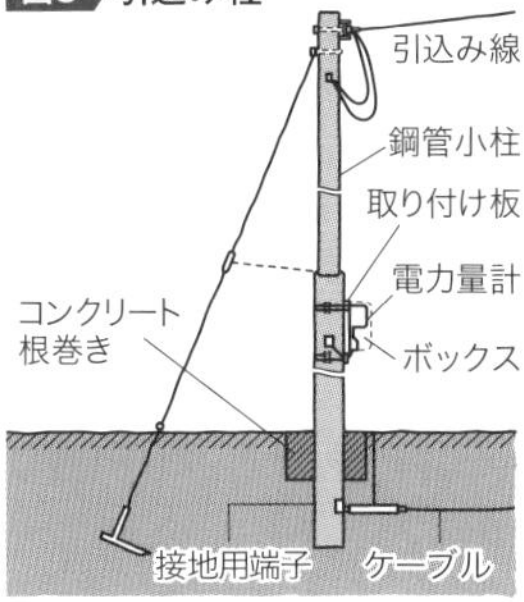

図5 引込み柱

★★
ハンドホール《はんどほーる》

地中埋設のケーブル接続、点検、修理などに必要なコンクリート製の升（ボックス）のこと。ここに手だけを入れて作業する。人が入って作業するものはマンホールという。▼図6

★★★
引込み口装置《ひきこみぐちそうち》

一般に配電盤（分電盤）のブレーカーなどのこと。電源を外から建物に引き込んだ位置の近くに設置して、非常時などに遮断できる装置。

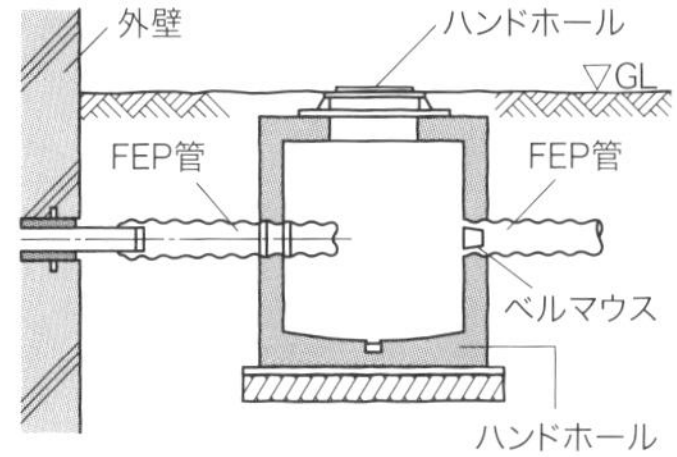

図6 ハンドホール

★★★
分電盤《ぶんでんばん》

鋼製や樹脂製の箱の中に母線、分岐用の回路過電流遮断器（ブレーカー）などを組み込んだもので、外部から来た電線をここで各部屋に分配する盤。用途に応じて電灯用と動力用がある。▼図7

★★
ELCB《いーえるしーびー》

漏電遮断器のこと。Earth Leakage Circuit Breaker の略。配線や電気機器からの漏電を感知し、電気を遮断することで事故を防ぐ装置のこと。▼図7

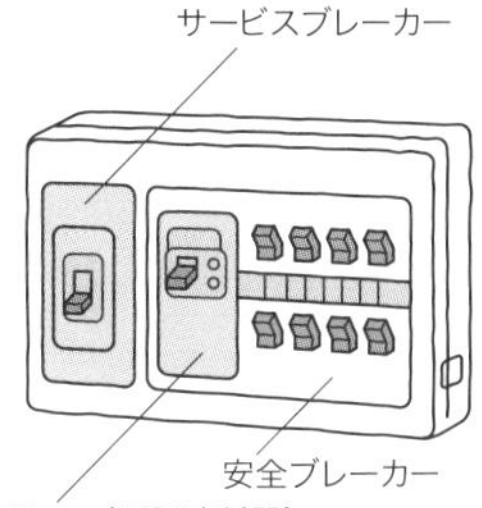

図7 分電盤の構成

3 配線・配管

★★★
電力ケーブル《でんりょくけーぶる》

電力を流す導体が絶縁体と保護被覆とで覆われているケーブルのこと。許容電流の大きな電力ケーブルは、この導体の断面が大きくなる。線の数により、単芯、2芯、3芯などがある。VVFケーブル（600Vビニル絶縁ビニルシースケーブル平形）は、住宅などの屋内配線に使われて屋外で使えない。またCVケーブル（600V架橋ポリエチレン絶縁ビニルシースケーブル）は、屋外の配線で使う。▼図8

★★★
Fケーブル《えふけーぶる》

平形ビニルケーブルのこと。フラットケーブルの略。ビニル絶縁ビニルシースのうち、平らで長円形のもの。円形のものはVVRケーブルという。経済的な簡易電気の配線で、天井裏などの隠蔽部に電線管なしで使われる。▼図9

★★
同軸ケーブル《どうじくけーぶる》

電流が通る内部導体と外部導体が1本の同軸状に配置されたケーブルのこと。1本で往復線路を形成している。テレビ電波などの高周波通信用に使われる。▼図10

★★★
電線管《でんせんかん》

電線を保護するための管のこと。

図8 電力ケーブル（VVRケーブル）

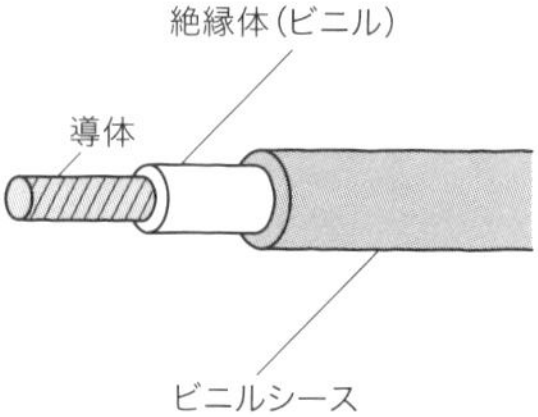

図9 Fケーブル

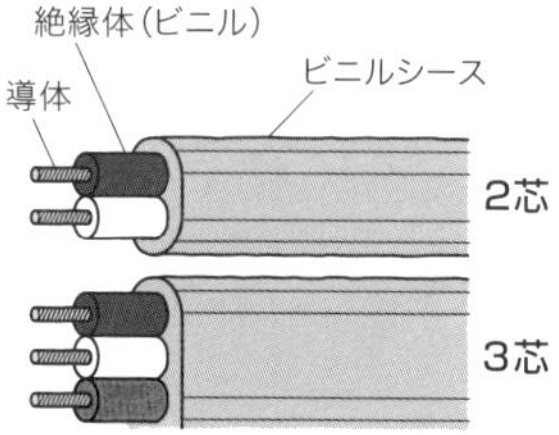

図10 同軸ケーブル

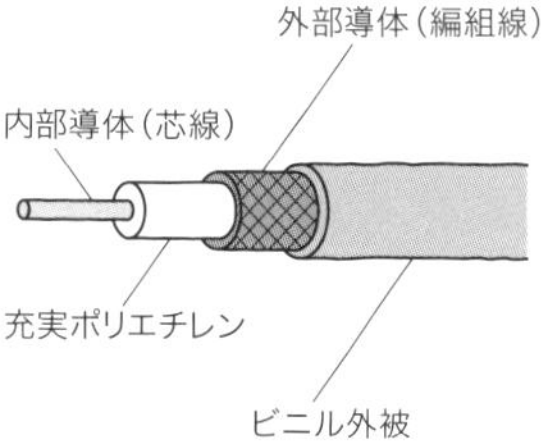

衝撃からの保護、美観の向上、引き替えやすくするなどの役割がある。金属製や合成樹脂製の種類があり、使用場所によって使い分ける。

★★ **金属管**《きんぞくかん》

金属製の電線管のこと。**鋼製電線管**とも呼ばれる。屋外・屋内問わず使われ、特に露出配管などで多く使用される。種類として厚鋼電線管（G管）、薄鋼電線管（C管）、さらに肉厚が薄いねじなし電線管（E管）などがある。金属製のため管を容易に曲げることができない（可とう性がない）ため、配管用ベンダで曲げるか、あらかじめ曲がった製品を必要とする。

★★ **コンジットパイプ**《こんじっとぱいぷ》

鋼管の配管で、電線管を通すためにRC造などに埋め込む電線管のこと。コンジットパイプだけで、電線管の総称を指す場合もある。

★★★ **CD管**《しーでぃーかん》

最も一般的な合成樹脂製電線管の一種。難燃性（自己消火性）を持たない合成樹脂製可撓電線管をいう。ポリエチレン、ポリプロピレンなどでつくられた管で、Combined Duct の略。色がオレンジ色で、コンクリート埋設用のため露出配管できない。▼図11

★★★ **PF管**《ぴーえふかん》

最も一般的な合成樹脂製電線管の一種。難燃性（自己消火性）を持つ合成樹脂製可撓電線管。ポリエチレン、ポリプロピレンなどに塩化ビニル管を被せたもので、Plastic Flexible Conduit の略。色がグレー系色で露出配管できる。▼図11

★★ **FEP管**《えふいーぴーかん》

合成樹脂製電線管の一種で、**波付硬質合成樹脂電線管**のこと。土中埋設として広く使用される。なかでも古河電気工業の商品名「エフレックス」が有名である。内径30～100㎜を超える大口径のものが多い。28㎜まではCD管・PF管となる。▼図11

★ **呼び線**《よびせん》

施工では電線管を設置してから、後からその中に電線を引き入れる。その際、あらかじめ電線管に入っていて、差し込んだ電線を引っ張るための柔軟性のある硬質の線のこと。**スチールワイヤー**ともいう。▼図11

★★★ **幹線**《かんせん》

変電室などの配電盤からEPSなどの分電盤、制御盤までの大電流が流れる配線のこと。ケーブルサイズが大きくなるので場合により**バスダクト**などの大容量幹線を使用することもある。

図11 CD管、PF管、FEP管

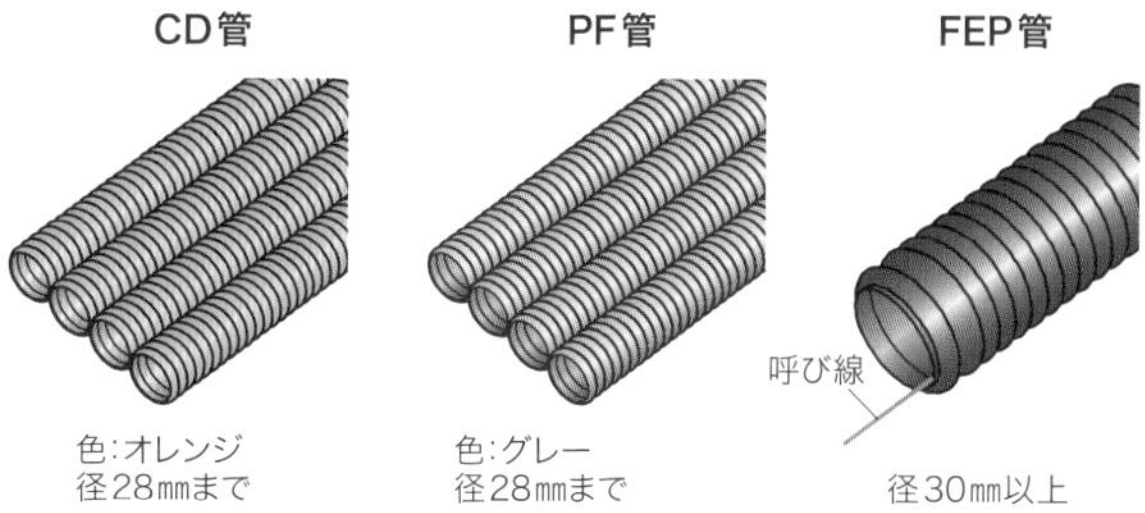

★

バスダクト《ばすだくと》

鋼板製やアルミ製のダクト内に帯状の導体を絶縁材で固定した幹線用配線材料のこと。大容量幹線に使用する。▼図12

★

ワイヤリングダクト《わいやりんぐだくと》

電線を整理、保護するために収容する金属製や合成樹脂製のダクトのこと。ケーブルダクト、金属ダクトなどといわれる。主にキュービクルからの取り出し部などに使用されることが多い。▼図13

図13 ワイヤリングダクト

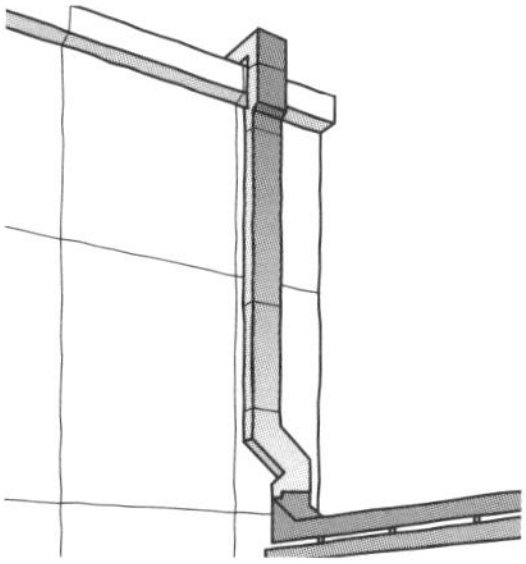

図12 バスダクト

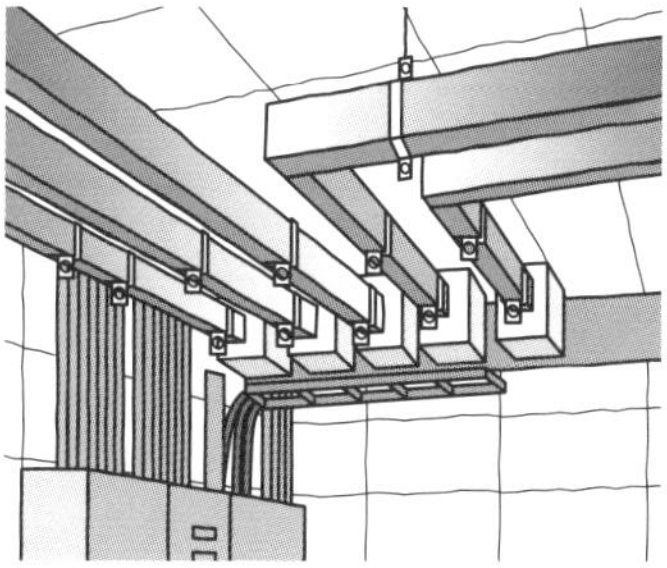

★★

ケーブルラック《けーぶるらっく》

ケーブル配線用の鋼板製かアルミ製のはしご状の金物のこと。その上や横に電線およびケーブルをまとめて配線する。天井から吊るタイプや壁に取り付ける垂直タイプなど、さまざまある。▼図14

図14 ケーブルラック

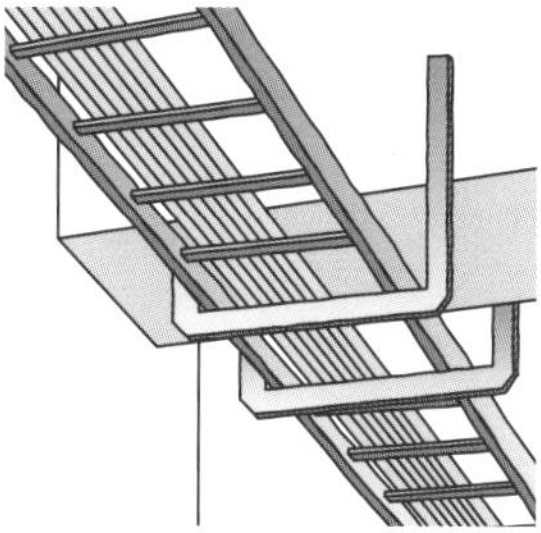

★★

フロアダクト配線《ふろあだくとはいせん》

オフィスなどのOA化により、間仕切りや配置の変動に対して、さまざまな場所で電話、コンセントなどの配線をできるようにした、床の溝、置き床の空間を利用した配線のこと。▼図15

図15 フロアダクト配線

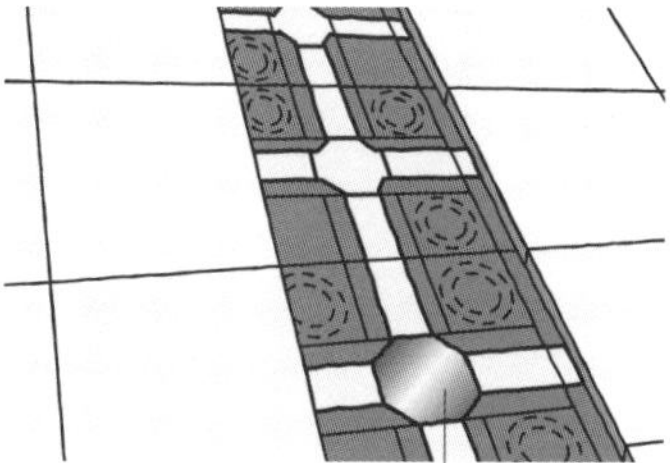

金属部プレートを外して自由に配線ができる。

★★★

アウトレットボックス《あうとれっとぼっくす》

配線工事の配管で、中間や端末に取り付けられるボックス。電線の引出し、コンセント類、照明、電気器具類の取り付け時、天井や壁の中に取り付けられる。スイッチやコンセントに使うものをスイッチボックスと呼ぶ。▼図16

★

プルボックス《ぷるぼっくす》

電線管などの配管工事で、接続、取り出し、器具の取り付けなどに設ける鋼板製の箱のことで、

電線管の分岐部分、集合部分、配管の長さの長い所に設ける。▼図17

図16 アウトレットボックス

図17 プルボックス

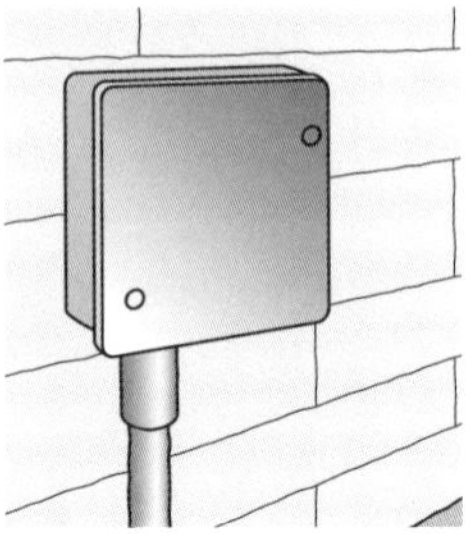

4 照明設備

★★★ 白熱電球《はくねつでんきゅう》

バルブ内に不活性ガスとフィラメントがあり、それに口金がついた構造で、フィラメントに電流が流れて加熱され、その放熱によって発光する電球のこと。シリカ電球や普通電球などとも呼ばれ、広く使われていた電球。ボール電球やミニ電球の他に、中にあるガスの違いにより、クリプトンランプ、レフ電球、ハロゲンランプなどがある。省エネルギー化のため、シリカ電球や普通電球など、LEDで同等の光を再現できる電球は、生産を中止していく方向にある。▼図18

★★ ハロゲンランプ《はろげんらんぷ》

大きな分類では白熱電球の一種。発光管のバルブ内にハロゲン元素を含むガスが入った電球のこと。他の白熱電球よりも長寿命、演色性に優れ、光源が小さいことなどから、店舗などによく利用されるが、蛍光灯などに比べるとランプ効率は劣り、高温になりやすい問題もある。▼図19

図18 白熱電球

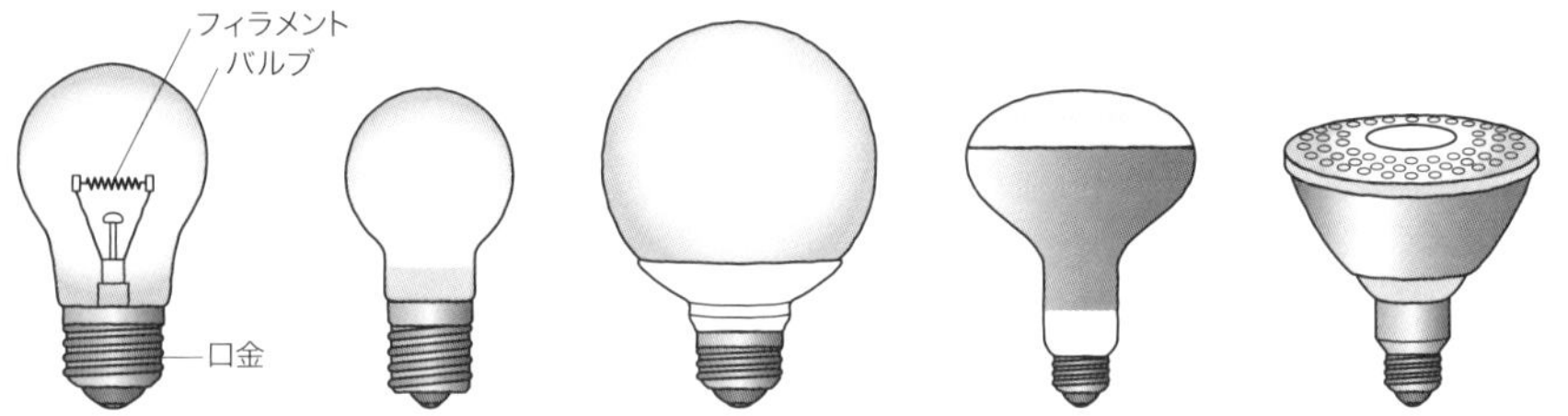

図19 ハロゲンランプ

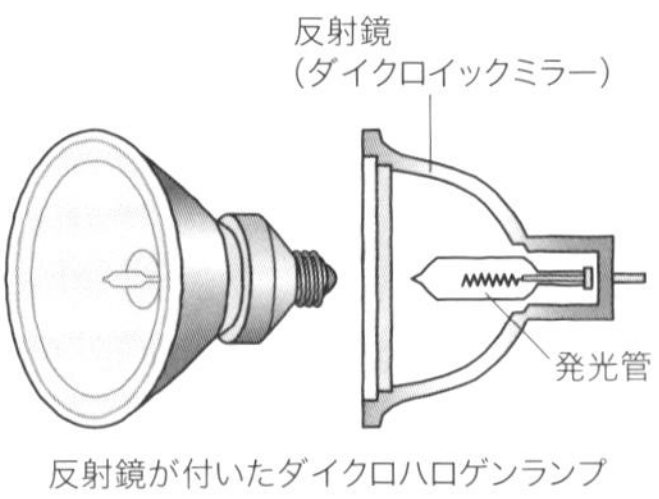

反射鏡が付いたダイクロハロゲンランプ

★★ 口金《くちがね》

白熱電球などの金属部分で、電球をソケットにセットして、電源に接続する部分のこと。ミニランプなどのサイズであるE17で直径17㎜、一般的なサイズであるE26で直径26㎜のサイズになる。コンパクト蛍光灯やLED電球でも口金タイプがでてきている。

★★★ 蛍光灯《けいこうとう》

放電灯の一種で、ガラス管内にごくわずかな水銀を含むアルゴンガスがあり、内側に蛍光体が塗布された電灯のこと。長寿命でランプ効率が高く、色温度の選択肢が多いが、安定器が必要で、調光ができず、細かい配光制御には向かない。口金タイプもあり、またコンパクト蛍光灯など多種類の製品があり、住宅だけではなく、広く多様に使われている。▼図20

図20 蛍光灯

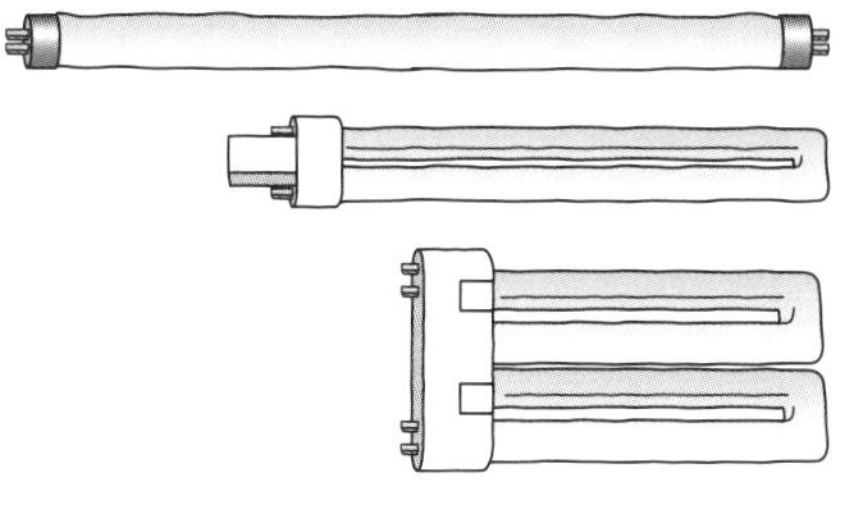

★★★
LED電球《えるいーでぃーでんきゅう》

Light Emitting Diodeの略で、発光ダイオードを使った電灯のこと。半導体の一種で、P型（ポジティブ）とN型（ネガティブ）の半導体をぶつけて発光する。省電力で長寿命、軽量、コンパクト。高価であるが明るさや演色性が改善されたことで、白熱電球の代替光源として主流となっている。▼図21

図21 LED電球

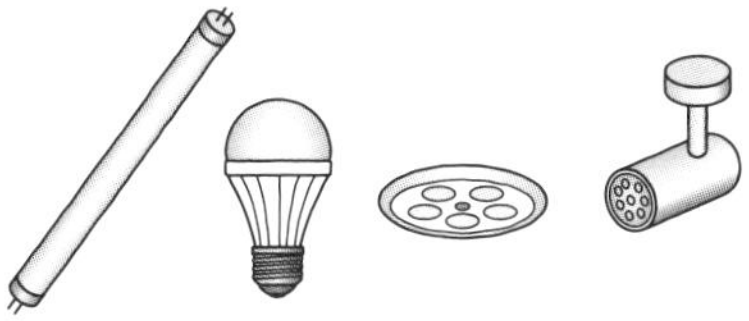

★★★
光束《こうそく》

光源全体の明るさを示す指標で、簡単にいうと光の量のこと。単位はlm（**ルーメン**）。照明用光源の明るさを表す際に用いられる。▼図22

図22 光束

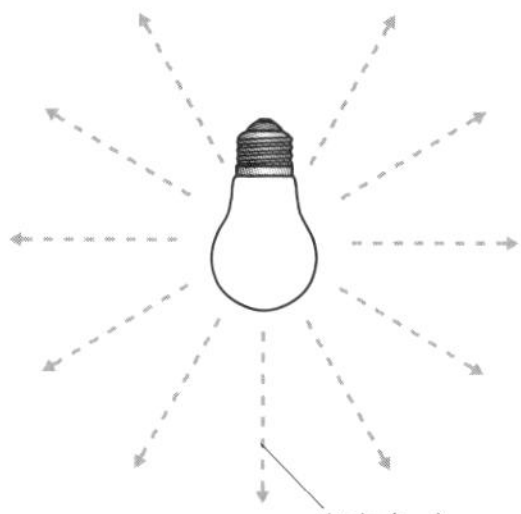

★
光度《こうど》

ある方向の光束の立体角密度を示す指標で、簡単にいうと光の強さのこと。単位はcd（カンデラ）。光束を単位立体角で割ったものが光度となる。表示用LEDなどの眩しさを表す際に用いられる。▼図23

★★★
照度《しょうど》

光を受ける面の明るさのこと。単位はlx（**ルクス**）でlm（ルーメン）／㎡と表すこともある。照明器具から照射したときの面上での明るさの比較に用いられる。光束を照射する単位面積で割ったものが照度となる。照明器具では、面を照射したときの面上での明るさを比較で用いるため、照度が使われる。▼図24

図23 光度

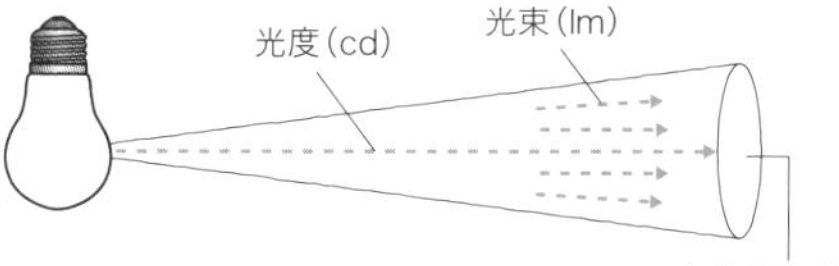

$$\text{光度(cd)} = \frac{\text{光束(lm)}}{\text{立体角(sr)}}$$

★★
輝度《きど》

ある方向から見た光源そのものや、照らされたものの輝きの強さのこと。光源の見かけ発光面積で、光度を割ったもの。単位は、cd（カンデラ）／㎡。光度を照射する単位面積で割ったものが輝度となる。そのため、たとえば表面積の小さな豆電球はきらきら輝いて見える。▼図25

★★
色温度《いろおんど》

光色（光の色味）の違いを数値で表したもののこと。照明の各種光源の発光色は、放射線の集まりとして見える。その光の色を、黒体から放射される光の色と対応させ、そのときの黒体の温度をもって色温度とする。単位はケルビン（K）。赤っぽい色ほど色温度は低く、白っぽい色ほど色温度は高い。

図24 照度

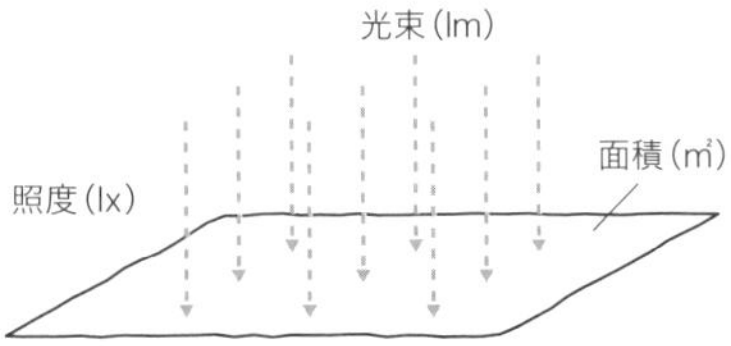

$$照度(lx)=\frac{光束(lm)}{面積(㎡)}$$

図25 輝度

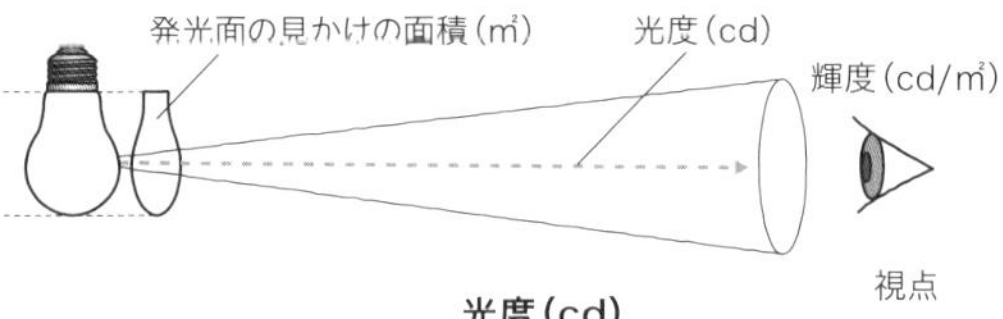

$$輝度(cd/㎡)=\frac{光度(cd)}{発光面の見かけの面積(㎡)}$$

★★
グレア《ぐれあ》

光が視界の中に入ると、眩しくてまわりのものが見えにくくなる。その不快に感じる眩しさのこと。輝度対比が激しいと輝度の低い部分が見えづらくなる。光源から直接受ける眩しさを**直接グレア**、反射した光を眩しく感じることを**間接グレア**という。▼図26

図26 グレア

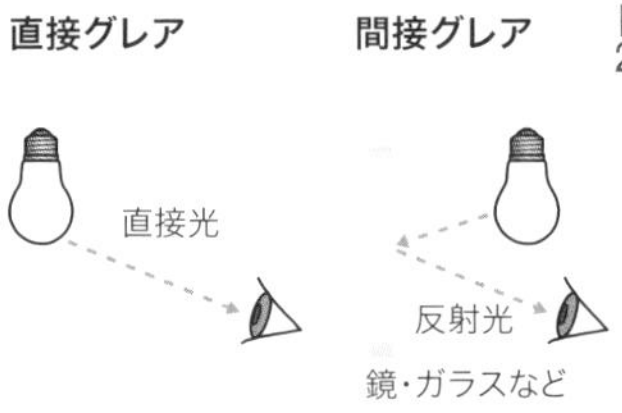

★★★
ダウンライト《だうんらいと》

天井に埋め込まれる照明器具のこと。下方向に効率よく配光できる器具。空間全体の照度を確保するために、最もよく使われる。▼図27

★★★
スポットライト《すぽっとらいと》

反射鏡またはレンズを使い、一定方向に高い光度が得られる投光器。照射方向が自由に変えられ、また取り付け方も豊富なため、さまざまな用途に使われる。▼図27

★★★
シーリングライト《しーりんぐらいと》

天井面に取り付けられる照明器具のこと。セードカバーなどが付いていて、部屋全体が均一な明るさになり、全般照明向きの照明器具。▼図27

★★
ブラケットライト《ぶらけっとらいと》

壁面、柱面などに取り付けられる照明器具のこと。ブラケットライトだけで明るさを確保するのは難しく、全般照明としてよりも、補助灯として使われる。▼図27

★★
ペンダントライト《ぺんだんとらいと》

天井からワイヤーなどで吊り下げられた照明器具のこと。住宅ではダイニングのテーブルの上

や、吹き抜けの空間などに使われる。シャンデリアなどもペンダントライトのグループに分類できる。▼図27

★★
スタンドライト《すたんどらいと》

建築工事の取り付けが必要なく、コンセントによる点灯が可能な置型の照明器具のこと。机に置くスタンドライトや、床に直接置くフロアスタンドライトなどがある。▼図27

図27 さまざまな照明器具

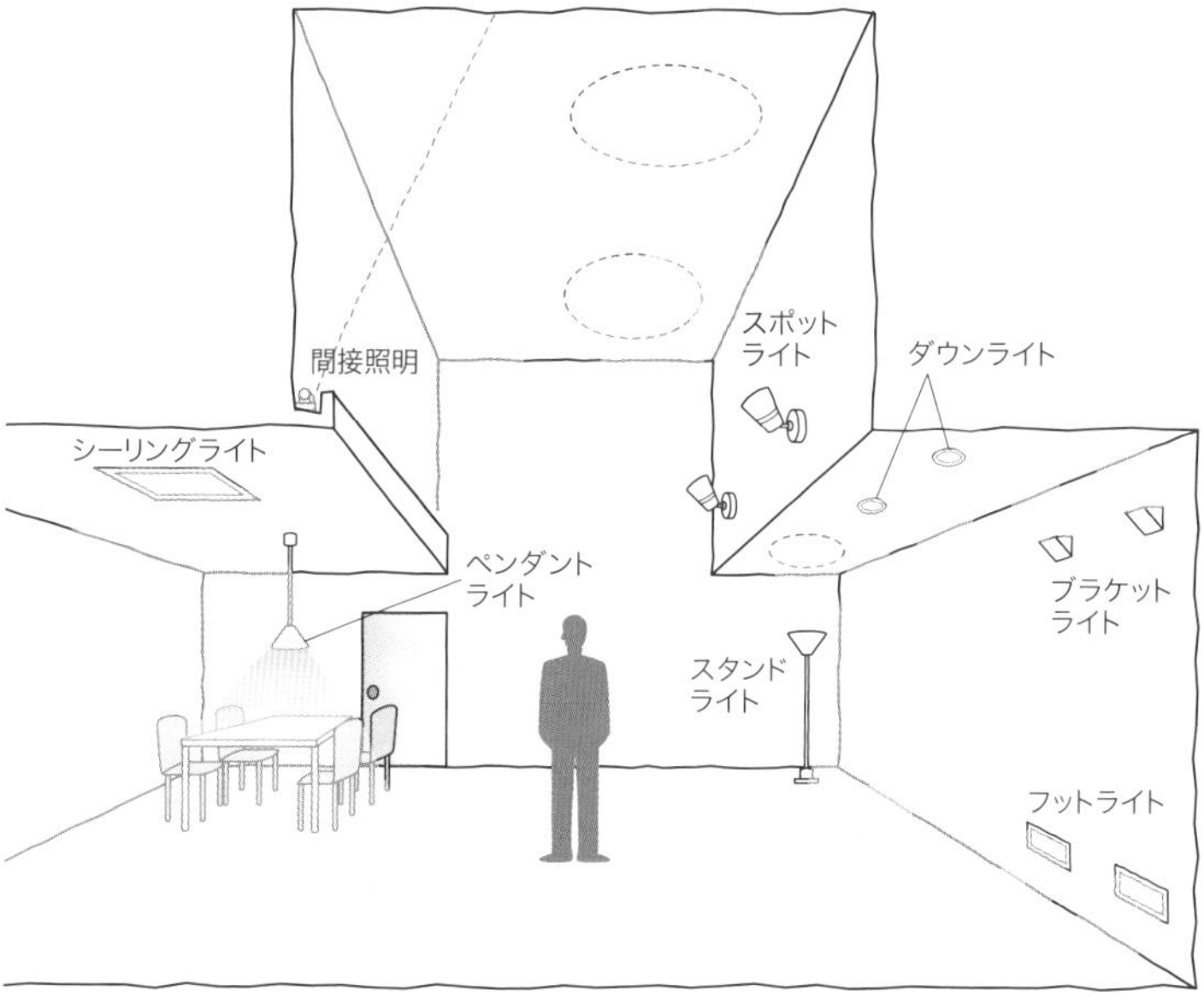

★★★
間接照明《かんせつしょうめい》

天井面や壁面に光を向けて、反射する光を照明とした方法のこと。効率は悪くなるが、照度などを均一にしやすく、雰囲気のある光をつくることができる。▼図27

★★
フットライト《ふっとらいと》

主に夜間に足元だけを照らす目的の照明器具のこと。床面を照らし、足元の安全性を高めるために、階段・通路・寝室などで使われる。舞台用語では地灯りを確保し、舞台の床の前縁に取り付け、演技者を足元から照らす照明のことをいう。▼図27

★★★
ルーバー《るーばー》

ランプの下に取り付ける、平行状、格子状の遮光板のこと。ランプからの直接光を遮る役目を持つ。▼図28

図28 ルーバー

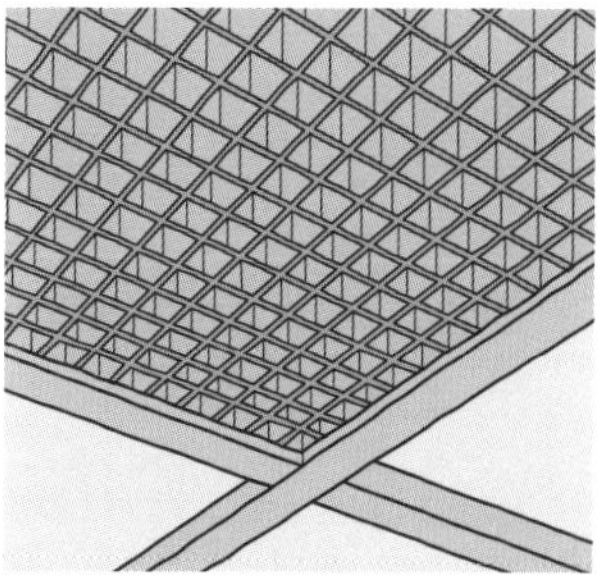

★★
調光装置《ちょうこうそうち》

電灯の明るさを調整する装置のこと。電圧を半導体で調節して明るさを調整する。壁スイッチタイプのものから、多数の調光回路を収納した盤形式のものがある。白熱電球には利用可能だが、蛍光灯には専用の安定器と専用のランプが必要。LEDランプでも専用器具と専用ランプで調光できるようになる。▼図29

図29 調光装置（壁スイッチタイプ）

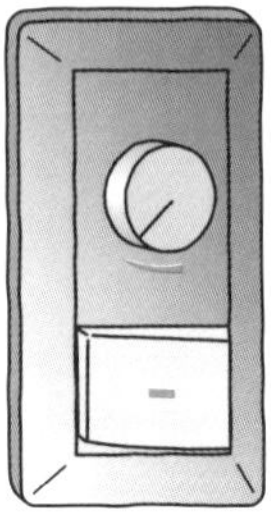

★★★
3路スイッチ《さんろすいっち》

スイッチの中で、2か所から電気の入り・切りができるもののこと。廊下や階段の上下などに便利。3か所からできるものを4路スイッチと呼ぶ。

5 弱電設備

★★★
通信回線引き込み《つうしんかいせんひきこみ》

建物の外部から通信回線を引き込むこと。通信には電話、光ケーブル、ケーブルテレビなどがあり、主に地中からと電柱からの引き込みがある。

★★★
弱電端子盤《じゃくでんたんしばん》

電源ケーブル以外の弱電線を収容し、通信配線の幹線と端末配線を接続する盤のこと。たとえば、LANケーブル・ハブ、電話線の端子、テレビ用同軸ケーブル、分配器、インターホン端子などを内蔵して、周辺の必要場所に配線をする。

★★★
主配線盤《しゅはいせんばん》

集合住宅・オフィスビルなどに設置される、通信線路の集線盤のこと。MDF（Main Distributing Frame）ともいう。将来に予想される配線数の多芯ケーブルを配線して盤に接続しておき、その後の需要に応じてこの盤内配線の変更のみで回線を構成する。また、落雷・電力線との混触などの異常電圧から屋内機器を保護するため、集合型保安器を設置する所でもある。

★★★
通信回路《つうしんかいろ》

電気通信情報を通信の目的で使う有線、無線の電気回路のこと。各機器同士を接続して情報を交換する回路。広域通信回路やLANなどの構内通信回路など、さまざまな形がある。

★★
通信ケーブル《つうしんけーぶる》

電気通信情報を有線で送るために使われるケーブルのこと。電力ケーブルと比べると取り扱うパワーは極めて小さいが、周波数範囲の広い点が特徴。大別すると金属ケーブルと光ファイバーケーブルがある。▼図30

★★★
光ファイバーケーブル《ひかりふぁいばーけーぶる》

ガラスやプラスチックの細い繊維でできている、光を通す通信ケーブルのこと。電気信号をレーザーを使って光信号に変換し、出来上がったレーザー光を光ファイバーに通してデータを送信する。電気信号を通信する金属ケーブルに比べて、信号が減衰しにくく、超長距離でのデータ通信が可能である。

図30 通信ケーブル

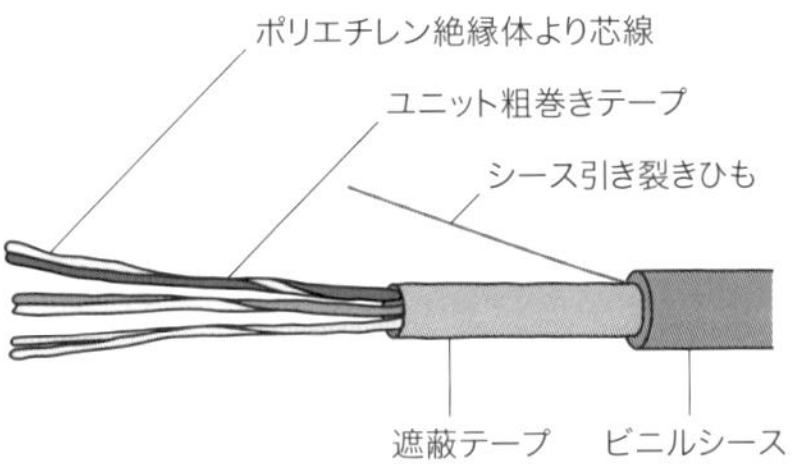

★★★
地上デジタル《ちじょうでじたる》(テレビ)《てれび》放送《ほうそう》

電波塔から送信する、地上波放送をデジタル化したもので、高画質画像、多チャンネル化、双方向サービス、データ放送などの付加価値の高い放送システムのこと。地デジと略される。2011年から従来のアナログ放送から切り替わった。

★★★
マルチメディアコンセント《まるちめでぃあこんせんと》

コンセント電源だけではなく、テレビ、電話・FAX、そしてLANなどのネットワーク用のコンセントを1つにまとめたコンセントのこと。IT時代に対応し、マンションや住宅を中心に普及しつつある。▼図31

図31 マルチメディアコンセント

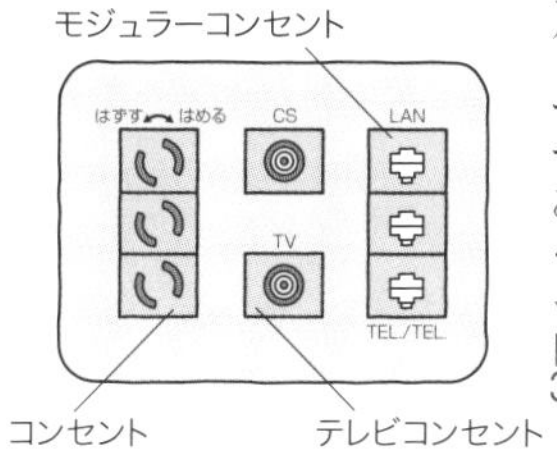

★★★ 人感センサー《じんかんせんさー》

人体の存在を感知するセンサーのこと。人体の熱を赤外線で捉えるものが多く、人が接近したときに点灯する照明など、防犯警備用に使われる。

★★★ 火災報知機《かさいほうちき》

火災を感知器により感知、または火災を発見した人が発信機を押して警報を鳴らしたり、消防機関に通報する機器の総称のこと。自動火災報知設備や住宅用火災警報器、消防機関に通報する火災報知設備などがこれに含まれる。▼図32

図32 火災報知機

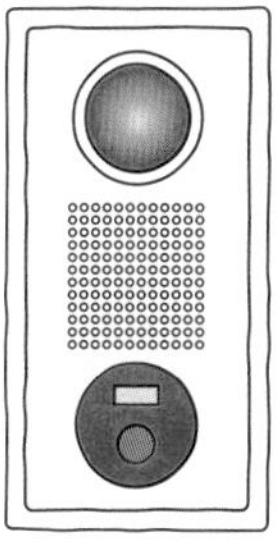

★★★ 自動火災報知設備《じどうかさいほうちせつび》

火災により発生する煙や熱を自動的に感知して、警報を発する設備のこと。感知器、受信機、発信器、表示灯、音響装置、配線などで構成されている。火災報知機などともいう。▼図33

★★★ 住宅用火災警報器《じゅうたくようかさいけいほうき》

火災報知機の一種で、一般住宅に設置され、火災時の煙や熱を感知して音声やブザー音が鳴る警報器である。基本的な動作原理はビルなどに設置する自動火災報知設備と同じ。消防法により設置が義務付けられる。感知方法により煙の濃度から感知する**煙感知器**と、熱の温度上昇から感知する**熱感知器**がある。▼図34

図33 自動火災報知設備

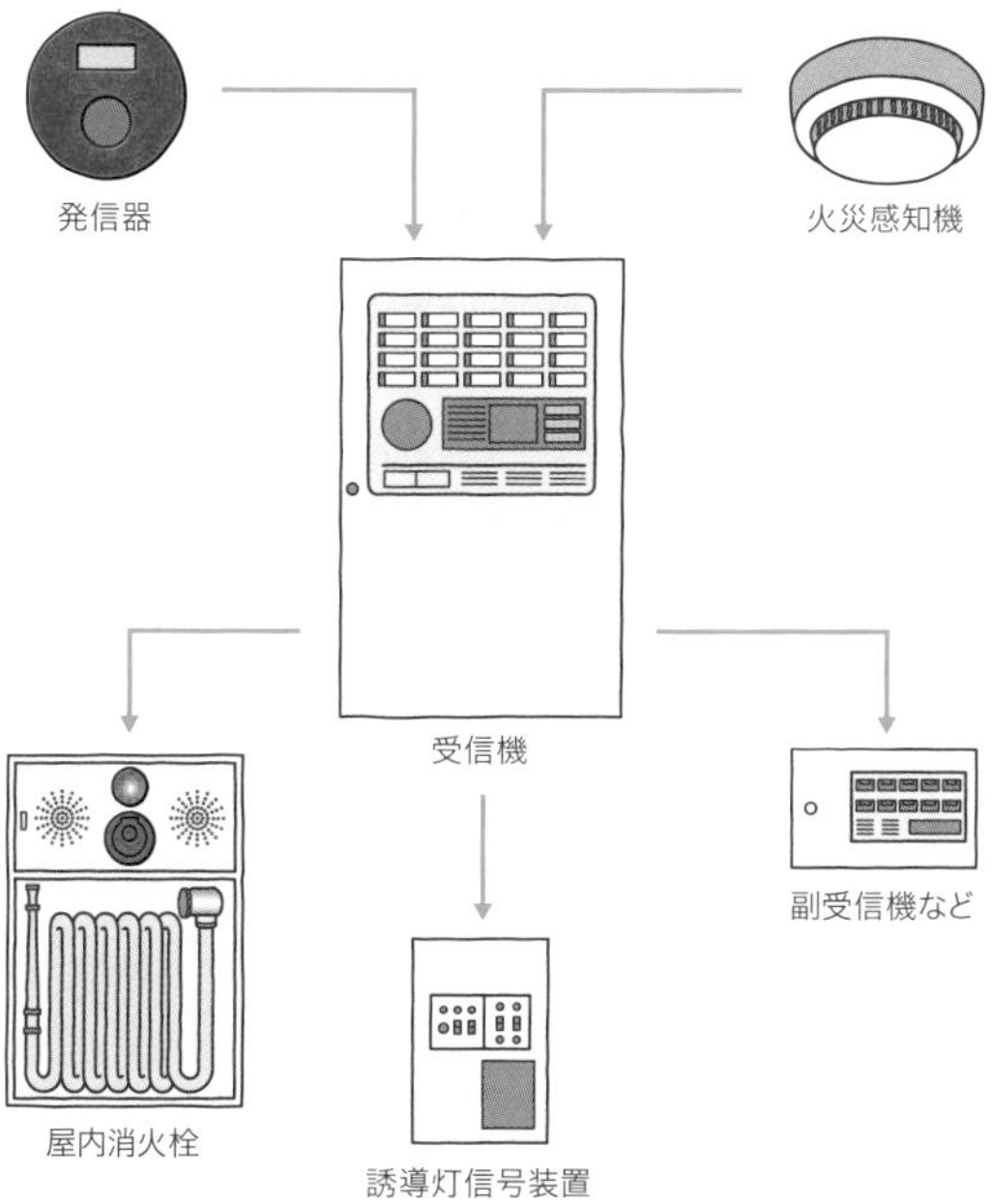

図34 住宅用火災報知器

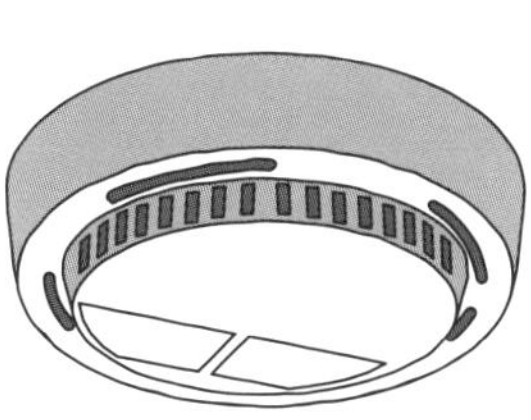

PROCESS 47

ガス・その他《た》エネルギー

ガス工事は設備工事の一部。他の設備と同じで機器類の他に、配管工事に関する用語が必須となります。また、ガス以外のエネルギーとして最近では環境に配慮した再生可能エネルギーが注目されています。

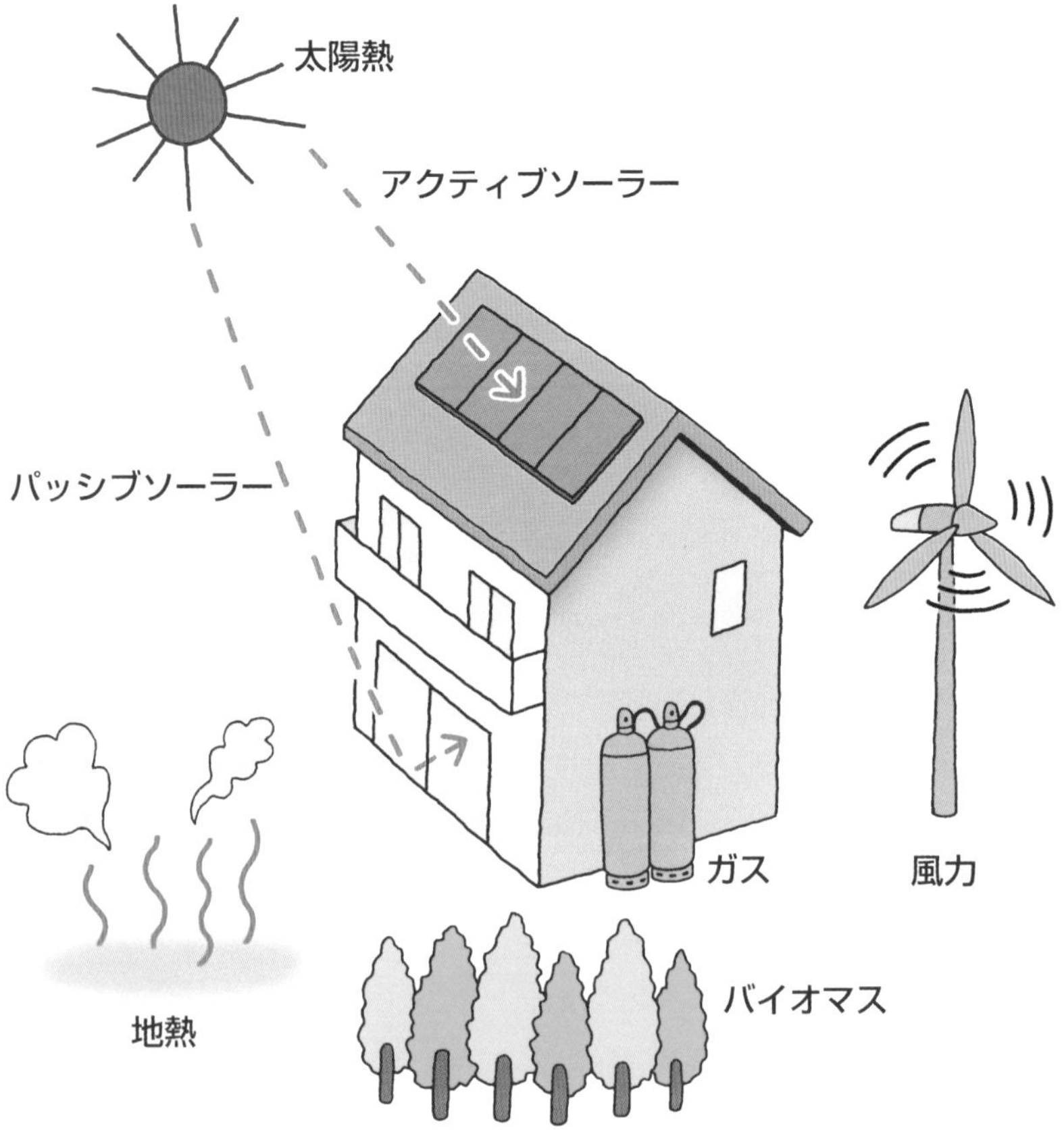

1 ガス・配管・機器

★★★
都市《とし》ガス《がす》

家庭やビルなどの消費する場所まで地中に設置したパイプラインを使って供給するガス。現在は輸入した液化天然ガス（LNG）を気化した天然ガス、または国内の天然ガスに液化石油ガスを混合したものを使っている。対応するガス器具には白い（ベージュ）ホースを使う。▼図1

図1 都市ガス

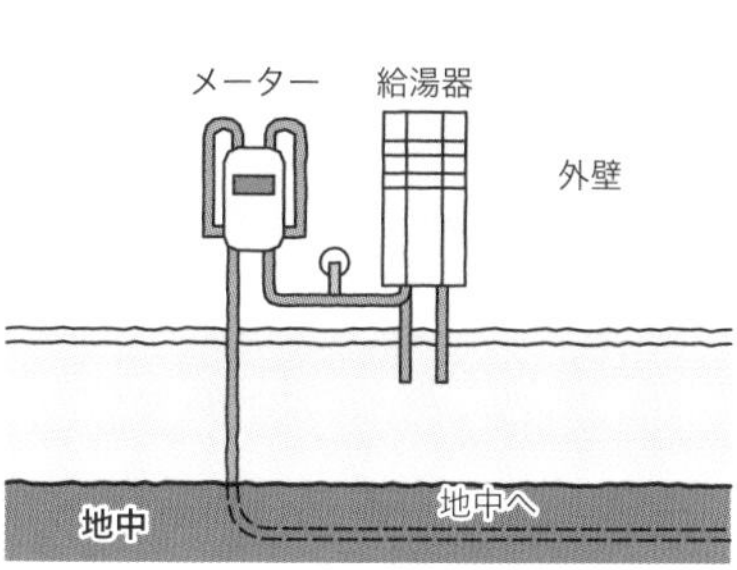
メーター
給湯器
外壁
地中へ
地中

★★★
LPガス《えるぴーがす》(液化石油《えきかせきゆ》ガス《がす》)

プロパンを主成分にブタン、プロピレン、エタン、ブテンなどを含むガスのこと。供給方法は販売業者からボンベの形で出荷となり、消費する場所に設置する。対応するガス器具にはオレンジ色のホースを使う。▼図2

図2 LPガス

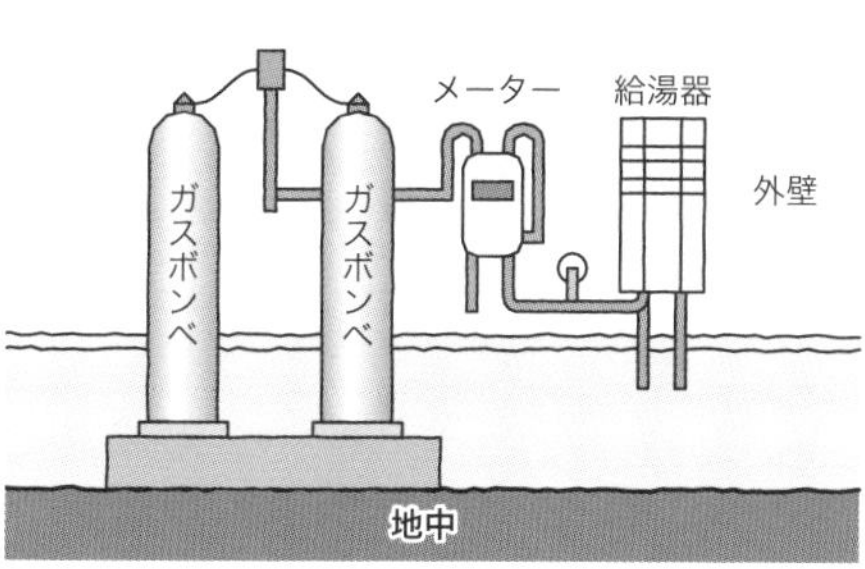
ガスボンベ
ガスボンベ
メーター
給湯器
外壁
地中

★★
白《しろ》ガス管《がすかん》(SGP-ZN《えすじーぴーぜっとえぬ》)

表面を亜鉛でメッキした炭素鋼管のこと。1988年頃まで宅内や道路内で使われていた。亜鉛メッキが白っぽく見えるため、白ガス管と呼ばれる。腐食のため約20年が寿命。現在は腐食の心配のいらない露出部の配管に使われる。▼図3

★★
黒《くろ》ガス管《がすかん》(SGP《えすじーぴー》)

表面のメッキ処理がないため、酸化皮膜（黒サビ）で覆われた炭素鋼管のこと。黒っぽく見えるため、黒ガス管と呼ばれる。

★★★
ポリエチレン被覆鋼管《ぽりえちれんひふくこうかん》(PLS《ぴーえるえす》)

表面をポリエチレンで覆ってある鋼管のこと。腐食を形成させないようにポリエチレンで絶縁した、土中埋設の腐食に強いガス管。1988年頃から採用されている。▼図4

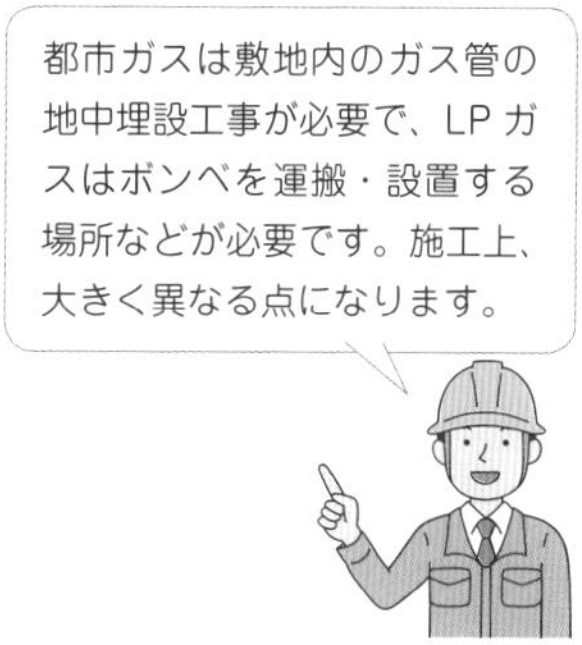
都市ガスは敷地内のガス管の地中埋設工事が必要で、LPガスはボンベを運搬・設置する場所などが必要です。施工上、大きく異なる点になります。

★★
ポリエチレン管《ぽりえちれんかん》(PEP《ぴーいーぴー》)

ポリエチレンを使った管のこと。土中埋設の腐食に強い。可とう性がある(曲げや引張りに強い)ので、継ぎ手などのつなぎ目の制耐震性に優れている。直射日光には弱いため、主に埋設部に使用する。色は黄色が多い。▼図5

★★★
ステンレス製《すてんれすせい》フレキシブル管《ふれきしぶるかん》

フレキシブル（曲がりやすい）なステンレス管のこと。腐食、耐久性に優れたステンレスを、製品として曲がりやすく加工し、外面は塩化ビニール被覆をしたもの。自由にセットできるので施工しやすく、最近の住宅では多用されている。▼図6

図3 白ガス管(SGP-ZN)

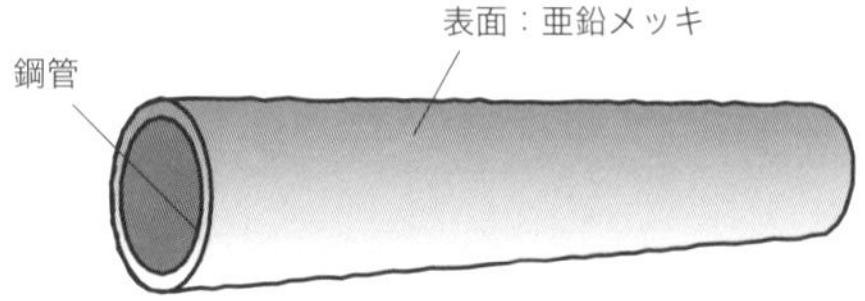

図4 ポリエチレン被覆鋼管(PLS)

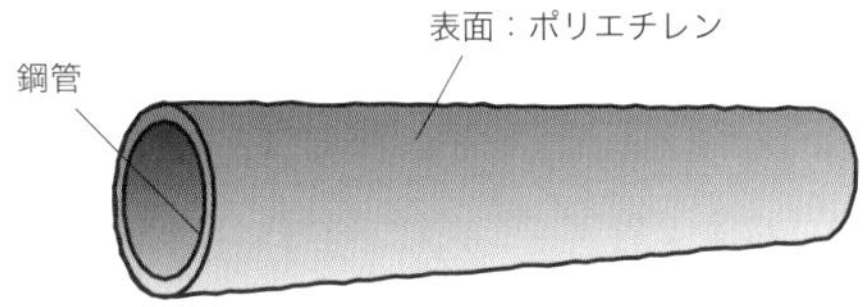

図5 ポリエチレン管(PEP)

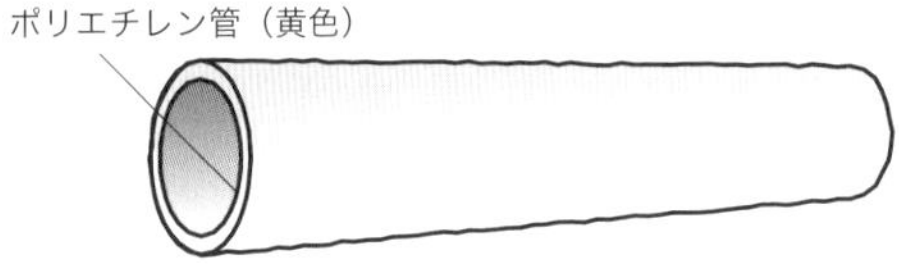

図6 ステンレス製フレキシブル管

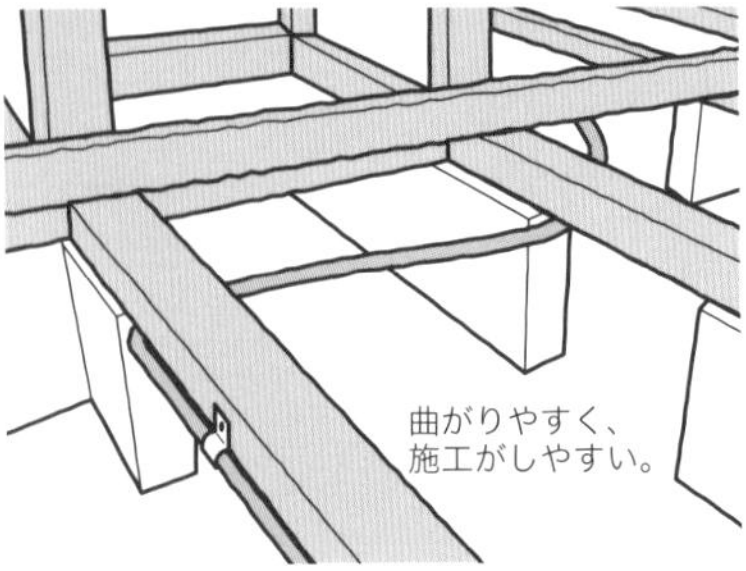

★★★
ガスコンロ《がすこんろ》

据付型で、調理器具を加熱するガスの燃焼器具や加熱器具のこと。2008年10月以降の商品には、SIセンサー（調理油加熱防止装置、立ち消え安全装置、コンロ・グリル消し忘れ消火機能）を付けることが義務付けられた。

★★★
ガスコンセント《がすこんせんと》

ガス管の接続のためのコンセントプレート。コンセント継ぎ手を差し込むだけでガスが流れる仕組みになっている。壁埋込型・床埋込型・露出型などがあり、また電気コンセントが付いているタイプもある。**ガスコック**ともいう。▼図7

★★★
ガス漏《も》れ警報器《けいほうき》

ガス漏れを検知して、警報を発する装置のこと。都市ガスは主に天井近く（一部の都市ガスは床近く）に、LPガスは床面近くに取り付ける。▼図8

2 その他エネルギー・用語

★★
燃料電池《ねんりょうでんち》

水素と酸素を利用した化学エネルギーを電力に変換する装置のこと。たとえば電池には、使い切りの一次電池と、携帯電話などのバッテリーのように充電すると何回も使える二次電池があるが、それらとは異なり、燃料電池は燃料となる水素と酸素で電気をつくり続けることができる発電装置である。▼図9

図7 電気コンセント付きガスコンセント

図8 ガス漏れ警報器

★★★
蓄熱《ちくねつ》

熱を蓄えること。蓄熱には、た

図9 電池、燃料電池

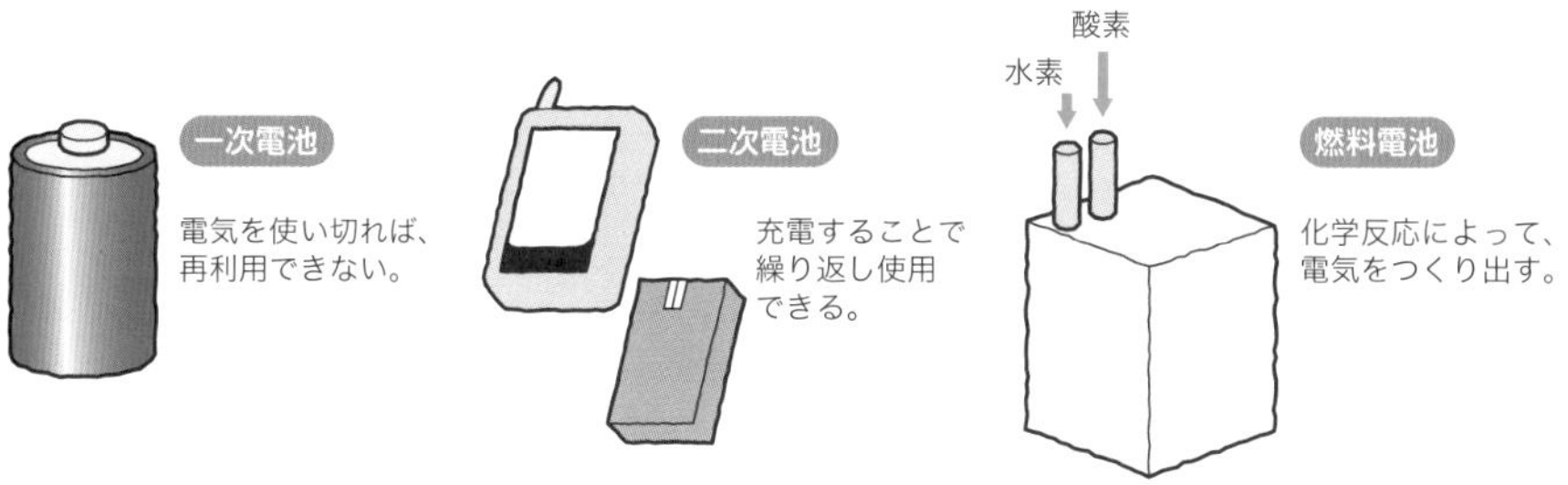
一次電池
電気を使い切れば、
再利用できない。
二次電池
充電することで
繰り返し使用
できる。
酸素
水素
燃料電池
化学反応によって、
電気をつくり出す。

とえば熱を蓄える熱容量の大きな物質（コンクリート）を昼に暖めておき、夜は放熱で暖房に使うという利用方法がある。▼図10

図10 土間コンクリートの蓄熱

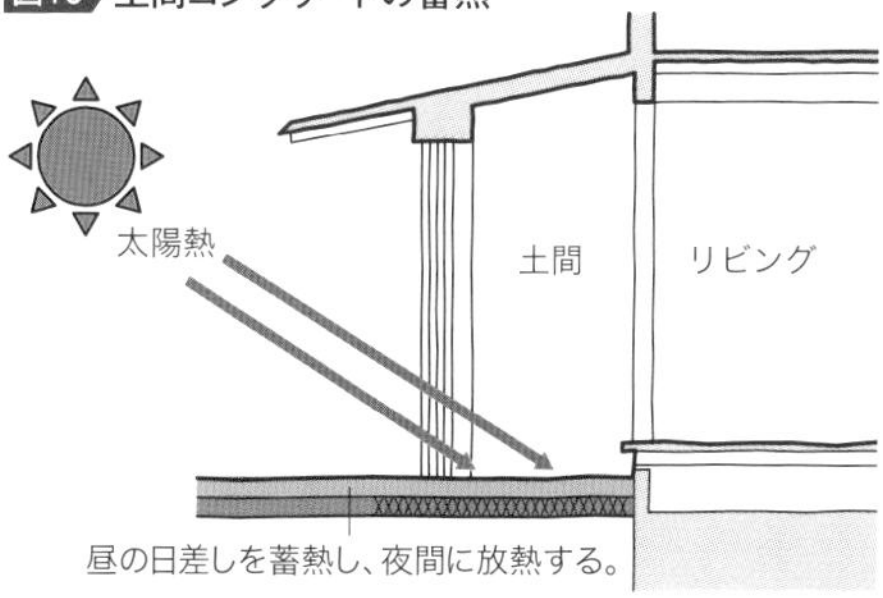
太陽熱
土間
リビング
昼の日差しを蓄熱し、夜間に放熱する。

★★★
ハイブリッド《はいぶりっど》

1つの目的を成すときに、1つではなく、2つ以上の異質のものを組み合わせることで、よりよくすること。たとえば、エネルギーにおいては、ハイブリッド車が代表的なものであるが、ガソリンエンジンとモーター充電池を組み合わせることで、燃費がよりよくなる。

★★★
アクティブソーラー《あくてぃぶそーらー》

太陽熱を取り込むエネルギーシステムの1つ。システムの稼働には、動力や機械を用いる。▼図11

★★★
パッシブソーラー《ぱっしぶそーらー》

太陽熱を取り込むエネルギーシステムの1つ。システムの稼働に動力や機械を使わない。蓄熱や夜の涼しい風を利用するエネルギーを「受身的（パッシブ）」に使うシステム。自然をうまくそのまま使うという意味では、小さなエネルギーだが重要な使い方でもある。▼図11

★★★
再生可能エネルギー《さいせいかのうえねるぎー》

自然環境の中で繰り返し起こる現象の中から取り出すエネルギーのこと。太陽光・太陽熱、風力、バイオマス、地熱、波力・潮力、流水・潮汐、廃棄物の焼却熱を利用するリサイクルエネルギーのこと。

図11 アクティブソーラー、パッシブソーラー

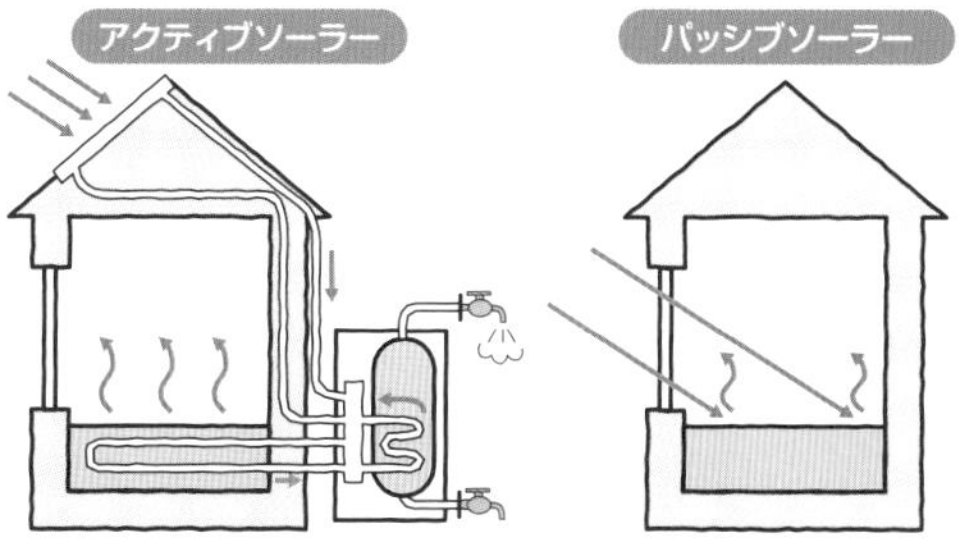
アクティブソーラー
パッシブソーラー

★★★
太陽光発電《たいようこうはつでん》

太陽電池を利用し、太陽光のエネルギーを直接的に電力に変換する発電方式のこと。ソーラー

発電ともいう。再生可能エネルギーの一種でクリーンなエネルギーだが、設備利用率は約12％と、太陽が出ないときなどの効率は低い。▼図12

★★★
太陽光《たいようこう》パネル《ぱねる》

太陽電池をいくつも並べて相互接続し、パネル状にしたもののこと。**ソーラーパネル**ともいう。太陽光発電システムの部品として広く使われている。▼図12

図12 太陽光発電（個人用住宅の例）

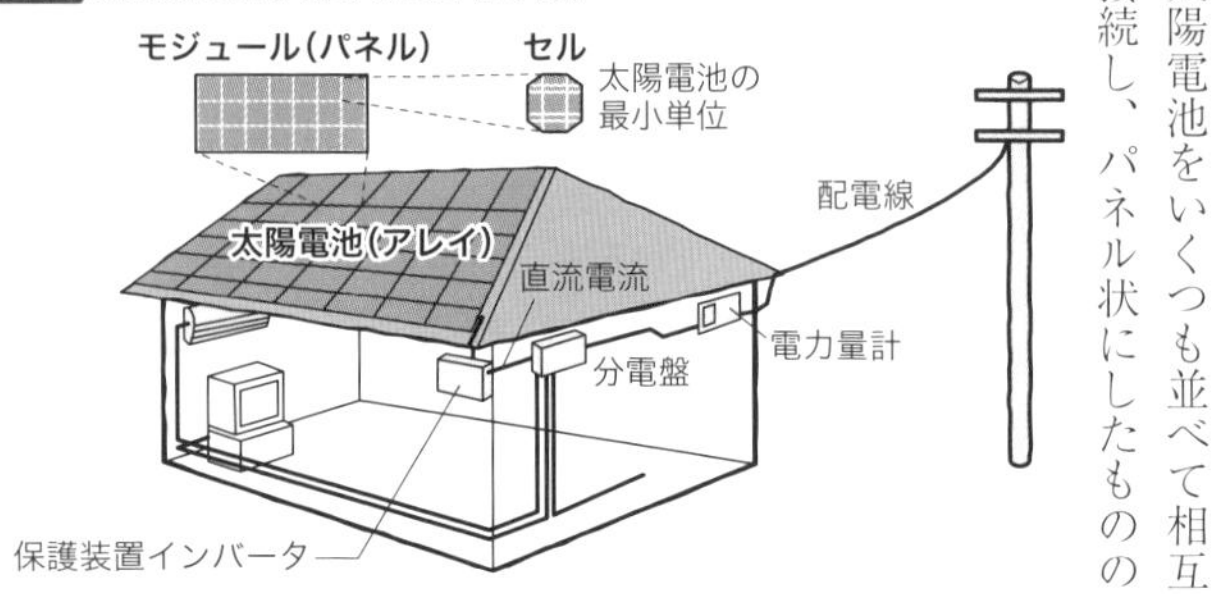

★★★
風力発電《ふうりょくはつでん》

風の力（風力）を利用した発電方式のこと。設備利用率約20％と、太陽光発電よりも設備利用率はよいが、低周波電波の問題がある。大型風車だけでなく、小型風車を利用した風力発電もある。▼図13

図13 風力発電

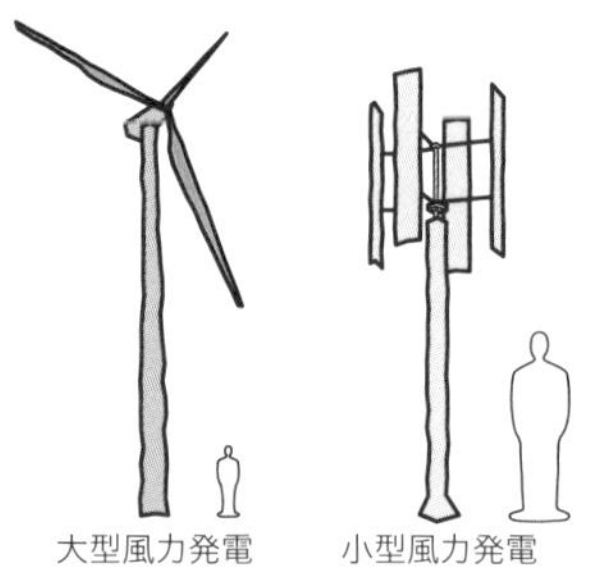

★★★
地熱発電《ちねつはつでん》

火山活動による地熱を用いて行う発電のこと。設備利用率約70％と再生可能エネルギーの中では抜群の安定度を持つ。日本は火山国なので地熱の能力が大きいが、国立公園などの規制で発電所がつくれなかったことなどから、開発に立ち遅れていた。▼図14

図14 地熱発電

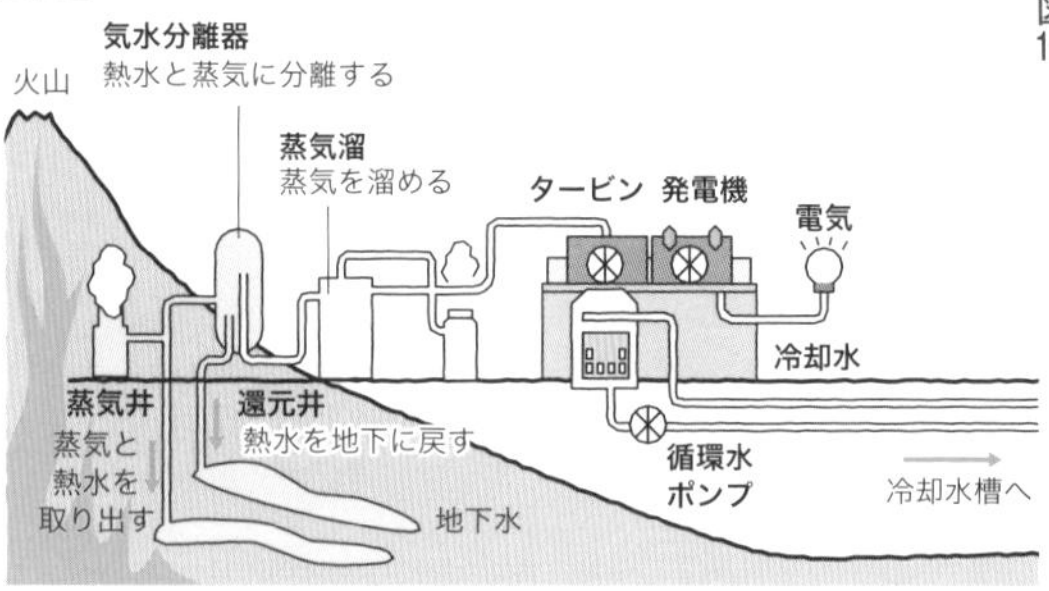

★★
バイオマス発電《ばいおますはつでん》

エネルギー源として利用できる生物（バイオマス）を、加工して固体燃料としたり、発酵させて回収したガスやエタノールを燃やすことで電気や熱エネルギーに変換する発電のこと。バイオマスを用いた燃料は、**バイオ燃料**または**エコ燃料**と呼ばれている。環境に負荷を与えず、二酸化炭素を排出しない再生可能エネルギーだが、発電コストが高いという弱点がある。▼図15

図15 バイオマス発電

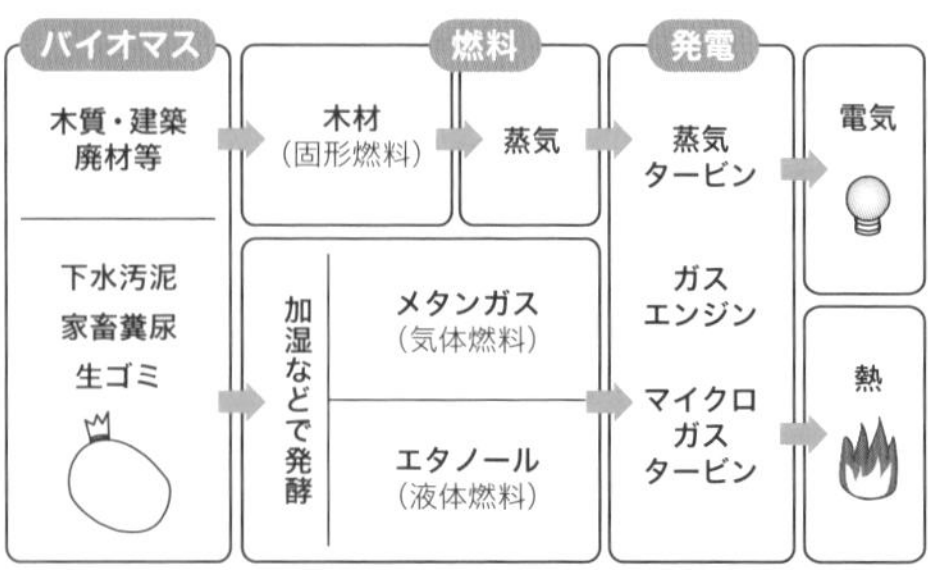

PROCESS

48 給《きゅう》排《はい》水《すい》工《こう》事《じ》

給排水工事は、基礎工事の段階から関係してきます。引込み口、排水口の位置を決め、基礎にあらかじめ穴をあけておく必要があるからです。配管を考えて、合理的な経路と供給と排水方法を考えることも重要です。

★★★
直結給水方式《ちょっけつきゅうすいほうしき》

住宅の一般的な給水方法で、水道メーターから直接、各水栓までつなげる方式。建物の2階程度まで給水が可能である。現在は高水圧に耐えられる配水管を設置した地域では、3階程度まで給水が可能である。また、近年、建物に設置されるポンプの性能がよくなり、ポンプによる直送方式も可能となっている。▼図1

★★★
貯水槽水道方式《ちょすいそうすいどうほうしき》

中高層ビル以上の建物での給水方式。一度、配水管から受水槽に溜めた水道水をポンプで適量、上階に設けた高架タンクに送り、その後は各給水管に重力で自由落下させ給水する。一般にポンプの稼働台数、水量はコンピュータによって制御されている。▼図2

★★
貯水槽《ちょすいそう》

水道水などを一時的に溜めておく器のことである。飲料水の他、工業用水や防火用水などの貯水槽もある。その目的から**受水槽**、**高架水槽**、**圧力水槽**に分類することができる。

★★★
受水槽《じゅすいそう》

地上階、または地階で水道水を溜める水槽のことである。6面点検が義務付けられているため、点検口の設置と点検ができるスペースが必要。▼図3

★★★
高架水槽《こうかすいそう》

一般に建物最上階に置かれる水槽。受水槽からポンプにより上げられた水を一時的に貯水しておくためのタンク。**高置水槽**ともいう。

★★★
6面点検《ろくめんてんけん》

貯水槽の6つの面を点検するこ

図1 給水装置（直結給水方式の例）

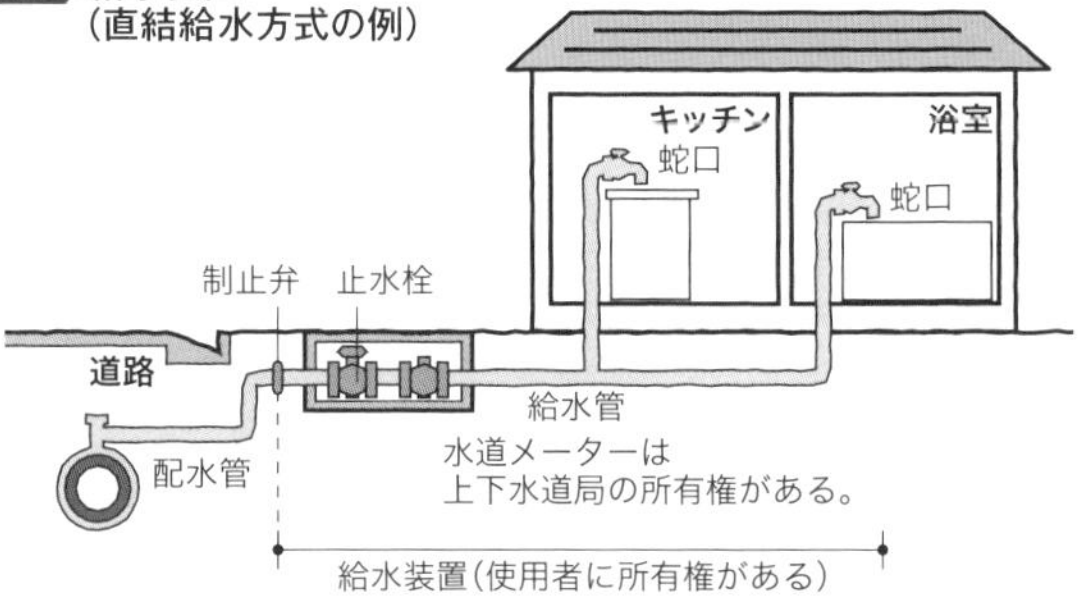

図2 貯水槽水道方式

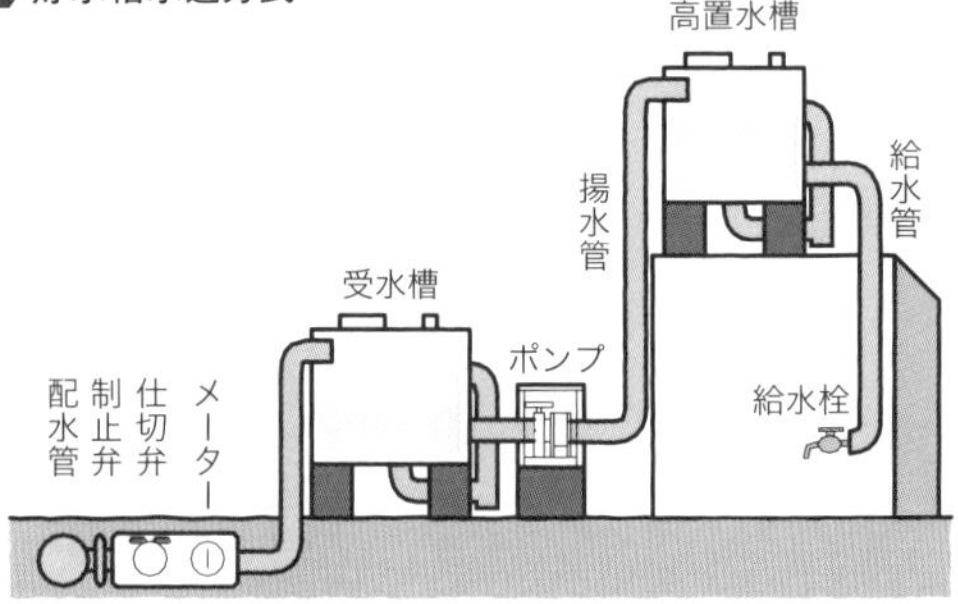

圧力ポンプによる給水

コンピュータ制御性能向上とポンプの高性能化により、受水槽に溜めた水道水を加圧ポンプによって各部屋へ給水する方法。

と。水槽は地下に埋めたり、建築物の躯体と共有することはできない。水槽上部には内部点検用の直径50cm以上のマンホールを設け、内部も点検でき、清掃を可能にしなければならない。▼図4

★★
ポンプ圧送給水方式《ぽんぷあっそうきゅうすいほうしき》

ポンプ直送方式ともいわれる。一般に5階程度の中層のビルで使用され、増圧ポンプと給水管を直結し、増圧して各部屋に給水する方式のこと。受水槽、高架水槽を必要としない。▼図5

図3 受水槽

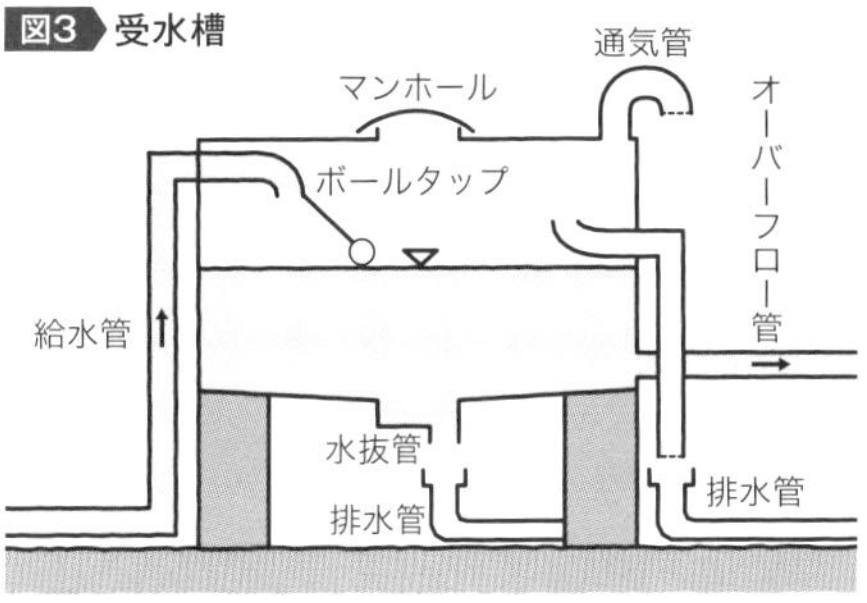

ボールタップより水位が下がると自動的に給水される。

図4 6面点検

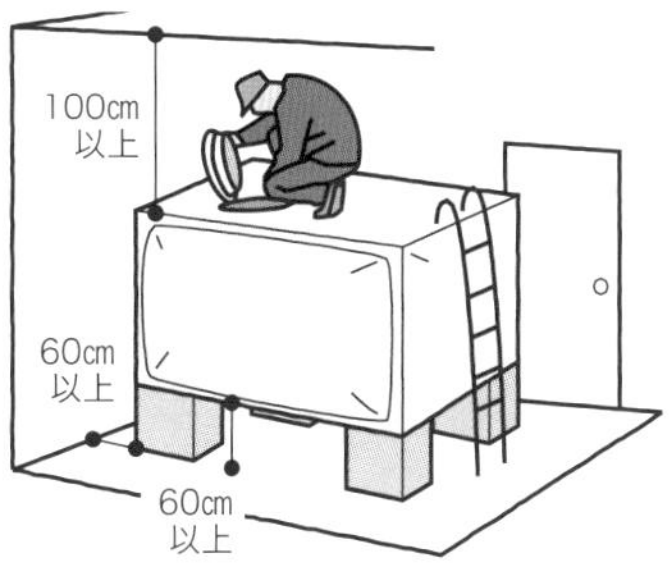

図5 ポンプ圧送給水方式

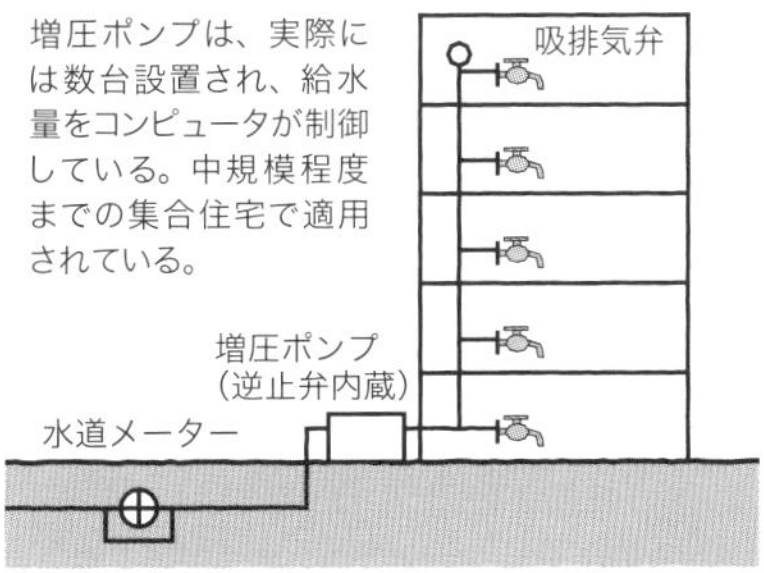

増圧ポンプは、実際には数台設置され、給水量をコンピュータが制御している。中規模程度までの集合住宅で適用されている。

★★
中水《ちゅうすい》

雨水や風呂の排水を簡易的に浄化処理した水のこと。上水とは別の管で水洗便所や洗濯水、散水などに再利用することができ、環境に配慮した水の使用方法といえる。上水、下水に対し真ん「中」の水という意味である。

★★★
簡易専用水道《かんいせんようすいどう》

水道水を供給源として、受水槽または高架水槽に10㎥以上の水を溜めて、それを飲料用として使用する方式のこと。水槽を設置するためには管理者を置き、年1回の清掃・点検を行わなくてはならない。

★★★
ウォーターハンマー《うぉーたーはんまー》

水撃ともいう。水栓を急に開閉することによる水の圧力変化が原因で、配管内で起こる振動またはハンマーを叩くようなカンカンという音がすることである。圧力が大きいと配管、水栓を破壊することもある。一般住宅でも、シングルレバー水栓、全自動洗濯機や食器洗浄機で起こる可能性がある。

★★
水激防止器《すいげきぼうしき》

水撃を防ぐために給水管に設ける緩衝装置である。器具に空気や窒素ガスを注入し、衝撃を吸収する。図は簡単な設置例。他にも止水器に取り付けるもの、パイプシャフト内に取り付ける大型のものなどもある。▼図6

図6 水撃防止器の設置例

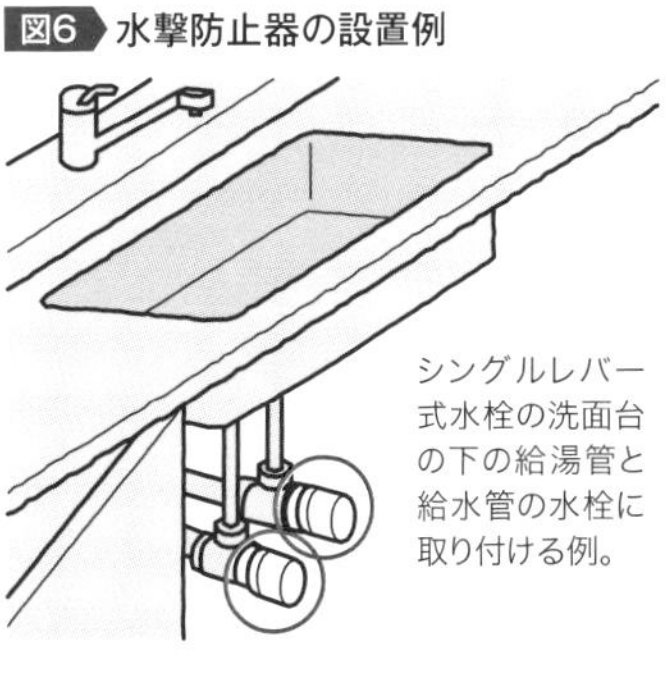

シングルレバー式水栓の洗面台の下の給湯管と給水管の水栓に取り付ける例。

★★
トリハロメタン《とりはろめたん》

浄水場で塩素殺菌を行う際に、塩素を投入することで原水中のフミン質などの有機物と化合して発生する物質の総称で、発ガン性物質である。

★★★
クロスコネクション《くろすこねくしょん》

上水とそれ以外の水が接してしまうこと。水道法では汚染の可能性があるので固く禁じ、逆止弁を付けることになっている。井戸水と水道管を同じ管で給水すること等もクロスコネクションにあたる。また、洗面台のボールに溜まった水が給水栓と接する場合もクロスコネクションとなる。そのため、給水口の高さと水面との高さの差を一定以上確保しておかなければならない。そのため、吐水口《とすいこう》とボールの水面との間には、吐水口空間といわれる空間を設け、吐水口とボールに溜まった水が触れないように義務付けられている。▼図7

図7 クロスコネクション

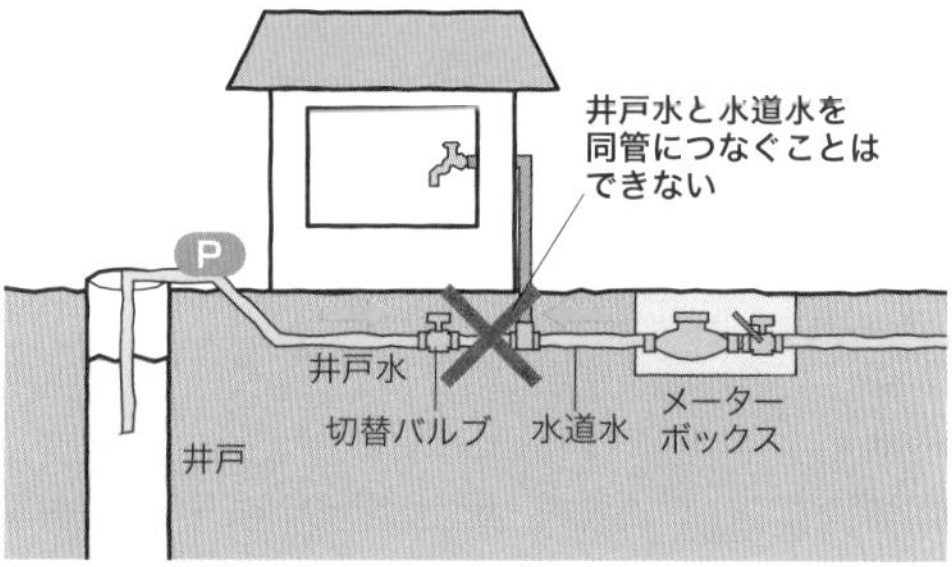

★★
吐水口空間《とすいこうくうかん》(エアキャップ《えあきゃっぷ》)

蛇口の先端（吐水口先端）と水面との垂直距離。一度出た水が給水管に逆流し、水道水を汚染してしまうのを防止するための空間、距離。受水槽、高架水槽にも適用される。オーバーフロー口の高さとは関係なく、あくまでも、吐水口と洗面器の水が溜まる最上面からの高さから計測する。▼図8

図8 吐水口空間

縦水栓は、クロスコネクションを防ぐ理由で水栓が洗面器のボールの上端の縁上より上がっている。一般的な給水管の径が13㎜のものでは、吐水口空間の高さは25㎜以上と決まっている。

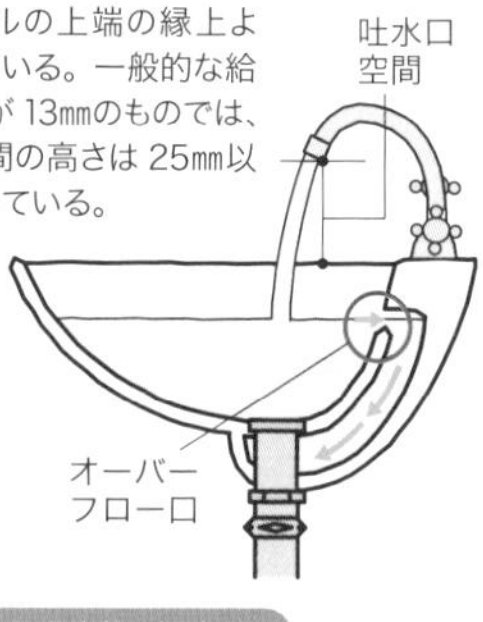

★★★
バキュームブレイカー《ばきゅーむぶれいかー》

給水管と水栓器具の管との圧力を一定に保ち、給水管への逆流を防ぐ装置。給水管側は常に正圧（高圧力）で保たれているが、断水時に減圧することがある。そのため、一度出た水がまた給水口に吸い込まれる現象を阻止している。フラッシュバルブと給水管のジョイント部に設ける。▼図9

図9 バキュームブレイカー

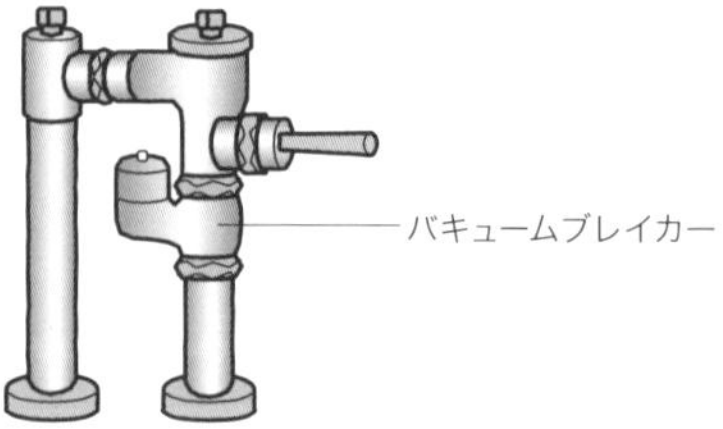

ボールタップと弁からできており、給水管が負圧にあると弁が開き、吸気することで、水は流れ込まない仕組みになっている。

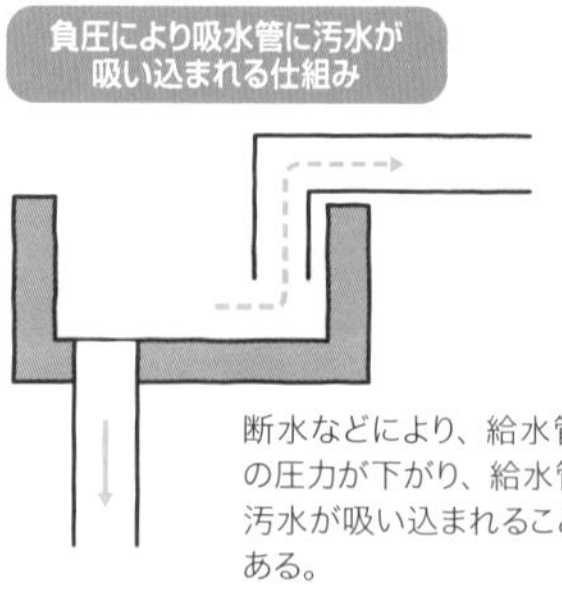

断水などにより、給水管内の圧力が下がり、給水管に汚水が吸い込まれることがある。

★★
白水《しろみず》

コップなどに水を注いだときに、水が白く濁って見える現象のこ

とである。一般的には水道水に空気が溶け込むことによって起こることが多く、この場合、数日で解消される。また、長期間留守にしたときに起こった場合には、水道管や給湯器内の亜鉛メッキ鋼管のメッキが水道水に溶け出したと考えられる。管内に被膜が形成されれば、数日で解消される場合が多い。

★★★
赤水《あかみず》

水道管の鉄管が腐食し、赤サビが出る現象である。築年数や配管の設置時期を考慮し、ファイバースコープで管内を観察する。著しい場合には住居内の配管を交換する。また、比較的新しく、硬質塩化ビニルライニング鋼管であっても赤水が出ることがある。これは、管と管の継ぎ手部分は鉄部が露出しているため、その部分が腐食し赤サビが発生したと考えられる。継ぎ手部分も含めて点検する必要がある。

2 給湯設備

★★★
給湯器《きゅうとうき》

灯油や電気、ガスなどを熱源として湯をつくる機器の総称である。キッチンなどで使う小型給湯器から、家全体に給湯する大型のものまである。

★
中央給湯方式《ちゅうおうきゅうとうほうしき》

機械室に大型の熱源装置、貯湯タンク、ポンプなどを設置し、給湯配管によって必要箇所に供給する方式のこと。一般に、オフィスビル、病院、ホテルなどの大型の建物で利用される。加熱方法には、タンク中の水をガス等の熱源で加熱する直接加熱方式と、タンク内のコイルに温水、蒸気を通して加熱する間接加熱方式の2つがある。

★
局所給湯方式《きょくしょきゅうとうほうしき》

一般に住宅で使われる湯沸器の総称である。キッチンや浴室、事務所の給湯室など、ごく狭い範囲で湯を使うための給湯方式である。**瞬間湯沸器**と、**電気温水器**のような貯湯式のものがある。近年は、住宅においても図10のように1つの湯沸器から数か所に給湯する**住戸内セントラル方式**が一般的である。▼図10

図10 局所給湯方式

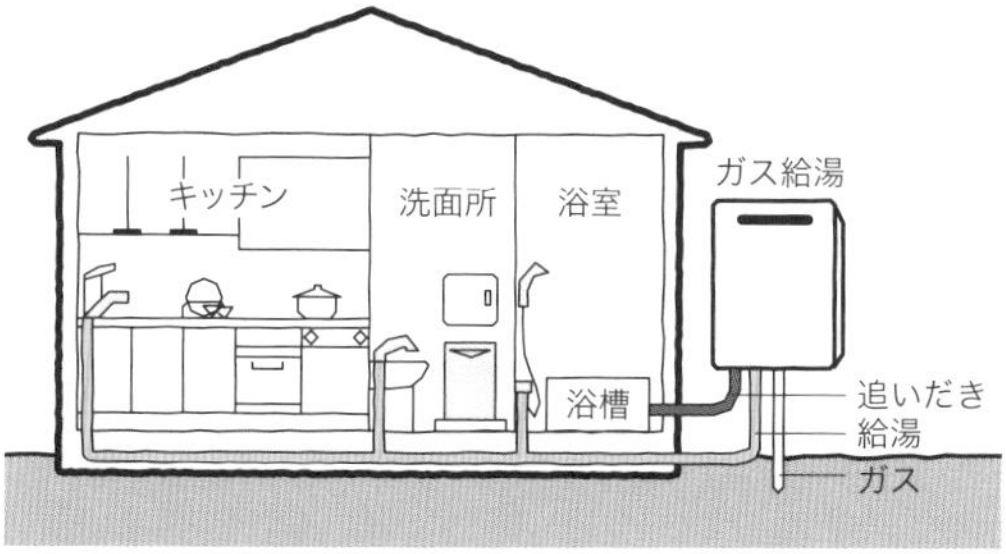

★★
給湯能力算定早見表《きゅうとうのうりょくさんていはやみひょう》

風呂のあるなし、シャワーの使用、キッチンの給湯状況など使用者の要望によって機器の号数を選択できるようにまとめた表である。▼図11

図11 給湯能力算定早見表

【浴室】カラン・シャワー 42℃給湯（冬期・水温5℃）12ℓ／分／個の場合

カラン・シャワーの数	1	2	3	4	5	6	7	8
相当号数	18	36	54	72	90	108	126	144

【浴室】浴槽への落とし込み 50℃（冬期・水温5℃）のお湯を30分間で給湯する場合

容量	300	400	500	600	700	800	900	1000
相当号数	18	24	30	36	42	48	50	60

【厨房・洗面】カラン 40℃給湯（冬期・水温5℃）10ℓ／分／個の場合

カランの数	1	2	3	4	5	6	7	8
相当号数	14	28	42	56	70	84	98	112

★★★
先止め式瞬間湯沸器《さきどめしきしゅんかんゆわかしき》

給湯器の先にいくつかの給湯栓をつなげることができ、小栓の開閉により点火する瞬間湯沸器である。現在の主流で、大型給湯器である。給湯の開閉栓は給湯器から先のキッチンや洗面、浴室にある。▼図12

図12 先止め式瞬間湯沸器

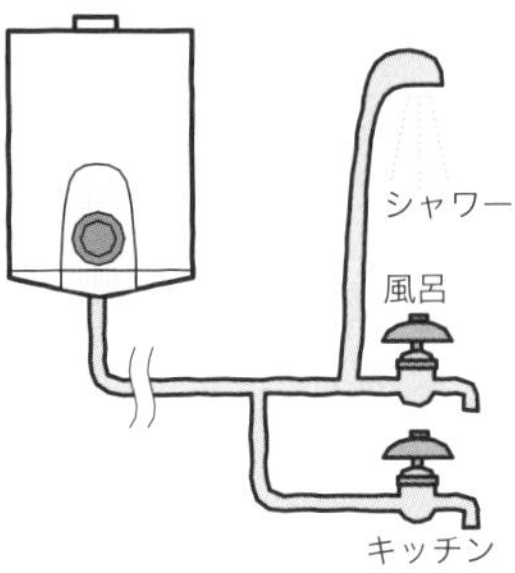

★★
追いだき用風呂釜《おいだきようふろがま》

浴槽に直接接続し、湯が冷えた場合に湯を増やすことなく湯を熱くすることが可能な給湯器。浴槽に穴が1つある強制循環式と2つ穴のある自然循環式の2つの方式がある。▼図13

図13 追いだき用風呂釜

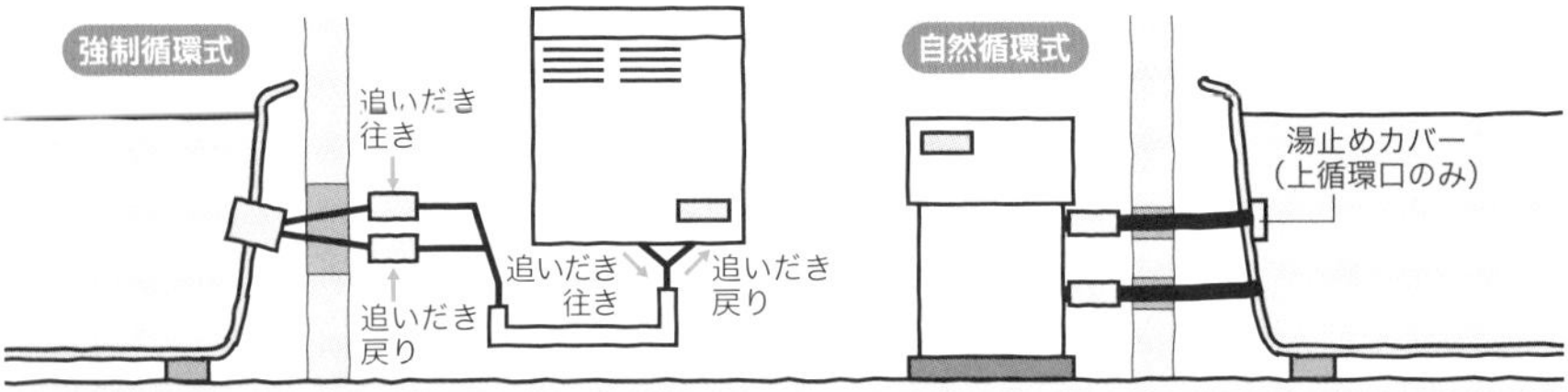

給湯器にポンプが付いており強制的に、湯を循環させ温める。給湯器と浴室が離れている場合に適用するのが一般的である。

下の穴から温度の下がった湯が流れ、上の穴から温められたお湯が出る方式である。流速が遅いため、風呂釜の中に湯垢が溜まる可能性がある。

★★★
電気温水器《でんきおんすいき》

電気により水を温め給湯する方式である。貯湯槽を持ち、湯を保温する。タンク内のお湯の温ヒーターは自動運転されている。主に、深夜電力を使用するように設定されている。オール電化にともない一般化しつつある。図はやや大型の物で2つのヒーターがある。上層と下層のヒーターで水道水を温めることで安定して給湯できる。▼図14

図14 電気温水器

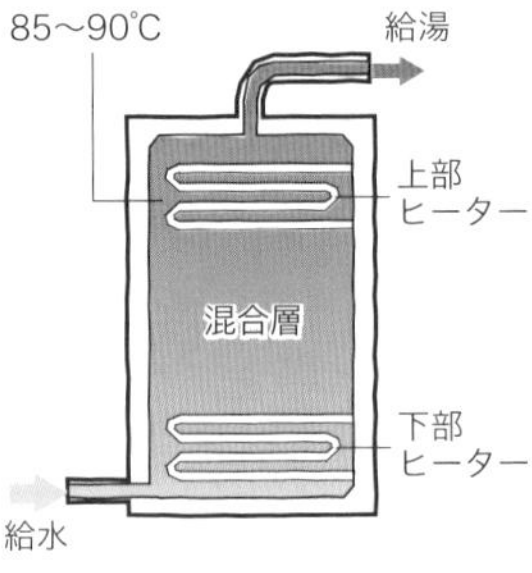

★★
太陽熱温水器《たいようねつおんすいき》

集熱器によって太陽光で水を温め、保温して貯湯するシステムのことである。補助的に湯沸器を用いることで安定して給湯することができる。仕組みも単純であり故障は少ない。▼図15

★★
潜熱回収型給湯器《せんねつかいしゅうがたきゅうとうき》

ガス湯沸器で燃焼して水を温めた後の排気温度は200℃程度。この二次的に発生した排熱を給湯器内でステンレス管、銅管などを用いて再利用する方式の給湯器。燃焼ガス中の潜熱を熱源として再び湯を沸かす。給湯器の熱を最大限利用した方式で、結果的にガスの燃焼量を減らすエコ方式である。エコジョーズとも呼ぶ。▼図16

★★★
エコキュート《えこきゅーと》

ヒートポンプ式給湯器の冷媒を自然冷媒にした器機の総称である。自然冷媒とは一般に二酸化炭素を利用したものであり、各電機メーカーや給湯器メーカーがつけた愛称である。

図15 太陽熱温水器

屋根で水を太陽熱により温める。屋根に水を送るのにポンプ（動力）を使うのでアクティブソーラーである。

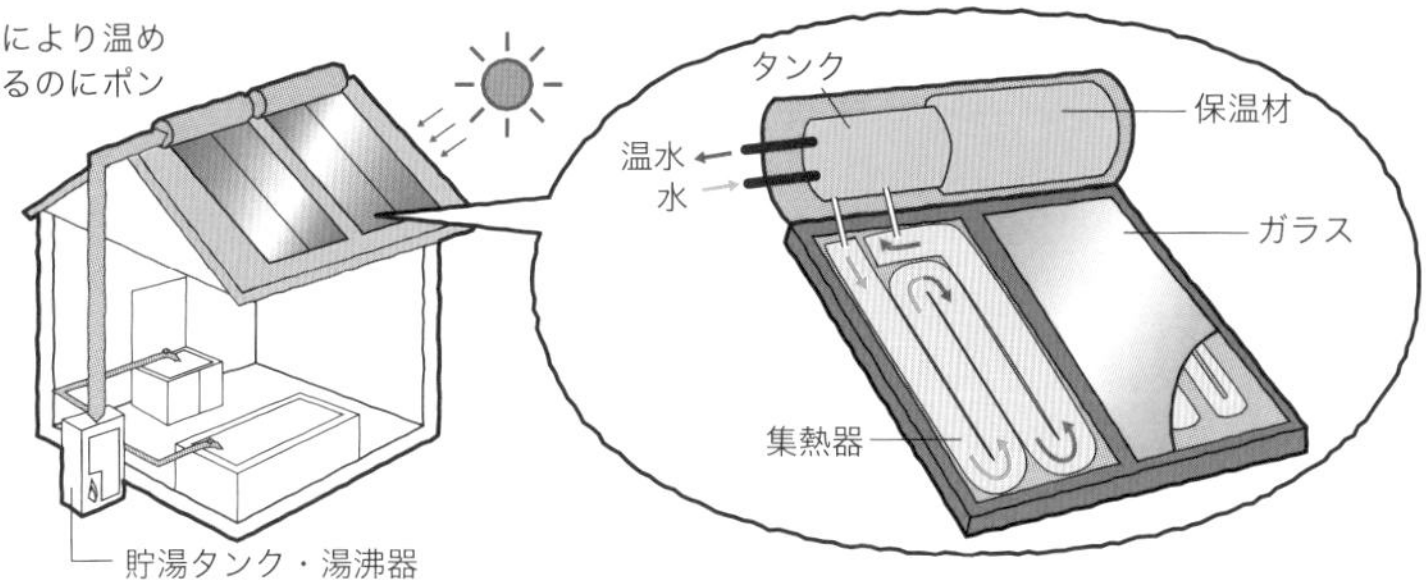

図16 潜熱回収型給湯器

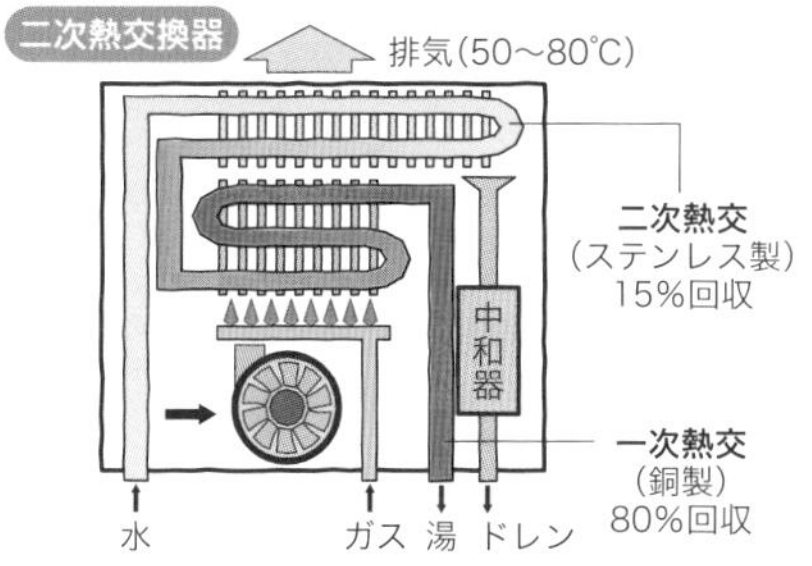

★★
エネファーム《えねふぁーむ》

家庭用燃料電池の愛称。都市ガスなどから化学反応によって電気を生み出す仕組み。各家庭に引き込まれている都市ガスなどから電気エネルギーを取り出し、蓄電して使う。また、そのとき生まれる排熱で給湯する。通常、送電線で電気エネルギーの80%が熱エネルギーに変わり損失するのに対し、この方法だとほとんどエネルギーロスがないといえる。▼図17

図17 エネファーム

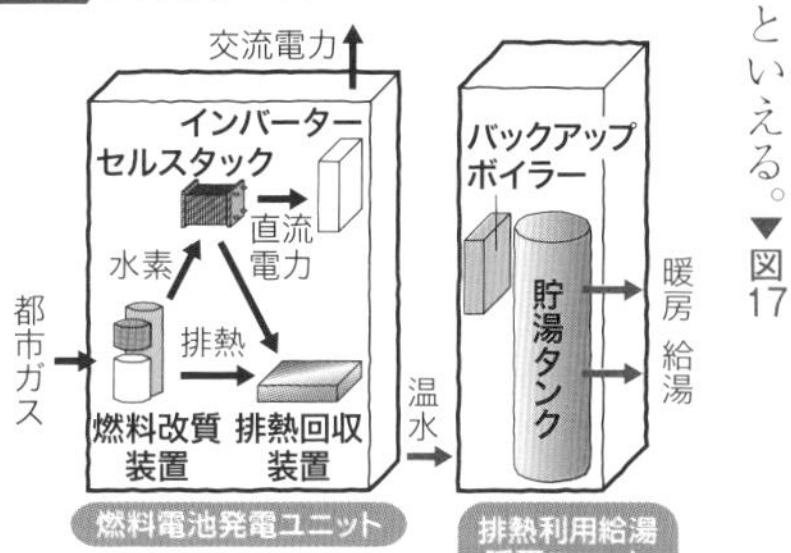

3 排水設備

★★
下水《げすい》

家庭などから出る汚水や雑排水、雨水が混ざった水の総称。

★★★
雑排水《ざっぱいすい》

家庭から出る生活排水。台所、洗面所、浴室などから出る排水。トイレ排水（し尿）は、汚水と呼ぶことで雑排水と区別することが多い。雨水は含まれない。

★★★
トラップ《とらっぷ》

排水管や下水道からの悪臭、虫、有毒ガスなどが直接室内に侵入するのを遮断するために、排水管の途中や排水系統に設けられる、水（封水）が溜まる部分のこと。形状により、P形トラップ、S形トラップ、U形トラップなどがある。▼図18

★★★
封水《ふうすい》

トラップ内に溜める水。この水により、下水道からの悪臭やガスが屋内へ侵入するのを防ぐ。

★★★
破封《はふう》

トラップ内の封水がなくなること。また、管内の負圧やゴミなどによる毛細管現象が原因で封水がなくなった状態。

★★
二重トラップ《にじゅうとらっぷ》

図18 トラップ

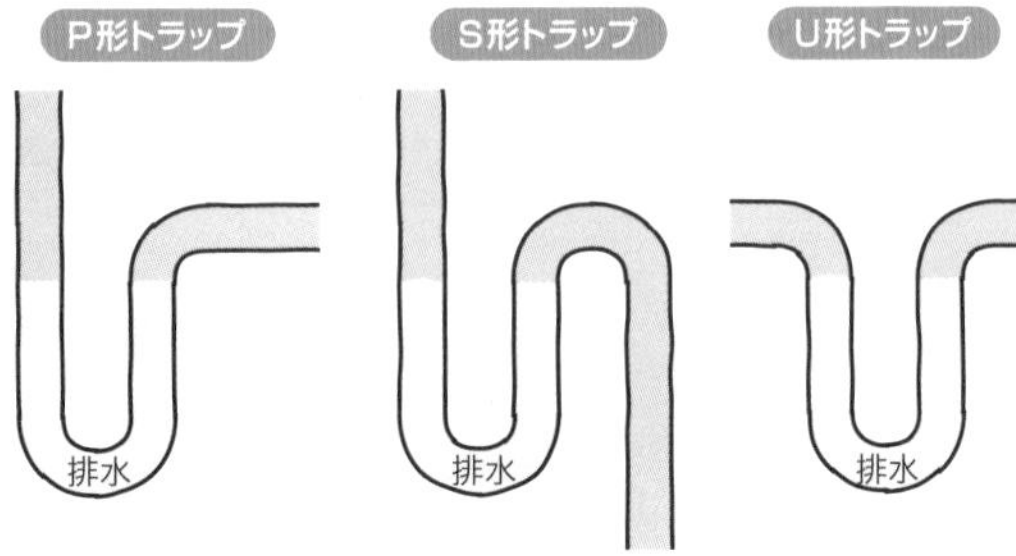

1つの排水管に2つ以上のトラップを設けること。一般的には禁止されている。理由は、2つのトラップの間にある空気が原因で、排水が円滑に行えなくなる可能性があるため。

★跳ね出し現象《はねだしげんしょう》

高層住宅などで、上階から大量の排水を行うと縦管内の気圧が一時的に高くなる。このため、他階で横引きにつながっている排水管にも圧力がかかり、トラップの封水が逆流し、排水口からあふれ出すことをいう。

★★誘導サイホン作用（自己サイホン作用）《ゆうどうさいほんさよう（じこさいほんさよう）》

縦管に大量の汚水が流れた後、管内が負圧になり、横引きしている他の排水管の封水を吸い出してしまう現象のこと。このため、一般に、縦管には排水管とは別に通気管を設け、縦管内の気圧を外気圧と同じにする。

★★★通気管（ベントパイプ）《つうきかん（べんとぱいぷ）》

排水トラップの破封防止と、スムーズな排水のために、排水管と接続する通気用の管のこと。排水管内の圧力を一定に保つ。

★★合流排水方式《ごうりゅうはいすいほうしき》

汚水や雑排水、雨水を区別せずに下水管に流す方式。

★★分流排水方式《ぶんりゅうはいすいほうしき》

汚水、雑排水と雨水を分離して下水に流す方式。分流式にしても雨水をトイレの水などに使うシステムもある。▼図19

図19 分流排水方式

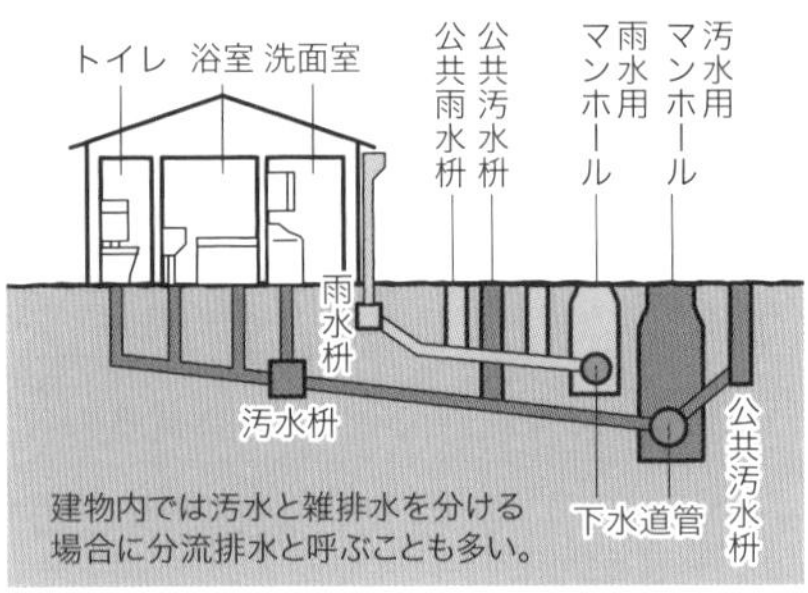

★重力式排水方式《じゅうりょくしきはいすいほうしき》

圧力などをかけずに、単純に高所から落下させて排水する方式。

★★通気弁《つうきべん》

単管式排水方式で、伸長管を外部に出せない場合、排水通気管から臭気を出さないために用いられる弁。排水管の縦管から伸ばした伸長管の先に付けられる弁である。排気はせず、吸気のみできる弁である。「ドルゴ」は、スウェーデン製の通気弁で商品名である。

★★グリーストラップ（グリース阻集器）《ぐりーすとらっぷ（ぐりーすそしゅうき）》

レストランなどの調理施設で出る廃油と水、その他のものを分離し回収するトラップ器具のこと。

★★浄化槽《じょうかそう》

下水道が完備されていない地域で、敷地内にし尿や家庭内の汚水や雑排水を1か所に集めて浄化する装置のこと。合併式浄化槽。トイレのし尿（汚水）のみの単独浄化槽（2001年以降の新設は禁止）、雑排水を合わせて処理する合併処理浄化槽などがある。

★★★ **嫌気性《けんきせい》ろ床《しょう》・接触曝気方式《せっしょくばっきほうしき》**

合併式浄化槽の代表的な浄化槽。浄化する順番は、嫌気槽で嫌気性微生物により窒素を分解し、有機物を分解する。好気ろ床では空気を入れ、嫌気性の微生物を取り除き、次に好気性の生物の付着した層の面に汚水が接触することで、さらに不純物をろ過する。放水時の水質は、BOD20㎎／ℓ以下。

★★ **BOD《びーおーでぃー》**

生物化学的酸素要求量のこと。生物化学的酸素消費量とも呼ばれる。最も一般的な水質指標の1つ。水中の一定の有機物を微生物が分解するために必要な酸素量を表したもので、BODの値が大きいほど水質が悪いといえる。

★★ **インバート枡《いんばーとます》**

汚物が流れやすいように、底部にインバート（半円形の溝）が設けられている枡。

★★ **樹脂製排水枡《じゅしせいはいすいます》**

呼び径150～350㎜程度の樹脂製の枡。軽量で壊れにくい。近年、モルタル系のものから適所で入れ替えられている。

★★ **トラップ枡《とらっぷます》**

主に屋外で、雨水排水管や設備排水管にトラップを設けないで直接下水管に接続する場合に設ける枡。トラップ機能が設けられているので、下水管からの臭気を排水管に入らないように断ち切ることができる。▼図20

★★ **汚水枡《おすいます》**

排水管をまとめる目的で設置される枡。インバート枡ともいう。

図20 トラップ枡

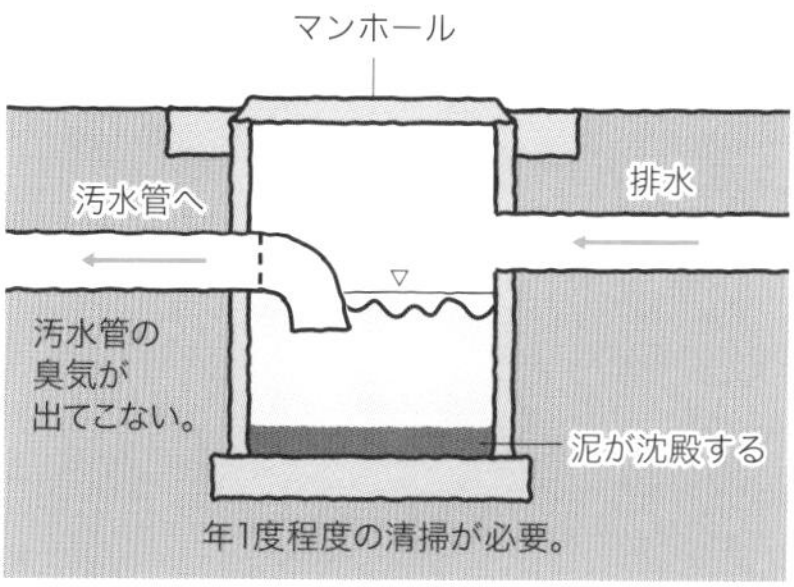

4 配管 ①部材

★ **ライニング《らいにんぐ》**

一般に腐食、摩耗などを防ぐために、用途に適した材料を鋼管の内部に貼り付けること。鋼管は強度が強いが腐食するので、その部分を他の材料で補う。ただし、継ぎ手部分はコーティングがない場合が多いので、部材の選択や接合方法には注意が必要。▼図21

図21 ライニング

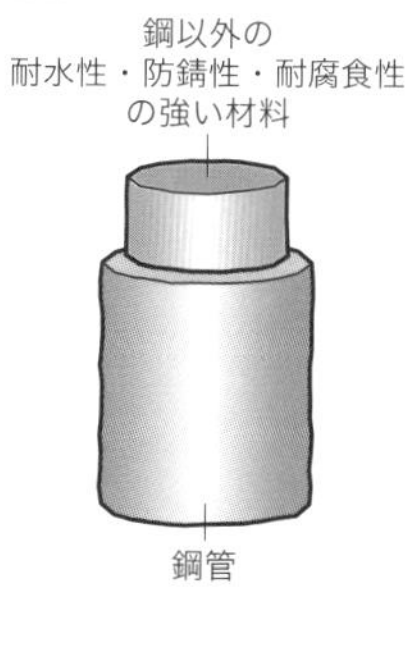

★★ **樹脂ライニング鋼管《じゅしらいにんぐこうかん》**

鋼管の内部にポリエチレンなどの樹脂を被覆した鋼管。水道用ポリエチレン粉体ライニング鋼管（SGP－P）などがある。

★★ **塩ビライニング鋼管《えんびらいにんぐこうかん》**

鋼管の内側に、腐食を防ぐために硬質塩化ビニルをコーティングした配管材。一般に給水用に使われる。

★★ **ステンレス鋼管《すてんれすこうかん》**

ステンレス鋼を中心とした合金の鋼管。耐食性に優れ、給湯管に使われる。

★★
耐火二層管《たいかにそうかん》

硬質塩化ビニル管の外側に、繊維混入セメントモルタルの耐火被覆を設けた配管材。遮音性、耐熱性に優れる。トミジ管ともいわれ、図面記号ではＴＭＰと表記される。規格製品は防火被覆されているので、防火区画を貫通することが可能。▼図22

図22 耐火二層管

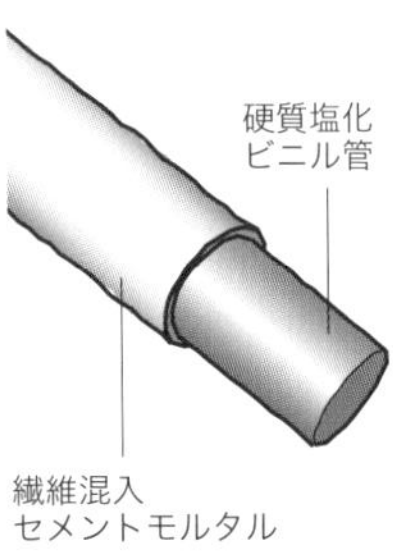

★★
対衝撃性塩化ビニルパイプ《たいしょうげきせいえんかびにるぱいぷ》

主原料の塩化ビニルに他の樹脂を混ぜた配管材。衝撃性に強く、塩化ビニル管より割れにくい。そのため、埋設管や地下の受水槽への配管にも用いることができる。一般的に通常の塩ビ管の色と違い、濃紺色である。図面表記はＨＩＶＰ。

★★★
ポリエチレン管《ぽりえちれんかん》

軽量で可とう性に優れており、給排水以外にもガスの配管で用いられる配管材。図面表記はＰＰ。

★★
ポリブテン管《ぽりぶてんかん》

樹脂系管で、耐腐食性に優れた配管材。強度もある。給湯管としては90℃以下で使用可能。図面表記はＰＢＰ。

★★★
架橋ポリエチレン管《かきょうぽりえちれんかん》

樹脂系管で、耐腐食性に優れた配管材。柔らかく曲げることができる。耐久性、耐熱性、耐薬性にも優れる。給湯用配管としては95℃以下で使用可能。一般住宅やマンションでの使用が多く、床暖房の温水管やさや管ヘッダー工法で使用されている。図面表記はＸＰＥＰ。

★★
配管用炭素鋼管《はいかんようたんそこうかん》

ガス配管にも用いられるので、ガス管ともいう。黒管と白管（亜鉛メッキ管）がある。黒管は油管、蒸気配管に使われ、白管は空調配管、給排水配管に使われる。図面表記はＳＰＧ。白管はＳＰＧ－ＺＮと表記する。

★★
スリーブ《すりーぶ》

壁や床・梁を配管が貫通するための孔のこと。または、あらかじめ設けられる孔を設けるための筒状の管財のこと。

★
サージング《さーじんぐ》

ポンプを低速で運転したときに起こる振動や音のこと。

★
キャビテーション《きゃびてーしょん》

配管で湾曲、接合が行われることで、管の内部で圧力変化などが生じ、配管に振動や騒音が発生すること。

★★★
さや管ヘッダー工法《さやかんへっだーこうほう》

外側のさや管はビニル製、内側の管は樹脂製とし、二重の管を用いる工法。配管は分岐を繰り返さずに、ヘッダーと呼ばれる部分に機器ごと給水管を接続することで、安定した給水ができる。また、容易に管を交換することができるため、リフォーム時にもメリットがある。▼図23

★★
仕切弁（ゲート弁）《しきりべん（げーとべん）》

バルブ本体の中にある円盤が垂直に開閉し、水量調節する弁。一般に公共の水道管内にある。

★★
ラギング《らぎんぐ》

屋外に出た配管などを、保温、保冷のため断熱材で被覆すること。

図23 さや管ヘッダー工法

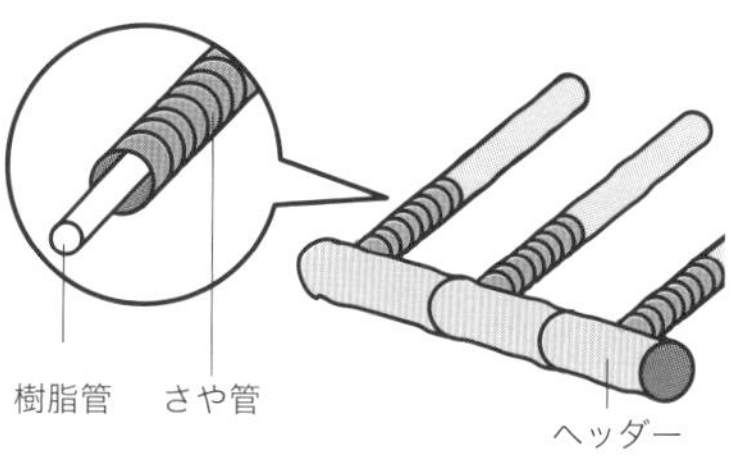

給水管のヘッダーに接合することで容易に配管できる。

★★★
ユニオン継ぎ手《ゆにおんつぎて》

管と管の途中に設けられるねじ込み式の継ぎ手。ネジを回すだけで管の接続、取り外しが簡単にできる。ただし、接続部の圧力に対して信頼性がないため、天井裏やダクト内などの点検ができないところでは使用しない。ユニオンネジ、ユニオンつば、ユニオンナットともいう。

★★
ハウジング接合《はうじんぐせつごう》

ハウジングとは管の接合部を覆うということ。ガスケット（ゴムリング）により管と管を密着させ、その上からハウジングといわれる部材を取り付け、ボルトなどで締め付ける接合方法。ハウジングは、管の端部の接合部にある溝に取り付ける。

★★
ソケット継ぎ手《そけっとつぎて》

受け口を持った管に他の管を差込む接合方法である。管と管の接合にコーキング剤を付ける方法とねじ込みによる方法がある。

★★★
エルボ《えるぼ》

お互いに角度を持つ管を接合するときに用いる接合管。エルボとは肘の意味である。▼図24

★★
チーズ《ちーず》

配管をT字形に分岐するときの接続管。▼図25

★
たこベンド《たこべんど》

一般的に工場配管で用いられる、たこ形に折り曲げた（ベンドした）管。管を折り曲げることで伸縮を吸収する。

図24 エルボ

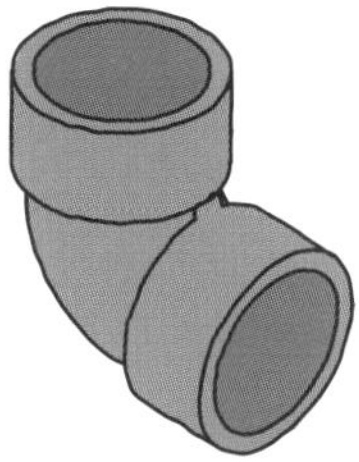

45度、90度、180度、さまざまな角度で接続できる。

図25 チーズ

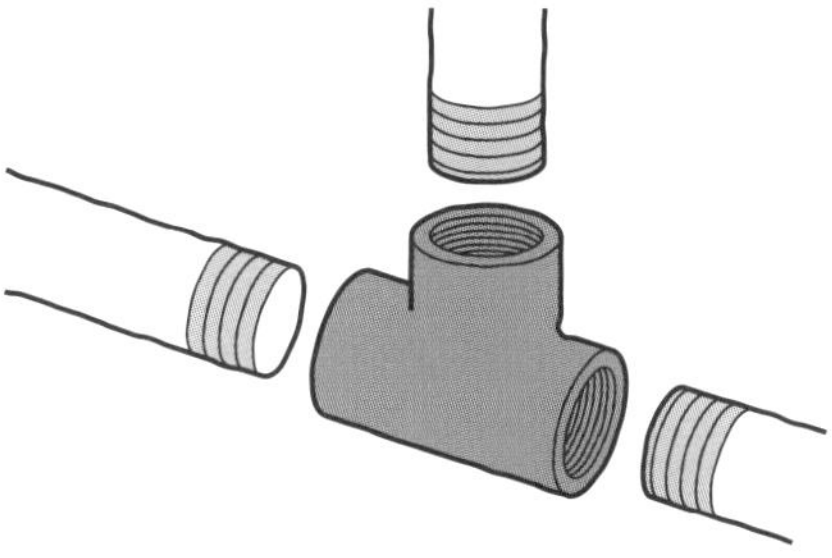

★
パイプレンチ《ぱいぷれんち》

配管をする際、先端部の歯でパイプを挟み込み、パイプを固定したり、回して締めたり緩めたりするパイプ専用のレンチのことである。パイプに傷を付けずに作業ができる。略称として、「パイレン」ともいう。▼図26

図26 パイプレンチ

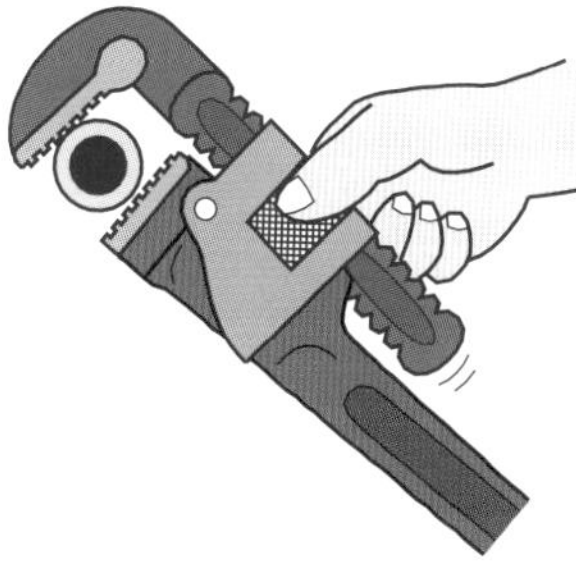

★★
裏配管《うらはいかん》

バスユニットなどで器具の裏側に給水口、給湯口がある場合、あらかじめ位置合わせをして管を配置しておくこと。

PROCESS 49

水《みず》まわり器具《きぐ》

水まわり器具の配置は、建物の内部仕上げと同時期に行われます。配管との取り合い、設置に必要な寸法があるかを確認します。毎日目にする場所であるため、タイル目地にも気を使い、美観を考えて施工します。

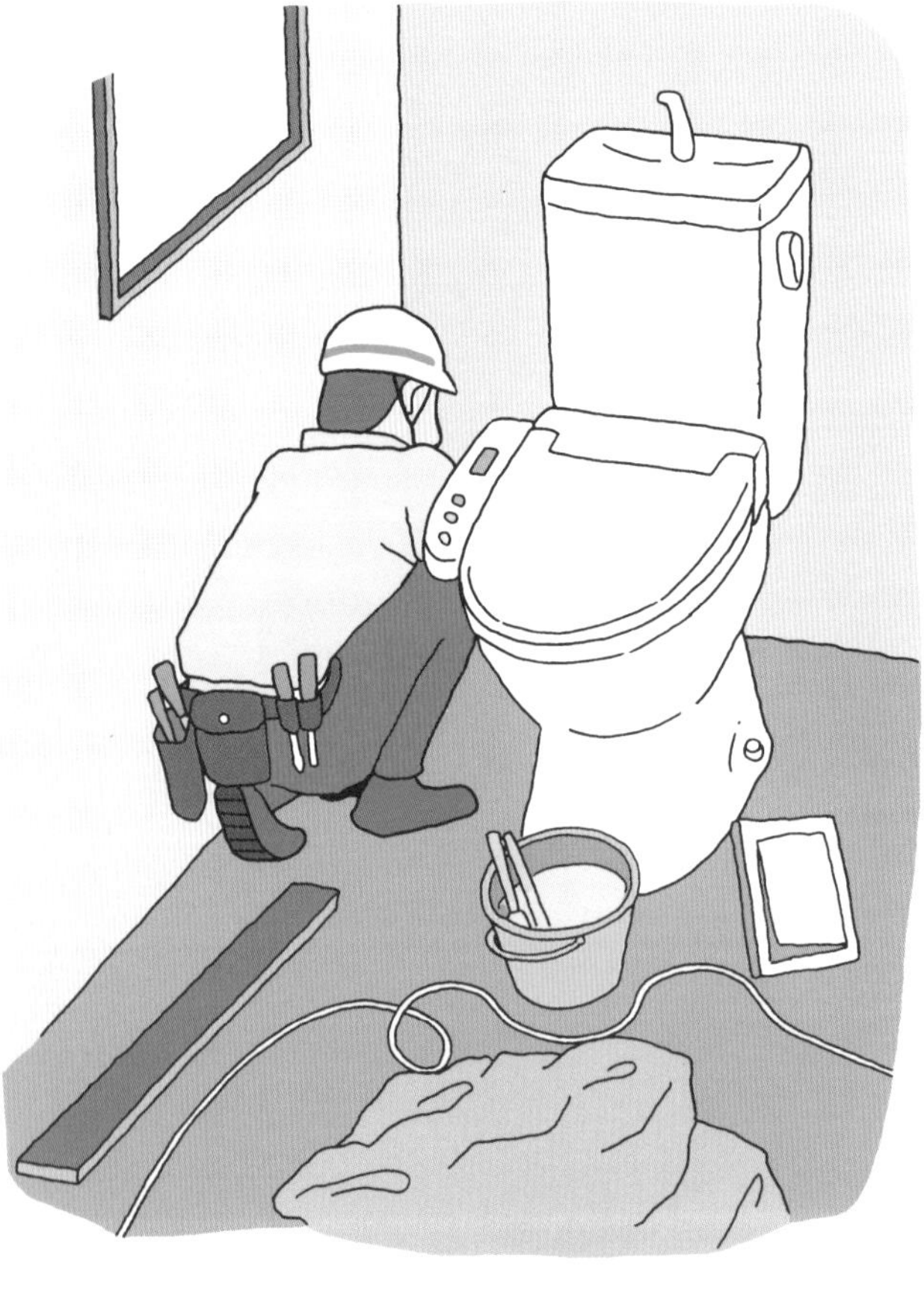

1 水栓器具

★★★
カラン《からん》

蛇口。水や湯が出る口。一般に水量を調整する栓が設けられている。現在はレバーハンドル式のものが主流。単に**栓**ともいう。

★
ストレーナー《すとれーなー》

蛇口の吐口の先に付けられた網状のもの。異物を取り除くための簡単なろ過装置。▼図1

図1 ストレーナー

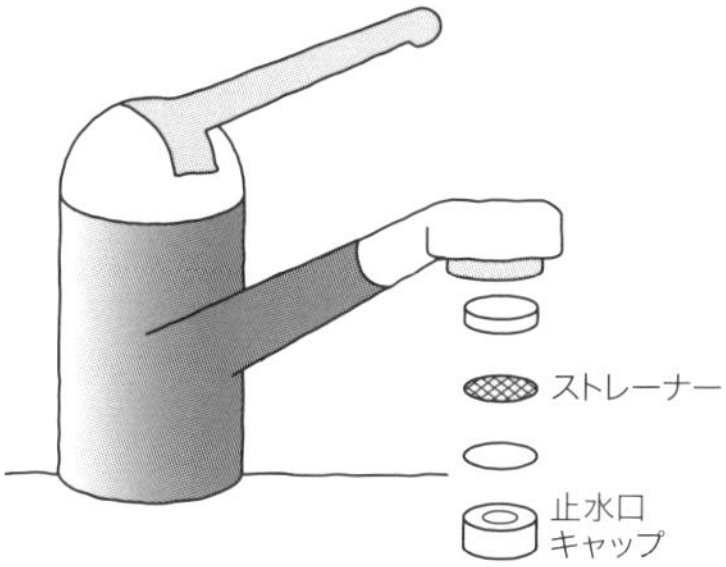

★★
混合水栓《こんごうすいせん》

給水と給湯ができる水栓金具。シングルレバー式やツーバルブ式、サーモスタットによるものがある。サーモスタットは、温度を設定するとバイオメタルにより自動で湯水の混合量を調整し、設定温度を保つ装置で、1つのハンドルで温度設定ができるのが特徴。▼図2、3

★★
シングルレバー式水栓《しんぐるればーしきすいせん》

レバーの上下操作だけで、給水、止水ができる水栓金具のこと。震災時に物が落ちてレバーを下げたため、水が出放しになるなどの経験から、最近のものは上げて給水できるものが多くなってきている。操作が単純なので高齢者向けにもよい。給水を混合水栓としてレバーを回す操作だけで温度を変えることもできるものもある。▼図2

★
ツーバルブ式水栓《つーばるぶしきすいせん》

湯と水の2つのハンドルで温度と水量を調節する水栓金具。水抵抗が少ないため、湯量は豊富だが、微妙な温度調節がしにくいのが難点である。▼図3

★★
洗濯機用水栓《せんたくきようすいせん》

洗濯機専用の水栓。シングルハンドル式（水のみ）とツーハンドル式（水と湯）の2つの方式がある。ホースが外れるなどした場合、自動的に給水を停止するものもある。蛇口とホースの接続部の密着性がよく、水量の変化による振動を吸収する装置が付き不快な音が出ないものもある。▼図4

図2 混合水栓、シングルレバー式水栓

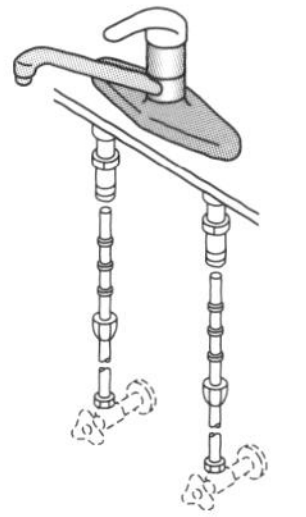

図3 ツーバルブ式水栓

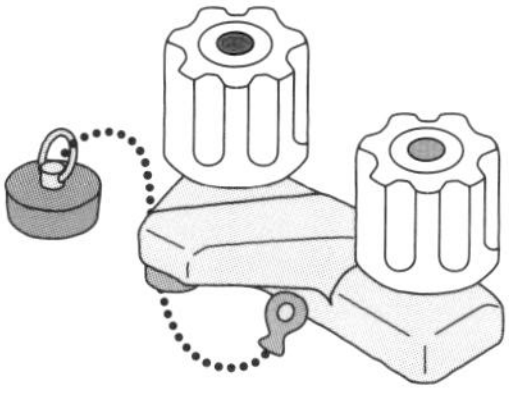

図4 洗濯機用水栓

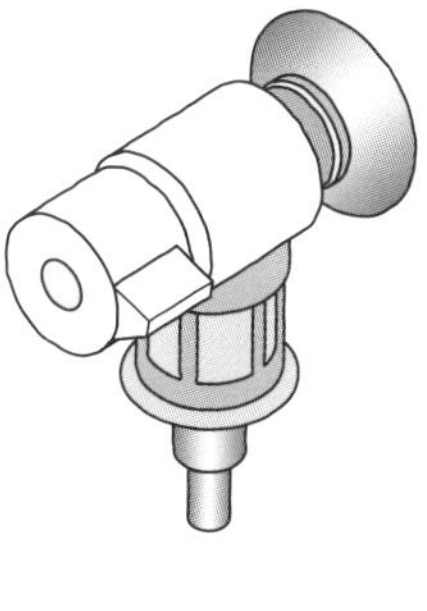

★★
定量止水栓《ていりょうしすいせん》

一定量で水を止める水栓金具。住宅では浴槽や食器洗浄機などに使われる他、公共施設などでも多く使われている。仕組みは単純で、水道メーターと同様、通過する水量を水車によって計測し、止水ハンドルによって水を止める。

★★★
フラッシュバルブ《ふらっしゅばるぶ》

水洗式の小便器や大便器に設けられ、起動させると一度に定量の水を排水する装置である。水圧をかけ、弁を開けることで勢いよく水を流すことができる。**便器用洗浄弁**ともいう。給水管との直結は条件により決められる。▼図5

図5 フラッシュバルブ

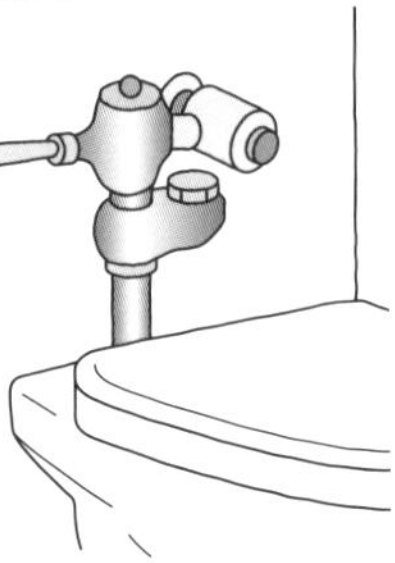

2 洗面等排水器具

★
SKシンク《えすけーしんく》

掃除用流し、洗濯流しの略称である。掃除器具などを専用に洗うための流しである。▼図6

図6 SKシンク

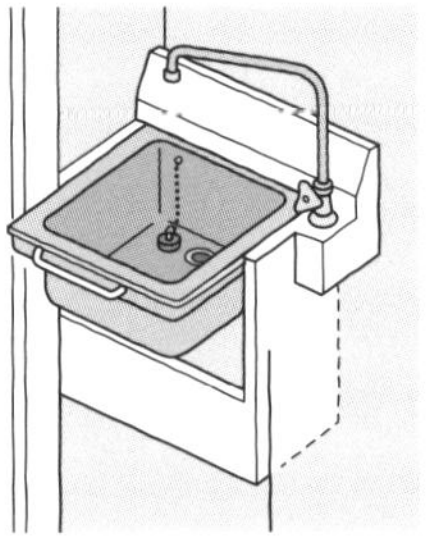

住宅用に小型のものもある。

★
アンダーカウンター式洗面器《あんだーかうんたーしきせんめんき》

洗面器の設置方法の1つで、カウンターを設け、その天板の下に洗面器を設置する方法である。水仕舞いもよく、カウンター上がすっきりして見える。デザイン性に優れる、手入れがしやすい、汚れが付きにくいという利点がある。▼図7

★
オーバーカウンター式洗面器《おーばーかうんたーしきせんめんき》

洗面器の設置方法の1つで、カウンターの面より上に洗面器を設置する方法である。上から洗面器を設置するため施工性はよく、大きなものでも設置できる。▼図7

図7 アンダーカウンター式洗面器、オーバーカウンター式洗面器

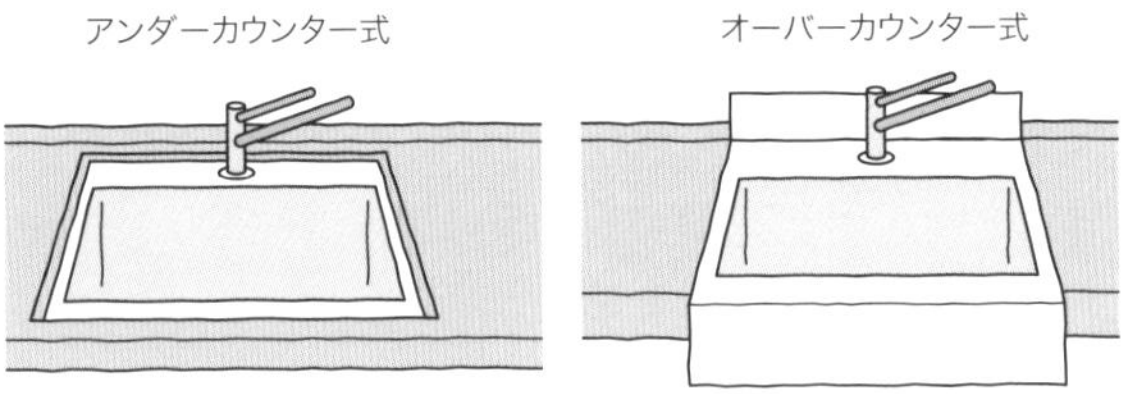

★★
温水洗浄便座《おんすいせんじょうべんざ》

温水を貯蔵し、お尻を洗浄することができるトイレ設備。ウォシュレット、シャワートイレは、それぞれ固有の商品名である。

★★
ロータンク《ろーたんく》

便器洗浄用の水槽のこと。一度水が流れると水槽内部の水位が下がるため浮き玉が下がって自動的に給水を開始する。一定水位に戻り浮き玉が上がれば給水が停止する仕組みになっている。▼図8

★★
ボールタップ《ぼーるたっぷ》

ロータンク内の水位をボール状の浮き玉を利用して調節する仕組み。▼図8

★★★
サイホン式便器《さいほんしきべんき》

現在、使われている一般的な便器。湾曲した排水路の圧力差により汚物をサイホン作用によって排出する。溜水面が広く汚物が便器に付きにくい。サイホン作用であるため、付属のタンクから一度に大量の水を流し、低い位置から水を上に押し汚物を吸い込んで流す。▼図9

図8 ロータンク、ボールタップ

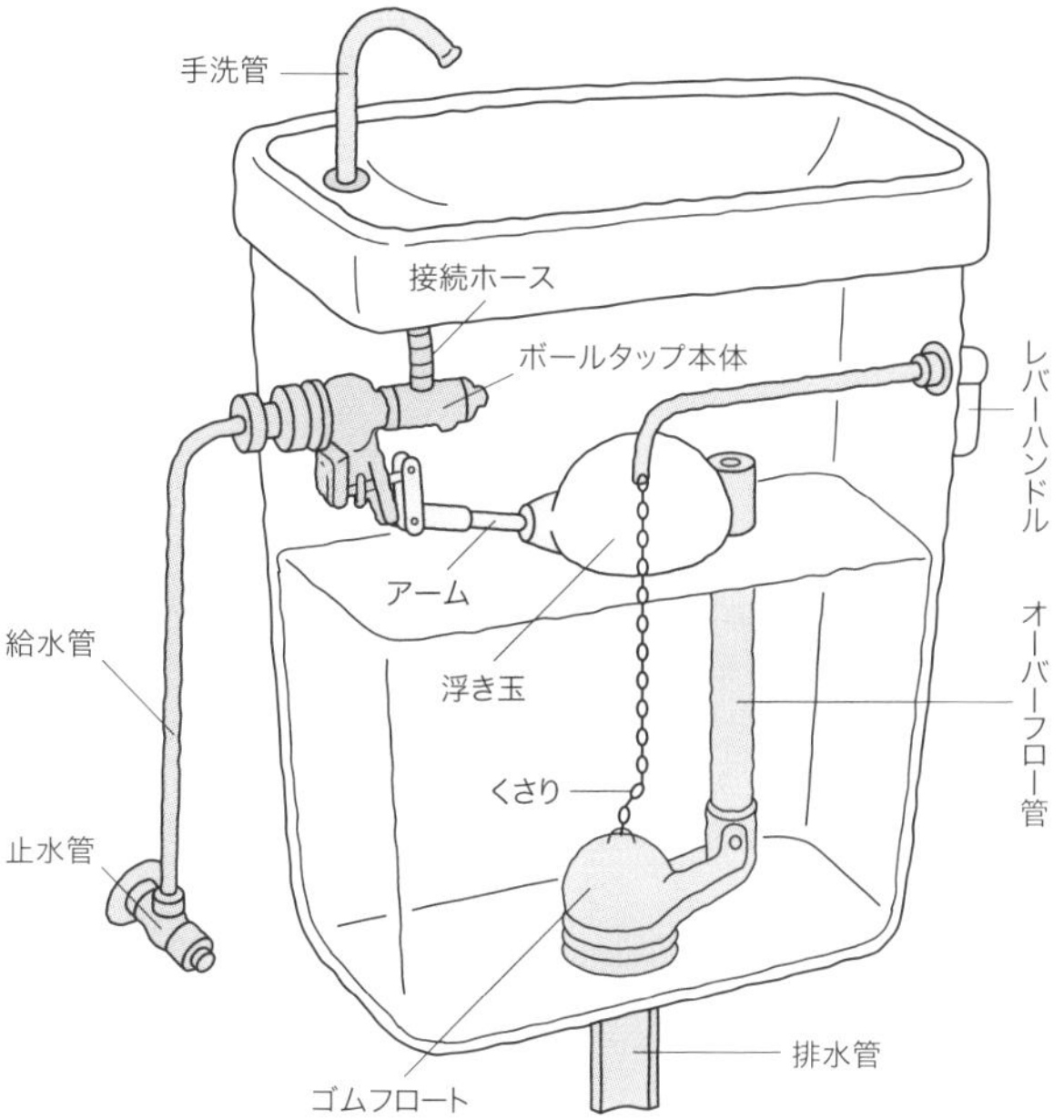

図9 サイホン式便器の水の流れ

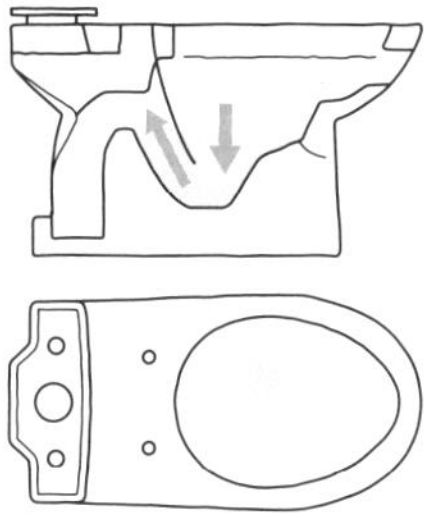

★★
サイホンゼット式便器《さいほんぜっとしきべんき》

便器の上方から水を流し、さらに排路に独自のゼット穴から水を噴き出すことでサイホン式便器より汚物を吸い込む力を強力にした便器である。▼図10

図10 サイホンゼット式便器の水の流れ

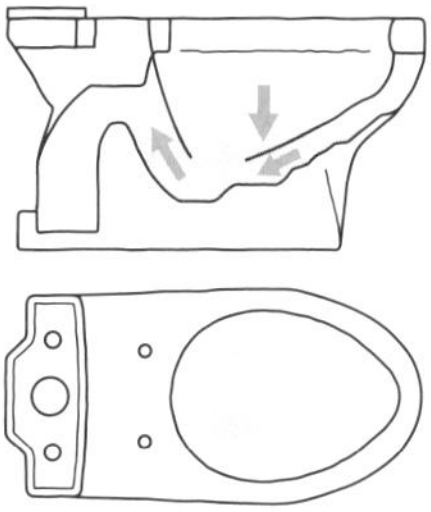

★
洗い落し式便器《あらいおとしきべんき》

水勢で汚物を排出する方式の便器である。溜水面が浅いことから汚物の付着は起こりやすい。現在ではあまり利用されることがなくなった。▼図11

図11 洗い落し式便器の水の流れ

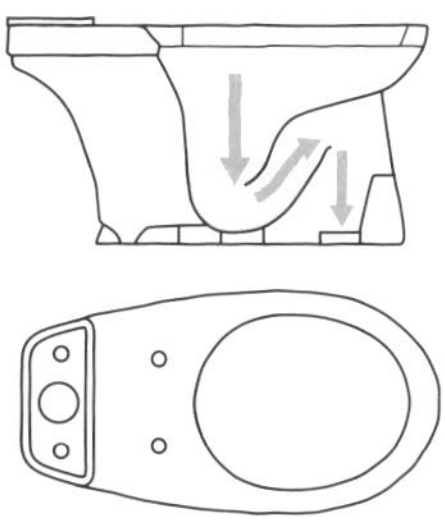

★★
サイホンボルテックス式便器《さいほんぼるてっくすしきべんき》

便器とロータンクを一体とした便器。水洗時に空気を吸い込まないので静かである。水洗時に渦を生じさせ洗浄力を高めている。溜水面も大きく、汚物はほとんど水中に沈むので臭気も少ない。▼図12

図12 サイホンボルテックス式便器の水の流れ

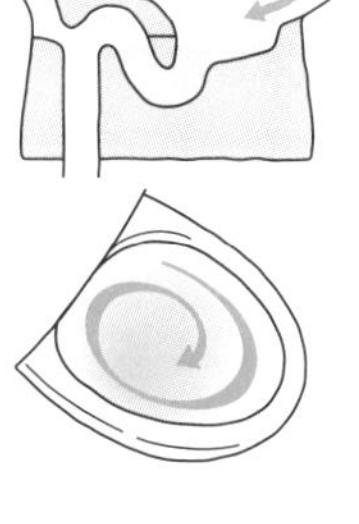

★
タンクレストイレ《たんくれすといれ》

ロータンクを取り付けない便器。給水管と直結させるため、ある程度以上の水圧がないと使用できない。▼図13

3 浴室器具

★★
据置型浴槽《すえおきがたよくそう》

風呂場と分離している浴槽である。そのため、取り換えることが可能。素材、形が豊富で浴室の大きさに合えば自由に選択できる。▼図14

図13 タンクレストイレの水の流れ

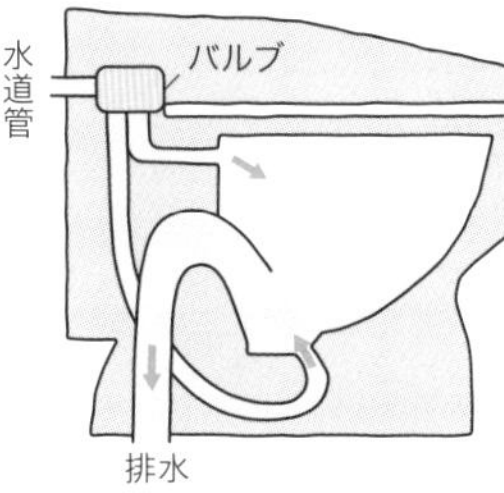

★★★ 半埋込み型浴槽《はんうめこみがたよくそう》

床面より下に浴槽を3分の1程度埋め込む設置方法である。このことにより、浴槽の縁をまたぎやすくすることができる。高齢者向けの浴槽の設置方法。また、一般にまたぎやすい高さとは床から縁までの高さが30～45cm程度とされている。▼図15

★ 和風浴槽《わふうよくそう》

深さ60cm程度の浴槽。どっぷりつかるタイプの浴槽で、日本独特のスタイルである。▼図16

図15 半埋込み型浴槽

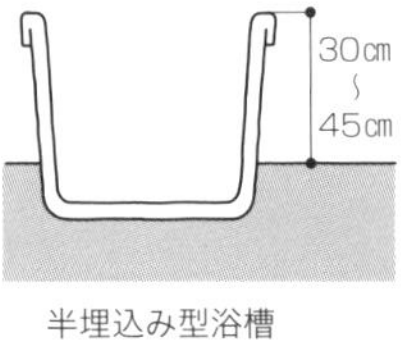

図14 据置型浴槽（ユニットバスの例）

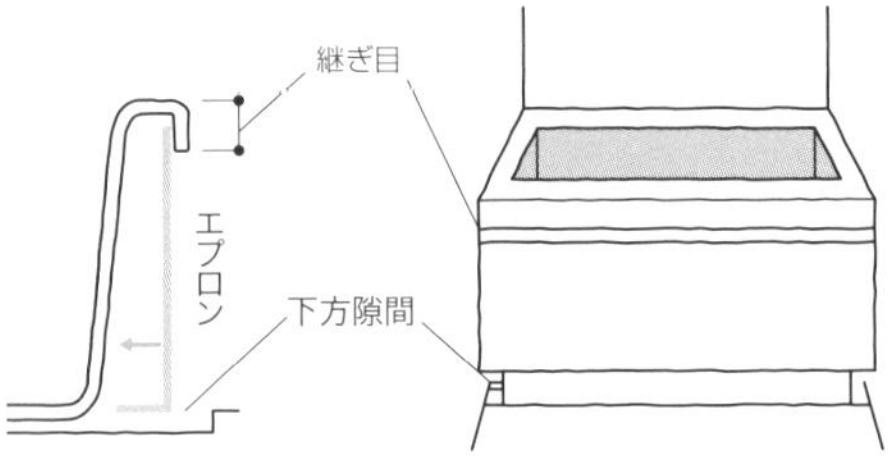

浴槽とエプロンが分離できるようになっている。

★★★ 和洋折衷浴槽《わようせっちゅうよくそう》

和風浴槽と洋風浴槽の中間程度の深さの浴槽。背もたれにわずかな傾斜があり、ゆったりと肩までつかることができる。現在、主流となっている。▼図16

★ 洋風浴槽《ようふうよくそう》

深さは45cm程度の浴槽。浅いため、体に無理な圧迫を与えないが、つかまるところがないと浮力で身体が浮いて不安定になることがある。▼図16

★★★ ユニットバス《ゆにっとばす》(UB)

浴室の天井、床、壁、浴槽などを部品化して工場で生産し、現場で組み立てるタイプの浴室のこと。給湯、給水、排水、換気口、窓なども既存の建物に合わせることができる。一定の規格化がされ、戸建て用と集合住宅用がある。

図16 浴槽の種類

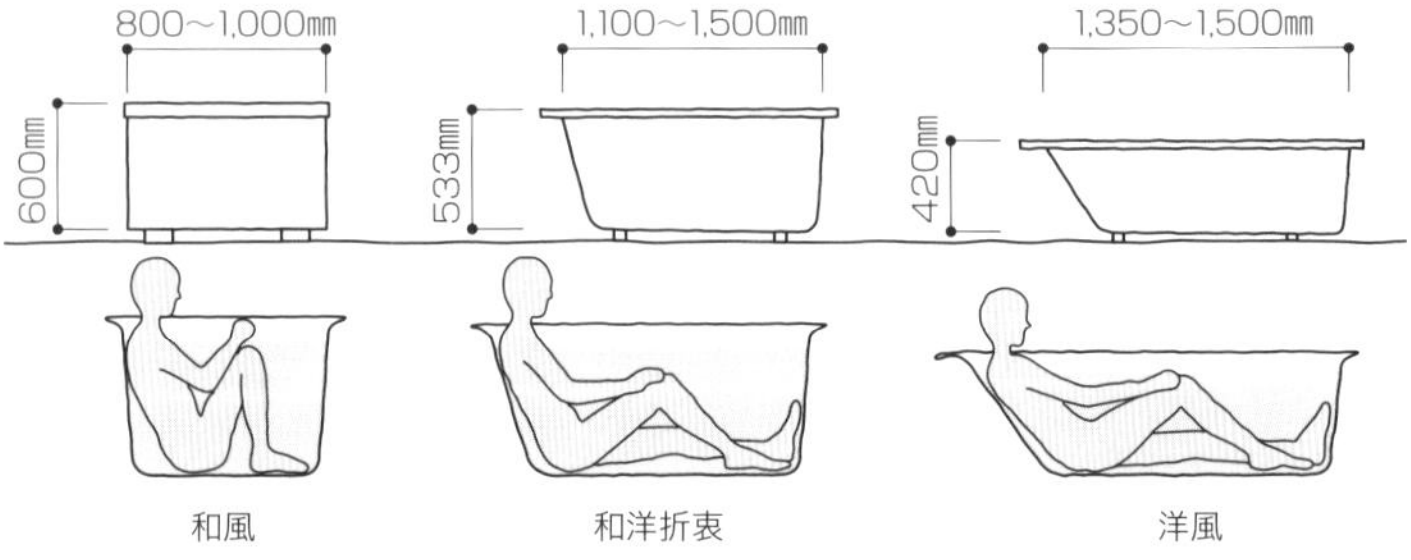

★ 気泡浴槽《きほうよくそう》

噴射孔から循環湯と気泡を出してマッサージ効果を付加した浴

槽のこと。**ジェットバス**、**ブローバス**ともいう。防振性が確かな共同住宅や戸建て住宅であれば、浴槽を交換すれば装着も可能である。また、**ジャグジー**とは固有の商品名である。▼図17

図17 気泡浴槽の仕組み

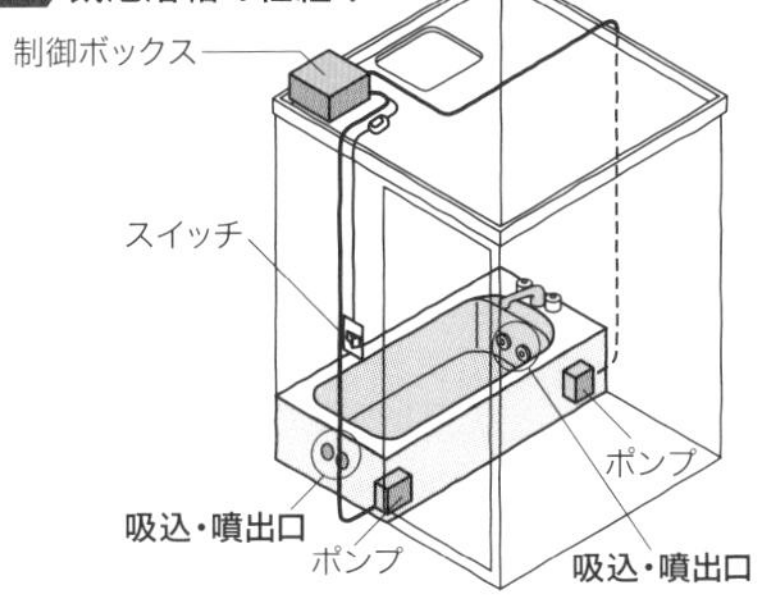

★★ **浴室暖房乾燥機《よくしつだんぼうかんそうき》**

浴室内に設ける乾燥機能を持った暖房機。天井埋込型と壁取付型がある。ユニットバスや既存住宅に取り付けられるものもある。熱源がガスの場合には、室外機が必要となる。換気扇の機能を兼ねたものも多い。▼図18

図18 浴室暖房乾燥機

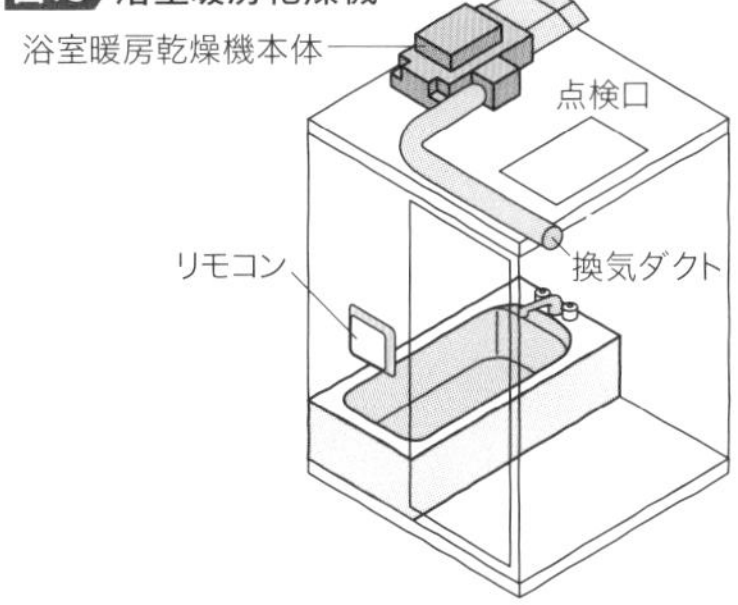

★★ **多機能《たきのう》シャワー《しゃわー》**

単純に湯を出すだけでなく、気泡を混ぜてマッサージ効果を出すなど、多機能を備えたシャワー。

★★ **シャワーユニット《しゃわーゆにっと》**

シャワー室をユニット化したもの。工場生産された部品を現場で組み立てる方式。防水性・施工性に優れている。設置方法は床置型なので押入れを改造し、シャワー室にすることも可能。介護を目的としたリフォームに利用されることもある。▼図19

図19 シャワーユニット

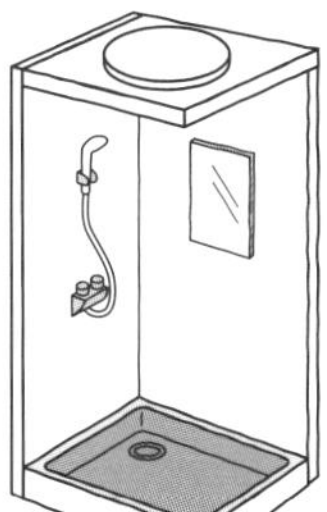

★★ **高断熱浴槽《こうだんねつよくそう》**

湯温を下がりにくくした浴槽のこと。6時間で2℃ほどしか下がらないといわれており、エコ商品として販売されている。▼図20

★★ **エプロン《えぷろん》**

浴槽の前面に付いているカバーのこと。浴槽前面パネルともいう。清掃時に取り外すことができるものもある。▼図21

図20 高断熱浴槽の仕組み

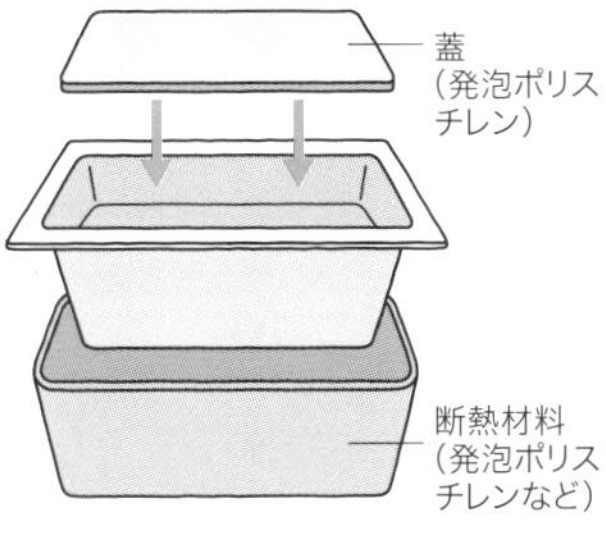

図21 浴槽のエプロンの着脱

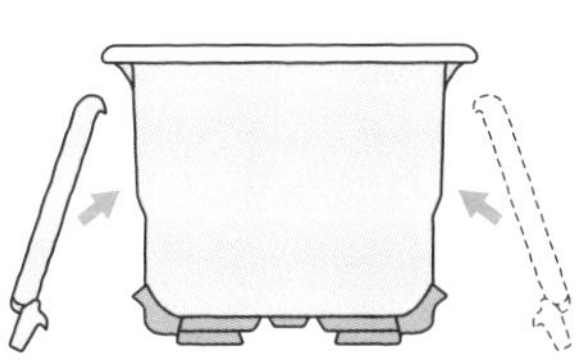

設備
水まわり器具

PROCESS

50

防災《ぼうさい》・防犯《ぼうはん》

建物には風雨や外敵から身を守る大きな役割があります。犯罪や災害が起これば、大きな被害を受け、また人命にも危険が及びます。防犯・防災対策をし、安心して活動できるようにすることが大切です。

1 防災設備

★★★
住宅用火災警報装置《じゅうたくようかさいけいほうそうち》

火災時にブザーや音声、光などで火災の発生を居住者に知らせる装置。２００６年の改正消防法により設置が義務付けられた。煙感知方式と、熱感知方式があり、誤作動を防ぐ意味でキッチンには熱感知方式を用いることが多い。ビルなどの自動火災警報装置のように、設置される個々の装置同士が連動する連動式製品もあるが、必ずしも連動する必要はない。電池式、電源式などさまざまな製品がある。▼図1

★★
スプリンクラー《すぷりんくらー》

散水消火装置。火災発生時には、自動的に大量の水を噴出して消火する。水道配管が必要なため、設置コストはかかるが、設置すれば防火区画を広くできるなどの法規制の緩和もある。

図1 住宅用火災警報装置

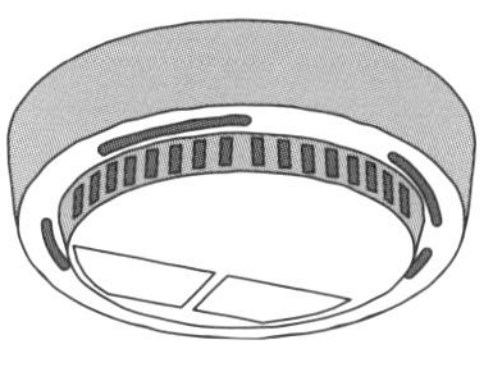

★★
連結送水管《れんけつそうすいかん》

外部からの消火活動が困難な部分に取り付けられる消防隊専用の送水栓。ポンプ車より加圧された消火用水を送水栓に接続し、放水口へ送水する。7階建て以上の高層建築物、地下街などに設置される。消防隊が放水口にホースを接続すれば消火活動ができる。▼図2

図2 連結送水管

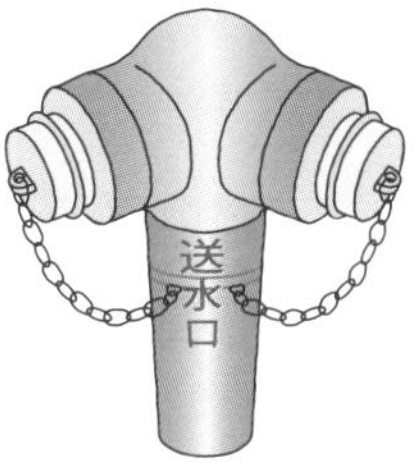

★★★
避難《ひなん》はしご

建物から避難するために使用するはしご。いくつかある避難器具のうち最も基本的で簡易なものの1つ。避難器具の設置対象となっている建物の多くに使用できる。種類は**固定式**、**立て掛け式**、**吊り下げ式**がある。

★★★
非常用進入口《ひじょうようしんにゅうこう》

非常時に消防隊などが破壊して進入できるようにした建物の開口部。建築基準法によって、3階以上の階で高さ31m以下の部分に設置が義務付けられている。

★★★
2方向避難《にほうこうひなん》

建築物において2つの**避難経路**を確保しておくこと。特に火災時の避難で、1つの避難路が塞がれたとしても、階段・バルコニーなどを使って別の避難経路を確保すること。建築基準法では、建物の用途や規模によって義務付けられる。

★★
非常口《ひじょうぐち》

火災・事故などの非常時の避難に使用する出入り口。非常用出口、最寄りの非常口へ誘導するために、案内板、**誘導灯**を設ける。▼図3

図3 非常口(誘導灯)

★★★
非常階段《ひじょうかいだん》

建築基準法では、**避難階段**と呼ばれる。火災時のような緊急時に多数の人が安全に避難できるようにするための階段。地上に出られる階に直接接続されることが必要。また、構造、材料、窓、照明、出入り口、排煙などについて、安全に避難ができるように規定がある。**屋内避難階段**、**屋外避難階段**、**特別避難階段**の3種類の区別がある。

★★ **避難階《ひなんかい》**

直接、地上へ通じる出入り口のある階のこと。

★★★ **直通階段《ちょくつうかいだん》**

避難階へ直接通じる階段のこと。建物の規模、用途、床面積に応じて設置が義務付けられている。

2 防犯設備

★★ **防犯ライト《ぼうはんらいと》**

センサーが熱を感知して点灯するライト。住宅などの敷地内に取り付けられる。建物の死角となる場所などに設置すると、防犯上の効果が高いといわれる。電池式などの低価格のものも多く、防犯上の費用対効果が高い。▼図4

図4 防犯ライト

★★ **ドアチェーン《どあちぇーん》**

玄関ドアなどに取り付けられるチェーン。ドアの内側から取り付けて、ドアが一定以上開かないようにすることで、他者の侵入を防ぐ防犯の役割をする。▼図5

★★ **ドアガード《どあがーど》**

一定以上ドアが開かないようにする防犯用の金物。ドアチェーンと同様の役割を持つ。チェーンではなく、本体金具と受け金具をかみ合わせる。従来のチェーンより強度、防犯に優れているといわれている。▼図6

★★ **ドアスコープ《どあすこーぷ》**

外部をのぞき見るために付けられる玄関ドアの穴。内側から外の様子が広く見えるように広角レンズが付いている。**ドアアイ**とも。

図6 ドアガード

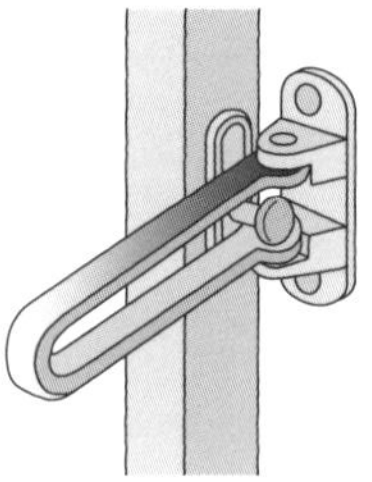

図5 ドアチェーン

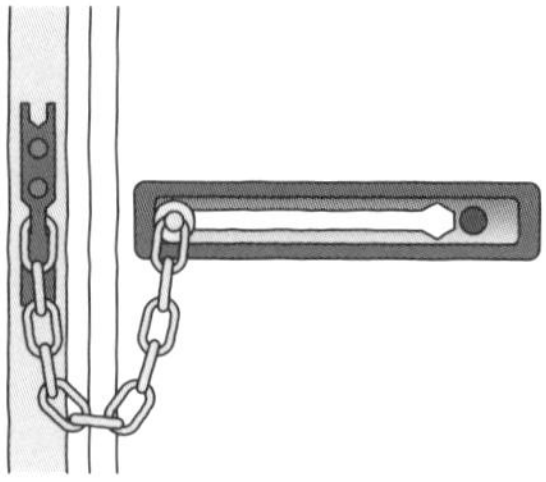

★★ **ピッキング《ぴっきんぐ》**

鍵穴に針金のような棒状のものを差し込み、施錠を解いて住居に侵入する手口。錠は破壊されないため大きな音が出ず、また短時間に行われてしまう。ピッキングに対応した商品が開発されてきているが、どのような鍵も時間さえかければ開かないことはないともいわれ、防犯には複数の対策を講じる必要がある。

★★ **ディンプルキー《でぃんぷるきー》**

シリンダー錠の1つ。ドリルでの破壊やピッキングに強いため、防犯上で推奨される。鍵山がなく表面に深さ、大きさの違う小さなくぼみ（ディンプル）がある。配列組み合わせが多く複製が困難。鍵はリバーシブルで抜き差しが容易である。

PROCESS 51

空調《くうちょう》・換気《かんき》

設備工事は先読みが肝心です。ダクトや機器を設置するため、構造体にアンカーをしっかり打っておくなど、基礎工事や躯体工事のときから、先回りして手を打っておくことが重要です。

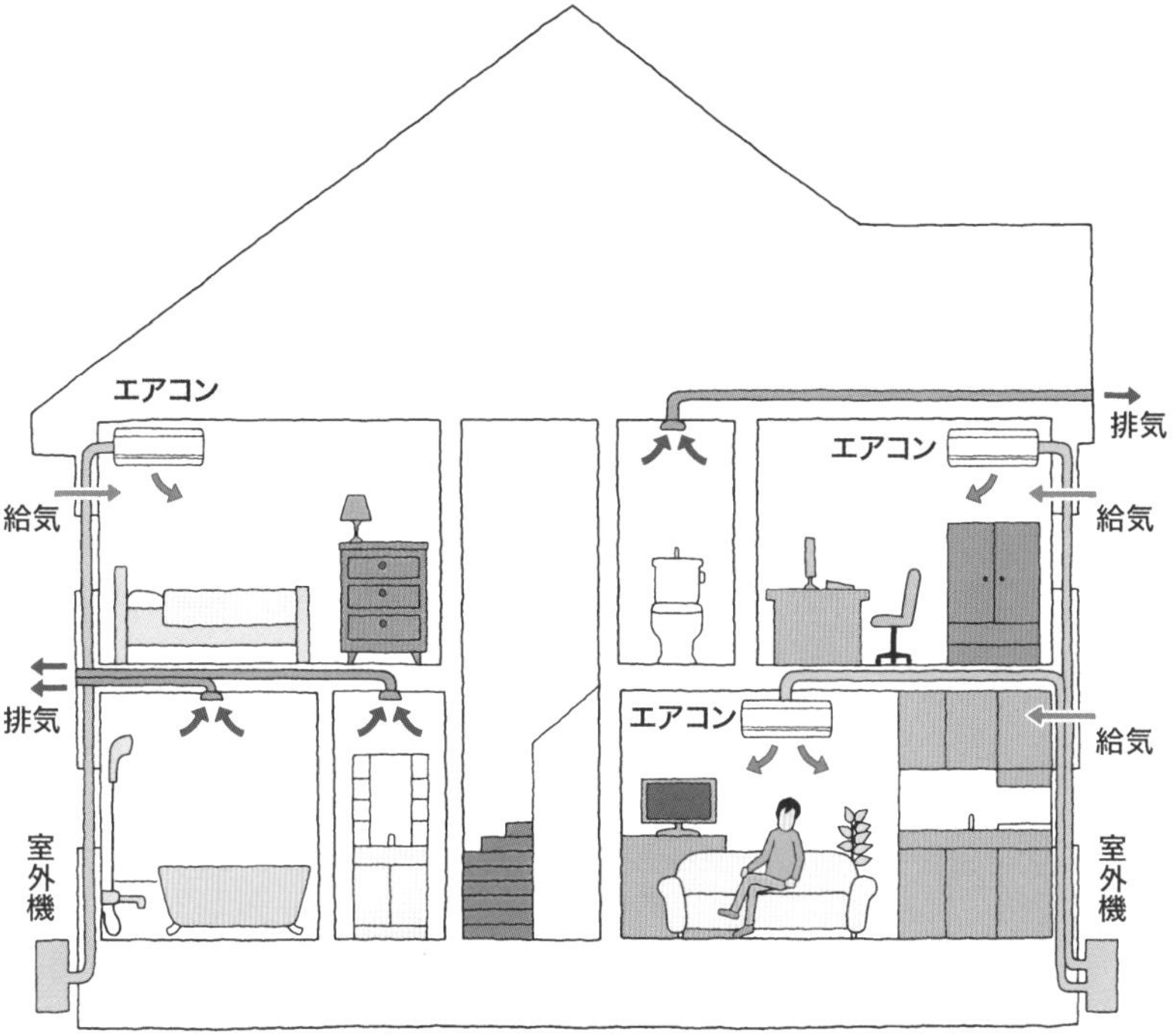

★★
セントラル方式《せんとらるほうしき》

中央方式ともいう。1か所に熱源装置となる**ボイラー**（**熱源装置**）や**冷凍機**（**冷熱源装置**）および搬送装置を設置して、全館の空調を行う冷暖房方式のこと。これらの装置によってつくり出された温水（蒸気）または、冷水を各階（各ゾーン）のコイルに空気を通し、温風、冷風にして各部屋に送り込む方式。初期費用がかさむことが多い。また、個々の部屋での微妙な温度調整が難しく、10,000㎡以上の建物に適用されることが一般的。▼図1

★★★
全空気方式《ぜんくうきほうしき》

空調の熱の移動をすべて空気によって行うシステムである。冷風、温風をダクトで直接室内に送る。

図1 セントラル方式

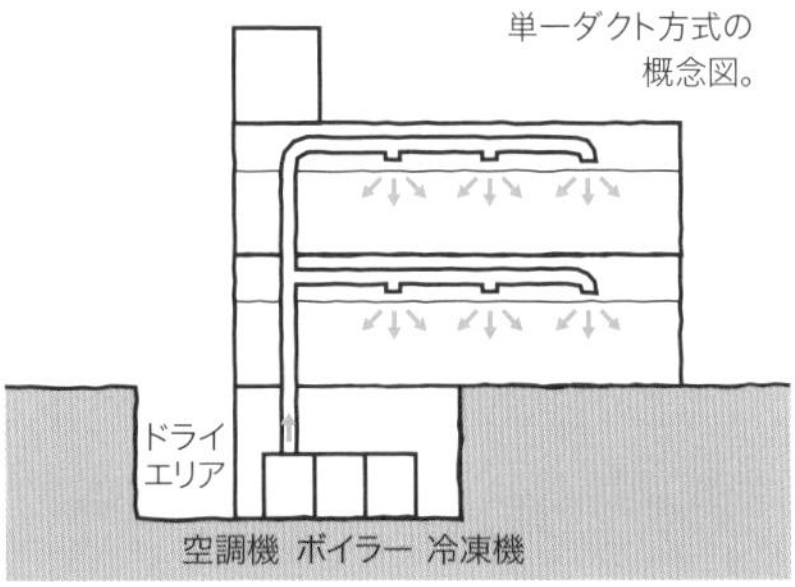

★★★
水方式《みずほうしき》

セントラル方式で冷水、温水をつくって各室に配管する方法。各室にあるファンコイルユニットによって冷風、温風をつくり出す。▼図2

★★★
ファンコイルユニット《ふぁんこいるゆにっと》

温水から温風、冷水から冷風をつくり出すユニットである。小型送風機、温度調整用熱交換器、エアフィルターからなり、冷温水コイルの水量で吹出口の空気の温度を調節し、小型送風機で空調した空気を供給する機器。この場合、室内の空気を吸い込み、吹き出すだけで新鮮な空気は入ってこないので、別途、外気を取り込む装置が必要となる。▼図3

★★★
個別空調方式《こべつくうちょうほうしき》

個々の部屋ごと、各階、各ゾーンごとに空調機を設ける方式である。室外機と室内機を1つのパッケージ型と考える方式。

図2 水方式

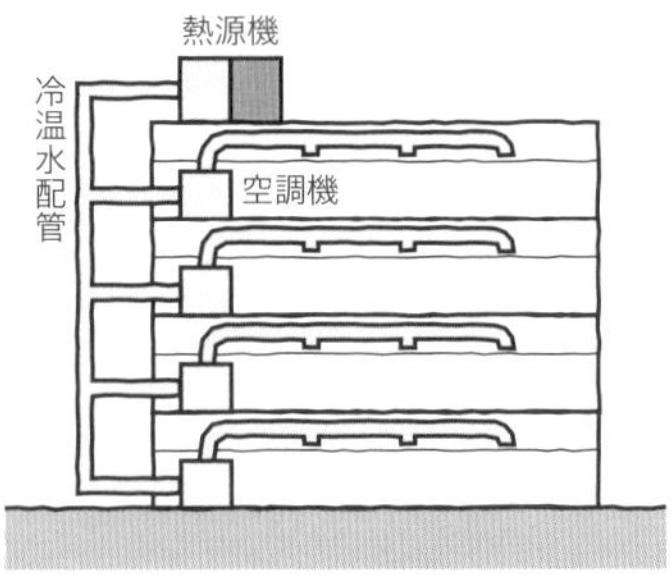

★★★
マルチユニット方式《まるちゆにっとほうしき》

機械室やボイラー室も不要で設置が簡単である。また、個々の部屋で温度調整が可能。ただし、外気は入らず、部屋の空気を暖めたり冷やしたりしているだけなので、換気設備が他に必要となる。▼図4

★★★
ビルマルチ《びるまるち》

マルチユニット方式による空調設備。1台の室外機に対して、複数の室内機が冷媒管により接

図3 ファンコイルユニット（床置き型）

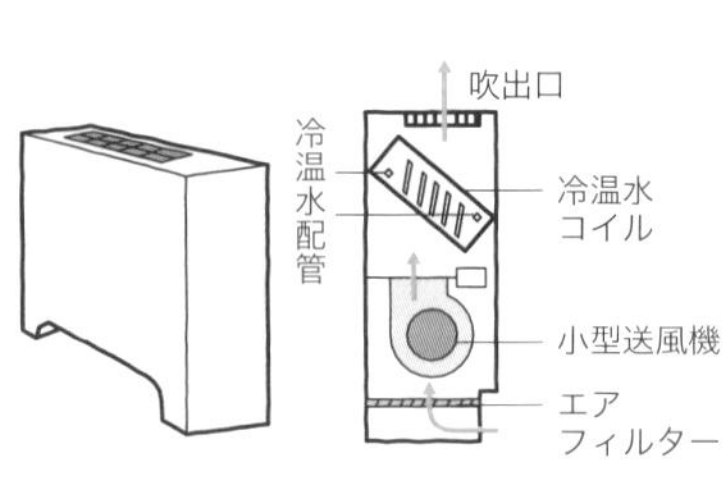

図4 マルチユニット方式

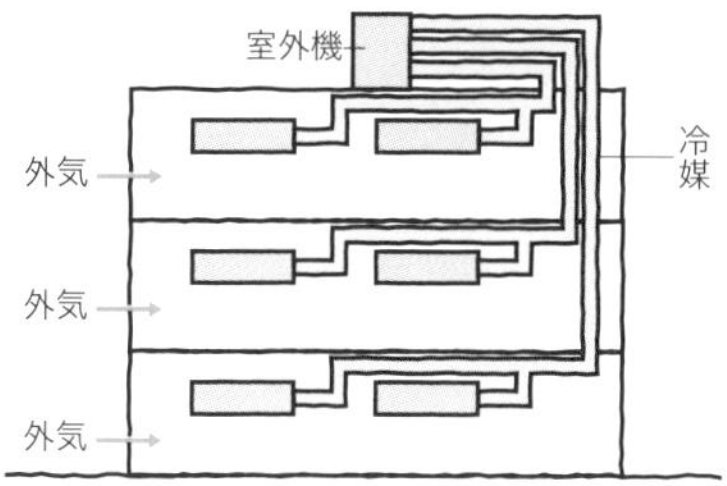

室外機と室内機を結ぶ配管は冷媒だけなので、ダクトは不要。

続され、各室の室内機が独自に運転できるシステム。室内機側にも出力調整用の弁を設けるため、各室で温度の微調整が可能となった。小型から中型までのビルで使用される。**ビル用マルチ**、**シティマルチ**はそれぞれ商品名である。略して**ビルマル**ともいう。

★★
圧力損失《あつりょくそんしつ》

全空気方式や水方式で、ダクトや管内を空気や水が流れる場合、ダクトや管の素材、形状により摩擦抵抗力が発生し、その際、圧力低下が生じる。これが圧力損失である。機器やダクト、吹出口、吸込口などそれぞれの機器による抵抗値が決められており、必要な送風圧、送水圧は計算により求めることができる。

★★★
ヒートポンプ方式《ひーとぽんぷほうしき》

一般に物質は、密閉した容器内で急激に加圧して高圧にすると高温となる。また、高圧な状態から急激に減圧し低圧にすると低温になる。この現象を利用して、コンプレッサーで冷媒を加圧して高温にし、次に膨張弁を開いて急激な減圧を行うことで冷媒を低温にする。この一連のサイクルをヒートポンプ方式という。高温または低温となった冷媒にファンで送風することで、暖房、冷房を行う。また、室内の空気を低温の冷媒に通すことで、除湿も行うことができる。このため、灯油やガスを利用して直接空気や水の温度を変化させるよりも、少ないエネルギーで室内の冷暖房が可能になる。ただし、外気温が低い場合には、暖房機能が弱くなる傾向にある。また、家庭用のクーラーでは吹出口が小さく風量も小さいため、室内温度にむらが出やすい場合がある。▼図5

図5 ヒートポンプの概念図

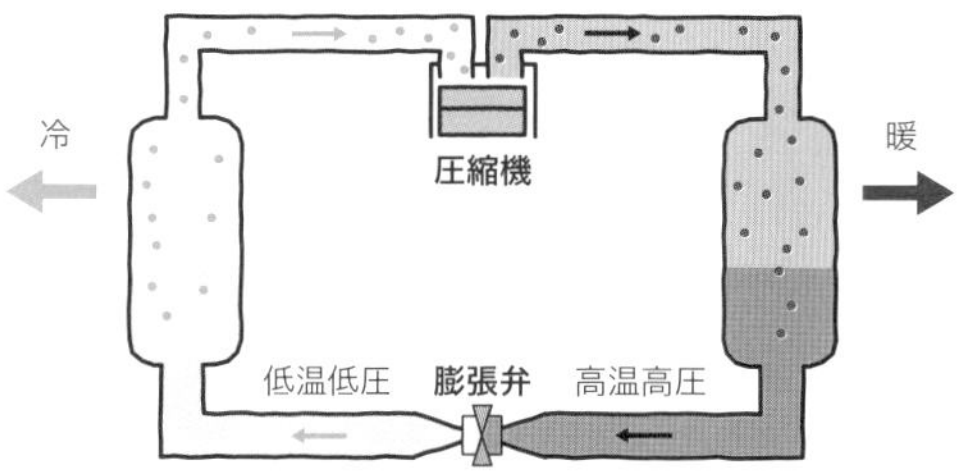

急激な減圧で膨張した冷媒は低温低圧になる。

コンプレッサーで圧縮され高圧になった冷媒は高温になる。

★★★
冷媒《れいばい》

エアコン内で密封され、加圧、減圧で液体、気体に変化する物質。室内機と室外機の間を循環し、熱を運ぶ。冷媒管内は高圧なため十分な注意が必要である。一般的に、空調機、冷凍機の冷媒にはＨＦＣ（ハイドロフルオロカーボン）やアンモニアなどの物質が使われている。

★
蒸発器《じょうはつき》

室内機に付属し、外気、または水に冷媒を触れさせることで、冷媒を気体にする器のことである。

★
圧縮機《あっしゅくき》(コンプレッサー《こんぷれっさー》)

気体になった冷媒に圧力をかけ、圧縮し冷媒を高温にする機械である。

★
膨張弁《ぼうちょうべん》

冷媒を減圧する装置で、冷媒を

低温低圧状態にし、液体から気体に変化させる装置である。

★ **四方弁《しほうべん》**

冷媒の流れを逆にすることで、冷房、暖房を切り替える装置である。

★★ **クーリングタワー《くーりんぐたわー》(冷却塔《れいきゃくとう》)**

室内を冷房することで高温となった冷却水を冷やす装置。屋上などに送風機を設けて、塔内へ大気を強制的に取り入れ一部を蒸発させて気化熱として熱を放出させ、温度を下げる装置。

★ **チラー《ちらー》**

チリングユニットの略称である。冷水または冷風により、循環水の温度調整をする装置。

★★ **放射冷暖房《ほうしゃれいだんぼう》**

輻射《ふくしゃ》熱を利用した冷暖房方式。天井や壁、床に設けたパネルを温冷水により温めたり、冷やしたりして暖房と冷房を行う。夏の冷房時には結露防止の除湿をすることで、体感温度を心地よく保つことができる。床暖房も放熱暖房の方法である。▼図6

図6 放射冷暖房

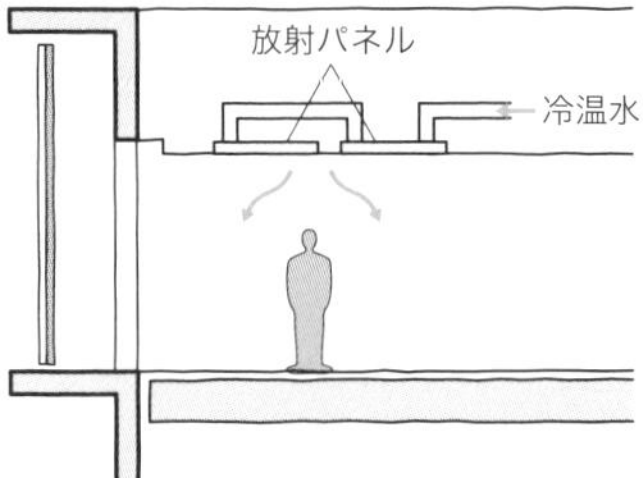

★★ **パッシブソーラーシステム《ぱっしぶそーらーしすてむ》**

太陽光などの熱エネルギーを機械設備を使わずに熱として利用する方法である。Passiveは受動的という意味。太陽光で水を蓄熱する方法などがある。

★★ **アクティブソーラーシステム《あくてぃぶそーらーしすてむ》**

集熱、集光などにより太陽の光エネルギー、熱エネルギーを機械設備により、積極的に取り入れるシステムのこと。太陽光発電や蓄熱による熱を利用した暖房装置などがある。

★★★ **可変風量方式《かへんふうりょうほうしき》(VAV方式《ぶいえーぶいほうしき》)**

空調機から出る温度は一定のまとし、送風機の強弱により送風量を調整し、室内の温度を適温にする方法である。

★★★ **24時間換気システム《にじゅうよじかんかんきしすてむ》**

窓を開ける換気とは異なり、24時間、法令で定められた方法で換気するシステム。シックハウス症候群などを防ぐため、法令で義務付けられた。通常2時間に1回、部屋の空気を取り換えるよう風量を計算して換気装置を取り付ける。▼図7

★★ **ゾーニング《ぞーにんぐ》**

1つの建築内部、あるいは広い面積の部屋を使用目的や熱負荷の大小、使用時間などの特徴で区画分けすること。また、大空間の場合には、大きい空間を数か所に分けて空調することをいう。

★★ **パーソナル空調方式《ぱーそなるくうちょうほうしき》**

オフィスなどでの使用が考えられている新しい空調方式である。

図7 24時間換気システム

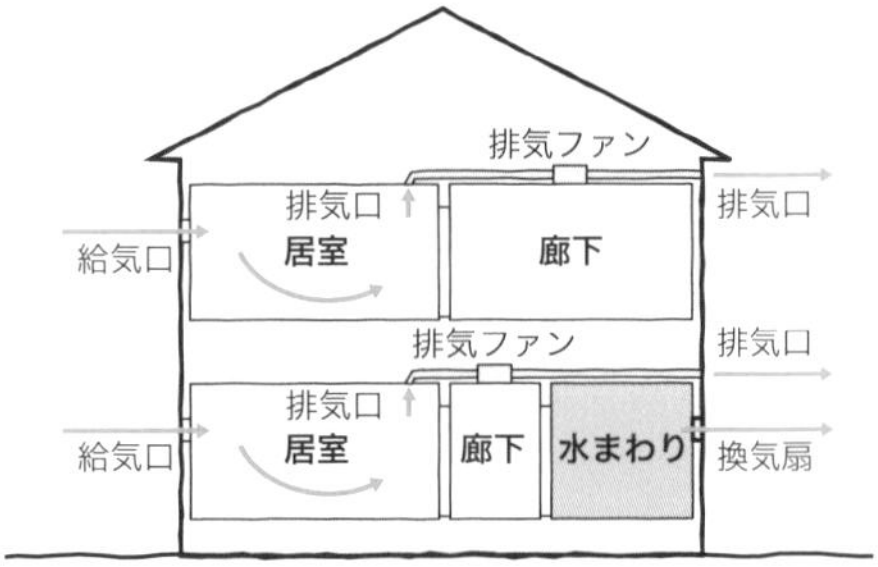

部屋を空調するのではなく、個人個人のデスクまわりなどに1つ1つ空調システムを設置することで、完全に個人の好みの空調を可能とすることができる。自然空調と組み合わせることで省エネが期待される。

★★★
熱交換器《ねつこうかんき》

熱の受け渡しをする機器のこと。家庭用エアコンでは、高温または低温にした冷媒の熱を空気に伝えて温めたり冷やしたりすることで冷暖房を行う。多管式、プレート式、フィン式、チューブ式などがある。▼図8

★★★
ドレン《どれん》

冷房時に熱交換器を室内の空気が通過する際、空気が冷やされることにより結露が生じる。この水滴を受ける装置のことである。ドレン管とはその水滴を集めた水が流れる管のことである。▼図8

図8 熱交換器（エアコン室内器の断面図）

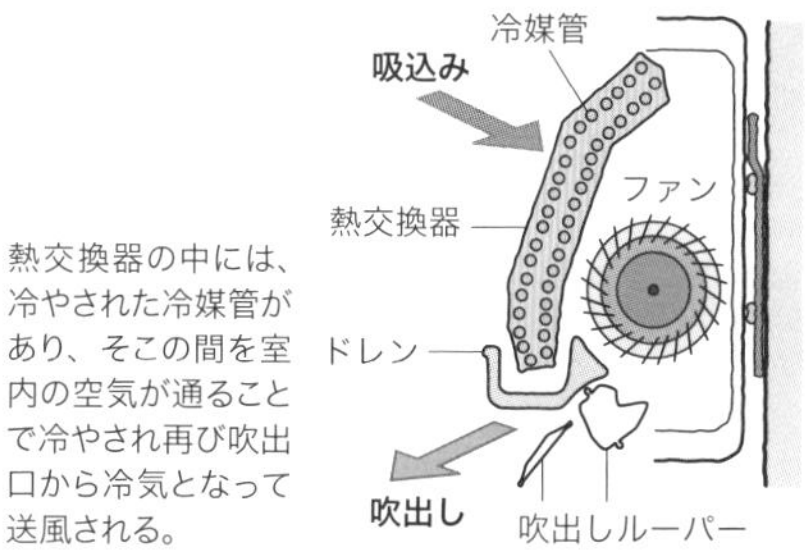

熱交換器の中には、冷やされた冷媒管があり、そこの間を室内の空気が通ることで冷やされ再び吹出口から冷気となって送風される。

★
弱冷房除湿《じゃくれいぼうじょしつ》

空調機で除湿する場合、室内の空気の温度を下げて余分な水分を取り除くこと。その際、室内の空気の温度が若干下がるので弱い冷房状態となる。

★★
熱リサイクル方式《ねつりさいくるほうしき》

弱冷房除湿で冷やされた空気をもとの室内の温度に上げる方式。除湿した空気に、室外機から排出される高温の空気を混ぜる。特に高湿低温の梅雨の時期に用いられる除湿方式である。

★★★
全熱交換器《ぜんねつこうかんき》

換気の際に室内から排出された空気の温度と湿度を回収し、給気に与える省エネな換気装置。暖房時は室内の暖かく湿った空気の熱を回収し外気に与え、冷房時は室内の冷気および湿気の潜熱を高温多湿の外気と交換する。熱回収率は80％程度。近年、高気密住宅での利用が高くなり、省エネにも大きく貢献している。▼図9

図9 静止型全熱交換器

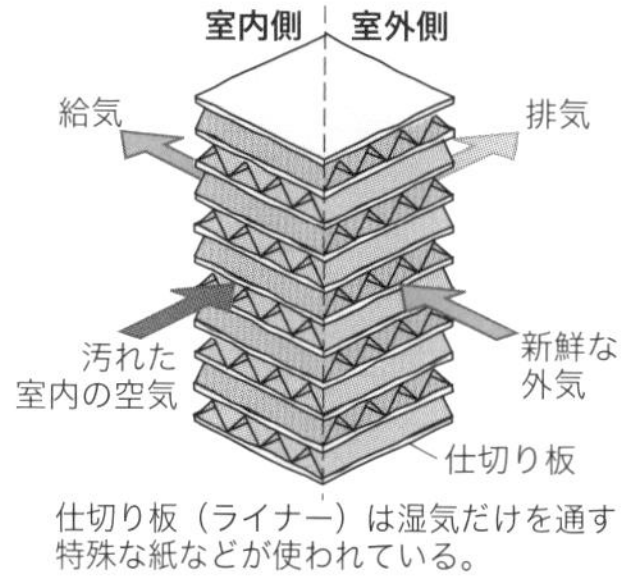

仕切り板（ライナー）は湿気だけを通す特殊な紙などが使われている。

★★★
自然換気《しぜんかんき》

室内外の温度差、風圧などによって換気する方式のことである。機械を使わずに室内の空気を自然に入れ換える。

★★★
コジェネレーション《こじぇねれーしょん》

コージェネ、コジェネと略されることもある。1つのエネルギーを2つのエネルギーに変換するシステムの総称。一般には、石油やガスを利用して水を熱し高圧力の蒸気として発電する。一方、高温の蒸気を使い暖房にも利用することができる。このように、1つのエネルギーから2つ以上のエネルギーを生み出すことをいう。

★★
機械換気《きかいかんき》

ファンを用いた強制換気方式である。アクティブ換気ともいう。

★
第1種換気方式《だいいっしゅかんきほうしき》

機械換気の方法の1つ。排気、給気とも機械により行うものである。そのため、室内圧を任意に決めることができる。フィルターや全熱交換器を設けることで目的に合った換気、空調が可能となる。▼図10

★第2種換気方式《だいにしゅかんきほうしき》

外部からの給気を機械により行い、排気は自然排気とする方法である。給気が機械により行われるため、給気で室内の空気は押し出され、室内は外部より高い圧力（正圧）となる。このため、給気側にフィルターを設けて外部から細菌や塵などを入れないようにし、工場のクリーンルームや病院の手術室に導入されている。▼図10

★★第3種換気方式《だいさんしゅかんきほうしき》

排気側を機械による機械排気とした方法である。機械で室内の空気を吸い出すため、室内は外気より低い圧力（負圧）となる。室内のにおい、湿気などを除したい場合に用いられ、キッチンやトイレ、浴室などに用いられる。▼図10

★★★換気回数《かんきかいすう》

換気係数ともいい、建築基準法により部屋の用途ごとに必要な換気回数が定められている。1時間の換気量を部屋の容積で割ったもので、1時間当たりの換気可能な回数を示す。

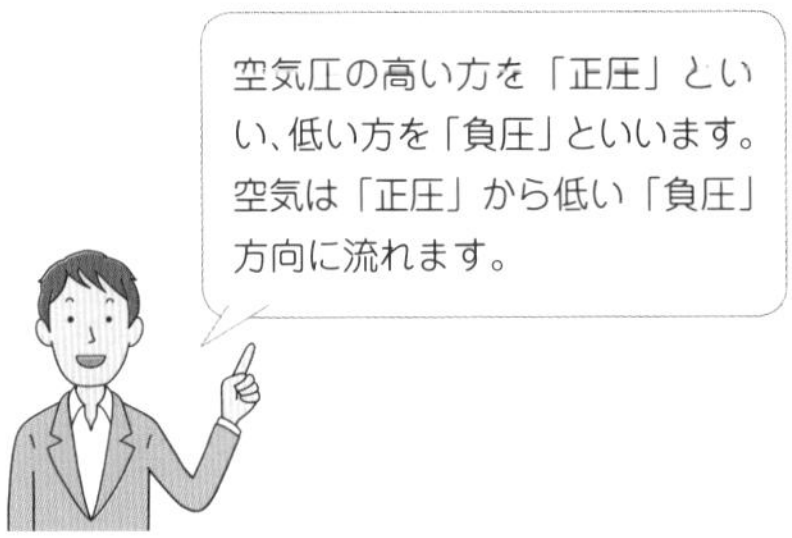

図10 第1種換気方式、第2種換気方式、第3種換気方式

第1種換気、第2種換気はともに特殊な換気方式で一般に住宅では用いない。特に第2種換気は、機密性の悪い木造で用いると壁内部で滞留した空気が結露する可能性が高い。

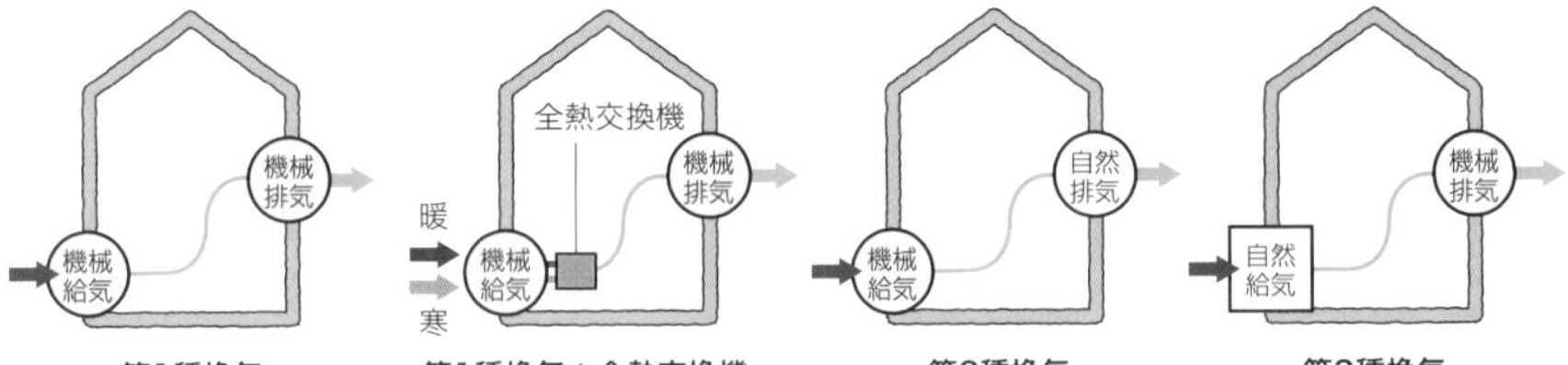

★チャッキダンパー《ちゃっきだんぱー》

逆流防止ダンパーともいう。排気用ダクトに用いられる空気の逆流を防止するためのダンパー。外気からの風圧やファンを停止するとバネの力や自重により、全閉となる構造になっている。

★ダクトレス換気《だくとれすかんき》

ダクトを設けずに、給気口と排気口を適所に設け、換気の必要な部屋を換気する方式。

★セントラル換気《せんとらるかんき》

ダクトを設け各部屋をつなぎ給気や排気を行うシステム。ダクトスペースの確保と設備費がかかる。

★★★給気口《きゅうきこう》

外気を取り入れる口のことである。自然換気では、室内の天井高さの1／2以下の高さに設ける。

★★★
排気口《はいきこう》

室内の空気を外に出す口のことである。一般的には暖房機より上に設置するのが理想である。天井から20~30cm以内が適当とされている。キッチンではダクトを伸ばしレンジの煙やにおいを吸い上げることもある。

2 空調機器

★
空調機《くうちょうき》

室内の温度・湿度・空気の清浄をコントロールする機器のことで、ファン、フィルターからできている。近年、加湿器や空気清浄機、空気混合ボックスなども加わり、複雑で精度のよい空調機もある。空気調和機という。▼図11

★★
パッケージユニット《ぱっけーじゆにっと》

パッケージユニットは、エアフィルター、送風機、自動制御機やヒートポンプユニットの冷暖房機等の空調機の基本的な機器を1つにまとめたものである。家庭用のエアコンでは室外機と室内機からなり、冷媒管を接続し、ファンコイルユニットで冷風や温風を送る。▼図12

図11 空調機

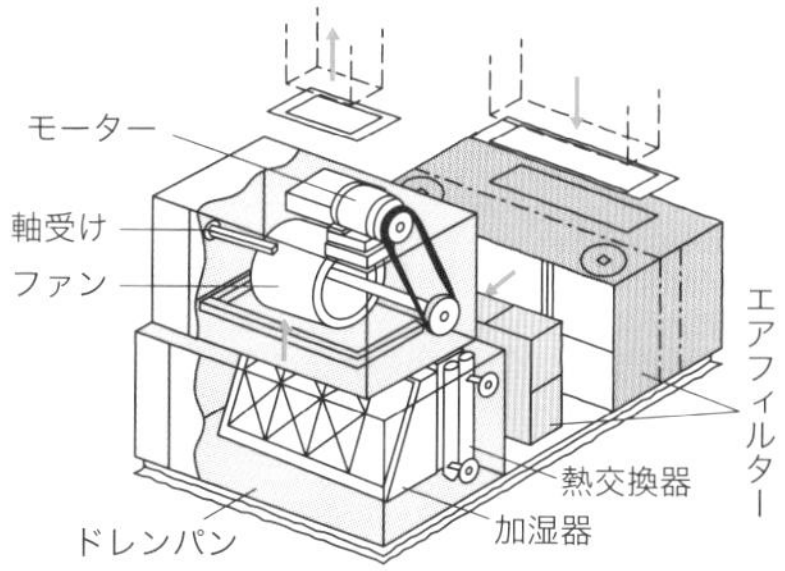

空調機に入った空気はエアフィルターで清浄され、次に熱交換機で暖められたり冷やされたりする。続けて、加湿器で適度に加湿され送風ファンに送られダクトから室内へと送風される。これが、空調機の基本的な空気の流れである。

図12 パッケージユニット

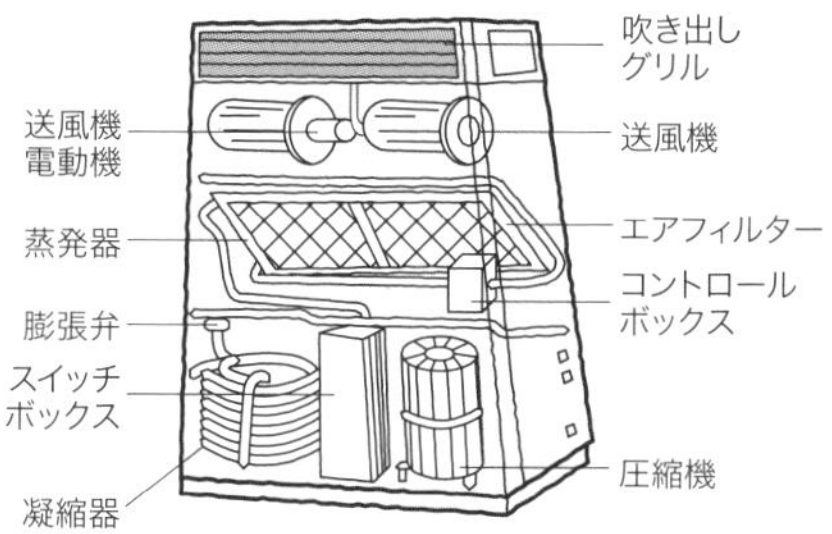

★★★
インバーター《いんばーたー》

室内の温度の変化に応じ、コンプレッサーのモーターの回転数をコントロールしてパワーを調整する装置。無駄な電気を使うことがなく効率的な運転ができるメリットがあるため、現在の空調機に装備されている。

★★
ガスエンジン《がすえんじん》

ガスを燃料としたエンジン。ガソリンエンジンと同様で、ガスを内燃機関で爆発させ動力とする。現在ではコージェネユニット化した家庭専用のものもある。

★★★
ロスナイ《ろすない》

静止型全熱交換器を空調設備の給気管と排気管に取り付ける熱交換型換気扇の商品名。▼図13

図13 ロスナイ

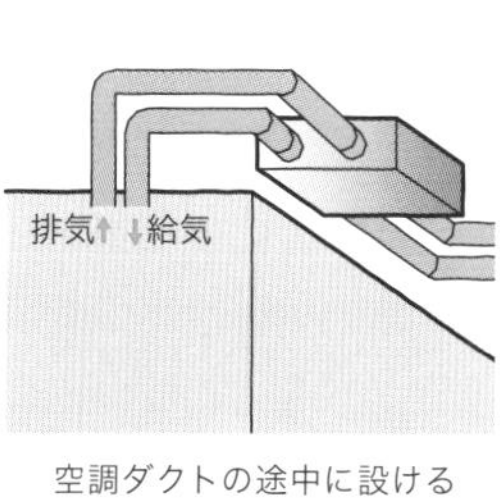

空調ダクトの途中に設けることで、省エネできる。

★★
COP(コップ)《しーおーぴー(こっぷ)》

冷房機器や暖房機のエネルギー消費効率の目安として使われる係数。消費電力1kW当たりの冷却・加熱能力を表した値である。

★ **密閉式燃焼機器《みっぺいしきねんしょうきき》**

壁に給気口、排気口の2つの穴を設け、外気を燃焼機器に給気し、排気は排気口を通じて屋外に排出する方式の燃焼機器。FF式がその例である。▼図14

★ **半密閉式燃焼機器《はんみっぺいしきねんしょうきき》**

壁に排気口や煙突を設け、排気のみを屋外に排出する方式の燃焼機器。給気は室内の空気を使う。FE式がその例である。

★ **開放式燃焼機器《かいほうしきねんしょうきき》**

給気、排気とも室内で行うタイプの燃焼機器。石油ストーブ、ガスレンジ瞬間湯沸器などがその例である。

★★★ **屋外式燃焼機器《おくがいしきねんしょうきき》**

燃焼機器自体を屋外に設置し、給気、排気ともに屋外で行う。配管を通して給湯する方式。RF式がその例である。▼図15

★★ **FF式燃焼機器《えふえふしきねんしょうきき》**

給気と排気を屋外で行う燃焼機器の総称。強制的に給排気をし、室内で使う燃焼機器。給湯や暖房、業務用の厨房機器などがある。▼図14

図14 FF式燃焼機器

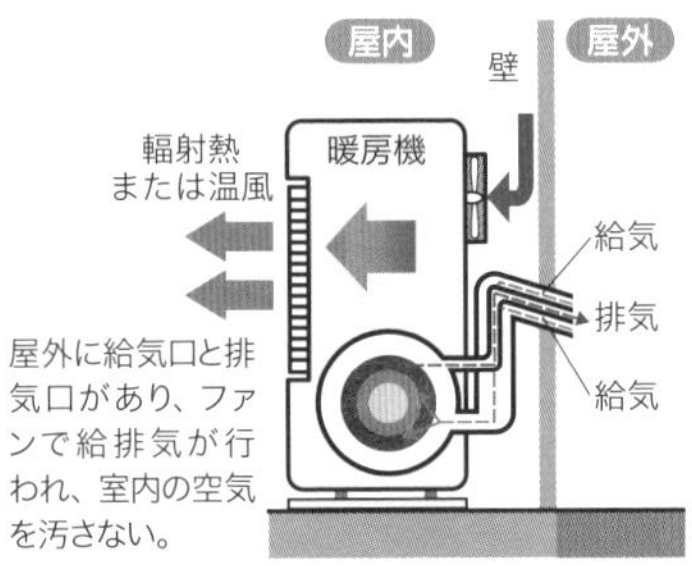

屋外に給気口と排気口があり、ファンで給排気が行われ、室内の空気を汚さない。

★★★ **RF式燃焼機器《あーるえふしきねんしょうきき》**

屋外設置型の燃焼機器。室内での事故の発生はない。現在の給湯システムは主にこの方式であり、給湯器は屋外に設置される。▼図15

図15 RF式燃焼機器

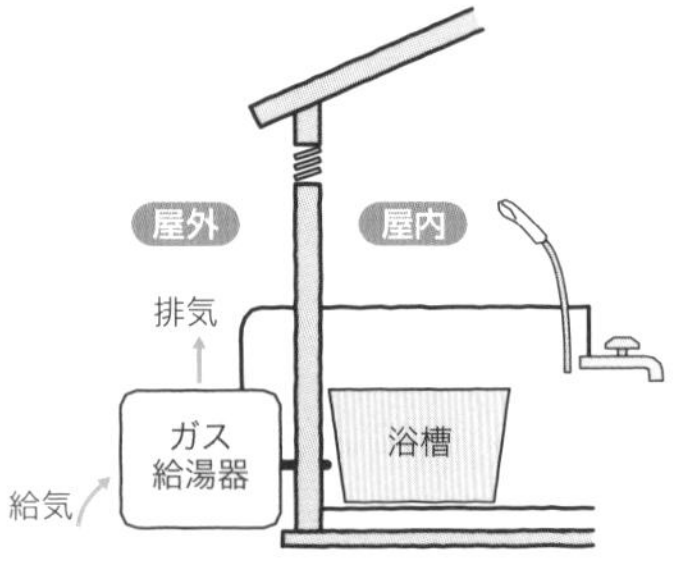

★★★ **床暖房《ゆかだんぼう》**

床に温熱源を入れ、放射熱により部屋を暖める暖房方式。通常の暖房では暖かい空気は天井付近で滞留する傾向があるが、床暖房では足元が暖かいため、同じ室温でも体感温度は高く感じることができる。

★★ **温水式床暖房《おんすいしきゆかだんぼう》**

床下に配管し温水を流すことで床暖房を行う方式である。パネル化された製品もあり、簡単なリフォームもできる。▼図16

図16 温水式床暖房

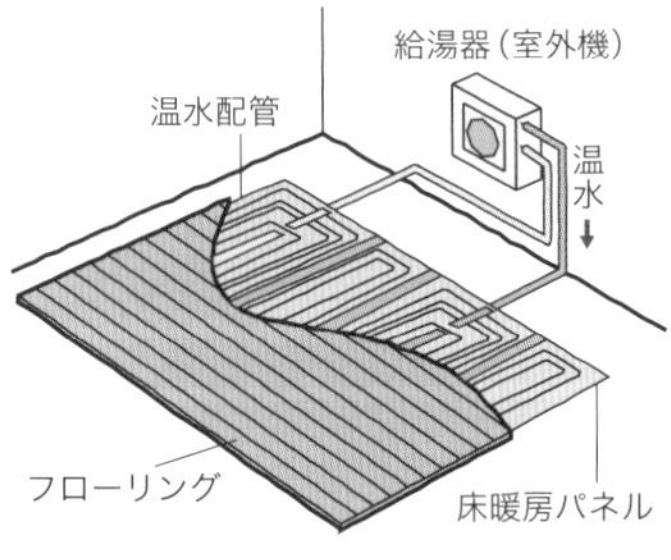

★ **ヒーター式床暖房《ひーたーしきゆかだんぼう》**

電熱線式床暖房ともいう。床に電熱線パネルを敷き、電熱線により床を暖める暖房方式。ランニングコストが高いが、設置は容易である。また、改良型としてPTCヒーター方式があり、温度の高くなった部分だけ電源を切ることができる節電型のものもある。▼図17

★★★ **蓄熱式床暖房《ちくねつしきゆかだんぼう》**

温水式床暖房やヒーター式床暖房装置の上下に蓄熱性の高い材

図17 ヒーター式床暖房

図はPTCヒーターを用いた例で、細かく分かれたヒーターパネルからなり、温度が上昇している部分のヒーターの温度を自動的に調整する。

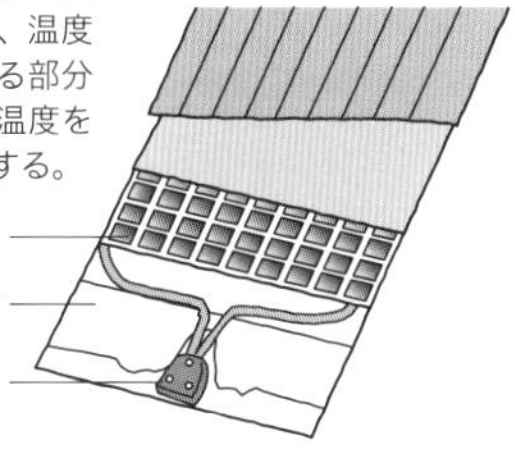

料を配して、夜間に蓄熱した熱で昼間も床を暖める方式。蓄熱材の性質を熟知して施工しないと断熱性を台無しにすることがある。夏の湿気や雨水が入り込むことで蓄熱材としての性能が極度に低下することがある。

★★ システムエアコン《しすてむえあこん》

室内空気の温度、湿度の調整、空気の清浄を目的として、ファン、コイル、加湿器、加熱機、冷却機、熱交換器、エアフィルターが一体となり、送風量が3000～40000㎥/時の性能を持つ空調機を示す。

★★ エアコン《えあこん》

家庭用で使われる空調機の一般名称で、正確にはエアコンディショナーともいう。ヒートポンプ方式により除湿、冷房、暖房が可能である。一般に室内に熱交換器と送風機、室外にコンプレッサーと減圧機を配した方式のエアコン。

★★★ 天井吊り型カセット《てんじょうつりがたかせっと》

天カセともいう。空調方式によって内部の構造は異なるが、天井に設置され、温度調整・除湿・クリーンな空気を室内に送風する装置である。フィルターや吸込口、吹出口に風量を調整する機能や結露した水を集める機能が付いている。水方式では、冷温水の熱を熱交換器で交換し冷暖房するファンコイルユニットを天井に吊った機器、全空気方式では吹出口だけの機能を持った機器。▼図18

図18 天井吊り型カセット

図は水方式ないしヒートポンプである。熱交換器を通して温度調整、除湿が行われた空気を送風する。

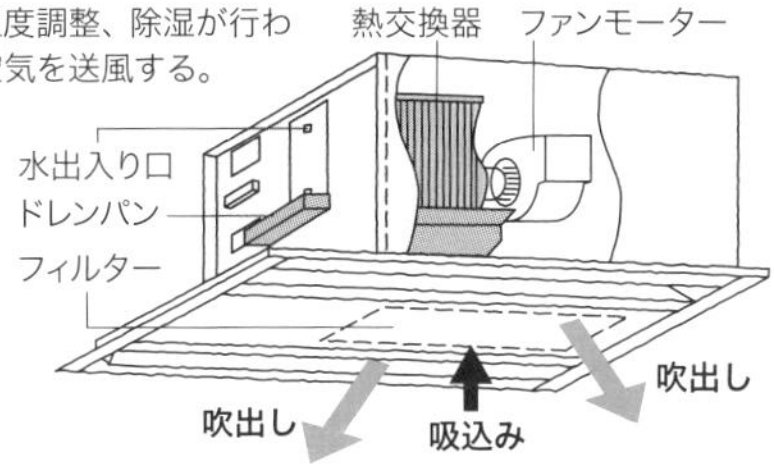

★★ 天井埋め込み型《てんじょううめこみがた》

天井に埋め込むタイプの室内機。天井吊り型と機能は同様。壁掛け型と異なり、あまり目立たない。ただし、天井裏の高さが確保されていることが設置の前提である。設置場所が天井内であるため、点検、フィルターの掃除に足場をかける必要がある。また、吹出し方向を考慮しないと、暖房時に暖気が天井に滞留する可能性がある。▼図19

図19 天井埋め込み型

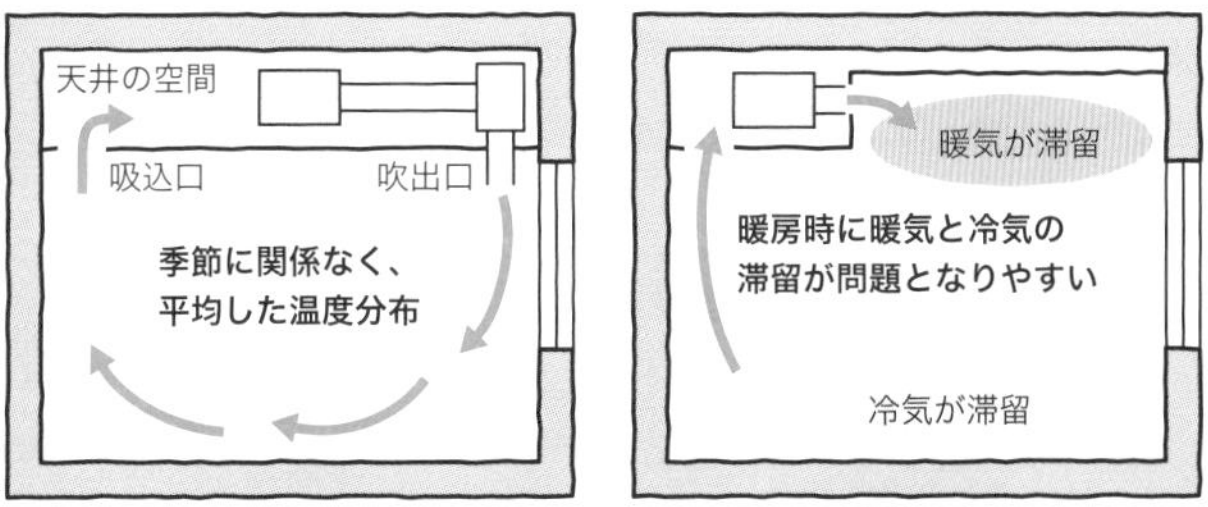

天井垂直吹出し　天井横吹出し

★★ 天井埋め込みダクト型《てんじょううめこみだくとがた》

1つの空調機から天井裏ダクトですべての室内機をむすんでし

まう方式。天井裏の高さが30cm程度から施工可能である。ダクト内のファンなども収めることを考慮する。

★★
床置き露出型《ゆかおきろしゅつがた》

天井吊り型カセットと同様の仕組みだが、床に設置する室内機。部屋にガラス面が多く熱負荷が大きくなる場合、空調の吹出口を床置きとして室外側に設けることで、外部からの熱を遮断できる。▼図20

図20 床置き露出型

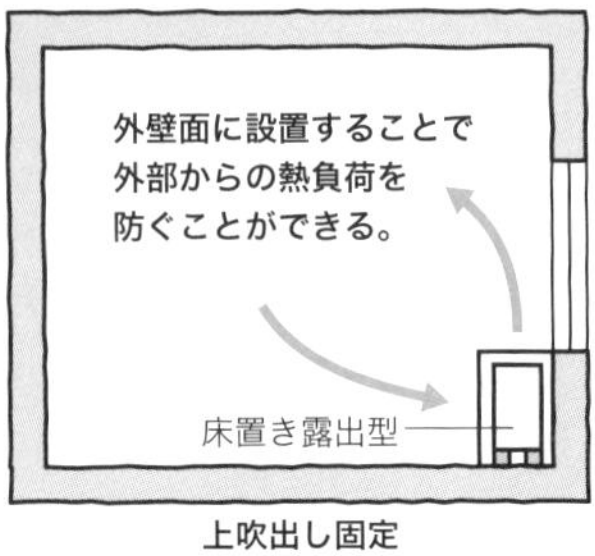

外壁面に設置することで
外部からの熱負荷を
防ぐことができる。
床置き露出型
上吹出し固定

★
エアハン《えあはん》

エアハンドリングユニットの略称で、AHUと表記することもある。セントラル方式でつくられた温水、冷水を利用し冷房、暖房する装置である。厳密な温度調整、湿度調整、空気の清浄、外気を適度に取り入れることが可能で、一般に専用の機械室が設けられる。ビル管理法に定められる規制値に厳密に従うことができる装置である。比較的大きな建物（大型店舗）、空間（劇場）のための空調機器である。

★★★
架橋ポリエチレン管《かきょうぽりえちれんかん》

床暖房で使われる管。60～70℃程度までの耐熱性があり、曲がりやすく、ぽきぽきと折れない柔軟性がある。一般に直径が10～13mm程度のものを使う。

★★
ボイラー《ぼいらー》

多数の細い水管に水を入れ、外部から加熱して蒸気を発生させる装置。水方式の暖房の熱源として用いられる。一方、最終的な水処理の必要性など短所も多い。

★★★
HFC系冷媒《えいちえふしーけいれいばい》

R410Aと呼ばれる冷媒で、ハイドロフルオロカーボンの略称である。オゾン層の破壊が少ないため、現在、特定フロンCFCやHCFCの代替えとして交換が進められている。

★★★
特定フロンCFC《とくていふろんしーえふしー》

狭義でいう炭素、塩素、フッ素からなるフロンガスでクロロフルオロカーボンの略称である。最もオゾン層の破壊をもたらすフロンである。冷媒番号CFC11、12、113、114、115が特定フロンとして指定され使用禁止となっている。ただし、既存機については使用している場合もある。

★★★
自然冷媒《しぜんれいばい》

フロンガスのように化学的につくり出されたのではなく、自然界に存在するブタンやアンモニアからなるガスやプロパンガスを主成分とする次世代の冷媒で、オゾン層を破壊することは極めて少ない。

環境に負荷のかからない自然冷媒を使用した装置は、導入費がフロン冷媒に比べて高いです。これを普及させるため、国は補助金制度を設けています。

★★
動圧《どうあつ》

ダクトや管の中を空気や冷媒、水が流れた状態でダクト、管に発生する圧力のことである。速度圧ともいう。

★★
静圧《せいあつ》

ダクトや管の中で空気、冷媒、

水が静止した状態のダクト、管に発生する圧力のことである。

★★
全圧《ぜんあつ》
動圧と静圧の和の値のことである。また、混合ガスの場合には、含まれる気体の圧力の合計値をいう。

3 換気機器

★★★
シロッコファン《しろっこふぁん》
換気用機器に使用されるファンの一種。キッチンのレンジフードや浴室の換気に用いられる。前向きに反った比較的短い羽根が多数付いているため、ダクトを通して自由な方向に排気でき、プロペラファンに比べ、屋外の風の影響が少ない。レンジフードの背面から直接屋外に排気できない場合や外部の風が強い高層マンションなどで用いられることが多い。**多翼式送風機**ともいう。▼図21

図21 シロッコファン

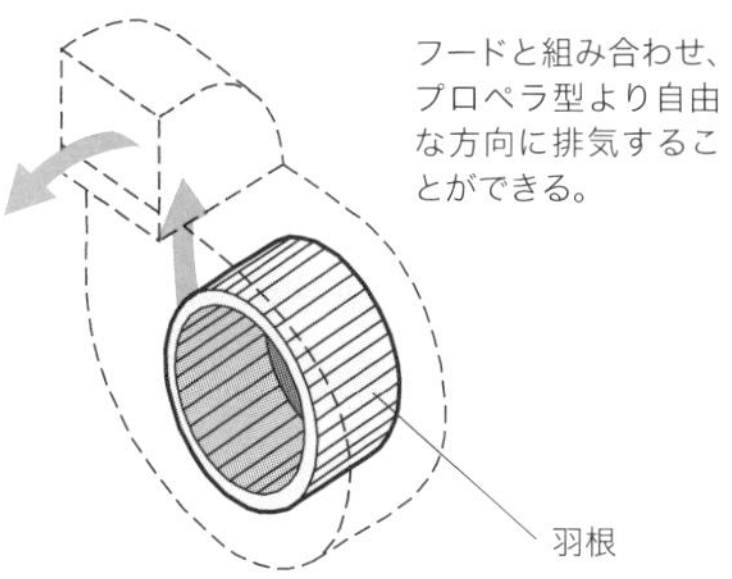

フードと組み合わせ、プロペラ型より自由な方向に排気することができる。

★★★
ターボファン《たーぼふぁん》
風量が多く、効率度が高いファン。排気だけでなく給気にも使われる。キッチンのレンジフード、トイレの排気などにも用いられる。比較的広い後ろ向きに反った羽根が特徴。▼図22

★
クロスフローファン《くろすふろーふぁん》
一般に圧力は低く、効率もよくないが、幅の広い帯状の吹出し気流が得られるためエアカーテンやファンコイルユニットなどに用いられるファン。シロッコファンと似ているが、羽根の幅が直径に比べて大きく、気流は軸に垂直な方向から吸い込まれ送風される。**貫流送風機**とも呼ばれる。▼図23

図22 ターボファン

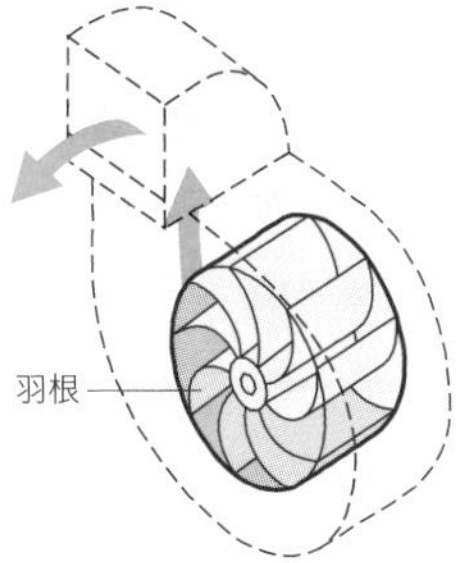

図23 クロスフローファン

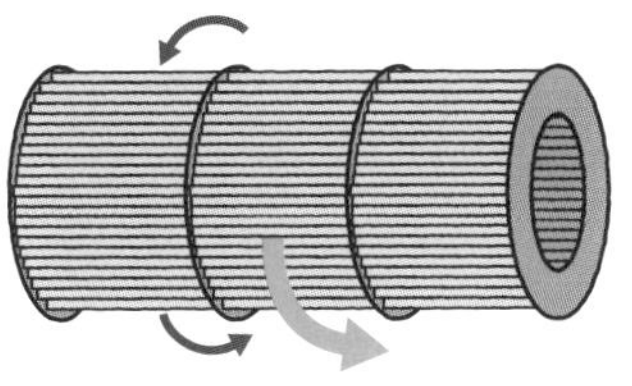

安定した幅広帯状の送風が可能であるため、家庭用のエアコンのファンとしても使用されている。

★★★
レンジフードファン《れんじふーどふぁん》
調理器具から出る二酸化炭素、水蒸気、煙、臭気や熱を屋外に出す換気ファン。効果的に汚れた空気を捕集するために調理器具の上に付いている。狭義にレンジファンといった場合には、送風量を調整できるシロッコファンとターボファンをいう。シロッコファンはダクト接続で用いるのが一般的で、IHヒーターの場合に有効的である。▼図24

図24 レンジフード

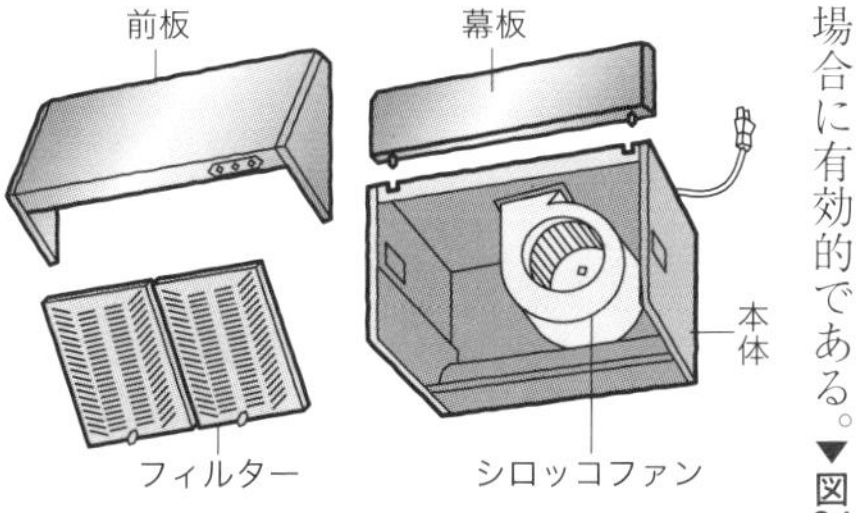

★★★ 排煙設備《はいえんせつび》

建築基準法で定められた部屋に設ける排煙設備で、火災時の煙を排出し、避難経路を確保するための設備である。換気量が規定内であれば窓だけの自然換気も可能である。建物の用途によっては煙感知器と温度感知器が連動し、火災時に自動的に窓が開く装置が必要な場合もある。開口部だけでは換気量が満足しない場合には機械排煙装置を設け、ファンにより室内に発生した煙や有毒ガスを排出しなければならない。建物の用途や規模によっては、大がかりな非常用電源をもった排煙設備を設ける必要がある。下図は加圧防煙方式で、給気を行うことで室内の圧力を高め、排気ファンによる排煙を促進するもので、消火の拠点となる非常用エレベーター乗降ロビー、避難の拠点となる特別避難階段の附室に設けられる。▼図25

図25 加圧防煙方式

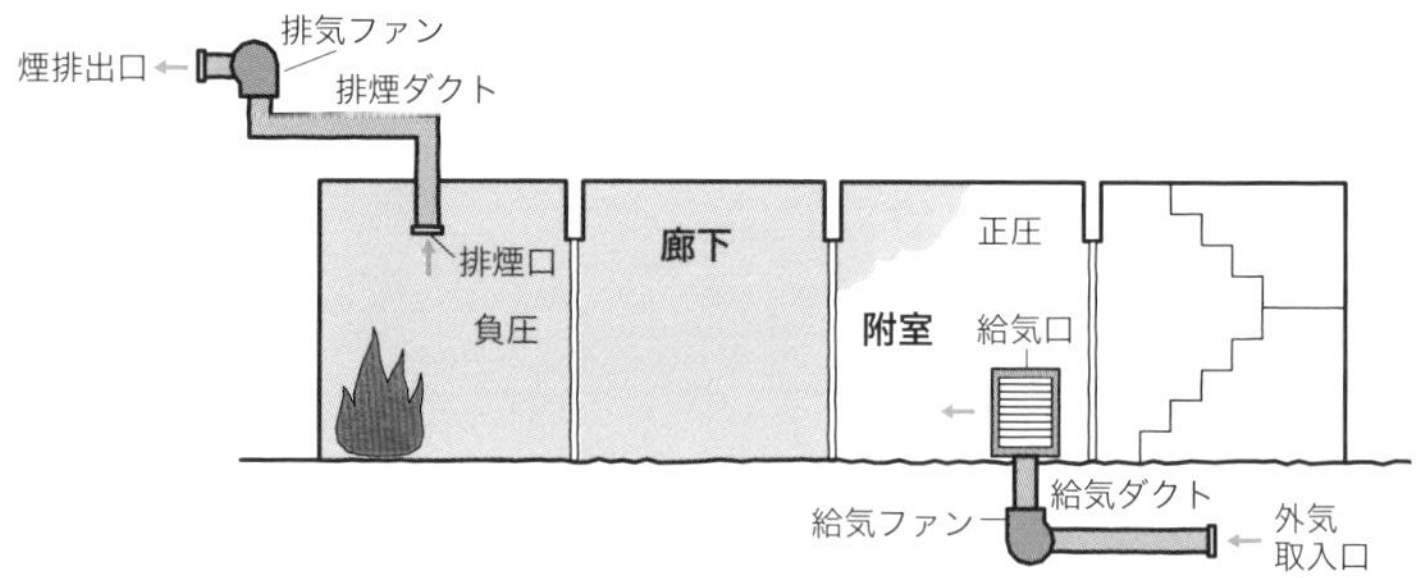

★★★ ベントキャップ《べんときゃっぷ》

ベントとは通気口の意味である。外壁に設けられる給気・排気口の管の先端に取り付ける部材で、形状は丸形が一般的。防風するためのガラリ形式、水切りを設けたもの、浴室などの水蒸気が多く発生する場所ではドレンと一体となったものがある。材質はアルミ、ステンレス、樹脂など。軒がついていたり雨水の心配がない場所に設置する。▼図26

図26 ベントキャップ

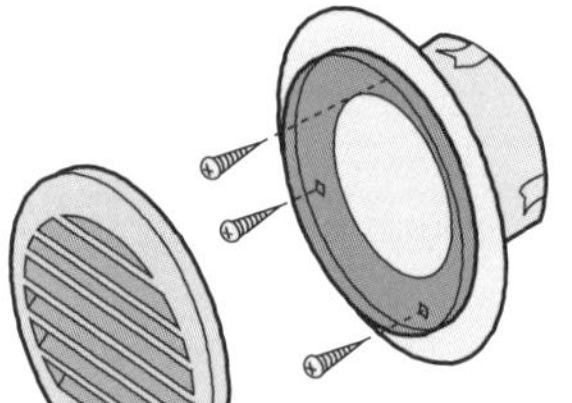

24時間換気が行われるようになってから、外壁に取り付けられることが多くなった。

★★★ パイプフード《ぱいぷふーど》

ベントキャップの上部に付ける雨除けのためのフード。外壁で軒などがない場合に設ける。▼図27

図27 パイプフード

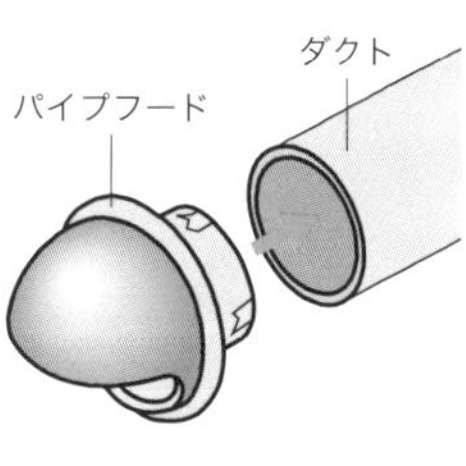

ベントキャップにフードをかぶせることにより雨除けできる。

★★★ 吹出口(ディフューザー)《ふきだしぐち(でぃふゅーざー)》

ディフューザーとは、空調機の吹出口に付いている、空気の方向を調整するための板のこと。フューザーとは拡散という意味。空調機から送風された空気を室内に拡散させて吹き出す機器のこと。部屋の大きさや用途に合わせてディフューザーのタイプを選定する。散気装置ともいう。

★★ シーリングディフューザー《しーりんぐでぃふゅーざー》

百貨店、劇場など広い空間で用いられる、円形または四角形をした天井にある吹出口である。羽根を数枚重ねたような形状で、放射線状になって吹き出されるため、拡散性がある。室内空気とよく混合されるという特徴がある。内部の羽根を上下させることにより、送風距離を任意に設定でき、暖房、冷房に対応できる。▼図28

図28 シーリングディフューザー

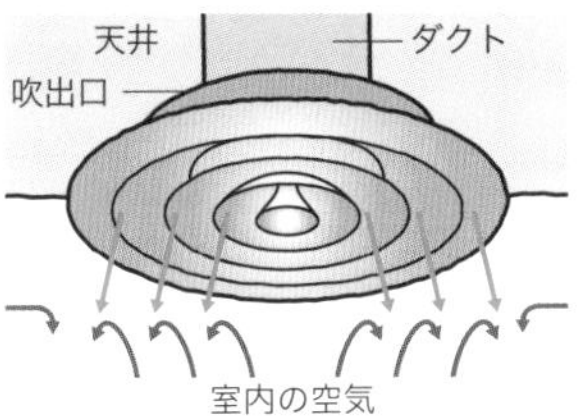

上部から送風することで、部屋内部の空気を押し下げるため、室内温度と関係なく温度設定が自由に設定できる。

★★★
アネモ型吹出口《あねもがたふきだしぐち》

アメリカ、アネモスタット社が開発した空調吹出口。形式はシーリングディフューザーと基本的な構造は変わらないが、現在ではシーリングディフューザーの一般呼称となっている。

★★
ノズルディフューザー《のずるでぃふゅーざー》

主に工場や厨房などに設置される、ノズルの方向で空調の吹き出し方向が変わるディフューザー。スポット的な冷暖房が可能。拡散性は少ないが到達距離を長くすることができる。▼図29

図29 ノズルディフューザー

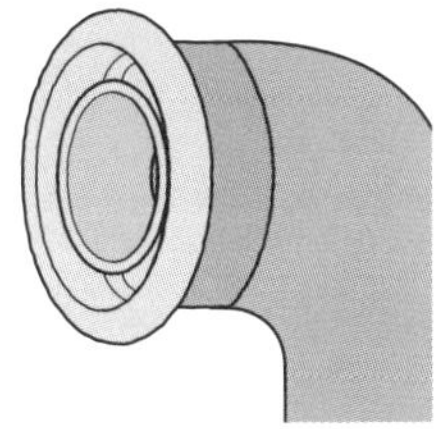

ノズルの方向で送風の向きを変えることができるが、拡散性は少ない。

★★
ラインディフューザー《らいんでぃふゅーざー》

細長い形をした吹出口で、玄関ホールなどの出入り口やエアカーテンとしても使われている空調の吹出口。線状吹出口、ブリーズライン型吹出口などともいう。▼図30

★★★
エアカーテン《えあかーてん》

天井から空調された空気を強く吹き出すことで、外と内の空気の間に目に見えない空気の幕をつくること。またはその装置。気温や湿度、塵ばかりでなく、においも制御できる。無菌室や精密機工場などで使用される。一般的に空調した空気を外に出さないためにも利用される。ペリメーターゾーン、インテリアゾーンを分けるためにも用いられる。▼図31

図30 ラインディフューザー

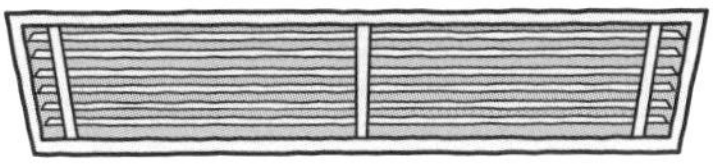

商店建築や大きな空間の出入り口の天井や窓際の天井に配置することで、エアカーテンの役目をする。

★★
ゾーニング《ぞーにんぐ》

建物や部屋の形状や面積により、空調の流れと熱負荷を考慮して同様の特徴を持つ空間ごとに空調機の性能やディフューザー（吹出口）の形式を分けること。

図31 エアカーテン

天井から空気を吹き出し、目に見えない幕をつくる。高性能の場合（医療用・工場用）では、吸込口を設け風量を強くし強い幕とすることもできる。

★★★
ペリメーターゾーン《ぺりめーたーぞーん》

外気、外壁からの熱的な影響を受けやすい部分をいう。一般に外壁から3・5〜5m程度内側の部分を示す。熱負荷が大きく1日内でも熱負荷の変化が大きいため内側の空間とは異なった方法で空調される。▼図32

★★★
インテリアゾーン《いんてりあぞーん》

外気、外壁からの熱的な影響よりも照明器具、人体、ＯＡ機器などの発熱による熱負荷が大きいゾーンである。一般に外壁から3～6m以上離れた内側をいう。1日中それほど大きな変化はない。内部ゾーンともいう。▼図32

図32 ペリメーターゾーン、インテリアゾーン

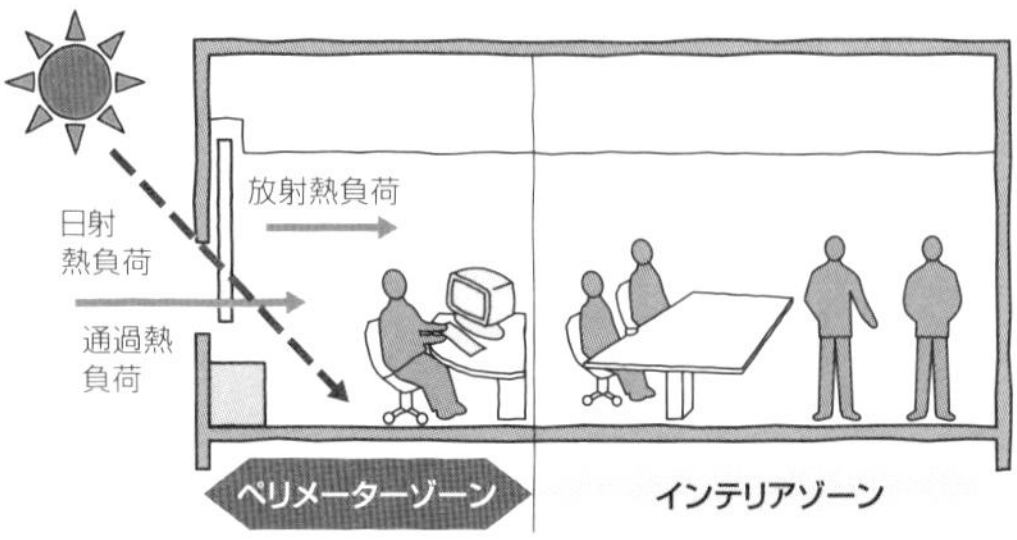

★★★
マルチディフューザー《まるちでぃふゅーざー》

4方向まで設定することができる吹出口。水平吹出しで、方向、風量を決めることができる。事務所、教室で使われることが多い。数枚の羽根が付いており、ある程度まで送風の拡散ができる。▼図33

図33 マルチディフィーザー

4方向に送風でき、部屋全体を空調することができる（多層コーン型）。

★★
ユニバーサルディフューザー《ゆにばーさるでぃふゅーざー》

吹出口に縦と横に羽根を付けることで、送風方向を変えることができる。天井から吊る場合や壁に取り付ける場合がある。汎用性の高い機器であり、ホテル、病院、オフィスなど幅広い範囲で利用されている。シャッターを付けることもでき、防火設備として使えるものもある。▼図34

★★
軸流吹出口《じくりゅうふきだしぐち》

図34 ユニバーサルディフィーザー

図は、グリル型といわれるもので、縦横の羽根を動かすことで送風方向を変えることができる。

ディフューザーの吹出口から送風される気流の形状の1つ。吹出口を軸として真っすぐに進む形状の気流。室内で幅広い拡散は期待できない。吹出口の種類には、ライン型、ノズル型、ユニバーサル型、パンカールーバー型がある。▼図35

★★
輻流吹出口《ふくりゅうふきだしぐち》

ディフューザーの吹出口からの送風される気流の形状の1つ。吹出口から大きく膨らんだ形状の気流で、室内で幅広い拡散ができる。吹出口の種類には、シーリングディフューザー、アネモ型がある。▼図36

図35 軸流吹出口

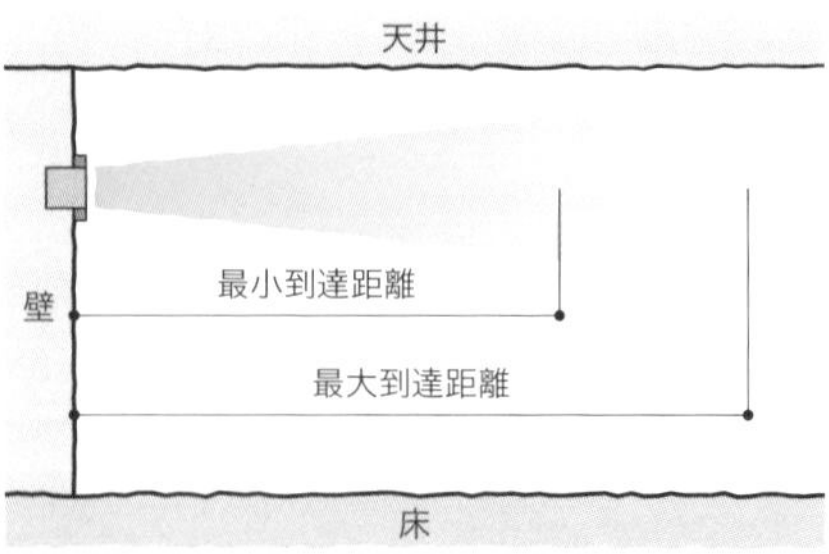

図36 輻流吹出口

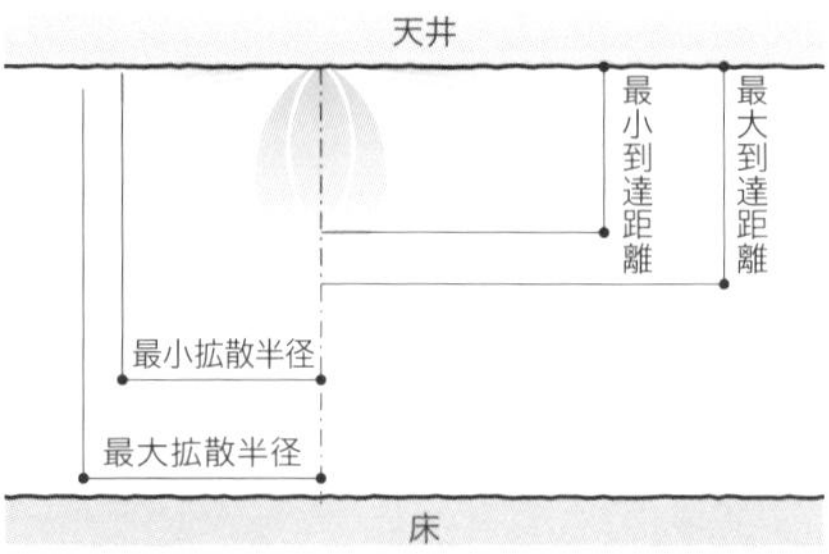

★★★ 吸込口《すいこみぐち》

室内の空気を吸い込み、空調機に戻したり外気へ排気するための装置。室内の温度変化への影響は少ないが、ディフューザー（吹出口）の位置を考慮して均等に配置するべきである。部屋の天井や壁面に設置されるのが一般的である。▼図37

図37 吸込口

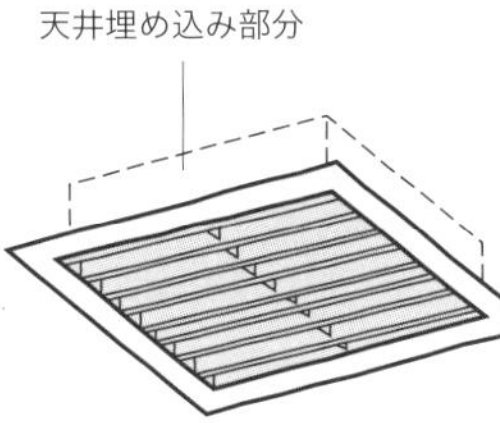

★★ 天井内《てんじょうない》チャンバー方式《ちゃんばーほうしき》

近年の建物機密性の向上により可能となった方式である。上階の床を二重にして、下階の天井裏を空調ダクトとして代用する方式である。天井内を空気室とするので、天井内チャンバー方式という。そのため空調用の配管工事は必要なくなる。

★★ フード《ふーど》

厨房などの火器を使用する部屋で燃焼後の排気を集める覆いのこと。

4 配管工事（ダクト含）

★★★ ダクト《だくと》

風道ともいう。空調機や換気用に設けられる送気および換気用の配管である。形状は丸形と長方形、三角形、楕円形などがある。材質は一般には亜鉛鉄板が多く、外面は保温材で断熱する。ダクトには空調機から送られた冷気・暖気が流れるため断熱の必要がある。また、さまざまな音も流れ、騒音源となるので遮音材も取り付ける場合もある。▼図38

図38 ダクト

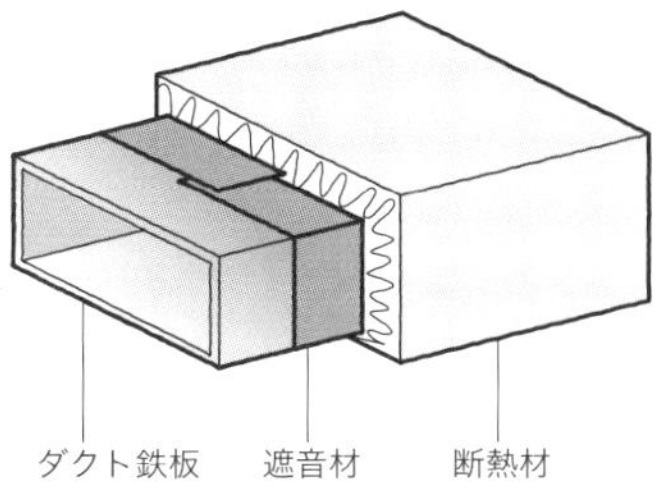

★ アングルフランジ工法《あんぐるふらんじこうほう》

ダクトとダクトを接合する方法の1つ。山形をしたアングル材を両方のダクトに取り付け、接合部にガスケットと呼ばれる柔らかいゴムを入れ、それぞれをボルト締めする工法である。排煙ダクトや厨房用のダクトに使用される。▼図39

図39 アングルフランジ工法

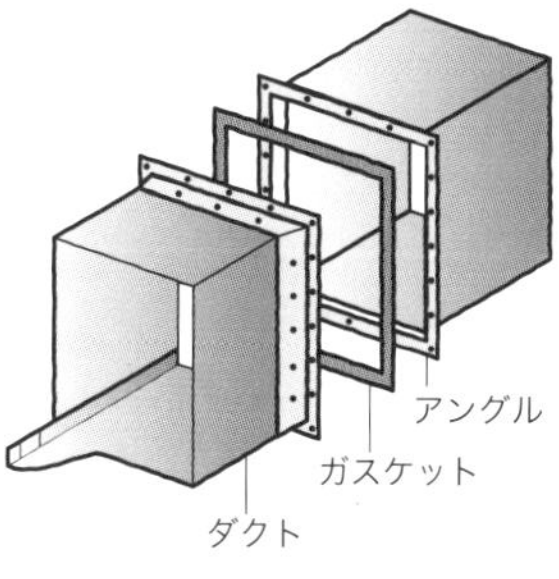

★★ コーナーボルト工法《こーなーぼるとこうほう》

一般に空調用ダクトの接合部に用いられる接合方法で、あらかじめダクトにフランジが付けられ、4つのコーナーにボルトを取り付けるだけなので施工性能がよい。接合部で湿り気を帯びることがあるので厨房以外で使用する。アングルフランジ工法に比べると強度は弱くなる。▼図40

図40 コーナーボルト工法

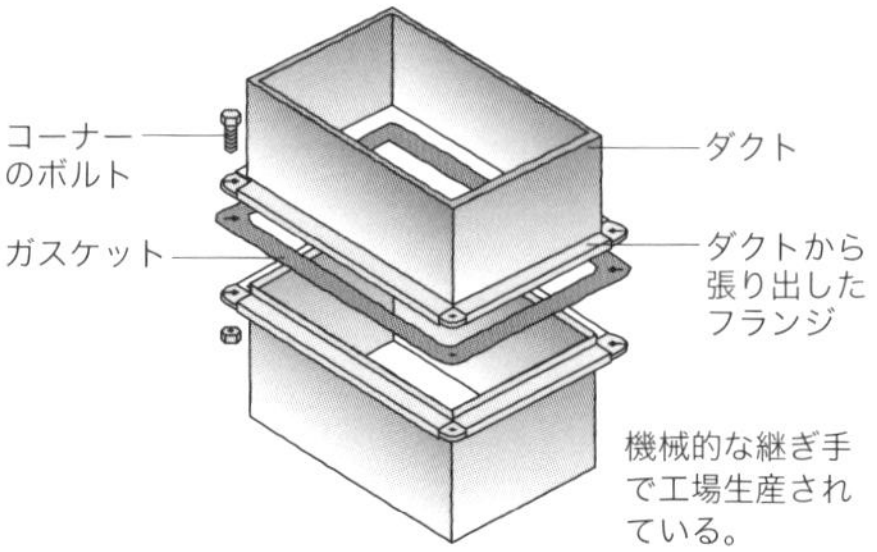

機械的な継ぎ手で工場生産されている。

★★★
支持間隔《しじかんかく》

ダクトを床から吊る間隔。ダクトの工法や形状、厚みによって判断する。また、建築基準法により地震などの横揺れを考慮してダクト自体を軽量化し、支持力も考慮する必要がある。▼図41

★★
スパイラルダクト《すぱいらるだくと》

1枚の金属板を螺旋《らせん》状に巻き、つなぎ合わせてつくったダクトで、耐圧力があり軽量である。丸ダクトともいう。▼図42

★★
フレキシブルダクト《ふれきしぶるだくと》

換気扇やダクトの接合部に用いられるダクト。蛇腹《じゃばら》状で屈折部の取り付けや伸縮性に優れている。材料はアルミや鉄、樹脂などさまざま。ファンによる振動や騒音を吸収する。またダクトが熱膨張した際の伸張・収縮に対応できる。▼図43

図41 支持間隔

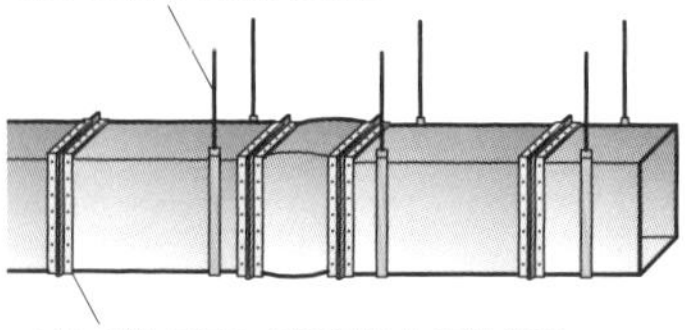

太いダクトの場合には図のように吊り金物を使用する。

図42 スパイラルダクト

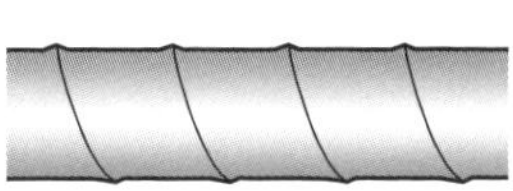

図43 フレキシブルダクト

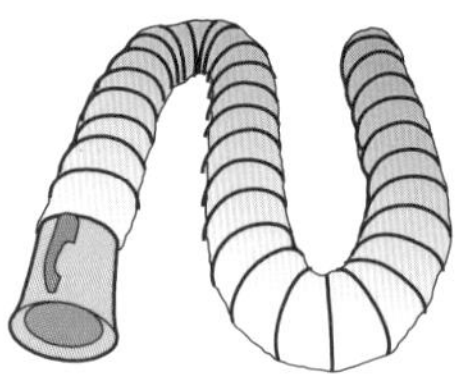

★★★
ダンパー《だんぱー》

ダクト内に設置され、空調機から送られる風量を調整する板状の装置のこと。分岐ごとに設置され、建物全体の風量を調整する。風量調整用ダンパーのことをVDという。構造形式から対向型、平行型、バタフライ型がある。

★★
対向型ダンパー《たいこうがただんぱー》

数枚の羽根によって角度により風量を調整できるので、風量調整用のダンパー（VD）として使われる。また、空調機の故障と対応して、ダクト内で逆流が起こると自動的に羽根が閉じる仕掛けになっているので、逆流防止弁（チャッキ弁）としての機能（CD）も持っている。▼図44

図44 対向型ダンパー

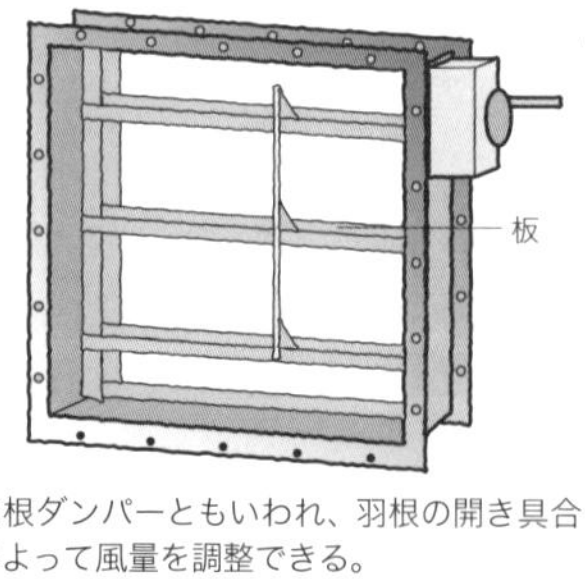

羽根ダンパーともいわれ、羽根の開き具合によって風量を調整できる。

★★
バタフライ型ダンパー《ばたふらいがただんぱー》

ダンパーの先にヒューズを取り付け、一定温度以上でダクトを閉じる仕組みを取り付けたもので、防火ダンパー（FD）として使われる。▼図45

図45 バタフライ型ダンパー

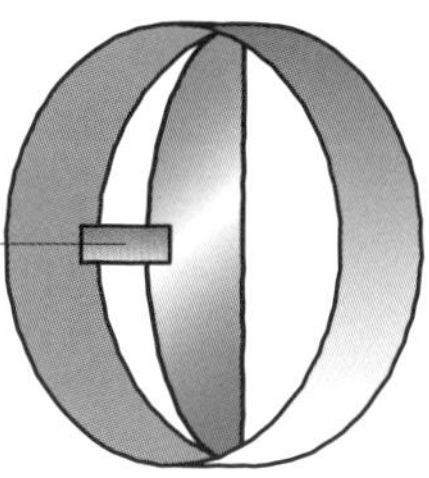

★★ **風量調節ダンパー《ふうりょうちょうせつだんぱー》(VD)《ぶいでぃー》**

ダンパーの開き具合を調整して、送風機から送られた風の量を調整するダンパー。一般に対向型ダンパーの形式のものを使用する場合が多い。

★★★ **ファイヤーダンパー《ふぁいやーだんぱー》(FD)《えふでぃー》**

熱感知器、ヒューズで急激な熱変化を感知し、ダクトを閉鎖するダンパーのこと。一般に鉄板の厚みが1.5㎜以上必要である。延焼の恐れのある部分に接する通気口等に設けられる。**防火ダンパー**ともいう。

★★★ **フード消火《ふーどしょうか》**

ダクト内の消火設備のこと。ダクト内の熱感知器により消火剤を放射する。厨房に設置されたフードやダクト内には、調理の際の油がこびりつき、この油が高温になって発火し火災になることがある。このため、各市町村の火災予防条例でフード消火器の設置基準を設けていることもある。

★★ **消音《しょうおん》エルボ《えるぼ》**

エルボ部分にグラスウールなどの吸音材を内貼したもの。ダクトのエルボ部分（曲がり部分）では、空気抵抗が大きくなり騒音が発生する。中・高周波の減衰が可能である。

★★ **揚程《ようてい》**

冷水や温水に圧力をかけるポンプの性能を示す目安。ポンプが水を上げる高さのことで、メートルで表示する。**ポンプヘッド**ともいう。

★★ **キャンバス継《きゃんばすつ》ぎ手《て》**

ダクト同士の接合や送風機と空気調和機を接合する際に、接続部に挿入する厚地に織った綿布製ダクトのこと。施工の際、中心位置や寸法微調整、送風機などの振動の吸収のために挿入する。

★★ **消音《しょうおん》ボックス《ぼっくす》**

空調機の機械音や外気からの騒音、ダクト内の風切り音がダクトを伝わり、それらの騒音を室内に入れないためにダクト内に設ける装置のことである。病院やホテルに用いる。吹出口や吸込口の側、チャンバーの内部に吸音材などを貼り付け、音を吸収する装置である。

★★★ **チャンバー《ちゃんばー》**

空調ダクト用に、ダクトの分岐、空気の混合、消音の目的で設けられる空気室のこと。ダクトとダクトの接合部に設けられた箱形の装置。用途によって消音チャンバー、混合チャンバーなどといわれるものもある。▼図46

図46 分岐用のチャンバー

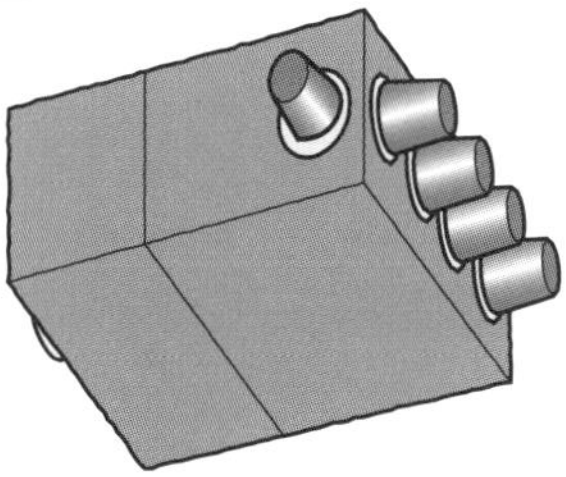

図は、1つのダクトから6つに分岐するチャンバーの例。

★★★ **アスペクト比《あすぺくとひ》**

長方形ダクトの縦横比のことである。長方形ダクトの長辺と短辺の比を大きくすると表面積が増えるため、摩擦抵抗や熱損失が大きくなる傾向にあり、4：1程度以下が適当であるとされている。

PROCESS 52

検査《けんさ》・引渡《ひきわた》し 関連用語《かんれんようご》

工事の間に行う中間検査、完成時に行う完了検査などを経て、引渡しの手続きを行います。引渡し後も、建物権利の維持のために、登記・納税といった手続きを行います。

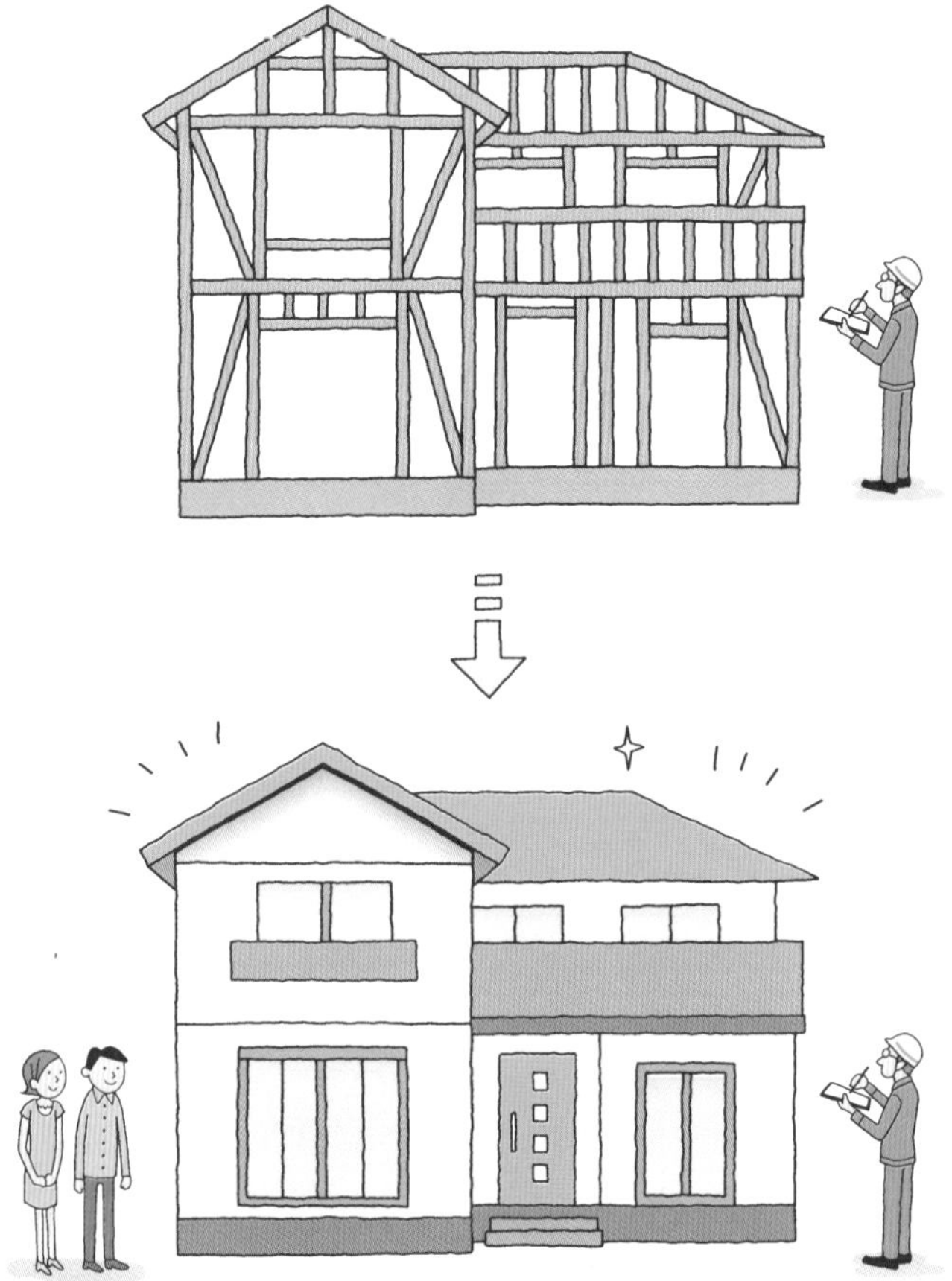

1 中間検査・完了検査 ……………… 〔P335～〕
2 引渡し手続き・書類 ……………… 〔P335～〕
3 登記 ……… 〔P336～〕
4 税金 ……… 〔P337～〕

1 中間検査・完了検査

★★★
中間検査《ちゅうかんけんさ》

工事完了後には隠れてしまう部分、主に建築物の構造部を施工中に検査すること。指定した工程（特定工程）が終了した段階でする役所の検査のこと。2007年の建築基準法改正によって、3階建て以上の共同住宅については全国どこでも実施するように義務化された。▼図1

★★★
配筋検査《はいきんけんさ》

木造の基礎やRC造などの鉄筋の配置・寸法・数量・種別・かぶり厚さなどを検査すること。構造の強度や耐久性にかかわる重要な検査の1つ。▼図1

★★★
完了検査《かんりょうけんさ》

工事完了時に、建築主が建築主事または**指定確認検査機関**に工事が完了した日から4日以内に申請し、受ける検査のこと。▼図1

★★★
竣工検査《しゅんこうけんさ》

工事完了時に設計図通りに建物ができているか、施工者・工事監理者・建主・役所それぞれの立場で行う検査のこと。

★★
施主検査《せしゅけんさ》

竣工検査の1つ。建主、施主がする検査のこと。依頼主である施主の目で行うのが目的。

図1 検査の流れ

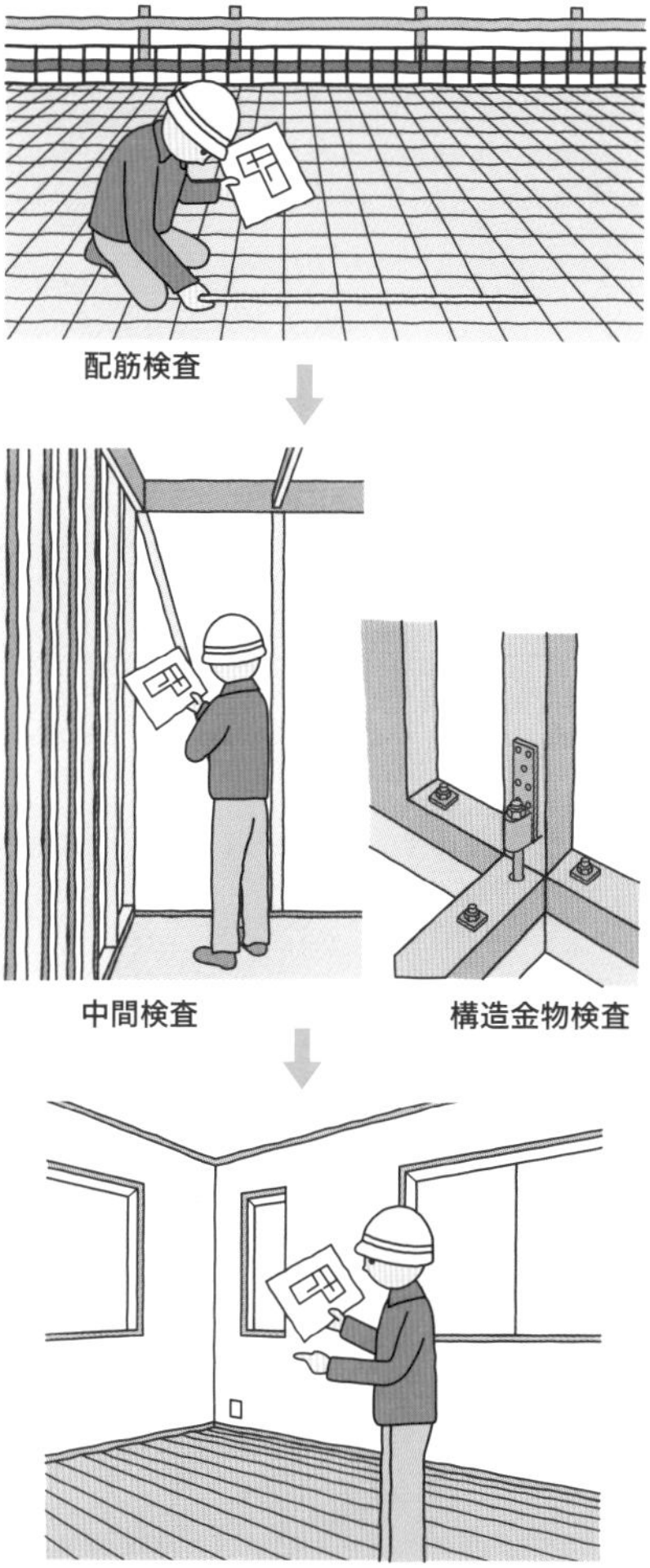

配筋検査
中間検査
構造金物検査
完了検査

その他制度の検査に、住宅性能表示制度（建設住宅性能評価）、フラット35、住宅瑕疵担保責任保険の検査などがあります。

2 引渡し手続き・書類

★★★
引渡書《ひきわたししょ》

施工会社などの請負業者が、建物の引渡し時に注文者に提出する、注文図面通りに完成したことを知らせる書類。

★★★
建築確認申請副本《けんちくかくにんしんせいふくほん》

建築主が保管する確認申請書。確認申請は正副の2つを提出するが、役所が保管するものは正本、役所で確認後、建築主に戻ってくるものが副本である。建設中は現場で必要とし、竣工後は大切に保管する必要がある。▼図2

図2 建築確認申請の正本と副本

正
副

★★★
確認済証《かくにんずみしょう》
確認申請書の副本に付いてくる、「確認が済んだ」という旨を示す書類。通常は副本の表紙に付いてくる。以前は**確認通知書**と呼んだ。

★
工事監理報告書《こうじかんりほうこくしょ》
工事監理が終了した際に、建築士が建築主に報告する書類。

★★★
検査済証《けんさずみしょう》
完了検査を受けて、建物が検査項目の基準に適合すると交付される書類。これが交付されて建築物の使用が可能となる。

★★
竣工図面《しゅんこうずめん》
工事施工中に設計変更などで、設計図書を直したもの。完成図面のこと。その後のメンテナンス、定期点検、増改築などで必要となる。

★
鍵引渡書《かぎひきわたししょ》
鍵を引き渡す際に渡す証明書。鍵の悪用を避けるため、渡す際に書類が必要となる。

★★
保証書、取扱説明書《ほしょうしょ、とりあつかいせつめいしょ》
各種機器、設備などを保証する書類、取扱説明書。機器設備の発達により昨今は増える方向にある。建物設備の多様化により、かなりの量になるためファイルなどにまとめられることが多い。▼図3

図3 保証書・取扱説明書

保証書
説明書
保証書
説明書
かなりの量になるためファイル化されることが多い。

3 登記

★★★
不動産登記《ふどうさんとうき》
不動産について、所在・面積などの物理的状況と所有者・担保権など権利関係を法務局（登記所）が管理する帳簿（登記簿《とうきぼ》）に記載すること。またはそれを一般に公開して、不動産取引の安全と円滑をはかる制度。▼図4

★★★
登記簿《とうきぼ》
法務局が管理する不動産の帳簿。登記簿には、**土地登記簿**と**建物登記簿**がある。それぞれ**表題部**（所在、地番など）と**権利部**として、甲区（所有権に関すること）、乙区（所有権以外の権利に関すること）からなる。▼図4

★★★
表題登記《ひょうだいとうき》
不動産の登記記録が行われてい

ないものに関して、はじめて表題部を登記すること。2004年の不動産登記法改正前までは、表示登記と呼ばれていた。

★★ 建物表題登記《たてものひょうだいとうき》

建物登記簿《とうきぼ》の中で、建物が新築してから1か月以内に、建物の現況を表題部に、建物の所在、使用目的、構造や規模、いつ建てられ誰が所有者かなどを登録すること。

★★ 所有権保存登記《しょゆうけんほぞんとうき》

建物登記簿《とうきぼ》の中で、建物表題登記が済んでから、建物の所有権をはじめて登記すること。

★★ 所有権移転登記《しょゆうけんいてんとうき》

土地登記簿の中で、不動産の売買、贈与・相続の際、所有権が移ったときに登録する登記。

★★ 抵当権設定登記《ていとうけんせっていとうき》

登記簿の乙区に記載されている、所有権以外の権利内容。抵《てい》当権《とうけん》とはその中でも代表的なものので、債権を保証するための担保のこと。

図4 不動産登記と登記簿

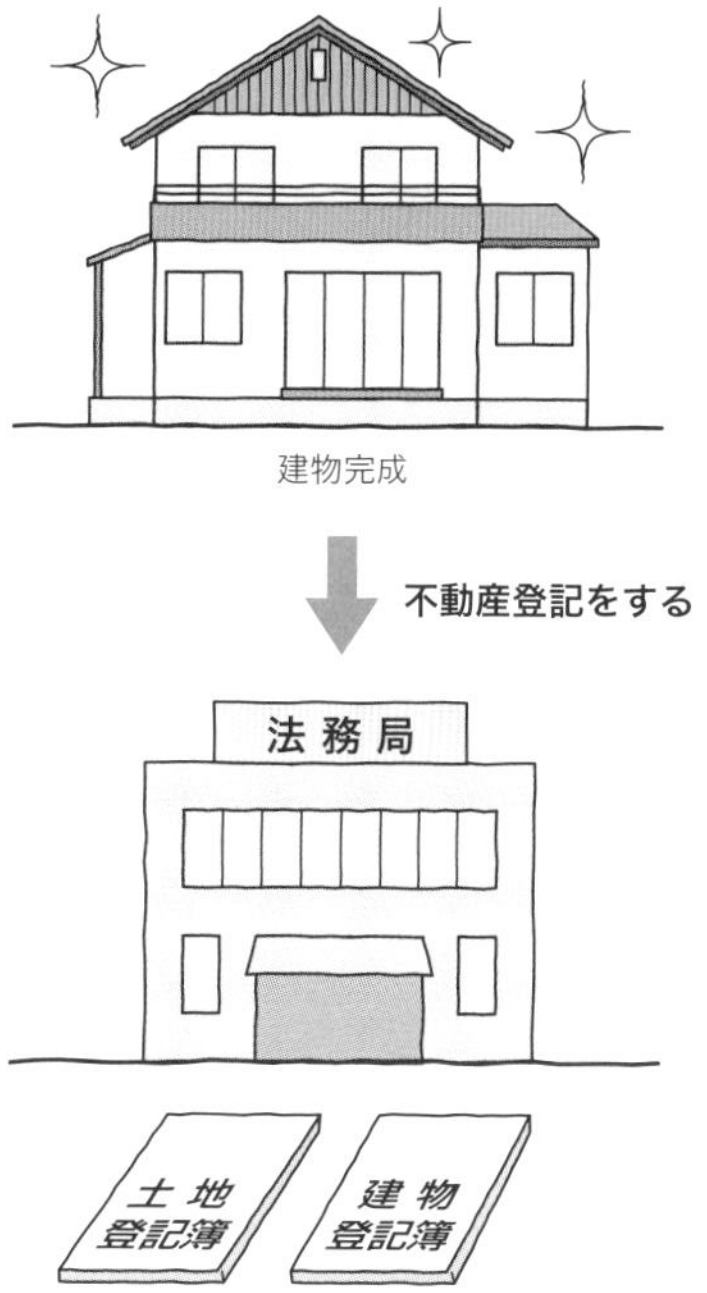

4 税金

★★★ 印紙税《いんしぜい》

契約書・受取書などの証明のために課税される国税。契約内容や契約金額、受取金額などにより、税額が定められている。

★★★ 登録免許税《とうろくめんきょぜい》

土地、建物などの売買において、自分の権利を登録する所有権の保存登記・移転登記、または抵《てい》当権《とうけん》の登記をする際にかかる国税。

★★★ 不動産取得税《ふどうさんしゅとくぜい》

不動産（土地、建物）の取得の際にかかる都道府県税のこと。

★★ 贈与税《ぞうよぜい》

個人から基礎控除額（年間110万円）を超える財産（土地・建物・現金・宝石など）を贈与された場合にかかる国税のこと。

★★ 相続税《そうぞくぜい》

ある人が死亡した場合に、その人が残した財産を、相続・遺贈《いぞう》などによって譲り受けた人に対してかかる国税のこと。

★★★ 固定資産税《こていしさんぜい》

毎年1月1日に固定資産（土地、建物、償却資産）を所有している者にかかる市区町村税のこと（東京23区では都税）。

★★★ 都市計画税《としけいかくぜい》

都市計画事業や土地区画整理事業の費用に充てる目的で、都市計画区域である市街化区域内の土地や建物の所有者に対してかけられる市区町村税のこと（東京23区では都税）。

■ へ ■

■ ほ ■

■ ひ ■

■ ふ ■

に

ぬ

ね

の

は

て

と

な

■ち■

■つ■

■ す ■

け

こ

■き■

■く■

さくいん

あ

い

う

工事《こうじ》の流《なが》れがわかる！

建築《けんちく》現場《げんば》用語《ようご》図鑑《ずかん》

2021年 9 月 1 日　初版発行
2024年11月20日　第 7 刷発行

著　者　上野《うえの》タケシ　©Ueno Takeshi, 2021
大庭《おおば》明典《あきのり》　©Oba Akinori, 2021
来馬《くるば》輝順《てるのぶ》　©Kuruba Terunobu, 2021
多田《ただ》和秀《かずひで》　©Tada Kazuhide, 2021
山本《やまもと》覚《かく》　©Yamamoto Kaku, 2021

発行者　田村正隆

発行所　株式会社ナツメ社
東京都千代田区神田神保町1-52
ナツメ社ビル1F（〒101-0051）
電話 03（3291）1257（代表）
FAX 03（3291）5761
振替 00130-1-58661

制　作　ナツメ出版企画株式会社
東京都千代田区神田神保町1-52
ナツメ社ビル3F（〒101-0051）
電話 03（3295）3921（代表）

印刷所　ラン印刷社

ISBN978-4-8163-7052-6　Printed in Japan
<定価はカバーに表示してあります>
<落丁・乱丁本はお取り替えいたします>

著者紹介

上野タケシ（うえの たけし）

1990 年工学院大学建築科大学院卒業。一級建築士事務所上野タケシ建築設計事務所代表。一級建築士、東京建築士会会員、応急危険度判定員。

大庭明典（おおば あきのり）

1992 年北海道大学建築工学科卒業。大庭建築設計事務所一級建築士事務所代表。一級建築士、東京建築士会会員、応急危険度判定員。

来馬輝順（くるば てるのぶ）

1978 年福井大学工学部建築学科卒業。一級建築士事務所建築工房匠屋代表。一級建築士、東京建築士会会員、日本民家再生協会会員。

多田和秀（ただ かずひで）

1987 年法政大学大学院卒業。工学修士。建築関係の専門学校等、講師業を務める。

山本覚（やまもと かく）

1988 年東京工科専門学校卒業。一級建築士事務所山本覚建築設計事務所代表。一級建築士、東京建築士会会員、応急危険度判定員。

5人での共著に『イラストでわかる建築用語』（ナツメ社）、『これならわかる建築確認申請』（ナツメ社）、『いちばんやさしい建築基準法』（新星出版社）がある。

[STAFF]
イラスト▶瀬川尚志、WADE
デザイン▶志岐デザイン事務所（萩原睦）
組　　版▶北原和洋
編集協力▶長谷川裕（パケット）
編集担当▶山路和彦（ナツメ出版企画）